JIEGOU FANGCHENG
MOYING
AMOS DE CAOZUO
YU
YINGYONG

结构方程模型

——AMOS的操作与应用

（第2版）

吴明隆 著

重庆大学出版社

版贸渝核字(2008)第 036 号

图书在版编目(CIP)数据

结构方程模型:AMOS 的操作与应用/吴明隆著.—
2 版.—重庆:重庆大学出版社,2010.10(2022.11 重印)
(万卷方法)
ISBN 978-7-5624-5720-6

Ⅰ.①结…　Ⅱ.①吴…　Ⅲ.①统计分析—统计程序,
AMOS　Ⅳ.①C819

中国版本图书馆 CIP 数据核字(2010)第 188965 号

结构方程模型
——AMOS 的操作与应用
(第 2 版)

吴明隆　著

责任编辑:林佳木　　版式设计:林佳木
责任校对:夏　宇　　责任印制:张　策

*

重庆大学出版社出版发行
出版人:饶帮华
社址:重庆市沙坪坝区大学城西路 21 号
邮编:401331
电话:(023)88617190　88617185(中小学)
传真:(023)88617186　88617166
网址:http://www.cqup.com.cn
邮箱:fxk@cqup.com.cn(营销中心)
全国新华书店经销
重庆升光电力印务有限公司印刷

*

开本:787mm×1092mm　1/16　印张:33　字数:815 千
2009 年 7 月第 1 版　2010 年 10 月第 2 版　2022 年 11 月第 15 次印刷
印数:58 001—66 000
ISBN 978-7-5624-5720-6　定价:89.00 元

自　序

　　结构方程模型(Structural Equation Modeling,简称 SEM)是当代行为与社会领域量化研究的重要统计方法,它融合了传统多变量统计分析中的"因素分析"与"线性模型之回归分析"的统计技术,对于各种因果模型可以进行模型辨识、估计与验证。在量化研究取向之多变量统计方法中,有愈来愈多的研究者使用 SEM 进行各种测量模型或假设模型图的验证,SEM 渐成为数据分析的一门显学。

　　适用于 SEM 的统计软件最常为研究者使用的有 LISREL 与 AMOS,两大统计软件包各有其优劣与特色,本书内容介绍主要以 AMOS 软件的操作与应用为主。之所以选择AMOS统计软件,主要有以下几个原因:AMOS 软件为 SPSS 家族系列之一,二者数据文件完全可以互通;AMOS 软件中的 Graphics 绘图区完全以图像钮为工具,各种 SEM 理论模型图的绘制均以图形对象表示,基本参数值的设定,AMOS 均有默认值,使用者只要熟悉工具箱图像钮的使用,即可快速绘制各种假设模型图;三是 AMOS 输出的报表数据对使用者而言,解读较为简易。

　　AMOS 是 Analysis of Moment Structures(矩结构分析)的简称,能验证各式测量模型、不同路径分析模型;此外也可进行多群组分析、结构平均数的检验,单群组或多群组多个竞争模型或选替模型的选优。本书的系统结构主要分为三大部分:一为 SEM 理念与模型适配度的介绍,二为 AMOS 窗口界面的操作介绍与各式模型图的绘制,三为实例应用与报表诠释,包括初阶验证因素分析、高阶验证因素分析、观察变量的路径分析、潜在变量的路径分析、混合模型的路径分析、多群组分析与结构平均数分析等,这些实例与模型均是研究者在使用结构方程模型分析时最常用到的假设模型。

　　由于本书是以实务取向及使用者界面为导向,对初次接触结构方程模型的研究生或使用者,相信有不少实质的帮助,综括本书内容有三大特色:一为系统而有条理,前后相互连贯;二为实务应用取向,提供详细的范例模型介绍与报表解析;三为配合了各种输出模型图,使读者对输出结果有更深入认识。本书不仅可作为结构方程模型的参考用书,更可作为用量化方法进行论文写作者从事 SEM 分析的工具书。

　　本书得以顺利出版,首先要感谢五南图书公司的鼎力支持与协助,尤其是张毓芬副总编辑的联系与行政支持,其次是感谢恩师高雄师范大学教育学系傅粹馨教授、长荣大学师资培育中心谢季宏副教授在统计方法上的启迪与教诲。由于笔者所学有限,拙作虽历经琢磨,著述虽经校对再三,谬误或疏漏之处在所难免,尚祈各方专家学者不吝指正。

吴明隆　谨志于高雄师范大学师培中心

2007 年 8 月

目　录

第一章 结构方程模型的基本概念

结构方程模型一词与 LISREL 统计应用软件密不可分, LISREL 是线性结构关系 (Linear Structural Relationships) 的缩写, 就技术层面而言, LISREL 是由统计学者 Karl G. Joreskog 与 Dag Sorbom 二人结合矩阵模型的分析技巧, 用以处理协方差结构分析的一套计算机程序。由于这个程序与协方差结构模型 (covariance structure models) 十分近似, 所以之后学者便将协方差结构模型称之为 LISREL 模型。协方差结构模型使用非常广泛, 包括经济、营销、心理及社会学, 它们被应用于探讨问卷调查或实验性的数据, 包括横向式的研究及纵贯式的研究设计。协方差结构分析是一种多变量统计技巧, 在许多多变量统计的书籍中, 均纳入结构方程模型的理论与实务的内容。此种协方差结构分析结合了 (验证性) 因素分析与经济计量模型的技巧, 用于分析潜在变量 (latent variables, 无法观察的变量或理论变量) 间的假设关系, 上述潜在变量可被显性指标 (manifest indicators, 观察指标或实证指标) 所测量。一个完整的协方差结构模型包含两个次模型: 测量模型 (measurement model) 与结构模型 (structural model), 测量模型描述的是潜在变量如何被相对应的显性指标所测量或概念化 (operationalized); 而结构模型指的是潜在变量之间的关系, 以及模型中其他变量无法解释的变异量部分。协方差结构分析本质上是一种验证式的模型分析, 它试图利用研究者所搜集的实证资料来确认假设的潜在变量间的关系, 以及潜在变量与显性指标的一致性程度。此种验证或检验就是在比较研究者所提的假设模型隐含的协方差矩阵与实际搜集数据导出的协方差矩阵之间的差异。此种分析是利用协方差矩阵来进行模型的统合分析, 而非输入之个别的观察值进行独立式的分析。协方差结构模型是一种渐进式的方法学, 与其他推论统计有很大的差别 (Diamantopoulos & Siguaw, 2000)。由于 LISREL 能够同时处理显性指标 (观察变量) 与潜在变量的问题, 进行个别参数的估计、显著性检验与整体假设模型契合度的检验, 加上其视窗版人性化的操作界面, 使得其应用普及率愈来愈高, 早期 LISREL 一词逐渐与结构方程模型划上等号 (但现在多数研究者已将 SEM 与 AMOS 联结在一起, 此趋势可能与 SPSS 统计软件包的普及应用及 AMOS 图形式界面操作有关)。

结构方程模型 (structural equation modeling; 简称 SEM), 有学者也把它称为潜在变量模型 (latent variable models; 简称 LVM) (Moustaki et al., 2004)。结构方程模型早期称为线性结构关系模型 (linear structural relationship model)、协方差结构分析 (covariance structure analysis)、潜在变量分析 (latent variable analysis)、验证性因素分析 (confirmatory factor analysis)、简单的 LISREL 分析 (Hair et al., 1998)。通常结构方程模型被归类于高等统计学范畴中, 属于多变量统计 (multivariate statistics), 它整合了因素分析 (factor analysis) 与路径分析 (path analysis) 两种统计方法, 同时检验模型中包含的显性变量、潜

在变量、干扰或误差变量(disturbance variables/error variables)间的关系,进而获得自变量对依变量影响的直接效果(direct effects)、间接效果(indirect effects)或总效果(total effects)。SEM 模型分析的基本假定与多变量总体统计法相同,样本数据要符合多变量正态性(multivariate normality)假定,数据必须为正态分布数据;测量指标变量呈现线性关系。

SEM 基本上是一种验证性的方法,通常必须有理论或经验法则支持,由理论来引导,在理论导引的前提下才能建构假设模型图。即使是模型的修正,也必须依据相关理论而来,它特别强调理论的合理性。此外,SEM 模型估计方法中最常用的方法为极大似然法(maximum likelihood),使用极大似然法来估计参数时,样本数据必须符合多变量正态性假定(multivariate normality),此外样本数据的样本数也不能太少,但样本数太大,使用极大似然法来估计参数时,适配度的卡方值会过度敏感,因而进行 SEM 模型估计与决定模型是否被接受时应参考多向度的指标值加以综合判断(黄俊英,2004)。

在 SEM 的分析软件中,常为研究者及机构使用者除 LISREL 外,EQS 与 AMOS 也是甚为普及的软件,尤其是 SPSS 家族系列的 AMOS 软件,因为 SPSS 统计软件包使用的普及率甚高,加以 AMOS 的图形绘制模型功能及使用者界面导向模块,使得以 AMOS 来进行 SEM 分析的使用者愈来愈多。AMOS 不仅可以进行各种 SEM 模型的分析,也可以进行多群组分析、多群组平均数检验、潜在平均结构分析、因素结构不变性检验、因果结构型态不变性检验、协方差分析等。虽然 AMOS 的操作界面与 LISREL 不同,但二者对于 SEM 模型分析的假定、程序及结果是相同的,二者最大的差别在于 AMOS 的输出结果及假设模型变量的界定均无法使用 SEM 理论中所提的希腊字母,也无法使用下标字于绘制的理论模型中。

AMOS 是 Analysis of Moment Structures(矩结构分析)的简写,矩结构与协方差矩阵内涵类似,实务应用于结构方程模型(SEM)的分析,此种分析又称为协方差结构分析(analysis of covariance structures)或因果模型分析(analysis of causal modeling),此种分析历程结合了传统的一般线性模型与共同因素分析的技术。AMOS 是一种容易使用的可视化模块软件,只要使用其提供的描绘工具箱中的图像钮便可以快速绘制 SEM 图形、浏览估计模型图与进行模型图的修改,评估模型的适配与参考修正指标,输出最佳模型(AMOS7.0 使用手册)。对于 SEM 的分析与操作,本书主要以 AMOS7.0 的界面说明,其图像钮的应用与各式模型的检验分析,也适用于先前的各版本。

第一节　结构方程模型的特性

SEM 或 LVM 是一个结构方程式的体系,其方程式中包含随机变量(random variables)、结构参数(structural parameters),有时亦包含非随机变量(nonrandom variables)。随机变量包含三种类型:观察变量(observed variables)、潜在变量(latent variables)以及干扰/误差变量(disturbance/error variables),因而学者 Bollen 与 Long(1993)明确指出:"SEM 是经济计量、社会计量与心理计量发展过程中的合成物",二人认为:SEM 大受欢迎的关键来自于它们本身的普及性,就像在经济计量中,SEM 可允许同时考虑到许多内沿变量(endogenous variables)的方程式,不像大多数的经济计量方法,SEM 也允许外沿变量(exogenous variables)与内沿变量之测量误差或残差项的存在。就如在心理计量以及相关性的社会计量中被发展出来的因素分析（factor analysis），SEM 允许多数潜在变量指标存在，并且可评估其信度与效度。除此之外，SEM 比传统的因素分析结构给予更多普遍性的测量模型，并且能够使研究者专一地规划出潜在变量之间的关系（此关系在 SEM 分析中，称为结构模型）（周子敬，2006）。

传统上，使用探索性因素分析可以求得测验量表所包含的共同特质或抽象构念，但此种建立建构效度的因素分析有以下的限制：

①测验的个别项目只能被分配给一个共同因素，并只有一个因素负荷量，如果一个测验题项与两个或两个以上的因素构念间有关，因素分析就无法处理；

②共同因素与共同因素之间的关系必须是全有（多因素斜交）或全无（多因素直交），即共同因素间不是完全没有关系就是完全相关；

③因素分析假定测验题项与测验题项之间的误差是没有相关的，但事实上，在行为及社会科学领域中，许多测验的题项与题项之间的误差来源是相似的，也就是测验题项间的误差间具有共变关系。

相对于因素分析的这些问题，结构方程模型就具有以下优点（黄芳铭，2004）：

①可检验个别测验题项的测量误差，并且将测量误差从题项的变异量中抽离出来，使得因素负荷量具有较高的精确度。

②研究者可根据相关理论文献或经验法则，预先决定个别测验题项是属于哪个共同因素，或置于哪几个共同因素中，亦即，测验量表中的每个题项可以同时分属于不同的共同因素，并可设定一个固定的因素负荷量，或将数个题项的因素负荷量设定为相等。

③可根据相关理论文献或经验法则，设定某些共同因素之间是具有相关，还是不具有相关存在，甚至于将这些共同因素间的相关设定为相等的关系。

④可对整体共同因素的模型进行统计上的评估，以了解理论所建构的共同因素模型与研究者实际取样搜集的数据间是否契合，即可以进行整个假设模型适配度的检验。故结构方程模型可说是一种理论模型检验（theory-testing）的统计方法。

结构方程模型有时也以共变结构分析（covariance structure analysis）或共变结构模型（covariance structure modeling）等名词出现，不论是使用何种名词，结构方程模型均具有以下几个特性（邱皓政，2005）：

（1）SEM 具有理论先验性

SEM 分析的一个特性，是其假设因果模型必须建立在一定的理论上，因而 SEM 是一种用以检证某一理论模型或假设模型适切性与否的统计技术，所以 SEM 被视为一种验证性（confirmatory）而非探索性（exploratory）的统计方法。

（2）SEM 可同时处理测量与分析问题

相对于传统的统计方法，SEM 是一种可以将测量（measurement）与分析（analysis）整合为一的计量研究技术，它可以同时估计模型中的测量指标、潜在变量，不仅可以估计测量过程中指标变量的测量误差，也可以评估测量的信度与效度。SEM 模型的分析又称潜在变量模型，在社会科学领域中主要用于分析观察变量（observed variables）间彼此的复杂关系，潜在变量是个无法直接测量的构念，如智力、动机、信念、满足与压力等，这些无法观察到的构念可以借由一组观察变量（或称指标）来加以测量，方法学意义上的测量指标分为间断、连续及类别指标，因素分析模型就是一种具连续量尺指标的潜在变量模型的特殊案例（Moustaki et al.，2004）。

（3）SEM 关注协方差的运用

SEM 分析的核心概念是变量的协方差（covariance）。在 SEM 分析中，与协方差有关的有两种功能：一是利用变量间的协方差矩阵，观察出多个连续变量间的关联情形，此为 SEM 的描述性功能；二是可以反映出理论模型所导出的协方差与实际搜集数据的协方差间的差异，此为验证性功能。

所谓协方差（covariance）就是两个变量间的线性关系，如果变量间有正向的线性关联，则其协方差为正数；相反的，若是变量间的线性关联为反向关系，则其协方差为负数。如果两个变量间不具线性关系（linear relationship），则二者间的协方差为 0，协方差的数值介于 $-\infty$ 至 $+\infty$ 之间。协方差的定义如下：

$$\text{总体数据：} COV(X,Y) = \sum (X_i - \mu_X)(Y_i - \mu_Y) \div N$$

$$\text{样本数据：} COV(X,Y) = \sum (X_i - \overline{X})(Y_i - \overline{Y}) \div (N-1)$$

在 SEM 模型分析中，样本的方差协方差矩阵（variance-covariance matrix）简称为协方差矩阵（covariance matrix）。协方差矩阵中对角线为方差，此数值即变量与它自己间的协方差，对角线外的数值为协方差矩阵，如观察数据获得的 S 矩阵中，有两个变量 X 与 Y，则其样本协方差矩阵如下：

$$S = \begin{bmatrix} COV(X,Y) & COV(Y,X) \\ COV(X,Y) & COV(Y,Y) \end{bmatrix}$$

由于 $COV(X,X) = VAR(X)$；$COV(Y,Y) = VAR(Y)$；$COV(X,Y) = COV(Y,X)$，所以上述样本协方差矩阵也可以表示如下：

$$S = \begin{bmatrix} VAR(X) & \\ COV(X,Y) & VAR(Y) \end{bmatrix}$$

而两个变量的协方差是两个变量之交乘积除以样本数减一，其定义公式改为变量间交叉乘积（CP），其公式如下：

$$COV(X,Y) = \sum (X - \overline{X})(Y - \overline{Y})/(N-1) = CP_{xy}/(N-1)$$

在 LISREL 模型估计中，会用到总体或样本的协方差矩阵，所以变量间的协方差矩阵，在 SEM 模型的分析中是非常重要的数据。协方差与积差相关系数有以下关系存在：两个变量的协方差等于两个变量间的相关系数乘以两个变量的标准差，因而从变量的标准差与相关系数，可以求出两个变量间的协方差。在 SEM 模型的分析中，研究者可以直接键入观察变量间的协方差矩阵，也可以输入观察变量间的相关系数矩阵，并陈列变量的标准差。此外，也可以以原始数据作为分析的数据文件，若是键入原始数据文件或相关系数矩阵，LISREL 会求出变量间的协方差矩阵，再加以估计。

$$r_{xy} = \sum (X - \overline{X})(Y - \overline{Y})/(N-1)S_x S_y$$
$$= CP_{xy}/(N-1)S_x S_y = [CP_{xy} \div (N-1)]/S_x S_y$$
$$= COV(X,Y)/S_x S_y COV(X,Y) = r_{xy} S_x S_y$$

正由于两个变量间的协方差与相关系数呈现正向关系，因而 SEM 模型分析中，若是设定两个测量指标变量误差间有共变关系，即是将这两个测量误差值设定为有相关。如果两个变量均为标准化（如 z 分数，平均数为 0、标准差等于 1），此时 X 变量与 Y 变量的协方差就等于二者的积差相关系数，两个变量的标准差均为 1：

$$COV(\text{标准化 }X, \text{标准化 }Y) = COV(X,Y)/S_x S_y = r_{xy}，r_{xy} \text{ 类似两个变量间的相关系}$$

数,其值介于 ±1 之间。

(4)SEM 适用于大样本的统计分析

协方差分析与相关分析类似,若是样本数较少,则估计的结果会欠缺稳定性。SEM 分析乃根据协方差矩阵而来,因而参数估计与适配度的卡方检验对样本数的大小非常敏感。与其他统计技术一样(如因素分析),SEM 适用于大样本的分析,取样样本数愈多,则 SEM 统计分析的稳定性与各种指标的适用性也愈佳。学者 Velicer 与 Fava(1998)发现在探索性因素分析中,因素负荷量的大小、变量的数目、样本数的多寡等是决定一个良好因素模型的重要变因,此种结果可类推至 SEM 分析程序中。一般而言,大于 200 以上的样本,才可以称得上是一个中型的样本,若要追求稳定的 SEM 分析结果,受试样本数最好在 200 以上。虽然 SEM 的分析以大样本数较佳,但较新的统计检验方法允许 SEM 模型的估计可少于 60 个观察值(Tabachnick & Fidell, 2007)。

在 SEM 分析中,到底多少个样本最为适当? 对于此一问题,有些学者采用相关统计的首要规则(rules of thumb),亦即每一个观察变量至少要十个样本,或二十个样本。对 SEM 分析而言,样本数愈大愈好,这与一般推论统计的原理相同,但是在 SEM 适配度检验中,绝对适配度指数 χ^2 值受到样本数的影响很大,当研究者使用较多的受试样本时,χ^2 容易达到显著水平($p<0.05$),表示模型被拒绝的机会也扩增,假设模型与实际数据不契合的机会较大。因而,要在样本数与整体模型适配度上取得平衡是相当不容易的,学者 Schumacker 与 Lomax(1996)的观点或许可作为研究者参考,他们二人经研究发现,大部分的 SEM 研究,其样本数多介于 200 至 500 之间,但在行为及社会科学研究领域中,有时某些研究取样的样本数会少于 200 或多于 500,此时学者 Bentler 与 Chou(1987)的建议也是研究者可采纳的——此二人认为研究的变量如符合正态或椭圆的分布情形,则每个观察变量 5 个样本就足够了,如果是其他的分布,则每个变量最好有 10 个样本以上(黄芳铭,2004)。在完整的结构方程模型分析中,若是有 15 个观察变量或测量指标,则研究样本数应有 75 个,较佳的研究样本数应有 150 个以上。Kling(1998)研究发现,在 SEM 模型分析中,若是样本数低于 100,则参数估计结果是不可靠的。Rigdon(2005)认为 SEM 模型分析,样本数至少应在 150 个以上,若是样本数在 150 个以下,模型估计是不稳定的,除非变量间方差矩阵系数非常理想,他认为观察变量数若是超过 10 个以上,而样本大小低于 200 时,代表模型参数估计是不稳定的,且模型的统计检验力(power)会很低。

学者 Baldwin(1989)研究指出在下列四种情境下,从事 SEM 模型分析,需要大样本:模型中使用较多的测量或观察变量时;模型复杂,有更多的参数需要被估计时;估计方法需符合更多参数估计理论时(如采用非对称自由分布法——ADF 法);研究者想要进一步执行模型叙列搜索时,此时的样本数最好在 200 以上。Lomax(1989, p. 189)与 Loehlin(1992)认为在 SEM 模型分析中,样本数如未达 200 以上,最少也应有 100 个。Mueller(1997)认为单纯的 SEM 分析,其样本大小标准至少在 100 以上,200 以上更佳,如果从模型观察变量数来分析样本人数,则样本数与观察变量数的比例至少为 10∶1 至 15∶1 间(Thompson, 2000)。

(5)SEM 包含了许多不同的统计技术

在 SEM 分析中,虽然是以变量的共变关系为主要核心内容,但由于 SEM 模型往往牵涉到大量变量的分析,因此常借用一般线性模型分析技术来整合模型中的变量,许多学者常将 SEM 也纳入多变量分析之中。SEM 是一种呈现客观状态的数学模型,主要用来检验观察变量与潜在变量之间的假设关系,它融合了因素分析(factor analysis)与路径分析(path analysis)两种统计技术。Bollen 与 Long(1993)指出:SEM 可允许同时考虑许多内沍变量、外沍变量与内沍变量的测量误差,及潜在变量的指标变量,可评估变量的信度、效度与误差值,整体模型的干扰因素等(周子敬,2006)。

(6)SEM 重视多重统计指标的运用

SEM 所处理的是整体模型契合度的程度,关注整体模型的比较,因而模型参考的指标是多元的,研究者必须参考多种不同指标,才能对模型的适配度作一整体的判别,个别估计参数显著与否并不是 SEM 分析的重点。在整体模型适配度的检验上,就是要检验总体的协方差矩阵($\sum$ 矩阵),与假设模型代表的函数,即假设模型隐含的变量间的协方差矩阵($\sum(\theta)$ 矩阵),二者间的差异程度,其虚无假设为:$\sum$ 矩阵 = $\sum(\theta)$ 矩阵。然而在实际情境中,我们无法得知总体的方差与协方差,或根据总体导出的参数(θ),因而只能依据样本数据导出的参数估计值($\hat{\theta}$)代替总体导出的参数(θ),根据样本适配假设模型导出的方差与协方差矩阵为 $\hat{\sum} = \sum(\hat{\theta})$,$\hat{\sum}$ 矩阵为假设模型隐含的协方差矩阵,而实际样本数据导出的协方差矩阵为 S 矩阵(代替总体的 $\sum$ 矩阵)。LISREL 模型适配度的检验即在检验样本数据的 S 矩阵与假设模型隐含的协方差矩阵 $\hat{\sum}$ 矩阵之间的差异,完美的适配状态是 S 矩阵 $-\hat{\sum}$ 矩阵 $=0$,二者差异的数值愈小,模型适配情形愈佳,两个矩阵元素的差异值即为残差矩阵(residual matrix),残差矩阵元素均为 0,表示假设模型与观察数据间达到完美的契合,此种情境,在行为及社会科学领域中出现的概率很低(Diamantopoulos & Siguaw,2000)。

近年来 SEM 所以受到许多研究者的青睐,主要有三个原因(Kelloway,1996;Kelloway,1998;周子敬,2006):

①行为及社会科学领域感兴趣的是测量及测量方法,并以测量所得数据来代替构念(construct)。SEM 模型之中的一种就是检验直接反映研究者所选择构念的测量指标的有效性。SEM 采用的验证性因素分析(confirmatory factor analysis;CFA 法),比起较为传统的探索性因素分析(exploratory factor analysis;EFA 法)显得更有意义、更周详。EFA 法多数由直觉及非正式法则所引导,SEM 模型中的因素分析则奠基于传统的假设检验上,其中也考虑因素分析模型的整体质量,以及构成模型的特别参数(如因素负荷量)。SEM 方法中最常用到的一种方式就是执行验证性因素分析来评估因素构念与其指标变量间的密切关系程度。

②除了测量问题之外,行为及社会科学领域学者主要关注的是"预测"的问题。随着时代进步,行为及社会科学领域中所发生的事物越来越复杂,相对的预测模型也会演变得更为复杂。这使得传统的复回归统计无法周延解释这复杂的实体世界,而 SEM 允许精致确认及检测复杂的路径模型,可以同时进行多个变量的关系探讨、预测及变量间因果模型的路径分析。

③SEM 可同时考虑测量及预测独特的分析,特别是潜在变量模型(latent variable models),这种 SEM 分析型态提供一种弹性及有效度的方法,可以同时评估测量质量及检测构念(潜在变量)间的预测关系,亦即 SEM 可同时处理传统 CFA 及路径分析的问题,这种 SEM 的分析型态允许研究者在他们所探讨的主题中,比较可信地以理论架构反映真实世界,因而 SEM 可以说是一种统计的改革(statistical revolution)(Cliff,1983)。

SEM 一般统计分析程序或最初模型检验程序在于决定假设模型（hypothesized model）与样本数据（sample data）间的适配度情形，评估研究者所提的假设模型结构能否适用于样本数据，此即为检验观察数据适配于严格结构的分析。因为在观察数据与假设模型中很少会有完美适配（perfect fit）的状况存在，因而二者之间总是存有某种程度的差异，此差异项称为残差项（residual terms），模型适配程序可以简要表示为：数据 = 模型 + 残差，数据项是依据样本在观察变量中的分数测量值作为代表，而假设结构则是连结观察变量与其潜在变量间的关系，残差项代表的是假设模型与观察数据间的差异值（discrepancy）（Byrne，2001）。

目前结构方程模型的一般策略架构，大致分为三种模型策略（Byrne，2001；Joreskog，1993）：

（1）严格验证策略

严格验证策略（strictly confirmatory strategy；简称 SC）就是单一假设模型图的验证。研究者根据相关理论或经验法则提出单一的假设模型，根据模型的属性搜集适当的样本数据，进而检验假设模型与样本数据是否适配，模型检验结果不是拒绝假设模型就是接受假设模型，研究者不会因假设模型与样本数据不契合，就根据修正指标值来修正模型，此种检验是严格的，因而是一种严格验证策略。进行此种模型策略时，预设的前提是研究者所提的假设模型能与理论模型十分接近，且模型的界定正确。

（2）替代或竞争策略

模型替代或竞争策略（alternative models strategy；简称 AM）是研究者根据理论，提出数个假设模型，进而搜集实证资料来检验哪一个假设模型的适配度最佳，数个适配度均达合适的比较模型称为替代模型（alternative models）或竞争模型（competing models）。在 SEM 模型检验中，一个与样本数据契合的假设模型并不一定是最适当或最佳的模型，采用替代或竞争模型策略可以从数个与实证数据契合的模型中，选择一个最好的模型。比较数个模型时，可从复核效度（cross-validation）[1] 指标值进行模型选取的判断。复核效度指标值包括 ECVI、AIC、CAIC、BIC 等，复核效度指标值愈小者表示模型愈佳、愈精简。在 AMOS 输出结果之适配度统计量中，均会呈现上述检验模型的复核效度指标值。

（3）模型发展策略

模型发展策略（model generating strategy；简称 MG）的目的在建构一个与实证数据可契合的假设模型。研究者根据相关理论先提出一个初始假定模型，若是此假定模型与实证数据无法契合，模型的适配情形不理想，则研究者会根据相关数据指标进行模型的修正，模型修正完后再重新估计模型，以建构一个与样本数据能适配的理论模型。模型发展策略的步骤为：初始理论模型建构→模型估计→理论模型修正→重新估计→理论模型再修正→再重新估计模型……如此不断进行模型修正与模型估计，以发展一个可以接受的模型。模型发展策略其实已变成探索性的而非验证性的，研究者虽然建构出一个可接受的模型，但此理论模型可能无法推论至其他样本，其策略的最终目标在于发展一个有实质意义且达统计上良好适配的理论模型，策略运用并非模型检验（model testing），而是模型产出（model generating）。

---

1 也称为"交互效度分析"。

第二节　测量模型

结构方程模型中有两个基本的模型:测量模型(measured model)与结构模型(structural model)。测量模型由潜在变量(latent variable)与观察变量(observed variable;又称测量变量)组成,就数学定义而言,测量模型是一组观察变量的线性函数,观察变量有时又称为潜在变量的外显变量(manifest variables 也称显性变量)或测量指标(measured indicators)或指标变量。所谓观察变量是量表或问卷等测量工具所得的数据,潜在变量是观察变量间所形成的特质或抽象概念,此特质或抽象概念无法直接测量,而要由观察变量测得的数据资料来反映。在 SEM 模型中,观察变量通常以长方形或方形符号表示,而潜在变量(latent variables)又称无法观察变量(unobserved variables),或称构念(construct),通常以椭圆形或圆形符号表示。

在行为社会科学领域中,有许多假设构念(hypothetical construct)是无法直接被测量或观察得到的,这些假设构念如焦虑、态度、动机、工作压力、满意度、投入感、角色冲突等,此种假设构念只是一种特质或抽象的概念,无法直接得知,要得知当事者在这些构念上的实际情况,只能间接以量表或观察得到的实际的指标数值来反映该构念特质。这就好像一个人的个性与外表行为一样,一个人的个性如何,我们无法得知,因为它是一个抽象的构念,但我们可以借由此人的外表行为表现,作为其个性判断的指标,外表行为的特征很多,综合这些外表行为的特征,就可以了解一个人的个性如何。上述"个性"就是一个假设构念,也就是潜在变量,而外表具体行为表现就是个性潜在变量的指标变量(或称显著变量、观察变量)。若是外表行为表现的指标愈多,则对一个人的个性判断的正确性会愈高,可信度会愈佳。

潜在变量模型隐含的主要概念是潜在变量可以解释指标变量依变量间多少的变异量,潜在变量的个数需要少于指标变量的数目,在应用上,需要增列共变的变量或解释变量,以将潜在变量与其指标变量联结在一起。一个关注的焦点是从模型中确认潜在变量,并探讨解释变量的测量效果,指标变量被潜在变量解释的变异程度,可以反映出指标变量的有效性。一个潜在变量模型包含两个部分,一为潜在变量与一组观察指标的共变效果,这种直接效果称为测量模型(measurement model),二为潜在变量间或一组观察变量与潜在变量间的连结关系,称为结构模型。结构模型中变量间的影响效果可以为直接或间接,在结构模型中,研究者可能会关注一组潜在变量的共变效果或不同指标的共变效果(Moustaki, et al. , 2004)。

在 SEM 分析的模型中,一个潜在变量必须以两个以上的观察变量来估计,称为多元指标原则,不同观察变量间的协方差,反映了潜在变量的共同影响。观察变量由于受到特定潜在变量的影响,使得观察变量分数呈现高低的变化,通常每个观察变量多少会有不同程度的测量误差或残差(观察变量的变异量中,无法被共同潜在变量解释的部分)。一个 SEM 分析模型中,观察变量一定存在,但潜在变量不可能单独存在,因为在研究过程中,潜在变量是反映某种抽象的概念意涵,并不是真实存在的变量,而是由观察变量所测量估计出来的(邱皓政,2005)。

在一份学校效能量表中,各题项所测量的数据为观察变量,各题项所抽取的共同因素或概念,可称为潜在变量,如学校气氛、工作满足、行政绩效等构念均无法直接观察或测量得到,只有经由受试者在"学校效能知觉感受问卷"所测得的数据代替,若是题项加总后的得分愈高,表示学校气氛愈佳,或工作满足感愈高,或行政绩效愈好。因而潜在变量必须透过其外显的测量指标测得。由于测量会有误差,所以每个潜在变量不能百分之百解释观察变量的变异量,但若是潜在变量只有一个观察变量,则潜在变量正好可以全部解释其测量指标,此时的误差项值为0。一个观察变量与潜在变量的基本模型图如图1-1:

图 1-1

多个观察变量与潜在变量的测量模型图如图 1-2:

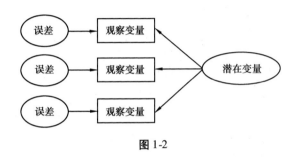

图 1-2

有三个外显变量的测量模型如图 1-3:

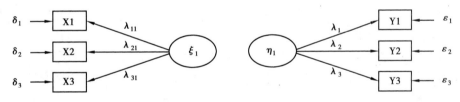

图 1-3

上述测量模型的回归方程式如下:

$X1 = \lambda_1 \xi_1 + \delta_1$

$X2 = \lambda_2 \xi_1 + \delta_2$

$X3 = \lambda_3 \xi_1 + \delta_3$

$Y1 = \lambda_1 \eta_1 + \varepsilon_1$

$Y2 = \lambda_2 \eta_1 + \varepsilon_2$

$Y3 = \lambda_3 \eta_1 + \varepsilon_3$

上述的回归方程式可以矩阵方程式表示如下:

$X = \Lambda_X \xi + \delta$

$Y = \Lambda_Y \eta + \varepsilon$

其中 ε 与 η、ξ 及 δ 无相关,而 δ 与 ξ、η 及 ε 也无相关。Λ_X 与 Λ_Y 为指标变量(X、Y)的因素负荷量(loading),而 δ、ε 为外显变量的测量误差,ξ 与 η 分别为外洐潜在变量(exogenous latent variables)与内洐潜在变量(endogenous latent variables),SEM 测量模型中假定:潜在变量(共同因素)与测量误差间不能有共变关系或因果关系路径存在。

以观察变量作为潜在变量的指标变量,根据指标变量性质的不同,可以区分为反映性指标(reflective indicators)与形成性指标(formative indicators)两种。反映性指标又称为果指标(effect indicators),是指一个以上的潜在变量构念是引起(cause)观察变量或显性变量的因,观察变量是潜在变量基底下(underlying)成因的指标,此种指标能反映其相对应的潜在变量,此时,指标变量为"果",而潜在变量为"因";相对的,形成性指标又称为因指标或成因指标(cause or causal indicators),这些指标变量是成因,潜在变量被定义为指标变量的线性组合(加上误差项),因此潜在变量变成内涵变量(被其指标变量决定),而其指标变量变为没有误差项(error terms)的外涵变量。在 AMOS 与 LISREL 模型假定的测量模型估计中,显性变量(manifest variable)通常是潜在变量的反映性指标,如果将其设定为形成性指标,则模型程序与估计会较为复杂(Diamantopoulos & Siguaw,2000)。

反映性指标与形成性指标所构成的回归方程式并不相同,如一个潜在变量 η,两个指标变量 X1、X2,若两个显性变量是一种反映性指标,其回归方程式如下:

$X1 = \beta_1 \eta + \varepsilon_1$

$X2 = \beta_2 \eta + \varepsilon_2$

其中 β_1 与 β_2 为估计的参数,ε_1 与 ε_2 为测量的误差。

若两个显性变量是一种形成性指标,则潜在变量是两个观察变量的线性组合,其回归方程式如下:

$\eta = \gamma_1 X1 + \gamma_2 X2 + \delta$

其中 γ_1 与 γ_2 为估计的参数,而 δ 为残差。

反映性指标测量模型图如图 1-4,形成性指标的模型图如图 1-5:

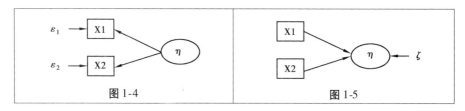

图 1-4   图 1-5

以高职生"生活压力"构念所建构的三个观察变量的形成性指标的测量模型如图 1-6:

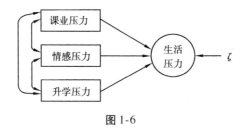

图 1-6

形成性指标的特性与估计的测量质量(measurement quality)程序与反映性指标的有很大的不同,研究在界定指标变量时不可混淆,否则会产生错误的结果。如果显性变量要作为形成性指标,在结构模型中要详细说明清楚,以免让他人误以为理论模型界定错误。AMOS 工具图像钮所绘制的测量模型均为反映性指标的测量模型,不能界定形成性指标的测量模型图,因而无法就形成性指标进行模型估计。

如在学校组织效能调查中,组织效能中的"行政绩效"为一个潜在变量,此变量为一个抽象的概念,无法直接观察或测量得到,也无法以数据量化来呈现,为了测得学校"行政绩效"的程度,可以下列五个观察变量或指标变量(indicator variables)来测得:

> ➤本校行政人员能专心投入学校的行政工作。(专心投入)
> ➤本校各处室能充分沟通协调,业务上能相互支持配合。(沟通协调)
> ➤本校在行政上充分授权同仁,在工作上有专业自主的空间。(充分授权)
> ➤本校各处室订有详细明确的工作职责且运作顺畅。(职责明确)
> ➤本校行政程序力求简化有效率。(程序简化)

"行政绩效"潜在变量与测量变量间所形成的测量模型图如图1-7:

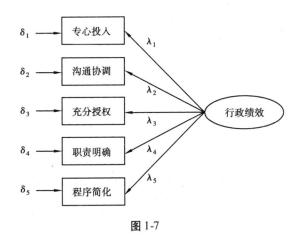

图1-7

上述测量模型中,"行政绩效"为"专心投入""沟通协调""充分授权""职责明确""程序简化"五个观察变量所共同建构的因素(factor)或潜在变量,λ_1 至 λ_5 为因素负荷量(factor loading),δ_1 至 δ_5 表示各观察变量的残差,可视为每个观察变量去估计潜在变量的测量误差(measurement errors)。每个观察变量的因素负荷量愈高,表示受到潜在变量影响的强度愈大;因素负荷量愈低,表示受到潜在变量影响的强度愈小。在 SEM 模型中,测量误差可以被估计出来,可以被视为一个潜在变量。行政绩效测量模型绘制于 Amos Graphics 中如图1-8,e1 至 e5(δ_1 至 δ_5)表示各观察变量的测量残差,W1、W2、W3、W4 为路径系数参数(因素负荷量 λ_2 至 λ_5)标签名称,在 AMOS 测量模型中,需要有一个测量指标的路径系数 λ 固定为1,否则测量模型无法估计。

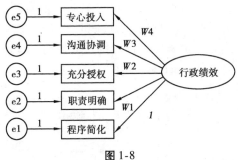

图1-8

测量模型的测量误差、观察变量、因素负荷量、潜在变量(潜在因素)、两个潜在因素间关系如图1-9所示:

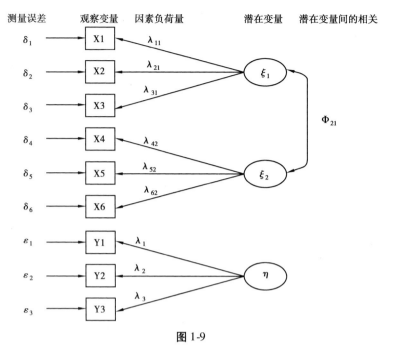

图 1-9

测量模型在 SEM 的模型中就是一般所谓的验证式因素分析（confirmatory factor analysis；CFA），验证式因素分析的技术用于检核数个测量变量可以构成潜在变量（潜在因素）的程度，验证式因素分析即在检验测量模型中的观察变量 X 与其潜在变量 ξ 间的因果模型是否与观察数据契合。在 SEM 模型分析中的变量又可以区分为外因变量（或称外沂变量，exogenous variables）与内因变量（或称内沂变量，endogenous variables）。外因变量是指在模型当中未受任何其他变量的影响，但它却直接影响别的变量的变量。外因变量在路径分析图中相当于自变量（independent variables）。内因变量是指在模型当中会受到任一变量的影响的变量。在路径分析图中内因变量相当于依变量（dependent variables），也就是路径分析中箭头所指的地方，内因变量与外因变量的区分如图 1-10：

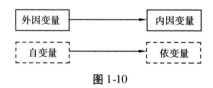

图 1-10

就潜在变量间关系而言，某一个内因变量对别的变量而言，可能又形成另一个外因变量，这个潜在变量不仅受到外因变量的影响（此时变量属性为依变量），同时也可能对其他变量产生影响作用（此时变量属性为自变量），此种同时具外因变量与内因变量属性的变量，可称为一个中介变量（mediator），如图 1-11。

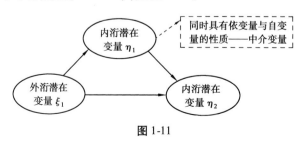

图 1-11

潜在变量中被假定为因者之外因变量,以 ξ(xi/ksi)符号表示,被假定为果的内因变量以 η(eta)符号表示。外因变量(潜在自变量)ξ 的观察指标或测量指标称为 X 变量,内因变量 η(潜在依变量)的观察指标或测量指标称为 Y 变量。上述潜在自变量与潜在依变量及其观察指标形成下列关系:

①潜在自变量 ξ 与测量指标 Y 变量间没有直接关系,而潜在依变量 η 与测量指标 X 变量间也没有直接关系。

②潜在自变量 ξ 与潜在自变量 ξ 间协方差矩阵(二者的关系),以 Φ(phi)表示。

③潜在自变量 ξ 与潜在依变量 η 间的关系,以 γ(gamma)表示,二者的关系即内因潜在变量被外因潜在变量解释的回归矩阵。

④外因潜在变量 ξ 与其测量指标 X 变量间的关系,以 Λ_x(lambda x)表示,外因观察变量 X 的测量误差以 δ(delta)表示,测量误差 δ 之间的协方差矩阵以 Θ_δ(theta-delta)表示。

⑤内因潜在变量 η 与其测量指标 Y 变量间的关系,以 Λ_y(lambda y)表示,内因观察变量 Y 的测量误差以 ε(epsilon)表示,测量误差 ε 之间的协方差矩阵以 Θ_ε(theta-epsilon)表示。

⑥内因潜在变量 η 与内因潜在变量 η 间的关系,以 β(beta)表示。

由于 Amos Graphics 绘图区无法呈现希腊字母及注标(下标字),因而其变量名称及各参数标签名称通常以英母字母表示(变量名称为中文字也可以)。在输出结果报表中会区分外因观察变量或内因观察变量,外因潜在变量或内因潜在变量,而指标变量的误差项被视为外因潜在变量(外因无法观察变量)。AMOS 测量模型图绘制的范例如下:

范例一 共同因素(ξ 或 η)的变量名称为 F1,六个测量指标(观察变量)分别为 X1 至 X6,六个测量指标的测量误差项(δ 或 ε)之变量名称分别为 e1 至 e6,如图 1-12。

范例二 两个共同因子的测量模型,两个共同因素(潜在变量)(ξ 或 η)的变量名称为 F1、F2,因素构念一有六个测量指标变量,因素构念二有四个测量指标变量,十个测量指标的测量误差项(δ 或 ε)的变量名称分别为 e1 至 e10,如图 1-13。

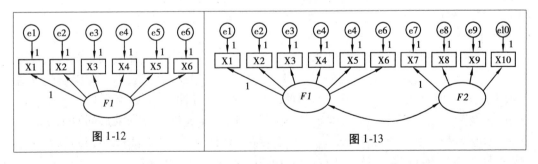

图 1-12   图 1-13

范例三 三个共同因子的测量模型,三个共同因素(潜在变量)(ξ 或 η)的变量名称为 F1、F2、F3,因素构念一有三个测量指标变量,因素构念二有四个测量指标变量,因素构念三有三个测量指标变量,十个测量指标的测量误差项(δ 或 ε)的变量名称分别为 e1 至 e10,如图 1-14。在 AMOS 的分析中,由于测量误差项(δ 或 ε)的原文为 error、residual,因而常以 e1、e2……或 err1、err2……或 r1、r2……或 res1、res2……表示 SEM 的测量误差:δ 或 ε。

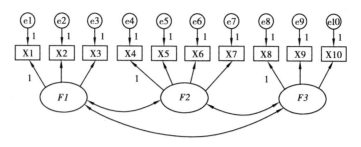

图 1-14

范例四　与范例三比较之下,两个假设测量模型图的主要差别在于,范例四测量模型中多增列了测量误差间的共变关系(ε 与 ε,或 δ 与 δ 间的共变关系),如图 1-15。X3 测量指标的测量误差 e3 与 X5 测量指标的测量误差 e5 间有共变关系,有共变关系表示二者之间有相关(δ_3 与 δ_5 间有相关),X6 测量指标的测量误差 e6 与 X9 测量指标的测量误差 e9 间有共变关系(δ_6 与 δ_9 间有相关),界定测量误差项有相关并没有违反 SEM 的假定。

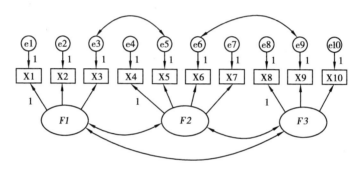

图 1-15

在初始测量模型分析中通常假定测量误差间是彼此独立无关的,此论点相当于项目反应理论(item response theory;IRT)中的局部独立(local independence)的基本假设问题,CFA 分析中提供的修正指标值会呈现测量指标的测量误差间有共变关系(error covariance 或 correlated error)的修正。所谓测量误差相关是指理论建构无法诠释到的变异量,在不同测量指标上发生共变现象。误差相关的问题可能产生于测量工具题项的系统内容偏差,或题项内容与其他题项内容有高程度的相关或重叠,也有可能来自于受试者的系统性反应偏差,如填答符合社会期许效应,偏向于两极端选项等。若是成就测验则可能来自受试者的练习效应、量尺粗略等干扰因素(李茂能,2006;Aish & Joreskog, 1990)。

测量模型分析所验证的属于假设模型内在模型适配度(fitness of internal structure of model),主要是评估测量指标变量与潜在变量的信度、效度,以及估计参数的显著水平等,此即为模型内在质量的检验,因而测量模型可以检验模型中各因素构念的收敛效度/聚合效度(convergent validity)与区别效度(discriminant validity)。所谓收敛效度是指测量相同潜在特质(构念)的测验指标会落在同一个共同因素上,而区别效度则是指测量不同潜在特质(构念)的测验指标会落在不同共同因素上。虽然也有其他方法可以用来检验模型的信度与效度,如一般常用的多特质多方法(Multi-Trait Multi-Method;简称 MTMM)[1],

---

1 也称为"多质多法"。

但采用 SEM 的方法却比 MTMM 估计方法多了两个特点(张绍勋,2005):

①SEM 在实务运用上比 MTMM 方便很多。由于 MTMM 必须以不同的量表对样本观察值进行多次的施测,往往造成实际执行上的限制与困难,在时间与成本上效率较差,若研究者改用 SEM 方法则可以快速地对测量模型进行收敛效度与区别效度的检验。

②采用 SEM 估计法通常会较 MTMM 法得到更精确的结果。SEM 采用验证性因素分析法(CFA),MTMM 采用探索性因素分析法,二者主要的差别在于探索性因素分析法是主观决定转轴(rotation)方法,而验证性因素分析法则是在一定的理论前提下,假定因素构念间存在某种关联关系,进而进行因素间收敛效度的检验,因而 SEM 通常会比 MTMM 法得到更正确的估计结果。

第三节　结构模型

结构模型即是潜在变量间因果关系模型的说明,作为因的潜在变量即称为外因潜在变量(或称潜在自变量、外洐潜在变量),以符号 ξ 表示,作为果的潜在变量即称为内因潜在变量(或称潜在依变量、内洐潜在变量),以符号 η 表示。外因潜在变量对内因潜在变量的解释变异会受到其他变因的影响,此影响变因称为干扰潜在变量,以符号 ζ(zeta)表示,ζ 即是结构模型中的干扰因素或残差值。结构模型又可称为因果模型、潜在变量模型(latent variable models)、线性结构关系(linear structural relationships)。在 SEM 分析模型中,只有测量模型而无结构模型的回归关系,即为验证性因素分析;相反的,只有结构模型而无测量模型,则潜在变量间因果关系的探讨,相当于传统的路径分析(或称径路分析)(path analysis),其中的差别在于结构模型探讨潜在变量间的因果关系,而路径分析直接探讨观察变量间的因果关系。结构模型所导出的每条方程式称为结构方程式,此方程式很像多元回归中的回归系数。

$$Y_i = B_0 + B_1 X_{i1} + B_2 X_{i2} + \cdots + B_p X_{ip} + \varepsilon_i$$

ε_i 为残差值,表示依变量无法被自变量解释的部分,在测量模型即为测量误差,在结构模型中为干扰变因或残差项,表示内洐潜在变量无法被外洐潜在变量及其他内洐潜在变量解释的部分。

SEM 模型与传统的复回归分析并不一样,SEM 除了同时处理多组回归方程式的估计外,更重要的是变量间的处理更具有弹性。在回归分析模型中,变量仅区分为自变量(预测变量)与依变量(效标变量),这些变量均是无误差的观察变量(测量变量),但在 SEM 模型中,变量间的关系除了具有测量模型关系外,还可以利用潜在变量来进行观察值的残差估计,因此,SEM 模型中,残差的概念远较传统回归分析复杂。其次,在回归分析中,依变量被自变量解释后的残差被假设与自变量间的关系是相互独立的,但在 SEM 模型分析中,残差项是允许与变量之间有关联的(邱皓政,2005)。一个外洐潜在变量预测一个内洐潜在变量的结构模型图如图 1-16,其中外洐潜在变量与内洐潜在变量间的回归系数以 γ(GAMMA)表示,其结构系数矩阵以 Γ 表示。内洐潜在变量与内洐潜在变量间的回归系数则以符号 β(BETA)表示,其结构系数矩阵以 B 表示。外洐潜在变量对内因潜在变量无法解释的部分称为残差项(residuals term)或干扰变因(disturbance),残差值为结构方程模型的方程式误差(equation errors),以 ζ(ZETA)符号表示,残差项 ζ 与残差项 ζ 之间的协方差矩阵以 Ψ(PSI)符号表示。

图 1-16

上述潜在变量间的回归方程式如下：

$$\eta_1 = \gamma_{11}\xi_1 + \zeta_1$$

两个外因潜在变量预测一个内沆潜在变量基本的结构模型图如图 1-17：

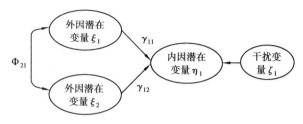

图 1-17

上述潜在变量间的回归方程式如下：

$$\eta_1 = \gamma_{11}\xi_1 + \gamma_{12}\xi_2 + \zeta_1$$

两个内沆潜在变量间的关系模型图如图 1-18：

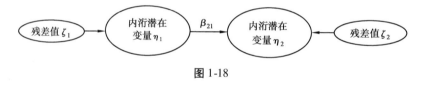

图 1-18

上述潜在变量间的回归方程式如下：

$$\eta_2 = \beta_{21}\eta_1 + \zeta_2$$

一个外沆潜在变量与两个内沆潜在变量间的饱和模型图如图 1-19：

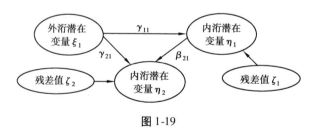

图 1-19

上述潜在变量间的回归方程式如下：

$$\eta_2 = \beta_{21}\eta_1 + \gamma_{21}\xi_1 + \zeta_2$$
$$\eta_1 = \gamma_{11}\xi_1 + \zeta_1$$

结构模型与测量模型的简易关系如图 1-20，其中双箭头表示两个潜在变量间的相关，二者之间无因果关系，单箭头表示变量间的因果关系，箭头来源处(from)表示外因变量(为因)，箭头所指处(to)表示内因变量(为果)。潜在变量间因果关系系数注标写法，先写箭头所指的变量注标，之后再写箭头来源的变量注标，如外因潜在变量 ξ_2 对内因潜在变量 η_1 的影响，以符号 γ_{12} 或 $\gamma_{1,2}$ 表示；外因潜在变量 ξ_3 对内因潜在变量 η_2 的影响，以

符号 γ_{23} 或 $\gamma_{2,3}$ 表示。此外 X 变量的测量误差（measurement errors）与 Y 变量的测量误差之间的协方差，在 AMOS 与 LISREL 的内定设定中，皆预设为零相关，研究者也可以设定其有相关（如 X3 与 X4 之测量误差）。结构模型的方程式可以下列矩阵方程形式表示：

$$\eta = \Gamma\xi + \zeta \text{ 或 } \eta = B\eta + \Gamma\xi + \zeta$$

其中 ξ 与 ζ 无相关存在。

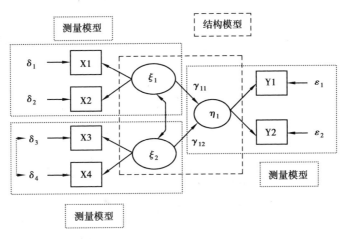

图 1-20

在结构模型中，外因潜在变量之间可以是无关联的，也可以是彼此间有关联的，而外因潜在变量对内因潜在变量之间的关系必须是单方向的箭号，前者必须为"因"变量，后者为"果"变量（$\xi \to \eta$），此单向箭号不能颠倒。而两个内因潜在变量间，可以是单向预测也可以形成一种互惠关系，互惠关系即相互预测关系，其关系如：$\eta_1 \to \eta_2$，或 $\eta_2 \to \eta_1$，或 $\eta_1 \leftrightarrows \eta_2$，而内因潜在变量（$\eta$）无法被外因潜在变量（$\xi$）解释或预测的部分，即方程模型中所无法预测到或解释到的误差值（ζ），称为残差（residuals）或干扰变因（disturbance）。

一个广义的结构方程模型，包括数个测量模型及一个结构模型，以上述模型图而言，其结构方程模型包含了三个测量模型及一个结构模型。在 SEM 模型中，研究者依据理论文献或经验法则建立潜在变量与潜在变量间的回归关系，亦即确立潜在变量间的结构模型。同时，也要建构潜在变量与其测量指标间的反映关系，即建立各潜在变量与其观察指标间的测量模型（黄芳铭，2005）。在 SEM 分析中，由于涉及了数个测量模型及一个结构模型，变量间的关系较为复杂，变量间关系的建立要有坚强的理论为根据，模型界定时必须依循简约原则（或称精简原则）（principle of parsimony）。在 SEM 分析中，同样一组变量的组合有许多种的可能，不同的关系模型可能代表了特定的理论意义，若是研究者可以用一个比较简单的模型来解释较多的实际观察数据的变化，那么，以这个模型来反映变量间的真实关系，比较不会得到错误的结论，避免犯下第一类型的错误（邱皓政，2005）。

简约原则本身是模型理论建构的一个重要原则。在社会及行为科学领域中，一个好的理论必须具备下列条件：一是对客观现象的解释要强而有力，即此理论能否正确且广泛地解释不同现象；二是理论必须是可检证的（testable），可检证性是理论能否具有科学特性的条件之一，能够被检验的理论，才具有科学的特性，也才能对其所可能犯的错误做修正，使此理论能更正确地预测现象；三是理论必须具备简单性，在既有的解释程度之下，能够以愈少的概念和关系来呈现现象的理论愈佳。简约原则期待研究者能够以一个比较简单的模型来解释复杂的关系,当一个简约模型被接受时,表示它比其他较不简约的模型具有较低的被拒绝率。依据简约原则的内涵,研究者在界定模型的参数时,每一个参数皆必须有相当的理论基础,一个没有理论支持或理论薄弱的关系,最好将之排除于模型之外(黄芳铭,2005)。

一个完整的结构方程模型如图 1-21 所示:

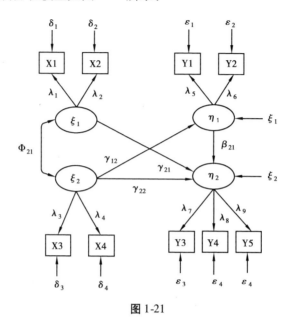

图 1-21

上述 SEM 理论模型图以 AMOS 绘制图示如图 1-22。

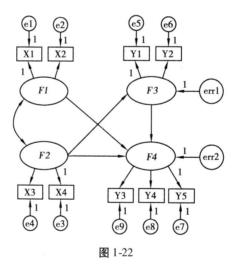

图 1-22

AMOS 绘制 SEM 理论模型图有几个基本假定:测量模型中的测量指标的测量误差项的路径系数内定为 1(也可将其改为界定误差项的方差等于 1);测量模型中必须有一个指标变量的路径系数内定为 1,以上两个固定参数在绘制测量模型时 AMOS 会自动增列所有观察变量、潜在变量、误差变量的名称为唯一,不能重复出现;作为内因潜在变量或内因观察变量(路径分析模型)者要增列一个残差项,所有外因潜在变量间要以双箭头图像钮建立共变关系。模型中的外因潜在变量为 F1、F2,内因潜在变量为 F3、F4,内因潜在变量 F3、F4 各要增列一个残差项。

若是增列 SEM 假设模型图的参数,在 AMOS 绘图区中的结构方程模型图如图 1-23。范例的参数中,C1 表示共变关系;V1 至 V13 为变量的方差,SEM 分析程序中作为内因潜在变量者无法估计其方差,所以内因潜在变量 F3、F4 无法增列方差参数;W1 至 W9 为路径系数,在测量模型中为因素负荷量,在结构模型中为 γ 系数与 β 系数。

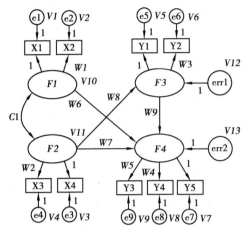

图 1-23

上述结构方程模型以 AMOS 估计结果,其参数估计摘要表如表 1-1。SEM 的模型中的参数主要包括固定参数(fixed parameters)与自由参数(free parameters)。固定参数为模型中不被估计的参数,其参数值通常设定为 0,有时将其设定为常数 1;自由参数为模型中需要被估计的参数,自由参数的多寡会影响模型是否可以辨识(identified),若模型无法辨识则无法估计各个参数。AMOS 的【浏览文字】(View Text)图像钮可开启输出结果窗口,在窗口中会呈现模型的参数状态。

表 1-1　Variable counts（Group number 1）

Number of variables in your model：	24
Number of observed variables：	9
Number of unobserved variables：	15
Number of exogenous variables：	13
Number of endogenous variables：	11

在范例 SEM 模型图中,模型中的变量共有 24 个,观察变量有 9 个(SEM 模型中有九个测量指标变量),无法观察的变量有 15 个,包括四个潜在变量 F1、F2、F3、F4(ξ_1、ξ_2、η_1、η_2),九个测量误差项,两个内因观察变量的残差项(err1、err2),外因变量有 13 个(九个测量误差项、两个残差项、两个潜在变量 F1 和 F2)、内因变量有 11 个(九个观察变量和 F3、F4 两个潜在变量)。

表 1-2　Parameter summary（Group number 1）

	Weights	Covariances	Variances	Means	Intercepts	Total
Fixed	15	0	0	0	0	15
Labeled	9	1	13	0	0	23
Unlabeled	0	0	0	0	0	0
Total	24	1	13	0	0	38

SEM 模型中路径系数被设定为 1 者表示为固定参数,此种参数共有 15 个。自由参数均有加注标记,23 个自由参数中回归系数有 9 个(W1 至 W9),协方差有 1 个(C1),方差有 13 个(V1 至 V13),平均数与截距项均为 0 个,因而模型中待估计的自由参数共有 9 + 1 + 13 = 23 个,模型中全部的参数共有 38 个。

表 1-3　Computation of degrees of freedom (Default model)

Number of distinct sample moments:	45
Number of distinct parameters to be estimated:	23
Degrees of freedom (45 − 23):	22

模型中外因潜在变量的观察变量有 4 个,内因潜在变量的观察变量有 5 个,样本协方差矩阵独特元素或数据点 $= \frac{1}{2}(4+5)(4+5+1) = 45$ 个,模型中被估计的参数(自由参数)有 23 个,模型的自由度 $= 45 - 23 = 22$。

第四节　结构方程模型图中的符号与意义

SEM 分析模型中常用的符号与定义如表 1-4:

表 1-4

符　号	读　法	维　度	意义说明
X		$q \times 1$	ξ 的观察变量或测量指标
Y		$p \times 1$	η 的观察变量或测量指标
ξ	xi	$n \times 1$	外因潜在变量(因变量)
η	eta	$m \times 1$	内因潜在变量(果变量)
δ	delta	$q \times 1$	X 变量的测量误差
ε	epsilon	$p \times 1$	Y 变量的测量误差
ζ	zeta	$m \times 1$	内因潜在变量的误差
β	beta	$m \times m$	内因潜在变量(η)间关连的系数矩阵
γ	gamma	$m \times n$	外因潜在变量(ξ)与内因潜在变量(η)间关连的系数矩阵
Φ	phi	$n \times n$	外因潜在变量(ξ)的变异协方差矩阵
Ψ	psi	$m \times m$	内因潜在变量(η)残差项的变异协方差矩阵
λ_x	lambda x	$q \times n$	X 与外因潜在变量(ξ)间之关连系数矩阵
λ_y	lambda y	$p \times m$	Y 与内因潜在变量(η)间之关连系数矩阵
Θ_δ	theta-delta	$q \times q$	δ 变量间的变异协方差矩阵
Θ_ε	theta-epsilon	$p \times p$	ε 变量间的变异协方差矩阵
S 矩阵			样本数据推演出的协方差矩阵
$\hat{\Sigma}$ 矩阵			基于样本之假设模型的协方差矩阵

一个完整的 SEM 模型的参数矩阵如表 1-5：

表 1-5

矩阵名称	数学符号	LISREL 缩写	矩阵描述
LAMBDA-Y	Λ_y	LY	为($p\times m$)阶矩阵,表示连结 Y 变量对 η 变量的系数
LAMBDA-X	Λ_x	LX	为($q\times n$)阶矩阵,表示连结 X 变量对 ξ 变量的系数
BETA	B	BE	为($m\times m$)阶矩阵,表示 η 变量间有方向性的连结系数(回归系数)
GAMMA	Γ	GA	为($m\times n$)阶矩阵,代表 ξ 变量对 η 变量影响的回归系数
PHI	Φ	PH	为($n\times n$)阶矩阵,代表 ξ 变量间的协方差
PSI	Ψ	PS	为($m\times m$)阶矩阵,代表内衍潜在变量残差项(ζ)间的协方差
THETA-EPSILON	Θ_ε	TE	为($p\times p$)阶矩阵,代表指标变量 Y 测量误差(ε 变量)间的协方差
THETA-DELTA	Θ_δ	TD	为($q\times q$)阶矩阵,代表指标变量 X 测量误差(δ 变量)间的协方差

注：p,q,m,n 各为变量 Y,X,η,ξ 的个数

在 SEM 路径关系图中,常用的符号说明如下：

1. 潜在变量

潜在变量(latent variables)又称无法观察的变量(unobserved variables)、建构变量(construct variables)。所谓潜在变量即是构念因素,是不可直接测量或无法直接观察得到的,只能以间接的方式推论出来,通常称为构念、层面或因素。其图形以圆形(circle)或椭圆形(ellipse)表示,如图 1-24,作为"因"(causes)的潜在变量又称为自变量或外因潜在变量或外衍潜在变量(exogenous),变量名称以符号 ξ 表示；作为"果"(effects)的潜在变量又称为依变量或内因潜在变量或内衍潜在变量(endogenous),变量名称以符号 η 表示。

在 AMOS 的操作中,结构模型的潜在变量名称不能与原始数据文件的变量名称相同,结构模型的内因潜在变量的残差项也是潜在变量。所有测量模型的测量误差项(errors of measurement)均为潜在变量,其对象也要以椭圆形表示,所有测量误差项及残差项的变量名称也不能与原始数据文件的变量名称相同。

2. 观察变量

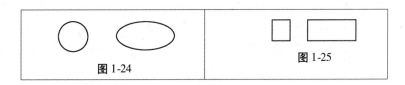

图 1-24　　　　　　　　　　图 1-25

观察变量又称为显性变量(manifest variables)、指标变量(indicator variables)或可测量变量(measured variables),研究者可以直接观察或直接测量获得,获得的数据可以转化为量化数据,外因潜在变量的指标变量以符号"X"表示；而内潜在变量的指标变量以符号"Y"表示。其图形通常以正方形或长方形表示,如图 1-25。若以量表问卷来作为指标

变量,则观察变量可能是量表在个别题项上的得分,或是数个题项加总后的分数;若是以观察法来获得数据,观察变量为观察内容,其数据为观察所得转化而成的量化分数。

AMOS 的操作中,方形对象中的变量名称一定是原始数据中的变量之一,若其变量名称不是原始数据文件中的变量,则执行计算估计值时会出现错误讯息,如方形对象中界定一个原始 SPSS 数据文件中没有的变量 Y10,执行计算估计值时会出现下列的错误讯息: The variable, Y10, is represented by a rectangle in the path diagram, but it is not an observed variable(如图 1-26)。讯息告知使用者变量 Y10 出现于路径图中的长方形内,但它并不是一个观察变量,表示在原始 SPSS 资料文件中没有观察变量"Y10"的变量名称。

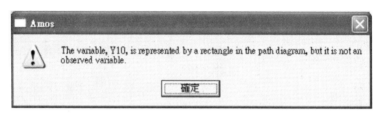

图 1-26

3. 误差变异项(error term)

内因潜在变量无法被模型中外因潜在变量解释的变异量,即结构方程模型中的随机变异部分,以希腊字母 ζ 表示;内因潜在变量(η 变量)的测量误差(errors in measurement),即观察变量无法被其潜在变量解释的变异,以希腊字母 ε 表示;外因潜在变量(ξ 变量)的测量误差,以希腊字母 δ 表示。在 AMOS 操作中不会区分测量误差 ε 与 δ,但在描绘潜在变量的测量指标时会自动把测量误差的小椭圆形对象加上,因而研究者不用特别加以界定,如图 1-27。在结构模型中作为内因潜在变量及内因观察变量者则要另外界定残差项,如图 1-28、图 1-29。

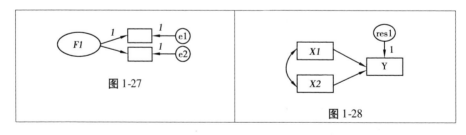

图 1-27

图 1-28

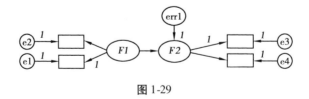

图 1-29

4. 变量间的关系

单一方向的箭号(one-way straight arrow):表示直接效果或单方向的路径关系,单向因果关系又称为不可逆模型(recursive models),以单箭号表示,如图 1-30。箭号的起始点为因变量,箭号所指的地方为果变量,系数注标表示时,先呈现"果"的变量编号,再呈现"因"的变量编号。在 SEM 模型中,外因潜在变量(ξ)间没有单箭号的关系存在,即外因潜在变量间没有因果关系,但它们可能有共变关系存在。

图 1-31 中符号注标 β_{21} 与符号注标 β_{12} 所表示的变量间的关系是不同,后者的图示如图 1-32。注标 β_{21} 表示潜在变量 η_1 直接影响到潜在变量 η_2,其中潜在变量 η_1 为"因"变量,潜在变量 η_2 为"果"变量;而注标 β_{12} 表示潜在变量 η_2 直接影响到潜在变量 η_1,其中潜在变量 η_2 为"因"变量,潜在变量 η_1 为"果"变量,二者的影响路径及关系刚好相反。

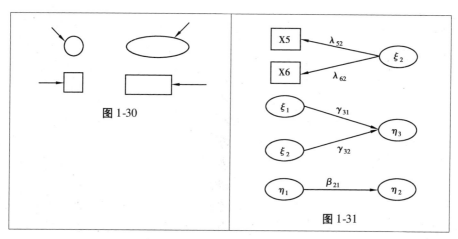

图 1-30 　　　　　　　　　　　　　　　图 1-31

双向箭号(two-way arrow):表示两个变量间为相关或共变的关系,即两个变量间不具方向性的影响,是互为因果的关联路径。在 SEM 模型中,外因潜在变量间不具单向因果关系,但可能具有相关或共变关系,以希腊符号 Φ 表示。内因潜在变量的残差间,也可能具有相关或共变关系,以希腊符号 Ψ 表示。由于双向箭号表示变量互为因果关系,因而符号注标 Φ_{12} 与符号注标 Φ_{21} 是相同的。

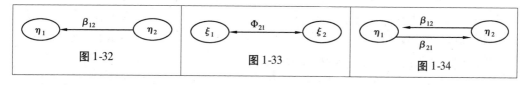

图 1-32 　　　　　　　图 1-33 　　　　　　　图 1-34

可逆模型(non-recursive modes):又称互惠关系(reciprocal relationship)效果模型,表示两个变量间具有双向因果关系的影响路径,第一个变量直接影响到第二个变量,而第二个变量也直接影响到第一个变量,如图 1-34。在 SEM 分析中,若是遇到模型无法聚合,参数无法进行估计时,将两个变量改设为可逆模型,也是一种解决策略。

AMOS 的操作中参数的界定无法使用希腊字母或上下标文字,因而参数界定均以英文字母作为起始文字符串,单箭头符号参数表示变量间有因果关系,内定的英文字母为 W;双箭头符号参数表示变量间有共变关系,内定的英文字母为 C,研究者可直接于模型图中增列描绘箭头符号或直接用【删除对象】图像钮删除原先描绘的箭头符号,以进行模型的修正。全部以图标来描绘假设模型图并进行参数估计是 AMOS 的一大特点,对于初学 SEM 的使用者而言,更为便利与实用。

第五节   参数估计方法

在 SEM 分析中,提供七种模型估计的方法:工具性变量法(instrumental variables;IV 法)、两阶段最小平方法(two-stage least squares;TSLS 法)、未加权最小平方法(unweighted least squares;ULS 法)、一般化最小平方法(generalized least squares;GLS 法)、一般加权最小平方法(generally weighted least squares;GWLS 法或 WLS 法)、极大似然法(Maximum Likelihood;ML 法)、对角线加权平方法(diagonally weighted least squares;DWLS 法)。研究者如要检验样本数据所得的协方差矩阵(S 矩阵)与理论模型推导出的协方差矩阵($\hat{\sum}$ 矩阵)间的契合程度,即是模型适配度的检验,测量 $\hat{\sum}$ 矩阵如何近似 S 矩阵的函数称为适配函数(fitting function),不同的适配函数有不同的估计方法。在上述七种方法中,假定研究者所提的理论模型是正确的(模型没有叙列误差或界定错误),而且取样样本够大,则以上述方法所产生的估计值会接近真正的参数数值(Bollen,1989;Joreskog & Sorbom,1996)。

最广泛使用的估计模型方法为 ML 法,其次是 GLS 法(Kelloway,1998)。ML 法使用很普遍,主要是许多研究者似乎将 LISREL 与 ML 法画上等号,且 LISREL 将 ML 法作为预设的模型估计方法。在 LISREL 允许的各种估计方法中,ML 法估计值可用在持续及非对称的大样本上(Bollen,1989)。只有是大样本并且假设观察数据符合多变量正态性,卡方检验才可以合理使用,此时,使用 ML 估计法最为合适;如果数据为大样本,但观察数据不符合多变量正态性假定,最好采用 GLS 估计法(周子敬,2006)。

IV 法与 TSLS 法属于使用快速、非递归式(non-iterative)、有限信息技术(limited-information technique)的估计方法。它们没有使用模型中其他方程式讯息,单独地估计每个参数,因而对于叙列误差较有强韧性,但与同时估计整个模型方程系统的完全讯息技术(full-information techniques)相较之下,显得较无效率,因为采用完全讯息技术可同时考虑模型之中的所有方程式,进行综合判断以获得最佳的估计数。因而 IV 法与 TSLS 法多使用其他估计方法来计算计始值(starting values)。但当模型是暂时性的,且模型的叙列误差不明确的状态下,它们也可以作为初步估计法使用。ULS 法、GLS 法、ML 法、WLS 法、DWLS 法等均使用递归式的程序(或迭代估计程序)(iterative procedure),均属于完全讯息技术的估计方法,比起采用有限讯息技术的 IV 法与 TSLS 法,较有统计上的效率,然而这些估计方法也容易受到叙列误差(specification errors)的影响,因为每个参数的估计完全根据模型中的其他参数,每个参数的估计都会受到模型中每个方程式的叙列误差值的影响(Diamantopoulos & Siguaw,2000;Long,1983)。

采用完全讯息技术的估计法是经由迭代估计程序,而使模型达到聚合(或收敛)程度(convergence),模型收敛表示经由迭代估计程序可以尽可能使假设模型隐含的协方差矩阵($\hat{\sum}$ 矩阵)接近样本数据的协方差矩阵(S 矩阵)。一般而言,若是假设模型与实证数据的兼容性高,LISREL 及 AMOS 程序会有效地提供适当的起始值,经过一定的迭代程序后,使模型达到收敛程度,此种情形称为可接受解值(admissible solution)。若是研究者所提的理论模型不适切,起始值与最终解值的差异太大,假设模型与实证数据的兼容性低,则模型可能无法达到收敛程度,或是达到收敛,但许多参数无法合理解释,此种情形称为不可接受解值(non-admissible solution)或不适当解值(improper solution)。不可接受解值会导致参数超出合理的范围,如变量间相关系数的绝对值超过 1、出现负的误差变异量、协方差矩阵或相关矩阵出现非正定(positive-definite)的情形等(Diamantopoulos & Siguaw,2000)。

　　在上述七种估计方法中,模型主要常用的参数估计方法为未加权或一般最小平方法(unweighted or ordinary least squares;ULS 法)、一般化最小平方法(generalized least squares;GLS 法)、极大似然估计法(maximum likelihood estimation;ML 法)、渐进分布自由法(asymptotic distribution free;ADF 法)。极大似然估计法是目前应用最广的 SEM 适配函数估计法,也是 SIMPLIS 内定参数估计方法。极大似然法的基本假设,是观察数据都是从总体中抽取得到,且所抽出的样本必须是所有可能样本中最可能被选择的,若符合此一假设,估计的参数即能反映总体的参数(邱皓政,2005)。所谓极大似然法是可能性为最大的一种优良估计量,其目的是替总体参数寻求“最可能”解释观察数据的值,使用 ML 法时必须满足以下基本条件:样本是多变量正态总体且是以简单随机抽样来获得的(黄芳铭,2004)。在正态分布且大样本之下,ML 估计值、标准误和卡方值检验结果,都是适当、可信且正确的。但是,当观察变量是次序性变量,且严重地呈现偏度或高狭峰等非正态分布情形时,ML 的估计值、标准误和卡方值检验的结果,都是不适当、不可信且令人质疑的,因而,在违反正态分布的假设时,最好使用含有加权式估计程序的方法,如 WLS 法(余民宁,2006)。

　　当数据符合多变量正态性假定时,GLS 法非常接近 ML 估计法,若是数据违反多变量正态性假定,GLS 法在使用上也有其强韧性。至于 ULS 方法通常不需符合某种统计分布的假定,它在数据不符合统计分布的假定时也能获得稳定的估计结果(Bentler & Weeks,1979)。在所有估计方法中,ULS 法是唯一运用量尺单位依赖法(scale-dependent methos)的估计方法。所谓量尺单位依赖法表示改变一个以上观察变量的量尺单位,会造成参数估计值的改变,因而无法简单反映量尺转换的效果。与量尺单位依赖法相对的即是量尺单位自由法(scale-free methods),这种方法如 ML 估计法与 GLS 估计法,其特性是参数估计的改变,只反映被分析的观察变量量尺单位的改变(Long,1983,p.58)。当所有观察变量以相同的单位测量时,采用 ULS 法可以获得最适当的估计结果。WLS 法与 DWLS 法不像 GLS 法与 ML 法,受到数据须符合多变量正态性的假定限制,但为了使估计结果可以收敛,WLS 法与 DWLS 法的运算通常需要非常大的样本,一般要在 1000 个以上。一般而言,当数据呈现非正态(non-normality),致使无法采用 ML 法与 GLS 法来估计参数时,才考虑使用替代估计方法——WLS 法与 DWLS 法(Diamantopoulos & Siguaw,2000)。

　　一般最小平方法(GLS)的基本原理是使用差异平方和的概念,只是在计算每一个差值时,以特定权数来加权个别的比较值(邱皓政,2005)。GLS 法与 ML 法的基本假定是相同的,包括样本要够大、观察变量是连续变量、测量指标必须是多变量正态分布,以及必须有效界定模型等。GLS 法产生的估计结果与 ML 法类似,二者具有相同的统计特质(黄芳铭,2004)。当数据无法符合多变量正态性的假设时,最好使用不受正态分布假设限制的估计方法,如加权最小平方法(generally weighted least squares;WLS)。使用 WLS 法与 DWS 法时,必须为大样本(通常样本数在 1000 以上,若要能在任何分布下估计顺利,则样本数更要提高至 5000 以上),如果是小样本时,属于 ADF 的 WLS 法就没有实务应用的价值,并且也比较耗费计算机运算的时间。在实务操作上,使用这两种方法,必须提供数据的渐近协方差矩阵(asymptotic covariance matrix)(余民宁,2006)。

在 Amos 分析中,模型估计方法有五种:Maximum likelihood(极大似然法;简称 ML 法)、Generalized least squares(一般化最小平方法;简称 GLS 法)、Unweighted least squares(未加权最小平方法;简称 ULS 法)、Scale-free least squares(尺度自由最小平方法;简称 AFLS 法)、Asymptotically distribution-free(渐近分布自由法;简称 ADF 法)。其中 ML 法为 Amos 内定之模型估计法。在分析属性对话窗口的【Estimation】(估计)标签页中可以勾选其他的估计法,此窗口中也内定【Fit the saturated and independent models】(适配饱和与独立模型),因而在各模型适配度统计量中同时会呈现分析模型的饱和模型与独立模型的统计量,如图 1-35。

图 1-35

在估计方法与样本大小的关系方面,Hu(1992)与其同事发现,若是样本数据符合正态性假定,则使用 ML 法与尺度化 ML 法(Scaled ML)的样本数最好大于 500,如果样本数少于 500,则使用 GLS 法来估计会获得较佳的结果;在小样本时,使用椭圆分布理论法(Elliptical distribution theory;EDT)进行统计检验的结果较佳(此种方法 Amos 中没有提供),使用 EDT 法时要考虑到变量的峰度,此方法虽不假定变量须符合正态分布,但假定所有变量要有相同的峰度;如果样本数少于 2500,使用 ADF 法所获得的估计值较不理想。Bentler 与 Yuan(1999)发现:SEM 统计检验类似多变量 Hotelling's T 检验法,模型如为小样本(N 介于 60 到 120 之间)、受试者人数样本比数据变量的协方差矩阵提供的方差与协方差多,采用 ADF 法所获得的估计值较佳。如果 N 为样本数,p 是测量变量的数目,q 为模型中待估计的参数,$p^* = \frac{1}{2}p(p+q)$,采用 ADF 法获得的 T 估计值(调整卡方值)如下:$T = \frac{[N - (p^* - q)]T_{ADF}}{(N-1)(p^* - q)}$,公式中的 T_{ADF} 为采用 ADF 法估计所得的估计值。如果分析样本数据无法符合正态性假定,Hu 等人(1992)发现:样本数多于 2500 时,采用 ML 法与 GLS 法获得的估计值较佳;如果是小样本时采用 GLS 法获得的估计值较佳,但模型估计结果可能接受太多的假设模型,此时若采用 EDT 法,多数假设模型会被拒绝;如果样本数少于2500,则采用 ADF 法获得的估计值较差,尺度 ML 法、ML 法及 GLS 法获得的估计值均较 ADF 法为佳(如果样本数很大,ADF 法获得的估计值与尺度 ML 法、ML 法及 GLS 法获得的估计值差不多)。

关于模型估计法与独立性,SEM 初始模型的基本假定为误差项是独立的,根据 Hu 等人(1992)的研究,当误差项与因素间独立而无相关(uncorrelated)时,此种情况下采用 ML 法与 GLS 法获得的估计值较差,估计结果真实模型总是被拒绝,除非样本数多于2500,否则采用 ADF 法获得的估计值也不理想,采用 EDT 法所获得的估计值反而优于 ML 法、GLS 法及 ADF 法,但 EDT 法估计结果会拒绝过多的真实模型,除非样本为大样本,否则采用尺度 ML 法估计结果总是优于采用 ADF 法。在中样本到大样本的情况下,采用尺度 ML 法获得的估计值最佳(Tabachnick & Fidell, 2007)。

对于 SEM 模型估计法的选择,学者 Tabachnick 及 Fidell(2007)提供以下论点供研究者选取参考:选择适当估计技术与统计检验时应同时考虑样本大小、正态性与独立性假定等因素,若是样本为中等数目或更大,且有明确的证据显示数据符合正态性与独立性假定,则研究者最好选取 ML 法、尺度 ML 法及 GLS 法。由于尺度 ML 法估计较为复杂,若是再考虑到时间与经济因素,则研究者最好采用 ML 法及 GLS 法,尤其 ML 法是目前在 SEM 模型检验中使用最多也最为广泛的方法。如果数据无法符合正态性假定,不确定因素与误差项的独立性,且样本数为中至大样本时,最好选取尺度 ML 法来作估计模型,因为尺度 MLχ^2 值的电脑运算较为繁复,需要使用较多的模型估计值,因而最后的结果会呈现 MLχ^2 值及尺度 MLχ^2 值;小样本时,最好采用 Yuan-Bentler 检验统计法。

Amos 内设的参数估计法为 ML 法,但 ML 法较不适用于小样本的估计,对于小样本的 SEM 分析,Amos 另外提供了贝氏估计法(Bayesian estimation),采用贝氏估计法估计模型前,会同时对平均数与截距项进行估计,因而研究者要在【分析属性】(Analysis properties)对话窗口中先选取【估计平均数与截距项】选项(Estimate means and intercepts),再执行功能列【Analyze】(分析)/【Bayesian Estimation】(贝氏估计法)程序,可开启【Bayesian SEM】对话窗口,进行小样本的 SEM 模型估计检验,如图 1-36。

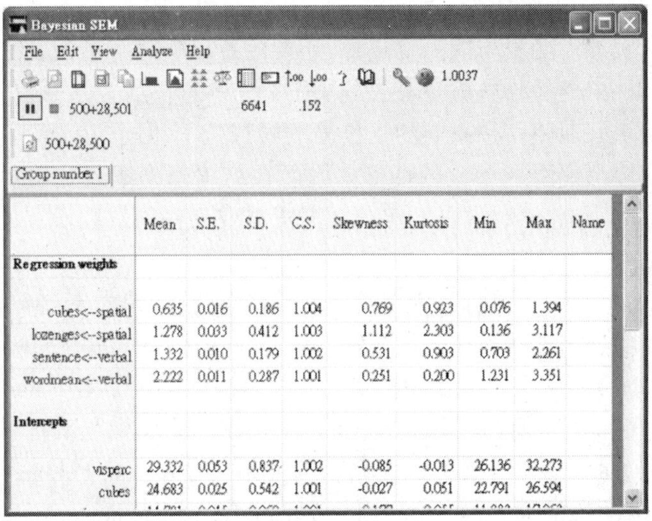

图 1-36

第六节　模型的概念化

一个完整 SEM 模型化软件的成功与模型完整概念化(sound conceptualization)界定有密切关系,一个概念化欠佳的模型不可能利用 LISREL 软件产出有用的结果。LISREL 也曾经用于探索性的目的,但结构方程模型要更进一步,其在验证性脉络情境中更有效率。模型概念化(model conceptualization)的内涵包括两部分:一为结构模型概念化(structural model conceptualization),一为测量模型概念化(measurement model conceptualization)(Diamantopoulos & Siguaw,2000)。

结构模型的概念化主要是界定潜在变量间的假设关系,模型发展阶段关注于结构模型的关系界定,以形成可以作为统计检验的理论架构(theoretical framework)。在结构模型的界定中,研究者必须明确区分模型中哪些变量为外洐变量(exogenous variables)、哪些变量为内洐变量(endogenous variables)。外洐变量在模型中一直扮演自变量(independent variables)角色,不能直接被模型中其他变量所影响,但它可直接影响到其他的内洐变量;内洐变量在模型内通常可被其他变量直接影响,因而常扮演依变量(dependent variables)的角色,这种内洐变量常可被外洐变量解释或受到外洐变量的直接影响。此外,这些内洐变量有时会直接影响到其他的内洐变量,因而又扮演起自变量的角色,对于解释模型中其他内洐变量的内洐变量,在结构模型中可能具有中介变量的性质,对外洐变量而言,它是一个依变量,对于其他内洐变量而言,它是一个自变量。当内洐变量无法完全或完整地被假设的变量(外洐变量及其他内洐变量)解释或影响时,模型估计中误差(error term)或残差(residual)就会产生,所谓误差或残差即是假设的除外衍变量之外可能影响内洐变量的部分。

在模型概念化的阶段,研究者要注意确保模型中没有遗漏重要的外洐变量与内洐变量,若是某些重要或关键的变量被遗漏掉,会导致严重的参数估计偏差,造成叙列误差的出现。所谓叙列误差是指研究者所提的理论模型,无法反映出总体及变量的真正特质(true characterization),研究中的待答问题无法获得解决。结构模型概念化中,除确认适当的潜在变量、区隔外洐变量与内洐变量外,还要注意以下两种情况:①内洐变量的顺序有无界定错误;②外洐变量与内洐变量,及内洐变量间的联结关系数目与期望方向有无界定错误,其中变量间期望路径系数的正负号的解释是不相同的。模型估计中若是忽略上述两种情况,很容出现叙列误差的情形。因而在结构模型概念化阶段,结构模型要考虑的是:根据之前的理论文献、过去的实证证据资料或某些探索性研究的信息等,来建构假设模型。

模型概念化的第二个主要阶段为测量模型的概念化,即是关于潜在变量如何被操作型定义和如何被测量的,这些潜在变量通常借由显性变量(manifest variables)或观察变量(observable variables)来反映其潜在特质。此阶段关注的即是学者 Blalock(1968)所提出的附属理论(auxiliary theory),此理论的功能在于确认理论架构与实证世界的联结关系,更具体而言是界定抽象概念与其指标变量间的关系(Sullivan & Feldman,1979,p.11)。在 SEM 分析中,显性变量通常皆是反映性指标(reflective indicators),即作为效果指标(effect indicators)。测量模型概念化阶段要考虑的是每个潜在变量的显性变量,最好采用多个指标变量,此外,还要考虑的是在单一模型中,潜在变量与显性变量的数目要多少才是最适当的? 这个问题要视研究主题、研究者界定模型的目的与可用的测量数量而定。一般而言,愈复杂的模型(包含较多的潜在变量与显性变量),愈有可能遭遇到模型适配度不佳的问题。假设所有的条件都一样,模型所包含的变量愈多,则模型所需要的样本数愈大。因为模型愈复杂,愈有可能遗漏重要的潜在变量,为要达到模型精简程度而出现叙列误差;而由于遗漏潜在变量关键的指标变量,也使得测量质量不佳。为兼顾样本的大小和叙列误差的程度,学者 Bentler 与 Chou (1987, p.97)提出以下建议:使用小规模的数据组时,至多 20 个变量即可,其中潜在变量 5~6 个,而每个潜在变量的指标变量 3~4 个即可。对于样本数的需求,学者 Ding 等人(1995)建议:在使用协方差结构模型 (covariance structure modeling)时,最少的受试样本数是 100 至 150。Boomsma(1987, p.4)则建议:"使用极大似然法估计结构方程模型时,最少的样本数为 200,研究的样本数若少于 100,会导致错误的推论结果。"而最近的研究者如 Marsh 等人(1998)从模型收敛程度、参数的稳定性与理论建构信度的角度,认为每个潜在变量的指标变量愈多,对于模型的估计愈能得到不错的效果。但另一个要考虑的是,变量数愈多,所需的样本数愈多,此时模型适配度的卡方值很容易达到显著水平,而易于拒绝虚无假设。此外,愈复杂的模型,愈有可能使模型无法收敛,因而研究者在模型界定上要格外慎重。

完整测量模型概念化的架构图如图 1-37:

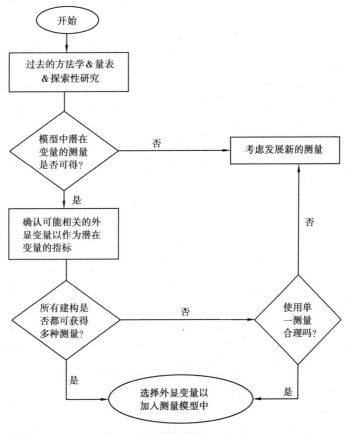

图 1-37　测量模型概念化流程图

资料来源:Diamantopoulos & Siguaw, 2000, p.17.

在 SEM 模型的分析步骤上,Bollen 与 Long(1993)从验证性因素分析的观点提出,有下列五个程序:模型的确认(model specification)→模型辨识(identification)→参数估计(estimation)→检验适配度(testing fit)→模型的再确认(respecification),若是假设模型与观察数据适配良好,则分析程序可以停止;如果假设模型与观察数据不适配,则借由再确认的程序改善假设模型,直到可以获得一个较佳的解值。在分析历程中,可以检验偏度与峰度的自由度,以确认观察数据符合多变量正态性的假定。Hair 等人(1998)对于 SEM 模型的分析程序,根据测量模型、结构模型的建构与模型产生的有效性,认为应有下列 7 个步骤:①理论模型架构的建立;②建立因素变量间因果关系的路径图;③转换因果路径图为结构方程式与测量方程式;④选择分析模型(是以相关系数矩阵还是以协方差矩阵为数据文件);⑤鉴定评估模型;⑥评估模型适配标准;⑦模型的解释与修改。

Diamantopoulos 与 Siguaw(2000, p.7)认为 SEM 模型的分析程序有 8 个步骤:①模型的概念化(model conceptualization);②路径图的建构(path diagram construction);③模型的确认(model specification);④模型的辨识(model identification);⑤参数的估计(parameter estimation);⑥模型适配度的评估(assessment of model fit);⑦模型的修改(如确认要修改,则回到步骤①,模型的概念化);⑧模型的复核效化(model cross-validation)。模型的概念化就是依据理论假设或实征证据来发展模型中的潜在变量与其指标变量。模型的确认在于描述估计参数的本质与数目。模型的辨识是利用观察数据分析结果来决定参数估计是否足够,可否根据搜集的观察数据来确认参数的单一值与唯一值。参数的估计是根据 AMOS 及 LISREL 程序执行结果,来判别假设模型隐含的协方差矩阵是否等于观察或实际的协方差矩阵,所估计的参数是否显著不等于 0。模型适配度的评估要参考不同的适配度指标来进行综合判断,适配度指标允许研究者评估测量与结构模型的质量及完整性,进而指标值支持所提的概念化模型及理论假设。模型的修改最好配合理论基础,不能纯以数据为导向(data-driven),进行暂时性的修饰。重复修改模型,以使模型去适配观察数据,可能会误用 AMOS 及 LISREL 提供修正指标的原意,研究者在进行模型的修饰时要格外谨慎。

综合上述学者的看法,一个完整结构方程模型的分析历程可以图 1-38 表示:

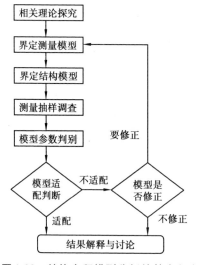

图 1-38　结构方程模型分析的基本程序

第七节　模型的修正

当模型进行参数估计后,发现假设理论模型与观察数据的适配度不佳,研究者可能会对模型进行适当修正,修正的目的在于模型适配度的改善。模型适配度不佳可能是,违反基本分布的假定;有缺失值或叙列误差的存在;不是直线关系(Kaplan,1988;1989)。模型修正就是所谓模型界定(model specification),即对模型增列或删除某些参数;而模型的改善指的是模型改为更佳或更简约的适配,可以得到合理的解释。针对初始理论模型进行局部的修改或调整,以提高假设模型的适配度,这一步骤称为模型修正(model modification),修正完的模型应是合理的、明确的与可完整解释的。模型修正如果没有理论基础,完全是数据驱使(data-driven)的,则易落入"机遇坐大"(capitalization on chance)的迷思——已修正过的模型在一个特殊样本中可能适配度很好(甚至完美),但应用于同总体中的另一组样本时,可能出现适配度不足的情形,因而可能需要重新选取样本来检验修正的模型(MacCallum,1995)。

在模型参数估计中,有时理论模型与观察数据已经适配,但研究者为了使模型的适配度更佳而达到简化模型的目标,会检测某些参数。但有学者研究证实,一个适配良好的模型通常是不稳定的,这些适配良好的模型无法复制于其他样本,也就是原始模型与观察数据契合度良好,但与其他观察数据适配度可能不佳。对此,学者MacCallum等人(1992,p.501)就建议:"当一个初始模型适配良好时,去修正模型使它获得更好的适配度可能是相当不明智的做法,因为修正只是适配了样本微小的独特之特质而已。"

第二种常见模型修正的重要原因是初始模型适配度不佳。造成模型适配度差的可能原因有以下几种:违反数据分布的假定;变量间非直线性关系;缺失值太多、叙列误差等(Bentler & Chou,1987)。模型的修正就是侦测与改正叙列误差,改善模型适配。所谓叙列误差包括从模型中遗漏了适当的外沿变量、变量间的重要联结路径,或模型中包含不适当的联结关系等。模型修正的步骤通常处理的是内在叙列误差(internal specification errors),如遗漏了模型变量中重要的参数或包含不重要的参数,至于外在叙列误差(external specification errors),表示研究者的理论或方法上出了问题,单靠模型修正也很难使模型适配度变得较好(Gerbing & Anderson,1984)。为了避免内在叙列误差的产生,在模型概念化的阶段中,重要的是避免遗漏关键的变量。

辨识与更正内部叙列误差,就是一种界定叙列搜寻(specification search)的程序,其最后目的,在于找寻总体中可以明确表示显性变量与潜在变量之间结构关系的模型(MacCallum,1986)。此种界定叙列搜寻的程序有三点需要加以注意(Diamantopoulos & Siguaw,2000,p.103):

(1)数据分析的本质已不再是验证性的(confirmatory),而是变成探索性(exploratory)的。所谓验证性的乃是检验先前已决定好的假设初始模型,而探索性的是指经由界定叙列搜寻过程所得出的最后模型都只是暂时性的而已,还必须使用其他不同样本来重新检验并做效度检验。若是使用相同的数据组来产生模型并进行模型检验,是不符合验证性本质的,验证性分析的逻辑是不能以相同的数据来发展一个模型,同时又以此数据来评估模型的适配度(Biddle & Marlin,1987;Breckler,1990)。

(2)经由界定叙列搜寻程序所发展的新模型未必与原先所提的初始模型类似或相

同,模型的差异度与修正的数目有关.因而理所当然地将新模型视为可辨识的模型是错误的,使用者必须经由界定叙列搜寻程序来确认模型是否可被辨识,才能进一步进行有意义的参数估计(Long,1983)。

(3)经由界定叙列搜寻程序,研究者应知道何时开始,更要知悉何时停止,以避免产生一个过度适配的模型(overfitting model)。如研究者额外增加估计参数,可能使得:①增加的参数相当脆弱,表示参数所代表的效果很弱,进而无法进行验证;②导致标准误显著地膨胀;③影响模型中原始的参数估计值,使其变得没有意义或无使用的价值(Byrne,1998)。事实上,估计参数的过度增列,可能会出现一个自由度为0、适配非常完美的饱和模型,但此种完全适配的完美饱和模型是不可能的,且没有实质意义存在,也违反了可否证性的原则(principle of disconfirmable[1])。

模型违反了可否证性的原则,表示模型是不合理的。一个理论是否符合科学的本质,主要的关键在于此理论是否可以接受否证的验证,如果一个理论无法否证,只有两种可能,一为它是一种意识形态而非理论,二为此理论根本不存在于这个真实世界中。对于 SEM 而言,一个模型是否可以被否证,在统计的观点上,从模型自由度的有无就可以判别。一个没有自由度的模型,虽然它不是唯一的,因为研究者可以再改变理论模型的方向,让模型成为对等模型,但就统计而言,它的假设是无法检验的,而无法检验的假设模型就不具有可否证性(黄芳铭,2004)。自由度为0、完美适配的路径分析模型在后面的章节中会有范例说明。

参数的调整会影响模型的自由度(复杂度),进行影响卡方值的计算,使得除了参数与理论的适合性问题之外,另外掺杂了技术上的不确定性。一般而言,若是研究者移除一个参数的估计,将增加整个模型的自由度,如此将会扩增卡方值,卡方值扩大会造成模型适配度的降低。但由于假设模型中使用较少的参数进行估计,较符合模型精简原则(愈简单的模型愈佳);相对的,如果研究者减少参数的限制,增加参数的估计,将使模型的自由度变小,造成卡方值也减少的倾向,可有效改善模型的适配度,但是,由于模型中有较多的参数估计,违反了精简原则。由此可知,参数的增列或移除,会使模型精简度(parsimony)与适配度(goodness-of-fit)间呈现互为消长的关系。但是,由于模型修正的主要目的在于改善模型的适配度,因此,一般建议使用者先增加参数的估计,提高模型的适配度之后,再进行参数的删减,以简化模型的复杂度(邱皓政,2005)。

AMOS 及 LISREL 模型中可能的模型修正内容如下(Diamantopoulos & Siguaw,2000,p.104):

表 1-6

	放宽(减少)限制	增加限制
测量模型	放宽测量参数	固定测量参数
结构模型	放宽结构参数	固定结构参数

表1-6 中典型的放宽(减少)限制是指将原先模型中设定的固定参数(fixed parameters)改为自由参数,或是取消原先设定为相等的参数,使这些参数以自由参数(free parameters)的方法各自进行估计。而典型的增加限制的设定刚好与上述相反,将原

---

1 也译为"可证伪性"。

先的自由参数改为固定参数,不进行参数估计(将参数设定为0);将原先各自进行自由估计的两个参数的值设成相等,以进行参数相等化的估计。所谓自由参数是研究者根据理论而要去估计的参数。所谓的固定参数,是把参数设定成某个固定值(一般皆设定成0或1),不再去估计。界定叙列搜寻程序时要注意以下几点(Diamantopoulos & Siguaw, 2000, p. 106):

(1)与有限制的理论指引(theory-drivern)之下有限度的搜寻相比,以数据导向(data-driven)的无限制搜寻较不易成功,因而研究者不能只根据输出报表中的诊断讯息来作为模型修正的策略,而应适当纳入相关的理论。

(2)在小规模、中规模的样本中,界定叙列搜寻程序往往会造成模型检验的不稳定,导致统计结果较大的波动,在相同样本大小的情况下,会出现多种不同的修正方式,如果样本数小于100,则不宜进行界定搜寻。模型修正时最好采用大样本,但要注意统计检验力过高时可能出现模型不佳的情况。

(3)在小规模、中规模的重复样本中,初始模型与修正模型的适配度测量结果可能都会不太稳定,即模型修正会造成模型适配度指标不理性的波动。在此种情况下,如果研究样本够大,最好把样本随机分为两部分,每一部分均进行模型界定叙列搜寻程序,并进行交叉检验。

(4)模型叙列错误处愈多,则模型界定叙列搜寻结果愈不容易成功,因而研究者在确认初始模型时,必须参阅相关的文献理论,以建构一个完整的假设模型图,同时兼顾测量模型与结构模型的合理性。

(5)在模型界定搜寻过程中,常出现第二类型错误,即无法拒绝一个有叙列错误的模型,此时研究者应确保样本数足够,足以支持检验模型的统计检验力,不要把一个未达显著的卡方值检验结果作为停止界定搜寻的信号,研究者要避免过度依赖卡方统计量作为模型适配度的唯一检验指标,因为卡方检验易受样本数大小的影响。

第八节　模型的复核效化

当假设模型经过修正成为一个较佳的模型(better model)之后,研究者可以进一步将较佳模型与初始模型进行比较,以获得实质的意义。这个问题就是要关注最后模型的可信度。一个模型若是有用,则其不仅适用于已知的样本,同样也能适用于其他的样本(Yi & Nassen, 1992)。一种可能的结果是最后发展的模型只适配于一组样本,对于其他样本并不适配。如果模型建构得很理想,应该可以一次又一次地适配相同的数据样本组(Saris & Stronkhorst, 1984)。此种模型可交叉验证的过程称为模型的复核效化分析(cross-validation analysis)。复核效化就是分析修改的较佳模型是否也可适配于来自相同总体的不同样本;以及不同总体的样本是否也可获得理想的适配结果。

如果研究者想要在一对立模型中选取最佳模型(best model),就需要采用复核效化的分析程序,当样本数不大时,研究者所要选取的不是适配最佳的模型,而是最具复核效化的模型(MacCallum et al., 1994)。如果先前建立的对立或竞争模型代表不同的理论,研究者的目的应是选择一个对未来样本具有预测效度的模型,而不是挑选一个最能复制此特定样本结构的模型,因为后者对于来自相同总体的观察数据可能是不适当的(Diamantopoulos & Siguaw, 2000)。

依据学者 Bagozzi 和 Yi(1988，p.85)的说法，至少有四种情境，必用到复核效化的程序：

(1)为了确定模型的适配不是特异样本特征(idiosyncratic sample characteristics)所导致的结果，研究者必须将一个模型的评价分开来估计，以便建立效度。

(2)界定搜寻程序或模型探究时，是使用一个适配数据的假设修正模型。

(3)根据现有数据从数个模型中选择一个最适配的模型，且需要检验是否存在"机遇坐大"(capitalization on chance)造成的影响。

(4)研究目标在于寻找可以很好预测未来数据的模型。

根据效度样本(样本是否来自相同的总体或来自不同总体)及模型数目(单一模型或数个模型的比较)来划分复核效化的型态，通常可划分为表 1-7 中的四种类型，这四种类型也是在协方差结构模型中常见的复核效化的型态(Diamantopoulos & Siguaw，2000，p.130)。

表 1-7　模型复核效化的四种类型

		效度样本	
		相同总体	不同总体
模型数目	单一模型	模型稳定	效度延展
	模型比较	模型选择	效度概化

四种类型的模型复核效化说明如下(Diamantopoulos & Siguaw，2000)：

(1)模型稳定(model stability)

模型稳定的目的主要是评估一个已经适配良好的单一模型，被应用在相同总体中的其他样本时是否也可以适配得很好。模型稳定类型是最基本的复核效化分析形式，通常它不是从独立样本中选择一组数据，就是将原先总样本以随机分割或使用分割样本的做法，将既有的样本一分为二(其样本数比例为 50∶50)。采用第二种方法时，分为两群的样本分别称为校正样本(calibration sample)与效度样本(validation sample)，前者是用来建立发展假设的理论模型，而后者则用来检验前者发展的模型的适当性。这种分割样本的做法前提是需要一个够大的样本，才足以将样本一分为二，一般建议的最小样本数为 300，但如果考虑到模型的复杂性，被估计的参数愈多，则需要的样本数可能愈大，如 Homburg(1991)研究发现，模型较复杂时，样本数介于 300 至 500 之间，进行复核效化效果最佳。学者 MacCallum 等人(1992)则认为样本数若没有超过 800，进行复核效化的结果会呈现不稳定的状态，此论点与 Homburg(1991)的观点相同，其认为正式的样本分割，所需的样本数愈多，则复核效化会呈现更大的一致性。此外 Bentler(1995，p.6)对模型的复核效化提出以下建议：在数据符合正态分布基本理论时，被估计的自由参数个数与样本数的比例至少为 1∶5，即样本大小至少为自由参数个数的 5 倍，如果数据不是正态分布而是呈现其他分布，样本数与自由参数的比例至少要在 10∶1 以上才较适当，上述比例值足够大，在参数显著性方面才能获得可信赖的 z 检验值，并提高正确模型评估的卡方分布概率值。

(2)效度延展(validity extension)

效度延展非常类似于模型稳定的评估，其差别是效度验证的第二组样本来自不同的总体，也就是一个适配较佳的模型发展自第一个总体观察样本，然后再随机抽取第二个总体中的样本来检验上述的模型是否在此样本中也适配良好，效度延展的目的是决定理论模型的效度是否可以扩展到不同的总体,如果可以,表示模型效度延展情形良好。进行效度延展的程序之前,要先建立模型的稳定性,若理论模型在同一总体中的样本都无法适配,如何复制扩展到其他不同的总体?

（3）模型选择（model selection）

模型选择的主要目的在于从数个竞争或对立的模型中,选择一个最佳的模型,而前述数个竞争或对立的模型在同一总体的不同样本间可以复制,均具有模型稳定的特性。模型选择的意涵,即是从一组竞争模型中,比较出哪一个假设模型具有相对较佳的解释力,而不会只考虑一个模型。在此上述情况下,如果样本数够大,分割样本的做法是可行的,因为竞争模型在相同的样本中已被评估过,模型的适当性不会受到样本大小的影响（Yi & Nassen, 1992）。对研究者而言,发展不同的竞争模型,其目的在于选择一个模型,但此模型却不一定是所有模型中最佳的,但它却一定是可以接受且最能够应用到其他观察数据上的。当然,若最适配模型也是最稳定模型是最好的。不过,若是最佳适配模型无法推论到其他的样本,就表示此一最佳模型是由一种特殊样本所得到的,因而其具有的效度只是一种内在效度,而缺乏外在效度。其实,最好的模型应当同时具备内在有效性与外在有效性,模型选择就是同时考虑这两个条件的一种复核效化（黄芳铭,2004）。

（4）效度概化（validity generalization）

效度概化是从来自不同总体的具有模型延展的一组竞争模型中,找出一个较佳的模型。效度概化是在不同总体中从事模型选择的工作,"模型选择"则是在同一总体产生的数个模型中进行选择。效度概化的逻辑可以下列例子说明:假设有三个竞争模型 A、B、C,经由模型选择程序的过程,在第一个总体中,模型从最好到最差的排序为 B、A、C;在第二个总体中模型复核效化的排列顺序为 C、A、B。虽然模型 A 在总体一和总体二中均不是最佳的模型,但是在总体一中比模型 C 佳,在总体二中比模型 B 佳,因而如同时考虑两个总体,模型 A 不见得会比模型 B、C 表现差。

复核效化的概念也可以从它使用的复核效化的策略（cross-validation strategy）来考虑。MacCallum 等人（1994, p.13）将复核效化的策略分为三种:

（1）宽松复制策略（loose replication strategy）

宽松复制策略指在校正样本下获得的适配模型,用效度样本进行复核效化时,模型界定是相同的,但模型中所有的参数均让其自由估计,允许模型中所有参数在校正样本与效度样本间获得不同的估计,也就是在效度样本中,将模型的参数限制放松让其自由估计。

（2）严格复制策略（tight replication strategy）

严格复制策略就是在校正样本下获得的适配模型,用效度样本进行复核效化时,不仅模型界定是相同的,且模型中所有固定的参数也必须完全一样,不允许模型中参数在校正样本与效度样本间获得不同的估计,也就是在效度样本中模型的参数限制与估计与先前校正样本下是相同的。

（3）适中复制策略（moderate replication strategy）

适中复制策略指的是已经获得适配的模型,在校正样本中限制某些关键性的参数,如反映测量或结构路径的参数,而允许某些参数如误差方差自由估计,模型中限制与放宽的参数在效度样本中部分是相同的,部分是有差异的,因而适中复制策略乃是宽松复制策略与严格复制策略的一个折衷,又称部分复核效化（partial cross-validation）。

　　AMOS 及 LISREL 均可执行多群组样本分析(multi-sample analysis)的程序,进行复核效化的工作,此程序功能可以同时适配多组样本,并且可对参数界定恒等限制(invariance constraints),此项又称等化限制(equality constraints)或群组限制(group restrictions),即允许多组样本间的全部或某些参数值设定为相等。LISREL 应用软件在进行多群组样本分析时,其预设的功能是采用严格复制策略,将多组样本上的所有参数值设定为相同。研究者也可根据自己的需求或相关理论、模型修正数据等,改采宽松复制策略或适中复制策略,来逐步放宽某些参数的估计,以达到多组样本都能适配于同一模型的目的(余民宁,2006;Diamantopoulos & Siguaw, 2000)。

　　复核效化的评价指标,常用者为 AIC(Akaike information criterion)与 ECVI(expected cross-validation)。在数学基础上,AIC 指标是从代表模型适配度的卡方值转换而来的一种基于概率原理的统计数,其公式如下:

$$AIC = \chi^2 - 2df$$

　　从模型复杂度来看,模型的自由度愈小,表示估计的参数愈多,模型愈复杂,模型能从 χ^2 值中扣减的数值愈少,使得 AIC 数值增大。因此,两个 SEM 假设模型比较时,AIC 指标值较低者,表示模型的变动性愈低,模型愈精简,在预测分布(predictive distribution)上的表现较佳,复核效化愈理想。在做模型比较时,AIC 值愈小表示模型愈简约,所以 AIC 指标值可以作为模型的选择之用,所有竞争模型中 AIC 值最小者,最具有复核效化。而 ECVI 指标,期望复核效度指标,是由 Cudeck 和 Browne(1983)所提出的评价复核效化适当问题的指标。此指标是基于非中央性参数的估计,用以反映模型估计的波动性。在实际应用上,ECVI 指数反映在相同的总体之下,不同样本重复获得同一个理论模型的适配度的期望值。ECVI 值愈小,表示模型适配度的波动性愈小,该理论模型愈好。在 ECVI 指数的判别上,要注意样本的分布,因为 ECVI 值受到样本分布假定的影响相当大,如果样本分布相当偏离正态,这个值的可信度就会减低(黄芳铭,2004;邱皓政,2005)。

第二章 模型适配度统计量的介绍

第一节　模型适配度检核指标

适配度指标(goodness-of-fit indices)是评价假设的路径分析模型图与搜集的数据是否相互适配,而不是说明路径分析模型图的好坏,一个适配度完全符合评价标准的模型图不一定保证是个有用的模型,只能说研究者假设的模型图比较符合实际数据的现况。当我们讨论模型的适配(fit),指的是假设的理论模型与实际数据的一致性程度。在模型估计的过程中,假设模型隐含的协方差矩阵 $\hat{\Sigma}$,应尽可能接近样本协方差矩阵 S, $\hat{\Sigma}$ 矩阵与 S 矩阵愈接近,表示模型的适配度愈佳。严格来讲,协方差结构的假设是: $\Sigma = \Sigma(\theta)$,其中 Σ 矩阵为总体协方差矩阵, $\Sigma(\theta)$ 矩阵为总体假设模型隐含的协方差矩阵,整体适配度的测量在于协助评估这个假设是否成立,如果没有成立,也可以协助测量其二者之间的差异。但因为总体的参数 Σ 矩阵与 $\Sigma(\theta)$ 均无法获得,因而研究便以其相对应的样本数据 S 矩阵与 $\Sigma(\hat{\theta})$ 矩阵(也就是 $\hat{\Sigma}$ 矩阵)来检验估计(Bollen, 1989, p. 256)。适配度指标(fit indices)就在于估量 $\hat{\Sigma}$ 矩阵与 S 矩阵间的紧密性(closeness),紧密性的测量有许多种不同方法。

在推论统计中,会根据变量的属性与其相互间的关系,选用适当的统计方法,并选定显著水平(一般是使用 $\alpha = 0.05$ 或 $\alpha = 0.01$),并决定单侧检验或双侧检验,之后会得到统计量及显著性概率值 p,若是显著性检验概率值 p 小于 0.05,就可拒绝虚无假设,而接受对立假设,形成变量间相关显著,或自变量在依变量上有显著差异,或自变量对依变量有显著的解释力等结论,拒绝虚无假设往往是研究者所期盼的结果。但在结构方程模型检验中,研究者所期望获得的结果是"接受虚无假设"(不要拒绝虚无假设),因为一个不显著的检验结果,表示虚无假设不应被拒绝,此时样本协方差矩阵 S 与假设理论模型隐含的 $\hat{\Sigma}$ 矩阵就愈接近,表示理论模型愈能契合实证数据的结构,模型的适配度愈佳。

SEM 模型评价的一个重要概念,是 SEM 分析只能用来评估研究者所提的假设理论模型是否适切,但是究竟何者才是真正能够反映变量之间真实关系的模型,这一个结论并不能够从模型评价过程中得到答案,因为除了研究者所提出的理论模型之外,同样的一组显性变量可能有许多不同的模型组合,这些基于同样观察数据的基础假设模型可能都有理想的适配度,SEM 分析并无法区辨这些计量特征类似的理论模型何者为真,使用结构方程模型的研究者不但必须谨记统计学方法本身的限制,更必须避免自己陷入过度统计推论的迷思之中(邱皓政,2005)。假设模型与样本数据可以适配,并不表示假设模型是最佳的模型,也不表示假设模型有很高的实用性,只能是假设模型与调查样本总体的契合度高。

在模型适配度的评价时,要注意以下几个问题:

(1)适配度指标的优劣并无法保证一个模型是有用的。适配指标所提供的信息只是告知研究者模型适配度的不足,适配度的指标值绝对不反映模型的可靠程度(Byrne,1998,p.119)。

(2)一个模型适配良好并无法证明什么。研究者应该相信还有许多理论模型也可以适配得很好,甚至在某些案例中可能会适配得更好。事实上,一个适配不佳的指标值可能会提供研究者更多的信息,反而比较好得出结论,因为它的信息明确告知研究者该理论模型无法被观察数据支持(Darden,1983,p.28)。

(3)模型适配度的评估应该来自不同的数据源,从不同的观点采用多种准则指标来评估模型的适配度(Byrne,1998,p.103)。

(4)带有潜在变量的结构方程模型应用于实际世界中时,会表现出某种程度的模糊性,这意味着某些指标准则会指向接受模型,而其他指标准则会出现模棱两可的情形,甚至呈现拒绝模型的相反结果(Bagozzi & Yi,1988,p.90)。

(5)最重要的一点是研究者无法对检验结果加以评估和解释,因为此结果好像与研究者建构的理论相分离,或是无法根据研究发现的相关概念或命题来评价或解释模型(Bagozzi & Yi,1988,p.90)。研究者应根据相关的理论来建构假设模型,之后再参酌适配度系数来进行模型的判断,而不要依据适配系数指标来调整模型,这样才符合科学进步的本意。

在进行整体模型适配度估计之前,研究者需先检验模型是否违反估计,查核参数估计值的合理性(feasibility)。模型违反估计有以下几种常见情形(Byrne,2001;Hair et al.,1998):

(1)出现负的误差方差(negative error variances),此种情形特称为 Heywood 案例(黑屋案例)。实际情境的误差方差愈小愈好,其最小值为0,表示没有测量误差,如果其值为负数,表示违反估计。

(2)协方差间标准化估计值的相关系数大于1,此时 R^2 值也会大于1,当 R^2 值大于1时,是不合理的参数。

(3)协方差矩阵或相关矩阵不是正定矩阵(positive definite matrices)。当 AMOS 的报表中协方差矩阵是非正定矩阵时,会出现警告讯息,如 The following covariance matrix is not positive definite。当协方差是非正定矩阵时,所估计而得的参数会超出合理界限的范围,其解不是一个可接受解(admissible solution)。

(4)标准化系数超过或非常接近1(standardized coefficient exceeding or very close to 1)(通常可接受的最高门坎值为0.95)。

(5)出现非常大的标准误(very large standard errors),或标准误为极端小的数值,如标准误接近0,造成相关参数的检验统计无法被定义(Bentler,1995);相对的,非常大的标准误表示指标参数无法被决定。因为标准误受到观察变量或潜在变量测量单位的影响,也受到参数本身数值大小的影响,在 SEM 分析中通常不会界定标准误"大"或"小"的定义标准。

上述几种情况的补救方案,相关学者提出一些规则及方案,但均不是十分明确。如对于 Heywood 案例的问题,学者 Dillon 等人(1987)提供一种脊常数(ridge constant)的解决方法,就是将负的误差方差加上一个非常小的正数,如 0.001,此种方法也称为平滑程序法。虽然此种方法相当能够符合实际估计程序的要求,但是这样的做法却也混淆了基本的问题。因此,在解释此种结果时,必须对此方法所造成的影响加以考虑。

太大的标准误通常意涵着参数无法估计,主要是因为标准误是受到观察变量、潜在变量,或是二者的测量单位以及参数估计统计量的影响。解决不适当解值,可尝试找出可能影响此种结果的有问题变量,之后删除此变量;若是因为样本数不够,可以再增加样本人数;如果理论允许的话,可以增加每一个潜在变量的测量指标数(黄芳铭,2004)。当标准化系数超过 1 或太接近 1 时,研究者必须考虑删除其中一个建构(因素),或者是能确认在所有建构中,真正的区别效度(discriminant validity,鉴别效度)已被建立(Hair et al.,198)。此观点就是模型的建立必须以相关的理论或经验法则为基础,完全没有理论基础的假设模型是脆弱的、不完整的。

有关模型适配度的评价有许多不同主张,但以学者 Bogozzi 和 Yi(1988)二人的论点较为周全,他们认为假设模型与实际数据是否契合,须同时考虑下列三个方面:基本适配度指标(preliminary fit criteria)、整体模型适配度指标(overall model fit)、模型内在结构适配度指标(fit of internal structural model)。上述整体模型适配度指标,Bogozzi 和 Yi(1988)又将其细分为绝对适配指标(absolute fit indices)、相对适配指标(relative fit indices)、简约适配指标(parsimonious fit indices)。整体模型适配度的检核可说是模型外在质量的检验,模型内在结构适配度的程度代表各测量模型的信度及效度,是模型内在质量的检核。此外学者 Hair 等人(1998)也将整体模型适配度评估分为三类:绝对适配度测量(absolute fit measurement)、增值适配度测量(incremental fit measurement)及简约适配度测量(parsimonious fit measurement),在进行模型适配度评估时,最好能同时考虑到以上三种指标,这样能对模型的可接受性或拒绝产生比较共识的结果。而学者 Diamantopoulos 与 Siguaw(2000)二人认为模型适配度的评估要从四个方面考虑:整体适配度评估(overall fit assessment)、测量模型的评估(assessment of measurement model)、结构模型的评估(assessment of structural model)、统计检验力的评估(power assessment)。其中整体适配度评估包括绝对适配指标值、相对适配指标值和简约适配指标值的检核,是模型外在质量的检核;而测量模型评估及结构模型的评估代替了模型基本适配度指标与模型内在适配度指标的评估。

一、模型基本适配指标

在模型基本适配指标检证方面,Bogozzi 和 Yi(1988)提出以下几个准则:

(1)估计参数中不能有负的误差方差,即 Θ_ε 与 Θ_δ 矩阵元素中没有出现负数,且达到显著水平。

(2)所有误差变异必须达到显著水平(t 值 >1.96)。

(3)估计参数统计量彼此间相关的绝对值不能太接近 1。

(4)潜在变量与其测量指标间的因素负荷量(Λ_X、Λ_Y)值,最好介于 0.50 至 0.95 之间。

(5)不能有很大的标准误。

当违反这几项标准时,表示模型可能有叙列误差、辨认问题或数据文件输入错误,此时研究者最好重新检核模型参数的叙列是否有意义,同时检查语法程序是否与假设模型路径图一致(Bogozzi & Yi, 1988)。

二、整体模型适配度指标(模型外在质量的评估)

SIMPLIS 格式报表或 LISREL 的输出报表中,均会呈现【Goodness of Fit Statistics】的数据,此数据中包含各种模型整体适配度的指标值,这些指标值皆是根据实际数据得到的相关系数矩阵或方差协方差矩阵(简称 S 矩阵)与假设理论模型推导出的相关系数矩阵或方差协方差矩阵(简称 $\hat{\Sigma}$ 矩阵)的差异,所估算出来的统计值。在【Amos Output】文字输出结果窗口中,左边的选单中有【Model Fit】(模型适配)选项,此选项为模型估计结果的模型适配度摘要表,摘要表的内容会呈现十个模型适配统计量的摘要表:【CMIN】、【RMR&GFI】、【Baseline Comparison】(基准线比较估计量)、【Parsimony-Adjusted Measures】(简约调整后测量值)、【NCP】、【FMIN】、【RMSEA】、【AIC】、【ECVI】、【HOELTER】,如图 2-1。

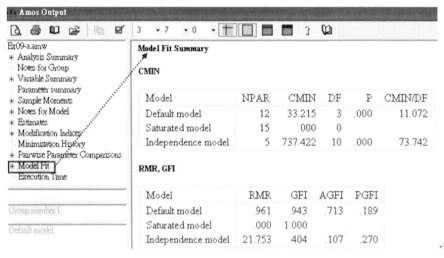

图 2-1

在检验整体模型适配度指标时,学者 Hair 等人(1998)建议,应先检核模型参数是否有违规估计现象,可从下列三方面着手:①有无负的误差方差存;②标准化参数系数是否≥1;③是否有太大的标准误存在。如果模型检核结果没有违规估计现象,则可以进行整体模型适配度的检验。一般而言,整体模型适配度指标是否达到适配标准可从以下几个指标来浏览。

(一)绝对适配统计量

1.卡方值

卡方值(χ^2)愈小表示整体模型的因果路径图与实际资料愈适配,一个不显著($p > 0.05$)的卡方值表示模型的因果路径图模型与实际数据,不一致(discrepancy)的可能性较小,当χ^2值为 0 时,表示假设模型与观察数据十分适配。而一个显著的χ^2值,表示理论模型估计矩阵与观察数据矩阵间是不适配的,饱和模型(Saturated model)是假定模型完全适配样本数据的模型,因而其χ^2值为 0。但卡方值对受试样本的大小非常敏感,样本数愈大,则卡方值愈容易达到显著,导致理论模型遭到拒绝的概率愈大。χ^2值检验最适用的样本数为 100 至 200。如果是问卷调查法,通常样本数均在 200 以上,因而整体模型是否适配需再参考其他的适配度指标。学者 Rigdon(1995)认为,使用真实世界的数据来评价理论模型时,χ^2统计通常的实质帮助不大,因为χ^2值受估计参数及样本数影响很大。估计的参数愈多(自由度愈大),影响假设模型的变因愈多,假设模型适配度不佳的情形就愈明显;而当样本数较大时,往往造成卡方值变大,此时很容易拒绝虚无假设,接受对立假设,表示假设模型的协方差矩阵与观察数据间是不适配的。模型参数愈多,所需的样本数就愈多,若是在一个模型大而样本小的状态下,χ^2检验的问题就会更严重。

在 AMOS 的文字输出报表中,【CMIN】表格会呈现五个估计量数:【NPAR】栏为模型中待估计的独特参数数目(自由参数数目);【CMIN】栏为模型的卡方值,数值即为最小样本差异函数值$\hat{C}$;【DF】栏为检验模型自由度的数目,自由度等于样本矩提供的数据点数目与模型内待估计自由参数数目的差值;【P】栏为卡方值检验的显著性概率值;【CMIN/DF】为卡方与自由度的比值。

表 2-1　CMIN

Model	NPAR	CMIN	DF	P	CMIN/DF
Default model	14	1.714	1	.190	1.714
Saturated model	15	.000	0		
Independence model	5	1212.512	10	.000	121.251

而在 LISREL 报表中,第一行会呈现模型的自由度(degrees of freedom),第二行为最小适配函数卡方值(minimum fit function Chi-Square),它的值等于$(N-1)F_{min}$,其中 N 为样本人数,而 F_{min} 是使用 ML 法或 GLS 法等估计模型后聚合的适配函数值。卡方统计量以传统的协方差结构的测量方法来评估整体模型的适配度,以提供完美适配的检验——虚无假设是模型完美地适配总体数据。一个统计显著的卡方值应该拒绝虚无假设,表示不完善的模型适配,进而拒绝假设的理论模型。卡方统计量的虚无假设如下:$H_0: S = \hat{\sum}$ 或 $H_0: \sum = \sum(\theta)$,其相对的自由度等于$\frac{k(k+1)}{2} - t$;其中 k 是观察变量的数目,而 t 是估计参数的数目。

卡方值统计值对于样本总体的多变量正态性(特别是出现极端峰度时)和样本大小特别敏感。而卡方值的基本假定中,假设模型完美适配总体的分布,因而卡方值可作为模型适配(goodness-of-fit)或不适配(badness-of-fit)的检验统计量。一个很大的卡方值反映出模型适配不佳、一个小的卡方值反映出模型适配度良好。对于卡方值的大小,模型的自由度则提供了一个重要的标准(standard)。实际上,研究者使用的是样本数据,而非总体数据,因此卡方值很容易偏离正态分布的基本假设(大部分的量化研究均采用样本数据),尤其是在小样本时,卡方值对模型与数据间缺乏适配的程度便非常敏感,假设理论模型与实际数据差异更大,$\sum \neq \sum(\theta)$。在此种情境下,检验统计的卡方值不再是χ^2分布,而是呈现一种非集中化的χ^2分布,此分布具有非集中化的参数(non-centrality parameter;NCP 值)λ,λ 值反映的是 $\sum$ 与 $\sum(\theta)$ 间的差异值,此差异值愈大,表示虚无假设愈偏离真正的对立假设,模型的卡方值愈大,显示理论模型与数据间愈不适配。NCP 值等于正态化最小平方加权卡方值(Normal Theory Weighted Least Squares Chi-Square)与模型自由度的差值,NCP 值 90% 的置信区间(90 percent confidence interval)如包括 0 在内,说明检验结果未达显著水平,应该接受虚无假设,说明理论模型与实际数据可以适配(Diamantopoulos & Siguaw,2000;余民宁,2006)。

如采用极大似然法(ML 法)与 GLS 法来估计参数,其 F 值与 χ^2 值计算公式如下:

$$ML 的 \chi^2 = (n-1)F(S;\hat{\sum})$$

$$GLS 的 \chi^2 = (n-1)F_{GLS}$$

$$F(S;\hat{\sum}) = \text{tr}(S\hat{\sum}^{-1}) + \lg|\hat{\sum}| - \lg|S| - p$$

上式中,p 为测量变量的数目,$\hat{\sum}$ 为估计样本的协方差矩阵,当假设模型隐含的协方差矩阵与观察数据的完全契合时,$\hat{\sum}$ 矩阵的对数值与 S 矩阵的对数值相减为 0,而 $\text{tr}(S\hat{\sum}^{-1})$ 则为 $\text{tr}(I)$,解开后的数值等于 p,因此 $\text{tr}(S\hat{\sum}^{-1}) - p$ 的值也等于 0,使得 $F(S;\hat{\sum})$ 的值为 0。由于 $F(S;\hat{\sum})$ 是基于概率原理的非线性函数,不容易获得参数解,因此需依赖迭代的程序来获得参数最后估计值(邱皓政,2005)。

$$F_{GLS} = \frac{1}{2}\text{tr}\left[(S - \hat{\sum})S^{-1}\right]^2, \text{tr}[\cdot] 是矩阵内对角线元素之和$$

在 AMOS 中极大似然比卡方值(Likelihood-Ratioχ^2;简称为 LRχ^2)简称为【CMIN】,其报表中会出现三个模型的卡方值,此三个模型为预设模型(default model,预设模型即为理论模型)、饱和模型(saturated model)、独立模型(independent model),要检核理论模型与实际数据是否适配或契合,应查看预设模型的 CMIN 值。若是一个假设模型达到适配,最好能再进行模型简约的估计,此即为简约的测量(measurement of parsimony)。一个适配度佳的假设模型自参数较少(较多的自由度),表示此假设模型是简约与精简模型;相对的,若一个适配度理想的假设模型自参数较多(较少的自由度),则表示模型是复杂的、欠缺简约的。通常,一个精简或简约模型较复杂模型更符合实际情况。

2.卡方自由度比

假设模型的估计参数愈多,自由度会变得愈小;而样本数增多,卡方值也会随之扩大,若同时考虑到卡方值与自由度大小,则二者的比值也可以作为模型适配度是否契合的指标。卡方自由度比值($= \chi^2 \div df$)愈小,表示假设模型的协方差矩阵与观察数据愈适配,相对的,卡方自由度比值愈大,表示模型的适配度愈差。一般而言,卡方自由度比值小于 2 时,表示假设模型的适配度较佳(Carmines & McIver,1981)。卡方自由度比也称为规范卡方(Normed chi-square;NC):①当其值小于 1.00 时,表示模型过度适配,即该模型具有样本独异性;②当其值大于 2.0 或 3.0(较宽松的规定值是 5.0),则表示假设模型尚无法反映真实观察数据,即模型契合度不佳,模型需要改进。很明显,卡方自由度比由于使用卡方值作为分子,因此该指标仍然受到样本大小的影响,其次,卡方自由度也无法更正过多的统计检验力问题(黄芳铭,2004)。NC 指标值适用于辨认下列两种不适当的模型:一为某种靠巧合产生的过度辨识模型;二为某种无法契合实证数据而需要修改的模型。事实上,NC 指标值也像卡方值一样,容易受到样本大小的影响,在小样本使用时较不可靠,因而在判别模型是否可以接受时,最好还是参考其适配度指标值,进行综合判断(Hayduk,1987;Wheaton,1987)。

在 AMOS 报表中,卡方自由度比值的数据栏标题为【CMIN/DF】,其中分子项【CMIN】为卡方值,分母项【DF】为自由度,此值小于 1 表示模型过度适配,若是大于 3(较宽松值为 5)表示模型适配度不佳,其值若介于 1 ~ 3 表示模型适配良好,较严格的适配度准则是卡方自由度比值介于 1 至 2 间,此数值介于 1 至 2 或 1 至 3 间,表示假设模型(hypothetical model)与样本数据(sample data)的契合度可以接受。

3. RMR & SRMR & RMSEA

在评估 SEM 模型中,基本上有四种残差值的差异型态(Cudeck & Henly,1991):

(1)如果一个假设模型无法完美地适配总体,适配的不足是由于总体协方差矩阵($\sum$ 矩阵)与基于总体的假设模型隐含的协方差矩阵($\sum(\theta)$矩阵)之间的差异值(= $\sum$ 矩阵 – $\sum(\theta)$矩阵),此种差异值称为近似差异值或近似误(discrepancy of approximation),事实上由于 $\sum$ 与 θ 无法得知,因而此种近似差异值无法正确决定,它只存于理论概念中,事实上无法得知。

(2)由于总体的性质无法得知,因而只能以样本数据来代替,即以样本协方差矩阵(S 矩阵)与样本模型隐含的协方差矩阵($\hat{\sum}$矩阵)来取代上述总体的资料,其中 $\hat{\sum}$ 矩阵 = $\sum(\hat{\theta})$矩阵,样本模型适配度的不足是由于样本协方差矩阵(S 矩阵)与基于样本的假设模型隐含的协方差矩阵($\hat{\sum}$矩阵)之间的差异值(=S 矩阵 – $\hat{\sum}$ 矩阵),此种差异值称为样本差异值(sample discrepancy)。在 LISREL 输出的适配残差协方差矩阵中的残差差异值,即为样本差异值,若是样本数据所得的 S 矩阵与样本模型隐含的 $\hat{\sum}$ 矩阵的差异值很小,表示假设模型与实际数据的适配度较佳。

(3)基于总体的假设模型隐含的协方差矩阵($\sum(\theta)$矩阵)与基于样本的假设模型隐含的协方差矩阵($\hat{\sum}$矩阵)之间的差异值(= $\sum(\theta)$ 矩阵 – $\hat{\sum}$ 矩阵),此种差异值代表实际参数的数值与从某一样本获得的参数估计值间的适配不足程度,此种差异值称为估计差异值(discrepancy of estimation)。

(4)近似差异值(= $\sum$ 矩阵 – $\sum(\theta)$矩阵)与估计差异值(= $\sum(\theta)$ 矩阵 – $\hat{\sum}$ 矩阵)的和, = $\sum$ 矩阵 – $\sum(\theta)$矩阵 + $\sum(\theta)$ 矩阵 – $\hat{\sum}$ 矩阵 = $\sum$ 矩阵 – $\hat{\sum}$ 矩阵,表示总体协方差矩阵($\sum$矩阵)与基于样本适配模型隐含的协方差矩阵($\hat{\sum}$矩阵)之间的差异值,此差异值称为整体差异值(overall discrepancy)。

RMR 为残差均方和平方根(root mean square residual),即从适配残差的概念而来,所谓适配残差矩阵是指数据样本所得的方差协方差矩阵(S 矩阵)与理论模型隐含的方差协方差矩阵($\hat{\sum}$矩阵)的差异值,矩阵中的参数即是适配残差(fitted residual)。当 S 矩阵与 $\hat{\sum}$ 矩阵的差异值很小时,表示实际的样本数据与假设模型较契合,此时的适配残差值会很小。把残差值转换成平均数等于 0、标准差等于 1 的数值,称为标准化残差值(standardized residuals),若单独以标准化残差值来解释模型的适配度,则当标准化残差值的绝对值大于 2 时,表示模型缺乏适配(Stevens,1996)。

RMR 值就等于适配残差(fitted residual)方差协方差的平均值的平方根。由于 RMR

值是一个平均残差的协方差,指标值很容易受到变量量尺单位的影响,常呈现数据大小不一的情形,因而没有一个绝对的门坎来决定其数值多少为可以接受的指标值。但就适配残差值的观点来看,模型要能被接受,RMR 值要愈小愈好,愈小的 RMR 值表示模型的适配度愈佳,一般而言,其值在 0.05 以下是可接受的适配模型。

为了克服以上残差值未标准化,造成 RMR 指标值数据大小不一的现象,将残差标准化,以使残差值不受测量单位尺度的影响,即成为标准化残差均方和平方根(standardized root mean square residual;SRMR),SRMR 值为平均残差协方差标准化的总和,其值的范围介于 0 至 1 间,数值愈大表示模型的契合度愈差,其值为 0 时,表示模型有完美的契合度,一般而言,模型契合度可以接受的范围为其值在 0.05 以下。

RMSEA 为渐进残差均方和平方根(root mean square error of approximation),其概念与 NCP 值类似(NCP 值为 noncentrality parameters,即非集中化参数,其数值等于 $\chi^2 - df$。NCP 值等于 0 时,表示理论模型与实际数据最适配),这是根据上述近似差异值(= $\sum$ 矩阵 $-\sum(\theta)$ 矩阵)的概念而估算出来的。其意义是每个自由度的平均 $\sum$ 与 $\sum(\theta)$ 间的差异值(discrepancy),由于考虑了自由度,因此可将模型的复杂度也列入考虑。RMSEA 值通常被视为是最重要的适配指标信息,其公式如下:

$$\text{总体 RMSEA} = \sqrt{\frac{F_0}{df}} = \sqrt{\max\left(\frac{F_{\text{ML}}}{df} - \frac{1}{N-1}, 0\right)} \,;\, \text{估计的 RMSEA} = \sqrt{\frac{\hat{F}_0}{df}}$$

上述公式中的 F_0 为总体差异函数值(population discrepancy function value),表示一个模型被用来适配总体协方差矩阵 $\sum$ 时的适配函数的估计值。当模型完全适配时,总体差异函数值 F_0 等于 0,此时 RMSEA 值等于 0。RMSEA 为一种不需要基准线模型的绝对性指标,其值愈小,表示模型的适配度愈佳,一般而言,当 RMSEA 的数值高于 0.10 以上时,则模型的适配度欠佳(poor fit);其数值在 0.08 至 0.10 之间则是模型尚可,具有普通适配(mediocre fit);在 0.05 至 0.08 之间表示模型良好,即有合理适配(reasonable fit);而如果其数值小于 0.05 表示模型适配度非常好(good fit)(Browne & Cudeck,1993)。此外,Sugawara 与 MacCallum(1993)二人认为 RMSEA 值在 0.01 以下时,代表模型有相当理想的适配(outstanding fit);Steiger(1989)认为 RMSEA 值小于 0.05 时,表示模型有良好的适配;Byrne(1998)指出 RMSEA 值若高于 0.08 表示在总体中有一合理的近似误差存在;MacCallum 等人(1996)则进一步提出 RMSEA 的分割点(cut-points),其认为 RMSEA 值介于 0.08 至 0.10 之间,模型还是普通适配,但 RMSEA 值超过 0.10 时,模型呈现不良适配(poor fit)。

学者 Hu 与 Bentler(1999)建议模型适配度可以接受的范围为 RMSEA 数值低于 0.06;McDonald 与 Ho(2002)认为,RMSEA 数值等于 0.08 是模型契合度可以接受的门坎,其数值若小于 0.05,表示模型的适配度良好。与卡方值相较之下,RMSEA 值较为稳定,其数值的改变不易受样本数多寡的影响,因而在评价模型契合度时,RMSEA 值均比其他指标值为佳(Marsh & Balla,1994)。最近的研究指出,RMSEA 值如使用于小样本时,其指数有高估现象,使得假设模型的适配度倾向于呈现为不佳(Bentler & Yuan,1999)。

在 AMOS 模型适配度摘要表中会单独呈现 RMSEA 值,并提供 RMSEA 值虚无假设(H$_0$:RMSEA≤0.05)检验的显著性 p 值,以标题栏关键词【PCLOSE】表示,此为 AMOS 指标数值中少数可对适配度指标加以检验的指标,RMSEA 值小于 0.05,表示模型适配度佳,RMSEA 值在 0.05 至 0.08 间,表示模型适配度尚可。此外,在 AMOS 模型适配度摘要表中也会呈现 RMR 值,至于标准化的 RMR 值(即 SRMR)则没有呈现。

4. GFI & AGFI

GFI 为适配度指数,也译为良适性适配指标(goodness-of-fit index),GFI 指标用来显示:观察矩阵(S 矩阵)中的方差与协方差可被复制矩阵($\hat{\Sigma}$矩阵)预测得到的量,其数值是指根据"样本数据的观察矩阵(S 矩阵)与理论建构复制矩阵($\hat{\Sigma}$矩阵)之差的平方和"与"观察的方差"的比值(余民宁,2006)。如果 GFI 值愈大,表示理论建构复制矩阵($\hat{\Sigma}$矩阵)能解释样本数据的观察矩阵(S 矩阵)的变异量愈大,二者的契合度愈高。GFI 数值介于 0～1 间,其数值愈接近 1,表示模型的适配度愈佳;GFI 值愈小,表示模型的契合度愈差。一般的判别标准为 GFI 值大于 0.90,表示模型路径图与实际数据有良好的适配度。GFI 值相当于复回归分析中的决定系数(R^2),R^2 值愈大,表示可解释变异量愈大;在 SEM 分析中,GFI 值可认为是假设模型协方差可以解释观察数据协方差的程度。

GFI 指标的定义公式如下:

$$GFI = 1 - \frac{F(S;\hat{\Sigma})}{F(S;\hat{\Sigma}(0))},公式类似于 = 1 - \frac{ERROR_{VAR}}{TOTAL_{VAR}}$$

GFI 的计算公式如下:

$$GFI = 1 - \frac{tr[\Sigma^{-1}(S-\Sigma)]^2}{tr(\Sigma^{-1}S)^2}$$（公式表示为 GFI 值为测量 S 的加权信息适配于Σ加权信息的比率,公式中的比率部分类似于残差变异量对总异量的比例,当 S 与Σ聚合时,计算公式中的分子为 0,GFI 值等于 1)

定义中的 GFI 值相当于 Specht(1975)所提出的一般化复相关系数(generalized multiple correlation coefficient),此系数与复回归中决定系数(coefficient of determination)的概念类似,表示全部 S 的变异量与协方差能够被Σ解释的部分,因而相当于复回归分析中的 R^2。其中 $F(S;\hat{\Sigma}(0))$ 是所有参数皆为 0 时的虚无模型(null model)的适配函数值。

AGFI 为调整后适配度指数,或译为调整后良适性适配指标(adjusted goodness-of-fit index)。调整后的 GFI 值不会受单位影响,其估计公式中,同时考虑到估计的参数数目与观察变量数,它利用假设模型的自由度与模型变量个数的比率来修正 GFI 指标。其公式如下:

$$AGFI = 1 - (1 - GFI)\left[\frac{(p+q)(p+q+1)}{df}\right]$$

也可以表示如下:

$$AGFI = 1 - (1 - GFI)\left[\frac{k(k+1)}{2df}\right]$$

k 表示模型中变量的个数,df 表示模型的自由度,AGFI 值调整了 GFI 值中的自由度,导致模型中有较多的参数但有较低的指标值。这个调整数值的背后,合理的呈现可以再制 S 矩阵,并借由增加较多估计参数至模型中。当 S 矩阵正确完整地被再制,所呈现的最终模型是刚好辨识模型(Stevens,1996)。

GFI 值愈大时,则 AGFI 值也会愈大,AGFI 数值介于 0～1 间,数值愈接近 1,表示模型的适配度愈佳;GFI 值愈小,表示模型的契合度愈差。一般的判别标准为 AGFI 值大于

0.90,表示模型路径图与实际数据有良好的适配度(Hu & Bentler, 1999)。学者 Bollen 与 Long(1993)更认为模型契合度良好的评价指标值应提高到 0.92 以上。在模型估计中, AGFI 估计值通常会小于 GFI 估计值。AGFI 值相当于复回归分析中的调整后的决定系数 (adjusted R^2),因而 AGFI 值会同时考虑估计参数的多少,当估计参数数目愈多,AGFI 值 相对地就会变得较大,得到假设模型的适配度更佳的结论。至目前为止,并没有 GFI 与 AGFI 两个指标值的统计概率分布,因而无法对这两个指标值进行显著性的检验。

5. ECVI

ECVI 为期望跨效度指数(expected cross-validation index)。在 NCP 与 RMSEA 指标值 中,皆是以近似误差值的理念来推导其公式的,此近似误差值为总体的协方差矩阵($\sum$) 与总体假设模型导出的协方差矩阵 $\sum(\theta)$ 的差异值。但 ECVI 值关注的是整体误差值 (overall error),整体误差值表示总体协方差矩阵($\sum$)与模型适配样本隐含的协方差矩阵 $\hat{\sum}$ 的差异。ECVI 值主要功能在于探究从同一总体中,抽取同样大小的样本数,检验同一 个假设模型是否具有跨效度的效益(理论模型可以适配),它所测量分析的是所分析样本 的适配协方差矩阵与从其他大小相同的样本所获得的期望协方差矩阵(expected covariance matrix)的差异值(Byrne, 1998)。因而 ECVI 值在模型整体适配度指标的评价 上是一个有用的指标值。

ECVI 的公式如下:

$$\text{ECVI} = \frac{\chi^2}{N-1} + \frac{2t}{N-1},\text{其中 } t \text{ 为模型中自由参数的个数}$$

在实务应用上,ECVI 值不像其他指标值,有一个固定的数值可供判别模型是否被接 受,ECVI 值主要作为诊断模型的复核效度用,常用于假设模型与独立模型(independence model)及饱和模型(saturated model)的比较。所谓独立模型是指假设所有变量完全独立, 所有观察变量间彼此完全不相关,此种模型是限制最多的模型,又称为虚无模型(null model),表示此种模型在行为及社会科学领域中实际上是不存在的,是研究者所构拟的 一个假设理论模型。独立模型有 k 个参数,$\frac{k(k-1)}{2}$ 个自由度,其中 k 为观察变量的数 目。所谓饱和模型是指待估计的参数完全等于观察变量间方差及协方差的数目。它有 $\frac{k(k+1)}{2}$ 个参数,模型的自由度等于 0,在路径分析中,卡方值会等于 0,因而模型是一种 刚好辨识(just-identified)的模型,此模型即为饱和模型(Medsker ed al., 1994)。一个待 检验的假设理论模型的 ECVI 值会落于独立模型的 ECVI 值与饱和模型的 ECVI 值之间, 因而假设理论模型的 ECVI 值可与独立模型的 ECVI 值及饱和模型的 ECVI 值相互比较, 以作为模型选替之用。

构成模型的结构方程式数目如果正好等于未知数,则模型有唯一解值,此模型会提 供唯一一组解答(如一套路径系数),以能够完全地重制相关系数矩阵,所以模型是刚好 辨识的模型。SEM 鉴定中一个必要但非充分条件(necessary but not sufficient)是,研究者 在协方差矩阵中,不可能估计超过独特元素的参数个数。若是 p 为观察变量的数目,t 值 为模型中自由估计参数的数目,则 $t < \frac{p(p+1)}{2}$,就可能获得唯一解值,但会造成过度辨 识(overidentified)的情形,过度辨识的数学运算类似方程式数目多于未知数的数目。若

是 $t = \dfrac{p(p+1)}{2}$，则模型一定可以获得唯一解值，且模型与观察数据间会呈现最完美的适配（perfect fit），此种完美适配的饱和模型，由于卡方统计量为 0，因而无法进行模型适配度的检验。若是 $t > \dfrac{p(p+1)}{2}$，则会造成模型无法辨识或辨识不足（underidentified or unidentified），辨识不足的数学运算类似方程式数目少于未知数的数目，在模型辨识不足的情况下，模型中的参数无法进行估计。上述模型辨识法则，就是学者 Bollen（1989）所提的模型鉴定 t 规则（t-rule）。

ECVI 值愈小，表示不同组样本间的一致性愈高，由于无法检验 ECVI 值的显著性，因而常用于不同模型间适配度的比较。ECVI 通常用于不同模型的选替，一般而言其值愈小愈好，但如果 ECVI 值不是用在选替模型之中，一般以下列方法来判断接受或拒绝模型，即理论模型的 ECVI 值小于饱和模型的 ECVI 值，且理论模型的 ECVI 值也小于独立模型的 ECVI 值时，就可接受理论模型，否则就应拒绝理论模型。另外一个辅助的判别是查阅 ECVI 值 90% 的置信区间，如果理论模型的 ECVI 值落入置信区间时，表示模型可以被接受。当一个假设模型具有良好的 ECVI 值，表示理论模型具有预测效度，即此假设模型能应用到不同的样本（黄芳铭，2004；2005）。

6. NCP & SNCP

NCP 为非集中性参数（non-centrality parameter），是一种替代性指标（alternative index），之所以归为替代性指标，是因为其对于模型契合度的检验并非针对假设模型导出的矩阵与真实数据所得矩阵是否相同的这一个虚无假设进行检验，由于观察数据本身是否能够反映真实变量的关系并无法确定，替代指标不再关注于虚无假设是否成立，而是去直接估计理论模型与由抽样数据导出的卡方值的差异程度（邱皓政，2005）。NCP 值的目的在于减低样本数对 χ^2 统计的影响，其数值估算公式如下：

$$NCP = \chi^2 - df$$

统计理论认为此种非集中性参数指标能够减低样本大小对卡方值的影响，但是，这种指标值依然根据原始的样本数来计算。所以统计学者又发展出量尺非集中性参数（scaled non-centrality parameter；SNCP），SNCP 值的估算公式如下（黄芳铭，2005）：

$$SNCP = (\chi^2 - df) \div N$$

NCP 与 SNCP 值的目标均在于使参数值最小化，其值愈大，表示模型的适配度愈差，当 NCP（SNCP）的值为 0 时，表示模型有完美的契合度，在 AMOS 报表中，也呈现 NCP 值 90% 的置信区间，若是此置信区间包含 0 值，表示模型有不错的适配度。由于 NCP（SNCP）两种指标值无统计检验准则作为判别依据，一般皆用于模型选替的时候，许多模型中 NCP（SNCP）值较小者，表示该理论模型较优。

（二）增值适配度统计量

增值适配指标、比较适配指标、相对适配指标与规准指标等是洐生指标，也是一种比较性适配指标，此种指标的典型应用基准线模型（baseline model）是假设所有观察变量间彼此相互独立，完全没有相关（变量间的协方差假设为 0），此种基准线模型就是独立模型，又称虚无模型。增值适配度统计量通常是将待检验的假设理论模型与基准线模型的适配度相互比较，以判别模型的契合度。在 AMOS 输出的模型适配度摘要表中有一项为

基准线比较(baseline comparisons)指标参数,其中包含五种适配度检验统计量:

表 2-2   Baseline Comparisons

Model	NFI Delta1	RFI rho1	IFI Delta2	TLI rho2	CFI
Default model	.999	.986	.999	.994	.999
Saturated model	1.000		1.000		1.000
Independence model	.000	.000	.000	.000	.000

1. NFI 为规准适配指数(normed fit index),又称 delta1(Δ1)指标。

2. RFI 为相对适配指数(relative fit index),又称 rho1(ρ1)指标。

3. IFI 为增值适配指数(incremental fit index),又称 delta2(Δ2)指标。

4. TLI 为非规准适配指数(Tacker-Lewis index = non-normed fir index,简称 NNFI),又称 rho2(ρ2)指标。

5. CFI 为比较适配指数(comparative fit index)。

TLI 指标用来比较两个对立模型之间的适配程度,或者用来比较所提出的模型对虚无模型之间的适配程度,TLI 指标的数值,介于 0(模型完全不适配)到 1(模型完全适配)之间,此指标又称为非规准适配指标(NNFI),它是修正了的 NFI(亦即把自由度或模型复杂度考虑在内,将自由度也作为模型复杂度的测量指标之一),而 NFI 值则是用来比较某个所提模型与虚无模型之间的卡方值差距,相对于该虚无模型卡方值的一种比值。至于 CFI 指标值则是一种改良式的 NFI 指标值,它代表的意义是在测量从最限制模型到最饱和模型时,非集中参数(non-centrality parameter)的改善情形,并且以非集中参数的卡方分布(自由度为 k 时)及其非集中参数来定义(余民宁,2006;Bentler & Bonett,1980)。在 LISREL 输出的适配表数据中,呈现的是 NNFI 值(Non-Normed Fit Index),而在 AMOS 中,则直接呈现 TLI 值,在基准线比较(baseline comparisons)指标数值中,包括 NFI 值、RFI 值、IFI 值、TLI 值、CFI 值。

NFI 值的估算公式如下:

$$NFI = \frac{\chi^2_{null} - \chi^2_{test}}{\chi^2_{null}}$$

NNFI 值(TLI 值,Tucker-Lewis 指标)的估算公式如下:

$$NNFI = \frac{\left[\frac{\chi^2_{null}}{df_{null}} - \frac{\chi^2_{test}}{df_{test}}\right]}{\frac{\chi^2_{null}}{df_{null}} - 1}$$

IFI 值的估算公式如下:

$$IFI = \frac{\chi^2_{null} - \chi^2_{test}}{\chi^2_{null} - df_{test}}$$

上述公式中 df_{null}、df_{test} 分别表示虚无模型与假设模型的自由度;而 χ^2_{null}、χ^2_{test} 分别代表虚无模型与假设模型的卡方值。

比较适配指数(CFI)由 Bentler(Bentler,1990;Hu & Bentler,1995)发展而得,此指标调整了 Bentler 原先提出的适配指标(BFI,此指标又称为 RNI 指标)。BFI 指标的估计公式如下:

$$BFI = \frac{(\chi^2_{null} - df_{null}) - (\chi^2_{test} - df_{test})}{\chi^2_{null} - df_{null}}$$

由于 BFI 指标数值不在 0 与 1 之间,在使用上较为不易,调整后的 BFI 即为 CFI,CFI 数值介于 0 与 1 之间。

NFI 与 NNFI 两个指标是相对性指标值,反映了假设模型与一个假设观察变量间没有任何共变的独立模型的差异程度。研究发现,在小样本与大自由度时,对于一个契合度理想的假设模型,以 NFI 值来检核模型契合度情形会有低估的现象。因此,学者另外提出了 NNFI 指数,此指标考虑了自由度的影响,二者的关系,类似 GFI 与其调整指标值 AGFI。由于 NNFI 值中对自由度加以调整,使得其值的范围可能超出 0 与 1 之间,显示 NNFI 值的波动性较大。同时,NNFI 值可能会较其他指标值来得低,使得可能出现在其他指标值显示假设模型是契合的状态下,NNFI 值却显示理论模型适配度反而不理想的矛盾现象(邱皓政,2005)。

NFI 值、RFI 值、IFI 值、CFI 值、TLI 值大多介于 0 与 1 之间,愈接近 1 表示模型适配度愈佳,愈小表示模型契合度愈差,其中 TLI 值(NNFI 值)、CFI 值、IFI 值可能大于 1。学者 Bentler(1995)研究发现:即使在小样本情况下,CFI 值对假设模型契合度的估计仍然十分稳定,CFI 指标值愈近 1,表示越能够有效改善非集中性的程度(noncentrality),CFI 值实际值可能大于 1 或小于 0,但在数据呈现上只会呈现 0 至 1 之间。一般而言,上述五个指标值用于判别模型路径图与实际数据是否适配的标准均为 0.90 以上。学者 Hu 与 Bentler(1999)指出,如果 RFI 值大于或等于 0.95,则模型的适配度相当完美。

(三)简约适配统计量

1. AIC & CAIC

AIC 为 Akaike 讯息效标(Akaike information criteria),它试图把待估计参数个数考虑进评估模型配程度的概念中,以用来比较两个具有不同潜在变量数量模型的精简程度(余民宁,2006)。其估算公式有两种:

$$AIC = \chi^2 + 2 \times 模型中自由参数的个数$$
$$AIC = \chi^2 - 2 \times 模型中的自由度$$

AIC 值的概念与 PNFI 值的概念类似,在进行模型适配度检验时,期望其数值愈小愈好,越接近 0,表示模型的契合度愈高且模型愈简约。AIC 值的数值愈小表示模型的适配度愈佳,它的主要功能是用于数个模型之间的比较。与 AIC 指标相同性质的评价指标,还包括 BCC、BIC、CAIC 指标(consistent Akaike information criterion;CAIC),CAIC 指标是 AIC 指标的调整值,其计算公式如下:

$$CAIC = \chi^2 + (1 + LnN) \times (估计参数数目)$$

CAIC 指标是将样本大小的影响(sample size effect)也考虑到估算公式中。在判断假设模型是否可以接受时,通常的原则是理论模型的 AIC 值必须比饱和模型以及独立模型的 AIC 值小;假设模型的 CAIC 值必须比饱和模型以及独立模型的 CAIC 值小。若在多个模型中进行选择时,则应当选取 AIC 值/CAIC 值中最小者。其中有一点需要注意,使用 AIC 指标与 CAIC 指标时,样本的大小至少要在 200 以上,且数据要符合多变量正态分布,否则指标探究的结果缺乏可靠性(Diamantopoulos & Siguaw, 2000)。最近的研究显示(Bandalos, 1993):ECVI 与 AIC 值皆可作为 CFA 双样本复核效化的有效指标值,其中以 ECVI 值的正确性较高。在实务应用上,当研究者要选择一组之前已假设的竞争模型时,

AIC 与 ECVI 均是有用的判别指标值,假设模型的 ECVI 值或 AIC 值愈小,则模型愈佳(Stevens,1996)。

BIC 指标为 Bayes Information Criterion 的简称,其计算公式如下:
$$\text{BIC} = \chi^2 + \ln(N \times q) \times (\text{估计参数数目})$$

BIC 指标值愈接近0,表示模型适配度愈佳且愈精简,若是为挑选出更精简的模型,BIC 指标比 AIC 指标更适合。

在 AMOS 模型适配度摘要表的 AIC 表格中,会呈现模型的 AIC 值、BCC 值、BIC 值、CAIC 值,这些指标若用于检核单一模型适配度的好坏,一般判断的准则是理论模型(预设模型)的指标值必须比饱和模型以及独立模型的指标值小。若是在多个选替或竞争模型之间进行选择,则其数值愈小表示模型愈精简。

表 2-3   AIC

Model	AIC	BCC	BIC	CAIC
Default model	29.714	30.115	86.476	100.476
Saturated model	30.000	30.430	90.817	105.817
Independence model	1222.512	1222.655	1242.784	1247.784

2. PNFI

PNFI 为简约调整后的规准适配指数(parsimony-adjusted NFI)。PNFI 指标把自由度的数量纳入预期获得适配程度的考虑中,因此它比 NFI 指标更适合用作判断模型的精简程度,当研究者欲估计某个模型的参数时,他只使用较少的自由度,即能获得一个较高程度的适配,此时即表示已经达到模型的精简程度(余民宁,2006)。PNFI 主要使用于不同自由度的模型之间的比较,其值愈高愈好。一般而言,当比较不同的模型时,PNFI 值的差异在 0.06 至 0.09 间,被视为是模型间具有真实的差异存在(黄芳铭,2005)。如不做模型比较,只关注于假设模型契合度判别时,一般以 PNFI 值 >0.50 作为模型适配度通过与否的标准,亦即 PNFI 值在 0.50 以上,表示假设理论模型是可以接受的。

PNFI 的定义公式如下:
$$\text{PNFI} = \left(\frac{df_{\text{proposed}}}{df_{\text{null}}}\right)\left(1 - \frac{\chi^2_{\text{proposed}}}{\chi^2_{\text{null}}}\right) = \left(\frac{df_{\text{proposed}}}{df_{\text{null}}}\right)\text{NFI} = \left(\frac{df_1}{df_0}\right)\left(1 - \frac{F_1}{F_0}\right)$$

上述公式中的 χ^2_{proposed}、χ^2_{null} 代表的是假设与虚无模型的适配函数。

3. PGFI

PGFI 为简约适配度指数(parsimony goodness-of-fit index),其性质与 PNFI 指标值相同,PGFI 的值介于0与1之间,其值愈大,表示模型的适配度愈佳(模型愈简约)。判别模型适配的标准,一般皆采 PGFI 值大于 0.50 为模型可接受的范围。PGFI 值是将 GFI 值乘以一个简约比值,其计算公式如下:
$$\text{PGFI} = \frac{df_{\text{h}}}{\frac{1}{2}p(p+1)} \times \text{GFI}$$

其中,df_{h} 为假设模型的自由度,p 为观察变量的数目,而 $\dfrac{df_{\text{h}}}{\frac{1}{2}p(p+1)}$ 为简约比值。

在 AMOS 输出的模型适配度摘要中有一项为简约调整后的测量值(Parsimony-Adjusted Measures),表格中有三个估计参数:PRATIO、PNFI、PCFI。PRATIO 为简约比值 = $\dfrac{d_{检验模型}}{d_{独立模型}}$,其中分子为假设模型中待估计参数的自由度,分母为独立模型的自由度,根据 PRATIO 值可求出 PNFI 值及 PCFI 值。

$$PNFI = (NFI) \times (PRATIO) = NFI \times \frac{d_{检验模型}}{d_{独立模型}}$$

$$PCFI = (CFI) \times (PRATIO) = CFI \times \frac{d_{检验模型}}{d_{独立模型}}$$

表 2-4　Parsimony-Adjusted Measures

Model	PRATIO	PNFI	PCFI
Default model	.100	.100	.100
Saturated model	.000	.000	.000
Independence model	1.000	.000	.000

4. CN 值

CN 值为临界样本数(Critical N),此一判别指标值由学者 Hoelter(1983)提出,所谓临界样本数是指:在统计检验的基础上,要得到一个理论模型适配的程度,所需要的最低的样本大小值。CN 值的作用是估计需要多少个样本才足够用来估计模型的参数与达到模型的适配度,亦即,根据模型的参数数目,估计要产生一个适配度符合的假设模型时,其所需的样本数为多少? 一般的判别标准或建议值是 CN 值≥200,当 CN 指标值在 200 以上时,表示该理论模型可以适当反映实际样本的性质。Hu 与 Bentler(1995)主张模型可以接受范围的 CN 值最小值是 250,Hu 与 Bentler(1995)的此种观点是较为严格的。

CN 值的计算公式如下:

$$CN = \frac{\chi^2}{F_{min}} + 1$$

其中,F_{min}为适配函数的最小值。在 AMOS 输出的模型适配度统计量中,CN 值的数据为 HOELTER 表格,HOELTER 栏的数据包括显著水平 $\alpha = 0.05$ 及显著水平 $\alpha = 0.01$ 时的数值,分别表示在显著水平 $\alpha = 0.05$ 及 $\alpha = 0.01$ 时接受虚无假设模型是正确的最大样本数,HOELTER 数据中并没有提供检验显著水平 p。

表 2-5　HOELTER

Model	HOELTER.05	HOELTER.01
Default model	953	1646
Independence model	7	9

(四)残差分析指标

在一个 SEM 模型当中,可能有某一个测量模型的结构非常不理想,观察变量的测量误差非常大,使得整个理论模型的适配度不佳,此时可以通过残差分析来浏览 SEM 模型中特定参数的设定是否理想。一般而言,在 SEM 分析中提供两种残差的数据,一为非标准化残差值,一为标准化残差值(standardized residuals)。SEM 的标准化残差分析,与复回归分析的做法类似,当标准化残差值大于 +3 时,表示该估计变异量或协方差不足;当标准化残差值小于 −3 时,表示该估计变异量或协方差对于两个观察变量的共变有过度解释的现象(邱皓政,2005)。因而当标准化残差值的绝对值高于 3 时,就表示理论模型适配度不良,学者 Stevens(1996)则采用较为严格的标准,其认为标准化残差的绝对值大于 2,就表示模型的适配情形欠佳。此外模型较佳的修正指标值应小于 3.84。

Maruyama(1997)将整体模型适配度指标(fit indexes)区分为绝对指标(absolute indexes)、相对指标(relative indexes)、调整指标(adjusted indexes)。绝对指标陈述的问题内涵为:在模型适配后留下的是残差或未解释的变异量是否还可察觉得到?因此,它们是绝对的,对任何特定数据组并无底线的设限。相对指标陈述的问题内涵为:解释一组观察数据时,一特定模型与其他可能的模型相比较,能有多好的表现?这些指标大部分建立在最差适配(worst fitting)模型的底线之上,常见的最差适配模型就是只考虑方差协方差矩阵的模型,又称虚无模型(null model)。调整指标陈述的问题内涵为:模型如何结合适配性与简效性。(黄玉树 等,2006)。绝对指标如卡方检验值、卡方与自由度比率值($\chi^2 \div df$)、均方根残差(RMR)值、良适性适配指标值(GFI)、调整良适性适配指标值(AGFI);相对性指标如 NFI 值、TLI 值、IFI 值、相对非中心性指标(relative noncentrality index)RNI 值或 BFI 值、CFI 值。调整指标值如:PGFI 值、PNFI 值、PNFI2 值。

综合上面所述,兹将整体模型适配度的评价指标及其评价标准整理如下表:

表 2-6   SEM 整体模型适配度的评价指标及其评价标准

统计检验量	适配的标准或临界值
绝对适配度指数	
χ^2 值	显著性概率值 p > .05(未达显著水平)
GFI 值	> .90 以上
AGFI 值	> .90 以上
RMR 值	< .05
SRMR 值(AMOS 要另外计算)	< .05
RMSEA 值	< .05(适配良好) < .08(适配合理)
NCP 值	愈小愈好,90% 的置信区间包含 0
ECVI 值	理论模型的 ECVI 值小于独立模型的 ECVI 值,且小于饱和模型的 ECVI 值
增值适配度指数	
NFI 值	> .90 以上
RFI 值	> .90 以上
IFI 值	> .90 以上
TLI 值(NNFI 值)	> .90 以上
CFI 值	> .90 以上
简约适配度指数	
PGFI 值	> .50 以上
PNFI 值	> .50 以上
CN 值	>200
NC 值(χ^2 自由度比值)	1 < NC < 3,表示模型有简约适配程度 NC > 5,表示模型需要修正

统计检验量	适配的标准或临界值
AIC	理论模型的 AIC 值小于独立模型的 AIC 值,且小于饱和模型的 AIC 值
CAIC	理论模型的 CAIC 值小于独立模型的 CAIC 值,且小于饱和模型的 CAIC 值

模型适配度评估的指标值很多,供研究者选择的评估组合也有多种,在进行模型适配度的判断时要格外慎重,学者 McDonald 与 Ho(2002)明确指出研究者在使用以上不同评价指标时应注意以下四点(邱皓政,2005):

(1)适配度的指标虽然都有很明确的意义,但是从实证的角度或数学观点来看,并没有一个强而有力的理论基础来支持数字背后的意义与其使用原则,指标值的背后仍存有未知或未被察觉的隐忧。

(2)不同指标值的优劣比较仍具有相当大的争议,尤其是某些指标以独立模型(假设所有观察变量间不具有共变关系的模型)作为比较基础点的做法,其合理性仍有待商榷。

(3)SEM 模型的检验应以理论为依归,进行统计决策时,应该兼顾理论的合理性准则,然而,多数模型适配度指标只是反映一种分析技术上的程度,而非理论上的证据,当研究者提出无数种可能的模型时,指标的完美适配只是反映在其中一个可能模型之中,这是一种技术的最佳化,而非理论上的最佳化。

(4)不佳的模型适配度多数是因为错误的模型界定所造成的。由于模型适配度指标是一种概括性指标,模型中造成模型适配度不佳的不适当的参数界定无法被这些适配度指标侦测出来,可以从模型适配残差值了解模型大致的估计情况。

三、模型内在结构适配度的评估(模型内在质量的检验)

Bollen(1989)将模型内在结构指标称为成分适配测量(component fit measures),他认为有时整体模型的适度得到契合,但是个别参数的解释可能是无意义的,因而深入探究每一个参数,对理论的验证更能获得保障。内在结构适配的评价包括以下两个方面:一为测量模型的评价;二为结构模型的评价。前者关注于测量变量是否足以反映其相对应的潜在变量,其目标在于了解潜在建构的效度与信度;后者是评价理论建构阶段所界定的因果关系是否成立。

在测量模型适配度的评量方面,研究者所关注的是潜在变量与其指标变量(如外显变量)间的关系,此种关系即是代表构念测量的效度(validity)与信度(reliability)的问题。效度所反映的是指标变量对于其想要测量的潜在特质,实际测量的程度。信度指的是测量的一致性。只有我们相信测量准确无误,进一步探究潜在变量间的关系才有实质的意义。SEM 的适配度评估中,模型测量部分的评估应该先于模型结构部分的评估,因而应先进行指标变量的效度检验,效度分析即是潜在变量与其指标变量间路径(因素负荷量)的显著性检验,如果指标变量 X 被假定是潜在变量 ξ 的有效测量值,变量 X 和潜在变量 ξ 间的直接关系应该是非 0 值的显著性,此种关系以测量方程式表示如下:

$$X = \lambda\xi + \delta$$

λ 为因素负荷量(factor loadings),δ 为测量误差。

如果测量模型中的因素负荷量均达显著($p < 0.05$,t 的绝对值大于 1.96),此种情形

表示测量的指标变量能有效反映出它所要测量的构念(潜在变量),该测量具有良好的效度证据(validity evidence)。相反的,若是因素负荷量未达显著,表示该指标变量无法有效反映出它所要测量的构念或特质,此指标变量的效度欠佳,因它无法真正反映出它所代表的潜在变量。

此外,在上述测量方程式中,测量误差是指标变量的误差变异量,测量误差要愈小愈好,但也要是非 0 值的显著性。测量误差达到显著,表示测量指标变量反映出它的潜在变量时,有误差值存在,但此种关系是有实质意义的。一个无效的指标变量显示出指标没有测量误差的存在(测量误差不显著),在行为与社会科学领域中,一个好的指标变量应有最小的测量误差,而此测量误差也要达显著水平($p < 0.05$,t 的绝对值大于 1.96),但若测量误差为 0,表示该测量指标完全没有测量误差存在,这在研究脉络情境中是一种"不合理"或"不可能"的事情。一个不显著的误差变异量表示模型中可能有叙列误差(specification error)存在(Diamantopoulos & Siguaw,2000)。

参数估计值统计显著性的检验,在 AMOS 输出的文字报表中,以临界比值(critical ratio;C. R.)代表 t 值。临界比是参数估计值除以其标准误,其功能在统计检验上很像 Z 统计量,可以检验参数估计值是否显著不等于 0,在显著水平 α 为 0.05 时,C. R. 的绝对值如果大于 1.96,可以拒绝虚无假设(参数估计值等于 0),接受对立假设(表示参数估计值显著不等于 0)。在 SEM 模型检验中,除误差方差外,没有达到显著的参数对理论模型而言并不是重要的路径,即使实证数据样本达到合理的标准,从科学简效(scientific parsimony)原则的观点来看,这些未达到 0.05 显著水平的路径也应从理论模型中移除;另一方面,参数未达显著可能与样本数太少有关,此时应从增加实证数据的样本观察值着手,而不是直接将未达 0.05 显著水平的参数从理论模型中删除(Byrne,2001)。

至于指标变量的信度检核,可从指标变量多元相关系数的平方(R^2)值来衡量,指标变量的 R^2 表示指标变量的方差能被其基底潜在变量(underlying latent variable)解释的程度,无法解释的部分即为测量误差。若 R^2 值达到显著,则其值愈高,表示指标变量能被其潜在变量解释的变异量愈多,代表指标变量有良好的信度,相反的,若 R^2 值很低又未达到显著水平,表示指标变量与潜在变量的关系不密切,指标变量的信度不佳。

在模型内在结构适配度准则方面,Bogozzi 和 Yi(1988)建议以下面六个标准来判断:

(1)个别观察变量的项目信度(individual item reliability)在 0.5 以上。

观察变量的 R^2 反映出其在潜在变量的信度,Bogozzi 二人认为个别潜在变量的信度值(标准化系数值的平方)应大于 0.50,亦即标准化系数必须等于或大于 0.71 以上。个别观察变量的 R^2 等于其标准化 λ 值(因素负荷量)的平方。

(2)潜在变量的组合信度(composite reliability)在 0.6 以上。

除了个别观察变量的系数外,尚须检验因素的信度,因素的信度即潜在变量的建构信度(construct reliability),或称组合信度(composite reliability)。组合信度主要是评价一组潜在构念指标(latent construct indicators)的一致性程度,亦即所有测量指标分享(share)该因素构念的程度,此信度指标也属于内部一致性指标,组合信度愈高,表示测量指标间有高度的内在关联(intercorrelated)存在;相对的,组合信度低,测量指标间的内在关联程度也较低,表示测量指标间的一致性不高,其要测得的共同因素构念特质间的歧异较大(黄芳铭,2004)。

建构信度检验每一个潜在变量的观察变量间内部一致性程度的高低,Bogozzi 与 Yi

(1988)采用较低标准准则,认为组合信度在 0.60 以上,就表示潜在变量的组合信度良好,此观点与学者 Diamantopoulos 和 Siguaw(2000)所提的论点相同。但 Hair 等人(1998)则认为 Cronbach α 系数最好在 0.70 以上,才是较佳的组合信度。而学者 Raine-Eudy(2000)采用更低标准,其认为组合效度只要在 0.50 以上即可。虽然并没有一个明确的准则来决定组合信度要多高才能够宣称内在适配指标的信度是好的,但多数学者采用以下的分类观点(Kline,1998)作为判别的依据:信度系数值在 0.90 以上是最佳的(excellent);0.80 附近是非常好的(very good);0.70 附近则是适中;0.50 以上是最小可以接受的范围,若是信度低于 0.50,表示有一半以上的观察变异是来自随机误差,此时的信度略显不足,最好不接受。从以上的观点来看,个别显性变量的信度接受值可以采用 0.50(测量指标的因素负荷量大于 0.71),但潜在变量的信度相对的要求就要高一些,其组合信度最好在 0.60 以上,这个论点也是学者 Diamantopoulos 与 Siguaw(2000)及 Bogozzi 与 Yi(1988)所主张的。

在 AMOS 的报表中并没有直接呈现潜在变量的组合信度值,研究者要根据【标准化估计值】中的因素负荷量求出误差变异量,再配合下列公式求得:

$$组合信度 = \rho_c = \frac{(\sum \lambda)^2}{[(\sum \lambda)^2 + \sum \theta]} = \frac{(\sum 因素负荷量)^2}{[(\sum 因素负荷量)^2 + \sum 测量误差变异量]}$$

其中 ρ_c = 组合信度

λ = 观察变量在潜在变量上的标准化参数(因素负荷量),即指标因素负荷量

θ = 指标变量的误差变异量,即 ε 或 δ 的变异量。

$\sum$ = 把潜在变量的指标变量值加总

(3)潜在变量的平均方差抽取量(average variance extracted)

潜在变量的平均方差抽取值表示相较于测量误差变异量的大小,潜在变量构念所能解释指标变量变异量的程度,此指标以 ρ_v 符号表示,若是 ρ_v 值小于 0.50,表示测量误差解释指标变量的变异量反而高于基底潜在变量所能解释的变异量,此种情形表示潜在变量平均方差抽取值不佳。潜在变量平均方差抽取值的大小若是在 0.50 以上,表示指标变量可以有效反映其潜在变量,该潜在变量便具有良好的信度与效度。

潜在变量的变异抽取量表示每个测量模型中,全部观察变量的变异量可以被潜在变量因素解释的百分比,其计算公式如下:

$$\rho_v = \frac{(\sum \lambda^2)}{[(\sum \lambda^2) + \sum \theta]} = \frac{(\sum 因素负荷量^2)}{[(\sum 因素负荷量^2) + \sum 测量误差变异量]}$$

其中 ρ_v = 平均方差抽取量

λ = 观察变量在潜在变量上的标准化参数(因素负荷量),即指标因素负荷量

θ = 指标变量的误差变异量,即 ε 或 δ 的变异量

$\sum$ = 把潜在变量的指标变量值加总

当观察变量能确实有效反映其代表的潜在变量时,则其潜在变量应该有较高的方差抽取量,多数学者建议其判别的临界值为 0.50,当潜在变量的方差抽取在 0.50 以上时,表示观察变量(或指标变量)被其潜在变量(或构念特质)解释的变异量,远高于其被测量误差(measurement error)所解释的变异量,潜在变量具有良好的操作化测量定义(operationalization);相反的,若是潜在变量的方差抽取量太低,表示其测量变量无法代表或反映其潜在变量,观察变量(或指标变量)被其潜在变量(或构念特质)解释的变异量,远低于其被测量误差所解释的变异量。

为便于研究者求出组合信度与平均方差抽取量,笔者设计一个计算程序,使用者只要输入各测量模型中指标变量的因素负荷量即可求出此两个数值。

(4)所有参数统计量的估计值均达到显著水平(t 值绝对值 >1.96;或 p < 0.05)

(5)标准化残差(standardized residuals)的绝对值必须小于 2.58(或 3)

标准化残差是适配残差除以其渐近标准误(asymptotic standard error),标准化残差也可以解释为标准化正态变异,其值应介于 −2.58 至 +2.58 之间(α = 0.01 时 z 值的临界值)。对于标准化残差的判别标准,有些学者主张采用其绝对值应小于 1.96(α = 0.05 时 z 值的临界值),LISREL 的输出报表中是以绝对值大于 2.58 为不接受标准。在 AMOS 的输出报表中会呈现残差协方差(Residual Covariances)矩阵,对称矩阵内的数值是由样本数据求得的协方差矩阵(sample covariances)与理论模型导出的隐含协方差矩阵(implied covariances)的差异值,若是理论模型界定正确,则样本协方差矩阵与隐含协方差矩阵的差异值会很小。此外,在报表中也同时呈现标准化残差协方差(Standardized Residual Covariances),把残差矩阵中的每个数值除以其估计标准误可求出标准化残差协方差矩阵中的数值。在一个足够大的观察样本中,若是理论模型界定正确,标准化残差协方差会呈现标准化正态分布(standard normal distribution),因而如果理论模型是合适的,则标准化残差协方差中数值的绝对值会小于 2。

(6)修正指标(modification indices)小于 3.84,在 AMOS 操作中内定的修正指标值界限为 4.00

修正指标若大于 3.84,表示模型的参数有必要加以修正,如将限制或固定的参数,改为自由参数。修正指标针对的是受限制的参数,数值表示若将某一限制参数改成自由参数(即估计该参数),模型的 χ^2 值将减少多少。在统计上,一个修正指标可以被有一个自由度的 χ^2 分布所解释,因而将一个限制参数改成自由参数时,模型的自由度将减少一个,而 $\chi^2_{0.95(1)}$ 的临界值是 3.84(在 0.05 的显著水平),所以当修正指标大于 3.84 时,即表示将原先的一个限制或固定参数(fixed parameter)改成自由参数(free parameter)后将显著改善模型的适配度,此种情形也同时表示模型有叙列误差存在(Bagozzi & Yi,1988;程炳林,2005)。学者 Joreskog 与 Sorbom(1993)认为修正指标值大于 7.882($\chi^2_{0.995(1)}$)才有修正的必要。模型中如自由地估计参数会使得修正指标值等于 0。如果研究者根据修正指标值来重新评估模型,则对应最大的修正指标值的参数应被设为自由参数,以对模型的适配度作最大的改善。

模型中所估计的参数是否达到显著水平,可以直接查看输出报表中的 t 值。若 t 值大于 1.96,表示达到 0.05 的显著水平,此时表示模型的内在质量良好;相反的,若模型中所估计的参数有部分未达显著,则显示模型的内在质量不理想。在结构模型适配度的评估方面,关注的焦点在于不同外衍潜在变量与内衍潜在变量间的路径关系,这些关系包括外衍潜在变量对内衍潜在变量的影响,或内衍潜在变量之间的影响是否可以获得支持,即概念性阶段所提的因果模型关系是否可以被实证数据所支持。结构模型适配度的评估包括三个方面:一是潜在变量间路径系数所代表的参数的符号(不论是正数或负数),是否与原先研究者所提的理论模型所假设的期望的影响方向相同,路径系数为正表示自变量对依变量有正向的影响,路径系数为负表示自变量对依变量有负向的影响,理论假设概念模型图中认为参数具有正向的影响时,则路径系数的参数估计值必须是正数,若是原先期望的参数符号与实际数据刚好相反,则此条路径系数最好删除,模型再重

新评估;二是对假设模型提供重要信息的所有的路径系数的参数估计值,均必须达到统计上的显著水平,即该参数估计值显著性检验的 t 值的绝对值必须大于 1.96(|t 值| > 1.96),路径系数达到显著(p < 0.05),表示变量间的影响存在实质性意义;三是每一个结构方程式中的多元相关的平方值(R^2),要愈大愈好,并且达到显著水平,但不能出现负的误差变异量,若出现负的误差变异量表示 R^2 值超过 1,解释上不合理。R^2 值愈大时,表示内洐潜在变量被独立潜在变量(外洐潜在变量或其余内洐潜在变量)解释的变异量愈高,多元相关平方值愈高,表示先前假设的理论变量的解释力也愈高,此时结构方程式具有较佳的信度与效度(Diamantopoulos & Siguaw, 2000)。

　　从上述测量模型与结构模型的评估,可以归纳模型评估时的基本适配度检验及内在适配度指标检验(内在模型检验)的建议判断值摘要表(表 2-7、表 2-8)。

表 2-7　SEM 基本适配度检验项目与标准

评价项目	适配的标准
是否没有负的误差变异量	没有出现负的误差变异量
因素负荷量是否介于.5 至.95 之间	Λ_X、Λ_Y 介于.5 至.95 间
是否没有很大的标准误	标准误值很小

表 2-8　SEM 内在适配度检验项目与标准

评价项目	适配的标准
所估计的参数均达到显著水平	t 绝对值 > 1.96,符号与期望的相符
指标变量个别项目的信度高于.50	R^2 > .50
潜在变量的平均方差抽取值大于.50	ρ_v > .50
潜在变量的组合信度大于.60	ρ_c > .60
标准化残差的绝对值小于 2.58	标准化残差值的绝对值 < 2.58
修正指标小于 3.84	MI < 3.84

　　由于判断假设模型与观察数据是否适配的指标很多,不同适配指标的评估可能对模型支持与否不尽一致,研究者应依据多元准则:"在假设模型的检验上,没有单一指标值可以作为唯一明确的规准,一个理想化的适配指标值是不存在的"(Schumacker & Lomax, 1996, p.135)。就实务应用的目的而言,研究者主要应从卡方值大小、显著性及 RMSEA 值、ECVI 值、SRMR 值、GFI 值和 CFI 值等适配指标,来作为判别模型是否达成整体适配程度的决策依据,因为这几个指标值有较多充足性(Diamantopoulos & Siguaw, 2000, p.88)。此外学者 Hoyle 与 Panter(1995)二人则建议,在模型适配度指标的检验中,研究者最好提供卡方值、量尺法卡方值、GFI 值、NNFI 值、IFI 值、CFI 值、RNI 值等适配指标值,才能对模型是否接受做出决策,而多数学者则认为假设模型与观察数据的契合度检验,应参酌表 2-6 中整体模型适配度指标值标准,这样决策有"多数指标值符合标准"的意涵,即当多数适配度指标值均达到接受标准,才能对模型做出适配佳的判断(Hair et al., 1998)

　　表 2-6 所列的各种指标,其实都只能表示模型整体适配程度的一部分,没有任何一种指标可涵盖或完全取代其他指标,因此研究者最好不要以"多数决定"方式来得出"假设模型是否与观察数据契合"的结论,因为有时这些指标值会出现互有冲突、不一致的现象,因而"多数决定"判断并不能保证结论一定能够符合理论所期望的。研究者最好从表

2-6 中的三类指标中,根据理论架构与假设模型挑选几项最有关联的指标,并辅以测量模型与结构模型适配度的评估,来诠释检验假设模型与观察数据是否契合,如此 SEM 的分析才会具备理论建构的基础,而不会陷入以数据为导引的技术分析的迷局中(余民宁, 2006)。

学者 Huberty 与 Morris(1988, p. 573)经过观察提出:"在所有的统计推论中,主观判断是没有办法避免的,更遑论合理性。"这是所有推论统计的一般情境,但就科学的本质而言,在 SEM 分析中更需要主观判断及理性的融入,因为 SEM 分析是一个统合的复杂过程,正因为如此,模型的建构更需要有理论建构为导引,尤其是在模型修正时,不能完全依据 AMOS 提供的修正指标来修改模型,以使其适配观察数据,这是一种数据导向的分析,而不是理论建构的验证。对于 SEM 的分析应用,Thompson(2000)提出以下十点的原则,供使用者参考:

(1)在应用 SEM 分析时,应使用大样本,不可使用小样本。

(2)在选择相关联的矩阵作为分析数据时,要注意测量指标变量尺度的属性。

(3)一个可以接受的假设模型是适配好而又简约的模型,但此结果应尽量减少人为操控。

(4)模型使用的估计方法需考虑数据是否符合多变量正态性假定,不同的假定需使用不同的估计方法。

(5)使用多元判断准则,不同适配指标反映不同的模型计量特征,参考不同的指标值进行模型适配度的综合判断。

(6)模型评估及界定搜寻程序时,除了考虑统计量数外,更要兼顾理论建构与实际意义。

(7)进行整体模型适配度评估之前,应进行个别测量模型与结构模型的检验,查验模型是否违反模型辨识规则。

(8)界定模型搜寻程序,最好采用较大的样本,或不同的受试群体,这样模型的复核效化才会可靠。

(9)一个适配良好的模型并不一定是有用的,因为许多不同的假设模型也许均能与观察数据适配。

(10)假设模型必须有其基底的理论基础,有理论基础的假定模型才能经得起检验。

综合相关学者的论点,使用者对于 SEM 的分析与模型适配度的判别应有以下几点认识:

〈1〉使用者所提的 SEM 假设模型应以理论为基础,或有一般的经验法则来支持,而非根据使用者编制的量表或观察数据来架构假设模型。

〈2〉对于测量模型最好采用多测量指标变量原则,每个测量指标最好是数个题项的总和,这样测量指标变量才能有效反映其对应的潜在变量。

〈3〉当一个 SEM 模型当中兼含测量模型与结构模型时,研究者宜先进行测量模型的检验,待测量模型具有相当的合理性之后,再进行结构模型的参数估计,使 SEM 模型评估程序具有测量的渐进合理性(邱皓政)。

〈4〉对于模型适配度的评估,应同时包含模型内在质量与模型外在质量的评估,模型内在质量评估最重要的是不能违反模型辨认原则。模型适配度的评估应使用多个适配指标值进行综合判断,因为每一个适配指标值反映模型不同的计量特征,未达模型接受标准的指标值也有其统计意义存在,研究者不应忽略。

〈5〉LISREL 提供的自动修正指标数据,只是模型修饰或模型剪裁的一个参考指标而已,研究者不应完全依据自动修正指标的数值修饰模型,去使假设模型适配观察数据,此种修正是一种数据导引的人为的操弄,研究者应同时根据理论与判别修正指标建议值的合理性来进行模型修饰,最终结果若是假设模型无法适配观察数据,此假设模型也有探讨分析的价值。

〈6〉若可以取得受试样本,SEM 的分析应尽量使样本数愈大愈好,如果样本数大,模型检验的适配度又佳,则表示假设模型十分稳定。在大样本的情况下,若是卡方值数值很小,显著性检验未达显著水平,则表示假设模型与观察数据可以适配,此时,其他适配指标值也会呈现相同的结果。

〈7〉当假设模型达到适配时,研究者可进一步就假设模型进行复核效化的分析,以不同的总体样本进行多群组的比较分析,以确定假设模型的复核效化及模型的推估合理性如何。

〈8〉若是整体假设模型检验结果的适配情形不甚理想,研究者应进一步对假设模型加以探究,SEM 分析的最终结果并非一定要提出一个适配观察数据的假设模型,而是要探究依据理论建构的假设模型的合理性与适当性。

〈9〉模型适配度的评估中,除探究假设模型与观察数据是否适配外,对于模型统计检验力的评估也应留意。

〈10〉一个有用的模型适配度策略包括:①如果可能的话,应使用多个估计方法(如最小平方法、极大似然法)来进行参数估计,并比较这些估计值:估计值的符号与期望假设相一致吗? 所有的方差估计数都是正数吗? 残差矩阵差异很小吗? S 矩阵与 $\hat{\sum}$ 矩阵相似吗? ②变量间影响的标准化效果值是否达到显著? ③将一个大样本一分为二时,两个样本群体是否皆可以与假设模型适配? 模型的稳定性是否有加以比较? (Johnson & Wichern, 1998)。

四、模型统计检验力的评估

在推论统计中,由于未知总体参数的真正性质,而是根据样本统计量来做推论或下决策,因而可能会发生错误。用来表示推论错误的概率值有以下两种:

Ⅰ. 第一类型错误(type Ⅰ),以符号 α 表示。

Ⅱ. 第二类型错误(type Ⅱ),以符号 β 表示。

它们与研究者作决定的关系如表 2-9:

表 2-9

总体真正的性质

		H_0 为真	H_0 为假
研究者决定	拒绝 H_0	α (第一类型错误)	$1-\beta$(power) (统计检验力) (裁决正确率)
	接受 H_0	$1-\alpha$ (正确决定)	β (第二类型错误)

　　所谓第一类型错误,是实际上虚无假设为真的情况下,研究者拒绝了虚无假设。第一类型错误的概率以 α 表示:$\alpha = P(I) = P($拒绝 $H_0 | H_0$ 为真$)$,α 又称为显著水平(significance level)。而第二类型错误,是指研究者接受虚无假设,但事实上虚无假设为假的情况。第二类型错误的概率以 β 表示:$\beta = P(II) = P($接受 $H_0 | H_0$ 为假$)$或 $P($接受 $H_0 | H_1$ 为真$)$。事实上,第一类型错误与第二类型错误并不是完全独立的(Kirk,1995)。如将显著水平 α 值定得较小,则统计决策时犯第一类型错误可能性比较小,但相对的,犯第二类型的错误率反而变得比较大。如果虚无假设为假,而研究者又正确拒绝它,此种裁决正确率以 $1 - \beta$ 表示,这就是所谓的统计检验力(power)。研究假设验证方面,除避免犯第一类型错误外,也应该有较高的统计检验力(吴明隆,涂金堂,2006)。

　　一个约定俗成的用法是将第二类型错误率 β 设定为小于或等于 0.20,如果 β 值设为 0.20,则检验的统计检验力为 $1 - \beta$,就等于 0.80。统计检验力在 0.80 以上,是许多学者认为可接受的最小值,如果一个研究的统计检验力低于 0.80,则最好重新设计实验程序,以提高统计检验力。当采纳 α 值等于 0.05,而 β 值等于 0.20 的准则时,研究程序可接受的错误率关系是,犯第一类型错误率为第二类型错误率的 1/4,也就是说在研究结果推论中,如果犯第二类型错误的概率为第一类型错误的四倍以上,是较为严重的事(吴明隆,涂金堂,2006)。

　　模型假设检验错误的的型态如表 2-10:

表 2-10

总体真正的性质

		模型正确	模型不正确
决策型态	拒绝模型	α (第一类型错误)	$1 - \beta$(power) (统计检验力) (裁决正确率)
	接受模型	$1 - \alpha$ (正确决定)	β (第二类型错误)

　　在线性结构模型的模型评估中,模型的检验也应关注统计检验力(statistical power)的问题。统计检验力即是正确拒绝一个不正确模型的概率,当我们以卡方值检验一个模型的适配度时,强调的是第一类型的错误(Type I error),第一类型的错误即是拒绝一个正确模型的概率,此概率值的判断标准为显著水平 α(significance level α),α 值通常定为 0.05,一个达到显著的卡方值代表:如果虚无假设是真(如模型在总体中是正确的),不正确拒绝虚无假设的概率很低(若是 α 设定 0.05,即 100 次中会小于 5 次)。另外一个检验的错误是没有拒绝一个不正确的模型,即总体的模型不正确,而研究者接受了此模型,所犯下的错误即为第二类型的错误(Type II error)。第二类型的错误以符号 β 表示。避免第二类型错误的发生,就是拒绝一个不正确模型(假的虚无假设)的概率,此概率值为 $1 - \beta$,$1 - \beta$ 代表模型检验时的统计检验力。因而所谓模型估计的统计检验力,即是模型真的不正确,而被拒绝的概率,此概率也代表着对模型的正确判断程度。

　　统计检验力的分析之所以重要,是因为样本大小在模型检验中扮演着重要角色。如果样本数很大,一个统计显著的卡方估计值意味着会有严重的叙列误差(specification error)存在,若是内在的叙列误差,可能是缺失值或结构模型的路径界定错误,或检验时发生过高的统计检验力。而在小样本的情境下,遭遇到实质的叙列误差时,一个不显著的 χ^2 值会发生,而此时的统计检验力会相当低(Bollen, 1989)。当一个模型包含小的叙列误差而样本很大时,模型效果会被膨胀,导致拒绝虚无假设;相反的,当一个模型包含大的叙列误差而样本很小时,模型效果无法彰显,导致接受虚无假设(Kaplan, 1995)。因而在评估模型的适配度时,根据检验的显著性与统计检验力,会呈现以下四种情形(Diamantopoulos & Siguaw, 2000, p.95):

表 2-11　模型检验的四种情境

检验的统计检验力

检验结果		低	高
	显著	拒绝模型[1]	?[2]
	不显著	?[3]	接受模型[4]

如果检验统计(如 χ^2 值检验)是显著的($p < 0.05$),且统计检验力很低,可以安心地拒绝模型,因为在此种情形下,很小的界定误差值(叙列误差)无法被统计检验侦测出来,在此种情况下,实质的界定误差值(模型必定是错误的)也可能是显著的[情境1]。相反的,如果检验统计是显著的,但其统计检验力很高,则无法对模型的拒绝或接受作出决策,因为我们无法得知检验统计的高值是由于模型界定错误(严重的叙列误差)所造成,还是因为统计检验对不适切的界定错误的侦测不够敏感所导致[情境2]。若是统计检验不显著,且其统计检验力很低,也无法对模型的拒绝或接受作出决策,因为我们无法得知低的检验统计量反映的是模型的正确性还是对模型的叙列误差的敏感度不足[情境3]。若是统计检验不显著,且其统计检验力很高,模型可以被接受,因为高的统计检验力表示严重的叙列误差(或错误界定)可以被模型侦测出来[情境4]。从上述情境的探究中,可以发现模型评估中如果忽略统计检验力,则模型的检验是不完整的。

计算统计检验力的型态有三种适配假设:完全适配(exact fit)、近似适配(close fit)与非近似适配(not-close fit)(MacCallum, Browne & Sugawara, 1996)。在探讨绝对适配度时,以前二者检验的概念较为普遍。完全适配检验(test of exact fit)用于检验模型完美适配总体数据的虚无假设,通常使用卡方值来检验,要求统计量 ε 置信区间在下限时为0。此种检验是有限制的,因为模型只是实体的近似值,模型不会完全刚好与总体数据适配。而近似适配检验(test of close fit)是一种接近于总体的不完美适配的虚无假设,此种假设所考虑到的误差是一种近似误的概念,比较接近实际的情境。其检验方式要求统计量 ε 置信区间在 0.05 上下。以上两种统计检验力皆使用 RMSEA 统计量作为检验指标值,在总体中若以 ε 符号表示 RMSEA 值,若模型完美适配,则近似误差大约是0,因而完全适配的虚无假设可以以 ε 值来表示:

$$H_0 : \varepsilon_0 = 0$$

在绝对适配度指标的判别中,RMSEA 值若小于 0.05,表示模型与数据间适配度良好,模型真实适配接近 $\varepsilon_a = 0.05$, $\varepsilon_a = 0.05$ 的假定即为对立假设(alternative hypothesis)。相似的观点应用于近似适配的假设,此种假设符合更多的实际情境,其虚无与对立假设如下:

$$H_0 : \varepsilon_0 \leqslant 0.05$$

$$H_a : \varepsilon_a = 0.08$$

若是 RMESA 值在 0.05 至 0.08 间,模型与数据间的契合度属于不错。如果有 ε_0、ε_a 的信息,也给予显著水平 α(一般为 0.05)和样本数 N,则模型检验的统计检验力是模型中自由度(ν)的函数,在其他条件皆相等的情况下,自由度较高,则统计检验力也会较大(Diamantopoulos & Siguaw,2000)。至于非近似适配的检验方式要求统计量 ε 置信区间要超过 0.05 上下。对于模型适配,根据样本数及自由度推导出的 RMSEA 值比卡方检验有更宽广的解释空间,因为很多学者都意识到影响模型适配估计的重要角色就是样本大小,临界值 0.05 被选中的原因,是因为低于此数值时假设模型与观察数据间会呈现几近完美的适配(Browne & Cudeck,1993;MacCallum,Browne & Sugawara,1996)。

学者 McQuitty(2004)对于模型统计检验力提出 SEM 研究中统计检验力与模型大小(自由度)及样本多寡间有密切关系存在,当使用大样本来检验复杂模型时(自由度大的情况),统计检验力可能都会超出研究者的预测,结果过度拒绝(over rejection)正确的模型;情形相反时亦然,所以模型估计时常会产生接受统计检验力很小的错误模型。为避免上述情形发生,SEM 参数估计时,根据模型大小与样本数的多少,适时进行统计检验力的评估显得十分重要。

第二节   模型识别的范例

AMOS 理论模型的检验,有时会出现模型无法识别或辨识(unidentified)的情形,模型能够被识别才能顺利估计各个参数。在计算估计值时若出现模型无法识别的情形,使用者要先检查绘制的理论模型是否合乎 AMOS 的法则或模型界定有错误,如:

(1)各测量模型中将潜在变量对指标变量的路径系数 λ 均设定为文字参数,但却没有将潜在变量的方差设定为 1,潜在变量的平均数设定为 0。

(2)未将所有测量误差项及残差项的路径系数设定为 1 或将其方差设定为 1。

(3)测量模型中未界定一个测量指标变量的路径系数 λ 为 1。

(4)待估计的自由参数多于数据点的数目(number of data points),造成自由度负值。

(5)方形对象内的变量有些不是 SPSS 数据文件中的观察变量,椭圆形对象内的变量与 SPSS 数据文件中的观察变量相同,模型中有些对象变量重复出现。

(6)内因观察变量或内因潜在变量没有增列一个残差项或干扰项(disturbance),外因观察变量间或外因潜在变量间没有绘制双箭头共变关系的符号。

在 AMOS 模型估计中也有可能出现【The solution is not admissible. 】,表示模型估计的解不是一个可接受解(admissible solution)或解是不可接受解(inadmissible solution),不可接受解表示模型经过迭代运算过程虽可顺利收敛估计,但模型估计出来的参数是不合理的或不适当的,如出现负的误差方差,相关系数绝对值大于 1,出现非正定矩阵,路径系数的符号与理论正好相反,路径系数无法解释等。造成不可接受解的原因通常是样本协方差矩阵与隐含协方差矩阵差距太大,此时研究者最好进行模型的修正,以较简约的模型来进行模型检验。

若是在 SEM 分析中,估计结果出现模型无法识别的情形,表示参数无法被顺利估计,此时研究者可以减少自由参数的数目,将部分自由参数改为固定参数;或将部分自由参数限制删除,或把某些自由参数设定为特别的数值或将参数限制为相等(等同限制),均是将原先待估计的参数变为固定参数的做法(Tabachnick & Fidell, 2007)。一个可以识别的模型并不一定是适配度佳的模型,而一个无法识别的模型因参数无法估计,则整体适配情形也无法检验。

依据数据点的数目与参数数目的关系,模型识别(model identification)的形态有三种:正好识别(just-identified)、过度识别(overidentified)、低度识别或识别不足(underidentified)。模型识别的第一步是计算数据点数目(the numbers of data points)与模型中参数数目。SEM 的数据是样本协方差矩阵中的方差与协方差,数据点的数目是样本方差与协方差的数目,参数的数目是模型中待估计的回归系数、方差、协方差、平均数与截距项的总数目(Tabachnick & Fidell, 2007)。一般的 SEM 模型中多数自由参数只包括回归系数、方差与协方差三种,除非使用者选取平均数与截距项估计选项,否则 AMOS 内定参数估计中,不会进行平均数与截距项的估计。

SEM 估计程序中,数据点的数目与所提供的方程式有关,假设 SEM 模型中共有 p 个外因测量指标(外衍观察变量)、q 个内因测量指标(内衍观察变量),则形成的数据点数目 $= \frac{1}{2}(p+q)(p+q+1)$ 个,数据点数目包含所有观察变量的协方差与方差。若待估计的自由参数个数有 t 个,则模型的自由度 $df = \frac{1}{2}(p+q)(p+q+1) - t$,根据自由度 df 的正负号,可进行整体模型识别,此种模型识别的方法称为 t 法则(t – rule)。t 法则数学表达条件如下:

$$t \leqslant \frac{1}{2}(p+q)(p+q+1)$$

依据 t 法则,若是 $df > 0$ 或 $t < \frac{1}{2}(p+q)(p+q+1)$,表示数据点数目多于估计参数总数,此时自由度为正数,估计结果是允许拒绝虚无假设(假设模型无法与样本数据契合),此种模型识别称为过度识别。SEM 模型的检验,希望研究者提供的模型是过度识别模型,如此才能进行模型适配度的检验,以判别模型是否合适,若是模型不合适,可以进行模型的修正;相对的,如果模型合适也可以再进行简约模型的检验。

与过度识别模型相对立的模型为低度识别模型,低度识别模型中,数据点数目少于估计参数总数,此时自由度为负数,即 $df < 0$ 或 $t > \frac{1}{2}(p+q)(p+q+1)$,模型中所提供的讯息(方程式个数)少于自由参数个数,模型估计无法获得唯一解,因为参数估计结果可有无限多个解,造成自由参数无法被正确估计。低度识别模型如二元一次方程 X – Y = 20,未知数(待估计的参数)有两个,但方程式只有一个,符合方程式的答案可能性无限多,无法获得唯一解。

所谓正好识别模型表示数据点数目与模型中待估计参数数目相同,此时 $t = \frac{1}{2}(p+q)(p+q+1)$,模型的自由度等于 0,正好识别模型又称饱和模型(saturated model)。在正好识别模型中待估计的参数完美地再制样本协方差矩阵,数据协方差矩阵与假设模型的协方差矩阵形成一对一配对,数据方差及协方差总数目与模型中自由参数数目相等,模型中所有参数只能有唯一解,模型的自由度为 0,卡方值也等于 0。由于卡方值为 0,正好识别模型永远不会被拒绝,形成数据与模型间完美适配的情形,正好识别模型由于自由度等于 0,SEM 模型合适性的假设无法被检验,因而此种模型并不是科学统计上令研究者感兴趣的模型,理论模型与数据间完美适配并没有实务应用上的价值(Byrne, 2001; Tabachnick & Fidell, 2007)。

在下面的范例中以变量间的路径分析模型图为例,说明模型识别的三种形态。在路径分析模型图中有三个外因观察变量、两个内因观察变量,样本数据点数目 $= \frac{1}{2}(p + q)(p + q + 1) = \frac{1}{2}(3 + 2)(3 + 2 + 1) = 15$ 个,15 个样本协方差矩阵独特元素如表 2-12,数据点包括五个方差、十个协方差。

表 2-12

	X1	X2	X3	Y1	Y2
X1	VAR(X1)				
X2	COV(X1,X2)	VAR(X2)			
X3	COV(X1,X3)	COV(X2,X3)	VAR(X3)		
Y1	COV(X1,Y1)	COV(X2,Y1)	COV(X3,Y1)	VAR(X4)	
Y2	COV(X1,Y2)	COV(X2,Y2)	COV(X3,Y2)	COV(Y1,Y2)	VAR(X5)

一、正好识别模型

在图 2-2 的理论模型图中,待估计的参数(自由参数)包括 3 个协方差(C1、C2、C3)、5 个方差(V1、V2、V3、V4、V5)、7 个回归系数(W1、W2、W3、W4、W5、W6、W7),自由参数的数目 $= 3 + 5 + 7 = 15 = t$。根据 t 法则:$t = \frac{1}{2}(p + q)(p + q + 1) = 15$,自由度等于 0,表示模型为正好识别模型。

正好识别模型估计值计算结果只有唯一解,在非标准化估计值模型图中可顺利估计出 15 个自由参数的数值,整体模型适配度统计量的卡方值 $= 0$,其他适配度统计量如 RMSEA 值、AGFI 值等均无法估计。在【Amos Output】文字输出结果窗口中,【模型注解】内会呈现估计参数与样本数据点数目讯息,并呈现卡方统计量、模型自由度与显著性概率值 p。

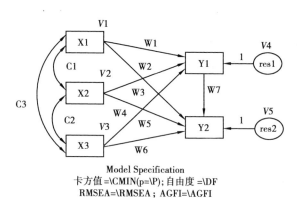

Model Specification
卡方值 =\CMIN(p=\P); 自由度 =\DF
RMSEA\RMSEA;AGFI\AGFI

图 2-2

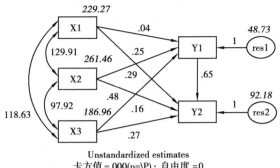

图 2-3

```
Notes for Model（Default model）
Computation of degrees of freedom（Default model）
            Number of distinct sample moments：  15
 Number of distinct parameters to be estimated：  15
            Degrees of freedom（15－15）：   0


Result（Default model）
Minimum was achieved
Chi-square ＝ .000
Degrees of freedom ＝0
Probability level cannot be computed
```

在模型注解中可知:样本矩独特元素的数目等于15,此列即样本数据协方差矩阵能提供的数据点,模型中个别待估计的参数数目等于15,模型的自由度值＝15－15＝0,卡方值＝0,卡方值显著性检验的概率值 p 无法计算。【Minimum was achieved】,表示模型最小化历程已经完成,AMOS 达到了所能达到部分的最小化程度。

二、过度识别模型

（一）过度识别模型一

在理论模型图 2-4 中,待估计的参数(自由参数)包括 3 个协方差(C1、C2、C3)、5 个方差(V1、V2、V3、V4、V5)、6 个回归系数(W1、W2、W3、W4、W5、W7),自由参数的数目＝3＋5＋6＝14＝t。根据 t 法则：$(t = 14) < \frac{1}{2}(p+q)(p+q+1) = 15$,自由度为正数,表示模型为过度识别模型。

第一个过度识别模型估计值计算结果可以求得一个唯一解,在非标准化估计值模型图中可顺利估计出 14 个自由参数的数值,整体模型适配度统计量的卡方值＝36.870,显著性概率值 p＝0.000＜0.05,达到显著水平,拒绝虚无假设,表示样本数据的协方差矩阵与模型隐含的协方差矩阵无法契合,RMSEA 值＝0.291＞0.080,AGFI 值＝0.517＜0.900,显示假设模型的适配度不理想,模型的自由度＝数据点数目减自由参数数目＝15－14＝1。

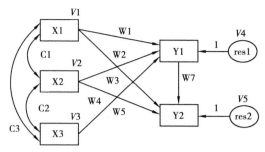

Model Specification
卡方值 =\CMIN(p=\P); 自由度 =\DF
RMSEA=\RMSEA; AGFI=\AGFI

图 2-4

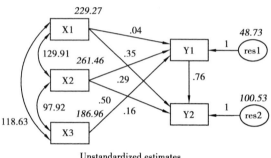

Unstandardized estimates
卡方值 =36.870(p=.000); 自由度 =1
RMSEA=.291; AGFI=.517

图 2-5

Notes for Model (Default model)

Computation of degrees of freedom (Default model)

Number of distinct sample moments: 15

Number of distinct parameters to be estimated: 14

Degrees of freedom (15 – 14):   1

Result (Default model)

Minimum was achieved

Chi-square = 36.870

Degrees of freedom = 1

Probability level = .000

在【Amos Output】文字输出结果窗口的【模型注解】选项中可知:样本矩独特元素的数目等于 15,此列即样本数据协方差矩阵能提供的数据点,模型中个别待估计的参数数目等于 14,模型的自由度值 = 15 – 14 = 1,卡方值 = 36.870,卡方值显著性检验的概率值 p = 0.000 < 0.05,AMOS 达到所能达到部分的最小化程度。

（二）过度识别模型二

在理论模型图 2-6 中,待估计的参数(自由参数)包括 3 个协方差(C1、C2、C3)、5 个方差(V1、V2、V3、V4、V5)、5 个回归系数(W2、W3、W4、W5、W7),自由参数的数目 = 3 + 5 + 5 = 13 = t。根据 t 法则: $(t = 13) < \frac{1}{2}(p + q)(p + q + 1) = 15$,自由度为正数,表示模型为过度识别模型。

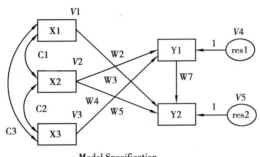

Model Specification
卡方值 =\CMIN(p=\P); 自由度 =\DF
RMSEA=\RMSEA ; AGFI=\AGFI

图 2-6

第二个过度识别模型估计值计算结果可以求得一个唯一解,在非标准化估计值模型图中可顺利估计出 13 个自由参数的数值,整体模型适配度统计量的卡方值 = 38.584,显著性概率值 p = 0.000 < 0.05,达到显著水平,拒绝虚无假设,表示样本数据的协方差矩阵与模型隐含的协方差矩阵无法契合,RMSEA 值 = 0.207 > 0.080,AGFI 值 = 0.744 < 0.900,显示假设模型的适配度不理想,模型的自由度 = 数据点数目减自由参数数目 = 15 − 13 = 2。

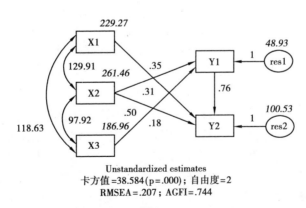

Unstandardized estimates
卡方值=38.584(p=.000); 自由度=2
RMSEA=.207 ; AGFI=.744

图 2-7

（三）过度识别模型三

过度识别模型范例三(如图 2-8)和过度识别模型范例一的主要差别在于路径系数界定不同,范例一假定外因观察变量 X3 对内因观察变量 Y2 没有直接影响,而范例三假定外因观察变量 X1 对内因观察变量 Y1 没有直接影响,模型中待估计的参数(自由参数)包括 3 个协方差(C1、C2、C3)、5 个方差(V1、V2、V3、V4、V5)、6 个回归系数(W2、W3、

W4、W5、W6、W7），自由参数的数目 $= 3 + 5 + 6 = 14 = t$。根据 t 法则：$(t = 14) < \frac{1}{2}(p + q)(p + q + 1) = 15$，自由度为正数，表示模型为过度识别模型。

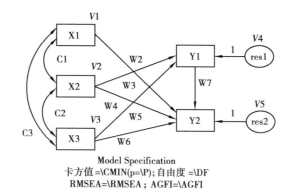

Model Specification
卡方值 =\CMIN(p=\P)；自由度 =\DF
RMSEA=\RMSEA；AGFI=\AGFI

图 2-8

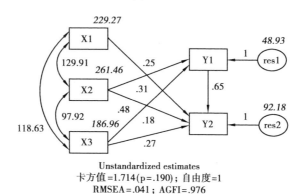

Unstandardized estimates
卡方值 =1.714(p=.190)；自由度 =1
RMSEA=.041；AGFI=.976

图 2-9

　　范例三的过度识别模型估计值计算结果可以求得一个唯一解，在非标准化估计值模型图中可顺利估计出 14 个自由参数的数值，整体模型适配度统计量的卡方值 = 1.714，显著性概率值 $p = 0.190 > 0.05$，达到显著水平，接受虚无假设，表示样本数据的协方差矩阵与模型隐含的协方差矩阵能契合，RMSEA 值 $= 0.041 < 0.080$，AGFI 值 $= 0.976 > 0.900$，显示假设模型的适配度佳，模型的自由度 = 数据点数目减自由参数数目 $= 15 - 14 = 1$。

　　从上述三个过度识别模型中可以发现，一个模型若为过度识别模型，表示方程式能提供较多的讯息来进行自由参数估计，采用统计方法找到与观察数据最接近而误差值最小的唯一解。SEM 的分析就是对一个过度识别模型进行模型的检验，以检验假设模型与实证数据是否能适配。一个过度识别模型虽然是一个可识别的模型，但不一定是个适度佳的模型，经 AMOS 分析，模型可能被接受也可能被拒绝。

三、低度识别模型

　　在理论模型图 2-10 中，待估计的参数（自由参数）包括 3 个协方差（C1、C2、C3）、5 个方差（V1、V2、V3、V4、V5）、8 个回归系数（W1、W2、W3、W4、W5、W6、W7、W8），自由参数的数目 $= 3 + 5 + 8 = 16 = t$。根据 t 法则：$(t = 16) > \frac{1}{2}(p + q)(p + q + 1) = 15$，自由度 $= 15 - 16 = -1$，自由度为负数，表示模型为低度识别模型。

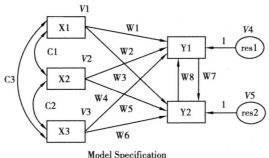

Model Specification
卡方值 =\CMIN(p=\P); 自由度 =\DF
RMSEA=\RMSEA; AGFI=\AGFI

图 2-10

Notes for Model（Default model）

Computation of degrees of freedom（Default model）

Number of distinct sample moments：   15

Number of distinct parameters to be estimated：   16

Degrees of freedom（15－16）：   －1

Result（Default model）

The model is probably unidentified. In order to achieve identifiability, it will probably be necessary to impose 1 additional constraint.

低度识别模型估计值计算结果无法求得参数的唯一解,因而是无法识别的模型。在【Amos Output】文字输出结果窗口的【模型注解】选项中提供以下讯息内容:样本矩独特元素的数目等于15(样本数据协方差矩阵能提供的数据点),模型中个别待估计的参数数目等于16,模型的自由度值 = 15 – 16 = – 1,模型可能是个无法辨识模型(unidentified model),为了让模型成为可辨识的模型,必须再增列一个限制条件。模型中可增列的限制条件有:移除部分回归系数,将某些回归系数参数界定为相等值,界定协方差相等或限制为无相关等。

在测量模型的识别方面,必须考虑到潜在变量的量尺度的界定问题。由于潜在变量并非观察变量,没有特定的矩阵尺度,因而必须给潜在变量一个特定的单位尺度,其界定的方式有两种:一为将潜在变量的方差设定为1,将潜在变量限制为以标准化方差来作为共同单位;二为在潜在变量的测量指标中限定一个观察变量的路径系数为一个不等于0的数值(一般界定等于1),将测量变量的单位设定为潜在变量的参考量尺,使得潜在变量的方差得以自由估计,表示观察变量因素负荷量参数均在测量相同的因素概念,被限定为固定参数的测量指标称为参照变量(reference variable)(邱皓政,2005;Byrne,2001)。在 Amos Graphics 测量模型图的描绘中内定采用的做法为第二种,在潜在变量上增列指标变量(indicator variable)与误差项(error term),增列的第一组指标变量的路径系数 λ 值会固定为1,第二组及以后增列的指标变量与误差项中的指标变量的路径系数 λ 值则成为自由参数。研究者也可以更改测量模型参数的界定方法,将测量模型中的指标变量的路径系数(因素负荷量)均改为参数标签名称,而将潜在变量(因素构念)的方差设定为1。

　　AMOS 测量模型中上述两种界定方法的范例如图 2-11、图 2-12：两个潜在变量的因素构念名称分别为 F1、F2，潜在变量 F1 的指标变量名称为 X1、X2、X3 三个；潜在变量 F2 的指标变量名称为 X7、X8、X9 三个。

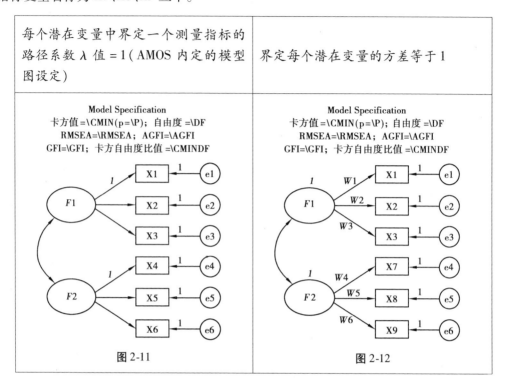

| 每个潜在变量中界定一个测量指标的路径系数 λ 值 $=1$（AMOS 内定的模型图设定） | 界定每个潜在变量的方差等于 1 |

图 2-11　　　　　　　　　　图 2-12

　　两个测量模型执行计算估计值后，标准化估计值的模型图如图 2-13、图 2-14：在标准化估计值的测量模型图中两个模型图输出的参数估计值结果均相同，测量模型适配度检验的卡方值为 17.035，自由度等于 8，显著性概率值 $p=0.030$，RMSEA 值 $=0.075$，AGFI 值 $=0.930$，GFI 值 $=0.973$，卡方自由度比值 $=2.129$。

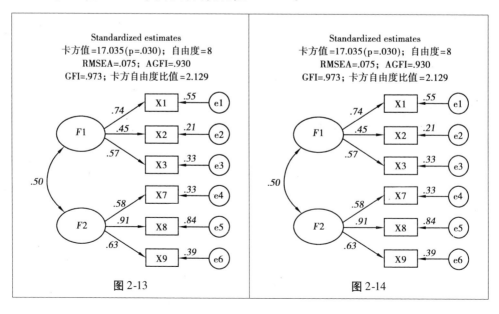

图 2-13　　　　　　　　　　图 2-14

模型识别的 t 法则估计如图 2-15、图 2-16：观察变量有六个，样本数据提供的协方差矩阵的数据点数目 $= \frac{1}{2}(p+q)(p+q+1) = \frac{1}{2}(3+3)(3+3+1) = 21$。第一种测量模型中的自由参数共有 13 个（$=1+4+8$），包括 1 个协方差（C1）、4 个回归系数（因素负荷量）（W1、W2、W3、W4）、8 个方差（V1、V2、V3、V4、V5、V6、V7、V8），由于 $(t=13) < [\frac{1}{2}(p+q)(p+q+1) = 21]$，模型自由度为正数，表示测量模型为过度识别模型。第二种测量模型中的自由参数共有 13 个（$=1+6+6$），包括 1 个协方差（C1）、6 个回归系数（因素负荷量）（W1、W2、W3、W4、W5、W6）、6 个方差（V1、V2、V3、V4、V5、V6），由于 $(t=13) < [\frac{1}{2}(p+q)(p+q+1) = 21]$，模型自由度为正数表示测量模型为过度识别模型。两种测量模型的界定虽然不同，但模型中待估计的自由参数的数目相同，皆为 13 个，因而模型中的自由度均为 $21 - 13 = 8$。

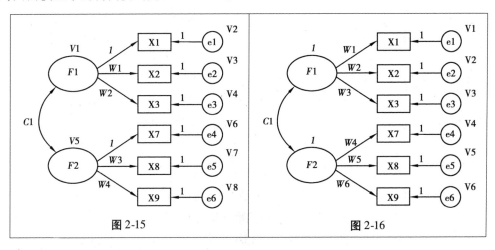

图 2-15　　　　　　　　　图 2-16

　　一个较佳的测量模型，应是潜在变量的每个测量指标变量的因素负荷量接近 1，且因素负荷量参数必须达到统计上的显著水平，测量指标的因素负荷量愈大，表示测量指标的信度愈佳（因素负荷量愈大，其平方值也会愈大）。同时每一个测量模型各自形成一个独立的丛集（cluster），彼此间没有假设性的因素负荷假定，亦即每个测量指标变量仅受到单一因素构念（潜在变量）的影响，不会受到模型中其他潜在变量的影响，单一测量指标变量只反映其相对应的单一潜在变量的测量模型称为纯化测量模型，模型中的测量指标变量称为纯化指标变量（pure indicator variables）。纯化测量模型是一种极严格的模型设定策略，此种极严格的模型设定策略若是单因素的测量模型，其测量指标变量至少要有三个以上，且因素负荷量必须显著不等于 0，测量残差间没有任何相关；若是测量模型为多因素的测量模型，每个潜在变量只用两个观察变量来估计，假定测量残差间无相关，没有任何一个潜在变量的协方差或方差为 0，则此测量模型通常是可识别的（邱皓政，2005；Byrne，2001）。

　　在 SEM 的验证性因素分析中，纯化指标测量模型通常很难达到合适，此时研究者可改为较为宽松的策略，如增列测量残差间有相关，或增列其他潜在变量对指标变量影响的路径。因为测量模型可以识别并不表示此测量模型与样本数据可以有效契合，纯化指标变量测量模型可能较难达到模型合适的标准。

第三章 Amos Graphics 界面介绍

结构方程模型(structural equation modeling;SEM)通常包括测量模型(measurement)与结构模型(structural model),测量模型是观察变量(量表或问卷等测量工具所得的数据)与潜在变量(latent variable)(观察变量间所形成的特质或抽象概念)之间的相互关系;而结构模型则是潜在变量与潜在变量间所形成的关系。一般结构方程模型中的测量模型与结构模型的图标如图3-1:中间的饼图表示潜在变量(无法具体观察到的变量),长方形图标为观察变量,观察变量旁的小圆形为测量误差(误差变量)。

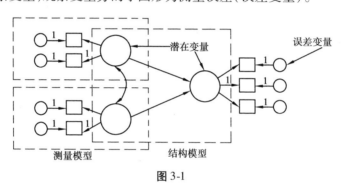

图 3-1

结构方程模型可以进行协方差间的估计,用来检验变量间因果关系模型的适切性,可进行路径分析(path analysis)、回归分析、验证性因素分析、理论因果关系模型图的检验等。目前用来分析结构方程模型的应用软件中,使用最多且最广者为 LISREL、AMOS。LISREL 的输出报表虽提供非常丰富的指标参数,但由于要撰写语法命令及熟悉矩阵参数,一般使用者较难学习。反观 AMOS 完全是图形式界面,只要熟知理论因果模型图的绘制及基本参数值的设定,即可直接绘出路径图及呈现各统计参数,因而愈来愈多人以AMOS 统计软件作为结构方程模型分析研究工具。

第一节　Amos Graphics 窗口的介绍

Amos 是矩结构分析(Analysis of Moment Structure)的简称,Amos 的数据分析主要用于处理结构方程式模型(structural equation modeling;SEM)、协方差结构分析(analysis of covariance structures)或因果模型分析(causal modeling)等。Amos 具有容易使用的语法界面,可说是窗口化的 SEM,使用者只要熟悉工具列图像功能即可快速而有效地绘制模型图,进而将模型图结果统计量求出。

安装 Amos 7.0 版之前要安装【. NET Framework】,这个文件在【SPSS 15.0 for Windows】

系列光盘内可找到。把光盘片放入光驱中,光盘自动播放(AutoPlay)功能会显示菜单,菜单包括 11 个选项,要安装 Amos 7.0 版时选取选项三【Install Amos 7.0】,如图 3-2。

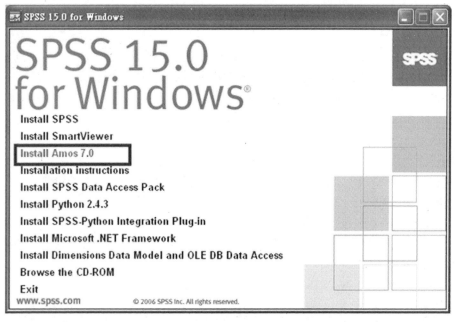

图 3-2

选取安装 Amos7.0 选项后,会出现【Amos7.0-InstallShield Wizard】(安装精灵)对话窗口,个人版的使用者选取【Single user license(I purchased a single copy of the product)】选项,按【Next】(下一步)钮,如图 3-3。

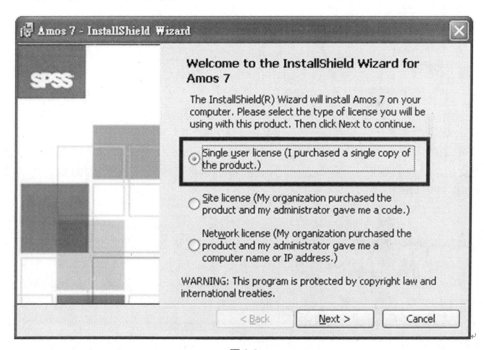

图 3-3

　　之后,会进行安装程序,使用者只要依据【Amos7.0-InstallShield Wizard】(安装精灵)对话窗口及单机版安装手册的说明,相互对照操作即可顺利完成安装工作,如图 3-4。

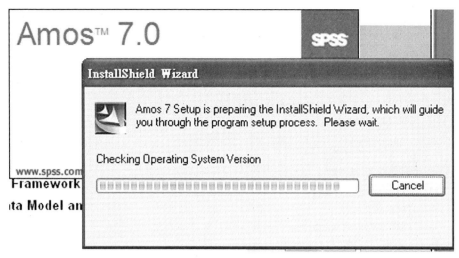

图 3-4

安装完成后开启【Amos Graphics】的画面如图 3-5:

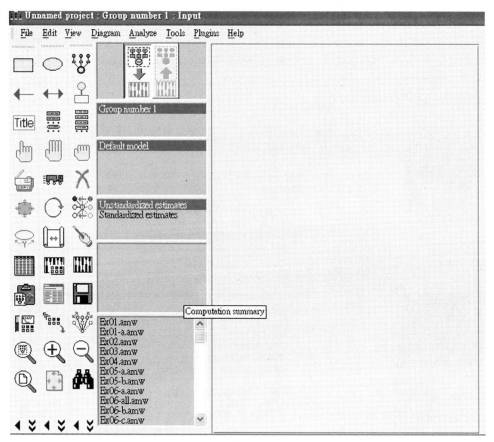

图 3-5

一、开启【Amos Graphic】应用软件

启动【Amos Graphics】应用软件窗口的方法,最常使用者有以下三种:

1. 直接在 Windows 窗口桌面上点击【Amos Graphics】![icon]的图示两下。

2. 执行【开始】→【程序】→【AmosX】[1]→【Amos Graphics】的程序。

3. 如果安装 SPSS 软件,可以开启 SPSS 统计软件,执行【分析】(Analyze)/【统计】(Statistics)→【Amos】程序。

开启【Amos Graphics】应用软件后,其主窗口包含以下三大窗口界面:左上为浮动绘图工具箱区,中间为多功能窗口,右边空格为因果路径图假设模型绘制区,如图3-6。

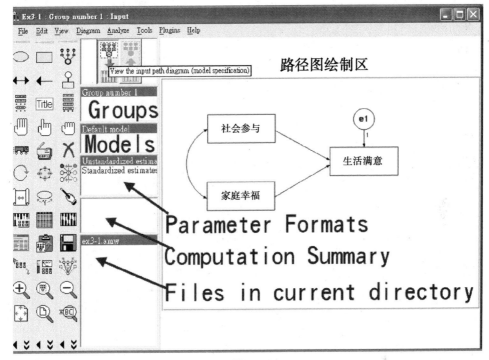

图 3-6

(一)浮动绘图工具区

工具列窗口为【Amos Graphics】应用软件的核心,如果能熟知各种工具图标的功能与操作,则能快速完成各式模型图的绘制与统计量的估计。执行【Amos Graphics】软件上方【功能列】选单内的程序,多数功能均与点选工具列图像后执行的程序相同,如下:

1.【文件】(File)功能列

Amos 文件的扩展名为 *.amw。文件功能列常用的如【建立新文件】(New)、【开启旧文件】(Open)、【储存文件】(Save)、【另存新文件】(Save As)、【数据文件的连结设定】(Data Files)、【打印】(Print)、【文件管理】(File Manager)与【结束】(Exit)等。

---

1 这里的"X"代表 Amos 的版本号,如 Amos 7.0。

2.【浏览】(View)功能列

【浏览/设定】功能列包括【界面属性】(Interface Properties)、【分析属性】(Analysis Properties)、【对象属性】(Object Properties)、【模型中的变量】(Variables in Model)、【数据文件中的变量】(Variables in Dataset)、【参数】(Parameters)、【文字输出】(Text Output)、【全屏幕】(Full Screen)等,大部分执行程序在工具列图像中均有。

3.【绘图】(Diagram)功能列

【绘图】(Diagram)功能列的主要功能是模型图的绘制,包含的选项如【描绘观察变量】(Draw Observed)、【描绘潜在变量】(Draw Unobserved)、【描绘单向路径图】(Draw Path)、【描绘双向协方差图】(Draw Covariance)、【图示标题】(Figure Caption)、【描绘指标变量】(Draw Indicator Variable)、【描绘误差变量】(Draw Unique Variable)、【放大图示】(Zoom In)、【缩小图示】(Zoom Out)、【放大成整页】(Zoom Page)、【滚动条移动】(Scroll)、【放大镜检视】(Loupe)、【重新绘制图形】(Redraw diagram)等,这些功能在工具列图像中均有相对应的按钮图像。

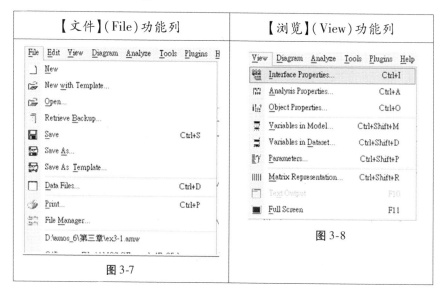

图 3-7   图 3-8

4.【编辑】(Edit)功能列

【编辑】(Edit)功能列的功能在于对象的处理,包括【还原】(Undo)、【重做】(Redo)、【拷贝到剪贴簿】(Copy to clipboard)、【选择单一对象】(Select)、【选取全部对象】(Select All)、【解除选取全部对象】(Deselect all)、【移动对象】(Move)、【复制对象】(Duplicate)、【删除对象】(Erase)、【移动参数位置】(Move Parameter)、【映射指标变量】(Reflect)、【旋转指标变量】(Rotate)、【改变对象形状】(Shape of Object)、【调整选取对象的水平距离】(Space Horizontally)、【调整选取对象的垂直距离】(Space Vertically)、【拖动对象属性】(Drag Properties)、【适合页面】(Fit to Page)、【模型图最适接触】(Touch Up)等。

【编辑】(Edit)功能列	【绘图】(Diagram)功能列
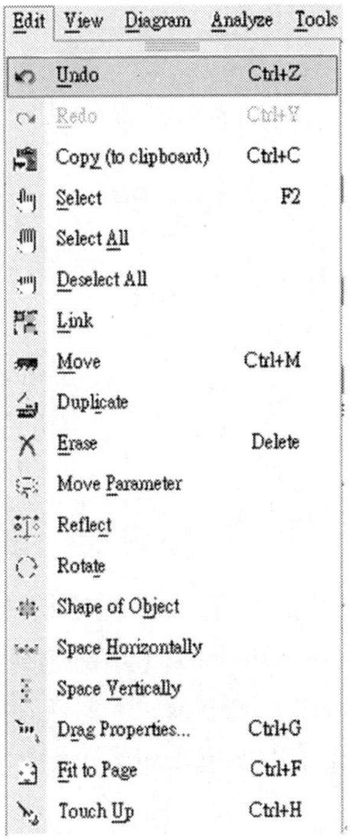 　图 3-9	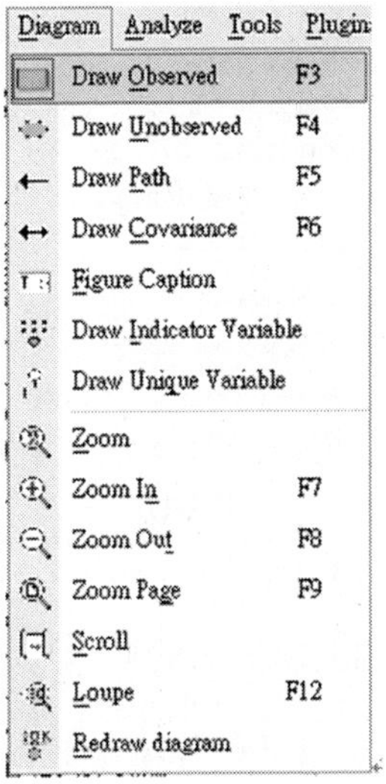 　图 3-10

5.【分析】(Analyze)功能列

Amos 7.0 版本将之前版本功能列【Model-Fit】(模型适配度)功能列改为【Analyze】(分析)功能列。

分析功能列/模型适配度(Model-Fit)功能列的功能,主要是估计的计算以及模型相关数据的管理,如【计算估计值】(Calculate Estimates)、【中断计算估计值程序】(Stop Calculate Estimates)、【管理群组/多群组设定】(Manage Groups)、【管理模型/多重模型设定】(Manage Models)、【模型实验室】(Modeling Lab)、【改变观察变量/潜在变量】(Toggle Observed/Unobserved)、【自由度的信息】(Degree of Freedom)、【模型界定的搜寻】(Specification Search)、【多群组分析】(Multiple-Group Analysis)、【适用于小样本的贝氏估计法】(Bayesian estimation)、【缺失值数据替代法】(Data imputation)等。

6.【工具】(Tools)功能列

工具功能列可以设定呈现的字型(List Font)、对称性(Smart)、呈现路径图的线条(Outline)、以方型比例绘图(Square)、以黄金分割比例绘图(Golden)、定制功能列(Customize)、种子管理(Seed Manager)等。

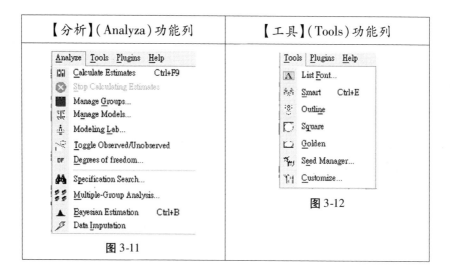

【分析】（Analyza）功能列	【工具】（Tools）功能列
图 3-11	图 3-12

7. 【增列】（Plugins）功能列

增列功能列可以进行各项参数标签名称与模型的设定, 如【描绘协方差双箭号图】（Draw Covariances）、【增长曲线模型】（Growth Curve Model）、【增列参数名称】（Name Parameters）、【增列潜在变量名称】（Name Unobserved Variables）、【重新设定观察变量大小】（Resize Observed Variables）、【增列标准化 RMR 值】（Standardized RMR）等。

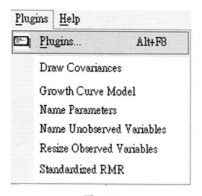

图 3-13

以图 3-14、图 3-15 有 2 个共同因子 6 个指标变量的测量模型为例, 2 个共同因子与测量指标误差项均为潜在变量, 若是研究者要快速增列 8 个潜在变量的变量名称, 执行功能列【Plugins】/【Name Unobserved Variables】（增列潜在变量名称）程序, 则可快速界定 6 个误差项（变量名称内定为 e1、e2……）及 2 个共同因素（变量名称内定为 F1、F2）的变量名称。

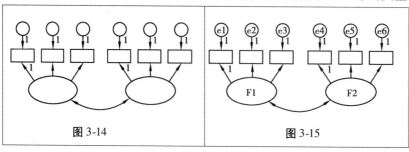

图 3-14   图 3-15

增删功能列表单及工具列的操作步骤如下：

执行功能列【Tools】（工具）→【Customize】（定制）程序，可以增删功能列表单及工具列。

如研究者要在浮动窗口中新增（Golden）工具，其操作程序如下：

（1）执行功能列【Tools】（工具）→【Customize】（定制）程序，开启【Customize】对话窗口。

（2）切换到【Commands】（命令）标签页，在左边【Categories】（分类）选项中选取【Tools】（工具）选项，右边的【Commands】（命令）选单中选取（Golden），按下鼠标左键至浮动工具列窗口放开，如图 3-16。

相反的，若是使用者要将浮动工具列内某些图像工具删除，则于【Commands】（命令）次对话窗口中，点选要删除的工具列图像，按下鼠标左键直接拖动至右边【Commands】（命令）方盒中即可。

图 3-16

（二）多功能窗口区（模型信息区）

多功能窗口区包含【模型显示窗口】，包含路径图的模型切换、组别（Groups）、模型（Models）、参数格式（Parameter Formats）、计算摘要（Computation Summary）、目前目录中的文件（Files in current directory）。参数格式又包含未标准化的估计值（Unstandardized estimates）与标准化的估计值（Standardized estimates），路径图的模型显示切换有两种，一为【显示输入的路径图】（View the input path diagram-Model specification），【显示输入的路径图】即为开始描绘的路径图，没有路径系数；二为【显示输出结果的路径图】（View the output path diagram），【显示输出结果的路径图】会包含要估计的统计量的估计值。

图 3-17 为显示输入的原始路径图性质的模型图，没有统计量数或参数。

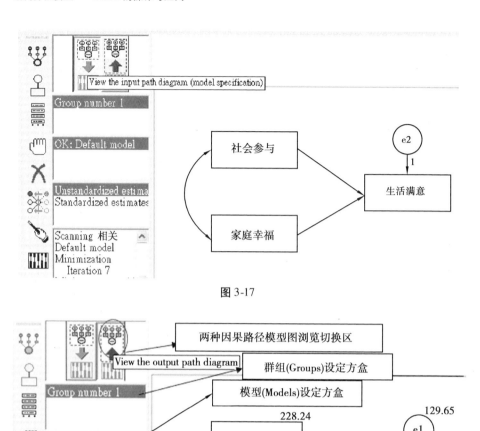

图 3-17

图 3-18

图 3-18 为显示路径图的结果模型图,按下【计算估计值】(Calculate estimates) 🎹 的
工具图标后,如果模型设定没有错误,则【显示输出结果的路径图】(View the output path
diagram)的图示便会呈现。按一下此图示,会出现模型的各项参数或统计量的估计值。
【Models】(模型)方盒的提示语由【Default model】(预设模型)转变为【OK:Default model】
(OK:预设模型)【Computation summary】(计算摘要)方盒会出现卡方值、自由度及完成提
示语:【Writing output】、【Chi-square = xxx, df = xx】(根据模型图不同而不同)、【Finished】
(在 Amos7.0 的版本中,若模型可以识别不会再出现 Finished,只会呈现卡方值与自由
度),如图 3-19。若是模型无法顺利识别或估计,则会于计算摘要表方盒中呈现以下的信
息:【模型名称 Minimization Iteration 1 Writing output】,此时无法估计模型的卡方值,模
型的自由度也不会呈现,如图 3-20。

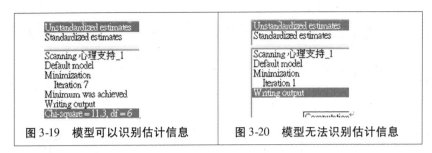

图 3-19　模型可以识别估计信息	图 3-20　模型无法识别估计信息

如果模型中有变量未进行设定,则按下【计算估计值】(Calculate estimates)工具图像钮后,会出现警告提示信息窗口,如【1 variable is unnamed】(一个变量没有名称),如图3-21,表示模型中有一个变量没有命名,操作者须将此变量名称键入或由数据文件中将观察变量拖动至模型,当变量有名称后,模型才能执行【计算估计值】的程序。如果假设模型与样本数据差距太大,造成导出的两个协方差矩阵相差很大或是模型为低度辨识模型,则模型可能无法顺利被识别(identified),此时模型方盒中的信息【XX:模型名称】不会转变为【OK:模型名称】。另外,当一个协方差矩阵为非正定矩阵(nonpositive definite matrices)时,模型也无法顺利估计,或是估计所得的参数会出现不合理的现象,如相关系数绝对值大于1,结构模型路径系数的正负号与理论假定或经验法则相反,或出现负的误差方差等。

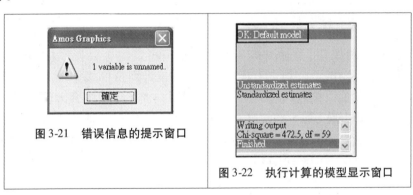

图 3-21　错误信息的提示窗口

图 3-22　执行计算的模型显示窗口

(三)模型图的绘制区域

模型图的绘制区域为一长方形,内定为【肖像照片格式】(Portrait)(纵向式的长方形——高比宽的长度长),模型图超出编辑区域部分,统计量也会被计算,但无法打印。如果要改变模型图的绘制区域为【风景照格式】(Landscape)(横向式长方形——宽比高的长度长),可以执行以下程序:

执行功能列【View/Set】(浏览/设定)→【Interface Properties】(界面性质),出现【Interface Properties】的对话窗口,切换到【Page Layout】(页面配置)标签页,在【Orientation】(方向)方盒中勾选【Landscape】风景照选项(内定值为【Portrait】选项)→按【Apply】(应用)钮。

纵向配置的区域,宽比较短而高比较长。横向配置区域的宽比高长。在路径图的绘制中,研究者要选用哪种面版(配置区域),视模型的结构与排列而定。编辑区域内位置的模型图均可将被复制到剪贴簿中,而超过编辑区域位置的模型也可计算其估计值,但无法打印及复制到剪贴簿上。

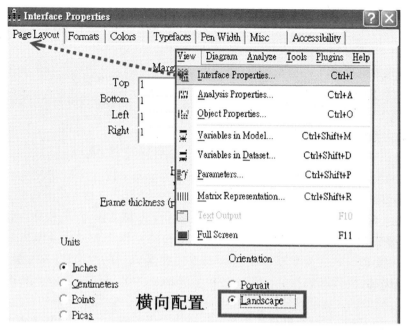

图 3-23

二、工具箱窗口的图像钮操作介绍

【工具箱窗口图像钮】是【Amos Graphics】编辑窗口的主要操作核心,多数【Amos Graphics】功能列的操作程序,均在工具箱窗口中。工具列窗口操作时,只要点选工具图像,即可执行它的功能。被点选的工具图像,会呈反白而图像周围会出现一个方框,如图 3-24,当图像反白并出现方框时再点选一次,则图像即恢复成原来的状态,此时即解除其操作状态。鼠标移至工具图像上时,会出现工具图像功能的简要说明及其快速键的操作,如【Draw observed variables(F3)】。以下就工具列窗口中的图像操作说明作一简要介绍。

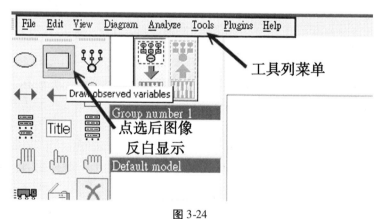

图 3-24

(一) 【描绘观察变量】(Draw observed variables)

SPSS 数据文件或电子表格中的量表变量均为观察变量,观察变量即是以量表、问卷、测验等工具获得的数据,也称为显性变量(manifest variables)。点选此图像后,可在模型编辑窗口中绘制长方形的观察变量,操作时在模型编辑区域中按住鼠标左键不放并拖动即可描画出一个长方形。拖动时往右下、右上、左下、左上方向移动均可。

　　每个工具列图像均有一个快速键,将鼠标移至工具列图像上时,会出现工具列图像的操作说明及其快速键,如【描绘被观察的变量】工具列图像的快速键为功能键【F3】,当按下功能键【F3】时,即可直接在模型编辑窗口中绘制长方形的观察变量,其功能即是点选【描绘被观察的变量】的工具图像。

(二) 【描绘未被观测的变量】(潜在变量)(Draw unobserved variables)

　　未被观察的变量又称潜在变量(latent variables),以线性结构模型而言,潜在变量有两种:被假定为"因"者称为潜在自变量(latent independent)或外因变量(exogenous variables);被假定为"果"者称为潜在依变量(latent dependent variables)或内因变量(endogenous variables)。潜在变量无法直接被观察测量,因而以外在可观察的态度、行为、知觉、感受等来间接推论,这些可观察的变量即为观察变量,外在可测量的行为即为潜在变量的指标变量,也就是潜在构念的指标(indicators)。

　　以企业组织文化为例,组织文化是个无法被观察测量的变量,是个抽象的概念(构念),无法直接测量,但研究者可以以企业员工在组织文化量表上的知觉感受作为其组织文化的指标变量,组织文化量表假设有四个面向(构念):信任和谐、开放创新、稳定运作、目标成就,则四个层面所测得的数据即可作为组织文化潜在变量的指标变量。

　　点选此图像后,可在模型编辑窗口中绘制椭圆形的潜在变量,操作时在模型编辑区域中按住鼠标左键不放并拖动即可描画出一个椭圆形。拖动时往右下、右上、左下、左上方向移动均可,其快速键为功能键【F4】。

　　在绘制观察变量或潜在变量时,使用者也可以配合以下两个功能□(画正圆形或正方形)、□(使用黄金分割比来画长方形或椭圆形)来绘制。在绘制观察变量或潜在变量前,先执行功能列【Tools】→【Square】程序或【Tools】→【Golden】程序,再选取绘制观察变量或潜在变量的工具列即可。假设模型绘制的因果模型图中,潜在变量的名称不能与原数据文件中的变量名称相同,否则 Amos 会将潜在变量视为观察变量,出现警告信息窗口,此时模型当然无法顺利估计。

(三) 【描绘潜在变量或增画潜在变量的指标变量】(Draw a latent variable or add an indicator to a latent variable)

　　点选此图像也可描绘潜在变量,其操作与上述【描绘未被观测的变量】工具列图像相同。此外,其图像也可以在潜在变量上增列指标变量(观察变量)及误差变量,操作时将此图像指标移往潜在变量(椭圆形对象)上,按一下鼠标左键即增列一组指标变量及误差变量,再按一下可再增列一组。指标变量(观察变量及误差变量)的形状大小会随潜在变量大小而自行调整,如图 3-25,3-26,3-27,3-28。

　　在潜在变量上所绘制的指标变量位置均位于潜在变量的上方,如要调整指标变量的位置,要点选【旋转潜在变量的指标变量】(Rotate the indicators of a latent variable)工具图像,点选此工具图像后,在潜在变量上按一下,指标变量会顺时针方向旋转,每次旋转的角度为 90 度。

可直接描绘潜在变量	在潜在变量上按一次会增列一组指标变量	在潜在变量上按两次会增列两组指标变量	在潜在变量上按三次会增列三组指标变量
图 3-25	图 3-26	图 3-27	图 3-28

在 Amos 结构方程模型中,所有测量误差变量数值的起始值均设为 1,而潜在变量中须有一个观察变量的指标变量的参数值也设为 1。图 3-26 中下方的椭圆形为潜在变量,长方形为潜在变量的指标变量(观察变量),最上面的小圆形为误差变量。潜在变量的每个指标变量均有测量误差,此测量误差即为误差变量,其参数路径系数设定起始值为 1,每个测量指标的误差变量(error variable)的参数也可改为将其方差设定为 1。

(四)←|【描绘单向箭头的路径】(Draw paths-single headed arrows)

点选此图像可描绘表示因果关系的单箭号,从变量性质为"因"的变量(自变量)图标开始拖动至"果"的变量(依变量)。单箭号的起始点为自变量(外因变量)(exogenous),方向所指向的变量为依变量(内因变量)(endogenous),在模型表示中,外因变量通常以英文字母 X 表示,内因变量则以英文字母 Y 称之。【描绘单向箭头路径】的快速键,为功能键【F5】。在 SEM 中,潜在变量有两种:一为外因潜在变量(exogenous latent variables),一为内因潜在变量(endogenous latent variables),外因潜在变量即为因变量(预测变量),内因潜在变量为果变量(效标变量),结构模型中的内因变量直、间接受到外因变量的影响,因而二者之间须以单箭头符号标示,而受到模型中其他变量影响的中介变量,也要以单箭头符号标示。单箭头通常用于表示结构模型中外因潜在变量与内因潜在变量的关系。

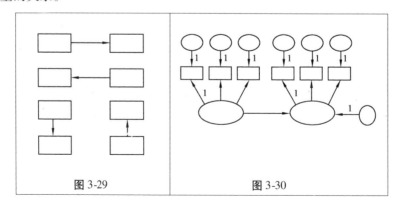

图 3-29　　　　　　　　　图 3-30

(五)↔【描绘协方差(双向箭头)的路径】(Draw covariances-double headed arrows)

点选此图像后,从第一个变量拖动至第二个变量;或从第二个变量拖动至第一个变量,完成后可在两个变量间描画双向曲线箭号。从第一个变量拖动至第二个变量所描绘的双箭号曲线位置与从第二个变量拖动至第一个变量的形成水平或垂直镜射关系(上←→下、左←→右)。两个变量以双箭号连接,表示两个变量有共变(Covariance)的关系,在标准化模型中呈现的数据即为两个变量的相关系数,表示两个变量间不是因果关系。【描绘协方差(双向箭头)路径】的快速键为功能键【F6】。在测量模型中,所有潜在变量(共同因素)间均要绘制双向箭头符号,否则模型界定是不完整的;在结构模型中,所有外因潜在变量也要增列双向箭头符号,否则模型无法估计。两个变量间增列双向箭头符号,表示两个变量间有相关,其相关系数或参数若界定为 0,则表示变量间没有相关。

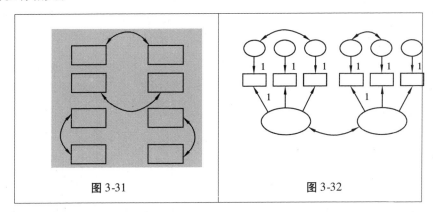

图 3-31　　　　　　　　　　图 3-32

双向箭头的绘制会依据起始变量的不同,其弯曲方向与弧度形状会不相同,但只要是相同的变量建立共变关系,则模型的估计结构相同,图 3-33、图 3-34 两个共同因素的共变关系双向箭头的弯曲方向虽然不同,但整个假设模型是相同的。

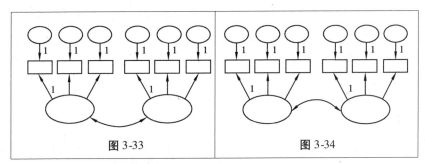

图 3-33　　　　　　　　　　图 3-34

Amos 模型输出结果,箭号图标与变量属性所呈现的估计值性质有以下关系存在:

表 3-1

图标/变量	未标准化估计值 (Unstandardized estimates)	标准化估计值 (Standardized estimates)
单箭号	回归加权值 (Regression weights)	标准化的回归加权值(Beta 值)
双箭号	协方差(Covariances)	相关(Correlations)
内因变量(endogenous variables)	截距(Intercepts)	复相关的平方 (Squared multiple correlations)
外因变量(exogenous variables)	平均数与方差	—

（六）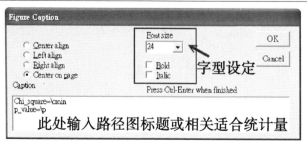【增列误差变量到已有的变量中】（Add a unique variable to an existing variable）

此工具图像可在观察变量或潜在变量上增列误差变量。操作时,在作为内因变量的观察变量或潜在变量上按一下鼠标左键,可在观察变量或潜在变量的上方增列一个误差变量,如重复按鼠标左键,则误差变量会依顺时针方向旋转,旋转的角度为 45 度,如图 3-35。在 Amos 结构方程模型中,作为内因变量的变量（依变量）均要设定误差变量,测量误差变量数值的起始值设为 1。在模型计算估计时,如果有内因变量没有增列误差变量,则会出现警告提示窗口,告知操作者哪些内因变量没有设定误差变量。在验证性因素分析中,所有潜在变量均为外因变量,因而没有因果关系,不用界定误差变量,但在路径分析与结构模型中,作为效标变量（依变量）者受到其他自变量的影响,因而会有残差项,此误差变量又称为残差变量（residual variables）,残差项通常以符号"err"或"e"表示。

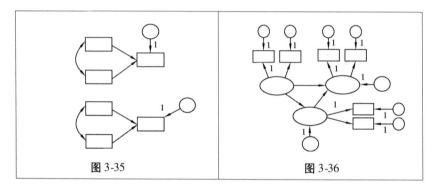

图 3-35　　　　　　　　　　　　　　图 3-36

（七）Title【设定路径图标题内容】（Figure captions）

此图像可让模型名称或适配度指标呈现于路径图中。点选此标题工具图像后,在模型编辑窗口中按一下会出现【Figure Captions】（图形标题）的对话窗口,于【Caption】（标题）下的空格中输入路径图标题或相关适配度统计量。如要呈现卡方值（CMIN）与 p 值,须于空格内输入:

```
CHI_SQUARE = \CMIN
P_VALUE = \P
```

"\CMIN"为呈现 χ^2 值、"="前面为要呈现的文字,"="后面为要呈现的统计量数,其语法为【统计量关键词】,如要呈现 GFI 与 AGFI 值,则键入如下语法:

```
GFI = \GFI
AGFI = \AGFI
```

图 3-37

等号"= \"后面为统计量关键词,这些关键词在 Amos 使用者操作手册的附录中可以查阅到。以下列出相关的统计量关键词,其中统计量关键词中的英文字母大小写均可。

表 3-2

适配度测量量数	统计量关键词	适配度测量量数	统计量关键词	适配度测量量数	统计量关键词
NPAR	= \NPAR	DF	= \DF	PARTIO	= \PARTIO
CMIN	= \CMIN	P 值	= \P	CMIN/DF	= \CMINDF
FMIN	= \FMIN	NCP	= \NCP	NCP LO90	= \NCPLO
NCP HI90	= \NCPHI	F0	= \F0	F0 LO90	= \F0LO
F0 HI90	= \F0HI	RMSEA	= \RMSEA	PCLOSE	= \PCLOSE
RMSEA LO 90	= \RMSEALO	RMSEA HI 90	= \RMSEAHI	AIC	= \AIC
BCC	= \BCC	BIC	= \BIC	CAIC	= \CAIC
ECVI	= \ECVI	ECVI LO 90	= \ECVILO	ECVI HI 90	= \ECVIHI
MECVI	= \MECVI	NFI	= \NFI	RFI	= \RFI
IFI	= \IFI	TLI	= \TLI	CFI	= \CFI
PNFI	= \PNFI	PCFI	= \PCFI	GFI	= \GFI
AGFI	= \AGFI	PGFI	= \PGFI	RMR	= \RMR
HOELTER (A = .05)	= \HFIVE	HOELTER (A = .01)	= \HONE		

若是要呈现模型估计值结果的参数格式(标准化估计值或非标准化估计值),其关键词为"\FORMAT",呈现群组名称的关键词为"\GROUP",呈现模型名称的关键词为"\MODEL"。在【Caption】(标题)下的空格中输入下列说明与关键词。

模型关键词与说明	出现在模型中的画面
\FORMAT 群组 = \GROUP 模型 = \MODEL 卡方值 = \CMIN(p = \p);自由度 = \DF RMSEA = \RMSEA;AGFI = \AGFI	Model Specification 群组 =Group number 1 模式=Most General Model 卡方值 =\CMIN(p=\p); 自由度 =\DF RMSEA=\RMSEA;AGFI=\AGFI **图 3-38**

未标准化估计值的注解	标准化估计值的注解
Unstandardized estimates 群组=Group number 1 模式=Default model 卡方值=11.280(P =0.080)1;自由度=6 RMSEA=0.66;AGFI.935 **图 3-39**	Standardizde estimates 群组=Group number 1 模式=Default model 卡方值=1.280(p=080); 自由度=6 RMSEA=.066;AGFI=.935 **图 3-40**

执行计算估计值后,若是模型可以收敛识别,则会出现相关适配度统计量,原先群组名称为内定的名称项"Group number 1",模型名称为内定预设模型项"Default model"。

（八） ▦【列出模型内的变量】(List variables in model) 图像钮

点选此工具图像后,会出现【Variables in Model】(模型中的变量)对话窗口,可查看模型图使用到的所有变量的名称,包含数据文件内的观察变量、模型中的误差变量及潜在变量。其中误差变量与潜在变量由研究者自行界定命名,而观察变量或显性变量需由数据文件中直接读入。

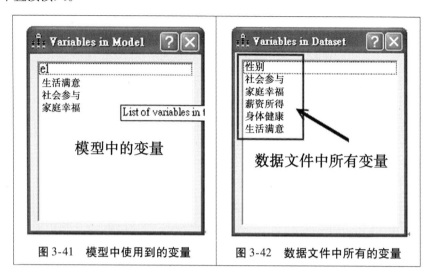

图 3-41   模型中使用到的变量   图 3-42   数据文件中所有的变量

(九)【列 出 数 据 集 内 的 变 量 名 称】(List variables in data set)

点选此工具图像后,会出现【Variables in Dataset】(数据集中的变量)对话窗口,可查看数据文件中所有的变量名称。数据文件中所呈现的变量,均为观察变量或潜在变量的指标变量,这些观察变量不一定都会在模型图中被使用到。数据文件中的变量全部为观察变量,而【模型中的变量】(Variables in Model),除包括数据文件中部分的观察变量外,也可能有增列误差变量及潜在变量。操作时,在开启【Variables in Dataset】(数据集中的变量)对话窗口状态下,按住数据文件的观察变量直接拖动至模型中的观察变量长方形对象内即可。

(十)【选 择 所 有 对 象】(Select all objects)

点选此工具图像,模型编辑区域中所有的对象均会变成蓝色,表示所有的变量与路径均被选取,选取对象后可进行对象的移动与复制。

(十一)【一 次 只 选 择 一 个 对 象】(Select one object at a time)

被选取的变量或路径(箭头)颜色会改变,内定值(default)为蓝色,如果对象的颜色改变表示已被选取,选取后再按一下所选择的变量或路径,颜色会还原成原内定的黑色,表示解除对象选取的状态。按下此图像钮将鼠标移到对象上,对象(方框、椭圆形、线条、双箭头)会变成红色,按一下左键表示选取对象,选取对象后再按一下左键表示取消选取,【一次只选择一个对象】可以选取多个连续或不连续对象。

(十二)【删 除 所 有 选 取 的 对 象】(Delete all objects)

点选此图像后,所有被选取的变量、路径或对象均会还原,所有图示会变成内定的黑色。

（十三）📻【复制对象】（Duplicate objects）

点选此图像,将鼠标移到对象上,按住鼠标左键不放,拖动至新位置再放开鼠标,即可于新位置上复制一个与原先相同的对象。

（十四）🚚【移动对象】（Move objects）

点选此图像,将鼠标移至对象上,按住鼠标左键不放,拖动至新位置再放开鼠标,即可将对象拖移至新位置。

（十五）✕【移除对象】（Erase objects）

点选此图像,将鼠标移至对象上按一下左键,即可将变量或路径对象移除。【移除对象】工具图像即是一般绘图软件中的"橡皮擦"或【删除】（Delete）键。

（十六）✥【变更对象的形状大小】（Change the shape of objects）

点选此图像,将鼠标移至变量对象上按住左键不放,即可重新调整观察变量（长方形）、潜在变量（椭圆形）或误差变量（圆形）对象的形状大小。如果同时选取全部对象,则相同几何图形的对象——方形对象（观察变量）/圆形对象（潜在变量及误差变量）会一起改变大小,因而操作者如要改变误差变量的大小,可按【一次只选择一个对象】（Select one object at a time）工具图像,分开选取要改变形状的误差变量对象;如要同时改变潜在变量形状大小,则只要分开选取潜在变量对象即可。选取时分开选取的对象,可同时更改其形状大小。

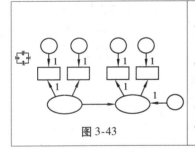图 3-43	在左边范例中,使用者要更改四个测量指标误差变量椭圆形的大小,其操作程序:按【一次只选择一个对象】图像钮分别选取四个误差项对象（此时四个误差项椭圆形会变为蓝色）→按【变更对象的形状大小】图像钮移往四个椭圆形对象中的任何一个,按住鼠标左键不放直接拖动,可同时改变对象大小。

同时选取四个误差变量对象,改变其形状与大小（拖动对象时对象框线由蓝色变为绿色,放开鼠标后变回蓝色）	同时选取四个测量指标对象,改变其形状与大小（拖动对象时对象框线由蓝色变为绿色,放开鼠标后变回蓝色）
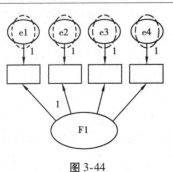图 3-44	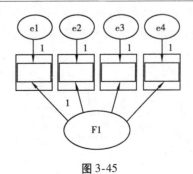图 3-45

（十七）⟳【旋转潜在变量的指标变量】（Rotate the indicators of a latent variable）

点选此图像，将鼠标移至潜在变量上，每按一下鼠标左键潜在变量的指标变量（观察变量及误差变量）会按顺时针方向旋转90度（潜在变量的指标变量开始位置均位于潜在变量的上方）。

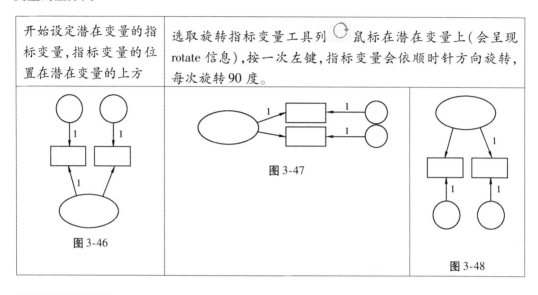

开始设定潜在变量的指标变量，指标变量的位置在潜在变量的上方	选取旋转指标变量工具列 ⟳ 鼠标在潜在变量上（会呈现 rotate 信息），按一次左键，指标变量会依顺时针方向旋转，每次旋转90度。

图3-46　　　图3-47　　　图3-48

若要绘制左边的因果模型图，在加入内因潜在变量的残差项之前，先以【旋转潜在变量的指标变量】钮将其指标变量旋转至左边，然后再加入残差项，由于残差项均会出现于潜在变量的正上方，之后再按一次【旋转潜在变量的指标变量】钮，将指标变量向右旋转90度，此时残差项也会一起向右旋转90度，位于潜在变量的右侧。

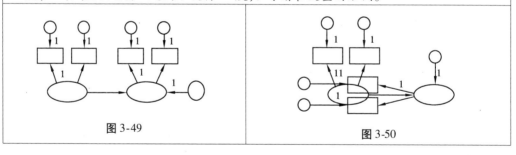

图3-49　　　　　　　图3-50

研究者没有将内因潜在变量的指标变量旋转至左侧，直接增列残差变量，此时按下【旋转潜在变量的指标变量】钮，则原先两个指标变量与增列的误差变量会一起向右旋转。此种状况，残差项与指标变量会重叠而无法分离，模型估计的参数会混淆不清。

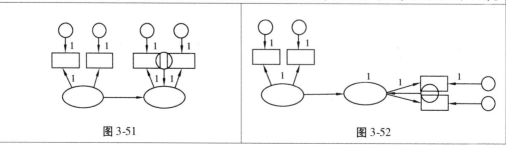

图3-51　　　　　　　图3-52

（十八） 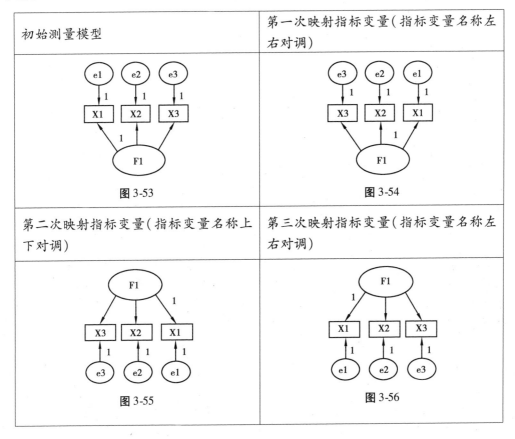【映射潜在变量的指标变量】（Reflect the indicators of a latent variable）

此图像可设定潜在变量的指标变量的位置及潜在变量的指标参数为 1。点住【映射潜在变量的指标变量】工具图像，指标变量参数设定为 1 的观察变量，左右对调，进行水平映射；右边的模型图再按一次鼠标左键，指标变量的位置会移向潜在变量的下方，进行垂直映射。选取此图像钮后，鼠标移往潜在变量名称的上面，会出现【reflect】（映射）的提示语。

初始测量模型	第一次映射指标变量（指标变量名称左右对调）
图 3-53	图 3-54
第二次映射指标变量（指标变量名称上下对调）	第三次映射指标变量（指标变量名称左右对调）
图 3-55	图 3-56

（十九） 【移动路径图的参数值的位置】（Move parameter values）

点选此工具图像可移动路径图或模型图中估计参数的位置，点选路径或变量时，移动正方形或长方形方框（表示参数的符号）的位置即可。若是路径模型图执行计算估计后，模型可顺利识别，则模型图会出现各种参数数值，直接移动参数数值也可以。移动参数时会出现一个绿色的方框，此方框为对象参数的位置，在 Amos 中对象的参数包括协方差（Covariances）、截距项（Intercepts）、回归系数（路径系数）（Regression weights）、平均数（Means）、方差（Variances）等，如测量指标误差项的参数包括平均数、方差，潜在变量对其指标变量影响的路径系数即为各指标变量的因素负荷量。

（二十） 【在屏幕上移动路径图的位置】（Reposition the path diagram on the screen）

点选此图像后，鼠标会出现【scroll】（滚动条）的提示词，在路径图的窗口内按一下左键直接拖动即可。

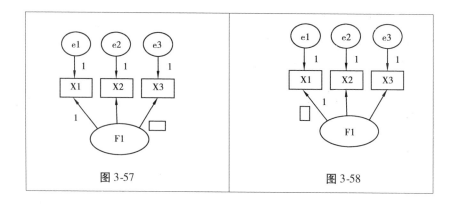

图 3-57   图 3-58

（二十一）✎【变量路径最适接触】（touch up a variable）

当绘制的路径图接触位置不对称时，可利用最适接触工具图像让电脑自行调整。操作时先点选此工具图像，在路径图交会的变量上按一下即可。

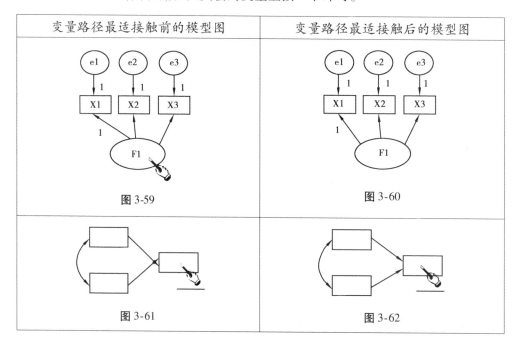

变量路径最适接触前的模型图	变量路径最适接触后的模型图
图 3-59	图 3-60
图 3-61	图 3-62

（二十二）▦【选择数据文件】（Select data files）

数据文件包括电子表格文件 Excel（＊.xls）、数据库文件 MS Access（＊.mds）、社会科学统计软件包文件 SPSS（＊.sav）、文本文件 Text（＊.txt）（＊.csv）、dBase（＊.dbf）、Foxpro（＊.dbf）等。同属一类数据文件的可以直接读取其原始数据，或是变量间的相关矩阵、协方差矩阵。若是以相关矩阵或协方差矩阵方式呈现，要再增列变量的标准差及平均数。由于在多变量分析或探索性因素分析中，均使用到 SPSS 统计软件，因而研究者多数是以 SPSS 建数据文件。Amos 是 SPSS 统计软件包家族系列成员，因而直接读取 SPSS（＊.sav）数据文件最为方便。进行各式 SEM 分析，均可使用 SPSS 数据文件。

点选此工具图像，会出现【Data Files】（数据文件）对话窗口，按【File Name】（文件名称)钮,出现【开启】对话窗口,选取数据文件→按【开启】钮,选取的数据文件名称会出现在【Data Files】(数据文件)对话窗口中间的方盒中。按【View Data】(查看数据文件)可开启数据文件。数据文件开启后按【OK】(确定)钮。

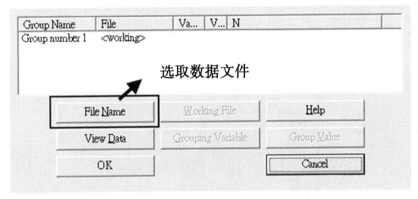

图 3-63

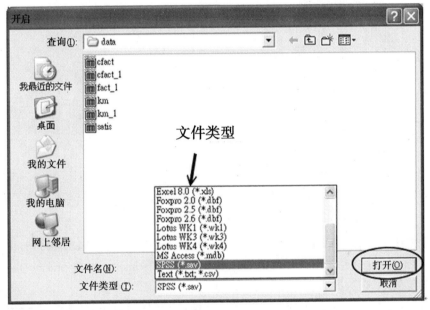

图 3-64

(二十三) 【分析属性】(Analysis properties)

按此工具图标钮会出现【Analysis Properties】的对话窗口,可以勾选要呈现的统计量或计算的参数。在【输出】(Output)标签页中,可以勾选报表文字要呈现的统计量,其内容包括:【极小化过程的统计量】(Minimization history)、【标准化估计值】(Standardized estimates)、【多元相关平方/复相关系数平方】(Squared multiple correlations)、【间接效果、直接效果与总效果】(Indirect, direct & Total effects)、【样本协方差矩阵】或称样本动差(Sample moments)、【隐含协方差矩阵】(Implied moments)或称隐含动差、【残差矩阵】(Residual moments)或称残差动差、【修正指标】(Modification indices)、【因素分数加权值】(Factor score weights)、【协方差估计值】(Covariance estimates)、【差异值的临界比值/差异值的 Z 检验】(Critical ratios for difference)、【正态性与极端值的检验】(Test for normality and outliers)、【观察的信息矩阵】(Observed information matrix)、【修正指标临界值的界定】(Threshold for modification indices)等。其中修正指标值的内定值为 4,表示修正指标值大于 4 的路径或共变关系会呈现出来,此部分使用者可自行修改,通常模型(model)无法与数据(data)适配时,可参考修正指标值进行假设模型的修正。

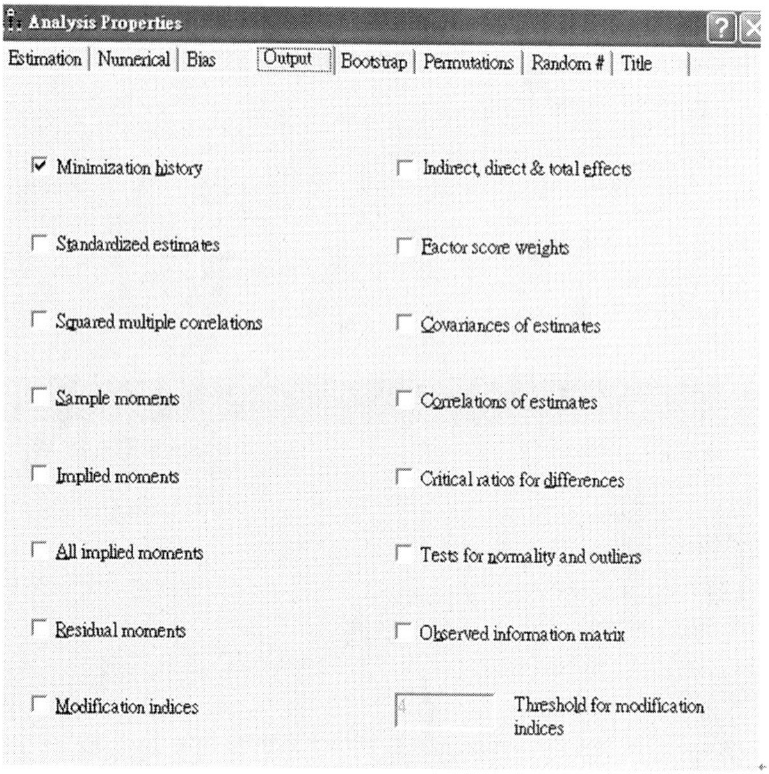

图 3-65

如要估计变量的【平均数与截距】(means and intercepts),于【Analysis Properties】(分析属性)对话窗口按【估计】(Estimation)标签页,勾选【Estimate means and intercepts】(估计平均数与截距)选项即可。

适配度指标是评价假设的路径分析模型与搜集的数据是否相互适配,而不是说明路径分析模型的好坏,一个适配度完全符合评价标准的模型不一定是个有用的模型,只能说研究者假设的模型比较符合实际数据的状况。

对于模型估计(model estimation)的程序,AMOS 提供五种不同的选项估计法:【Maximum likelihood】(极大似然法,简称 ML 法)、【Generalized least squares】(一般化最小平方法,简称 GLS 法)、【Unweighted least squares】(未加权最小平方法,简称 ULS 法)、【Scale-free least squares】(尺度自由最小平方法,简称 SFLS 法)、【Asymptotically distribution free】(渐近分布自由法,简称 ADF 法)。上述五种主要参数估计法中,以极大似然法及一般化最小平方方法两种最常为研究者使用。AMOS 预设的方法为极大似然法,如果要更改模型估计的方法可按【分析属性】(Analysis Properties)工具图像,开启其对话窗口,切换到【Estimation】(估计)标签页中更改。

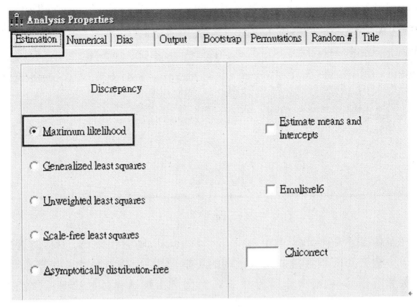

图 3-66

（二十四）▦【计算估计值】（Calculate estimates）

点选此图像可执行模型路径图统计量的计算。如果模型变量及参数设定没有问题,则模型窗口中的模型方盒的提示语由【XX：Default model】变成【OK：Default model】或【XX：模型名称】变为【OK：模型名称】。【计算估计值】工具图像的功能列操作程序:【Model-Fit】（模型适配度）→【Calculate Estimates】（计算估计值）或【Analyze】（分析）→【Calculate Estimates】（计算估计值）,快速功能键为【Ctrl + F9】。按下【计算估计值】后,若是路径图模型界定有问题,则会出现错误信息的告知窗口。如果假设模型过于复杂,数据文件样本数很大,模型迭代过程一直执行估计过程,可中止模型估计操作:执行功能列【Analyze】（分析）→【Stop Calculate Estimates】（停止计算估计值）。

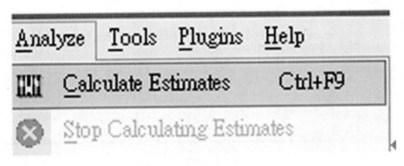

图 3-67

若是数据界定有问题,在按下【Calculate estimates】（计算估计值）图像钮后,会出现如下的错误提示语:

没有提供足够的信息,因而无法计算样本的方差与协方差,使用者必须正确提供:a.样本方差-协方差矩阵;b.样本相关矩阵与样本的标准差;c.原始资料。如图 3-68。

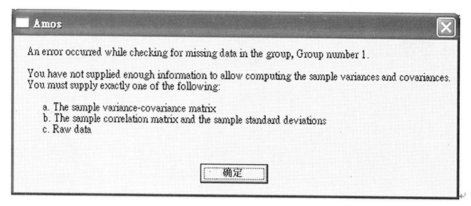

图 3-68

若是样本协方差矩阵无法正定(positive definite),则会出现图 3-69 的警告提示语。在警告窗口中会告知使用者模型无法正定的可能原因:1. 样本协方差矩阵或样本相关矩阵包含的数据有误;2. 观察变量因为样本数太少产生线性相依的情形;3. 使用成对删除法时,从不完全的数据估计出样本协方差矩阵或样本相关矩阵;4. 与产生动差相关相比,样本相关矩阵包含其他无关相关系数。同时,建议使用者在 ML 法下选择允许使用非正定的方法。此外在 SEM 分析中如进行协方差结构分析时,遇到非正定矩阵(nonpositive definite matrices),也会出现以下的警告信息:

The following covariance matrix is not positive definite.

非正定矩阵即使估计,估计结果所得的参数也会出现不合理的数值。

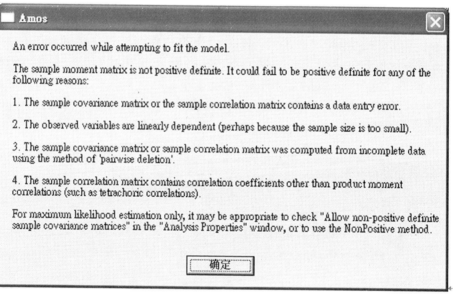

图 3-69

(二十五) 【复制路径图到剪贴簿中】(Copy the path diagram to the clipboard)

如果想将路径图复制到其他应用软件,如 MS Word 中,要先按此图示,将路径图先复制到剪贴簿中,再至应用软件中按【粘贴】钮。此图像钮与执行功能列【Edit】(编辑)/

【Copy to clipboard】(复制路径图到剪贴簿中)程序相同。

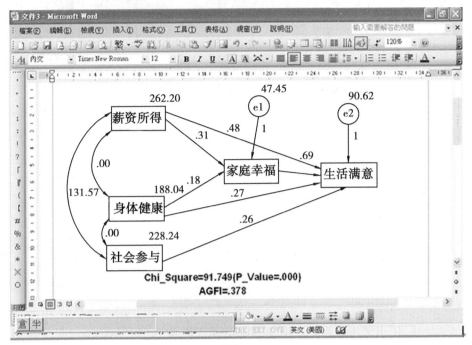

图 3-70

(二十六).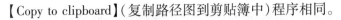【浏览文字】(View Text)

按此图标可开启路径图中各项参数的统计量与线性结构模型中各项评价指标值。点选此图像后,会出现【Amos Output】对话窗口,其上方的工具列说明如下:

图 3-71

1. 预览打印文件(Print Preview)。

2. 打印文件数据(Print)。

3. 设定打印格式(Page Setpage)。

4. 开启 Amos 的输出结果文件,其文件扩展名为 Amos Output(*. AmosOutput)。

5. 将文件复制到剪贴簿(Copy to Clipboard),再开启相关应用软件如 Word 文字处理软件,按【粘贴】钮,可将 Amos Output 的输出文字统计量结果转贴到 Word 软件中。

6. 浏览呈现结果的选项(Options),点选此工具列,会出现【选项】(Options)对话窗口,按【浏览】(View)标签页,可勾选【浏览全部输出结果】(View entire output file)或【只呈现被选取的部分结果】(View selected output only),如图 3-72 ,选取前者选项,右边输出结果画面会呈现所有估计的统计量数;如勾选后者只呈现选取的部分结果。

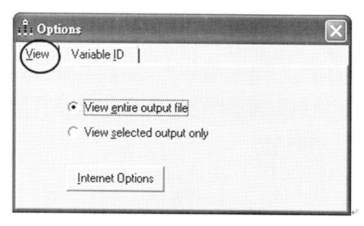

图 3-72

7. ![2] 第一个下拉式选单数字代表小数点的位数(Decimails),"2"表示输出的结果值会保留到小数点后第二位。

8. ![10] 第二个下拉式选单数字表示表格栏的宽度(Column spacing),数字愈大表示栏的宽度愈大。

9. ![9] 第三个下拉式选单数字表示表格字段的最大值(Maximum number of table columns),范例中的 9 表示表格最多可呈现到九个字段。

10. ![图标] 表格范例(Table Rules),点选此工具列图像可于表格标题与内容中增列一组直线与横线。

11. ![图标] 表格边框线(Table Border)。点选此工具列图像可呈现表格的边框线,出现表格边框线后,再按一次此工具列图像,则表格边框线消失。

12. ![图标] 表格颜色(Table Color),点选此工具列图像后会出现【色彩】对话窗口,可选择表格要呈现的颜色。

13. ![图标] 表格标题颜色(Table Heading Color),点选此工具列图像后会出现【色彩】对话窗口,可选择表格标题要呈现的颜色。

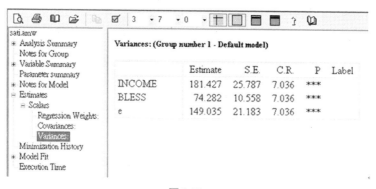

图 3-73

【Amos Output】对话窗口的左边目录包括:数据文件的名称、分析摘要表(Analysis Summary)、组别注解(Notes for Group)、变量摘要表(Variable Summary)、参数摘要

（Parameter Summary）、模型注解（Notes for Model）、估计值（Estimates）、最小化记录（Minimization History）、模型适配度（Model Fit）等。

（二十七）【储存目前的路径图】（Save the current path diagram）

按此图标与执行功能列【File】（文件）→【Save】（储存）程序的功能相同，存盘类型为 Input file（*.amw），扩展名为 *.amw。在计算估计值之前，要先将模型图存盘，如果模型图没有存盘，点选【计算估计值】后，会出现【另存新文件】对话窗口，要操作者先将模型图完成【储存文件】的步骤。Amos 绘制的因果模型图存盘时会同时存三个文件，原始路径图文件的扩展名为 *.amw，两个备份文件（back-up files）的扩展名分别为 *.bk1、*.bk2。开启备份文件的操作：执行功能列【File】/【Retrieve Backup...】（开启备份文件）程序，在【开启】对话窗口中，文件类型为 Backup file（*.bk?），表示只能开启扩展名为 *.bk1、*.bk2 的文件。

（二十八）【对象属性】（Objects properties）

点选此图标会出现【Objects Properties】对话窗口（要在观察变量、潜在变量或误差变量对象上连按两下），可设定对象、参数及变量的颜色，变量文字的大小与变量名称，对象边框的粗细，参数值的内容与格式设定等。其对话盒包括五个标签页：Color（颜色）、Text（文字）、Parameters（参数）、Format（格式）、Visibility（可见性——是否显示设定）。在【文字】（Text）标签页，包括字号（Font size）、字型样式（Font style）、变量名称（Variable name）、变量注解（Variable label），【文字】（Text）标签页主要是设定观察变量或潜在变量的文字格式，至于观察变量或潜在变量参数的文字格式要切换到【Parameters】（参数）标签页次窗口。

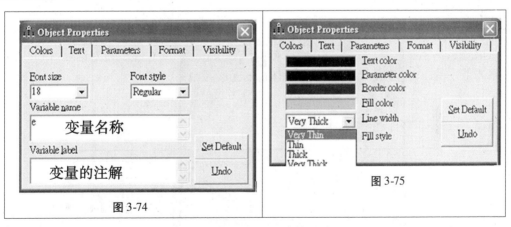

图 3-74　　　　图 3-75

在【颜色】（Color）标签页，可设置文字颜色（Text color）、估计的参数的颜色（Parameter color）、变量形状边框的颜色（Border color）、形状背景的颜色（Fill color）。边框线条的粗度【Line width】，包括四种选项：非常细（Very Thin）、细（Thin）、粗（Thick）、非常粗（Very Thick）。背景颜色填充样式【Fill style】，包括完全填满（Solid）、颜色透明（Transparent）两种。

设置观察变量或潜在变量的参数文字格式要切换到【Parameters】（参数）次对话窗口。窗口中包括字号与字型样式，字型样式包括正常字型（Regular）、斜体字型（Italic）、粗体字型（Bold）、粗斜体字型（Bold Italic）四种；参数的方向（内定方向为水平——

Horizontal）;及设定参数变异量的数值等。【参数】标签页的参数会依据变量的性质而有所不同,如增列估计平均数与截距项。就测量模型而言,误差项与潜在变量的参数会呈现平均数(Mean)及方差(Variance),而测量指标的参数会呈现截距项(Intercept)。

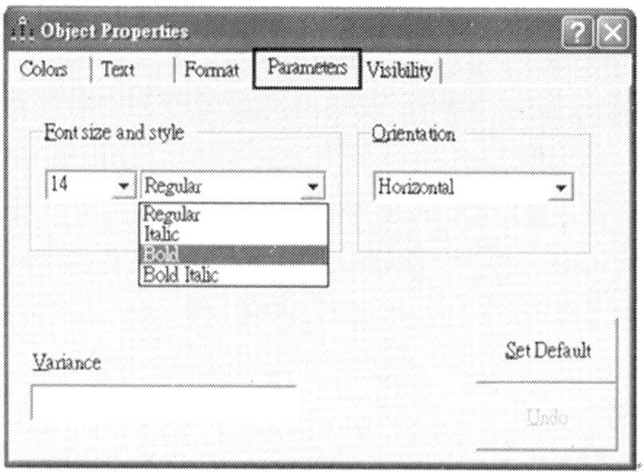

图 3-76

【Object Properties】(对象属性)对话窗口中五个次对话窗口内容的设定也适用于预设模型,如设定一个潜在变量的文字大小、样式后,按【Set Default】(设为默认值)钮,则会开启【Set Default Object Properties】(预设对象属性)次对话窗口,窗口内的设定包括【颜色】(Colors)、【对象框线】(pen width)、【对象内样式】(Fill style)、【变量名称字型】(Variable name font)、【参数字型】(Parameter font)、【参数呈现方向】(Parameter orientation)、【是否出现于模型图中】(Visibility)。设定默认值的选项适用下列两个地方:【绘制的路径图中】(The path diagram)、【Amos 内定的一般样板格式中】(Normal template),研究者可视需要勾选,勾选完后可按【OK】(确定)钮,按【Cancel】(取消)钮则取消设定。

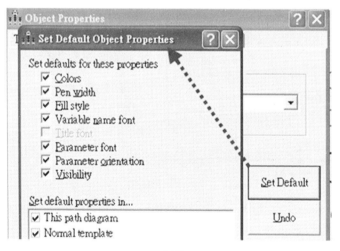

图 3-77

在【Visibility】(可见性——显示设定项目在路径图上)标签页,有四个内定选项:【Use visibility setting】(使用可见设置)、【Show picture】(显示图形对象)、【Show parameters】(显示参数)、【Show name】(显示变量名称),这四个选项前面的勾选最好不要取消,没有勾选的选项,相对应项目不会在因果模型图中呈现。

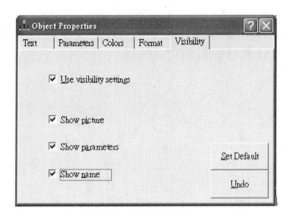

图 3-78

【备注】 Amos 7.0 版与之前的版本在【Object Properties】(对象属性)对话窗口中五个标签页的呈现顺序不同,但其内容大同小异,Amos 7.0 版中五个标签页窗口的排列为【Text】(文字)、【Parameters】(参数)、【Colors】(颜色)、【Format】(格式)、【Visibility】(可见性)。

(二十九)  【将对象的属性在对象间拖动】(Drag properties from object to object)

点选此图示会出现【Drag properties】(拖动属性)对话窗口,可以勾选变量或路径上所设定的字型、颜色;变量的高度、宽度;参数的位置与参数的字型等格式属性,勾选的属性可以复制到新的变量上。

操作时在出现的【Drag properties】对话窗口,勾选要复制的格式属性类别,在路径图标窗口上,直接拖动至要复制的变量形状上。复制格式属性时,【Drag Properties】(拖动属性)对话窗口不能关闭,要在【开启】状态,否则即使拖动鼠标也无法进行属性的复制。

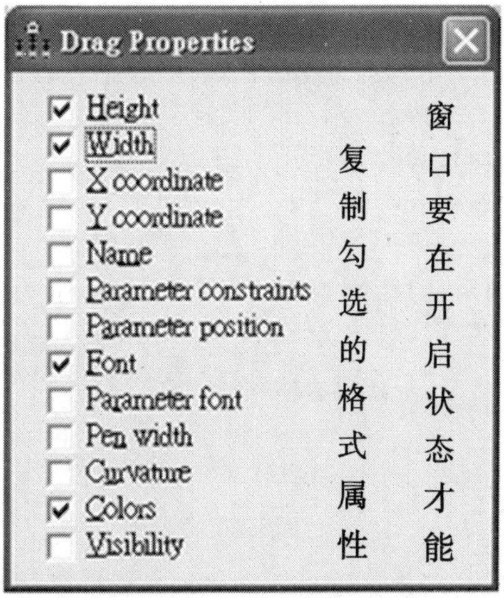

Drag Properties

- ☑ Height
- ☑ Width
- ☐ X coordinate
- ☐ Y coordinate
- ☐ Name
- ☐ Parameter constraints
- ☐ Parameter position
- ☑ Font
- ☐ Parameter font
- ☐ Pen width
- ☐ Curvature
- ☑ Colors
- ☐ Visibility

复制勾选的格式属性

窗口要在开启状态才能

图 3-79

【Drag Properties】(拖动属性)对话窗口可以复制的对象属性包括:对象形状高度(Height)、对象形状宽度(Width)、对象的 X 坐标—水平位置(X coordinate)、对象的 Y 坐标—垂直位置（Y coordinate）、对象变量名称（Name）、参数标签名称（Parameter constraints）、对象参数出现位置（Parameter position）、对象变量字型格式（Font）、参数字型格式（Parameter font）、对象框线粗细（Pen width）、对象内颜色（Colors）、对象可见性（Visibility）。

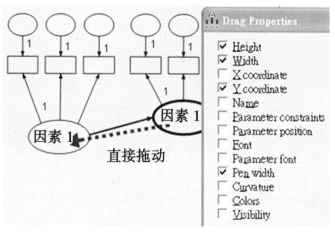

图 3-80

在图 3-80 的范例中，使用者想将右边椭圆形的对象属性（因素 1）复制到因素 2 椭圆形内，开启【Drag Properties】（拖动属性）对话窗口，勾选对象形状高度（Height）、对象形状宽度（Width）、对象的 Y 坐标—垂直位置（Y coordinate）、对象变量字型格式（Font）、对象框线粗细（Pen width）等选项，鼠标移往因素 1 椭圆形对象上直接拖动（按住左键不放）至因素 2 椭圆形对象上再放开。

完成对象属性的复制后，两个椭圆形对象的大小一样、框线粗细一样、垂直位置坐标相同、字型的大小与字形样式（同为粗体字）相同。

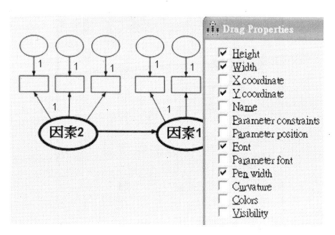

图 3-81

在图 3-82 的范例中，使用者想将误差项 e1 的对象属性复制到误差项 e2 和误差项 e3 的小椭圆形对象上，开启【Drag Properties】（拖动属性）对话窗口，勾选对象形状高度（Height）、对象形状宽度（Width）、对象的 Y 坐标——垂直位置（Y coordinate）、对象变量字型格式（Font）、对象框线粗细（Pen width）、参数位置（Parameter position）等选项，鼠标移往误差项 e1 椭圆形对象上直接拖动(按住左键不放)至误差项 e2 椭圆形对象上再放开。

图 3-82 对象属性复制中因为没有勾选【(Parameter font】(参数字形),所以误差项 e2 的方差参数的字号与样式并没有改变,而误差项 e3 方差参数的字号与样式与误差项 e1 方差参数的字号与样式相同,三个误差项方差参数的位置相同,均位于椭圆形对象的右上角。

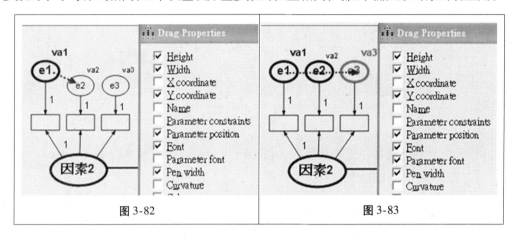

图 3-82　　　　　　　　　　　　　　图 3-83

(三十) 【保留对称性】(Preserve symmetries)

　　点选此图像,可以将潜在变量及其指标变量(包含观察变量与误差变量)合成一群组一起移动(Move)或复制(Copy)。如果没有点选【保留对称性】工具图像,进行移动或复制程序时,潜在变量与指标变量是分开的对象(观察变量与误差变量也是独立分离的对象),选取【保留对称性】工具图像,则潜在变量与指标变量在进行移动或复制程序时,变成一个合并的对象。测量模型中包括潜在变量、测量指标变量、误差项等变量,若是要进行测量模型的复制或移动,最好利用【保留对称性】图像钮,这样在操作上会比较方便。

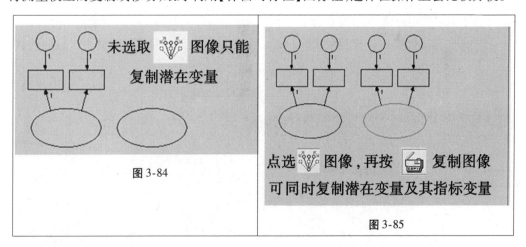

图 3-84　　　　　　　　　　　　　　图 3-85

(三十一) 【扩大选取的区域】(Zoom in on an area that you select)

　　点选此图像,按左键及拖动可选取一个区域,并放大选取区域范围。如果想将路径图上某个区域放大来观看可以利用此一工具图像。

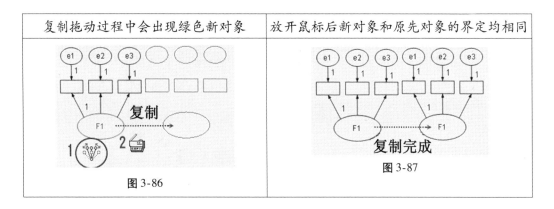

复制拖动过程中会出现绿色新对象	放开鼠标后新对象和原先对象的界定均相同
图 3-86	图 3-87

（三十二）⊕【将路径图的区域放大】（View a smaller area of the path diagram）
点选此工具图像,路径图会以倍率放大。

（三十三）⊖【将路径图的区域缩小】（View a larger area of the path diagram）
点选此工具图像,路径图会以倍率缩小。
放大或缩小模型图只是一种浏览状态,实际的路径模型图大小并未改变。

（三十四）⊕【将路径图整页显示在屏幕上】（Show the entire page on the screen）
点选此工具图像,路径图会以整页方式呈现于图形编辑窗口中。

（三十五）✥【重新调整路径图的大小以符合编辑画面】（路径图呈现于编辑窗口页面内）（Resize the path diagram to fit on a page）

点选此工具图像,路径图会自动调整并重新排列于图形编辑窗口中。

（三十六）🔍【以放大镜检核路径图】（Examine the path diagram with the loupe）
点选此工具图像,可以使用放大镜（loupe）的功能,放大观看路径图某个区域的内容。

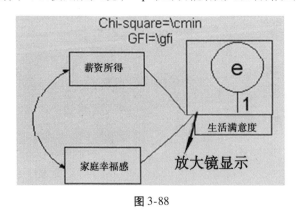

图 3-88

（三十七）**DF**【显示自由度参数】（Display degree of freedom）
按此工具图像会出现【Degree of freedom】（自由度）对话窗口,显示路径图上的自由度、参数个数、自由参数(free parameters)的个数等数据。

(三十八)![icon]【多群体的分析】(Multiple-Group Analysis)

点此工具图像钮,可进行多群体的分析,此图像钮即执行功能列【Analyze】(分析)/【Multiple-Group Analysis】(多群组分析)程序,多群组分析的内涵与详细操作在后面的章节中有详细说明。

(三十九)![icon]【打印所选择的路径图】(Print the selected path diagrams)

按此图示后会出现【打印】(Print)对话窗口,可设定打印的属性及选取要打印的统计量。

(四十)![icon]【还原先前的改变】(Undo the previous change)

此工具图像即【还原】钮。

(四十一)![icon]【重做先前的程序】(Undo the previous undo)

此工具图像即【重做】钮。

(四十二)![icon]【模型界定的搜寻】(Specification Search)

点选此工具图像,会出现【Specification Search】(界定搜寻)的窗口工具列,选取每个工具列可进行相关的搜寻程序。

图 3-89

模型界定搜寻通常用于嵌套模型的比较,若是有数个假设模型均与数据适配,为了找出最佳与最简约的模型,可以利用模型界定搜寻的功能,进行模型各种参数的比较,当然研究者也可以将各模型的适配统计量加以整理比较,也能找出与数据最为适配的模型。

在模型图绘制区域中,鼠标移到变量或路径上面按右键,会出现快速选单,快速选单包括【删除对象】(Erase)、【移动对象】(Move)、【复制对象】(Duplicate)、【移动参数位置】(Move Parameter)、【改变变量对象形状大小】(Shape of Object)、【路径图最适接触】(Touch Up)、【改变观察变量与潜在变量】(Toggle Observed/Unobserved)、【对象属性】(Object Properties)等。

其中【Toggle Observed/Unobserved】的功能,是【改变观察变量与潜在变量】,如果原先是一个长方形的观察变量,选取此快速功能键在长方形观察变量上按一下,方形形状的变量会变成椭圆形的潜在变量;如果是一个椭圆形的潜在变量,选取此快速功能键在椭圆形的潜在变量上按一下,变量会变成长方形的观察变量。

在单箭头对象上按右键,快捷菜单只出现四个选项	在误差项对象上按右键,快捷菜单出现九个选项
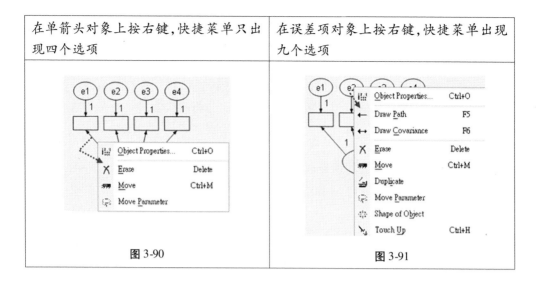	
图 3-90	图 3-91

在潜在变量 F1 上按右键,出现的快捷菜单选项较多,包括对象属性、描绘单箭头路径图、描绘双箭头协方差关系图、删除对象、移动对象、复制对象、移动参数、改变对象形状、路径图最适接触、观察变量对象与潜在变量对象切换、旋转对象、映像对象等。

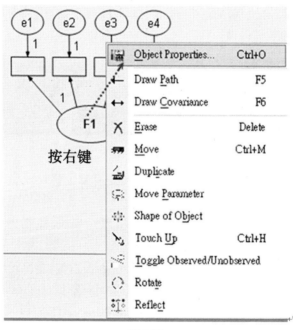

图 3-92

第二节　图像钮综合应用

以下说明如何绘制图 3-93 因果模型图。

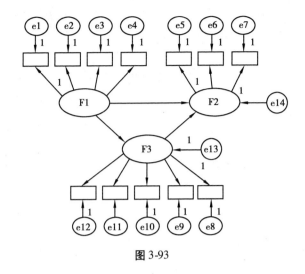

图 3-93

一、绘制第一个测量模型

选取【描绘潜在变量或增列潜在变量的指标变量】图像钮，在绘图区按一下会先呈现一个椭圆形，在椭圆形对象上连按四下，会于椭圆形的上方出现四组测量指标与误差项，第一组测量指标的路径系数默认值为 1。绘制完第一个测量模型后，各误差项（小椭圆形对象）与测量指标（方框对象）的形状若是太大或过小，可利用图像钮【一次选取单一对象】（Select one object at a time）选取相同变量形状的对象，再用【改变对象形状】（Change the shape of objects）图像钮，进行对象大小与形状的修改。被选取的对象框线会变为蓝色，拖动放大缩小时会变为绿色，取消对象选取时要按【取消所有选取对象】（Deselect all objects）图像钮，此时原先被选取的对象框线会变回内定黑色。

图 3-94	图 3-95

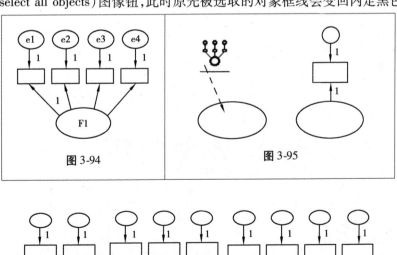

图 3-96

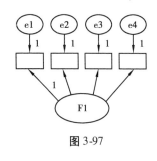

图 3-97

为便于第二个测量模型图与第三个测量模型图的说明，增列潜在变量及四个测量误差项的变量名称：执行功能列【Plugins】（增列）/【Name Unobserved Variables】（潜在变量项命名）程序，由于 Amos 模型图的文字变量无法呈现希腊字母及注标（上下标文字），因而内定误差项名称依序为 e1、e2、e3……而潜在变量名称依序为 F1、F2、F3，完成后的第一个测量模型如图 3-97。

二、绘制第二个测量模型

第二个测量模型有三个测量指标，快速的操作方法为复制第一个测量模型，然后删除其中一个指标变量与相对应的误差项。

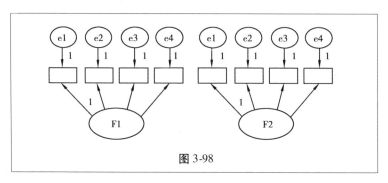

图 3-98

按【保留对称性】（Preserve symmetries）图像钮→按【复制对象】（Duplicate objects）图像钮，直接拖动潜在变量对象——大椭圆形（按住鼠标左键不要放开并移动位置），则可复制出第二个测量模型，按【移动对象】（Move objects）图像钮，把第二个测量模型暂时移到绘图区右边。

为便于与第一个测量模型区别，先将第二个测量模型的因素构念变量命名为 F2：鼠标移到第二个测量模型的潜在变量 F1 上面，按右键选取快捷菜单的【Object Properties...】（对象属性）选项，开启【Object Properties...】对话窗口，切换到【Text】标签页，在【Variable name】（变量名称）下的方格中将原先的 F1 改为 F2→按右上角关闭钮。此时第二个测量模型潜在变量的名称变为"F2"。

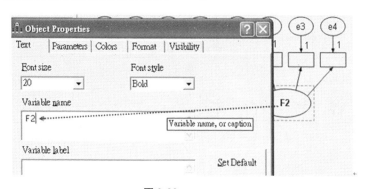

图 3-99

　　按【删除对象】（Erase objects）图像钮在误差变量 e4 对象上按一下，可删除误差项 e4 及其路径系数图→接着在第四个测量指标上按一下，可删除第四个测量指标对象与路径系数图。

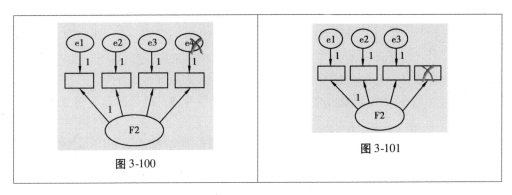

图 3-100　　　　　　　　　　　　图 3-101

　　取消【保留对称性】（Preserve symmetries）图像钮的选取，再取消【删除对象】（Erase objects）图像钮的选取，按【移动对象】（Move objects）图像钮将潜在变量 F2 向左移动，按【变量最适接触】（Touch up a variable）图像钮，在潜在变量对象上按一下，则三个测量指标会做最佳排列。

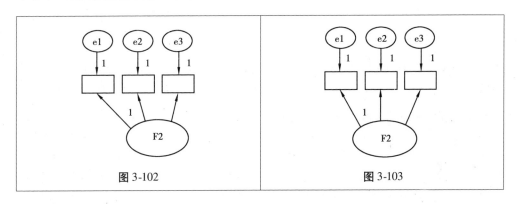

图 3-102　　　　　　　　　　　　图 3-103

　　由于潜在变量要增列残差项（residual terms），因而须将其指标变量旋转至不同方向，否则测量指标与潜在变量残差项对象会重叠：选取【旋转潜在变量的指标变量】（Rotate the indicators of a latent variable）图像钮，在潜在变量 F2 椭圆形对象上连按三次（每按一次会顺时针旋转 90 度），将三个指标变量及误差项旋转至潜在变量对象的左方→按【增加残差项到变量中】（Add a unique variable to an existing variable）图像钮，在潜在变量 F2 椭圆形对象上按一下，增列一个残差项。

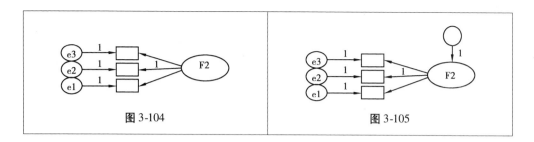

图 3-104   图 3-105

选取【旋转潜在变量的指标变量】(Rotate the indicators of a latent variable) ![icon] 图像
钮,在潜在变量 F2 椭圆形对象上按一下,再让指标变量及残差项顺时针旋转 90 度。

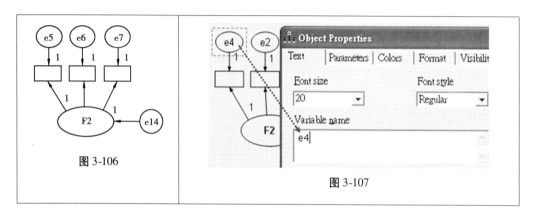

图 3-106   图 3-107

三、绘制第三个测量模型

第三个测量模型有五个测量指标,可复制第一个测量模型,然后再增列一个指标变量即可。

按【保留对称性】(Preserve symmetries) ![icon] 图像钮→按【复制对象】(Duplicate objects) ![icon] 图像钮,直接拖动潜在变量对象——大椭圆形(按住鼠标左键不要放开并移动位置),则可复制出第三个测量模型,按【移动对象】(Move objects) ![icon] 图像钮,把第三个测量模型暂时移到前两个测量型绘型图的下方。

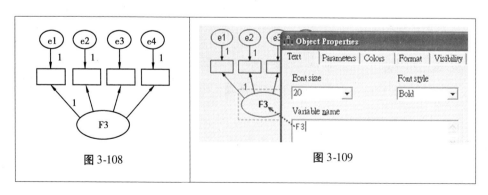

图 3-108   图 3-109

将第三个测量模型的潜在变量的名称改为 F3:鼠标移到第三个测量模型的潜在变量 F1 上面,按右键选取快捷菜单的【Object Properties...】(对象属性) 选项,开启【Object

Properties...】对话窗口,切换到【Text】标签页,在【Variable name】(变量名称)下的方格中将原先的 F1 改为 F3→按右上角关闭钮。此时第三个测量模型潜在变量的名称为 F3。

　　由于第三个测量模型有五个指标变量,因而须再增列一个指标变量:选取【描绘潜在变量或增列潜在变量的指标变量】图像钮 ,在潜在变量 F3 椭圆形对象上按一下,会新增一组测量指标变量与误差项→选取【旋转潜在变量的指标变量】(Rotate the indicators of a latent variable) 图像钮,在潜在变量 F3 椭圆形对象上按一下,让指标变量顺时针旋转 90 度,所有测量指标变量及误差变量移到潜在变量的右方。

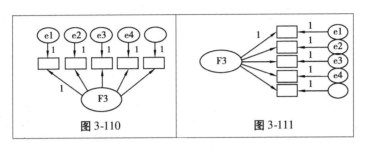

图 3-110　　　　　　　　　　图 3-111

　　按【增加残差项到变量中】(Add a unique variable to an existing variable) 图像钮,在潜在变量 F3 椭圆形对象上按一下,在其正上方增列一个残差项→选取【旋转潜在变量的指标变量】(Rotate the indicators of a latent variable) 图像钮,在潜在变量 F3 椭圆形对象上按一下,让指标变量及残差项顺时针旋转 90 度,此时所有测量指标变量及误差变量移到潜在变量的正下方,而残差项移到潜在变量的正右方。

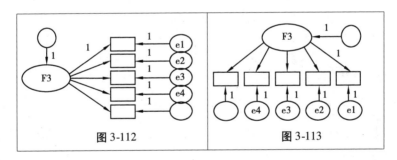

图 3-112　　　　　　　　　　图 3-113

　　按【保留对称性】(Preserve symmetries) 图像钮,按【移动对象】(Move objects) 图像钮移动三个潜在变量至绘图区中间适当位置,由于选取【保留对称性】 图像钮,因而移动潜在变量椭圆形对象即会移动整个测量模型。再按【描绘路径图(单箭头)】将三个测量模型的潜在变量进行单向连接。在范例中由于潜在变量 F2 与潜在变量 F3 均为内因潜在变量(作为果变量),因而均要增列一个残差项,而潜在变量 F1 为外因潜在变量(作为因变量),不用增列残差项。

　　测量指标的误差项名称更改步骤:开启【Object Properties...】(对象属性)对话窗口,切换到【Text】(文字)标签页,在【Variable name】(变量名称)下的方格中键入各误差项的变量名称。若是研究者要区分测量指标的误差项与内因潜在变量的残差项,二者可界定不同的变量名称,通常测量指标误差项的变量名称以 e1、e2、e3……表示,而内因潜在变量的残差项以 res1、res2、res3……表示。

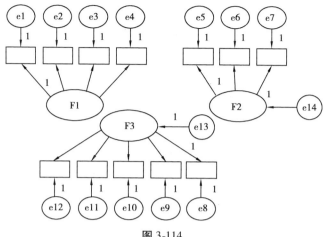

图 3-114

在假设因果模型图的绘制中,所有变量名称(包括观察变量、误差变量与潜在变量)最好在路径模型图绘制完成后再一并设定,各变量的路径系数值与参数若是位置与对象重叠,研究者可使用【移动参数值】(Move parameters values)图像钮加以移动。由于误差变量、残差项变量均属潜在变量,因而其名称不能与数据文件中已有的变量名称相同。Amos 路径模型图中凡是椭圆形对象均属潜在变量,必须在【Object Properties...】(对象属性)对话窗口中界定,而方框对象均为观察变量,其变量必须是来自数据文件中的变量,否则计算估计值时会出现错误信息。

快速界定路径模型图中所有潜在变量名称的操作步骤:执行功能列【Plugins】(增列)/【Name Unobserved Variables】(命名潜在变量)程序,则所有潜在变量会依内定值界定,误差变量及残差项的变量名称依序为 e1、e2、e3……,潜在变量的变量名称依序为 F1、F2、F3……。

图 3-115 中路径模型图执行功能列【Plugins】(增列)/【Name Unobserved Variables】(命名潜在变量)程序后,误差项、残差项及潜在变量的自动设定名称如图 3-116,之后研究者可再针对个别要修改的变量名称逐一修改。所有方框对象的观察变量必须是数据文件之中包含的变量,其操作步骤:按【选择数据文件】(Select data files)图像钮,开启原始数据文件→按【列出数据集中的变量】(List variables in data set)图像钮,直接将观察变量拖动至相对应的方框中。

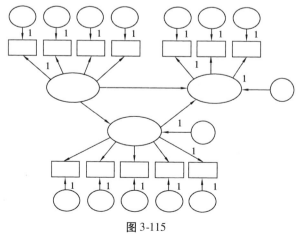

图 3-115

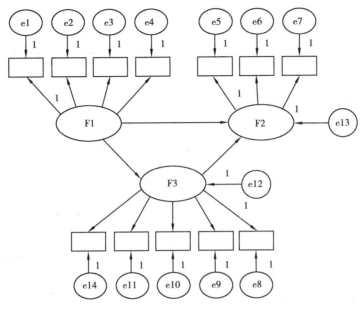

图 3-116

在图 3-117 的四个测量模型中,潜在变量 F2、潜在变量 F4 均为内因潜在变量 (endogenous latent variables)(果变量),因而两个潜在变量均要增列残差项;而潜在变量 F1、潜在变量 F3 均为外因潜在变量(exogenous latent variables)(因变量),不用设定残差项,但要界定二者间的共变关系,增列描绘双箭头(double headed arrows)相关关系。

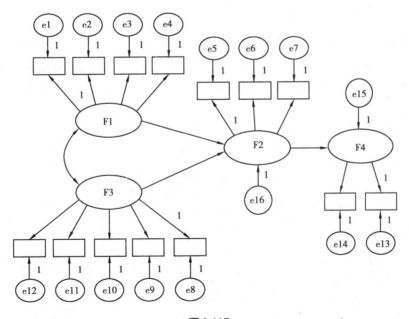

图 3-117

绘制的因果模型图如图 3-118(没有界定观察变量、误差变量及潜在变量的模型图):

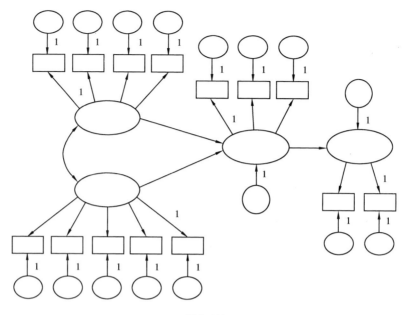

图 3-118

绘制内因潜在变量 F2 的测量模型,其操作步骤如下:先复制修改或重新绘制测量模型图 A→取【旋转潜在变量的指标变量】(Rotate the indicators of a latent variable)⟳ 图像钮,在潜在变量 F2 椭圆形对象上按两下,让指标变量及其误差项顺时针旋转 180 度,此时所有测量指标变量及误差变量移到潜在变量的正下方(测量模型图 B)→按【增加残差项到变量中】(Add a unique variable to an existing variable)🔧 图像钮,在潜在变量 F2 椭圆形对象上按一下,在其正上方增列一个残差项(测量模型图 C)→取【旋转潜在变量的指标变量】(Rotate the indicators of a latent variable)⟳ 图像钮,在潜在变量 F2 椭圆形对象上按两下,让指标变量及其误差项顺时针旋转 180 度,此时所有测量指标变量及误差变量回到潜在变量的正上方,而残差项则因旋转 180 度而移到潜在变量 F2 椭圆形对象的下方。

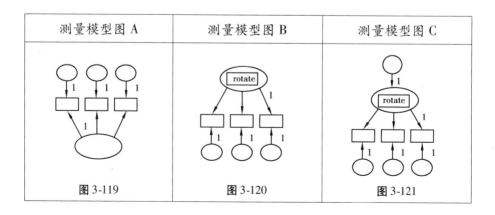

测量模型图 A	测量模型图 B	测量模型图 C
图 3-119	图 3-120	图 3-121

第四章 Amos 执行步骤与程序

Amos 因果模型图执行程序简要分为以下步骤:

1. 绘制因果模型图

根据理论文献或经验法则绘制假设的因果模型图,因果模型图的绘制即模型建构(model construction)。

2. 界定各变量名称

开启数据文件读入观察变量(测量指标变量),开启【对象属性】对话窗口界定潜在变量、误差变量或残差项的变量名称,测量指标变量包括工具建构(instrument construction)与数据搜集(data collection)。

3. 勾选相关统计量

开启【分析属性】勾选要呈现的统计量。

4. 执行模型的估计

按【计算估计值】图像钮执行模型的估计,若是模型没有界定错误或模型可以识别,则会呈现卡方值、自由度与相关统计量。

5. 假设模型的检验

根据各项适配度统计量、参数估计值判别假设模型与数据是否适配,若是假设模型(model)与样本数据(data)无法契合,进行模型的修正。

6. 进行模型的修正

模型修正后再进行模型的检验(model testing),若是模型修正后仍无法适配,则考虑模型的重新建构。

7. 模型检验的诠释

不论假设模型与数据是否适配,研究者要针对输出结果报表加以解释(interpretation),模型检验的结果应包括整体模型适配度统计量(fit statistics)与参数估计值(parameter estimates)。

第一节　路径分析的程序与执行

以下述成年人生活满意的路径分析的模型图为例。研究者根据理论文献与经验认为成年人的"薪资所得"与"身体健康"两个变量会直接影响到"家庭幸福"与"生活满意"两个变量,而"家庭幸福"与"社会参与"两个变量也会直接影响到成年人的"生活满意"。

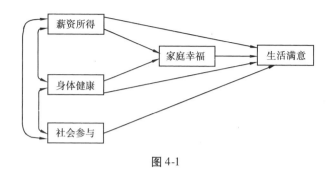

图 4-1

一、建立路径模型图

根据研究假设模型图,利用浮动工具列图像绘制下列路径模型图。点选 ♌【增列误差变量到已有的变量中】(Add a unique variable to an existing variable)工具图像钮在内因变量(作为其他变量的依变量)的观察变量增列误差变量。在 Amos 的模型分析中,作为内因变量或内衍变量(endogenous variables)(依变量)的变量均要增列一个误差变量,此误差变量的参数设定起始值内定为 1。而其预设的相关结构中误差潜在变量间彼此没有相关,而与其他的外因变量(exogenous variables)间也没有相关。所有观察的外因变量(observed exogenous variables)与非误差潜在外因变量(non-unique latent exogenous variables)间有相关,即作为外因变量的观察变量或外因的潜在变量间要以双箭头绘制二者间的共变关系。

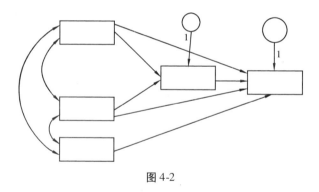

图 4-2

二、开启数据文件

点选▦【选择数据文件】(Select data files)工具图像钮,出现【数据文件】(Data Files)对话窗口,按【File Name】(文件名称)钮选取数据文件,范例中为【ex3_1. sav】→按【OK】(确定)钮。在尚未选取数据文件前,【数据文件】对话窗口中第二栏【File】(文件)下方会呈现【<working>】的信息,第一栏【Group Name】(群体名称)为之前设定的群体,若进行多群体分析,则每个群体均要选取数据文件。

数据文件【ex3_1. sav】共有五个变量,名称分别为"社会参与""家庭幸福""薪资所得""身体健康""生活满意"。

选取数据文件后,在【数据文件】(Data Files)的对话窗口中会出现文件名称及数据文件的样本数,范例中数据的样本数是 210。若是选取数据文件没有错误,按下【OK】(确定)钮,若是要取消则按【Cancel】(取消)钮。按下【View Data】(浏览数据)钮,则可以直接开启数据文件,由于数据文件为 SPSS 统计软件包建立的,因而会先开启 SPSS 应用软件,再开启数据文件。

图 4-3

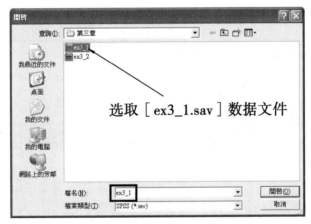

图 4-4

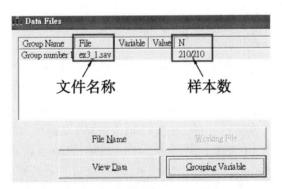

图 4-5

原始数据文件在 SPSS 数据浏览工作窗口中前五笔观察值数据如图 4-6。

Amos 可以读取 SPSS 数据编辑窗口所建立的原始数据文件,或利用原始数据文件所建立的相关矩阵、协方差矩阵。利用原始数据文件分析时,Amos 会先求出变量间的标准差(standard deviation)与相关系数,再进行方差协方差分析。

以上述范例中的数据为例,利用 SPSS 统计软件包求描述性统计量的操作程序如下:

执行功能列【Analyze】(分析)→【Descriptive Statistics】(描述性统计)→【Descriptives】(描述性统计量)程序,出现【Descriptives】对话窗口,在左边变量清单中,将

五个目标变量:"社会参与""家庭幸福""薪资所得""身体健康""生活满意"选入右边【Variables】(变量)下的方格中,按右下角【Options…】(选项)钮,出现【Descriptives:Options】(描述性统计量:选项)次对话窗口,勾选【Mean】(平均数)、【Std. deviation】(标准差)、【Variance】(方差)三个选项→按【Continue】(继续)钮,回到【Descriptives】对话窗口,按【OK】钮。

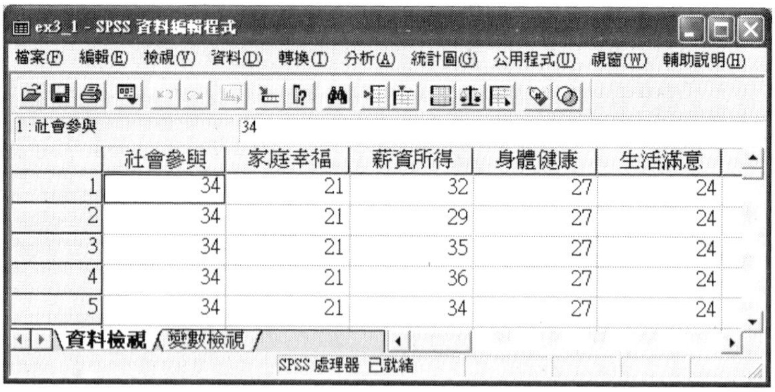

图 4-6

【SPSS 输出描述性统计量报表】

表 4-1   描述性统计

	个　数	平均数	标准差	方　差
社会参与	210	45.24	15.144	229.331
家庭幸福	210	24.26	9.457	89.436
薪资所得	210	36.61	16.231	263.454
身体健康	210	38.02	13.745	188.937
生活满意	210	33.23	20.154	406.168
有效的 N(完全排除)	210			

求变量间的相关系数矩阵与协方差矩阵的程序如下:

执行功能列【Analyze】(分析)→【Correlate】(相关)→【Bivariate】(双变量)程序,出现【Bivariate Correlations】(双变量相关)对话窗口,在左边变量清单中,将五个目标变量:"社会参与""家庭幸福""薪资所得""身体健康""生活满意"选入右边【Variables】(变量)下的方格中,在【Correlation Coefficients】(相关系数)方盒中勾选【Pearson】选项,按右下角【Options…】(选项)钮,出现【Bivariate Correlations:Options】(双变量相关:选项)次对话窗口,勾选【Cross-product deviations and covariances】(交叉积与协方差)选项→按【Continue】(继续)钮,回到【Descriptives】(描述性统计量)对话窗口,按【OK】钮。五个变量间的相关矩阵分析结果如表 4-2。

【SPSS 输出相关矩阵报表】

表 4-2   相关

		社会参与	家庭幸福	薪资所得	身体健康	生活满意
社会参与	Pearson 相关	1	.449	.538	.576	.649
	显著性(双尾)		.000	.000	.000	.000
	叉积平方和	47930.095	13447.143	27629.524	25045.048	41382.571

续表

		社会参与	家庭幸福	薪资所得	身体健康	生活满意
家庭幸福	协方差	229.331	64.340	132.199	119.833	198.003
	个数	210	210	210	210	210
	Pearson 相关	.449	1	.643	.489	.746
	显著性(双尾)	.000		.000	.000	.000
	叉积平方和	13447.143	18692.114	20637.086	13290.971	29699.657
薪资所得	协方差	64.340	89.436	98.742	63.593	142.104
	个数	210	210	210	210	210
	Pearson 相关	.538	.643	1	.438	.774
	显著性(双尾)	.000	.000		.000	.000
	叉积平方和	27629.524	20637.086	55061.981	20443.562	52944.743
身体健康	协方差	132.199	98.742	263.454	97.816	253.324
	个数	210	210	210	210	210
	Pearson 相关	.576	.489	.438	1	.620
	显著性(双尾)	.000	.000	.000		.000
	叉积平方和	25045.048	13290.971	20443.562	39487.924	35901.086
生活满意	协方差	119.833	63.593	97.816	188.937	171.776
	个数	210	210	210	210	210
	Pearson 相关	.649	.746	.774	.620	1
	显著性(双尾)	.000	.000	.000	.000	
	叉积平方和	41382.571	29699.657	52944.743	35901.086	84889.029
	协方差	198.003	142.104	253.324	171.776	406.168
	个数	210	210	210	210	210

求观察变量间的相关矩阵也可以借用因素分析操作程序完成:执行功能列【分析(A)】/【数据缩减(D)】/【因子(F)】程序,开启【因子分析】对话窗口,将模型中的测量指标变量选入右边【变量(V)】下的方格中→按【描述性统计量(D)】钮,开启【因子分析:描述性统计量】次对话窗口,在相关矩阵方盒中勾选【系数(C)】选项→按【继续】钮,回到【因子分析】对话窗口,按【确定】钮。

表4-3 相关矩阵

		社会参与	家庭幸福	薪资所得	身体健康	生活满意
相关	社会参与	1.000	.449	.538	.576	.649
	家庭幸福	.449	1.000	.643	.489	.746
	薪资所得	.538	.643	1.000	.438	.774
	身体健康	.576	.489	.438	1.000	.620
	生活满意	.649	.746	.774	.620	1.000

利用上面的变量间描述性统计量与相关系数矩阵,整理如下表格:

第一行第一列中的"rowtype_"为关键词,第一行第二列中的"varname_"为关键词。第二行第一列中的统计量数"n"为样本数变量,第三行第一列至第七行第一列的统计量数"corr"为相关系数关键词,第八行第一列统计量数"stddev"为变量的标准差关键词,第九行第一列统计量数"mean"为变量的平均数关键词。中间为五个变量的相关系数矩阵。

表 4-4

rowtype_	varname_	社会参与	家庭幸福	薪资所得	身体健康	生活满意
n		210.000	210.000	210.000	210.000	210.000
corr	社会参与	1.000	.	.	.	.
corr	家庭幸福	.449	1.000	.	.	.
corr	薪资所得	.538	.643	1.000	.	.
corr	身体健康	.576	.489	.438	1.000	.
corr	生活满意	.649	.746	.774	.620	1.000
stddev		15.144	9.457	16.231	13.745	20.154
mean		45.240	24.260	36.610	38.020	33.230

相关矩阵格式在 SPSS【数据浏览】工作窗口中的范例如图 4-7。

图 4-7

在相关矩阵中,对角线矩阵数字为 1.000,此相关系数为变量与变量自己的相关,因而相关系数为 1.000。上述相关系数矩阵在 SPSS 数据编辑窗口的【变量浏览】工作窗口中范例如图 4-8,其中关键变量"rowtype_""varname_"的变量型态(type)要设定为【String】(字符串),其余要设定为【Numeric】(数字),数字变量小数点的位置可根据实际键入的数据更改。

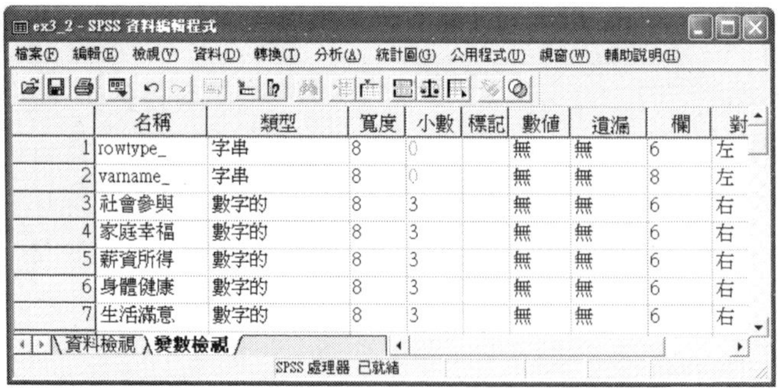

图 4-8

若是研究者直接键入变量间的协方差矩阵,则需要把第一列变量关键词"rowtype_"中的"corr"改为"cov"。变量"stddev"(标准差)、"mean"(平均数)列的数据在进行平均

数结构分析时才会用到,但为便于日后分析,笔者建议研究者在以矩阵型态作为 Amos 的
数据文件时一并键入。上述数据以协方差矩阵输入时,其数据文件型态如表 4-5:

表 4-5

rowtype_	varname_	社会参与	家庭幸福	薪资所得	身体健康	生活满意
n		210. 000	210. 000	210. 000	210. 000	210. 000
cov	社会参与	229. 331				
cov	家庭幸福	64. 340	89. 436			
cov	薪资所得	132. 199	98. 742	263. 454		
cov	身体健康	119. 833	63. 593	97. 816	188. 937	
cov	生活满意	198. 003	142. 104	253. 324	171. 776	406. 168
stddev		15. 144	9. 457	16. 231	13. 745	20. 154
mean		45. 240	24. 260	36. 610	38. 020	33. 230

　　协方差矩阵中,对角线的数字为变量本身的方差(variance),社会参与、家庭幸福、薪
资所得、身体健康、生活满意五个变量的方差分别为 229. 331,89. 436,263. 454,188. 937,
406. 168,此部分的数据可与之前描述性统计量结果相互对照,协方差矩阵对角线外的数
字为两个变量的协方差(covariance)。若协方差矩阵对角线上变量的方差为负值,可能是
数据输入错误。

三、设定观察变量

　　点选▦【列出数据集内的变量名称】(List variables in dataset)工具图像钮,出现
【Variables in Dataset】(数据集中的变量)对话窗口,选取每个变量,按住鼠标左键不放,直
接拖动至观察变量中(观察变量会出现变量注解的名称,如果 SPSS 的"＊. sav"数据文件
中没有增列变量注解,则直接呈现观察变量的变量名称)。在 SPSS 中文版软件中,界定
各量表的测量变量(层面或构念)为中文变量名称在操作上比较方便,若是以题项作为测
量指标变量,则以英文名称较为便利,至于变量注解或变量标记最好省略。

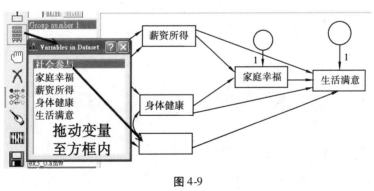

图 4-9

四、设定误差变量的变量名称

　　在误差变量圆形的图标上按右键,选取【对象属性】(Object Properties…)快速选单,
出现【Object Properties】对话窗口,在【Variable name】(变量名称)方盒键入误差变量的名
称,如 e1、e2。在【变量名称】下的【变量注解】(Variable label)方格中如输入变量的注解,

如"zeta",如果有输入变量的注解,则模型图会呈现变量的注解,若是没有键入变量注解则会直接呈现变量的名称,由于误差变量英文是 error,故通常以简写的 e1、e2、e3 ……表示。

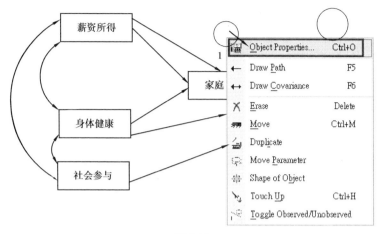

图 4-10

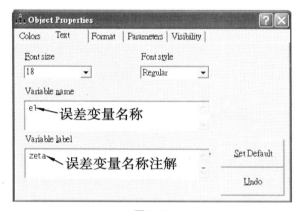

图 4-11

在实务操作上,在【Object Properties】(对象属性)的【Text】(文字)标签页窗口,不设定变量标记较为方便,由于 Amos 变量名称无法键入希腊字母或上下标,因而误差变量通常以 e1、e2 ……或 err1、err2……或 res1、res2……表示。

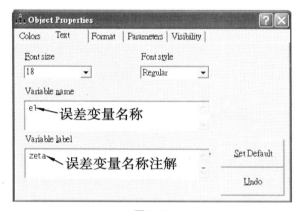

图 4-12

加入观察变量名称与误称变量名称的路径模型图如图 4-13：

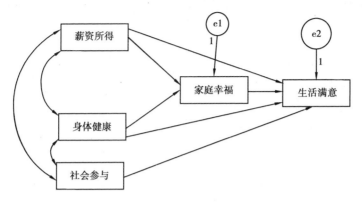

图 4-13

五、设定文字报表要呈现的统计量

点选 █【分析属性】（Analysis Properties）工具图像钮，出现【Analysis Properties】对话窗口，按【Output】（输出结果）标签钮，勾选要呈现的统计量，此部分研究者可根据模型图所需加以选取，如【最小化过程】（Minimization history）、【标准化的估计值】（Standardized estimates）、【多元相关的平方】（Squared multiple estimates）、【间接效果、直接效果与总效果】（Indirect，direct & total effects）选项、【观察样本协方差矩阵】（Sample moments）、【隐含协方差矩阵】（Implied moments）、【残差矩阵】（Residual moments）、【修正指标】（Modification indices）、【检验正态性与异常值】（Tests for normality and outlies）→按【Analysis Properties】对话窗口右上角的窗口关闭钮【×】。

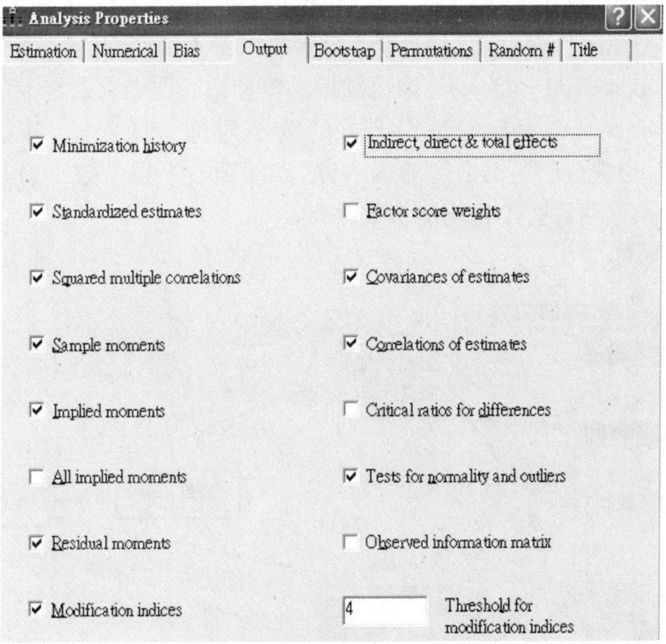

图 4-14

六、将路径模型图存盘与计算估计值

点选■【储存目前的路径图】（Save the current path diagram）工具图像钮,将模型路径图存盘,其存档类型为【Input file(* . amw)】,存档后的扩展名为" * . amw"→点选█【计算估计值】（Calculate estimates）工具图像钮估计路径图的各统计量。如果模型路径图没有存盘,则在按【计算估计值】工具图像后,会先出现【另存新文件】对话窗口,要先输入文件名,再按【储存】钮,关闭另存新文件对话窗口后,才会执行【计算估计值】的程序。

在模型【Model】方盒中,如果出现【OK:Default model】（OK:预设模型——表示模型估计值计算完成）,则可显示参数估计值,表示理论模型的界定没有问题。若是模型无法识别,或假设模型协方差矩阵与样本协方差矩阵差异太大,则模型无法收敛,此时在【Models】方盒中会出现【XX:模型名称】。若模型可以收敛,在模型信息窗口第五个方盒中的【计算摘要】（Computation Summary）中,会出现最小化完成的程序,模型适配度卡方检验值与自由度,范例中的信息为：

> Default model(预设模型)
> Minimization(最小化历程)
> Iteration 8(迭代次数为 8)
> Minimum was achieved(最小化程序已经完成)
> Writing output(结果写入到输出文件中)
> Chi-Square = 0. 2, df = 1(卡方值等于 0. 2,自由度为 1)

此时【浏览输出结果路径图】（View the output path diagram）█的图像会出现,按一下此图像会出现模型图中【未标准化估计值】的参数。图 4-15 为点选参数格式中【未标准化估计值】（Unstandardized estimates）输出结果的模型图。图中双箭号上的数字为两个变量的协方差（covariance）,观察变量右上方的数字为每个自变量（外沂变量）的方差（variance）。外因变量右上角的数字为其方差,误差项右上角的数字为其方差。若是方差出现负值表示模型估计有不合理的参数存在。

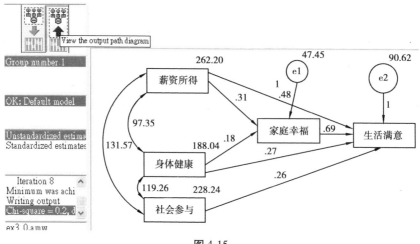

图 4-15

　　点选【标准化估计值】(Standardized estimates)输出结果的模型图,外因变量间的数字,为两个变量间的积差相关系数,而单箭头符号上的数字,为外因变量对内因变量的路径系数(标准化回归系数),若是相关系数绝对值大于1,表示模型中有不合理的参数存在。参数出现的位置如果相互重叠,可按 ⬚【Move parameter values】(移动参数)工具图像钮把参数移动到适当的位置。

　　如果使用者要更改各参数数字的大小与字型,在每个对象(观察变量、潜在变量或误差变量)图框上按下右键,选取快捷菜单的【对象属性】(Object Properties),开启【对象属性】对话窗口,切换到【参数】(Parameters)标签页,在【字号与样式】(Font size and style)中设定参数的大小与样式,在【颜色】标签页的对话窗口,除可设定对象属性图框的颜色与文字颜色,也可设定参数文字的颜色。

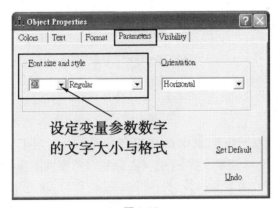

图 4-16

七、浏览模型的结果

　　点选 ▦【浏览文字】(View Text)工具图像钮,可以查看模型的各项统计数据。点选【浏览文字】(View Text)工具图像或执行菜单【View】(浏览)→【Text Output】(文件输出结果)程序后,可开启【Amos Output】(Amos 结果输出)对话窗口,点选左边的树状目录,右边会出现其详细内容。

　　在【Amos Output】对话窗口中,上面的第一行为其工具栏,包括预览打印文件(Print Preview)、打印文件(Print)、设定打印格式(Page Setup)、开启 Amos 的输出结果文件(扩展名为∗. AmosOutput)、将文件复制到剪贴簿(Copy to Clipboard)、浏览呈现结果选项(Options)、小数点位数(Decimals)及表格的设定等。【Amos Output】对话窗口是一种树状结构,与资源管理器及 SPSS 的输出结果类似,左边为结果类别,右边为类别的内容。左边分类包括路径图存盘的名称(范例中为 ex3_1. amw)、分析摘要表(Analysis Summary)、群组的注解(Notes for Group)、模型变量摘要表(Variable Summary)、模型中参数摘要表(Parameter Summary)、样本协方差与相关矩阵(Sample Moments)、模型的注解(Notes for Model)、估计值(Estimates)、修正指标(Modification Indices)、最小化历程(Minimization History)。成对参数比较(Pairwise Parameter Comparisons)、模型适配度(Model Fit)执行时间(Execution Time)。成对参数比较,包括估计值间方差协方差矩阵(Variance-Covariance Matrix of Estimates)、估计值间相关(Correlations of Estimates)。模型适配度统计量方面包括 CMIN、RMR&GFI、基准线比较统计量、简约调整测量值、NCP、FMIN、RMSEA、AIC、

ECVI、HOELTER 等。

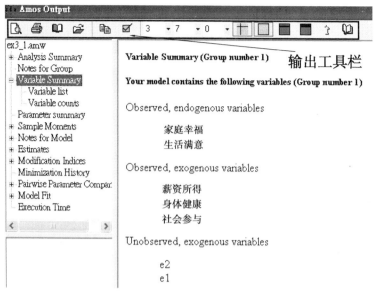

图 4-17

图 4-17 呈现的是假设模型图中的变量设定摘要表,两个内因变量(endogenous variables)为家庭幸福、生活满意,这两个变量在路径分析模型图中作为依变量,三个外因变量(exogenous variables)为薪资所得、身体健康、社会参与,这三个变量在路径分析模型图中作为自变量,而两个误差变量 e1、e2 也为外因变量(误差变量也归类为潜在变量)。

图 4-18 呈现的是模型注解,模型的自由度为 1(= 15 − 14),适配度卡方值为 0.179,显著性概率值为 0.672,未达 0.05 的显著水平,接受虚无假设,表示观察数据的 S 矩阵与假设模型隐含的 $\hat{\Sigma}$ 矩阵相契合。

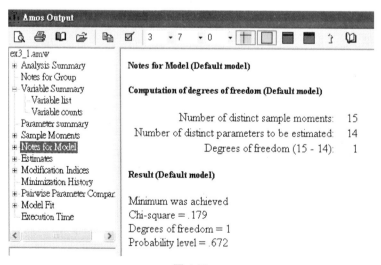

图 4-18

如果研究者要一次呈现所有的输出文字结果,按输出功能列的【选项】(Options)钮,开启【Options】对话窗口,切换到【浏览】(View)标签页,内有两个选项:【View entire output file】(呈现全部的输出结果)、【View selected output only】(只呈现选取类别的输出结果),研究者可以选取第一个选项【→View entire output file】,则呈现所有的输出结果。

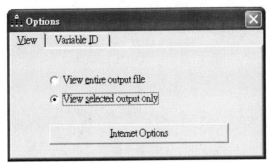

图 4-19

下面为执行结果的输出文件。

(一)文件名称

D:\amos_6\第三章\ex3_1.amw【文件名称】

(二)分析摘要内容

Analysis Summary【分析摘要】

Date and Time

Date:2007 年 1 月 25 日

Time:上午 08:25:01

Title

ex3_1:2007 年 1 月 25 日　上午 08:25

Groups

Group number1(Group number1)

(三)群组注解

Notes for Group(Group number1)

The model is recursive.【模型是递归的—单向的】

Sample size =210

【说明】　在【Groups】方盒中由于未设定群组名称,其单一群组名称为内定值:
【Group number1】,分析群组的样本数据有 210 个。

(四)变量摘要内容

Variable Summary(Group number 1)【变量摘要】

Your model contains the following variables(Group number1)

Observed, endogenous variables

家庭幸福

生活满意

Observed, exogenous variables

薪资所得

身体健康

社会参与

Unobserved, exogenous variables

e2

e1

Variable counts(Group number 1)

Number of variables in your model: 7

Number of observed variables: 5

Number of unobserved variables: 2

Number of exogenous variables: 5

Number of endogenous variables: 2

【说明】　假设模型图中的变量共有七个,观察变量有五个,非观察变量有两个(e1、e2),外因变量有五个(薪资所得、身体健康、社会参与、e1、e2)、内因变量有两个(家庭幸福、生活满意)。误差变量 e1 与 e2 均为潜在变量(非观察变量),在假设模型图中也属外因变量,因而又称潜在外因变量或外因潜在变量。

(五)模型参数摘要内容

表4-6　Parameter summary(Group number 1)【参数摘要】

	Weights	Covariances	Variances	Means	Intercepts	Total
Fixed	2	0	0	0	0	2
Labeled	0	0	0	0	0	0
Unlabeled	6	3	5	0	0	14
Total	8	3	5	0	0	16

【说明】　在参数摘要表中固定参数有两个(其参数值路径系数固定为1),有八个回归系数参数,两个是固定参数,六个是待估计的参数,待估计的协方差有三个,待估计的方差有五个,因而全部参数有十六个。

(六)样本协方差矩阵内容

Sample Moments(Group number 1)【样本协方差】

表4-7　Sample Covariances(Group number 1)

	社会参与	身体健康	薪资所得	家庭幸福	生活满意
社会参与	228.239				
身体健康	119.262	188.038			
薪资所得	131.569	97.350	262.200		
家庭幸福	64.034	63.290	98.272	89.010	
生活满意	197.060	170.958	252.118	141.427	404.233

Condition number = 25.222

Eigenvalues

845.953 139.104 92.197 60.926 33.540

Determinant of sample covariance matrix = 22169879668 .667

【说明】 表4-7为样本的协方差矩阵,若是研究者不以原始数据为数据文件,也可以键入变量间的协方差矩阵。

表4-8 Sample Correlations(Group number 1)

	社会参与	身体健康	薪资所得	家庭幸福	生活满意
社会参与	1.000				
身体健康	.576	1.000			
薪资所得	.538	.438	1.000		
家庭幸福	.449	.489	.643	1.000	
生活满意	.649	.620	.774	.746	1.000

Condition number = 20 .426
Eigenvalues
3 .386 0 .668 0 .467 0 .312 0 .166
Models
Default model(Default model)

【说明】 表4-8为样本的相关系数矩阵,若是研究者不以原始数据为数据文件,也可以键入变量间的相关系数矩阵,由表中可以发现五个变量间均呈中度正相关。双箭头连结的两个外因变量在非标准化估计值模型图中呈现的是二者的协方差,在标准化估计值模型图中呈现的是二者的积差相关系数。

(七)模型注解内容

Notes for Model(Default model)【模型注解】
Computation of degrees of freedom(Default model)

Number of distinct sample moments:	15
Number of distinct parameters to be estimated:	14
Degrees of freedom(15 − 14):	1

Result(Default model)
Minimum was achieved
Chi-square = 0 .179
Degrees of freedom = 1
Probability level = 0 .672
Group number 1(Group number 1-Default model)

【说明】 上面呈现的是模型注解,模型的自由度为1,适配度卡方值为0.179,显著性概率值为0.672,未达0.05的显著水平,接受虚无假设,表示观察数据的S矩阵与假设模型隐含的 $\hat{\sum}$ 矩阵相契合,即观察数据(data)与假设模型(model)间可以适配。

(八)估计值内容

Estimates(Group number 1-Default model)【估计值】
Scalar Estimates(Group number 1-Default model)

Maximum Likelihood Estimates

表4-9　Regression Weights:(Group number 1-Default model)

	Estimate	S. E.	C. R.	P	Label
家庭幸福 ← 薪资所得	.309	.033	9.447	***	par_1
家庭幸福 ← 身体健康	.176	.039	4.564	***	par_2
生活满意 ← 身体健康	.269	.062	4.334	***	par_3
生活满意 ← 社会参与	.256	.058	4.417	***	par_4
生活满意 ← 家庭幸福	.689	.096	7.209	***	par_8
生活满意 ← 薪资所得	.475	.057	8.290	***	par_9

【说明】　表4-9 为非标准化的回归系数及其显著性检验摘要表,右边第一列估计值为非标准化的回归系数,第二列为估计参数的标准误(standard error),第三列 C. R. 为检验统计量(临界比,critical ratio),临界比值为 t 检验的 t 值,此值如果大于 1.96 表示达到0.05 显著水平,第四栏 p 值为显著性,如果 p<0.001,会以符号“***”表示,若是 p 值>0.001,会直接呈现 p 值的大小。表中显示的六条直接效果的回归系数均达显著水平。

表4-10　Standardized Regression Weights:(Group number 1-Default model)

	Estimate
家庭幸福 ← 薪资所得	.531
家庭幸福 ← 身体健康	.256
生活满意 ← 身体健康	.184
生活满意 ← 社会参与	.192
生活满意 ← 家庭幸福	.324
生活满意 ← 薪资所得	.383

【说明】　表4-10 为标准化的回归系数值(Beta 值),亦即路径分析中的路径系数。参数格式方盒中如选择【标准化估计值】(Standardized estimates),呈现在路径模型图中的路径系数即为标准化的回归系数(β 值)。

表4-11　Covariances:(Group number 1-Default model)

	Estimate	S. E.	C. R.	P	Label
薪资所得 ↔ 社会参与	131.569	19.214	6.848	***	par_5
身体健康 ↔ 社会参与	119.262	16.535	7.213	***	par_6
薪资所得 ↔ 身体健康	97.350	16.770	5.805	***	par_7

【说明】　表4-11 为三个外因观察变量间的协方差及协方差显著性检验,三个外因变量(预测变量)间的协方差均达到 0.05 显著水平。

表4-12　Correlations:(Group number 1-Default model)

	Estimate
薪资所得 ↔ 社会参与	.538
身体健康 ↔ 社会参与	.576
薪资所得 ↔ 身体健康	.438

【说明】　表4-12 为三个外因观察变量间的相关系数,当协方差达到显著水平,则其

相对应的积差相关系数也会达到 0.05 显著水平。

表 4-13　Variances：(Group number 1-Default model)

	Estimate	S. E.	C. R.	P	Label
薪资所得	262.200	25.649	10.223	***	par_10
身体健康	188.038	18.394	10.223	***	par_11
社会参与	228.239	22.327	10.223	***	par_12
e1	47.448	4.642	10.223	***	par_13
e2	90.618	8.865	10.223	***	par_14

【说明】　表 4-13 为五个外因变量间的方差及其显著性检验，在 Amos 模型的估计值中，若出现方差为负数，或相关系数绝对值大于 1，会得到不可理解(inadmissible)的情形，即假设模型虽然可以顺利识别或估计，但所得到的参数无法作合理的解释。

表 4-14　Squared Multiple Correlations：(Group number 1-Default model)

	Estimate
家庭幸福	.467
生活满意	.775

【说明】　表 4-14 为两个依变量的多元相关系数的平方(R^2)，以"薪资所得""身体健康"两个自变量对"家庭幸福"变量所进行的复回归分析的多元相关系数平方为 0.467；以"薪资所得""身体健康""家庭幸福""社会参与"四个自变量对"生活满意"变量所进行的复回归分析的多元相关系数平方为 0.775。

Matrices(Group number 1-Default model)

表 4-15　Implied Covariances(Group number 1-Default model)

	社会参与	身体健康	薪资所得	家庭幸福	生活满意
社会参与	228.239				
身体健康	119.262	188.038			
薪资所得	131.569	97.350	262.200		
家庭幸福	61.737	63.290	98.272	89.010	
生活满意	195.477	170.958	252.118	140.840	403.425

表 4-16　Implied Correlations(Group number 1-Default model)

	社会参与	身体健康	薪资所得	家庭幸福	生活满意
社会参与	1.000				
身体健康	.576	1.000			
薪资所得	.538	.438	1.000		
家庭幸福	.433	.489	.643	1.000	
生活满意	.644	.621	.775	.743	1.000

【说明】　上面数据为假设模型所导出的协方差矩阵(隐含协方差矩阵)与相关矩阵(隐含相关系数矩阵)。

表 4-17   Residual Covariances（Group number 1-Default model）

	社会参与	身体健康	薪资所得	家庭幸福	生活满意
社会参与	.000				
身体健康	.000	.000			
薪资所得	.000	.000	.000		
家庭幸福	2.297	.000	.000	.000	
生活满意	1.583	.000	.000	.587	.809

表 4-18   Standardized Residual Covariances（Group number 1-Default model）

	社会参与	身体健康	薪资所得	家庭幸福	生活满意
社会参与	.000				
身体健康	.000	.000			
薪资所得	.000	.000	.000		
家庭幸福	.214	.000	.000	.000	
生活满意	.063	.000	.000	.036	.020

【说明】   上面数据为残差协方差矩阵与标准化残差协方差矩阵，残差矩阵为样本协方差矩阵（S 矩阵）与假设模型导出的隐含协方差矩阵（$\hat{\sum}$）间差异值，差异值愈小表示观察数据所得的协方差矩阵（S 矩阵）与假设模型导出的隐含矩阵（$\hat{\sum}$ 矩阵）间愈接近，即假设的理论模型与实际数据愈适配。相对的，若是残差矩阵的数值愈大，表示观察数据所得的协方差矩阵（S 矩阵）与假设模型导出的隐含矩阵（$\hat{\sum}$ 矩阵）间差异愈大，假设的理论模型与实际数据愈不契合。

表 4-19   Total Effects（Group number 1-Default model）

	社会参与	身体健康	薪资所得	家庭幸福
家庭幸福	.000	.176	.309	.000
生活满意	.256	.391	.688	.689

表 4-20   Standardized Total Effects（Group number 1-Default model）

	社会参与	身体健康	薪资所得	家庭幸福
家庭幸福	.000	.256	.531	.000
生活满意	.192	.267	.555	.324

【说明】   上表标准化总效果值等于标准化直接效果值与标准化间接效果值的和。

表 4-21   Direct Effects（Group number 1-Default model）

	社会参与	身体健康	薪资所得	家庭幸福
家庭幸福	.000	.176	.309	.000
生活满意	.256	.269	.475	.689

表 4-22   Standardized Direct Effects（Group number 1-Default model）

	社会参与	身体健康	薪资所得	家庭幸福
家庭幸福	.000	.256	.531	.000
生活满意	.192	.184	.383	.324

【说明】　标准化直接效果值为外因变量直接对内因变量影响的大小,其数值等于标准化回归系数值(β 值)。

表 4-23　Indirect Effects(Group number 1-Default model)

	社会参与	身体健康	薪资所得	家庭幸福
家庭幸福	.000	.000	.000	.000
生活满意	.000	.122	.213	.000

表 4-24　Standardized Indirect Effects(Group number 1-Default model)

	社会参与	身体健康	薪资所得	家庭幸福
家庭幸福	.000	.000	.000	.000
生活满意	.000	.083	.172	.000

【说明】　上面的数据为总效果值、直接效果值、间接效果值、标准化总效果值、标准化直接效果值与标准化间接效果值。

(九)修正指标内容

Modification Indices(Group number 1-Default model)【修正指标】

表 4-25　Covariances:(Group number 1-Default model)

	M. I. Par Change

表 4-26　Variances:(Group number 1-Default model)

	M. I. Par Change

表 4-27　Regression Weights:(Group number 1-Default model)

	M. I. Par Change

【说明】　根据修正指标及期望参数改变值可以对假设理论模型做适度修正,上表中并未呈现修正指标值,表示假设模型与样本数据可以契合。

(十)最小化历程内容

表 4-28　Minimization History(Default model)【最小化历程】

Iteration	Negative eigenvalues		Condition#	Smallest eigenvalue	Diameter	F	NTries	Ratio
0	e	3		− .245	9999.000	470.681	0	9999.000
1	e	0	53.234		.952	93.602	18	.922
2	e	0	216.076		.317	92.369	5	.000
3	e	0	93.615		.304	38.416	2	.000
4	e	0	80.033		.256	7.179	1	1.219
5	e	0	65.921		.154	.714	1	1.156
6	e	0	63.684		.039	.186	1	1.068
7	e	0	62.778		.002	.179	1	1.010
8	e	0	64.067		.000	.179	1	1.000

（十一）模型适配度内容

Model Fit Summary【模型适配度摘要】

表 4-29　CMIN

Model	NPAR	CMIN	DF	P	CMIN/DF
Default model	14	.179	1	.672	.179
Saturated model	15	.000	0		
Independence model	5	607.121	10	.000	60.712

表 4-30　RMR，GFI

Model	RMR	GFI	AGFI	PGFI
Default model	.765	1.000	.995	.067
Saturated model	.000	1.000		
Independence model	118.434	.408	.112	.272

表 4-31　Baseline Comparisons

Model	NFI Delta1	RFI rho1	IFI Delta2	TLI rho2	CFI
Default model	1.000	.997	1.001	1.014	1.000
Saturated model	1.000		1.000		1.000
Independence model	.000	.000	.000	.000	.000

表 4-32　Parsimony-Adjusted Measures

Model	PRATIO	PNFI	PCFI
Default model	.100	.100	.100
Saturated model	.000	.000	.000
Independence model	1.000	.000	.000

表 4-33　NCP

Model	NCP	LO 90	HI 90
Default model	.000	.000	3.991
Saturated model	.000	.000	.000
Independence model	597.121	520.060	681.586

表 4-34　FMIN

Model	FMIN	F0	LO 90	HI 90
Default model	.001	.000	.000	.019
Saturated model	.000	.000	.000	.000
Independence model	2.905	2.857	2.488	3.261

表 4-35　RMSEA

Model	RMSEA	LO 90	HI 90	PCLOSE
Default model	.000	.000	.138	.743
Independence model	.535	.499	.571	.000

表 4-36　AIC

Model	AIC	BCC	BIC	CAIC
Default model	28.179	29.007	75.039	89.039
Saturated model	30.000	30.887	80.207	95.207
Independence model	617.121	617.416	633.856	638.856

表 4-37　ECVI

Model	ECVI	LO 90	HI 90	MECVI
Default model	.135	.139	.158	.139
Saturated model	.144	.144	.144	.148
Independence model	2.953	2.584	3.357	2.954

表 4-38　HOELTER

Model	HOELTER .05	HOELTER .01
Default model	4475	7729
Independence model	7	8

　　上述模型适配度统计量会呈现预设模型(Default model)、饱和模型(Saturated model)与独立模型(Independence model)三种不同模型的适配统计量,在模型适配度统计量判别方面需以预设模型(Default model)适配统计量为主。CMIN 值为卡方统计量,HOELTER值为临界样本数 CN 适配统计量。

(十二)执行时间

Execution time summary【执行时间摘要】

Minimization：0.016

Miscellaneous：0.187

Bootstrap：0.000

Total：0.203

(十三)正态性检验与异常值评估

表 4-39　Assessment of normality(Group number 1)

Variable	min	max	skew	c. r.	kurtosis	c. r.
社会参与	24.000	82.000	.953	5.638	−.023	−.067
身体健康	12.000	66.000	.001	.007	−.677	−2.002
薪资所得	10.000	68.000	.295	1.746	−1.071	−3.167
家庭幸福	11.000	42.000	.279	1.652	−1.314	−3.888
生活满意	6.000	72.000	.420	2.487	−1.228	−3.633
Multivariate					4.083	3.536

正态性评估选项可以就观察变量的分布情形进行判断,第一列为观察变量名称,第二列为最小值,第三列为最大值,第四列为偏度系数,第五列为偏度系数的显著性检验,第六列为峰度系数,第七列为峰度系数的显著性检验。以"社会参与"变量为例,其数据中最小值为 24.000、最大值为 82.000,偏度系数值为 0.953,偏度系数临界比值为 5.368 > 1.96,峰度系数值为 -0.023,峰度系数临界比值为 -0.067,其绝对值小于 1.96。在正态分布下,偏度系数值与峰度系数值应接近 0,其系数显著性检验未达显著,若是达到 0.05 显著水平,表示其偏度系数值或峰度系数值显著不等于 0。Kline(1998)认为若是变量的偏度系数值大于 3、峰度系数值大于 8,表示样本在变量的分布不为正态,如果峰度系数值大于 20,则偏离正态的情形可能较为严重。表中最后一行为多变量峰度系数检验,表中数据为 4.083,临界比值为 3.536 > 1.96,达到 0.05 显著水平,表示在单变量的峰度系数值检验中至少有一个变量的峰度系数值显著不等于 0。

第二节　路径因果模型图的设定

一、外因变量间没有相关的设定

在 Amos 结构方程模型的路径图中,作为外因变量/外溯变量的观察变量或潜在变量,内定的模型为彼此间有相关,以上述路径分析(传统线性回归)模型为例,三个外因变量:薪资所得、身体健康、社会参与间必须设定双箭头的关系,若是模型中没有以双箭头(double headed arrows)绘制外因变量间协方差(Draw covariances)关系,在执行【计算估计值】程序时,会出现警告的讯息,告知研究者未对三个外因变量间的关系设定为没有关系(外因变量间没有关系也要绘制双箭头符号再进行参数界定):Amos will require the following pairs of variables to be uncorrelated,并出现未设定协方差关系的外因变量,如" * 薪资所得 <> 身体健康""* 薪资所得 <> 社会参与""* 身体健康 <> 社会参与",此时研究者应重新绘制外因变量间协方差的关系。没有设定三个外因变量间关系的假设模型图(模型界定错误)如图 4-20。

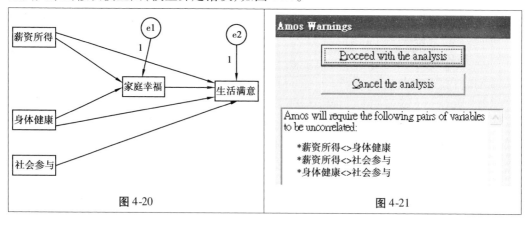

图 4-20　　　　　　　　　　　图 4-21

以图 4-22 的路径分析模型图为例,研究者已重新绘制外因变量间的共变关系,但要将"薪资所得"与"身体健康"两个外因变量间的相关设为 0,"身体健康"与"社会参与"两个外因变量间的相关也设为 0。两个变量的相关为 0,表示两个变量间的协方差为 0,

其设定如下:在双箭头对象上按右键,选取快捷菜单中的【Object Properties】(对象属性)选项,开启【Object Properties】对话窗口,切换到【Parameters】(对象参数)次窗口,在【Covariance】(协方差)下的方格中输入"0",按右上角关闭钮【×】,在路径分析模型图中双箭头对象的旁边会出现协方差的参数值"0",表示两个外因变量间的相关为0。

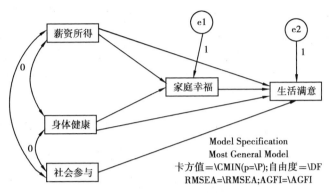

图 4-22

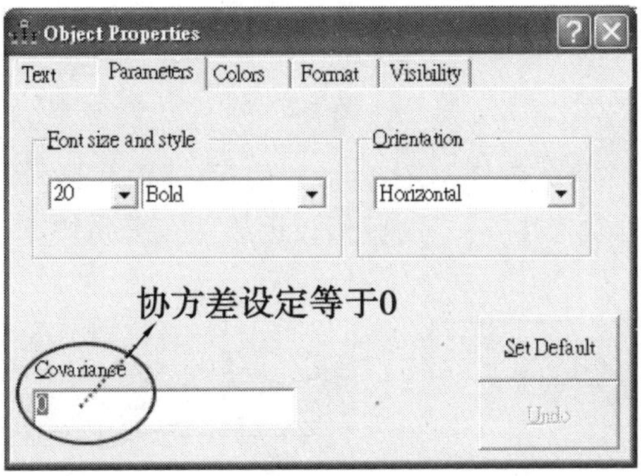

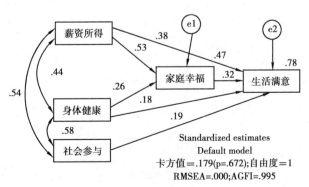

图 4-23

图 4-24,4-25 两个路径模型图的差异,在于外因变量间关系的设定,图 4-24 路径模型图中三个外因变量设定彼此间有关系,变量的协方差不为 0,图中的数值为选取标准化估计值(Standardized estimates)的模型图的结果,分别表示变量间的相关系数与路径系数。卡方值为 0.179,显著性概率值为 0.672 > 0.05,未达显著水平,接受虚无假设。AGFI 值 = 0.995 > 0.900,RMSEA 值 = 0.000 < 0.05,达到模型可以适配标准,表示假设模型隐含的 $\hat{\Sigma}$ 矩阵与观察数据所得的 S 矩阵间可以适配。

图 4-24

图 4-25 路径分析模型图中,除设定外因变量"薪资所得"与"身体健康"的相关为 0 (协方差设为 0),也设定外因变量"身体健康"与"社会参与"的相关为 0(协方差设为 0),路径分析模型图的自由度为 3,整体模型适配度的卡方值为 91.749,显著性概率值 p 为 0.000 < 0.05,达到显著水平,拒绝虚无假设。AGFI 值 = 0.378 < 0.900,RMSEA 值 = 0.376 > 0.05,未达模型适配标准,表示假设模型隐含的 $\hat{\sum}$ 矩阵与观察数据所得的 S 矩阵间无法适配。

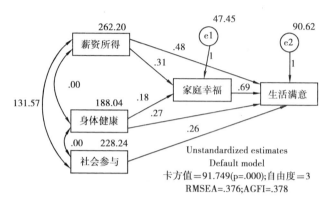

图 4-25

若是将"薪资所得""身体健康""社会参与"三个外因变量(预测变量)间的相关全部设为 0,表示预测变量间没有共变关系,其假设因果路径分析模型图如图 4-26。

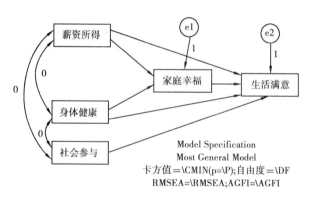

图 4-26

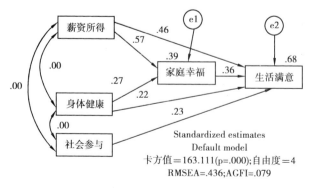

图 4-27

图 4-26 中,设定外因变量"薪资所得"与"身体健康"的相关为 0(协方差设为 0),设定外因变量"身体健康"与"社会参与"的相关为 0(协方差设为 0),设定外因变量"薪资所得"与"社会参与"的相关为 0(协方差设为 0)。路径分析模型图的自由度为 4,整体模型适配度的卡方值为 163.111,显著性概率值 p 为 0.000 < 0.05,达到显著水平,拒绝虚无假设。AGFI 值 = 0.079 < 0.900,RMSEA 值 = 0.436 > 0.05,未达模型适配标准,表示假设模型隐含的 $\hat{\Sigma}$ 矩阵与观察数据所得的 S 矩阵间无法适配。

二、内因变量没有界定残差项

Amos 的模型界定,作为果变量(效标变量或依变量)的内因变量或内衍变量(endogenous variables)均要界定一个残差项(residual terms)或误差项(error terms),此残差项又称独特量(uniqueness),在结构模型中残差项是其他预测变量(外因变量)无法解释的独特变异量,在回归分析中其值相当于 $1 - R^2$,$1 - R^2$ 的变异量是模型外其他变量所引发的,非模型内的外因变量(预测变量或因变量)所能解释的,此种模型内变量无法解释的残差也称为干扰项(disturbance),因而残差变量有时又称为干扰变量(disturbance variables)。

界定残差项按【Add a unique variable to an existing variable】(在变量中增列一个独特变量)工具图像钮 即可。若是假设模型中作为果变量的内因变量没有界定残差项,则点选【计算估计值】(Calculate estimates)工具图像钮后会出现警告讯息。

在【Amos Warnings】(Amos 警告)对话窗口内,如图 4-29,出现下列文字提示语:The following variables are endogenous, but have no residual (error) variables。提示语告知使用者下列变量(家庭幸福、生活满意)为内因变量,但是模型中却没有界定残差或误差变量。此时使用者若强迫程序继续执行,按【Proceed with the analysis】,会进一步出现错误讯息的对话窗口。

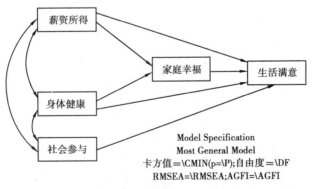

图 4-28

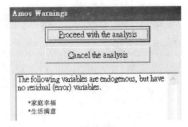

图 4-29

在错误讯息的对话窗口中,告知使用者适配模型时发生错误,这个错误的原因可能是原始参数值欠佳或参数限制不合理,确定每个内因变量均界定有一个残差变量或误差变量。按下【确定】钮后,在【Computation summary】(计算摘要表)方盒中出现【Minimization Error】的错误提示语。

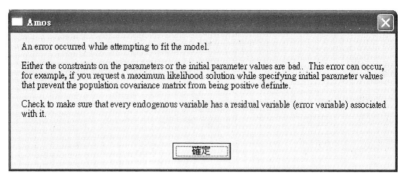

图 4-30

相对的,作为外因变量(exogenous variables)或因变量(cause)(预测变量或自变量)者不能界定残差项或误差项,在结构模型中此外因变量又称外因潜在变量(exogenous latent variables),若是外因观察变量或外因潜在变量增列了误差项,表示模型界定有问题,无法执行计算估计值程序。

图 4-31 由于模型界定有问题,点选▦【计算估计值】(Calculate estimates)工具图像钮后会出现警告讯息:您把"薪资所得"界定为内因变量,把此变量视为依变量,但您又把"薪资所得"界定为外因变量,和其他变量间有共变关系,此种变量的界定不符合 Amos 模型的假定。

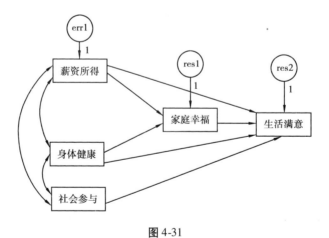

图 4-31

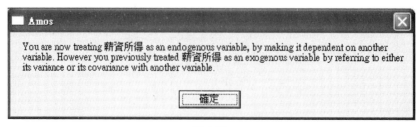

图 4-32

第三节 饱和模型与独立模型

在 Amos 整体适配度统计量中除呈现假设模型与数据的适配度统计量外,同时也会呈现两个基本模型以作模型间的比较,这两个模型一为饱和模型(Saturated model),二为独立模型(Independent model)。

一、饱和模型

所谓饱和模型是指假设模型中所有待估计的参数正好等于协方差矩阵中的元素,假设建构模型中有 p 个外因观察变量,q 个内因观察变量,则所形成的协方差中独特元素的总数 $=\frac{1}{2}(p+q)(p+q+1)$ 个,若是模型界定中所估计的参数个数 k 刚好等于 $\frac{1}{2}(p+q)(p+q+1)$ 个,则形成唯一解,此种情形会造成模型的自由度为 0,卡方值也等于 0,成为刚好识别(just identified model)的模型,模型与数据间形成完美的适配(perfect fit)。以路径分析图 4-33 为例,假设有四个观察变量,路径因果模型图中四个变量间均以单箭头或双箭头加以连结,则形成的假设模型即为饱和模型。

(一)范例一:变量间均以双箭头建立共变关系

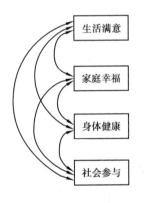

图 4-33

在上述四个变量间的共变关系分析中,待估计的协方差参数有 6 个,待估计的方差参数有 4 个,因而待估计的参数共有 10 个。假设模型中有四个外因观察变量,0 个内因观察变量,协方差矩阵中独特元素的个数 $=\frac{1}{2}(p+q)(p+q+1)=\frac{1}{2}(4+0)(4+0+1)=10$,模型中待估计的参数个数等于协方差矩阵中的独特元素,因而模型是一种饱和模型。

点选【计算估计值】工具图像钮后,输出结果文件浏览中的"Notes for Model"(模型注解)会出现下列讯息。样本矩独特元素的数目为 10,待估计的参数数目为 10,自由度等于 0(=10 – 10),最小化历程已经完成,表示模型可以辨别,模型的卡方值等于 0。因为卡方值等于 0,表示模型与数据形成完美适配,卡方显著性概率值 p 无法计算。

Notes for Model(Default model)

Compu tation of degrees of freedom(Default model)

Number of distinct sample moments：　10

Number of distinct parameters to be estimated：　10

Degrees of freedom(10 -10)：　0

Result(Default model)

Minimum was achieved

Chi-square = .000

Degrees of freedom = 0

Probability level cannot be computed

非标准化估计值模型图与标准化估计值模型图呈现如图 4-34,4-35,当模型为饱和模型时,卡方值 =0,RMSEA 值、AGFI 值、GFI 值、卡方自由度比值等适配度统计量均无法计算。

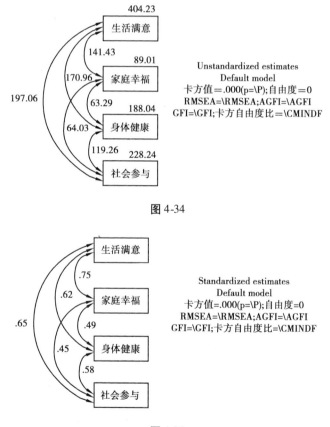

图 4-34

图 4-35

在上述饱和模型中若将其中一个协方差界定为 0,表示此协方差不用估计。以范例而言,将"家庭幸福"与"身体健康"两个变量的共变关系界定为 0,表示二者间没有相关,此时待估计的参数包括五个协方差、四个方差,待估计的参数总数为 9,而样本数据协方差矩阵提供的独特元素总数为 10,待估计的参数总数少于样本数据协方差矩阵提供的独特元素总数,形成一种过度识别模型(over-identified model),过度识别模型的自由度为正数,因而可以拒绝或接受假设模型,此种模型估计结果可以计算卡方值与其他整体适配统计量。

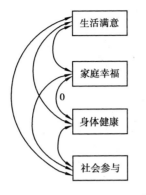

图 4-36

过度识别模型的自由度为 1(=10-9),整体适配的卡方值为 57.172,显著性概率值 p=0.000<0.05,拒绝虚无假设,表示假设模型与样本数据间无法契合。而 RMSEA 值 = 0.518>0.050,AGFI 值 =0.069<0.900,GFI 值 =0.893<0.900,卡方自由度比值 = 57.172>2.000,表示假设模型的适配度不理想。

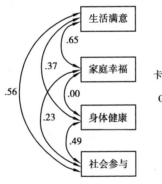

图 4-37

(二)范例二:所有变量间以双箭头及单箭头建立关系

在第二个范例中,两个外因变量间以双箭头建立共变关系,而外因变量对内因变量均以单箭头建立因果关系,两个内因变量中作为中介变量者也与另一内因变量建立因果关系。假设路径分析因果模型中参数摘要表如下:其中待估计的回归系数有 5 个,待估计的协方差有 1 个,待估计的方差有 4 个,因而模型待估计的参数共有 10 个。

表 4-40 Parameter summary(Group number 1)

	Weights	Covariances	Variances	Means	Intercepts	Total
Fixed	2	0	0	0	0	2
Labeled	0	0	0	0	0	0
Unlabeled	5	1	4	0	0	10
Total	7	1	4	0	0	12

假设模型中有两个外因观察变量、两个内因观察变量,协方差矩阵中独特元素个数 $=\frac{1}{2}(p+q)(p+q+1)=\frac{1}{2}(2+2)(2+2+1)=10$,模型中待估计的参数个数(=10)等于协方差矩阵中的独特元素,因而模型是一种饱和模型。

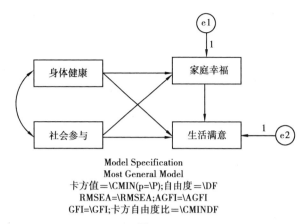

Model Specification
Most General Model
卡方值＝\CMIN(p=\P);自由度＝\DF
RMSEA=\RMSEA;AGFI=\AGFI
GFI=\GFI;卡方自由度比＝\CMINDF

图 4-38

点选 ▦【计算估计值】(Calculate estimates)工具图像钮估计路径图的各统计量及参数,模型可以辨识估计。由于假设模型为饱和模型,其整体适配度卡方值等于 0。非标准化估计值模型图与标准化估计值模型图如图 4-39,4-40。

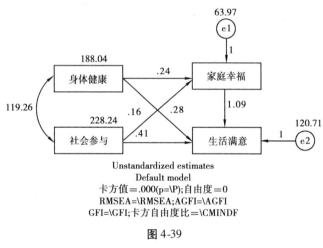

Unstandardized estimates
Default model
卡方值＝.000(p=\P);自由度＝0
RMSEA=\RMSEA;AGFI=\AGFI
GFI=\GFI;卡方自由度比＝\CMINDF

图 4-39

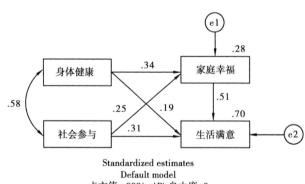

Standardized estimates
Default model
卡方值=.000(p=\P);自由度=0
RMSEA=\RMSEA;AGFI=\AGFI
GFI=\GFI;卡方自由度比＝\CMINDF

图 4-40

在上述饱和模型中,将"身体健康"外因变量对"生活满意"内因变量的路径移除,则模型形成一种过度识别模型,此时可以估计各项整体适配度统计量。

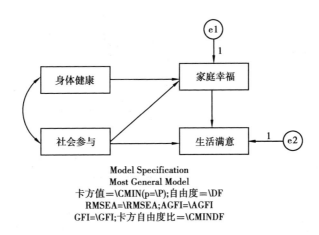

Model Specification
Most General Model
卡方值＝\CMIN(p=\P);自由度＝\DF
RMSEA=\RMSEA;AGFI=\AGFI
GFI=\GFI;卡方自由度比＝\CMINDF

图 4-41

在参数摘要表中,模型全部的参数有 11 个,待估计的回归系数有 4 个(全部回归系数参数有 6 个,其中 2 个为固定参数不用估计),待估计的协方差有 1 个,待估计的方差有 4 个,全部待估计的参数有 9 个。协方差矩阵中独特元素的个数 $= \frac{1}{2}(p+q)(p+q+1) = \frac{1}{2}(2+2)(2+2+1) = 10$,模型中待估计的参数个数小于协方差矩阵中的独特元素,因而模型是一种过度识别模型,自由度 $= 10 - 9 = 1$ 为正数。

表 4-41　Parameter summary(Group number 1)

	Weights	Covariances	Variances	Means	Intercepts	Total
Fixed	2	0	0	0	0	2
Labeled	0	0	0	0	0	0
Unlabeled	4	1	4	0	0	9
Total	6	1	4	0	0	11

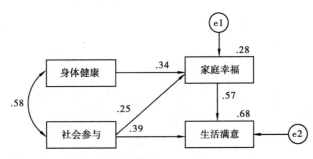

Standardized estimates
Default model
卡方值=14.940(p=.000);自由度=1
RMSEA=.258;AGFI=.667
GFI=.967;卡方自由度比=14.940

图 4-42

过度识别模型的自由度为 1($= 10 - 9$),整体适配的卡方值为 14.940,显著性概率值 $p = 0.000 < 0.05$,拒绝虚无假设,表示假设模型与样本数据间无法契合。而 RMSEA 值 $= 0.258 > 0.050$, AGFI 值 $= 0.667 < 0.900$, GFI 值 $= 0.967 > 0.900$,卡方自由度比值 $=$

14.940 > 2.000,表示假设模型的适配度欠佳。

(三)范例三:变量间均以单箭头建立因果关系

在第三个范例中,有一个外因变量,两个中介变量(属内因变量)、一个内因变量,所有变量均以单箭头建立因果关系。假设模型图中的变量共有七个,包括四个观察变量、三个潜在变量(残差变量),即有四个外因变量、三个内因变量。假设路径分析因果模型中参数摘要表如表 4-42:其中待估计的回归系数有 6 个,待估计的方差有 4 个,固定参数有 3 个,整个假设模型图中待估计的参数共有 10 个,参数总数为 13。样本数据协方差矩阵中独特元素的个数为 10,数据样本点数目等于假设模型中待估计的自由参数(= 10),所以模型是一个饱和模型。

表 4-42　Parameter summary(Group number 1)

	Weights	Covariances	Variances	Means	Intercepts	Total
Fixed	3	0	0	0	0	3
Labeled	0	0	0	0	0	0
Unlabeled	6	0	4	0	0	10
Total	9	0	4	0	0	13

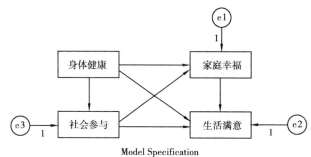

Model Specification
Most General Model
卡方值=\CMIN(p=\P);自由度=\DF
RMSEA=\RMSEA;AGFI=\AGFI
GFI=\GFI;卡方自由度比=\CMINDF

图 4-43

点选【计算估计值】(Calculate estimates)工具图像钮估计路径图的各统计量及参数,模型可以识别并估计。由于假设模型为饱和模型,其整体适配度卡方值与模型自由度均等于 0,卡方值的显著性概率值则无法计算。非标准化估计值模型图与标准化估计值模型图如图 4-44、图 4-45。

表 4-43　Notes for Model(Default model)

```
Computation of degrees of freedom(Default model)
               Number of distinct sample moments:   10
   Number of distinct parameters to be estimated:   10
               Degrees of freedom(10-10):    0
Result(Default model)
Minimum was achieved
Chi-square = .000
Degrees of freedom = 0
Probability level cannot be computed
```

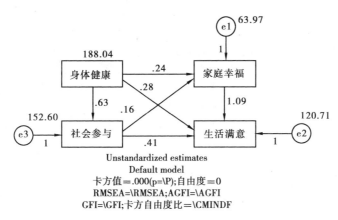

Unstandardized estimates
Default model
卡方值＝.000(p=\P);自由度＝0
RMSEA=\RMSEA;AGFI=\AGFI
GFI=\GFI;卡方自由度比=\CMINDF

图 4-44

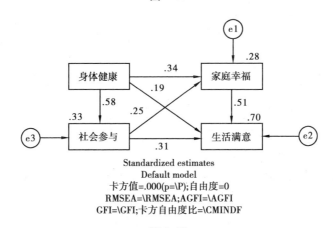

Standardized estimates
Default model
卡方值＝.000(p=\P);自由度=0
RMSEA=\RMSEA;AGFI=\AGFI
GFI=\GFI;卡方自由度比=\CMINDF

图 4-45

若将"社会参与"对"家庭幸福"的因果路径移除,则模型中待估计的自由度参数总数等于9,包括5个回归系数参数(五条路径系数)、4个方差参数,模型中全部的参数有12个(固定参数有3个)。样本协方差的独特元素有10个,模型的自由度为 10 − 9 = 1,此时假设模型为一过度识别模型。

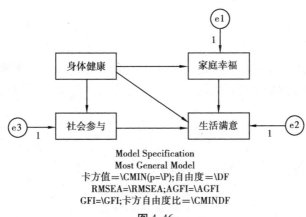

Model Specification
Most General Model
卡方值=\CMIN(p=\P);自由度=\DF
RMSEA=\RMSEA;AGFI=\AGFI
GFI=\GFI;卡方自由度比=\CMINDF

图 4-46

模型估计结果可以收敛识别,在模型注解中呈现:模型待估计的自由参数为9,样本矩独特元素的数目为10,模型的自由度为1,模型适配度检验的卡方值为11.879,显著性概率值 p = 0.001 < 0.05,拒绝虚无假设,假设模型与样本数据无法适配。

表 4-44　Notes for Model(Default model)

Computation of degrees of freedom(Default model)
　　　　　　　　Number of distinct sample moments：　10
　　　Number of distinct parameters to be estimated：　9
　　　　　　　　　Degrees of freedom(10-9)：　1
Result(Default model)
Minimum was achieved
Chi-square = 11.879
Degrees of freedom = 1
Probability level = .001

标准化估计值的模型图如图 4-47,过度识别模型若可以估计卡方值,也可以求出其他的适配统计量,图 4-47 的假设模型的 RMSEA 值等于 0.228,AGFI 值等于 0.731,GFI 值等于 0.973,卡方自由度比值等于 11.879。

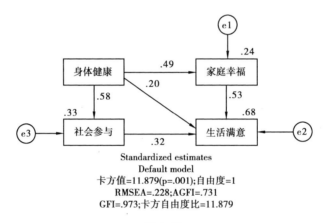

图 4-47

二、独立模型

在饱和模型中所有变量两两间均以双箭号建立共变关系或以单箭号建立因果关系,相反的,在独立模型中所有变量两两间均是相互独立而没有关系的,即两两变量间既没有以双箭号建立共变关系,也没有以单箭号建立因果关系。以图 4-48 的假设模型图为例,身体健康、社会参与、家庭幸福、生活满意四个变量均没有以箭号建立彼此间的关系,其假设模型图为独立模型的一种。

图 4-48

在图 4-48 中没有固定参数,待估计的自由参数有 4 个(四个变量的方差参数),因而全部的参数数目为 4。独立模型估计结果,模型可以收敛识别,在模型注解中,呈现模型待估计的自由参数为 4,样本矩独特元素的数目为 10,模型的自由度为 6,模型适配度检验的卡方值为 405.797,显著性概率值 p = 0.000 < 0.05,拒绝虚无假设,假设模型与样本数据无法适配。

表 4-45 独立模型估计的模型注解(Default model)

Computation of degrees of freedom(Default model)

Number of distinct sample moments: 10
Number of distinct parameters to be estimated: 4
Degrees of freedom(10 - 4): 6

Result(Default model)

Minimum was achieved

Chi-square = 405.797

Degrees of freedom = 6

Probability level = 0.000

独立模型估计结果的非标准化估计值的模型图如图 4-49。假设模型的 RMSEA 值等于 0.565,AGFI 值等于 0.140,GFI 值等于 0.484,卡方自由度比值等于 67.633。独立模型估计结果的标准化估计值的模型图如图 4-50。

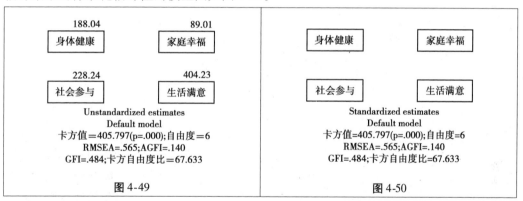

图 4-49 / 图 4-50

第四节 结构方程模型图

一、结构方程模型图的绘制步骤

范例 SEM 的模型图中包括四个测量模型,四个潜在变量中"教学信念""教学策略"为外因潜在变量,"班级气氛"与"教学效能"为内因潜在变量,两个内因潜在变量要增列残差项或误差项,残差项的路径系数固定为 1,以便估计其误差变异量。

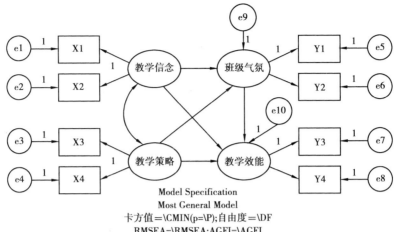

图 4-51

四个测量模型（measurement model），各有两个观察指标变量（observed indicator variables），每个观察指标变量均会有测量误差（measurement errors），因而各有一个误差变量。

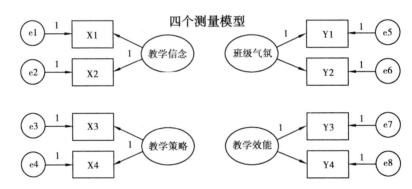

图 4-52

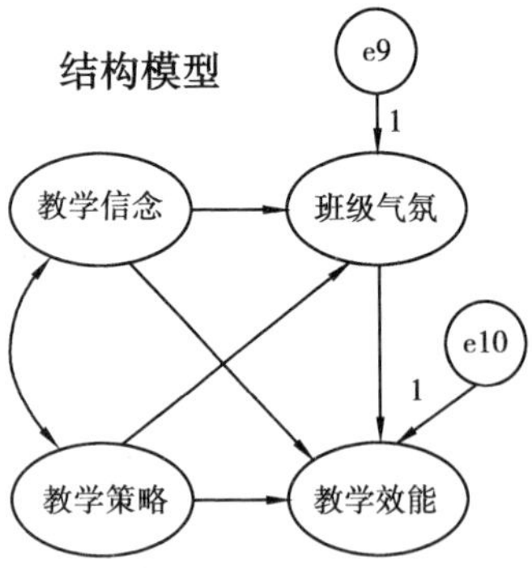

在结构模型（structural model）中共有四个潜在变量（unobserved variables 或 latent variables），结构模型是潜在变量间的关系，潜在变量在量表中可能为一种构念（层面名称、向度）或整个量表所欲测得的某种特质的总称。外因潜在变量为教学信念、教学策略两个，内因潜在变量为班级气氛、教学效能两个。

（一）步骤 1

点选◉【Draw unobserved variables】（描绘潜在变量）的图像钮，绘制一个椭圆形的潜在变量，如图 4-54。

结构模型

图 4-53

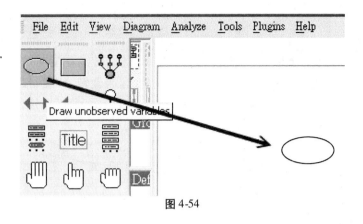

图 4-54

(二)步骤 2

点选 【Draw a latent variable or add an indicator to a latent variable】(描绘潜在变量或增列潜在变量的指标)图像钮,在椭圆形的潜在变量上按两次。每按一次,会增列一组观察变量与误差变量,按两次,会增列两组观察变量与误差变量。

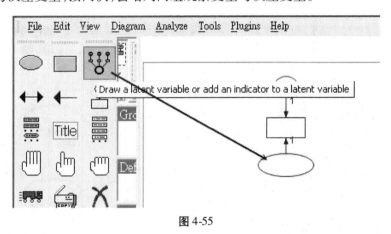

图 4-55

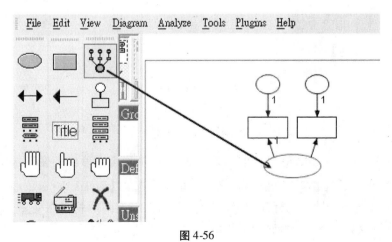

图 4-56

（三）步骤 3

点选⟳【Rotate the indicators of a latent variable】（旋转潜在变量的指标变量）图像钮,在椭圆形的潜在变量上按三次(按一次向顺时针方向旋转 90 度,按三次会旋转 270 度),让指标变量旋转至潜在变量的左边。

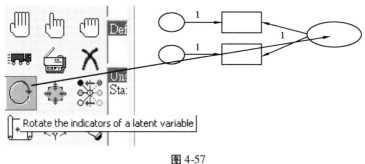

图 4-57

（四）步骤 4

点选🐦【Preserve symmetries】（保留对称性）图像钮,点选🗂【Duplicate objects】（复制对象）图像钮,按住椭圆形潜在变量拖动至下方适当位置放开,可以复制一组潜在变量与其指标变量。

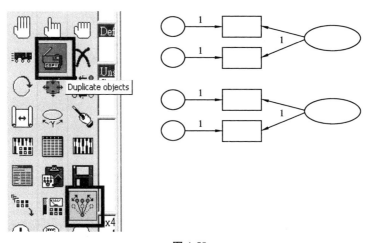

图 4-58

（五）步骤 5

点选🗂【Duplicate objects】（复制对象）图像钮,按住椭圆形潜在变量拖动至下方适当位置放开,复制第三组潜在变量与其指标变量。点选⟳【Rotate the indicators of a latent variable】（旋转潜在变量的指标变量）图像钮,在第三组椭圆形的潜在变量上按两次,旋转其指标变量使其位置位于椭圆形对象的右边。

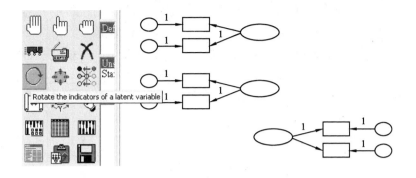

图 4-59

（六）步骤 6

点选 【Move objects】（移动对象）图像钮，将第三组潜在变量与其指标变量移动至右边适当位置，点选 【Duplicate objects】（复制对象）图像钮，按住第三组椭圆形潜在变量拖动至下方适当位置放开，复制第四组潜在变量与其指标变量。

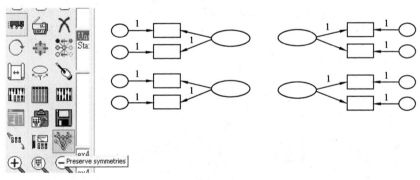

图 4-60

（七）步骤 7

利用 【Draw covariances-double headed arrows】（描绘协方差-双向箭头）图像钮与 【Draw paths-single headed arrows】（描绘单向箭头的路径）两个图像钮，绘制潜在变量间的关系（结构模型的设定），外因变量间以双箭头建立连结关系，外因变量与内因变量间以单箭头绘制因果关系路径。

（八）步骤 8

点选 【Add a unique variable to an existing variable】（增列独特变量到已有的变量）图像钮，在两个内因潜在变量（依变量）上各按一下，增列误差变量，误差变量的路径系数内定为 1，设定为固定参数。

（九）步骤 9

设定潜在变量与误差变量的变量名称，鼠标移到潜在变量上，按右键出现快捷菜单，选取【Object Properties】（对象属性）选项,开启对话窗口,切换到【Text】（文字）标签页,在【Variable name】（变量名称）下的方格键入潜在变量名称,如"教学信念",在【Font size】（字号）下的方格中键入字型的大小数值,切换到【Parameters】（参数）标签页可设定对象参数数值(非标准化路径系数与标准化路径系数)的大小与字型。

在 Amos 的模型分析中,各观察变量的误差变量或内因潜在变量的误差变量,其参数设定的起始值内定为 1。若要更改测量误差路径系数的起始值,在误差变量单箭头上按右键,选取【Object Properties】（对象属性）选项,开启【Object Properties】对话窗口,切换到【Parameters】（参数）标签页,在【Regression weight】（回归系数）下的方格中可设定对象参数数值(非标准化路径系数与标准化路径系数)的大小与字型。

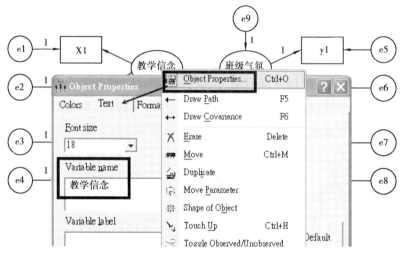

图 4-61

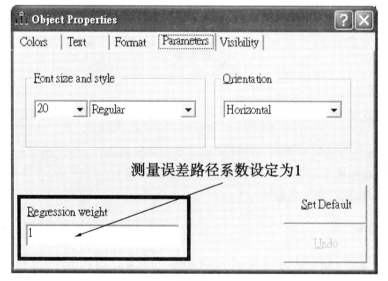

图 4-62

在测量模型中无法观察的变量通常称之为因素（factor）或潜在构念（latent construct）,其指标变量称之为观察变量（observed variables）,每个观察变量均会有一个唯一的误差变量（specific error or unique variable）,每个误差变量的路径系数起始值内定为

1,此数值研究者也可以根据模型特性加以修改。测量模型中的潜在变量,其测量的指标变量(观察变量)中要有一个指标变量的路径系数起始值设为 1。点选 ♕【Draw a latent variable or add an indicator to a latent variable】(描绘潜在变量或增列潜在变量的指标)图像钮,绘制潜在变量的指标变量时,第一个指标变量的路径系数参数值会预设为 1,研究者也可以改设其他的指标变量。

二、执行结果的标准化参数估计值路径图

Amos 结构方程模型图中,每个误差变量均要设定变量名称,每个观察变量均要对应在数据文件中;每个潜在变量(内因潜在变量/外因潜在变量)均要设定变量名称,结构模型中潜在变量的变量名称不能与 SPSS 原始数据文件中的变量名称相同,SPSS 原始数据文件中的变量在 Amos 模型只能拖动至方框对象中(观察变量对象)。若各变量名称的设定有遗漏,则点选 ▥【Calculate estimates】(计算估计值)图像按钮后,会弹出【Amos Graphics】对话窗口的提示语,如"2 variables are unnamed"(2 个变量没有变量名称)。

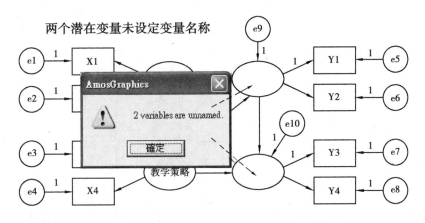

图 4-63

若模型界定没有问题,假设模型也可识别,则点选 ▥【Calculate estimates】(计算估计值)图像按钮后,会于【计算摘要表】(Computation summary)方盒中呈现模型的卡方值与自由度,此方盒中呈现的讯息如下(预设模型最小化历程经 10 次迭代程序完成,结果写至输出文件,模型卡方值等于 8.5,自由度为 14)。

```
Default model
Minimization
Iteration 10
Minimum was achieved
Writing output
Chi-square = 18.5, df = 14
```

非标准化估计值模型图如图 4-64:没有出现负的误差方差,路径系数均为正数,且与原先理论建构的符号相同。

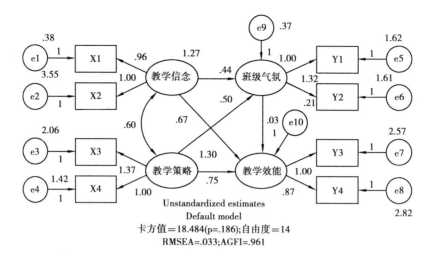

图 4-64

标准化估计值模型图如图 4-65,整体模型适配度的卡方值为 18.484,自由度等于14,显著性概率值 p = 0.186 > 0.05,接受虚无假设,表示假设模型与观察数据可以契合。RMSEA 值 = 0.033 < 0.05;AGFI 值 = 0.961 > 0.900,均达到可以适配的标准。

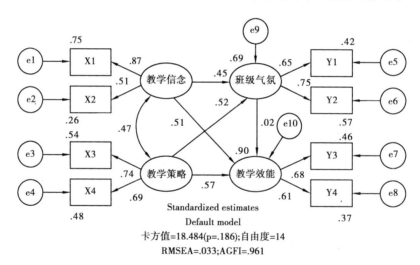

图 4-65

三、模型的平行检验

由于上一个假设路径模型获得支持,研究者可以进一步增列路径模型的假定:

(1)教学信念潜在变量的两个指标变量 X1、X2 有相同大小的变异量成分和误差变异量。在此种平行检验假设(parallel test hypothesis)下,潜在变量的指标变量 X1与指标变量 X2 的路径回归系数相同,两个指标的误差(error)变量有相同的变异量。

(2)班级气氛潜在变量的两个指标变量 Y1、Y2 有相同大小的变异量成分和误差变异量。在此种平行检验假设下,潜在变量的指标变量 Y1 与指标变量 Y2 的路径回归系数相同,两个指标的误差变量有相同的变异量。

(3)教学效能潜在变量的两个指标变量 Y3、Y4 有相同大小的变异量成分和误差变异量。在此种平行检验假设下,潜在变量的指标变量 Y3 与指标变量 Y4 的路径回归系数相同,两个指标的误差变量有相同的变异量。

(4)教学策略潜在变量的两个指标变量 X3、X4,由于二者包含的题项数不相同,指标变量 X3 为教学策略分量表(一)10 个题项的总和,指标变量 X4 为教学策略分量表(二)12 个题项的总和。在此种非平行检验假设下,潜在变量的指标变量 X3 与指标变量 X4 的路径回归系数可能不相同,指标变量 X4 的回归系数可能是指标变量 X3 的回归系数的 1.2 倍($12 \div 10 = 1.2$),若假定两个指标的误差变量有相同的变异量,将误差变量 e3 固定的回归系数设为 1,则误差变量 e4 固定的回归系数为 $\sqrt{1.2} = 1.095$。

平行检验的结构模型图如图 4-66:

上述平行检验假设执行的结果输出如下,整体适配度卡方检验值为 43.383,显著性概率值 p = 0.001,达到显著水平,拒绝虚无假设,表示假设平行模型图与观察数据并未适配。从其他适配度指标值来看,AGFI 值 = 0.931 > 0.900,GFI 值 = 0.966 > 0.900,RMSEA 值 = 0.069 < 0.080,达到模型适配的标准。如果样本数较大,模型平行假定图是否与观察数据契合,还须要参照其他的适配度指标进行综合判断。

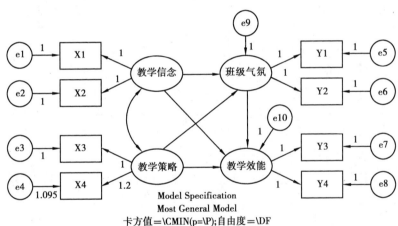

图 4-66

图 4-67

第五节　结构模型与修正指标

当研究者根据理论文献或经验法则提出一个假设模型图,经适配度检验无法与观察数据适配时,表示假设模型还必须加以修正,假设理论模型的修正也必须有其理论或经验根据,如将没有达到显著水平的影响路径删除,或将不合理的影响路径删除,此外,也可以参考 Amos 提供的修正指标(Modification indices)数据来判别。

从统计学的意义看,修正指标即是自由度为 1 时(即该固定参数被重新设定为自由估计时),前后两个估计模型卡方值之间的差异值,因此,最大的修正指标值,即表示当某一固定参数被改设为自由参数而重新估计时,该参数可以降低整个模型卡方值的最大数值(余民宁,2006)。修正指标主要用于探测限制参数及固定参数,对于每一个限制或固定的参数而言,将之改成自由参数(即加以估计),则模型 χ^2 值将减少的量即为修正指标。修正指标是探究模型是否有叙列误差的重要线索,修正指标必须要多大模型才有修正的必要,似乎无一定论。学者 Bagozzi 与 Yi(1988)认为修正指标高于 3.84 时就有必要加以修正(程炳林,2003)。但也有学者认为修正指标值高于 5 时才具有修正必要(邱皓政,2005)。若是所有估计参数中,有参数的修正指标小于 3.84,表示模型的内在质量中有叙列误差存在,若有的修正指标的数值太大,表示该参数的适配情形不佳。修正指标是判别参数是否界定错误的重要参考,如果某一个参数的修正指标太大,就应将参数由固定参数改为自由参数,因为其被设为固定参数,对模型的契合度并不理想。

较大的修正指标搭配较大的期望参数改变值表示该参数应被释放,因为释放的结果可以使整体契合度的卡方值降低许多,且获得较大的参数改变。若是修正指标较大,而期望参数改变值很小,则卡方值虽能降低许多,但对参数估计的实质意义不大。而一个小的修正指标伴随一个较大的期望参数改变值,有两个可能的原因:一为受到样本变异的影响;二是该参数对卡方检验的敏感性较低。当测量变量使用不同量尺时,要比较参数改变值的大小,就必须采用标准化期望参数改变值(黄芳铭,2004)。

尽管修正指标是探测模型是否有叙列误差的重要指标,且 LISREL 程序中也有自动修正的指令,但在使用时应注意以下两点:一是不要轻易使用自动修正的指令,因为有时候将一个固定参数改成自由参数,即修改了原先的假设模型,在理论上无法自圆其说;二是若真有必要进行模型的修正,而且理论上也可以解释,则修正时必须以不同的观察数据来检验,同时一次只能修正一个指标(Long,1983)。

在 CFA 模型适配中,研究者如根据修正指标来修正原先的假设模型,虽然可以有效改善模型的适配度,降低 χ^2 值,使假设模型愈能契合实际数据,但如此不断修正假设模型,更改参数设定及变量间的关系,修正后的新模型已远离 CFA 的本质,研究的模型反而是一种探索性因素分析(exploratory factor analysis;EFA),EFA 乃是研究者根据统计数据结果来判别因素结构与模型,经不断尝试以找出量表最佳的因素结构。因而在 CFA 分析中,要应用修正指标更改参数属性时需格外谨慎。

在包含结构模型与测量模型的完整结构方程式中,研究者在采用修正指标时要注意以下几点:

(1)放宽最大修正指标的参数,并不一定能保证让模型得到一个实质的解释意义。例如自由参数的符号是错误的,它与原先理论建构的期望方向相反,或参数所代表的路径在理论概念上有不足,如测量变量间出现共变问题,此时,研究者可考虑放宽具有第二大修正指标值的参数,依此类推,以让模型能获得实质的解释意义(Joreskog,1993,p.312)。

(2)若同时有数个修正指标值很大,研究者应一次放宽一个参数(one at a time),将其从固定参数改为自由参数,重新估计模型,而不要一次放宽数个参数,再对模型加以估计,因为同时放宽数个参数再行估计,并不是一个适切的模型修正策略(Long,1983,p.69)。

(3)修正指标必须配合期望参数改变量(expected parameter change;EPC 值),所谓期望参数改变量即当固定参数被放宽修正而重新估计时,所期望获得的该参数估计值的改变量,如果修正指标值(MI 值)较大,且相对应的期望参数改变量也较大,表示修正该参数会带来期望参数改变量的数值也较大,且此种修正,可以明显降低卡方值,此种修正才有显著的实质意义(Diamantopoulos & Siguaw,2000;余民宁,2006)。

根据修正指标与期望参数改变的大小,模型的修正有四种情境(Diamantopoulos & Siguaw,2000,p.109):

表 4-46

		期望参数改变量	
		大	小
修正指标	大	情境一	情境二
	小	情境三	情境四

在上述四种情境中,以〔情境一〕一个大的修正指标联结一个大的期望参数改变值较有实质的意义,因为放宽一个参数会获得一个大的期望参数改变,并且会使卡方值减少很多。〔情境二〕一个大的修正指标联结一个小的期望参数改变值,在检验统计上虽然可以大大降低卡方值的数值,但期望参数改变的量则是微不足道的,其原因可能是原先设为固定参数的叙列误差值本身就很小,造成参数放宽后参数值变化不大。〔情境三〕一个小的修正指标联结一个大的期望参数改变值,在此种情况下,造成修正指标的不明确,因为大的期望参数改变值是由于样本的变异性造成还是参数对卡方的敏感度不够,无从得知。此种情形最好是以相同样本在模型中不同的地方,检查叙列误差值的统计检验力,因为修正指标对某些固定参数的叙列误差值较为敏感。〔情境四〕一个小的修正指标联结一个小的期望参数改变值,很明显,此种修正对于模型是没有实质帮助的。

SEM 分析结果中,若是整体适配度卡方值很大,或模型综合评估结果表明假设模型的适配度欠佳,研究者可以尝试对原始模型加以修正或进行模型剪裁(model trimming)。进行模型修正时,最好一次只对一个参数进行修正,修正完再重新执行模型估计。模型参数的修正包括删除路径、限制路径或释放原先限制的路径。但模型修正时,增列的参数关系不能违反 SEM 的假定,如外因潜在变量与内因潜在变量的指标变量间没有直接关系,内因潜在变量与外因潜在变量的指标变量间没有直接关系,外因潜在变量的指标变量与内因潜在变量的指标变量间没有直接关系,各测量模型中指标变量的残差项与因素构念(潜在变量)间无关(不能建立共变关系),指标变量的残差项间可以有共变关系存在,但指标变量的残差项间不能建立路径因果关系。

在 Amos 结果输出报表中,【Modification Indices】(修正指标)的类别包括五项:协方差(Covariances)、方差(Variances)、回归系数(Regression Weights)、平均数(Means)、截距项(Intercepts),模型中若没有估计变量的平均数与截距项,则修正指标只呈现前三者。Amos 内定修正指标值的数值为 4,表示增列此参数后,修正指标值大于 4 者才会呈现,使用者可以自订修正指标值的界限值。在释放模型假定时,研究者要特别注意的是**不要让一个可以识别的模型(identified model)变成一个无法识别的模型(unidentified model)**。

模型是否加以修正,跟已有的矩结构分析的应用研究有关,多数刊物希望刊出可以被接受的研究结果模型,一个不适配模型(misfitting model)是否值得刊出是值得讨论的(Amos 手册)。笔者以为 SEM 的检验是否被接受,皆有其意义与价值,因为一个假设模型经修正后还是无法适配,表示模型的界定可能有问题,之后从事类似研究的研究者可参考先前的研究结果重新界定假设模型,进行更严谨的统计检验,也许会有不同的结果发现。

【研究问题】

某研究者想探究中学生数学焦虑、数学态度与数学自我效能间的影响关系,采用分层抽样方式,抽取 900 位中学生,让其填写"数学学习自我知觉问卷",问卷包含数学焦虑量表、数学态度量表、数学自我效能量表。其中数学焦虑量表包含两个层面:"考试焦虑""课堂焦虑",样本在量表上的得分愈高,表示受试者所知觉的数学焦虑愈高;数学态度量表包含两个层面:"学习动机""学习信心",样本在量表上的得分愈高,表示受试者所感受的数学态度愈积极、正向;数学自我效能量表包含两个层面:"自我肯定""持续努力",样本在量表上的得分愈高,表示受试者所知觉的数学自我效能感愈高。六个层面间的相关矩阵数据如表 4-47:

表 4-47

rowtype_	varname_	学习动机	学习信心	自我肯定	持续努力	考试焦虑	课堂焦虑
n		900.00	900.00	900.00	900.00	900.00	900.00
corr	学习动机	1.00	.	.	.	.	.
corr	学习信心	0.66	1.00	.	.	.	.
corr	自我肯定	0.56	0.47	1.00	.	.	.
corr	持续努力	0.44	0.52	0.67	1.00	.	.
corr	考试焦虑	-0.36	-0.41	-0.35	-0.37	1.00	.
corr	课堂焦虑	-0.30	-0.29	-0.29	-0.28	0.54	1.00
stddev		3.44	3.06	3.54	3.15	3.10	21.22
mean		13.61	14.76	14.13	14.90	10.90	37.49

(数据来源:修改自《Amos 使用者手册 4》,p.144)

一、模型 A:初始模型

数学焦虑、数学态度、数学自我效能间的因果关系模型图如图 4-68:数学焦虑会直接影响数学态度、数学自我效能;而数学态度也会直接影响到数学自我效能。数学焦虑潜在变量的两个指标变量为考试焦虑、课堂焦虑,数学态度潜在变量的两个指标变量为学习动机、学习信心,数学自我效能潜在变量的两个指标变量为自我肯定、持续努力。

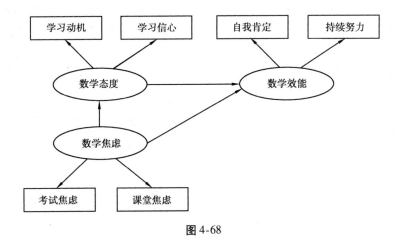

图 4-68

上述假设的变量影响路径图,绘制于 Amos Graphics 窗口中如图 4-69,其中外因潜在变量为"数学焦虑",内因潜在变量为"数学态度""数学效能",作为内因潜在变量者须增列误差变量或残差变量,而六个观察变量也要增列其误差变量。

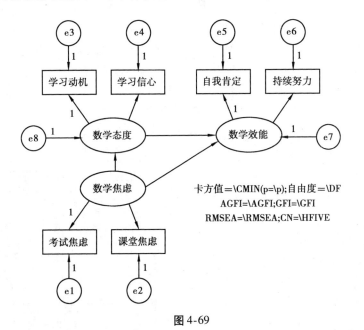

图 4-69

在原始假设路径分析模型中,各标准化估计值如图 4-70 所列。模型适配度的检验方面,卡方值为 69.085,显著性概率值 p = 0.000 < 0.05,达到显著水平,拒绝虚无假设,表示观察数据所导出的方差协方差 S 矩阵与假设模型导出的方差协方差 $\hat{\sum}$ 矩阵相等的假设无法获得支持,即假设模型图与观察数据无法契合。而 CN 值 = 164 < 200,RMSEA 值 = 0.108 > 0.08,表示假设模型与观察数据无法适配。在初始模型中,由于假设模型的方差协方差 $\hat{\sum}$ 矩阵无法适配观察数据的方差协方差 S 矩阵,模型有待进一步修正。假设模型要想获得较佳的适配度,其模型修正较佳的做法就是释放某些假定,此部分可参考报表中提供的修正指标值。

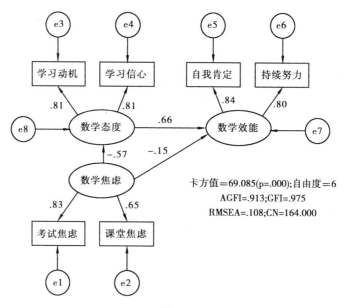

图 4-70

在【Amos Output】结果输出窗口中,左边的类别中有一个"Modification Indices"(修正指标)选项,此选项包括三个子选项:协方差、方差、回归系数。按右边文件内容标题【Modification Indices】对话窗口会出现修正指标的具体数值,窗口中会对修正指标参数加以解释,包括修正指标值、估计参数改变值、没有出现修正指标的意涵(如果没有呈现修正指标,表示没有修正指标值超过设定的界限值——内定的门坎数值为 4)等。

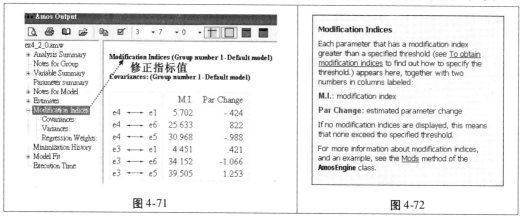

图 4-71　　　　　　　　　　　　图 4-72

表 4-48　Modification Indices(Group number 1-Default model)

Covariances:(Group number 1-Default model)

	M. I.	Par Change
e4 ↔ e1	5.702	−.424
e4 ↔ e6	25.633	.822
e4 ↔ e5	30.968	−.988
e3 ↔ e1	4.451	.421
e3 ↔ e6	34.152	−1.066
e3 ↔ e5	39.505	1.253

在【M. I. 】指标值栏中的数字按一下会出现相对应数字的说明,如在最后一列"39.505"的数字按一下,会出现【协方差的修正指标】(Modification index for covariance)讯息:若是将误差项 e3、e5 由固定参数(fixed parameter)改为自由参数(free parameter),则至少可以降低卡方值39.505。在 SEM 的模型检验中,不被估计的参数称为固定参数,固定参数值通常固定为 0 或是某个常数,而必须估计的参数称为自由参数,自由参数的界定与数目会决定假设模型是否可以识别,自由参数是 SEM 模型分析的核心,自由参数愈少,自由度愈大,表示模型愈简约。

Modification index for covariance

If you repeat the analysis treating the covariance between e3 and e5 as a free parameter, the discrepancy will fall by at least 39.505.

图 4-73

在最后一栏【Par Change】(参数改变量)中的数字按一下,会出现该列变量由固定参数改为自由参数的参数改变量的预估情形,如在最后一列"1.253"数字按一下会出现【估计协方差参数改变】(Estimated parameter change for covariance)对话窗口,窗口讯息显示:若是将误差项 e3、e5 改为自由参数,相较原先界定的模型参数改变量会增大约 1.253。

Estimated parameter change for covariance

If you repeat the analysis treating the covariance between e3 and e5 as a free parameter, its estimate will become larger by approximately 1.253 than it is in the present analysis.

图 4-74

表 4-49 Variances:(Group number 1-Default model)

M. I.	Par Change

表 4-50 Regression Weights:(Group number 1-Default model)

	M. I.	Par Change
持续努力 ← 学习信心	5.270	.056
持续努力 ← 学习动机	8.696	-.064
自我肯定 ← 学习信心	6.542	-.069
自我肯定 ← 学习动机	9.996	.076
学习信心 ← 持续努力	5.419	.054
学习信心 ← 自我肯定	7.028	-.054
学习动机 ← 持续努力	7.441	-.071
学习动机 ← 自我肯定	8.753	.068

回归系数的修正指标会增列新的路径系数供研究者参考,其中有些路径系数不符合 SEM 的假定,研究者在增列路径系数时要小心,不符合 SEM 假定的路径包括:测量指标的误差项对潜在变量的影响路径,测量指标变量对其他测量指标变量的影响路径,测量指标的误差项对其他测量指标的影响路径,测量指标的误差项对其他测量指标的误差项的影响路径等。

上述数据为模型修正指标值,标题列【Modification Indices】为修正指标提示语,在此提示语上按一下,会开启修正指标说明的窗口。其中会对【M. I.】与【Par Change】两个符号所代表的意义加以说明,【M. I.】为修正指标值,【Par Change】为估计参数改变量。以误差变量 e3、e5 两个变量而言,原先的初始模型假定两者没有相关,若是重新设定二者有共变关系,至少可以减少卡方值 39. 505,其估计参数改变值为正数。e3 为指标变量"学习动机"的误差变量,e5 为指标变量"自我肯定"的误差变量,这两个观察变量的误差变量可能有某种程度的共变关系。原先的初始模型假定误差变量 e4、e6 没有相关,若是初始模型图重新设定两者有共变关系,至少可以减少卡方值 25. 633,其估计参数改变值为正数。e4 为指标变量"学习信心"的误差变量,e6 为指标变量"持续努力"的误差变量,这两个观察变量的误差变量可能有某种程度的共变关系。在修正指标与期望参数改变值方面,研究者希望两个变量间的关系为正,而其期望参数改变值也为正。在模型修正方面,研究者最好逐次释放假定,而不要一次释放多个假定。

在参数释放设定上,研究者最好一次释放一个参数,即一次只要修正模型中的一个参数,每修正一个参数即进行模型检验,而不要将数个固定参数同时改为自由参数,因为同时释放多个参数,其下降的卡方值并不等于原先个别释放参数的修正指标值(M. I.)的总和。研究者应先根据最大的修正指标值来修正模型,有时,M. I. 值虽不是很大,但参数改变栏数值的绝对值很大,表示模型改变后新参数值的变化很明显,在此情形下也可以考虑将之纳入修正模型的自由参数。

二、模型 B:修正模型 1

上述假设模型图重新修正如图 4-75,首先,增列误差变量 e3 与误差变量 e5 间有共变关系。

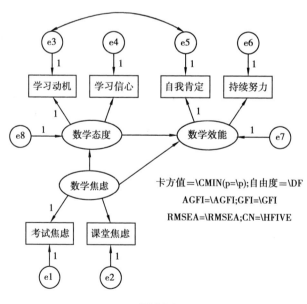

图 4-75

修正后模型图的卡方值为 6. 164,显著性概率值 p = 0. 291 > 0. 05,未达显著水平,接受虚无假设,表示观察数据所导出的方差协方差 S 矩阵与假设模型导出的方差协方差 $\hat{\Sigma}$

矩阵相等的假设获得支持,即假设模型图与观察数据契合。AGFI 值 = 0.990 > 0.900, GFI 值 = 0.998 > 0.900, CN 值 = 1615 > 200, RMSEA 值 = 0.016 < 0.05, 均达到模型可以适配的标准,表示修正后的假设模型与观察数据能适配。初始模型的自由度为 6, 修正模型增列一个自由参数,因而自由度减少 1 个,变为 5。

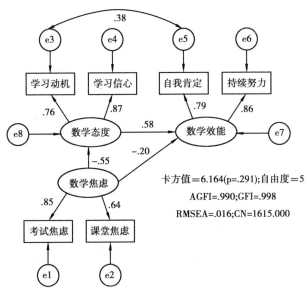

图 4-76

Modification Indices(Group number 1-Default model)

表 4-51　Covariances:(Group number 1-Default model)

M. I.	Par Change

表 4-52　Variances:(Group number 1-Default model)

M. I.	Par Change

表 4-53　Regression Weights:(Group number 1-Default model)

M. I.	Par Change

三、模型 C:修正模型 2

在修正指标数值表中,没有提供需要修正的数据(增加变量间的路径或设定变量误差间的共变关系),表示假设模型图是个可以接受的路径图,模型不需要再修正。

若是研究者再增列误差变量 e4 与误差变量 e6 间的共变关系,则卡方值降为 4.606, 显著性概率值 p = 0.330 > 0.05, 接受虚无假设, AGFI 值提高至 0.991, CN 值提高至 1852.000, RMSEA 值降为 0.013, 表示假设模型图与观察数据的适配情形更好。

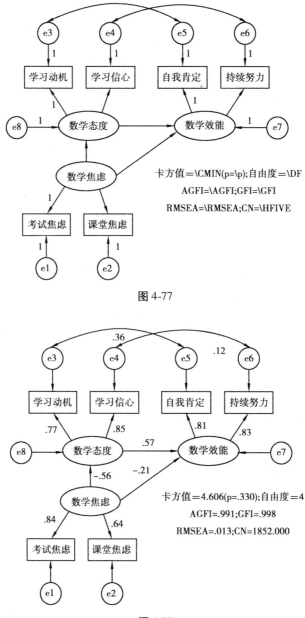

图 4-77

图 4-78

要在结果输出报表中呈现修正指标的数据,在浮动图像钮中点选 ▦【Analysis properties】(分析属性)图像钮,会出现【Analysis properties】(分析属性)对话窗口,切换到【Output】(结果输出)标签页,勾选【Modification indices】(修正指标),并在【Threshold for modification indices】(修正指标临界值)前的方格输入最大修正指标值,内定的修正指标临界值为 4,表示修正指标值大于 4 者会出现在输出报表中,范例中键入"20",表示修正指标值超过 20 者才会出现在输出报表中。

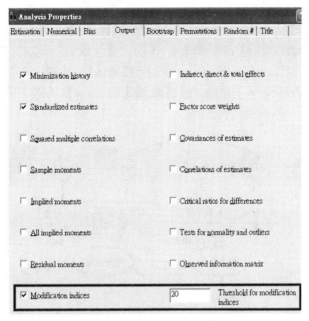

图 4-79

Modification Indices（Group number 1-Default model）

表 4-54　Covariances：（Group number 1-Default model）

	M. I.	Par Change
e4 ↔ e6	25. 633	. 822
e4 ↔ e5	30. 968	− . 988
e3 ↔ e6	34. 152	− 1. 066
e3 ↔ e5	39. 505	1. 253

表 4-55　Variances：（Group number 1-Default model）

M. I.	Par Change

表 4-56　Regression Weights：（Group number 1-Default model）

M. I.	Par Change

依据上表修正指标值大于 20 的数据，将误差变量 e4& 误差变量 e6、误差变量 e4& 误差变量 e5、误差变量 e3& 误差变量 e6、误差变量 e3& 误差变量 e5 四组设定为有共变关系（彼此间有相关），则整体适配度的卡方值至少均可减少 20 以上，其中误差变量 e4& 误差变量 e6、误差变量 e3& 误差变量 e5 两组设定有共变关系时，其期望参数改变值会产生正向的改变。

四、模型 D：修正模型 3

在修正模型中，研究者进一步发现误差变量 e3 与误差变量 e5 的方差差距很小，且其差异值的临界比值（Critical Ratios for Difference between Parameters）小于 1. 96，未达 0. 05 显著水平，则可进一步将两个误差变量的方差设为相等；相同的，研究者也可以将误差变量 e4 与误差变量 e6 的方差设为相等。

　　要将两个变量的方差设为相等,只要将其对象属性的参数方差名称标签设为相同的即可,如假定要将误差变量 e3 与误差变量 e5 的方差均设为"var_a",则在这两个对象上按鼠标右键,选取快捷菜单【Object Properties】(对象属性)选项,开启【Object Properties】对话窗口,切换到【Parameters】(参数)标签页,在【Variance】(方差)下的方格中键入方差的变量名称"var_a",按右上角的关闭钮。

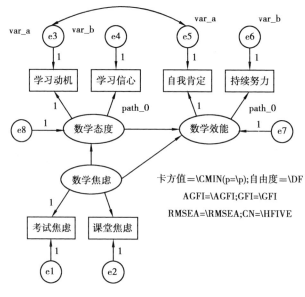

图 4-80

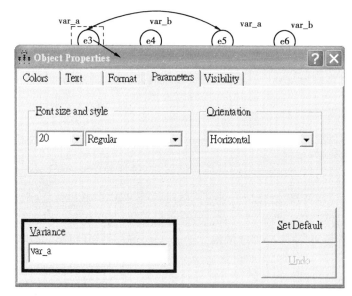

图 4-81

　　研究者进一步发现:潜在变量"数学态度"对"学习信心"指标变量的路径系数大约等同于潜在变量"数学效能"对"持续努力"指标变量的路径系数,二者的路径系数值可假定为相同。假定二条路径系数的变量均为"path_0"。其操作设定如下:在两个单箭头对象上按鼠标右键,选取快捷菜单【Object Properties】(对象属性)选项,开启【Object Properties】对话窗口,切换到【Parameters】(参数)标签页,在【Regression weight】(路径系数)下的方格中键入路径系数的变量名称"path_0",按右上角的关闭钮。

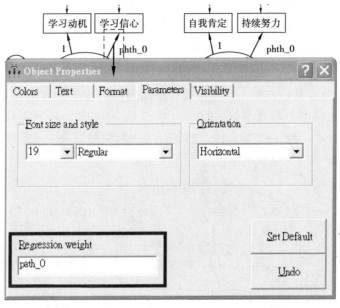

图 4-82

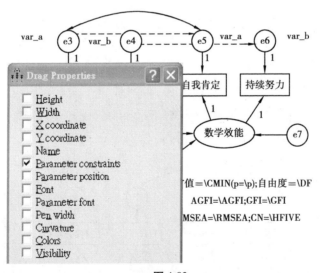

图 4-83

在 SEM 模型图中,要设定变量参数名称标签为相同,另外一个操作方法为开启【拖动属性】对话窗口,研究者先界定误差项 e3 与误差项 e4 的方差参数名称标签,之后点选【从对象到对象间复制属性】(Drag properties from object to object) 图像钮,开启【Drag Properties】对话窗口,勾选【Parameter constraints】(参数限制)、【Parameter position】(参数位置),鼠标移到误差项 e3 椭圆形对象上,按住左键不放直接拖动至误差项 e5,则误差项 e5 会出现方差参数名称标签"var_a";鼠标移到误差项 e4 椭圆形对象上,按住左键不放直接拖动至误差项 e6,则误差项 e6 会出现方差参数名称标签"var_b"。如果勾选

【Parameter position】(参数位置)选项,则新参数名称标签出现的位置会与原先误差项界定的位置相同,如均在误差项的左方等。

图 4-84 为非准化的估计值数据,误差变量 e3 与误差变量 e5 的方差均为 4.95,误差变量 e4 与误差变量 e6 的方差均为 2.43。

在标准化估计值的模型中,"数学态度"潜在变量对测量指标"学习信心"的路径系数为 0.86,"数学效能"潜在变量对测量指标"持续努力"的路径系数为 0.87。整体适配度的卡方值为 7.244,显著性概率值 p = 0.511 > 0.05,未达显著水平,接受虚无假设,表示观察数据所导出的方差协方差 S 矩阵与假设模型导出的方差协方差 $\hat{\sum}$ 矩阵相等的假设获得支持,即假设模型图与观察数据契合。AGFI 值 = 0.993 > 0.900,GFI 值 = 0.997 > 0.900,CN 值 = 1925 > 200,RMSEA 值 = 0.000 < 0.05,均达到模型适配标准,表示假设模型与观察数据能适配。

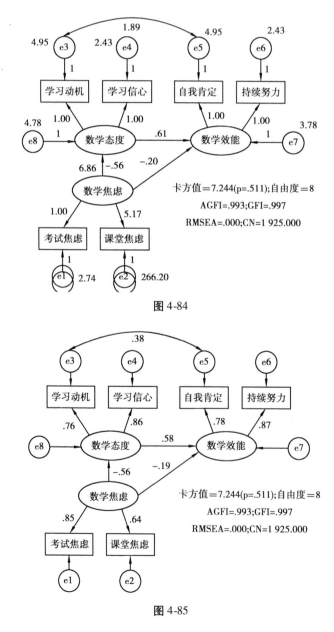

图 4-84

图 4-85

第六节　单一文件多重模型的设定

上述四种结构方程模型图,分别存于四个不同文件,由于四个结构方程模型图的差异,主要在于部分参数的设定不同,因而四个结构方程模型可以采取多重模型(multiple models)的处理方式,只要绘制一个模型图并设定不同模型参数,即可以一个文件存盘,此种特性即为 Amos 中的【单一文件多重模型】(Multiple models in a single file)的设定。上述四种假设模型图可以用下面的路径图表示,其中的协方差变量有两个:cov_1(误差变量 e3 与误差变量 e5 的相关)、cov_2(误差变量 e4 与误差变量 e6 的相关),四个方差变量:e3_var(误差变量 e3 的方差)、e4_var(误差变量 e4 的方差)、e5_var(误差变量 e5 的方差)、e6_var(误差变量 e6 的方差),两个回归系数变量:path_1(数学态度→学习信心)、path_2(数学效能→持续努力)。

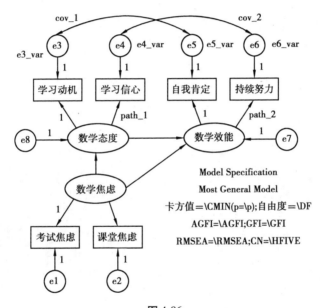

图 4-86

为便于模型估计结果的查看,研究者可增列图形标题说明文字,在【Figure Caption】(图形标题)对话窗口中,选取【Center align】选项,在【Caption】(标题)下的方格中输入下列文字,其中关键词【\MODEL】可以在估计值模型图中呈现各模型的名称。

```
\FORMAT
\MODEL
卡方值 = \CMIN(p = \p);自由度 = \DF
AGFI = \AGFI;GFI = \GFI
RMSEA = \RMSEA;CN = \HFIVE
```

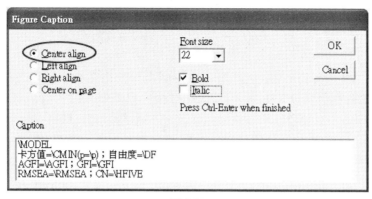

图 4-87

（一）步骤 1

在中间多功能窗口区【模型】方盒中的【Default model】（预设模型）上连按两下鼠标或执行功能列【Analyze】（分析）→【Manage Models】（管理模型）程序，开启【Manage Models】（管理模型）的对话窗口。

模型设定前只有一个模型名称，默认值为【Default model】	多个模型设定后的模型名称，范例中有四个模型
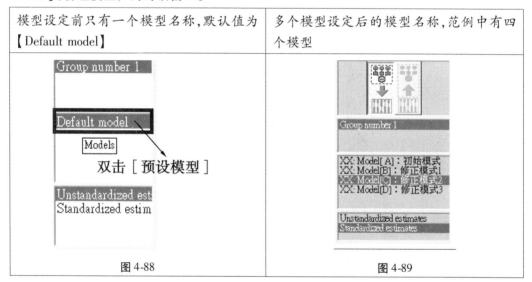 图 4-88	图 4-89

（二）步骤 2

左边参数类别中会出现路径模型图中设定的参数变量，参数类别包括：协方差（Covariances）、截距（Intercepts）、平均数（Mean）、未知变量（Unknown）、方差（Variances）、回归系数（Weights）。右边【Model Name】（模型名称）下方格可输入新模型的名称：Model［A］：初始模型（原先模型名称为 Default model），【Parameter Constraints】（参数限制）下可输入参数变量限制的条件：cov_1 = 0、cov_2 = 0。在初始模型中假定误差变量间均没有相关，因而两组误差变量的协方差均设定等于 0。由于将两个协方差数值均设定为等同值，其数值均为 0，在【Parameter Constraints】下方格中也可以输入以下参数限制条件：cov_1 = cov_2 = 0。

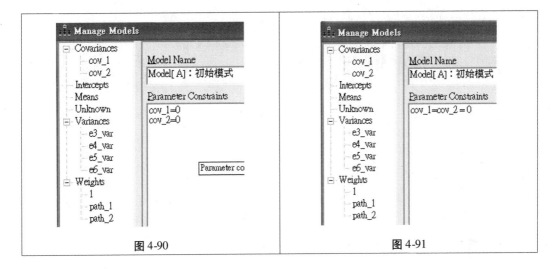

图 4-90   图 4-91

（三）步骤 3

按下方【New】（新增模型）钮，新增模型 B 的模型名称与参数设定：右边【Model Name】（模型名称）下方格输入新模型的名称：Model［B］：修正模型 1，【Parameter Constraints】（参数限制）下方格输入参数变量限制的条件：cov_2 = 0。在第一个修正模型中假定误差变量 e3 与误差变量 e5 间有相关，而假定误差变量 e4 与误差变量 e6 间没有相关，因而后面一组误差变量的协方差要设定等于 0。

按下方【New】钮，新增模型 C 的变量名称与参数设定：右边【Model Name】下方格输入新模型的名称：Model［C］：修正模型 2，【Parameter Constraints】下方格中不用作任何设定。模型 C：修正模型 2，假定误差变量 e3 与误差变量 e5 间有相关，误差变量 e4 与误差变量 e6 间有相关，即设定两组误差变量间有共变关系，因而不用进行参数设定。

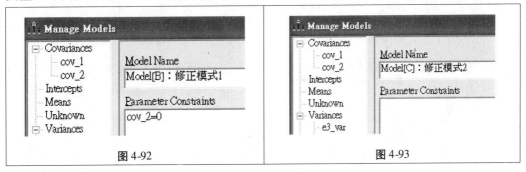

图 4-92   图 4-93

（四）步骤 4

按下方【New】钮，进行新增模型 D 的变量名称与参数设定，模型 D 假定误差变量 e3 与误差变量 e5 间有相关，两个误差方差相等，误差变量 e4 与误差变量 e6 间没有相关（cov_2 = 0），两个误差方差相等，回归系数 path_1 = path_2。右边【Model Name】下方格输入新模型的名称：Model［D］：修正模型 3，【Parameter Constraints】下方格输入参数变量限制的条件：

图 4-94

"cov_2 = 0""e3_var = e5_var""e4_var = e6_var""path_1 = path_2"。

　　进行多重模型的设定后,只要执行一次⊞【Calculate estimates】(计算估计值)程序,点选各模型即可查看各模型的数据。若是模型可以收敛识别,则各模型前的【XX】符号会变为【OK】,范例中四个模型均可识别,选取每个模型可呈现相对应模型参数估计值的模型图。

```
OK:Model[A]:初始模型
OK:Model[B]:修正模型1
OK:Model[C]:修正模型2
OK:Model[D]:修正模型3
```

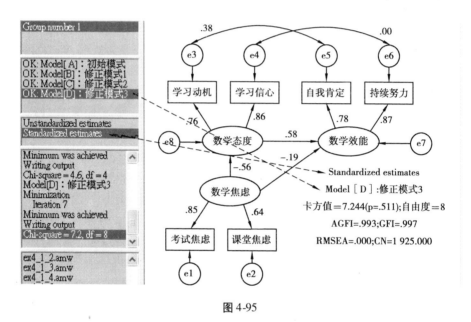

图 4-95

　　未执行计算估计前在【Models】(模型)方盒中会出现研究者界定的模型名称,若要更改各模型名称及参数限制,选取各模型连按两下,即可开启【Manage Models】(管理模型)对话窗口。

```
XX:Model[A]:初始模型
XX:Model[B]:修正模型1
XX:Model[C]:修正模型2
XX:Model[D]:修正模型3
```

　　在【Amos Output】文字输出结果窗口中,左边下方模型方盒会出现各模型的名称,选取各模型名称可分别呈现其相对应的参数估计值与适配度统计量。模型名称界定中若有中文字,在文字输出结果模型方盒中会出现乱码。

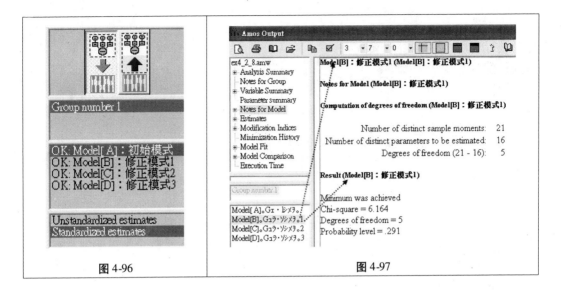

图 4-96

图 4-97

第五章 参数标签与测量模型

SEM 的因果模型(causal model)中,结构模型即各测量模型的潜在变量建立了因果关系(causal correlation)或共变关系,一个结构方程模型可能包括数个测量模型。不论是验证性因素分析、路径分析或因果结构的检验,其模型中若加入参数标签名称,在文字输出结果的解读上会较为清楚。

第一节 参数标签的设定与特定样本的分析

在一个关于退休教师生涯规划与生活适应的因果关系研究中,研究者提出以下的因果模型图,"生涯规划"外因潜在变量(exogenous latent variable)的两个测量指标变量为"经济计划""休闲娱乐",内因潜在变量(endogenous latent variable)"生活适应"的三个测量指标为"社会适应""心理适应""生理适应"。

"生涯规划_1.sav"数据文件中的原始变量与部分数据如表 5-1:其中性别与经济状况为名义变量,性别变量中数值 1 为男生、数值 2 为女生;经济状况为二分类别变量,数值 1 为小康、数值 2 为经济略有困难。三份测验量表分别为生涯规划量表、生活适应量表、生活满意量表,各量表中层面题项的加总为各层面的测量值,各层面为显性变量(manifest variables)或指标变量。

表 5-1

性别	经济状况	经济计划	休闲娱乐	整体生涯规划	生理适应	心理适应	社会适应	整体生活适应	日常生活	自我实现	整体生活满意
1	1	16	14	30	13	9	25	47	26	29	55
1	1	12	15	27	17	11	30	58	30	26	56
1	2	14	15	29	13	11	26	50	25	32	57
1	1	15	15	30	15	12	28	55	29	33	62
2	1	16	15	31	18	15	34	67	33	39	72
2	1	17	15	34	17	14	30	61	32	40	72
1	1	12	9	21	13	11	25	49	17	20	37
1	1	16	11	27	15	10	26	51	26	31	57
2	1	13	12	25	15	12	28	55	28	35	63
2	1	17	12	29	12	12	25	49	26	33	59
2	1	16	13	29	16	13	32	61	28	29	57

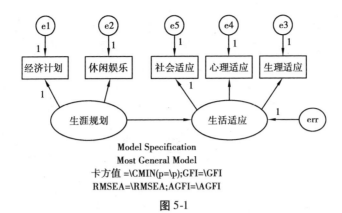

图 5-1

为便于因果模型图的辨别,因果模型图可加上标题注解,按工具箱【Figure captions】(图像标题)　图像钮,开启【Figure captions】对话窗口,在【Caption】(标题)注解下的方格中键入以下资料。关键词【\FORMAT】会依研究者选取【Parameters Formats】(参数格式)中的选项,呈现非标准化估计值(Unstandardized estimates)或标准化估计值(Standardized estimates)的参数显示格式。关键词【\MODEL】会呈现【Models】(模型)方盒中设定的模型名称。

```
\FORMAT
\MODEL
卡方值 = \CMIN( p = \p) ; GFI = \GFI
RMSEA = \RMSEA ; AGFI = \AGFI
```

为便于标题字注解的移动,在位置选项中最好选取【Center align】选项。范例中的字体大小为 20,字型为粗体字【Bold】。

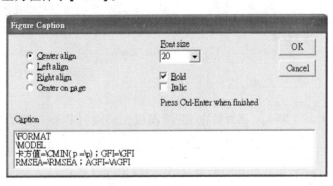

图 5-2

一、更改特定群体名称与模型名称

在【Groups】(群)方盒中内定的模型群组名称为【Group number 1】,此群组方盒可以设定多个群组。若是单一群组可以更改群组名称,以便于研究者辨识。操作时于【Groups】方盒中选取预设名称【Group number 1】选项,连按鼠标两下,开启【Manage Groups】(管理群组)对话窗口;或执行功能列【Analyze】(分析)/【Manage Groups…】也可,在【Group Name】(群组名称)下的方格中将预设名称"Group number 1"改为"全部群体"→按【Close】(关闭)钮。

【备注】　在【Manage Groups】对话窗口中,按【New】钮可以增列新的群组,按【Delete】钮可以删除原先设定的群组,在 Amos Graphics 的【Groups】方盒中至少要保留一个群组。

若是使用者要删除最后一个群组名称或把预设的单一群组删除,Amos 会出现警告信息:You must retain at least one group(使用者至少要保留一个群组)。

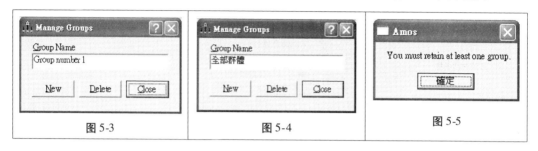

图 5-3　　　　　图 5-4　　　　　图 5-5

在【Models】(模型)方盒中内定的模型名称为【Default model】(预设模型),使用者可根据因果路径模型图的性质更改模型名称,其操作程序如下:在【Models】方盒中的【Default model】(预设模型)上连按鼠标左键两下,开启【Manage Models】(管理模型)对话窗口,或执行功能列【Analyze】(分析)/【Manage Models...】也可,在【Model Name】(模型名称)下的方格中将内定值"Default model"改为"生涯规划模型"→按【Close】(关闭)钮,对话窗口中的【Parameter Constraints】(参数限制)下的方格可以进行单一群组多重模型的参数限制或多群组分析时的参数限制。

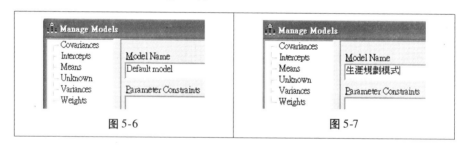

图 5-6　　　　　　　　　　图 5-7

二、开启数据文件选入指标变量

按▦【Select data files】(选择数据文件)图像钮,开启【Data Files】(数据文件)对话窗口,按【File Name】(文件名称)钮开启原始数据文件"生涯规划_1. sav"→按▤【List variables in data set】(列出数据集中的变量)图像钮,开启【Variables in Dataset】(数据文件中的变量)对话窗口,将测量指标变量直接拖动至模型图中观察变量的方格中,接着设定测量指标的误差项及两个潜在变量的名称。

图 5-8

在【Data Files】(数据文件)对话窗口中,分析的对象为数据文件中的全部样本观察值,全部的观察值有 468 个,模型中分析的样本数也为 468 个。

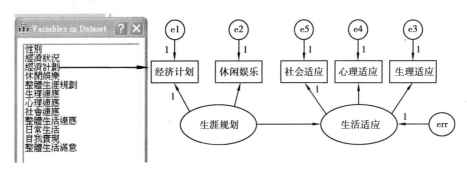

图 5-9

三、设定分析属性与计算估计值

按【Analysis properties】(分析属性)图像钮,开启【Analysis properties】对话窗口,
切换到【Output】(输出结果)标签页,勾选要输出的相关统计量→按【Calculate estimates】
(计算估计值)图像钮,若是模型可以识别,则可以顺利估计出各项统计量,模型
(Models)方盒中的信息由【XX:生涯规划模型】变为【OK:生涯规划模型】表示模型可以
顺利识别。

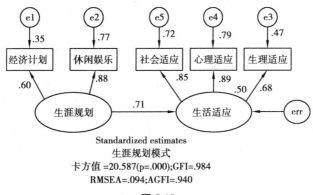

Standardized estimates
生涯规划模式
卡方值 =20.587(p=.000);GFI=.984
RMSEA=.094;AGFI=.940

图 5-10

模型估计结果的卡方值为 20.587,显著性概率值 p = 0.000 < 0.05,拒绝虚无假设,表
示理论模型与观察数据无法适配,RMSEA 值等于 0.094 > 0.080,表示模型的适配度不
理想。

Modification Indices(全部群体—生涯规划模型)

表 5-2　Covariances:(**全部群体—生涯规划模型**)

	M. I.	Par Change
e3↔e5	8.488	− .511
e2↔e5	5.312	.377
e2↔e4	7.602	− .207

表 5-3   Variances：（全部群体—生涯规划模型）

	M. I.	Par Change

表 5-4   Regression Weights：（全部群体—生涯规划模型）

	M. I.	Par Change
社会适应←生理适应	4.271	−.090
心理适应←休闲娱乐	5.524	−.050

经由输出结果提供的修正指标发现，若是界定测量指标"生理适应"与"社会适应"的误差变量有共变关系（e3 与 e5 间设定有相关），则大约可以减低模型卡方值8.488。回归系数的修正指标中提供增列测量指标间的因果关系，此部分与 SEM 理论假定不符合，故不予采用。

四、增列模型变量或对象的参数标签名称

上述模型的界定中，因果模型的变量与变量间关系均没有增列参数标签名称，此时输出报表的可读性较差，若能增列模型各变量及变量间关系的参数标签名称，则输出结果的可读性较高。一个模型中的参数标签名称若是文字符串，表示此参数为自由参数（free parameters）。自由参数值依样本数据与假设假型来决定数值，若是两个自由参数的参数标签名称相同，则表示限制这两个参数有相同的估计值，相对的，某一个参数的参数标签名称不是文字，而是直接指定为某个数值（一个已知数字）（fixed value），则此参数为固定参数（fixed parameters）。在假设模型中自由参数可以不用界定，但作为固定参数者须加以界定，SEM 程序再根据自由参数与方程式的数目来判别模型或每个方程式是否可以识别或辨识，此即为模型识别（model identification）或可辨识的方程式（identified equations），识别指的是在 SEM 模型中每个参数估计至少有一个唯一解，如此各个参数才能被估计出来。

（一）步骤 1

执行功能列【Plugins】（增列）/【Name Parameters】（参数命名）程序，开启【Amos Graphics】对话窗口。

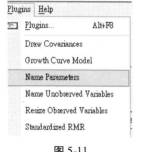

图 5-11

（二）步骤 2

在【Amos Graphics】对话窗口中有两大栏，左方为参数的起始字母（Prefix），右边【Parameters】（参数）为参数类别。参数类别选项共有五种：Covariances（协方差）、Regression weights（回归系数）、Variances（方差）、Means（平均数）、Intercepts（截距）。若使用者要增列模型中的方差与方差参数标签，勾选【Regression weights】（回归系数）、【Variances】（方差）两个选项，内定回归系数参数的起始字母为 W，因而模型中的回归系数参数名称会依序编码为 W1、W2、W3……方差参数的起始字母为 V，因而模型中的方差参数名称会依序编码为 V1、V2、V3……以及协方差为 C、平均数为 M、截距项为 I 等，各参数

的起始字母可以更改。在【Amos Graphics】对话窗口中按下【OK】钮,会出现【Name Param…】(参数命名)对话窗口,窗口中会呈现【Starting】提示语→按【确定】钮。

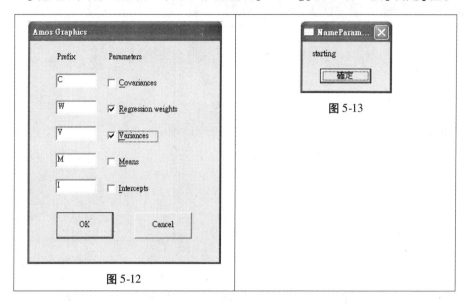

图 5-12

图 5-13

增列回归系数与方差参数标签名称后的理论模型图如图 5-14,V1 至 V7 为方差,而 W1 至 W4 为回归系数,作为内因潜在变量者无法估计其方差,因而内因潜在变量"生活适应"不会呈现方差参数标签名称。由 AMOS 来增列参数标签名称,可以得知模型有多少个待估计的自由参数。范例中要估计的回归系数有 4 个;方差有 7 个,协方差 0 个,因而自由参数的数目共有 11 个,样本数据方差协方差矩阵提供的数据点数目 = $\frac{1}{2}(2+3)(2+3+1)=15$,模型的自由度 $=15-11=4$。

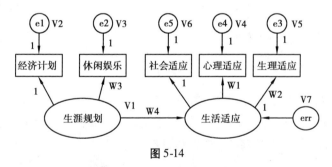

图 5-14

在增列参数标签名称的假设模型图中,有时参数标签名称的位置会重叠或太偏,此时使用者可按【Move parameter values】(移动参数数值) 图像钮来移动参数标签名称。如果要增列假设模型图中的平均数及截距项,要先勾选【估计平均数与截距项】选项才可以,按【Analysis properties】(分析属性) 图像钮,开启【Analysis properties】对话窗口,切换到【Estimation】(估计)标签页,勾选【Estimate means and intercepts】(估计平均数与截距项)选项。

开启【Amos Graphics】对话窗口,右边【Parameters】参数类别选项勾选:【Covariances】(协方差)、【Regression weights】(回归系数)、【Variances】(方差)、【Means】(平均数)、

【Intercepts】(截距)五个参数项。

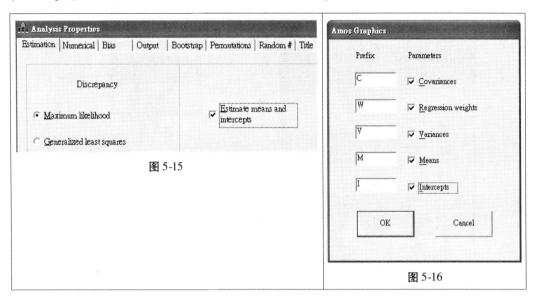

图 5-15

图 5-16

　　增列协方差、回归系数、方差、平均数与截距项参数标签名称的假设模型图如图5-17：五个指标变量右上方的参数标签 I1、I2、I3、I4、I5 为截距项,而符号【0, V1】中,第一个数值为平均数,第二个符号参数标签名称为方差,在平均数参数的界定中,Amos 预设平均数为一固定数值,此数值通常为 0。

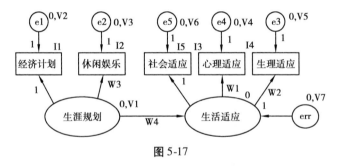

图 5-17

　　若使用者不将平均数固定为 0,在各对象或变量上按右键选取快捷菜单【Object Properties】(对象属性),开启【Object Properties】对话窗口,切换到【Parameters】(参数)标签页,在【Mean】(平均数)下的方格中将内定数值 0 更改为使用者要增列的参数符号,如 M1、M2 等。

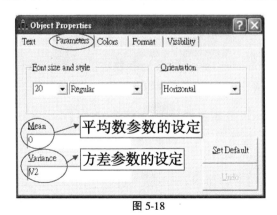

图 5-18

五、增列参数标签名称的模型估计结果

按【Analysis properties】(分析属性)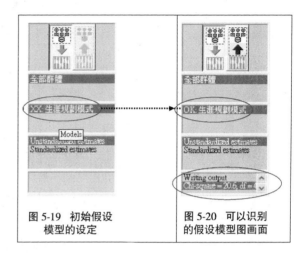图像钮,开启【Analysis properties】对话窗口,切换到【Output】(输出结果)标签页,勾选要输出的相关统计量→按【Calculate estimates】(计算估计值)图像钮,若是模型可以识别,则可以顺利估计出各项统计量,模型(Models)方盒中的信息由【XX:生涯规划模型】变为【OK:生涯规划模型】表示模型可以顺利识别。一个可识别模型表示模型经由迭代运算程序可以找到一个最理想的解(solution),根据样本数据的协方差矩阵,自由参数可以顺利被估计出来。

图 5-19 初始假设模型的设定   图 5-20 可以识别的假设模型图画面

标准化估计值的因果模型图如图 5-21:五个测量指标的因素负荷量分别为 0.60, 0.88,0.85,0.89,0.68,而外因潜在变量"生涯规划"对内因潜在变量"生活适应"的回归系数为 0.71。

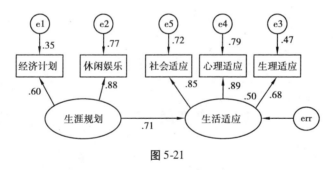

图 5-21

非准化估计值模型图如图 5-22(没有估计平均数与截距项):

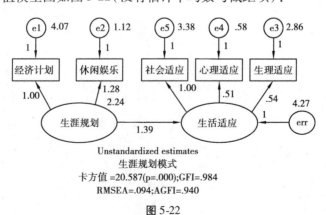

Unstandardized estimates
生涯规划模式
卡方值 =20.587(p=.000);GFI=.984
RMSEA=.094;AGFI=.940

图 5-22

增列估计平均数与截距项的非标准化估计模型图如图 5-23,经济计划、休闲娱乐、社会适应、心理适应、生理适应五个指标变量的截距项分别为 18.77,16.51,29.83,12.53,15.89。外因潜在变量"生涯规划"的平均数固定为 0,方差为 2.24。

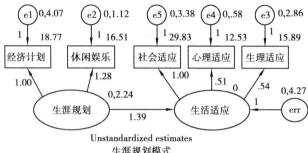

图 5-23

增列参数标签名称(没有估计平均数与截距项)的模型估计结果,卡方值为 20.587,显著性概率值 p = 0.000 < 0.05,拒绝虚无假设,表示理论模型与观察数据无法适配,RMSEA 值等于 0.094 大于 0.080,表示模型的适配度不理想,此结果与未增列参数标签名称的模型估计结果相同。而模型估计时增列平均数与截距项参数,其卡方值、显著性 p 值、RMSEA 值也与未增列参数标签名称的结果相同。一个假设模型增列参数标签名称,若是没有增列界定参数限制条件,则其估计的所有统计量与未增列参数标签名称的模型完全相同,只是增列参数标签名称的模型,会在估计值的输出文件【Label】(标记或注解)栏呈现相对应的参数标签。

Estimates (全部群体—生涯规划模型)

Scalar Estimates (全部群体—生涯规划模型)

Maximum Likelihood Estimates

Regression Weights:(全部群体—生涯规划模型)

表 5-5

	Estimate	S. E.	C. R.	P	Label
生活适应 ← 生涯规划	1.392	.135	10.283	＊＊＊	W4
经济计划 ← 生涯规划	1.000				
心理适应 ← 生活适应	.508	.024	20.819	＊＊＊	W1
生理适应 ← 生活适应	.538	.034	15.823	＊＊＊	W2
社会适应 ← 生活适应	1.000				
休闲娱乐 ← 生涯规划	1.284	.130	9.866	＊＊＊	W3

表 5-6　Intercepts:(全部群体—生涯规划模型)

	Estimate	S. E.	C. R.	P	Label
经济计划	18.769	.116	161.524	＊＊＊	I1
休闲娱乐	16.515	.101	162.735	＊＊＊	I2
心理适应	12.526	.077	161.869	＊＊＊	I3
生理适应	15.889	.107	148.376	＊＊＊	I4
社会适应	29.829	.160	186.244	＊＊＊	I5

表 5-7　Variances：（全部群体—生涯规划模型）

	Estimate	S. E.	C. R.	P	Label
生涯规划	2.236	.366	6.111	***	V1
err	4.266	.562	7.591	***	V7
e1	4.069	.325	12.529	***	V2
e2	1.124	.315	3.567	***	V3
e4	.580	.083	7.017	***	V4
e3	2.863	.212	13.505	***	V5
e5	3.378	.364	9.275	***	V6

在输出报表中各统计量表格内，各变量或变量间的关系会加注原先假设模型中使用者界定的参数标签名称，在回归系数摘要表的【Label】（注解）栏呈现 W1、W2、W3、W4 四个回归系数的参数标签名称；在截距项摘要表的【Label】（注解）栏呈现 I1、I2、I3、I4、I5 五个测量指标截距项的参数标签名称；在方差摘要表的【Label】（注解）栏呈现 V1、V2、V3、V4、V5、V6、V7 七个方差的参数标签名称。

六、全体群体假设模型的修正

根据修正指标增列误差变量 e3 与误差变量 e5 间的共变关系，可以降低整体模型适配度的卡方值，并界定两者相关且没有违背 SEM 的假定，因此在修正模型中增列误差变量 e3 与误差变量 e5 间的共变关系。

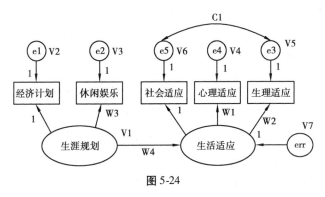

图 5-24

在假设模型参数标签的界定中，勾选：【Covariances】（协方差）、【Regression weights】（回归系数）、【Variances】（方差）三个选项，其中模型的共变关系只有一组，因而模型中以 C1 表示（误差变量 e3 与误差变量 e5 间的共变关系），两个测量误差项间有共变关系，表示内因潜在变量"生活适应"的两个测量指标"社会适应"与"生理适应"除受到模型中因素构念的影响外，也受到其他潜在特质变量的影响，或是"社会适应"与"生理适应"两个指标变量反映了其对应的潜在特质有某种程度的关联，此时其测量误差项间也会有某种程度的关系存在。SEM 分析中允许指标变量的误差项或独特变异（unique variance）间有共变的假定，此种假定也称为相关性的测量误差（correlated measurement error），或相关性的独特变异。

修正后模型估计结果的适配度卡方值变为 0.639，显著性概率值 p = 0.887 > 0.05，接受虚无假设，表示假设模型导出的协方差矩阵与由样本数据估计的协方差矩阵契合，即理论模型与观察数据可以适配。此外,模型整体适度值的 RMSEA 值 $=0.000<0.050$,GFI 值 $=0.999>0.900$,AGFI 值 $=0.997>0.900$,表示假设因果模型与观察数据可以契合。

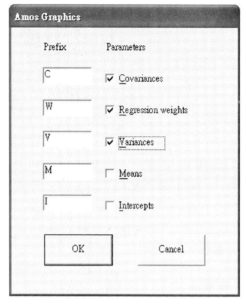

图 5-25

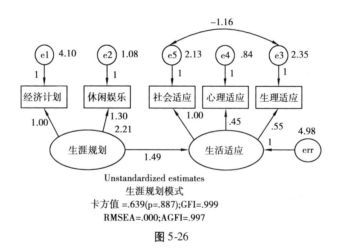

Unstandardized estimates
生涯规划模式
卡方值 =.639(p=.887);GFI=.999
RMSEA=.000;AGFI=.997

图 5-26

第二节　特定群体的分析

　　由于 AMOS 与 SPSS 统计软件包为同一家族系列,SPSS 建立的数据文件不用经过任何转换可直接为 AMOS 所使用。通常在 SPSS 统计分析中,研究者会探讨背景变量或人口变量在依变量上的差异,不论是采用单变量统计分析或多变量统计分析程序,原始数据文件中会有相关受试者或样本的背景变量或人口变量资料,这些变量由于是间断变量(名义变量或次序变量),因而可从中筛选某些具有特定特征的样本观察值进行数据分析。在 SPSS 分析程序中"选择观察值"的操作,选取特定样本观察值进行分析也适用于 SEM 的模型分析。

一、分析男生群体

在样本观察值的分析中,若是研究者只想分析某个群体,不必从原始数据文件中分别将要分析的目标群体数据抽离出来,而直接于【Data Files】(数据文件)对话窗口中选取群体变量名称及群体在变量中的水平数值编码即可。

上述范例中分析的样本观察值为全部受试者,若是研究者只分析男生,则数据文件的选取如下:

(一)更改群组名称

此部分不更改也可以,但为了便于区别,建议研究者将群组名称改为与样本属性相对应的名称:执行功能列【Analyze】(分析)/【Manage Groups...】(管理群组)程序开启【Manage Groups】对话窗口,在【Group Name】(群组名称)下的方格中将"全部群体"改为"男生群体"→按【Close】(关闭)钮。

图 5-27

(二)开启数据文件与选定类别变量

1. 步骤[1]

按　【Select data files】(选择数据文件)图像钮,开启【Data Files】(数据文件)对话窗口,按【File Name】(文件名称)钮开启文件"生涯规划_1. sav"。窗口中的按钮【Group Value】(组别数值)呈现灰色,表示此时无法进行组别数值的水平设定,若是按【分组变量】(Grouping Variable)钮后选取分组的间断变量,则【Group Value】(组别数值)钮会由灰色变为黑色。

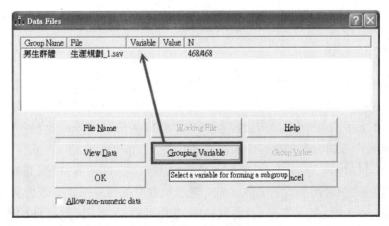

图 5-28

2. 步骤[2]

按【Grouping Variable】(分组变量)钮,开启【Choose a Grouping Variable】(选择一个分组变量)对话窗口,窗口的第一列为群组名称(Group:男生群体),第二列为数据文件名

图 5-29

（File：生涯规划_1.sav），中间变量（Variable）栏方盒中的变量为"生涯规划_1.sav"数据文件中的所有变量，选取【性别】变量→按【OK】钮。

【备注】　【Choose a Grouping Variable】（选择分组变量）对话窗口中，若研究者要删除已选取的分组变量，则直接按【No Variable】（没有变量）钮，此时分析的对象为全体样本观察值。

选取分组变量回到【Data Files】（数据文件）对话窗口中，于第三栏【Variable】（变量）中会呈现分组变量【性别】的名称。分组变量在 SPSS 文件中是名义变量或次序变量，即间断变量，这些间断变量通常是背景变量或人口变量。

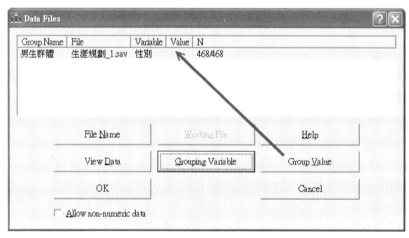

图 5-30

3.步骤[3]

按【Group Value】（组别数值）钮，开启【Choose Value for Group】（选择组别数值）对话窗口。由于性别变量为二分名义变量，水平数值 1 为男生，水平数值 2 为女生，只有 1,2 两个水平数值，因而于中间方盒中会出现两个水平数值的数值编码及有效样本数，选取数值（Value）栏中数值为 1 的横行→按【OK】钮。

【备注】　【Choose Value for Group】（选择组别数值）对话窗口中，若研究者按【No Value】（没有数值）钮，则表示不选取性别变量中的水平数值编码。

回到【Data Files】（数据文件）对话窗口中，在第四栏【Value】（数值）的下方会出现 1，表示选取的是性别变量中水平数值编码为 1 的样本观察值，男生群体的样本数为 203 个，全体观察值共有 468 个。【数值】栏后的【N】栏中呈现【203/468】，斜线符号前面的数字为选取分组变量编码数值 1（男生群体）的群体的样本数，斜线符号后面的数字为数据文件中全部样本观察值总数。

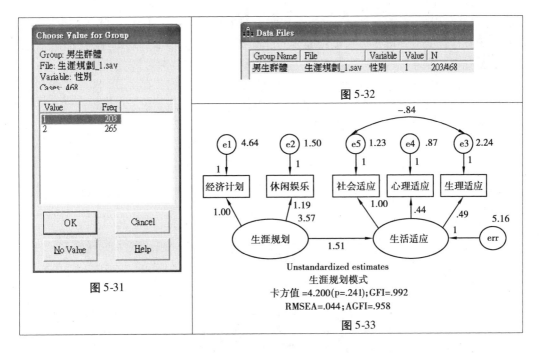

图 5-31 图 5-32 图 5-33

男生群体模型估计结果的适配度卡方值为 4.200,显著性概率值 $p = 0.241 > 0.05$,接受虚无假设,表示假设模型导出的协方差矩阵与由样本数据估计的协方差矩阵契合,即理论模型与观察数据可以适配。此外,模型整体适配度的 RMSEA 值 $= 0.044 < 0.050$,GFI 值 $= 0.992 > 0.900$,AGFI 值 $= 0.958 > 0.900$,表示假设因果模型与观察数据可以契合。

二、分析女生群体

开启【Data Files】(数据文件)对话窗口,按【Group Value】(组别数值)钮,开启【Choose Value for Group】(选择组别数值)对话窗口,由于性别变量为二分名义变量,水平数值 2 为女生,要分析女生群体时改选取数值(Value)栏中数值为 2 的横行→按【OK】钮。

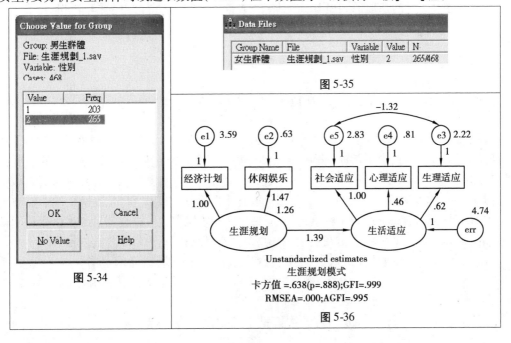

图 5-34 图 5-35 图 5-36

　　回到【Data Files】(数据文件)对话窗口中,在第四栏【Value】(数值)的下方会出现 2,表示选取的是性别变量中水平数值编码为 2 的样本观察值,女生群体的样本数为 265 位,全体观察值共有 468 位,模型名称界定为"女生群体",选取的数据文件名为"生涯规划_1. sav"。

　　女生群体模型估计结果的适配度卡方值为 0.638,显著性概率值 p = 0.888 > 0.05,接受虚无假设,表示假设模型导出的协方差矩阵与由样本数据估计的协方差矩阵能契合,即理论模型与观察数据可以适配。此外,模型整体适配度检验 RMSEA 值 = 0.000 < 0.050,GFI 值 = 0.999 > 0.900,AGFI 值 = 0.995 > 0.900,表示假设因果模型与观察数据可以契合。

　　选取某个特定群体进行分析后,若是研究者想取消群体设定的功能,在【Choose a Grouping Variables】(选择分组变量)的对话窗口中按左下方【No Variable】(没有变量)钮→回到【Data Files】(数据文件)对话窗口中按【OK】钮。

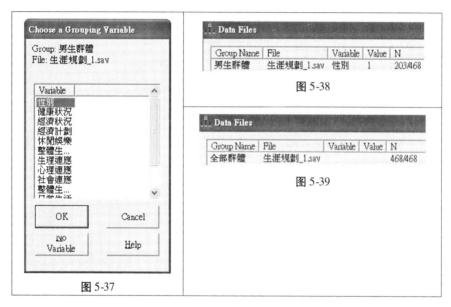

图 5-37

图 5-38

图 5-39

　　取消分组变量的选取后,在【Data Files】(数据文件)对话窗口中的【Variable】(变量)栏与【Value】(数值)栏均会呈现空白,而【N】栏下的观察值数目呈现【468/468】,表示数据文件中全部的样本数有 468 个,而分析的样本数也有 468 个。

第三节　测量模型参数值的界定

　　在测量模型中,每个测量指标变量均以方格对象表示,方格内的变量为显性变量(manifest variables)或观察指标(observed indicators)。观察变量为 SPSS 数据文件的题项变量或层面变量名称,测量模型中代表共同因素者以椭圆形表示,共同因素即潜在变量(latent variables),或称无法观察的变量,潜在变量的变量名称无法直接由 SPSS 数据文件中拖动填入,必须在【Object Properties】(对象属性)对话窗口中加以界定。显性变量或观察变量可以直接由研究工具加以测量,而潜在变量无法直接测得,但可以由测量变量加以推导。

　　由于测量会有误差(error),因而在测量模型中每个测量指标均会有一个误差变量(error variable),误差变量的误差变异量(unique variance)是无法由潜在变量解释的部分,即测量指标反映潜在变量时的误差值,而外因潜在变量对内因潜在变量的因果路径系数也会有一个残差值(residual),结构模型中的内因潜在变量均要设定一个残差变量,以呈现残差项变异量(residual variance)。在测量模型中为让模型可以收敛估计,必须将每个误差变量对测量指标的路径系数固定为 1。之所以将误差项的路径系数固定为 1,乃是因为误差变量也是一个潜在变量,它没有单位,必须将其路径系数限制为 1 或界定其误差方差等于 1,由于测量误差的路径系数与其误差方差互为函数,因而两个参数无法同时估计,界定时只能界定其中一种。此外在潜在变量对其测量指标的影响中,必须至少将其中一个测量指标变量的路径系数固定为 1。将潜在变量的其中一个测量指标的路径系数 λ 设定为固定参数 1,是一种未标准化的界定,如此才能顺利进行参数估计。

以下列包含六题的心理支持量表为例,层面题项加总分数愈高,表示父母心理支持程度愈积极;反之愈消极。

表 5-8

心理支持层面					
	完全不符合	多数不符合	半数不符合	多数符合	完全符合
题项内容					
01.父母亲对我常以鼓励代替责骂。………………	☐	☐	☐	☐	☐
02.我的意见与看法,父母亲会接纳与支持。………	☐	☐	☐	☐	☐
03.我和父母亲相处得非常好。……………………	☐	☐	☐	☐	☐
04.当我学习遇到挫折时,父母亲会安慰我。………	☐	☐	☐	☐	☐
05.父母关心我在学校的学习情形。………………	☐	☐	☐	☐	☐
06.父母会支持我的学习活动与合理要求。………	☐	☐	☐	☐	☐

心理支持量表变量及部分样本受试者数据如表 5-9,其中"整体支持"为六个题项变量加总的总分,六个题项的变量名称分别为 X1、X2、X3、X4、X5、X6,数值内容最小值为 1,最大值为 5。

表 5-9

X1	X2	X3	X4	X5	X6	整体支持
4	4	4	4	3	4	23
2	2	2	2	2	2	12
2	4	5	5	5	2	23
5	5	2	2	1	3	18
5	5	5	5	4	5	29
5	4	5	5	5	5	29
4	3	3	3	3	4	20
5	5	5	5	5	5	30
5	4	5	5	5	5	29

一、测量模型假设模型

CFA 测量模型假设模型图如图 5-40,其中假设六个误差变量间相互独立,彼此间没有相关或共变关系。e1、e2、e3、e4、e5、e6 六个误差变量及共同因素"心理支持"均为潜在变量,其变量名称的设定步骤如下:开启【Object Properties】(对象属性)对话窗口,切换到【Text】(文字)标签页,在【Variable name】下的方格中键入相对应的变量名称。界定测量指标 X1 的路径参数 λ 为固定参数,其数值限制为 1。若使用者不将其中一个路径参数 λ 界定固定参数,则自由参数太多,会使模型无法识别,无法有效进行参数估计。

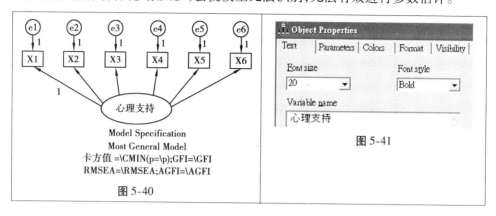

图 5-40

图 5-41

假设测量模型的群组名称设定为"小学生",模型名称设定为"心理支持测量"。按【Calculate estimates】(计算估计值)图像钮,模型(Models)方盒中的信息由【XX:心理支持测量】变为【OK:心理支持测量】,表示 CFA 模型可以顺利识别。未标准化估计值模型图 5-42 中,由于将测量指标 X1 的路径参数 λ 固定为 1,因而其数值为 1.00,误差变量右上方的数字为误差变量的方差,六个误差方差均为正数,表示测量模型没有违反模型识别的规则。整体模型适配度的卡方值为 30.317,显著性概率值 p = 0.000 < 0.05,拒绝虚无假设。RMSEA 值 = 0.109 > 0.080,AGFI 值 = 0.882 < 0.900,表示假设的测量模型与观察数据无法有效契合。

标准化估计模型图如图 5-43:六个测量指标的因素负荷量(λ 值)分别为 0.57,0.61,0.76,0.70,0.60,0.57,因素负荷量平方(信度指标)分别为 0.33,0.37,0.58,0.48,0.36,0.33,六个测量指标能被其潜在变量解释的变异量介于 0.33 至 0.58 之间。

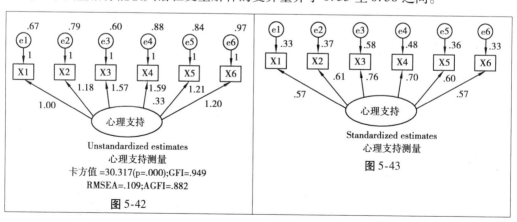

图 5-42

图 5-43

二、限制不同测量指标的路径参数 λ

图 5-44CFA 模型图改将测量指标 X2 的路径参数 λ 限制为 1,使其由自由参数变为固定参数,而测量指标 X1 由固定参数变为自由参数。

按【Calculate estimates】(计算估计值)图像钮,模型(Models)方盒中的信息由【XX:心理支持测量】变为【OK:心理支持测量】,表示模型可以顺利识别。未标准化估计值模型图中,由于将测量指标 X2 的路径参数 λ 固定为 1,因而其数值为 1.00,误差变量右上方的数字为误差变量的方差,六个误差方差均为正数,表示测量模型没有违反模型识别的规则。整体模型适配度的卡方值为 30.317,显著性概率值 $p = 0.000 < 0.05$,拒绝虚无假设。RMSEA 值 $= 0.109 > 0.080$,AGFI 值 $= 0.882 < 0.900$,表示假设的测量模型与观察数据无法有效契合。未标准化估计值模型图除潜在变量对测量指标未标准化系数的值不同外,其余估计出的参数统计量均相同。

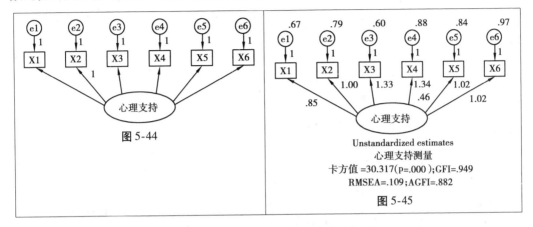

图 5-44

Unstandardized estimates
心理支持测量
卡方值 =30.317(p=.000);GFI=.949
RMSEA=.109;AGFI=.882

图 5-45

标准化估计模型图如图 5-46:六个测量指标的因素负荷量(λ 值)分别为 0.57,0.61,0.76,0.70,0.60,0.57,因素负荷量平方(信度指标)分别为 0.33,0.37,0.58,0.48,0.36,0.33,六个测量指标能被其潜在变量解释的变异量介于 0.33 至 0.58 中间。标准化估计模型图中的因素负荷量与信度指标值均与界定测量变量 X1 的路径参数 λ 等于 1 时相同。

图 5-47CFA 模型图改将测量指标 X6 的路径参数 λ 限制为 1,使其由自由参数变为固定参数,而测量指标 X2 由固定参数变为自由参数。

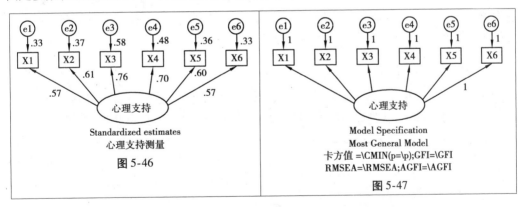

Standardized estimates
心理支持测量

图 5-46

Model Specification
Most General Model
卡方值 =\CMIN(p=\p);GFI=\GFI
RMSEA=\RMSEA;AGFI=\AGFI

图 5-47

按【Calculate estimates】(计算估计值)▥图像钮,模型(Models)方盒中的信息由【XX:心理支持测量】变为【OK:心理支持测量】,表示模型可以顺利识别。未标准化估计值模型图中,由于将测量指标 X6 的路径参数 λ 固定为 1,因而其数值为 1.00,误差变量右上方的数字为误差变量的方差,六个误差方差均为正数,表示测量模型没有违反模型识别的规则。整体模型适配度的卡方值为 30.317,显著性概率值 $p = 0.000 < 0.05$,拒绝虚无假设。RMSEA 值 $= 0.109 > 0.080$,AGFI 值 $= 0.882 < 0.900$,表示假设的测量模型与观察数据无法有效契合。未标准化估计值模型图除潜在变量对测量指标未标准化系数的值不同外,其余估计出的参数统计量均相同。

标准化估计模型图如图 5-49:六个测量指标的因素负荷量(λ 值)分别为 0.57,0.61,

0.76,0.70,0.60,0.57,因素负荷量平方(信度指标)分别为 0.33,0.37,0.58,0.48,0.36, 0.33,六个测量指标能被其潜在变量解释的变异量介于 0.33 至 0.58 中间。标准化估计模型图中的因素负荷量与信度指标值均与界定测量变量 X2 的路径参数 λ 等于 1 时相同;也与将测量变量 X1 的路径系数 λ 界定为 1 时相同。

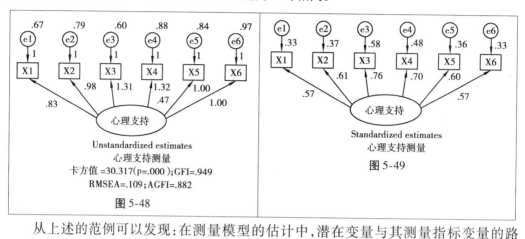

图 5-48

图 5-49

从上述的范例可以发现:在测量模型的估计中,潜在变量与其测量指标变量的路径系数 λ 间,需有一个指标变量的参数固定为 1,至于是固定哪个指标变量均没有关系,模型全部的参数数目与待估计的参数数目均一样,全部的参数有 21 个,待估计的参数有 12 个(5 个路径系数、7 个方差),自由度为 21 − 12 =9。测量模型标准化估计值模型图均相同,而整体适配度统计量也一样。Amos Graphics 工具图像钮【描绘潜在变量或增列潜在变量的指标变量】 ，在描绘增列潜在变量的指标变量与测量误差项时,内定第一个指标变量的路径系数 λ 值固定为 1,第二个以后的指标变量的路径系数不加以设定,为自由参数,因而描绘测量模型图,只要利用 工具图像钮,即可快速绘制出各测量模型图。

三、低度辨识的模型

低度辨识表示模型中自由参数的个数多于方程式的个数,此时模型提供的信息不足,造成参数估计的不确定性,模型无法被识别。模型无法识别或低度识别(underidentified models)时无解,因而需要增列固定参数。在测量模型中若是未限制一个潜在变量与其指标变量的路径系数 λ 值(固定为 1,作为基准以估计其他指标变量的 λ 值),则测量模型无法被识别。

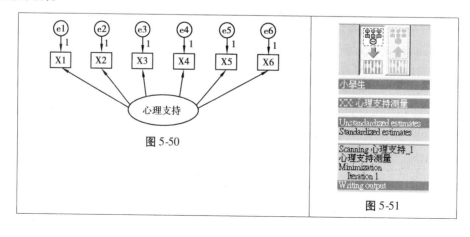

图 5-50

图 5-51

上述假设模型按【Calculate estimates】（计算估计值）▥图像钮后，【Models】方盒中的信息并未由【XX：心理支持测量】变为【OK：心理支持测量】，表示模型无法顺利识别，模型（Models）方盒中的信息还是呈现【XX：心理支持测量】，而【View the output path diagram】（浏览输出结果路径图）图像并没有变亮，此时在中间【Computation summary】（计算摘要）方盒中并未呈现卡方统计量与自由度，而只出现【Minimization Iteration 1 Writing output】提示语。

　　按工具箱【View Text】（浏览文件）▦图像钮，开启【Amos Output】（Amos 输出结果）对话窗口，可以浏览模型估计的相关结果或信息。

Notes for Model（心理支持测量）
Computation of degrees of freedom（心理支持测量）
　　　　　　　Number of distinct sample moments:　21
　Number of distinct parameters to be estimated:　13
　　　　　　　　Degrees of freedom (21 − 13):　　8
Result（心理支持测量）
The model is probably unidentified. In order to achieve identifiability, it will probably be necessary to impose 1 additional constraint.

　　在【Amos Output】文字输出结果窗口的【模型注解】选项中，结果输出信息显示：样本矩独特元素（数据点）的数目共有 21 个，待估计的参数有 13 个，模型的自由度为 8。模型的自由度为正数，表示测量模型是个过度识别模型，但由于模型参数界定有问题，模型还是无法辨识（unidentified），为了让模型可以识别，必须增列一个参数限制条件。

Estimates（小学生—心理支持测量）

Scalar Estimates（小学生—心理支持测量）

The (probably) unidentified parameters are marked.

表 5-10　Regression Weights：（小学生—心理支持测量）

X1 ← 心理支持	unidentified
X2 ← 心理支持	unidentified
X3 ← 心理支持	unidentified
X4 ← 心理支持	unidentified
X5 ← 心理支持	unidentified
X6 ← 心理支持	unidentified

表 5-11　Variances：（小学生—心理支持测量）

心理支持	unidentified
e1	
e2	
e3	
e4	
e5	
e6	

　　在估计值选项中，共同因素对六个测量指标的路径系数均无法识别，而潜在变量的方差也无法识别。由于这七个参数无法识别，造成测量模型无法顺利估计，为了估计六个测量指标的因素负荷量，必须将六个测量指标中的一个路径系数值固定 1，任何一个测量指标的路径系数值 λ 固定为 1 均可以，其标准化估计值模型图是相同的。

四、增列参数限制条件

　　在测量模型中，潜在变量与测量指标间的路径系数值如果固定为相同数值或相同的参数标签名称,表示将这些测量指标的因素负荷量限定为相同,增列固定参数的数目,模型的估计结果与上述将六个测量指标中的一个路径系数值固定为 1 是不相同的。若是将六个指标变量的因素负荷量均限定为相同,表示测量系数(因素负荷量)的不变性或恒等性估计。在下面的范例中将测量指标变量 X1、X3 的路径系值均固定为 1,表示将测量指标变量 X1、X3 的因素负荷量限定为等同。

在未标准化估计值中,六个误差变量的方差及潜在变量的方差与原先只固定一个指标变量的路径系数值不同,由于将测量指标变量 X1、X3 的因素负荷量均限定为 1,因而其非标准化的数值均为 1.00。

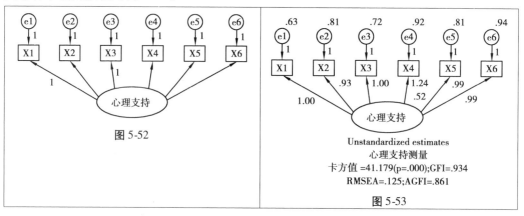

图 5-52

Unstandardized estimates
心理支持测量
卡方值 =41.179(p=.000);GFI=.934
RMSEA=.125;AGFI=.861

图 5-53

整体模型适配度的卡方值为 41.179,显著性概率值 p = 0.000 < 0.05,拒绝虚无假设。RMSEA 值 = 0.125 > 0.080,AGFI 值 = 0.861 < 0.900,表示假设的测量模型与观察数据无法有效契合。将 X1、X3 测量指标的因素负荷量限定为相同,模型的卡方值变大,RMSEA 值变大,GFI 值与 AGFI 值均变小,表示此种参数限制的模型较不理想。

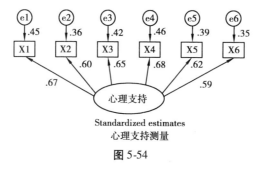

Standardized estimates
心理支持测量

图 5-54

从标准化估计模型图可以看出:六个测量指标的因素负荷量(λ 值)分别为 0.67,0.60,0.65,0.68,0.62,0.59,因素负荷量平方(信度指标)分别为 0.45,0.36,0.42,0.46,0.39,0.35,六个测量指标能被其潜在变量解释的变异量介于 0.35 至 0.46 中间,六个指标变量的因素负荷量与之前的完全不同。

五、误差变量的界定

由于测量变量无法百分之百反映出潜在变量的变异,所以观察变量会有测量误差。每个 CFA 模型中,反映潜在变量的所有指标变量(观察变量或称显性变量)均要设定误差变量,由于误差项也是潜在变量,因而没有测量单位,在模型估计程序中必须界定其路径系数值为 1（此为 Amos 内定值），或将其误差方差设定为 1，若是没有界定二者之一，则模型无法识别。

在下面的范例中，研究者将原先误差项 e1 的路径系数 1 删除，也未增列其误差方差为 1，因而模型无法识别。

按工具箱【View Text】（浏览文件）图像钮，开启【Amos Output】（Amos 输出结果）对话窗口，可以选取【Notes for Model】（模型注解）选项查看模型估计的相关结果或信息。

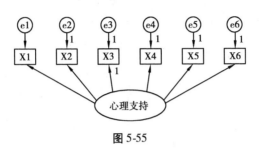

图 5-55

Notes for Model（心理支持测量）
Computation of degrees of freedom（心理支持测量）
　　　　　　　Number of distinct sample moments:　21
　Number of distinct parameters to be estimated:　13
　　　　　　　　Degrees of freedom（21 − 13）:　8
Result（心理支持测量）
The model is probably unidentified. In order to achieve identifiability, it will probably be necessary to impose 1 additional constraint.

【模型注解】选项中告知使用者样本矩独特元素数目有 21 个，待估计的参数有 13 个，模型的自由度为 8。模型估计结果是模型无法辨识（unidentified），为了让模型可以识别，必须增列一个参数限制条件。

Estimates（小学生—心理支持测量）

Scalar Estimates（小学生—心理支持测量）

The（probably）unidentified parameters are marked.

表 5-12　Regression Weights：
（小学生—心理支持测量）

X1←心理支持	
X1←e1	unidentified
X2←心理支持	
X3←心理支持	
X4←心理支持	
X5←心理支持	
X6←心理支持	

表 5-13　Variances：
（小学生—心理支持测量）

心理支持	
e1	unidentified
e2	
e3	
e4	
e5	
e6	

在【Estimates】（估计值）选项输出结果中，无法识别的路径系数是误差项 e1→测量指标 X1，无法估计识别的方差是误差项 e1。若是研究者将误差项的路径系数或方差设定为 1，则模型可以识别。

　　界定误差项 e1 的方差为 1 的操作程序如下:在误差项 e1 上按右键选取快捷菜单【Object Properties】(对象属性)选项,开启【Object Properties】对话窗口,切换到【Parameters】(参数)标签页,在【Variance】(方差)下的方格中输入数值 1,按右上角关闭钮,将测量误差项的方差固定为 1,表示此参数为固定参数,而非自由参数。

　　设定误差项 e1 的方差等于 1,因为误差项的误差变异量与其路径系数互为函数,两个参数值不能同时界定,否则模型无法同时估计这两个参数。

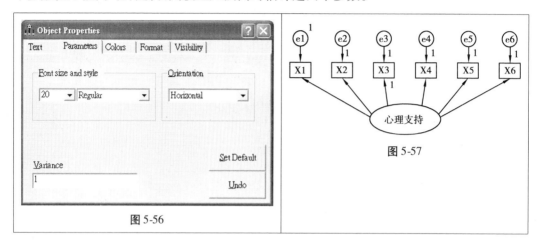

图 5-56

图 5-57

　　计算估计值后的非标准化估计值模型图如图 5-58,由于界定误差项 e1 的方差为 1,因而其方差数值出现 1.00,模型的卡方值为 30.317,GFI 值等于 0.949,RMSEA 值等于 0.109,AGFI 值等于 0.882,和之前界定的模型估计结果相同。

　　标准化估计值的模型图中,五个测量指标的因素负荷量及个别信度指标值也和之前完全相同,如图 5-59。

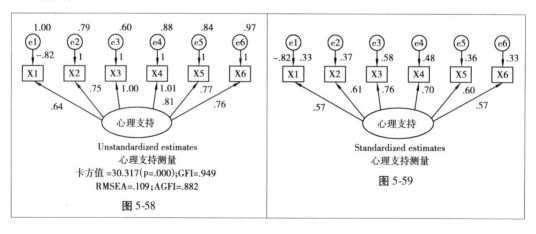

图 5-58

图 5-59

(一)界定误差项的误差方差等于 1

　　Amos 在增列观察变量的误差变量时,内定误差项的路径系数值为 1,研究者也可以将误差项的参数设定改为方差为 1,此时原先界定的误差项的路径系数值等于 1 的固定参数条件要删除。

　　将误差项的方差指定为固定参数,其参数值限制为 1,模型估计结果的标准化估计值模型图的卡方值等于 30.317(显著性概率值 p = 0.000),GFI 值等于 0.949,RMSEA 值 = 0.109,AGFI 值 = 0.882,各项适配度统计量和界定测量变量的路径系数 λ 等于 1 时的结果相同。六个测量指标的因素负荷量（λ 值）分别为 0.57,0.61,0.76,0.70,0.60,0.57,因素负荷量平方（信度指标）分别为 0.33,0.37,0.58,0.48,0.36,0.33,其参数估计结果和界定测量变量的路径系数 λ 等于 1 时的结果相同，只是改界定误差项的方差等于 1 时，在标准化估计模型图中会增列各误差项对其测量指标变量的路径系数值（标准化回归系数 β 值）。

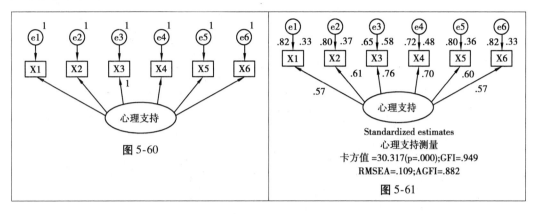

图 5-60

图 5-61

（二）误差项同时界定其路径系数与方差

图 5-62 中研究者同时界定误差项 e1 的路径系数（设定为 1）与误差变异量（设定为 1）。

同时界定误差项 e1 的路径系数与误差方差，模型估计结果卡方值为 41.806,GFI 值 = 0.933,RMSEA 值 = 0.126,AGFI 值 = 0.858,六个测量指标的因素负荷量（λ 值）分别为 0.47,0.60,0.77,0.70,0.60,0.57,因素负荷量平方（信度指标）分别为 0.22,0.36,0.60,0.50,0.36,0.32,模型估计结果和原先 CFA 模型估计的结果完全不同。

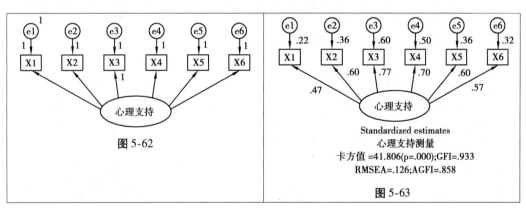

图 5-62

图 5-63

（三）误差项变量名称的唯一性

在 Amos 假设模型图中，观察变量的名称不能重复，观察变量的误差项名称不能重复，潜在变量的名称也不能重复，变量名称必须是唯一的，若是有两个以上变量名称相同，则计算估计值时会出现警告信息，模型无法估计。在图 5-64 中，误差项 e1 的名称重复设定（设定重复变量时计算机不会出现提示语）。

按【Calculate estimates】（计算估计值）▦图像钮时，会出现【Amos Graphics】对话窗口，窗口内出现"There is more than one variable named 'e1'."的警告语，告知使用者在假设模型中名称为 e1 的变量超过两个，此时使用者只要开启【Object Properties】

对话窗口,切换到【Text】(文字)标签页,更改【Variable name】(变量名称)下方格的变量名称即可。

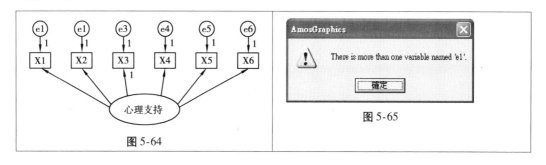

相同的道理,若是研究者界定的模型中有两个相同的测量指标变量,则模型也无法估计,以图 5-66 为例,六个测量指标变量有两个观察变量的名称为 X2。

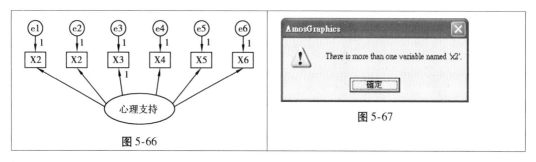

按【Calculate estimates】(计算估计值)图像钮时,会出现【Amos Graphics】对话窗口警告"There is more than one variable named 'X2'."告知使用者在假设模型中名称为 X2 的变量超过两个。

(四)潜在变量名称不能与数据文件变量名称相同

在 Amos 假设模型的绘制中,潜在变量的名称无法直接由【Variables in Dataset】(数据集中的变量)窗口中拖动变量至椭圆形的对象内,数据文件中的变量只可直接拖动至观察变量方框对象(□)内,因为数据文件中的变量只能作为测量指标变量或群组变量。潜在变量包括各测量模型中的因素构念、测量指标的测量误差、结构模型中的残差项,这些对象均为椭圆形或圆形对象(○)。在【Variables in Dataset】窗口中,共有七个变量,六个测量指标变量(代表六个题项的变量)及六个题项的加总分数,层面加总的变量名称为"整体支持"。

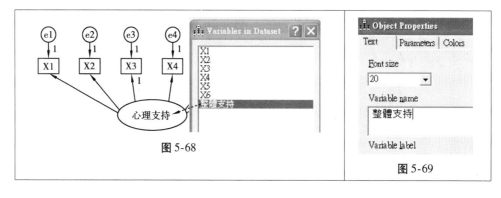

将潜在变量名称重新界定，其名称为"整体支持"。鼠标移往潜在变量对象上按右键选取快捷菜单【Object Properties】（对象属性）选项，开启【Object Properties】对话窗口，切换到【Text】（文字）标签页，在【Variable name】（变量名称）下的方格中将原先的"心理支持"改为"整体支持"，按右上角关闭钮。在假设模型的绘制中，研究者将潜在变量名称或测量误差项名称设定为与 SPSS 数据文件中的变量名称相同，虽是设定错误，但 AMOS 并不会出现任何错误信息。在 AMOS 的操作中，模型若有界定错误，要按【Calculate estimates】（计算估计值）▓图像钮时才会提示相对应的警告或错误信息。

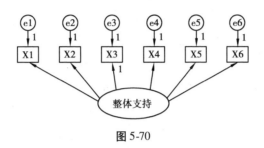

图 5-70

按【Calculate estimates】▓图像钮时，会弹出【Amos】对话窗口警告"The observed variable, 整体支持, is represented by an ellipse in the path diagram."，告知使用者在路径图中椭圆形的对象内出现观察变量"整体支持"变量，这与椭圆形对象的属性不符合，观察变量或测量指标只能呈现于方框对象内。因而在 Amos 各测量模型中，潜在变量的名称不能与原始数据文件中的变量名称相同，否则模型无法估计。

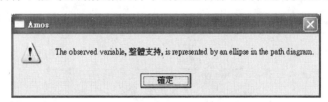

图 5-71

六、测量模型的修正

在之前可以识别的模型中，整体模型适配度的卡方值为 30.317，显著性概率值 $p = 0.000 < 0.05$，拒绝虚无假设。RMSEA 值 = 0.109 > 0.080，AGFI 值 = 0.882 < 0.900，表示假设的测量模型与观察数据无法有效契合。经修正指标值发现，若增列误差项 e5 与误差项 e6 间的共变关系，则可以降低卡方值 14.836，此种共变界定符合测量模型的假定，因而可以设定释放此项的参数估计。

Modification Indices（小学生—心理支持测量）

表 5-14　Covariances：（小学生—心理支持测量）

	M. I.	Par Change
e5 ↔ e6	14.836	.271
e2 ↔ e3	4.280	.121

测量模型修正后的模型如图 5-72，修正后的模型增列误差变量 e5 与误差变量 e6 间

的共变关系。

　　按【Calculate estimates】(计算估计值)▓▓图像钮后,模型可以顺利识别,整体模型适配度的卡方值为 13.636,显著性概率值 p＝0.092,接受虚无假设,表示假设模型与样本数据间可以契合。RMSEA 值＝0.060＜0.080,GFI 值＝0.979＞0.900,AGFI 值＝0.944＞0.900,均达到模型可以适配的标准。六个测量指标的因素负荷量分别为 0.56,0.62,0.79,0.70,0.55,0.52,介于 0.5 至 0.95 之间。

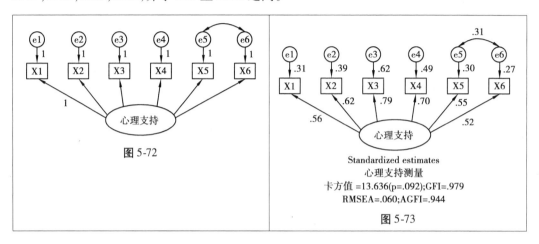

图 5-72

Standardized estimates
心理支持测量
卡方值 =13.636(p=.092);GFI=.979
RMSEA=.060;AGFI=.944

图 5-73

　　在测量模型中若是将指标变量的路径系数 λ 值都设定为 1,表示将所有指标变量指定为固定参数。此种参数限定条件更为严苛,整个模型适配度的卡方值变为 45.767,显著性 p＝0.000,RMSEA 值＝0.107,AGFI 值＝0.887。

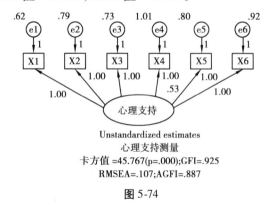

Unstandardized estimates
心理支持测量
卡方值 =45.767(p=.000);GFI=.925
RMSEA=.107;AGFI=.887

图 5-74

七、测量模型参数标签名称的设定

　　执行功能列【Plugins】(增列)/【Name Parameters】(参数命名)程序,开启【Amos Graphics】对话窗口→勾选【Covariances】(协方差)、【Regression weights】(回归系数)、【Variances】(方差)三个选项,按【OK】钮→出现【Name Param…】(参数命名)对话窗口,按【确定】钮。

　　设定参数标签名称的测量模型图如下,若是研究者将参数标签名称重新设定为相同文字符串,表示将两个参数限制为等同。在下列参数界定中均使用 AMOS 内定的起始文字,参数 W1、W2、W3、W4、W5 为回归系数(因素负荷量),V1、V2、V3、V4、V5、V6、V7 为方差,C1 为协方差,模型中待估计的自由参数共有 5 + 7 + 1 = 13 个。

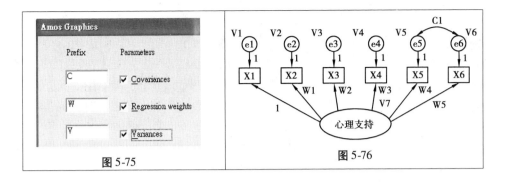

图 5-75   图 5-76

增列参数标签名称的测量模型估计结果与未增列参数标签名称测量模型的估计结果完全相同,按【Calculate estimates】(计算估计值)▇▇▇图像钮后,模型可以顺利识别,整体模型适配度的卡方值为 13.636,显著性概率值 p = 0.092,接受虚无假设,表示假设模型与样本数据间可以契合。RMSEA 值 = 0.060 < 0.080,GFI 值 = 0.979 > 0.900,AGFI 值 = 0.944 > 0.900,均达到模型可以适配的标准。六个测量指标的因素负荷量分别为 0.56,0.62,0.79,0.70,0.55,0.52,介于 0.5 至 0.95 之间。

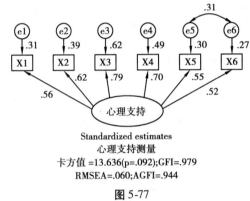

Standardized estimates
心理支持测量
卡方值 =13.636(p=.092);GFI=.979
RMSEA=.060;AGFI=.944

图 5-77

第四节　测量模型的平行测验检验

在测量模型中,若是将测量指标因素负荷量的参数标签名称均界定为相同的文字符串,表示将测量模型中的因素负荷量限定为相同,这并非强迫将因素负荷量限制为某一固定数值,而是由计算机根据假设模型的协方差矩阵与样本数据的协方差矩阵推估而得。此种限定中为了能估计六个测量变量的因素负荷量,需将潜在变量的方差设定为 1,而潜在变量的平均数设定为 0,表示不用进行因素分数估计,否则模型无法识别。此种测量模型中将测量指标的因素负荷量限制为相等,称为因素系数恒等限制(invariance constraints)、等同限制(equivalence restrictions)或因素负荷量不变性限制,又称为 τ 等值 (τ-equivalent)测量模型。τ 等值测量模型中只限定测量指标变量的因素负荷量相等,对测量变量误差项的方差则未加以限制,所以误差项方差的参数标签名称并不相同。

在 τ 等值测量模型中,六个测量指标的路径系数(因素负荷量)参数标签名称均设定为 W1,表示将六个测量指标的因素负荷量限制为相同,此时影响六个测量指标的潜在特质变量(因素构念)的方差要界定为 1,否则测量模型无法识别,如图 5-78。

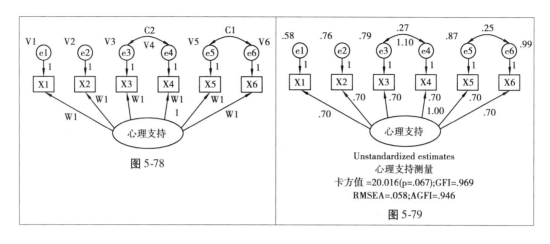

图 5-78

Unstandardized estimates
心理支持测量
卡方值 =20.016(p=.067);GFI=.969
RMSEA=.058;AGFI=.946

图 5-79

上述因素负荷量恒等性测量模型,按【Calculate estimates】(计算估计值)▦▦图像钮后,模型可以顺利识别,整体模型适配度的卡方值为 20.016,显著性概率值 p = 0.067 > 0.05,接受虚无假设,表示假设模型与样本数据间可以契合。RMSEA 值 =0.058 < 0.080,GFI 值 = 0.969 > 0.900,AGFI 值 = 0.946 > 0.900,均达到模型可以适配的标准。六个测量指标非标准化估计值的路径系数均为 0.70,但其误差变量的方差则未必相同。若是因素负荷量恒等性测量模型可以被接受,表示测量指标不仅在测量相同的潜在构念,且六个测量指标(题项)被潜在变量解释的变异量也相等,六个测量指标(题项)的重要性相当。

若是将六个测量指标的因素负荷量限定为相同,而六个测量指标误差项的方差也限定为相同,则此种测量模型称为平行测量模型(Bollen, 1989)。为了将测量变量误差项方差限制为相同,只要把误差变量的参数标签名称界定为相同的文字符串即可,范例中均界定为 V1。

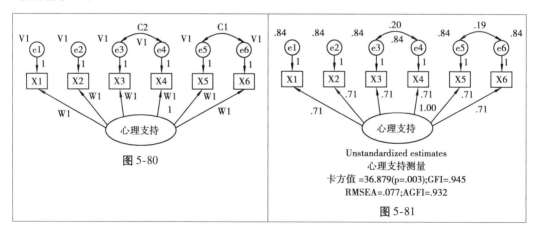

图 5-80

Unstandardized estimates
心理支持测量
卡方值 =36.879(p=.003);GFI=.945
RMSEA=.077;AGFI=.932

图 5-81

上面界定的平行测量模型,按【Calculate estimates】▦▦图像钮后,模型可以顺利识别,整体模型适配度的卡方值为 36.879,显著性概率值 p = 0.003 < 0.05,拒绝虚无假设,表示假设模型与样本数据间无法契合,但 RMSEA 值 = 0.077 < 0.080,GFI 值 = 0.945 > 0.900,AGFI 值 = 0.932 > 0.900,均达到模型可以适配的标准,此时模型是否适配最好再参考其他适配度指标值。六个测量指标非标准化估计值的路径系数均为 0.71,其误差变量的方差均为 0.84。

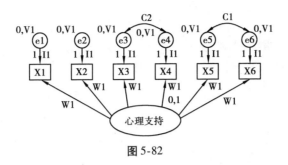

图 5-82

若是平行测量模型达到适配,研究者可进一步将所有测量指标变量与潜在变量的平均数设定为0。为便于估计六个测量指标变量的平均数是否相等,须将六个观察变量的截距项界定为相同,范例中将观察变量的截距项的参数标签名称均界定为I1,如此可进行观察变量平均数相等性的检验,此种检验称为严格平行检验(strictly parallel tests)。

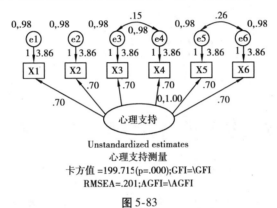

图 5-83

上述界定的严格平行测量模型,加入的所有测量指标截距项也相同,按【Calculate estimates】图像钮后,模型可以顺利识别,整体模型适配度的卡方值为199.715,显著性概率值 p = 0.000 < 0.05,拒绝虚无假设,表示假设模型与样本数据间无法契合,RMSEA值 = 0.201 > 0.080,表示模型未达到适配标准。由于将测量指标的截距项设定为相同,平均数也界定为相等,整体模型的卡方值变得很大,RMSEA 值也变大,因而可将严格参数限制策略改为较为宽松策略,将测量指标的截距项参数限制改为不相同,再查看模型适配情形。要将截距项参数放宽,只要将其截距项的参数标签名称改为不一样的文字符串即可,范例中六个测量指标的截距项参数标签名称分别为I1、I2、I3、I4、I5、I6。

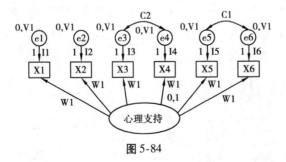

图 5-84

将六个测量指标截距项参数改为自由估计,而未限制为等同,按【Calculate estimates】

图像钮后,模型可以顺利识别,整体模型适配度的卡方值减为 36.879,显著性概率值 p = 0.003 < 0.05,拒绝虚无假设,表示假设模型与样本数据间无法契合,但 RMSEA 值 = 0.077 < 0.080,表示模型达到适配标准。此时模型是否合适,研究者最好再参考其他适配度指标值。若是研究者有选替模型(alternative model),则要进行模型的比较,其中模型的适配度是重要的考虑要素。

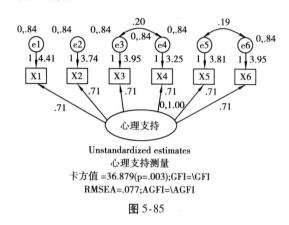

图 5-85

第五节　多因子测量模型潜在变量的界定

在 Amos 的假设模型中,多因子测量模型的潜在变量间不论因素间有无相关,潜在变量间必须以双箭头 ↔ (Draw covariances)建立因素间的共变关系,即使研究者假定测量模型为直交模型或正交模型(假定因素间彼此没有相关),变量之间也必须绘制共变关系,否则模型无法估计。

一、初始模型

以上述心理支持量表为例,假设心理支持量表经探索性因素分析结果,六个题项变量共萃取三个共同因素,共同因素名称为 FACT_1、FACT_2、FACT_3。FACT_1 因素构念的测量指标为 X1、X2,FACT_2 因素构念的测量指标为 X3、X4,FACT_3 因素构念的测量指标为 X5、X6,CFA 假设模型图如下。

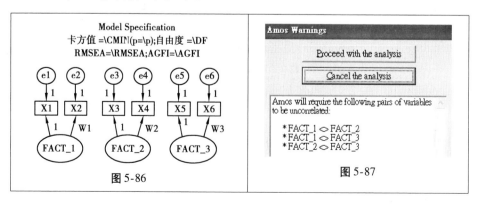

图 5-86　　　　　　　　　　图 5-87

上述假设模型图中,由于未界定三个因素构念间的共变关系,因而按【Calculate

estimates】(计算估计值)![icon]图像钮后,会出现【Amos Warnings】警告窗口,出现"Amos will require the following pairs of variables to be uncorrelated: * FACT_1 < > FACT_2、* FACT_1 < > FACT_3、* FACT_2 < > FACT_3"的提示语,表示三个配对组的潜在变量间没有建立共变关系。

在【Amos Warnings】警告窗口中有两个按钮:【Proceed with the analysis】(继续执行分析程序)、【Cancel the analysis】(取消分析程序),由于模型界定有问题,即便使用者按下【Proceed with the analysis】钮,模型也无法识别。

Notes for Model (Default model)

Computation of degrees of freedom (Default model)

　　　　　　　　Number of distinct sample moments:　21

　　Number of distinct parameters to be estimated:　12

　　　　　　　　　　Degrees of freedom (21 – 12):　　9

Result (Default model)

The model is probably unidentified. In order to achieve identifiability, it will probably be necessary to impose 3 additional constraints.

在模型注解的结果输出中,Amos 提示使用者模型无法辨识或识别,若要让模型可以顺利识别,要增列三个限制条件。

二、修正模型

使用者增列潜在变量 FACT_1 与潜在变量 FACT_2 间的共变关系,也增列潜在变量 FACT_2 与潜在变量 FACT_3 间的共变关系,并未增列潜在变量 FACT_1 与潜在变量 FACT_3 间的共变关系,模型界定并不完整。

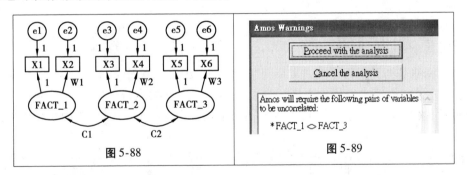

图 5-88　　　　　　　　　　　　　　图 5-89

由于研究者并未将所有配对组的潜在变量界定有共变关系,范例中遗漏了界定潜在变量 FACT_1 与潜在变量 FACT_3 间的共变关系,模型估计会再出现【Amos Warnings】警告窗口,告知使用者并未界定测量模型中的潜在变量 FACT_1 与潜在变量 FACT_3 间的共变关系。

三、斜交关系的测量模型

使用者再增列潜在变量 FACT_1 与潜在变量 FACT_3 间的共变关系,此时并未限定三个协方差参数的数值,或将三个协方差的参数标签名称设定为相同,表示测量模型假定的是一种斜交关系,因素构念间有某种程度的相关。

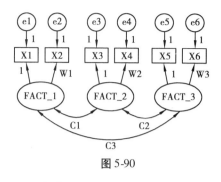

图 5-90

按【Calculate estimates】(计算估计值)图像钮后,斜交测量模型可以顺利识别,六个测量指标误差项的误差方差没有出现负值,三个潜在变量的相关系数分别为 0.89,0.72,0.71,相关系数没有出现异常值,测量模型的自由度为 6,卡方值为 11.280,显著性概率值 p = 0.080 > 0.05,接受虚无假设,表示假设模型与观察数据可以契合。RMSEA 值 = 0.066 < 0.080,AGFI 值 = 0.935 > 0.900,表示理论模型是适配的。由于三个潜在变量间的相关程度为中高度关系,因而测量模型采用斜交模型较为适宜。

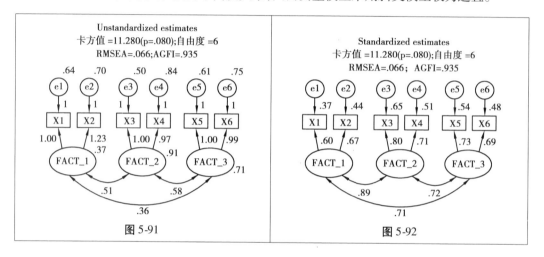

图 5-91   图 5-92

四、界定测量模型潜在变量间没有相关

若是在探索性因素分析中,研究者采用正交转轴法,假定三个因素构念间没有相关,此时在测量模型的假设模型图的绘制中使用下列两种模型图均可:第一种方式将三个协方差参数标签名称界定为不同的文字符串,如 C1、C2、C3,再利用【Manage Models】(管理模型)将三个参数设定为 0;第二种方法直接将三个协方差的数值界定为 0(不界定参数标签名称)。

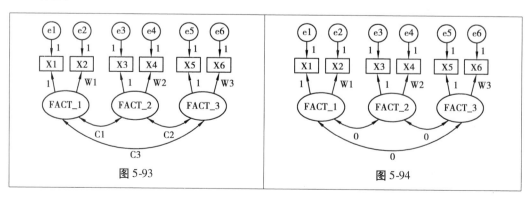

图 5-93   图 5-94

若是采用第一种方式,使用者必须开启【Manage Models】(管理模型)将三个参数设定为 0,其操作程序如下:执行功能列【Analysis】(分析)/【Manage Models】程序,开启

【Manage Models】对话窗口,在右边【Parameter Constraints】(参数限制)下的方格中键入"C1 = 0、C2 = 0、C3 = 0"。

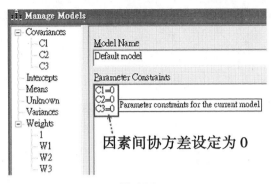

图 5-95

将三个因素构念间的相关限制为 0,表示三个因素构念各自为独立构念,完全不相关,此种潜在变量间完全独立的假设测量模型无法顺利收敛,模型无法识别,表示假设模型与观察数据差异太大,模型无法于少数几次迭代内完成估计。

Notes for Model(Default model)
Computation of degrees of freedom(Default model)
        Number of distinct sample moments: 21
  Number of distinct parameters to be estimated: 12
         Degrees of freedom(21 - 12): 9
Result(Default model)
The model is probably unidentified. In order to achieve identifiability, it will probably be necessary to impose 3 additional constraints.

在模型注解的结果输出中,Amos 提示使用者模型无法辨识或识别,若要让模型可以顺利识别,要增列三个限制条件。

五、完全独立潜在变量参数修正

由于将三个协方差参数值限定为 0,测量模型无法有效识别,此时研究者可以将协方差的参数值改为接近 0 的数值,如 0.01,0.02,0.03 等,这些数值虽不是完全等于 0,但与 0 差距甚小,表示潜在变量构念间的关联程度非常小,此时也可视为其彼此间的相关为 0。

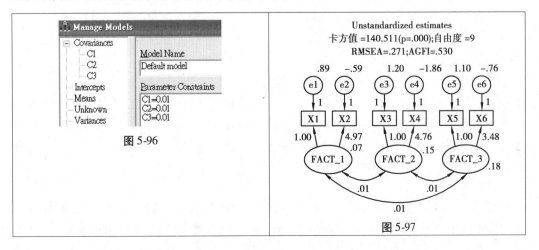

图 5-96

图 5-97

将三个协方差参数值界定等于 0.01,按【Calculate estimates】(计算估计值)█████图像
钮后,直交测量 CFA 模型可以顺利识别,模型的卡方值为 140.511,模型的自由度等于 9,
显著性概率值 p = 0.000 < 0.05,拒绝虚无假设,表示假设模型与观察数据无法有效契合。
RMSEA 值 = 0.271 > 0.080,AGFI 值 = 0.530 < 0.900,表示理论模型的适配度差。直交测
量 CFA 模型虽然可以顺利识别,但由于假设模型与样本数据相差过大,模型即使可以顺
利估计,但获得的估计解也是无法解释的,此即为无法接受解(non-admissible)。

表 5-15　Notes for Model (Group number 1-Default model)

The following variances are negative. (Group number 1-Default model)

	e2	e4	e6
	− .593	− 1.857	− .761

在模型注解中出现三个误差项的方差为负值(variances are negative)的不合理估计
值,三个不合理估计值的误差为 e2、e4、e6。

Notes for Group/Model (Group number 1-Default model)
This solution is not admissible.

在群组/模型注解中出现"This solution is not admissible."(估计解不是可接受的解)
信息,表示所得的参数超出合理的范围,假设模型与观察数据的内容差异极大,协方差矩
阵为非正定矩阵。

六、单向度测量模型与多向度测量模型

在多因素测量模型中,如果每个测量指标变量仅反映单一的潜在变量(因素构念),
没有任何一个指标变量受到两个潜在变量(因素构念)的影响,则此种测量模型称为单向
度测量模型(unidimensional measurement model)。相对的,若是测量指标变量同时受到两
个以上潜在变量(因素构念)的影响,则此种测量模型为多向度测量模型(multimensional
measurement model)。在验证性因素分析中,允许研究者界定多向度测量模型。在测量误
差项(errors of measurement;ε 或 δ)的设定方面,允许潜在变量(因素构念)内部的测量误
差项有相关,也允许潜在变量(因素构念)之间的测量误差项有相关。

以两个潜在变量(因素构念)的测量模型为例,两个潜在变量各有三个指标变量,F1
潜在变量的测量指标变量为 X1、X2、X3;F2 潜在变量的测量指标变量为 X4、X5、X6。单
向度测量模型的范例图如下。

在下列单向度测量模型中,测量误差项包括因素内关联误差(e5 和 e6 间的共变关
系)、因素间关联误差(e3 和 e4 间的共变关系),当误差间存在有意义的相关时,表示测
量变量除了受到特定潜在特质的影响之外,尚有其他未知影响来源,此来源须由误差项
的共变分析来估计,此即表示 CFA 测量模型除了允许测量指标变量与潜在变量间可具有
多向度关系外,也允许某一测量变量的误差项与其他测量变量的误差项间存在共变关系
(邱皓政,2005)。

假定了两组关联误差项的 CFA 单向度测量模型图的估计结果,模型可以顺利辨识,
整体适配度卡方统计量 = 10.085,模型自由度为 6,显著性概率值 p = 0.121 > 0.05,接受

虚无假设,表示假定的测量模型与样本数据可以适配。

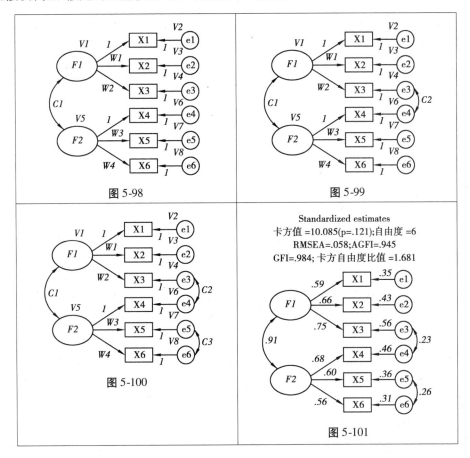

图 5-98

图 5-99

图 5-100

图 5-101

多向度测量模型的范例图如下:在第一个假设多向度测量模型图中,指标变量 X5 假定同时受到潜在变量 F1、F2 的影响。在第二个假设多向度测量模型图中,假定指标变量 X5 同时受到潜在变量 F1、F2 的影响;而指标变量 X3 也同时受到潜在变量 F1、F2 的影响,因而在验证性因素分析中的假设模型以多向度测量模型图取代单向度测量模型图。

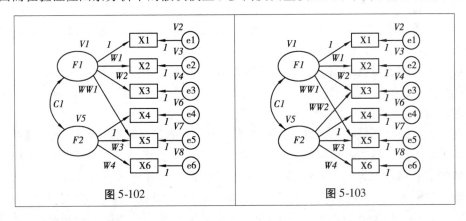

图 5-102

图 5-103

在 CFA 测量模型的检验中,研究者所提出的初始模型应为单向度测量模型图,并假定所有测量误差间没有关系,根据模型估计结果再逐一进行模型的修正,模型修正时可参考 Amos 提供的修正指标值,只是模型图的界定必须符合 SEM 的基本假定。

第六章 验证性因素分析

依使用目的而言,因素分析(factor analysis)可分为探索性因素分析(exploratory factor analysis;简称 EFA)与验证性因素分析(confirmatory factor analysis;简称 CFA)。EFA 与 CFA 两种分析方法最大的不同,在于测量理论架构在分析过程中所扮演的角色与检验时机。就 EFA 而言,测量变量的理论架构是因素分析后的产物,因素结构是由研究者从一组独立的测量指标或题项间,主观判断来决定的一个具有计量合理性与理论适切性的结构,并以该结构来代表所测量的概念内容或构念特质,即理论架构的出现在 EFA 程序中是一个事后概念。相比之下,CFA 的进行则必须有特定的理论观点或概念架构作为基础,然后借由数学程序来确认评估该理论观点所导出的计量模型是否适当、合理,因此理论架构对 CFA 的影响是在分析之前发生的,其计量模型具有先验性,理念是一种事前的概念(邱皓政,2005)。EFA 所要达成的是建立量表或问卷的建构效度,而 CFA 则是要检验此建构效度的适切性与真实性。

探索性因素分析的目的在于确认量表因素结构(factor structure)或一组变量的模型,常考虑的是要决定多少个因素或构念,同时因素负荷量的组型如何。虽然大部分的探索性因素分析允许事先决定因素的个数,但强制某个变量只归于某一个特定因素则有其困难。探索性因素分析偏向于理论的产出,而非理论架构的检验。相反的,验证性因素分析通常会依据一个严谨的理论,或在实证基础上,允许研究者事先确认一个正确的因素模型,这个模型通常明确将变量归类于那个因素层面中,并同时决定因素构念间是相关的,与探索性因素分析相比,验证性因素分析有较多的理论检验程序。在实际应用上,研究可能同时会使用到探索性因素分析与验证性因素分析,但有效区分两种分析方法的差异及其适用情境是非常重要的(Stevens,1996)。

在量表或问卷编制的预试上,都会先进行探索性因素分析,不断尝试,以求得量表最佳的因素结构,建立问卷的建构效度。当研究者得知量表或问卷是由数个不同潜在面向或因素所构成,为了确认量表所包含的因素是否与最初探究的构念相同,会以不同的样本为对象加以检验。此时量表的各因素与其题项均已固定,研究者所要探究的是量表的因素结构模型是否与实际搜集的数据契合,指标变量是否可以有效作为因素构念(潜在变量)的测量变量,此种因素分析的程序,称为验证性因素分析。

验证性因素分析模型被归类于一般结构方程模型或共变结构模型(covariance structure model)之中,允许反映与解释潜在变量,它和一系列的线性方程相连结。与探索性因素分析相比,验证性因素分析模型较为复杂,但两种模型的基本目标是相似的,皆在解释观察变量间的相关或共变关系,但 CFA 偏重于检验假定的观察变量与假定的潜在变量间的关系(Everitt & Dunn, 2001)。

探索性因素分析与验证性因素分析的差异可以归纳如下表(Stevens, 1996, p. 389):

表6-1 探索性因素分析与验证性因素分析的差异比较表

探索性因素分析	验证性因素分析
理论产出	理论检验
理论启发-文献基础薄弱	强势的理论(或)实证基础
决定因素的数目	之前分析后因素的数目已经固定
决定因素间是否有相关	根据之前的分析固定因素间有相关或没有相关
变量可以自由归类所有因素	变量固定归类于某一特定因素

验证性因素分析被使用于检验一组测量变量与一组可以解释测量变量的因素构念间的关系,CFA 允许研究者分析确认事先假设的测量变量与因素间关系的正确性。通常 EFA 是利用一组样本来产生测量变量间因素结构,而 CFA 则是再从总体中抽取另一组样本来检验假设因素结构的契合度。有些研究者会将样本数一分为二,以一半的样本数来使用 EFA 方法产生因素结构,另外一半样本采用 CFA 方法来进行模型的正式比较。CFA 是 SEM 家族的一个应用典型,CFA 也可处理因素结构间斜交(因素构念间有相关)及直交的问题(因素构念间没有相关),此外,还可以分析指标变量间的随机测量误差(random measurement error)、指标变量的信度与效度检验等(Spicer, 2005)。

CFA 属于 SEM 的一种次模型,为 SEM 分析的一种特殊应用。由于 SEM 的模型界定能够处理潜在变量的估计与分析,具有高度的理论先验性,因而若是研究者对于潜在变量的内容与属性,能提出适当的测量变量以组成测量模型,借由 SEM 的分析程序,便可以对潜在变量的结构或影响关系进行有效的分析。SEM 中对于潜在变量的估计程序,即是检验研究者先前提出的因素结构的适切性,一旦测量的基础确立了,潜在变量的因果关系就可以进一步探讨,因此,一般而言,CFA 是进行整合性 SEM 分析的一个前置步骤或基础架构,当然,它也可以独立进行分析估计(周子敬,2006)。

传统的测验理论或因素分析均是假设潜在变量为"因",而指标变量为"果",将此论点应用于测验编制上,要把握以下几个原则:①同一构面因素的外显指标其内部一致性要高;②同一构面因素的测量指标间的相关愈高愈好;③单一维度构面中,信度相同的测量指标,本质上是可以替换的;④同一构面内测量指标的相关应高于构面间测量指标的相关;⑤测量指标线性组合可以取代潜在变量。验证性因素分析的基本假设是误差项的期望值为 0:$E(\delta)=0$,误差项的方差等于测量误差:$Var(\delta)=\Theta$,潜在因素的期望值等于 0:$E(\xi)=0$,潜在因素与测量误差无关:$Cov(\delta,\xi)=0$(李茂能,2006)。对于验证性因素分析在测验编制的应用,学者 Bollen 与 Lennox(1991)提出五个观点供研究者参考:

(1)同一构面的测量指标应具有高度一致性的原则只适用于效果指标(反映性指标),不适用于原因指标(形成性指标),各原因指标间不一定需要具有同质性。

(2)同一构面的测量指标间的相关愈高愈好只适用于反映性指标,不适用于形成性指标,因为形成性指标(原因指标)间具有高相关容易产生多元共线性(multicollinearity)的问题。

(3)单一构面因素中,信度相同的测量指标,本质上是可以替换的,此原则并不适用于形成性指标,因为各原因指标本质上可能不相同,删去任何一个原因指标都会破坏原先构面的架构。

(4)不管是效果指标还是原因指标,构面内指标的相关不一定会高于构面间指标的相关,除非是多因素直交模型,潜在变量间的相关为 0。

(5)不管是形成性指标还是反映性指标,指标的线性组合都不等于潜在变量。

一个有六个外显变量、两个因素构面的 CFA 路径图如图 6-1:两个共同因素各有三个测量指标变量,每个指标变量均只受到一个潜在变量的影响,因而是一种单向度测量模型。在单向度测量模型中,如果观察变量 X1、X2、X3 测量的潜在特质构念同质性很高,则观察变量 X1、X2、X3 间的相关会呈现中高度关系,三个测量指标的因素负荷量会很大;若是观察变量 X4、X5、X6 测量的潜在特质构念同质性很高,则观察变量 X4、X5、X6 间的相关会呈现中高度关系,三个测量指标的因素负荷量会很大(一般要求标准是 $\lambda > 0.71$)。此结果表示测量同一特质构念的测量指标会落在同一个因素构念上,此种效度称为聚合效度(convergent validity)。在测量模型中,若是任何两个因素构念间的相关显著不等于 1,表示两个因素构念间是有区别的,此种效度称为区别效度(discriminant validity),具有区别效度的测量模型,测量不同因素构念的测量指标变量会落在不同因素构念上,而测量相同因素构念的观察变量会落在同一个因素构念之上。

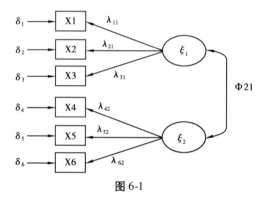

图 6-1

上图的六个指标变量、两个构面因素,所建立的六个回归方程式如下:

$$X_1 = \lambda_{11} \xi_1 + \delta_1$$
$$X_2 = \lambda_{21} \xi_1 + \delta_2$$
$$X_3 = \lambda_{31} \xi_1 + \delta_3$$
$$X_4 = \lambda_{42} \xi_2 + \delta_4$$
$$X_5 = \lambda_{52} \xi_2 + \delta_5$$
$$X_6 = \lambda_{62} \xi_2 + \delta_6$$

在上述回归方程式中,六个测量指标变量的测量误差的回归系数均设定为 1,表示限制潜在因素(构面)与测量误差间具有相同的测量量尺,模型只估计潜在因素的回归系数,以矩阵方式表示如下:

$$\begin{pmatrix} X1 \\ X2 \\ X3 \\ X4 \\ X5 \\ X6 \end{pmatrix} = \begin{pmatrix} \lambda_{11} & 0 \\ \lambda_{21} & 0 \\ \lambda_{31} & 0 \\ 0 & \lambda_{42} \\ 0 & \lambda_{52} \\ 0 & \lambda_{62} \end{pmatrix} \begin{pmatrix} \xi_1 \\ \xi_2 \end{pmatrix} + \begin{pmatrix} \delta_1 \\ \delta_2 \\ \delta_3 \\ \delta_4 \\ \delta_5 \\ \delta_6 \end{pmatrix}$$

上述假设模型图以 Amos Graphics 绘制时,六个误差变量的路径系数要设定为 1,表示只估计六个误差变量的误差变异量。六个误差变量间的初始关系的共变假定为 0,表示误差变量间没有关系,其路径图如图 6-2:在 CFA 测量模型中,每个潜在变量的指标变量中要有一个测量指标的路径系数 λ 固定为 1。

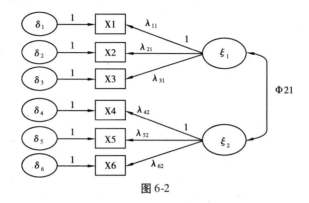

图 6-2

若是研究者认为误差变量间并非独立无关,则可以增列误差变量的相关,如测量误差 δ_1 与 δ_2 有共变关系,测量误差 δ_4 与 δ_6 有共变关系,则修改的模型图如图 6-3:

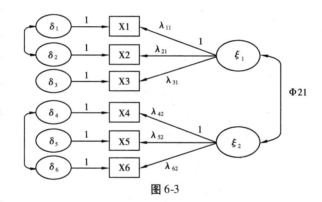

图 6-3

【研究问题】

某研究者编制一份"公立中学兼行政教师所知觉的校长激励策略量表",共有十二题,各题项如下:

公立中学兼行政教师所知觉的校长激励策略量表

01. 校长会依绩效表现给予兼行政教师不同程度或方式的奖惩【绩效奖惩】
02. 兼行政教师利用非上班时间办理活动时,校长会给予合理的加班费【加班补偿】
03. 对于兼行政教师额外的工作付出,校长会给予合理的工作津贴【工作津贴】
04. 校长常会举办餐叙或联谊活动,以凝聚团队向心力【联谊餐叙】
05. 校长会主动改善学校的软硬件设备,以提升行政效率【设备改善】
06. 校长非常重视并接纳兼行政教师各方面的建言【接纳建言】
07. 校长会极力营造具人性化领导风格的组织文化【领导风格】
08. 校长能营造有创意的环境,让兼行政教师发挥潜能【创意环境】
09. 校长经常鼓励兼行政教师学习新知与技能【鼓励学习】
10. 校长会依兼行政教师的专业知能与所长使其得以适才适所【适才适所】
11. 校长能提供兼行政教师完成工作所需的技巧与方法【技巧传授】
12. 校长会依兼行政教师的工作专业需求提供相关的研习机会【提供研习】

量表的填答,采用李克特五点量表法,从"非常不符合"到"非常符合",选项分数从 1 至 5,得分愈高,表示公立中学兼行政教师所知觉的校长激励策略愈佳。研究者为得知此量表所包含的因素构念,乃采用分层抽样方式,从大型学校、中型学校及小型学校各抽取 50 名教师填答,总共有效样本为 150 个。经探索性因素分析结果,求得其建构效度,共抽出三个共同因素:"福利措施""健全组织""专业成长",三个共同因素包含的题项如表 6-2:

表 6-2

因素构面	因素包含题项		
福利措施	01. 绩效奖惩(VA1)	02. 加班补偿(VA2)	03. 工作津贴(VA3)
	04. 联谊餐叙(VA4)		
健全组织	05. 设备改善(VB1)	06. 接纳建言(VB2)	07. 领导风格(VB3)
	08. 创意环境(VB4)		
专业成长	09. 鼓励学习(VC1)	10. 适才适所(VC2)	11. 技巧传授(VC3)
	12. 提供研习(VC4)		

第一节　一阶验证性因素分析——多因素斜交模型

为了验证在探索性因素分析中得到的因素结构模型是否与实际数据适配,研究者以"激励策略量表"为工具,重新抽样,依然采取分层随机抽样方式,选取大型学校兼行政教师 80 名、中型学校兼行政教师 60 名、小型学校兼行政教师 60 名,合计有效样本 200 个。验证研究者所建构的"激励策略量表"因素理论模型图是否可以得到支持。

"激励策略量表"验证性因素分析的概念模型图如下:

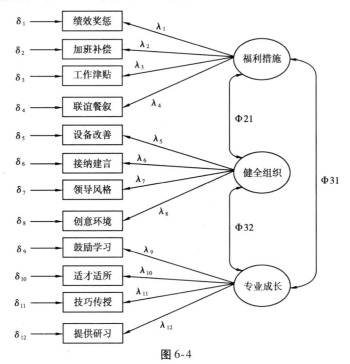

图 6-4

一、假设模型

图 6-5 的 CFA 假设模型图没有界定参数标签名称,图 6-6 的 CFA 假设模型图有界定参数标签名称。

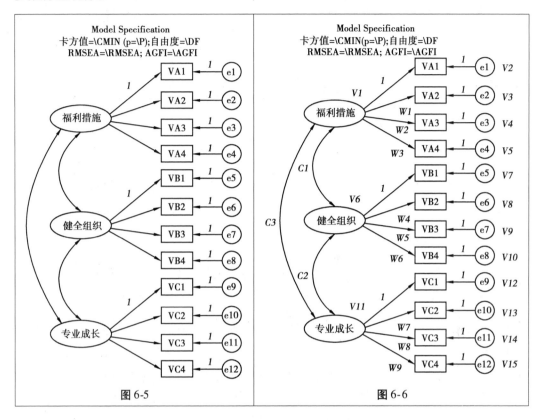

200 位受试者在激励策略量表得分的协方差矩阵数据如表 6-3：

表 6-3

rowtype_	varname_	VA1	VA2	VA3	VA4	VB1	VB2	VB3
n		200.000	200.000	200.000	200.000	200.000	200.000	200.000
cov	VA1	0.931	.	.	.	.	.	.
cov	VA2	0.577	0.741	.	.	.	.	.
cov	VA3	0.529	0.482	0.673	.	.	.	.
cov	VA4	0.477	0.411	0.396	0.748	.	.	.
cov	VB1	0.352	0.347	0.336	0.301	0.566	.	.
cov	VB2	0.336	0.280	0.304	0.288	0.289	0.574	.
cov	VB3	0.291	0.294	0.262	0.252	0.277	0.328	0.576
cov	VB4	0.303	0.327	0.289	0.256	0.298	0.297	0.361
cov	VC1	0.422	0.425	0.372	0.343	0.317	0.309	0.275
cov	VC2	0.417	0.372	0.363	0.351	0.303	0.314	0.299
cov	VC3	0.423	0.418	0.360	0.353	0.330	0.309	0.346
cov	VC4	0.383	0.392	0.358	0.351	0.336	0.313	0.328

表 6-4

rowtype_	varname_	VB4	VC1	VC2	VC3	VC4
n		200.000	200.000	200.000	200.000	200.000
cov	VA1	.	.	.	.	.
cov	VA2	.	.	.	.	.
cov	VA3	.	.	.	.	.
cov	VA4	.	.	.	.	.
cov	VB1	.	.	.	.	.
cov	VB2	.	.	.	.	.
cov	VB3	.	.	.	.	.
cov	VB4	0.549				
cov	VC1	0.322	0.851	.	.	.
cov	VC2	0.304	0.514	0.837	.	.
cov	VC3	0.354	0.530	0.572	0.788	.
cov	VC4	0.345	0.461	0.465	0.533	0.685

在协方差矩阵中,对角线为变量的方差,对角线外的数字为两个变量的协方差。

二、输出结果

测量模型按【计算估计值】图像钮,模型可以收敛识别,图 6-7 为未标准化估计值模型图,图 6-8 为标准化估计值模型图。

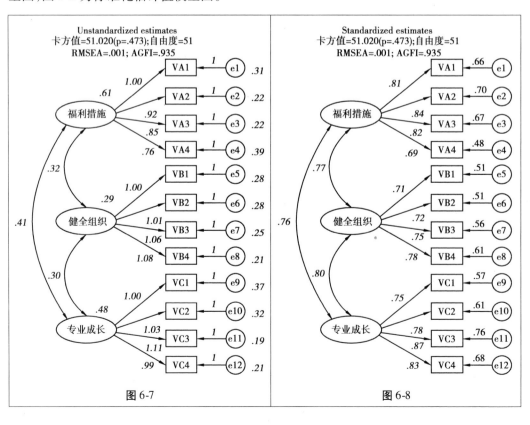

图 6-7   图 6-8

(一)群组注解

Analysis Summary

Notes for Group(Group number 1)

The model is recursive.

Sample size = 200

【说明】　假设模型为递归模型(单一箭头所指),样本观察值有200个。群组注解的名称因为没有修改,采用内定群组名称"Group number 1"。

(二)变量摘要

Variable Summary (Group number 1)

Your model contains the following variables (Group number 1)

Observed, endogenous variables

VA1

VA2

VA3

VA4

VB1

VB2

VB3

VB4

VC1

VC2

VC3

VC4

Unobserved, exogenous variables

福利措施

e1

e2

e3

e4

健全组织

e5

e6

e7

e8

专业成长

e9

e10

e11

e12

Variable counts（Group number 1）

Number of variables in your model：	27
Number of observed variables：	12
Number of unobserved variables：	15
Number of exogenous variables：	15
Number of endogenous variables：	12

【说明】 模型中的变量总共有 27 个,观察变量(指标变量)有 12 个、潜在变量(无法观察)有 15 个,内因变量(观察变量)有 12 个、外因变量(3 个潜在变量加上 12 个误差变量)有 15 个,测量模型的指标变量为观察变量,这些指标变量又是内因变量(箭头所指的变量),因而为观察内因变量(observed endogenous variables)。

(三)参数摘要

表 6-5　Parameter summary（Group number 1）

	Weights	Covariances	Variances	Means	Intercepts	Total
Fixed	15	0	0	0	0	15
Labeled	0	0	0	0	0	0
Unlabeled	9	3	15	0	0	27
Total	24	3	15	0	0	42

【说明】 模型中共有 24 个回归系数参数,其中 15 个是固定参数,9 个是待估计的参数。15 个固定参数中有 3 个是因素项,12 个是误差变量,参数值固定值为 1。待估计的协方差参数有 3 个,待估计的方差参数有 15 个,因而待估计参数有 9 + 3 + 15 = 27 个,这 27 个待估计的参数均未命名(因为测量模型中没有设定参数标签名称),加上 15 个固定回归系数,全部的参数有 15 + 27 = 42 个。若是对输出表格的符号或说明不清楚,使用者可在每个输出标题选项上按一下(出现超级链接手的符号),可开启相对应的参数说明窗口,如当鼠标移往"Parameter summary（Group number 1）"标题上,字形会变为蓝色并增列底线,鼠标变为超级链接的符号,按一下可开启"Summary of Parameters"(参数摘要)的说明窗口,如:"Fixed: parameters whose values are fixed at a constant value." "Labeled: parameters that are labeled." "Unlabeled: parameters that are neither fixed nor labeled. Such parameters are free to take on any value. (Labeled parameters can also be free — a parameter that has been associated with a unique label is free to take on any value.)"等。表中第一栏第一行中的"固定"(Fixed)是把参数的数值固定为某个常数项,第二行中的"标记"(Label)表示已加上注解的参数,第三行中的"未标记"(Unlabel)表示参数既不是固定参数也没有加上参数标签名称,这些参数是自由参数。若是 CFA 测量模型加上参数标签名称,则参数摘要表呈现如表 6-6,表中"标记"行中的数字和表 6-5 中"Unlabeled"列的数字相同。

表 6-6　Parameter summary（Group number 1）

	Weights	Covariances	Variances	Means	Intercepts	Total
Fixed	15	0	0	0	0	15
Labeled	9	3	15	0	0	27
Unlabeled	0	0	0	0	0	0
Total	24	3	15	0	0	42

(四)样本矩阵

Sample Moments（Group number 1）

表6-7　Sample Covariances（Group number 1）

	VC4	VC3	VC2	VC1	VB4	VB3	VB2	VB1	VA4	VA3	VA2	VA1
VC4	.682											
VC3	.530	.784										
VC2	.463	.569	.833									
VC1	.459	.527	.511	.847								
VB4	.343	.352	.302	.320	.546							
VB3	.326	.344	.298	.274	.359	.573						
VB2	.311	.307	.312	.307	.296	.326	.571					
VB1	.334	.328	.301	.315	.297	.276	.288	.563				
VA4	.349	.351	.349	.341	.255	.251	.287	.299	.744			
VA3	.356	.358	.361	.370	.288	.261	.302	.334	.394	.670		
VA2	.390	.416	.370	.423	.325	.293	.279	.345	.409	.480	.737	
VA1	.381	.421	.415	.420	.301	.290	.334	.350	.475	.526	.574	.926

Condition number = 26.613

Eigenvalues

4.730 .768 .583 .387 .341 .324 .292 .248 .239 .199 .188 .178

Determinant of sample covariance matrix = .000

表6-8　Sample Correlations（Group number 1）

	VC4	VC3	VC2	VC1	VB4	VB3	VB2	VB1	VA4	VA3	VA2	VA1
VC4	1.000											
VC3	.725	1.000										
VC2	.614	.704	1.000									
VC1	.604	.647	.609	1.000								
VB4	.563	.538	.448	.471	1.000							
VB3	.522	.514	.431	.393	.642	1.000						
VB2	.499	.459	.453	.442	.529	.570	1.000					
VB1	.540	.494	.440	.457	.535	.485	.507	1.000				
VA4	.490	.460	.444	.430	.399	.384	.440	.463	1.000			
VA3	.527	.494	.484	.492	.475	.421	.489	.544	.558	1.000		
VA2	.550	.547	.472	.535	.513	.450	.429	.536	.552	.683	1.000	
VA1	.480	.494	.472	.474	.424	.397	.460	.485	.572	.668	.695	1.000

Condition number = 27.875

Eigenvalues

6.635 1.002 .899 .544 .502 .484 .409 .357 .343 .317 .270 .238

【说明】　上面数据为样本数据导出的协方差矩阵(S 矩阵)、12 个指标变量间的相关矩阵。样本协方差矩阵的条件数目（Condition number）S$^{(g)}$是最大特征值除以最小特征值,表6-7中的样本协方差矩阵的条件数目 = 6.635 ÷ 0.238 = 27.875,样本相关矩阵对角线为变量的自相关,其相关系数均为 1.000。

(五)模型注解

Models

Default model (Default model)

Notes for Model (Default model)

Computation of degrees of freedom (Default model)

Number of distinct sample moments:　78

Number of distinct parameters to be estimated:　27

Degrees of freedom (78 - 27):　51

Result (Default model)

Minimum was achieved

Chi-square = 51.020

Degrees of freedom = 51

Probability level = .473

【说明】　模型注解中显示模型名称为预试模型(Default model),独特样本矩元素的数目即样本数据点数目,其数值 $= \frac{1}{2}k(k+1) = \frac{1}{2}(12)(12+1) = 78$,其中 k 为 CFA 模型观察变量的个数;模型中待估计的自由参数共有 27 个,模型的自由度等于 78 - 27 = 51,卡方值等于 51.020,显著性概率值 p = 0.473 > 0.05,接受虚无假设,表示观察数据所导出方差协方差 S 矩阵与假设模型导出的方差协方差 $\hat{\Sigma}$ 矩阵相等的假设获得支持,即假设模型图与观察数据适配。

【Notes for Model (Default model)】标题超级链接内容窗口表示最小化历程与单一模型有关,在单一模型中若是最小化历程已经完成,表示一个模型可以成功地适配。

(六)参数估计值

Group number 1 (Group number 1-Default model)

Estimates (Group number 1-Default model)

Scalar Estimates (Group number 1-Default model)

Maximum Likelihood Estimates

【说明】　以下报表中的各种参数估计值是采用极大似然估计法(Maximum Likelihood Estimates)所估计而得。

表6-9　Regression Weights:(Group number 1-Default model)

	Estimate	S. E.	C. R.	P	Label
VA1 ← 福利措施	1.000				
VA2 ← 福利措施	.922	.069	13.270	***	par_1
VA3 ← 福利措施	.854	.067	12.759	***	par_2
VA4 ← 福利措施	.761	.074	10.305	***	par_3
VB1 ← 健全组织	1.000				
VB2 ← 健全组织	1.013	.110	9.196	***	par_4
VB3 ← 健全组织	1.064	.114	9.358	***	par_5
VB4 ← 健全组织	1.079	.110	9.790	***	par_6
VC1 ← 专业成长	1.000				
VC2 ← 专业成长	1.030	.092	11.168	***	par_7
VC3 ← 专业成长	1.113	.090	12.423	***	par_8
VC4 ← 专业成长	.987	.084	11.759	***	par_9

【说明】　表6-9为采用极大似然法所估计的未标准化回归系数,在模型设定上将"福利措施→VA1""健全组织→VB1""专业成长→VC1"的未标准化回归系数设为固定参数,固定参数的数值为1,所以这三个参数不需要进行路径系数显著性检验,其标准误(S.E.)、临界比(C.R.)、显著性 p 值均空白。临界比(critical ratio)值等于参数估计值(Estimate)与估计值标准误(the standard error of estimate)的比值,相当于 t 检验值,如果此比值绝对值大于 1.96,则参数估计值达到 0.05 显著水平,临界比值绝对值大于 2.58,则参数估计值达到 0.01 显著水平。显著性的概率值若是小于 0.001,则 p 值栏会以"＊＊＊"符号表示;显著性的概率值如果大于 0.001,则 p 值栏会直接呈现其数值大小。路径系数估计值检验是判别回归路径系数估计值是否等于 0,如果达到显著水平($p <$ 0.05),表示回归系数显著不等于 0。以"福利措施——→VA2"为例,其非标准化路径系数估计值 =0.922,估计值的标准误 =0.069,临界比值 =0.922÷0.069=13.270,表示此路径系数显著不等于 0。

在描绘假设模型时,如果假设模型图有增列参数标签名称,则于【Label】(注解)栏会呈现设定的参数标签名称。假设的模型图中有无界定参数标签名称并不影响参数估计结果,文字浏览输出报表中数字均相同,唯一的差别只有在【Label】栏,第一个会呈现内定的参数标签名称(par_1、par_2、par_3、……),第二个会呈现研究者界定的参数标签名称。

表 6-10　Regression Weights：(Group number 1-Default model)

	Estimate	S. E.	C. R.	P	Label
VA1 ← 福利措施	1.000				
VA2 ← 福利措施	.922	.069	13.270	***	W1
VA3 ← 福利措施	.854	.067	12.759	***	W2
VA4 ← 福利措施	.761	.074	10.305	***	W3
VB1 ← 健全组织	1.000				
VB2 ← 健全组织	1.013	.110	9.196	***	W4
VB3 ← 健全组织	1.064	.114	9.358	***	W5
VB4 ← 健全组织	1.079	.110	9.790	***	W6
VC1 ← 专业成长	1.000				
VC2 ← 专业成长	1.030	.092	11.168	***	W7
VC3 ← 专业成长	1.113	.090	12.423	***	W8
VC4 ← 专业成长	.987	.084	11.759	***	W9

表 6-11　Standardized Regression Weights：(Group number 1-Default model)

	Estimate
VA1 ← 福利措施	.813
VA2 ← 福利措施	.840
VA3 ← 福利措施	.817
VA4 ← 福利措施	.690
VB1 ← 健全组织	.712
VB2 ← 健全组织	.716
VB3 ← 健全组织	.751
VB4 ← 健全组织	.780
VC1 ← 专业成长	.752
VC2 ← 专业成长	.781
VC3 ← 专业成长	.870
VC4 ← 专业成长	.827

【说明】　Standardized Regression Weights 为标准化回归系数,在验证性因素分析中也称为因素加权值(factor weights)或因素负荷量(factor loading),标准化的路径系数代表的是共同因素对测量变量的影响。以"福利措施——→VA1"为例,其标准化的回归系数值为 0.813,表示潜在因素对测量指标 VA1 的直接效果值为 0.813,其预测力为 $0.813 \times 0.813 = 0.661$。标准化的回归系数是由变量转化为标准分数(z 分数)后计算出来的估计值,从因素负荷量的数值可以了解测量变量在各潜在因素的相对重要性。因素负荷量值介于 0.50 至 0.95 之间,表示模型的基本适配度良好,因素负荷量值愈大,表示指标变量能被构念解释的变异愈大,指标变量能有效反映其要测得的构念特质。

表 6-12　Covariances：(Group number 1-Default model)

	Estimate	S. E.	C. R.	P	Label
福利措施 ↔ 健全组织	.322	.050	6.394	***	par_10
健全组织 ↔ 专业成长	.296	.046	6.382	***	par_11
福利措施 ↔ 专业成长	.409	.061	6.693	***	par_12

表 6-13　Correlations：(Group number 1-Default model)

	Estimate
福利措施 ↔ 健全组织	.770
健全组织 ↔ 专业成长	.801
福利措施 ↔ 专业成长	.756

【说明】　三个潜在变量(因素)之间的协方差估计值,如果协方差检验结果显著不等于 0,表示潜在变量间有显著的共变关系,两个变量的协方差达到显著,表示两者的相关系数达到显著。潜在变量"福利措施"与"健全组织"的协方差为 0.322,协方差的标准误估计值为 0.050,临界比值 6.394,达到 0.05 的显著水平,两个潜在变量间的相关系数为 0.770。"健全组织"与"专业成长"两个潜在变量间的相关为 0.801,"福利措施"与"专业成长"两个潜在变量间的相关系数为 0.756,均达到显著水平。三组因素间的相关系数均在 0.750 以上,显示这三个因素间可能有另一个更高阶的共同因素(common factor)存在,由于三个因素构念间有中高度相关存在,因而采用斜交 CFA 模型较为适宜。

表 6-14　Variances：(Group number 1-Default model)

	Estimate	S. E.	C. R.	P	Label
福利措施	.612	.091	6.707	***	par_13
健全组织	.285	.052	5.448	***	par_14
专业成长	.479	.079	6.027	***	par_15
e1	.314	.041	7.659	***	par_16
e2	.218	.031	7.131	***	par_17
e3	.223	.029	7.589	***	par_18
e4	.390	.044	8.893	***	par_19
e5	.278	.033	8.340	***	par_20
e6	.278	.033	8.376	***	par_21
e7	.250	.032	7.849	***	par_22
e8	.214	.028	7.523	***	par_23
e9	.368	.043	8.595	***	par_24
e10	.324	.039	8.305	***	par_25
e11	.190	.029	6.637	***	par_26
e12	.215	.028	7.642	***	par_27

【说明】　表6-14是3个潜在因素与12个误差变量的测量残差变异量估计值,后者即12个测量指标的测量误差。3个潜在因素与12个测量指标的测量误差值均为正数且达到0.05显著水平,其变异量标准误估计值均很小,其数值介于 $0.028 \sim 0.091$,表示无模型界定错误的问题。估计参数中没有出现负的误差变异量且标准误估计值均很小,表示模型的基本适配度良好。SEM模型检验结果若出现负的误差方差,会出现以下的警告讯息:The following variances are negative.方差中出现负值表示模型界定有问题,此时CFA测量模型应重新界定,尤其是参数的限制部分可能要放宽,或移除被限制参数。

表6-15　Squared Multiple Correlations:(Group number 1-Default model)

	Estimate
VC4	.685
VC3	.757
VC2	.611
VC1	.566
VB4	.608
VB3	.564
VB2	.513
VB1	.507
VA4	.476
VA3	.667
VA2	.705
VA1	.661

【说明】　表6-15数据为观察变量(测量变量)的多元相关的平方,与复回归中的 R^2 性质相同,表示个别观察变量(测量指标)被其潜在变量解释的变异量,此解释变异量的数值也就是个别测量变量的信度系数。以测量指标"VA1"为例,其 R^2 值等于0.661,表示潜在变量"福利措施"可以解释测量指标"VA1"66.1%的变异量,无法解释的变异量(误差变异量)为 $1 - 0.661 = 0.339$。模型中各误差变量除具有误差变异量成分外,也包含了随机误差(random error),因而多元相关平方值被视为是信度的最小界限估计值。其中除了"联谊餐叙"(VA4)被其潜在变量"福利措施"解释的变异量低于0.50外,其余个别测量变量的信度系数都在0.50以上。模型中个别测量指标的信度值若高于0.50,表示模型的内在质量检验良好。

【表格范例】
　　模型内每个估计参数是否都达到显著水平是检核模型内在质量的一项重要指标,此处估计的27个参数均达到显著水平,表示模型的内在质量理想。估计参数标准误的另一个功用,是可以用来检测假设模型是否有违反辨认规则,如果估计参数的标准误很大或有负的误差方差存在,表示假设的理论模型有可能违反辨认规则(Hair et al.,1992)。上述27个估计参数的标准误均很小,且没有出现负的误差方差,显示假设模型没有违反辨认规则。

　　上述Amos Output输出的估计值可以整理如下表:最后一栏标准化参数估计值表示的是因素负荷量、相关系数或误差系数。就12个测量指标变量而言,其标准化的参数估计值为因素负荷量,潜在变量间的共变关系为两者间的相关系数,δ_1 至 δ_{12} 为测量指标变量的误差变异量,标准化参数估计值的测量误差的数值等于 $1 - R^2$。在下述模型估计摘要表中得知:27个估计参数中,除设为固定参数的3个外(为参照指标,无法估计标准误),其余估计参数都达到显著水平($p < 0.05$),此外,非标准化参数估计值中没有出现负的误差方差,且每个估计参数的标准误均很小,表示模型的内在质量佳。

表 6-16　模型参数估计摘要表

参　数	非标准化参数估计值	标准误	t 值	R^2	标准化参数估计值
λ_1	1.000	—	—	.661	.813
λ_2	.922	.069	13.270***	.705	.840
λ_3	.854	.067	12.759***	.667	.817
λ_4	.761	.074	10.305***	.476	.690
λ_5	1.000	—	—	.507	.712
λ_6	1.013	.110	9.196***	.513	.716
λ_7	1.064	.114	9.358***	.564	.751
λ_8	1.079	.110	9.790***	.608	.780
λ_9	1.000	—		.566	.752
λ_{10}	1.030	.092	11.168***	.611	.781
λ_{11}	1.113	.090	12.423***	.757	.870
λ_{12}	.987	.084	11.759***	.685	.827
Φ_{21}	.322	.050	6.394***		.770
Φ_{32}	.296	.046	6.382***		.801
Φ_{31}	.409	.061	6.693***		.756
δ_1	.314	.041	7.659***		.339
δ_2	.218	.031	7.131***		.294
δ_3	.223	.029	7.589***		.333
δ_4	.390	.044	8.893***		.524
δ_5	.278	.033	8.340***		.493
δ_6	.278	.033	8.376***		.487
δ_7	.250	.032	7.849***		.436
δ_8	.214	.028	7.523***		.392
δ_9	.368	.043	8.595***		.434
δ_{10}	.324	.039	8.305***		.390
δ_{11}	.190	.029	6.637***		.243
δ_{12}	.215	.028	7.642***		.316

＊＊＊ $p < .001$

【表格范例】

在一阶验证性因素分析中,LAMBDA-X 矩阵即为观察变量的因素负荷量(λ_1 至 λ_{12}),12 个测量指标的因素负荷量界于 0.690 至 0.870 间,λ 值皆大于 0.50,而小于 0.95,表示基本适配指标理想。潜在因素一"福利措施"四个测量指标的因素负荷量分别为0.813,0.840,0.817,0.690;潜在因素二"健全组织"四个测量指标的因素负荷量分别为 0.712,0.716,0.751,0.780;潜在因素三"专业成长"四个测量指标的因素负荷量分别为 0.752,0.781,0.870,0.827。将上述各测量指标变量的因素负荷量、信度系数、测量误差变异量整理如表 6-17。信度系数为因素负荷量值的平方,测量误差栏值等于"1 - 信度系数值",表示潜在变量无法解释的测量指标变量变异量,数值愈大,表示测量误差值愈大,在结构方程模型中是 δ 或 ε 的变异量。

根据标准化回归系数(因素负荷量)估计值可以计算出三个潜在变量的组合信度(composite reliability)或构念信度,组合信度可作为检验潜在变量的信度指标,此种信度检验值也称为建构信度(construct reliability),计算组合信度要利用标准化估计值报表中的指标因素负荷量与误差变异量(误差变异量根据因素负荷量可以计算出来)来估算,组合信度公式如下:

$$\rho_c = \frac{(\sum \lambda)^2}{[(\sum \lambda)^2 + \sum(\theta)]} = \frac{(\sum \text{标准化因素负荷量})^2}{[(\sum \text{标准化因素负荷量})^2 + \sum(\theta)]}$$

上述公式符号中 ρ_c 为组合信度,λ 为指标变量在潜在变量上的标准化参数估计值(因素负荷量,indicator loading),θ 为观察变量的误差变异量(indicator error variances)(δ 或 ε 的变异量)。在因素分析中,以内部一致性 α 系数作为各构念或各层面的信度系数,在 SEM 分析中,则以组合信度作为模型潜在变量的信度系数。AMOS 输出报表不像 LISREL 会直接在标准化解值中输出"THETE-DELTA"(观察变量的误差方差),因而每个测量误差方差须另外计算,其值 = 1 - 因素负荷量平方 = $1 - R^2$,其中因素负荷值须从标准化回归系数摘要中查找。

表 6-17

测量指标	因素负荷量	信度系数	测量误差	组合信度	平均变异量抽取值[1]
VA1	0.813	0.661	0.339		
VA2	0.840	0.706	0.294		
VA3	0.817	0.667	0.333		
VA4	0.690#	0.476#	0.524		
				0.870	0.628
VB1	0.712	0.507	0.493		
VB2	0.716	0.513	0.487		
VB3	0.751	0.564	0.436		
VB4	0.780	0.608	0.392		
				0.829	0.548
VC1	0.752	0.566	0.434		
VC2	0.781	0.610	0.390		
VC3	0.870	0.757	0.243		
VC4	0.827	0.684	0.316		
				0.883	0.654

注:#表示未达最低标准值,因素负荷量 <.70 信度系数 <.50

三个潜在变量的组合信度分别如下:

$$\rho_{\xi 1} = \frac{(0.813 + 0.840 + 0.817 + 0.690)^2}{(0.813 + 0.840 + 0.817 + 0.690)^2 + (0.339 + 0.294 + 0.333 + 0.524)} = 0.870$$

$$\rho_{\xi 2} = \frac{(0.712 + 0.716 + 0.751 + 0.780)^2}{(0.712 + 0.716 + 0.751 + 0.780)^2 + (0.493 + 0.487 + 0.436 + 0.392)} = 0.829$$

$$\rho_{\xi 3} = \frac{(0.752 + 0.781 + 0.870 + 0.827)^2}{(0.752 + 0.781 + 0.870 + 0.827)^2 + (0.434 + 0.390 + 0.243 + 0.316)} = 0.883$$

潜在变量的组合信度为模型内在质量的判别准则之一,若是潜在变量的组合信度值在 0.60 以上,表示模型的内在质量理想。上述三个潜在变量的组合信度系数值均大于 0.60,表示模型内在质量佳。

另外一个与组合信度类似的指标为平均方差抽取量(average variance extracted,ρ_V),平均方差抽取量可以直接显示被潜在构念所解释的变异量有多少是来自测量误差,平均方差抽取量愈大,指标变量被潜在变量构念解释的变异量百分比愈大,相对的测量误差就愈小,一般的判别标准是平均方差抽取量要大于 0.50。平均方差抽取量是潜在变量可以解释其指标变量变异量的比值,是一种收敛效度的指标,其数值愈大,表示测量指

---

1 也称为"平均方差抽取量""平均方差提取"。

标愈能有效反映其共同因素构念的潜在特质。

$$\rho_V = \frac{(\sum \lambda^2)}{[(\sum \lambda^2) + \sum(\theta)]} = \frac{(\sum 标准化因素负荷量^2)}{[(\sum 标准化因素负荷量^2) + \sum(\theta)]}$$

$$\rho_{v1} = \frac{(0.813^2 + 0.840^2 + 0.817^2 + 0.690^2)}{(0.813^2 + 0.840^2 + 0.817^2 + 0.690^2) + (0.339 + 0.294 + 0.333 + 0.524)} = 0.628$$

$$\rho_{v2} = \frac{(0.712^2 + 0.716^2 + 0.751^2 + 0.780^2)}{(0.712^2 + 0.716^2 + 0.751^2 + 0.780^2) + (0.493 + 0.487 + 0.436 + 0.392)} = 0.548$$

$$\rho_{v3} = \frac{(0.752^2 + 0.781^2 + 0.870^2 + 0.827^2)}{(0.752^2 + 0.781^2 + 0.870^2 + 0.827^2) + (0.434 + 0.390 + 0.243 + 0.316)} = 0.654$$

三个潜在变量的平均方差抽取值分别为 0.628,0.548,0.654,均高于 0.50 的标准,表示模型的内在质量理想。

为便于使用者计算 CFA 测量模型中的构念信度与平均方差抽取值,本书附带的数据文件夹内有一个简单计算的应用程序[1],其操作程序如下:在应用程序图像上连按两下 ![Euro Exps icon],开启【建构信度的计算】对话窗口,选择测量指标变量的个数,再依序输入各测量指标的因素负荷量,按【计算】钮,即可快速求出各测量模型的构念信度与平均方差抽取值。要计算第二组的构念信度与平均方差抽取值前,先按【清除】钮清除之前的输入数值,重新输入观察变量的数目和每个观察变量的因素负荷量即可(求出的数值四舍五入至小数第四位)。

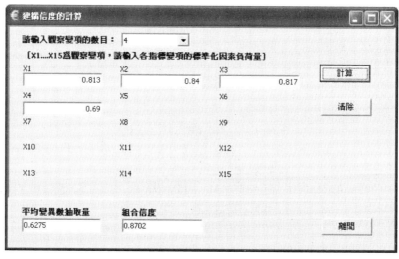

图 6-9

第一个潜在变量的建构信度为 0.8702,平均方差抽取量为 0.6275。
第二个潜在变量的建构信度为 0.8288,平均方差抽取量为 0.5480。
第三个潜在变量的建构信度为 0.8829,平均方差抽取量为 0.6541。

(七)假设模型隐含矩阵

Matrices (Group number 1-Default model)

---

1 本书配套的相关数据、程序,请于封底提供的地址下载或索取。

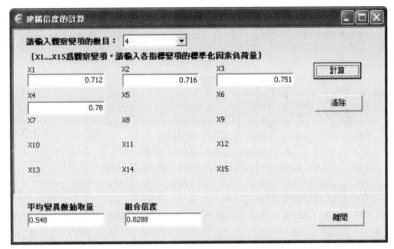

图 6-10

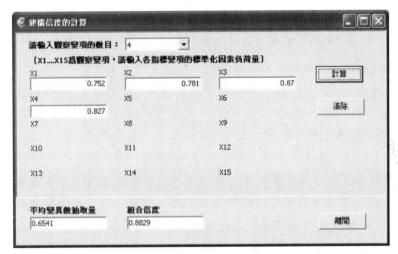

图 6-11

表 6-18　Implied Covariances（Group number 1-Default model）

	VC4	VC3	VC2	VC1	VB4	VB3	VB2	VB1	VA4	VA3	VA2	VA1
VC4	.682											
VC3	.526	.784										
VC2	.487	.549	.833									
VC1	.473	.533	.494	.847								
VB4	.315	.356	.329	.320	.546							
VB3	.311	.351	.325	.315	.328	.573						
VB2	.296	.334	.309	.300	.312	.308	.571					
VB1	.292	.330	.305	.296	.308	.304	.289	.563				
VA4	.308	.347	.321	.312	.264	.261	.248	.245	.744			
VA3	.345	.390	.360	.350	.297	.293	.279	.275	.398	.670		
VA2	.372	.420	.389	.377	.320	.316	.301	.297	.429	.482	.737	
VA1	.404	.456	.422	.409	.347	.343	.326	.322	.466	.523	.564	.926

表 6-19 Implied Correlations（Group number 1-Default model）

	VC4	VC3	VC2	VC1	VB4	VB3	VB2	VB1	VA4	VA3	VA2	VA1
VC4	1.000											
VC3	.720	1.000										
VC2	.646	.680	1.000									
VC1	.622	.655	.588	1.000								
VB4	.517	.544	.488	.470	1.000							
VB3	.498	.524	.470	.453	.586	1.000						
VB2	.475	.499	.448	.432	.559	.538	1.000					
VB1	.472	.496	.446	.429	.555	.535	.510	1.000				
VA4	.432	.454	.408	.393	.415	.399	.381	.378	1.000			
VA3	.511	.538	.483	.465	.491	.472	.451	.448	.564	1.000		
VA2	.525	.553	.496	.478	.504	.486	.463	.460	.579	.686	1.000	
VA1	.509	.535	.480	.462	.488	.470	.448	.446	.561	.664	.682	1.000

【说明】　表 6-19 为隐含协方差矩阵(Implied Covariances)为假定模型是正确的情况下,观察变量总体协方差矩阵的估计结果和观察变量间的相关估计值。

　　隐含协方差矩阵数据是根据假设模型图所导出的适配协方差矩阵(Fitted Covariance Matrix),适配的协方差矩阵即是假设理论模型隐含的协方差矩阵$\hat{\sum}$,而总体假设模型协方差矩阵为$\sum(\theta)$。另外一个协方差矩阵为实际搜集数据的协方差矩阵,即样本的协方差矩阵(sample covariance matrix—S 矩阵),样本协方差矩阵会呈现在报表最前面的"Covariance Matrix"处。观察数据所得的协方差矩阵 S 与假设理论模型协方差矩阵$\hat{\sum}$的差异值,即为下表的适配残差矩阵(fitted residual matrix),此差距值即为残差值,残差值愈大,表示观察数据所得的协方差矩阵 S 与假设理论模型隐含的协方差矩阵$\hat{\sum}$的差异愈大,残差值愈小,表示观察数据所得的协方差矩阵 S 与假设理论模型隐含的协方差矩阵$\hat{\sum}$的差异愈小,即假设模型与观察数据愈能契合。如果$S-\hat{\sum}$的值为负,且其绝对值很大,表示理论模型高估了变量间的共变,实际的协方差被高估造成过度适配(overfitting)的情形;相反的,若是$S-\hat{\sum}$的值为正,且其数值很大,表示理论模型低估了变量间的共变,实际的协方差被低估了,造成低度适配(underfitting)的情形。

表 6-20 Residual Covariances（Group number 1-Default model）

	VC4	VC3	VC2	VC1	VB4	VB3	VB2	VB1	VA4	VA3	VA2	VA1
VC4	.000											
VC3	.004	.000										
VC2	-.024	.020	.000									
VC1	-.014	-.006	.018	.000								
VB4	.028	-.004	-.027	.001	.000							
VB3	.015	-.007	-.027	-.042	.031	.000						
VB2	.015	-.027	.003	.007	-.016	.019	.000					
VB1	.042	-.001	-.004	.019	-.011	-.028	-.002	.000				
VA4	.042	.004	.028	.030	-.010	-.010	.038	.054	.000			
VA3	.011	-.031	.001	.020	-.009	-.032	.024	.059	-.004	.000		
VA2	.018	-.004	-.019	.045	.005	-.023	-.022	.049	-.020	-.002	.000	
VA1	-.023	-.035	-.007	.010	-.046	-.053	.008	.028	.009	.004	.010	.000

【说明】　表6-20为适配残差协方差矩阵,其数值为实际数据的协方差矩阵与适配协方差矩阵的差异值,等于 S 矩阵减去 $\hat{\Sigma}$ 矩阵,也可以表示为假设模型限制下导出的协方差矩阵 $\Sigma(\theta)$ 与样本协方差矩阵的差异,如果模型是正确的,差异值会很小。以"VC4"与"VC4"两个变量为例,假设理论模型导出的数值为 0.682,实际数据的协方差数值为 0.682,两者的差异值 = 0.682 - 0.682 = 0.000;以变量"VC4"与变量"VC3"为例,两者实际观察值的协方差为 0.530,假设模型导出的数值为 0.526,两者的差异值 = 0.530 - 0.526 = 0.004;以变量"VC4"与变量"VC2"为例,两者实际观察值的协方差为 0.463,假设模型导出的数值为 0.487,两者的差异值 = 0.463 - 0.487 = -0.024。残差协方差矩阵对角线差异值均为 0,因为此数值为指标变量的方差与自己的差异值。在概念上,残差值愈小愈好,因为残差愈小表示观察数据所得的协方差矩阵 S 与假设理论模型的协方差矩阵 $\hat{\Sigma}$ 愈接近。

适配残差值会根据观察变量测量的单位或尺度不同而不同,因而较难解释,由于残差值大小会随着观察变量的量尺而改变,当改变某一个变量的测量单位后,会导致方差与协方差的改变,进而导致残差的改变,所以解释残差时最好采用标准化残差(standardized residuals)来解释(Byrne,2001;程炳林,2005)。

表6-21　Standardized Residual Covariances（Group number 1-Default model）

	VC4	VC3	VC2	VC1	VB4	VB3	VB2	VB1	VA4	VA3	VA2	VA1
VC4	.000											
VC3	.062	.000										
VC2	-.384	.284	.000									
VC1	-.222	-.087	.259	.000								
VB4	.572	-.068	-.503	.015	.000							
VB3	.307	-.126	-.505	-.769	.684	.000						
VB2	.311	-.503	.061	.137	-.363	.404	.000					
VB1	.863	-.028	-.070	.359	-.255	-.618	-.036	.000				
VA4	.757	.071	.467	.489	-.196	-.201	.776	1.110	.000			
VA3	.202	-.538	.012	.344	-.191	-.659	.497	1.243	-.069	.000		
VA2	.309	-.069	-.301	.732	.106	-.453	-.432	.967	-.335	-.038	.000	
VA1	-.365	-.511	-.101	.150	-.815	-.929	.146	.506	.131	.052	.143	.000

【说明】　上列数据为标准化残差值,在适配残差值的数据中为原始估计值,若考虑各观察变量的分散性,以及残差的集中性与分散性,将原始残差以 Z 分数形式进行标准化,可以得到标准化残差值。标准化残差在方差部分呈现理论与实际值相等的状况,因此没有数据可以参考,只有协方差可以计算出残差值(邱皓政,2005)。标准化残差矩阵等于残差协方差除以其标准误,假定模型是正确的,若是样本足够大,则标准化残差协方差会呈现标准化正态分布,大部分标准化残差绝对值会小于2。标准化残差值类似 Z 分数,因而二组残差值间可以比较和解释,若是假设模型适配完美,则 $\Sigma(\theta) - S = 0.00$。

由于标准化残差矩阵,不会受到观察变量测量量尺的影响,在解释上较为容易。标准化残差等于适配残差值除以渐近标准误(asymptotically standard error),标准化残差也是检验假设模型内在质量的一个重要指标,其判断的标准为绝对值小于2.58。若标准化残差值的绝对值大于2.58,表示模型有叙列误差存在,亦即模型的内在质量不佳。上述数据中,没有标准化残差值大于2.58,表示模型的内在质量理想。

（八）因素分数权重

表 6-22　Factor Score Weights（Group number 1-Default model）

	VC4	VC3	VC2	VC1	VB4	VB3	VB2	VB1	VA4	VA3	VA2	VA1
专业成长	.203	.259	.140	.120	.040	.033	.029	.028	.014	.027	.029	.022
健全组织	.036	.046	.025	.021	.184	.155	.133	.131	.015	.030	.033	.025
福利措施	.032	.041	.022	.019	.040	.033	.029	.028	.123	.242	.267	.200

　　因素分数权重表示观察变量预测潜在变量的回归系数，因素分数权重值愈大，表示观察变量对潜在变量的影响愈大。

（九）修正指标

Modification Indices（Group number 1-Default model）

表 6-23　Covariances：（Group number 1-Default model）

	M. I.	Par Change
e7 ↔ e8	5.243	.045
e5 ↔ 福利措施	6.801	.060

表 6-24　Variances：（Group number 1-Default model）

	M. I.	Par Change

表 6-25　Regression Weights：（Group number 1-Default model）

	M. I.	Par Change

　　【说明】　上表为各个参数的修正指标值，在输出报表中内定的修正指标值的界限为 4，范例中最大的修正指标值为 6.801，如果修正指标值大于 5，表示该残差值具有修正的必要，但模型修正应与理论或经验法则相契合，或重新抽取一组样本施测，以重新检验修正后新模型的适配情形。当参数的修正指标值较大时，表示要进行变量间的释放或路径系数的删除，无论是进行变量间的参数释放（建立变量间的共变关系），还是变量间的因果关系路径删除，均不能违反 SEM 的假定或与理论模型假定相矛盾。上述最大修正指标为潜在因素"福利措施"与测量指标 VB1 的测量误差（e5）间的共变关系。若是设定测量误差 e5 与潜在因素"福利措施"间有共变关系，则至少可以减少卡方值 6.801，但此种关系的设定违反 SEM 的基本假定：测量指标的残差与潜在因素间无关，故此共变关系不能释放估计。另一个修正指标为测量误差 e7 与测量误差 e8 间的共变关系，将这两个测量误差变量释放，也可以改善卡方值。潜在因素"健全组织"的测量指标 VB3 与测量指标 VB4 所测量的某些特质可能类同，因而两个测量指标的测量误差可能有某种程度的关联，这两个测量误差变量也可以考虑加以释放。在 SEM 测量模型修正中，允许测量误差间有共变关系并不违反 SEM 的假定。

　　修正指标值中的"Par Change"栏表示预测的估计参数改变量，此值可能为正也可能为负，由于参数改变统计量对于变量尺度或因素尺度，或模型是否可识别非常敏感，因而其绝对值很难解释，参数改变值栏的数据大小也可作为模型固定参数与评估模型是否适配的参考指标（Bentler, 1995）。

（十）适配度摘要表

Model Fit Summary

表 6-26　CMIN

Model	NPAR	CMIN	DF	P	CMIN/DF
Default model	27	51.020	51	.473	1.000
Saturated model	78	.000	0		
Independence model	12	1417.461	66	.000	21.477

【说明】　模型适配度参数会提供预设模型（Default model）、饱和模型（Saturated model）与独立模型（Independence model）的数据,在模型适配度参数判别上以预设模型列的参数为准。预设模型的参数个数共有 27 个,卡方值（CMIN 栏）为 51.020,模型的自由度为 51,显著性概率值 p = 0.473 > 0.05,未达显著水平,接受虚无假设,卡方自由度比值（CMIN/DF）为 1.000（= 51.020 ÷ 51 = 1.000）,卡方自由度比值 1.000 < 3.000,表示模型的适配度良好。CMIN 为最小差异值（minimum discrepancy）,最小差异值为没有限制的样本协方差矩阵 S 与限制协方差矩阵 $\sum(\theta)$ 间的差异或不一致,它是一种概似比的检验统计量,此检验统计量为卡方值（χ^2）,其数值等于 $(N-1)F_{MIN}$,自由度等于 $\frac{1}{2}(k)(k+1) - t$,k 是观察变量的数目,t 是待估计的参数数目。模型检验的虚无假设 $H_0: \sum = \sum(\theta)$ 或 $H_0: \sum - \sum(\theta) = 0$,如果卡方检验结果不显著（p > 0.05）,则接受虚无假设,表示假设模型与样本数据可以适配。

由于卡方值易受到样本数大小的影响,当样本数较大时,卡方值相对地会变大,显著性概率值 p 会变小,容易出现假设模型被拒绝的情形,必须进行模型修正才能有效适配样本数据。因而如果在大样本的情况下,判断假设模型与样本数据是否适配,除参考 CMIN 值外,也须考虑到其他适配度统计量。

表 6-27　RMR, GFI

Model	RMR	GFI	AGFI	PGFI
Default model	.023	.958	.935	.626
Saturated model	.000	1.000		
Independence model	.338	.254	.118	.215

【说明】　模型适配度指标中的 RMR 值等于 0.023 < 0.050,GFI 值等于 0.958 > 0.900,AGFI 值等于 0.935 > 0.900,PGFI 值等于 0.626 > 0.500,均达模型可以适配的标准。GFI 值与 AGFI 值通常被视为绝对适配指标（absolute indexes of fit）。上述 PGFI 值与之后的 AGFI 值可由饱和模型的参数个数（= 78）、预设模型的自由度（= 51）及 GFI 值导出。AGFI = 1 - (1 - 0.958) × 78 ÷ 51 = 0.936;PGFI 值 = 0.958 × 51 ÷ 78 = 0.626。

表 6-28　Baseline Comparisons

Model	NFI Delta1	RFI rho1	IFI Delta2	TLI rho2	CFI
Default model	.964	.953	1.000	1.000	1.000
Saturated model	1.000		1.000		1.000
Independence model	.000	.000	.000	.000	.000

【说明】　表 6-28 为各种基准线比较(Baseline Comparisons)估计量,AMOS 输出的基准线比较适配统计量包括 NFI、RFI、IFI、TLI、CFI 五种。模型适配度指标中的 NFI 值等于 0.964 >0.900,RFI 值等于 0.953 >0.900,IFI 值等于 1.000 >0.900,TLI 值等于 1.000 >0.900,CFI 值等于 1.000 >0.900,均符合模型适配标准,表示假设理论模型与观察数据的整体适配度佳。TLI、NFI 值与 CFI 值一般的判别标准是 >0.900,但学者 Hu 与 Bentler (1999)进一步认为一个适配良好的假设模型,在大样本情况下,其 TLI 值、NFI 值与 CFI 值最好接近 0.95。

NFI 值 = 1 − (预设模型 χ^2 值 ÷ 独立模型 χ^2 值) = 1 − (51.020 ÷ 1417.461) = 0.964。

TLI = NNFI = (独立模型 CMIN/DF − 预设模型 CMIN/DF) ÷ (独立模型 CMIN/DF − 1)
= (21.477 − 1.000) ÷ (21.477 − 1) = 1.000。

表 6-29　Parsimony-Adjusted Measures

Model	PRATIO	PNFI	PCFI
Default model	.773	.745	.773
Saturated model	.000	.000	.000
Independence model	1.000	.000	.000

【说明】　表 6-29 为简约调整后的测量值(Parsimony-Adjusted Measures),PRATIO 栏为简约比(parsimony ratio),为计算简约 NFI 值与简约 CFI 值时使用,PRATIO 栏的值等于预设模型的自由度除以独立模型的自由度 = 51 ÷ 66 = 0.773。PNFI 值 = 简约比 × NFI 值 = 0.773 × 0.964 = 0.745;PCFI 值 = 简约比 × CFI 值 = 0.773 × 1.000 = 0.773。此处的 PNFI 值等于 0.745,PCFI 值等于 0.748,均大于模型可接受的要求值 0.500。在模型适配度判别方面,基准线比较量的临界点数值为 0.900 以上,而基本简约指标值(PGFI、PNFI、PCFI)临界点为 0.500 以上。

表 6-30　NCP

Model	NCP	LO 90	HI 90
Default model	.020	.000	20.966
Saturated model	.000	.000	.000
Independence model	1351.461	1232.712	1477.603

【说明】　表 6-30 中的 NCP 为非中心性参数(Noncentrality parameter),是评量估计参数偏离程度的指标。如果假设模型不正确:$\sum \neq \sum(\theta)$,则呈现非集中化的卡方分布和非集中化的参数。非集中化的参数是个固定参数,和模型自由度关系密切,$\sum$ 与 $\sum(\theta)$ 差异愈大,非集中化的参数值差异愈大,则模型是个适配不佳(badness of fit)的模型。范例中的 NCP 值为 0.020,其 90% 的置信区间为[0.000,20.966],区间值未包含 0,表示 NCP 估计值未达 0.10 的显著水平,此外 NCP 值接近 0 值,因而理论模型与实际观察数据整体适配度佳(两者偏离程度不显著)。NCP = 预设模型 CMIN 值 − 自由度 = 51.020 − 51 = 0.020。

表 6-31　FMIN

Model	FMIN	F0	LO 90	HI 90
Default model	.256	.000	.000	.105
Saturated model	.000	.000	.000	.000
Independence model	7.123	6.791	6.195	7.425

【说明】　FMIN 为最小差异值函数(minimum discrepancy function)$\hat{F}$。范例中的 FMIN 值等于0.256,此值为"最小差异值",F0 为总体差异函数值,其90%的置信区间为 [0.000,0.105],此数值愈接近0表示理论模型与实际数据的适配度愈佳。最小差异值 FMIN 乘(N−1)就是卡方值,即 $\chi^2 = 0.256 \times (200-1) = 51.020$。

表6-32　RMSEA

Model	RMSEA	LO 90	HI 90	PCLOSE
Default model	.001	.000	.045	.974
Independence model	.321	.306	.335	.000

【说明】　RMSEA 为渐进残差均方和平方根(root mean square error of approximation), 其值愈小,表示模型的适配度愈佳,此处 RMSEA 值=0.001小于0.50(模型可以接受的 标准)。RMSEA 值一般的判别标准为:<0.05时表示模型适配度佳;<0.08时表示有合 理的近似误差存在,模型适配度尚可;介于0.08至0.10时,模型适配度普通;>0.10表 示模型适配度不理想。学者 Hu 与 Bentler(1999)提出一个判别的依据,如果 RMSEA 值 小于0.06,表示假设模型与观察数据的适配度良好,但要注意的是如果是小样本,RMSEA 值和 TLI 值估计结果倾向于过度拒绝真实总体模型。

表6-33　AIC

Model	AIC	BCC	BIC	CAIC
Default model	105.020	108.794	194.074	221.074
Saturated model	156.000	166.903	413.269	491.269
Independence model	1441.461	1443.138	1481.040	1493.040

【说明】　AIC 为 Akaike 信息效标(Akaike information criterion),其值愈小表示模型 的适配度愈佳且愈精简。AIC 值主要用于判断理论模型所要估计的参数数目是否达到精 简,常用于数个模型的比较。表中列出四个判断值 AIC、BCC(Brown-cudeck criterion)、 BIC(Bayes information criterion)、CAIC(Consistent AIC),四个类似的 AIC 指标值通常用于 多个模型的跨效度(cross-validate)或复核效度的比较,若是作为单一模型适配度的判别, 则模型的 AIC 指标值要小于饱和模型与独立模型的 AIC 指标值。范例中四个 AIC 指标 值中的预设模型数据均小于饱和模型的数据与独立模型的数据,表示假设模型可以被 接受。

表6-34　ECVI

Model	ECVI	LO 90	HI 90	MECVI
Default model	.528	.528	.633	.547
Saturated model	.784	.784	.784	.839
Independence model	7.244	6.647	7.877	7.252

【说明】　ECVI 为期望跨效度指数(expected cross-validation index),其90%的置信区 间为[0.528,0.633]。MECVI 值 = BCC(Brown-cudeck criterion)值 ÷(观察组个数−组 数)。上表中的 ECVI 值=0.528,小于独立模型的 ECVI 值(=7.244),也小于饱和模型 的 ECVI 值(=0.784),表示模型被接受。一个可接受的假设理论模型,预设模型的 ECVI 值最好同时小于独立模型与饱和模型的 ECVI 值。

ECVI 值 = AIC ÷(N−1)= 105.020 ÷(200−1)= 0.528

MECVI 值 = BCC ÷ (N - 1) = 108.794 ÷ (200 - 1) = 0.547

如果进行多个模型的竞争比较,则应挑选 ECVI 值较小的模型,因其较能与观察数据契合,若是进行单一模型适配度的检验,一个可以被接受的模型其预设模型的 ECVI 值应同时小于独立模型的 ECVI 值与饱和模型的 ECVI 值。

表 6-35   HOELTER

Model	HOELTER .05	HOELTER .01
Default model	268	302
Independence model	13	14

【说明】   上表 HOELTER 为 Hoelter's Critical N,在 0.05 显著水平时,CN 值 = 268 > 200;0.01 显著水平时,CN 值 = 302 > 200,均达到模型可适配标准,表示假设模型适配情形良好。

上表中 χ^2 值在自由度为 51 时,其数值等于 51.020,显著性概率值 p = 0.473 > 0.05,表示未达 0.05 显著水平,接受虚无假设,研究者所提的"激励策略量表"的因素构念假设模型与实际数据可以契合。再从其他整体适配度指标来看,卡方自由度比值为 1.000 < 2.000,RMSEA 值等于 0.001 < 0.05,RMR 值等于 0.023 < 0.05,GFI 值等于 0.958,AGFI 值等于 0.935,NFI 值等于 0.964,NNFI 值等于 1.000,CFI 值等于 1.000,IFI 值等于 1.000,RFI 值等于 0.953 均大于 0.900,CN 值等于 268 > 200,PGFI 值等于 0.626,PNFI 值等于 0.745,PCFI 值等于 0.773 均大于 0.500,可见整体模型的适配度非常理想。理论模型的 CAIC 值等 221.074,小于饱和模型的 CAIC 值(= 491.269),也小于独立模型的 CAIC 值(= 1493.040)。理论模型的 AIC 值等 105.020,小于饱和模型的 AIC 值(= 156.000),也小于独立模型的 AIC 值(1441.461),达到模型可接受的标准。理论模型的 ECVI 值等于 0.528,小于饱和模型的 ECVI 值(0.784),且小于独立模型的 ECVI 值(7.244),表示模型可以接受。

【表格范例】模型契合度评价结果摘要表

上述"激励策略量表"一阶验证性因素假设模型检验结果,可以整理成下列三个表格。

表 6-36   "激励策略量表"验证性因素分析的基本适配度检验摘要表

评价项目	检验结果数据	模型适配判断
是否没有负的误差变异量	均为正数	是
因素负荷量是否介于 0.5 至 0.95 之间	.690 ~ .870	是
是否没有很大的标准误	.028 ~ .114	是

表 6-37   "激励策略量表"验证性因素分析的整体模型适配度检验摘要表

统计检验量	适配的标准或临界值	检验结果数据	模型适配判断
绝对适配度指数			
χ^2 值	p > .05(未达显著水平)	51.020(p = .473 > .05)	是
RMR 值	< 0.05	0.023	是
RMSEA 值	< 0.08(若 < .05 优良; < .08 良好)	0.001	是

续表

统计检验量	适配的标准或临界值	检验结果数据	模型适配判断
GFI 值	>.90 以上	0.958	是
AGFI 值	>.90 以上	0.935	是
增值适配度指数			
NFI 值	>.90 以上	0.964	是
RFI 值	>.90 以上	0.953	是
IFI 值	>.90 以上	1.000	是
TLI 值(NNFI 值)	>.90 以上	1.000	是
CFI 值	>.90 以上	1.000	是
简约适配度指数			
PGFI 值	>.50 以上	0.626	是
PNFI 值	>.50 以上	0.745	是
PCFI 值	>.50 以上	0.773	是
CN 值	>200	268	是
χ^2 自由度比	<2.00	1.000	是
AIC 值	理论模型值小于独立模型值,且同时小于饱和模型值	105.020<156.000,105.020<1441.461	是
CAIC 值	理论模型值小于独立模型值,且同时小于饱和模型值	221.074<491.269,221.074<1493.040	是

表 6-38 "激励策略量表"验证性因素分析的模型内在质量检验摘要表

评价项目	检验结果数据	模型适配判断
所估计的参数均达到显著水平	t 值介于 5.448 至 13.270	是
个别项目的信度高于 0.50	一个 <.50	否
潜在变量的平均抽取变异量大于 0.50	0.548 至 0.654	是
潜在变量的组合信度大于 0.60	0.829 至 0.870	是
标准化残差的绝对值小于 2.58	最大绝对值为 1.243	是
修正指标小于 5.000	1 个 >5.000	否

从上述表 6-36 至表 6-38 中得知"激励策略量表"CFA 模型检验结果如下:

1."激励策略量表"一阶验证性因素分析模型的基本适配指标均达到检验标准,表示估计结果的基本适配指标良好,没有违反模型辨认规则。

2.在整体模型适配度的检验方面,绝对适配指标、增值适配指标与简约适配指标统计量中,所有适配指标值均达模型可接受的标准,在自由度等于 51 时,模型适配度的卡方值等于 51.020,显著性概率值 p =0.473>0.05,接受虚无假设,表示研究者所提的理论模型与实际数据可以契合。整体而言,研究者所提的"激励策略量表"一阶验证性因素分析模型与实际观察数据的适配情形良好,即模型的外在质量佳,测量模型的收敛效度佳。

3.在假设模型内在质量的检验方面,有两个指标值未达标准,其中一个测量指标的信度系数未达 0.50,而一个修正指标值大于 5.000,表示假设模型变量间还可以释

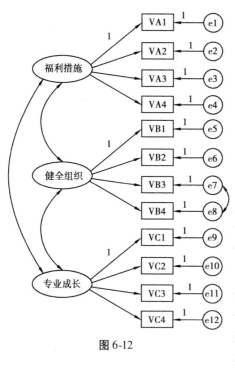

图 6-12

放参数,测量指标的测量误差项间并非完全独立无关联。整体而言,模型的内在质量尚称理想。

4. CFA 测量模型中没有发生观察变量(题项)横跨两个因素构念的情形,原先建构的不同测量变量均落在预期的因素构念上面,表示测量模型有良好的区别效度(discriminant validity)。

在上述修正指标的参数估计中,若是将误差值 e7 与误差值 e8 间建立共变关系,即将这两个变量间的关系释放,则可以有效减低卡方值。修正后的模型假设图如图 6-12:

点选【计算估计值】图像钮后,模型可以收敛识别,非标准化参数估计值模型图与标准化估计值模型图如图 6-13 和 6-14。在非标准化参数估计值模型图中没有出现负的误差方差,表示模型界定没有问题。

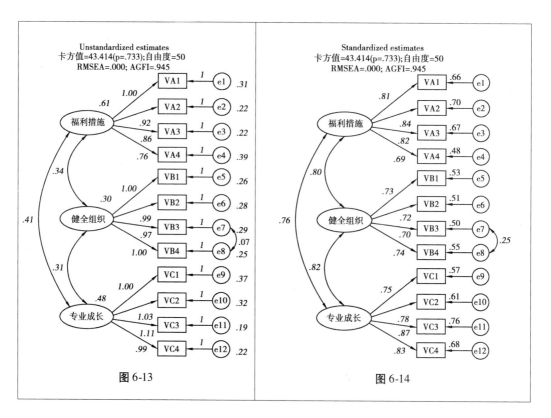

图 6-13　　　　　　图 6-14

修正模型的适配度指标值摘要表(Model Fit Summary)如下:

表 6-39 CMIN

Model	NPAR	CMIN	DF	P	CMIN/DF
Default model	28	43.414	50	.733	.868
Saturated model	78	.000	0		
Independence model	12	1417.461	66	.000	21.477

表 6-40 RMR, GFI

Model	RMR	GFI	AGFI	PGFI
Default model	.020	.965	.945	.618
Saturated model	.000	1.000		
Independence model	.338	.254	.118	.215

表 6-41 Baseline Comparisons

Model	NFI Delta1	RFI rho1	IFI Delta2	TLI rho2	CFI
Default model	.969	.960	1.005	1.006	1.000
Saturated model	1.000		1.000		1.000
Independence model	.000	.000	.000	.000	.000

表 6-42 Parsimony-Adjusted Measures

Model	PRATIO	PNFI	PCFI
Default model	.758	.734	.758
Saturated model	.000	.000	.000
Independence model	1.000	.000	.000

表 6-43 NCP

Model	NCP	LO 90	HI 90
Default model	.000	.000	12.024
Saturated model	.000	.000	.000
Independence model	1351.461	1232.712	1477.603

表 6-44 FMIN

Model	FMIN	F0	LO 90	HI 90
Default model	.218	.000	.000	.060
Saturated model	.000	.000	.000	.000
Independence model	7.123	6.791	6.195	7.425

表 6-45 RMSEA

Model	RMSEA	LO 90	HI 90	PCLOSE
Default model	.000	.000	.035	.995
Independence model	.321	.306	.335	.000

表 6-46 AIC

Model	AIC	BCC	BIC	CAIC
Default model	99.414	103.328	191.767	219.767
Saturated model	156.000	166.903	413.269	491.269
Independence model	1441.461	1443.138	1481.040	1493.040

表 6-47　ECVI

Model	ECVI	LO 90	HI 90	MECVI
Default model	.500	.533	.593	.519
Saturated model	.784	.784	.784	.839
Independence model	7.244	6.647	7.877	7.252

表 6-48　HOELTER

Model	HOELTER.05	HOELTER.01
Default model	310	350
Independence model	13	14

对误差变量 e7 与误差变量 e8 参数进行释放后(两者间有某种程度相关,其相关显著不为 0),则整体适配度变化情形如下:自由度由 27 变为 28,卡方值由 51.020 减为 43.414,显著性概率值 p 变为 0.733 > 0.05,接受虚无假设,表示假设模型与实际数据可以契合,卡方自由度比值由 1.000 变为 0.868,FMIN 值由 0.256 变为 0.218,NCP 值由 0.020 变为 0.000,RMSEA 值由 0.001 变为 0.000,ECVI 值由 0.528 变为 0.500,表示参数释放后模型的适配情形较参数释放前为佳。模型修正前与模型修后各适配指标值如表 6-49:

表 6-49

统计检验量	适配的标准或临界值	模型修正前	模型修正后
绝对适配度指数			
χ^2 值	p > .05(未达显著水平)	51.020(p = .473 > .05) $df = 51$	43.414(p = .733 > .05) $df = 50$
RMR 值	< 0.05	0.023	0.020
RMSEA 值	< 0.08(若 < .05 优良; < .08 良好)	0.001	0.000
GFI 值	> .90 以上	0.958	0.965
AGFI 值	> .90 以上	0.935	0.945
增值适配度指数			
NFI 值	> .90 以上	0.964	0.969
RFI 值	> .90 以上	0.953	0.960
IFI 值	> .90 以上	1.000	1.005
TLI 值(NNFI 值)	> .90 以上	1.000	1.006
CFI 值	> .90 以上	1.000	1.000
简约适配度指数			
PGFI 值	> .50 以上	0.626	0.618
PNFI 值	> .50 以上	0.745	0.734
PCFI 值	> .50 以上	0.773	0.758
CN 值	> 200	268	310
χ^2 自由度比	< 2.00	1.000	0.868
AIC 值	理论模型值小于独立模型值,且同时小于饱和模型值	105.020 < 156.000 105.020 < 1441.461	99.414 < 156.000 99.414 < 1441.461
CAIC 值	理论模型值小于独立模型值,且同时小于饱和模型值	221.074 < 491.269 221.074 < 1493.040	219.767 < 491.269 219.767 < 1493.040

第二节　一阶验证性因素分析——多因素直交模型

在多因素直交模型中,各因素间呈现的是一种"正交"或"直交"关系,因素间的转轴方法为直交转轴(orthogonal rotation),多因素斜交模型的转轴方法为斜交转轴(oblique rotation)。因素直交模型表示因素构念间没有相关存在,因素构念间的夹角成 90 度直角。以上述"激励策略量表"为例,研究者所要探讨的问题为:在多因素直交模型下,"激励策略量表"验证性因素分析的假设模型与实际数据是否可以适配?

"激励策略量表"验证性因素分析的概念模型图如图 6-15:

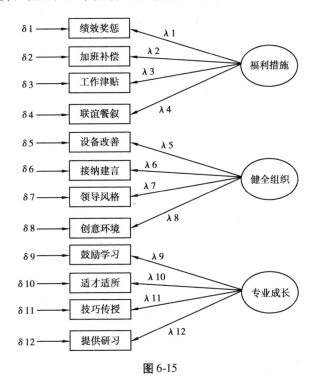

图 6-15

一、假设模型

上述多因素直交模型图以 Amos Graphics 绘制如下:三个潜在因素构念间的共变关系要设为 0,代表三个潜在因素构念间没有相关。

设定因素构念间的共变关系为 0,其操作程序如下:在双箭头对象上按右键,选取快捷菜单中的【Object Properties】(对象属性)选项,开启【Object Properties】对话窗口,切换到【Parameters】(对象参数)标签页,在【Covariance】(协方差)下的方格中输入"0",按右上角关闭钮【×】。在路径分析模型图中双箭头对象的旁边会出现协方差的参数值 0,表示两个外因变量间的相关为 0。

若是使用者要在 CFA 测量模型中增列各参数标签名称,则可以开启【Manage Models】(管理模型)对话窗口,设定参数关系。在【Parameters Constraints】(参数限制)方格中输入"C1 = C2 = C3 = 0",或"C1 = 0""C2 = 0""C3 = 0",将因素构念间的共变关系界定为 0,表示因素构念间彼此没有相关。

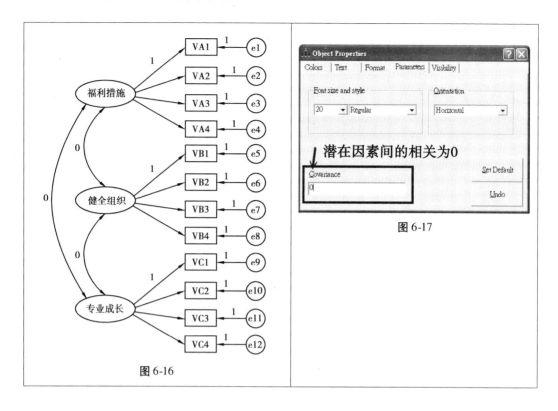

图 6-16

图 6-17

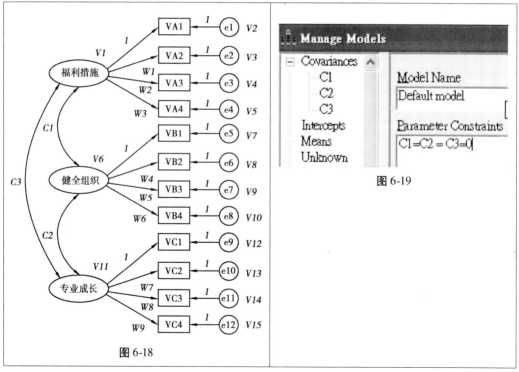

图 6-18

图 6-19

图 6-20 为执行【计算估计值】后,标准化估计参数的模型图。三个因素构念间的相关系数均为0.00,表示因素构念间均没有相关。

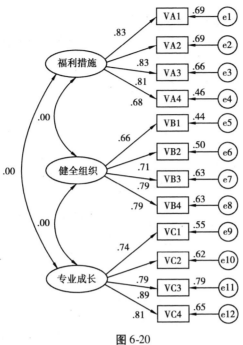

图 6-20

二、模型适配度摘要表

Model Fit Summary

表 6-50 CMIN

Model	NPAR	CMIN	DF	P	CMIN/DF
Default model	24	321.670	54	.000	5.957
Saturated model	78	.000	0		
Independence model	12	1417.461	66	.000	21.477

表 6-51 RMR, GFI

Model	RMR	GFI	AGFI	PGFI
Default model	.263	.794	.702	.549
Saturated model	.000	1.000		
Independence model	.338	.254	.118	.215

表 6-52 Baseline Comparisons

Model	NFI Delta1	RFI rho1	IFI Delta2	TLI rho2	CFI
Default model	.773	.723	.804	.758	.802
Saturated model	1.000		1.000		1.000
Independence model	.000	.000	.000	.000	.000

表 6-53 Parsimony-Adjusted Measures

Model	PRATIO	PNFI	PCFI
Default model	.818	.633	.656
Saturated model	.000	.000	.000
Independence model	1.000	.000	.000

表 6-54 NCP

Model	NCP	LO 90	HI 90
Default model	267.670	214.904	327.942
Saturated model	.000	.000	.000
Independence model	1351.461	1232.712	1477.603

表 6-55 FMIN

Model	FMIN	F0	LO 90	HI 90
Default model	1.616	1.345	1.080	1.648
Saturated model	.000	.000	.000	.000
Independence model	7.123	6.791	6.195	7.425

表 6-56 RMSEA

Model	RMSEA	LO 90	HI 90	PCLOSE
Default model	.158	.141	.175	.000
Independence model	.321	.306	.335	.000

表 6-57 AIC

Model	AIC	BCC	BIC	CAIC
Default model	369.670	373.024	448.829	472.829
Saturated model	156.000	166.903	413.269	491.269
Independence model	1441.461	1443.138	1481.040	1493.040

表 6-58 ECVI

Model	ECVI	LO 90	HI 90	MECVI
Default model	1.858	1.592	2.161	1.874
Saturated model	.784	.784	.784	.839
Independence model	7.244	6.647	7.877	7.252

表 6-59 HOELTER

Model	HOELTER(.05)	HOELTER(.01)
Default model	45	51
Independence model	13	14

【说明】 上表数据为多因素直交模型整体适配度检验指数,自由度 54,卡方值为 321.670,显著性概率值 p = 0.000 < 0.05,拒绝虚无假设,表示假设理论模型隐含的协方差矩阵 $\hat{\Sigma}$ 与实际搜集数据的协方差矩阵(即样本的协方差 S 矩阵)间无法契合。在其他模型适配度方面,RMSEA 值等于 0.158,RMR 值等于 0.263,均未达到模型适配标准;此外 GFI 值等于 0.794,AGFI 值等于 0.702,NFI 值等于 0.773,RFI 值等于 0.723,IFI 值等于 0.804,TLI 值等于 0.758,CFI 值等于 0.802,均小于 0.90,表示这几个指标值也未达到模型适配标准,而 CN 值等于 45,小于 200 的建议值,卡方自由度比值等于 5.957 > 2.000,表示模型无法被接受。整体而言,"激励策略量表"多因素直交模型图无法获得支持,其与实际数据间无法适配。与多因素斜交模型图相较之下,整体模型的适配情形较差,可见,"激励策略量表"斜交的假设模型图与实际数据间较为适配,而直交的 CFA 模型图与实际样本数据无法契合,直交模型的 CFA 假设模型无法被接受。

表 6-60 为多因素斜交模型与多因素直交模型相关适配统计量的比较表:

表 6-60

模　型	自由度	χ^2 值	RMSEA	NCP	ECVI	AIC	CAIC	GFI	NFI
多因素斜交模型	51	51.020 p = .473	.001	.020	.528	105.020	221.074	.958	.964
多因素直交模型	54	321.670 p = .000	.158	267.670	1.858	369.670	472.829	.794	.773

从上述模型选替指标值来看,多因素斜交模型的 NCP 值(= 0.020)、ECVI 值(= 0.528)、AIC 值(= 105.020)、CAIC 值(= 221.074)等指标值均小于多因素直交模型中的 NCP 值(= 267.670)、ECVI 值(= 1.858)、AIC 值(= 369.670)、CAIC 值(= 472.829)等指标值,表示"激励策略量表"的多因素斜交模型比多因素直交模型更契合观察数据,而多因素斜交模型的 χ^2 值在自由度为 51 的情况下,等于 51.020(p = 0.473 > 0.05),接受虚无假设,RMSEA 值等于 0.001,GFI 值等于 0.958,NFI 值等于 0.964,均达到模型适配良好的程度;相对的多因素直交模型的 χ^2 值在自由度为 54 的情况下,等于 321.670(p = 0.000 < 0.05),拒绝虚无假设,RMSEA 值等于 0.158,GFI 值等于 0.794,NFI 值等于 0.773,均未达到模型适配的标准。可见"激励策略量表"直交模型图无法获得支持。

在一阶 CFA 模型图中,各因素构念(潜在变量)均为外因潜在变量,因而彼此间要以双箭头符号绘制共变关系,若是潜在变量关系间没有相关,再进行共变参数间的设定,将共变参数限制为 0。

图 6-21 为错误的一阶 CFA 模型图,三个外因潜在变量(因素构念)间没有以双箭头建立关联,因而按【计算估计值】钮时会出现【Amos Warning】警告讯息。

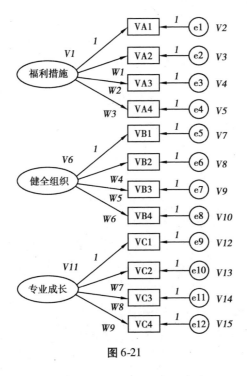

图 6-21

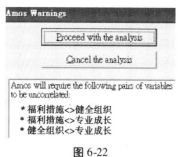

图 6-22

第三节   二阶验证性因素分析

二阶验证性因素分析模型(second-order CFA model)是一阶验证性因素分析模型(first-order CFA model)的特例,又称为高阶因素分析。研究者之所以会提出二阶验证性因素分析模型,乃是在一阶验证性因素分析模型中发现原先的一阶因素构念间有中高度的关联程度,且一阶验证性因素分析模型与样本数据可以适配,此时研究者可进一步假定三个一阶因素构念在测量更高一阶的因素构念,即原先的一阶因素构念均受到一个较高阶潜在特质的影响,也可说某一高阶结构可以解释所有的一阶因素构念。

二阶验证性因素分析假设模型图如图 6-23:在 CFA 模型图中,一阶因素构念“福利措施”“健全组织”“专业成长”变为内因潜在变量,因而不能绘制双箭头共变关系符号,外因潜在变量为高阶因素构念“激励策略”,三个初阶因素构念由于界定为内因潜在变量,因而均要增列估计残差项。在初始二阶 CFA 模型中,假设测量变量间没有误差共变(error covariance)存在,也没有跨负荷量(cross-loading)存在,每个测量变量均只受到一个初阶因素构念影响。

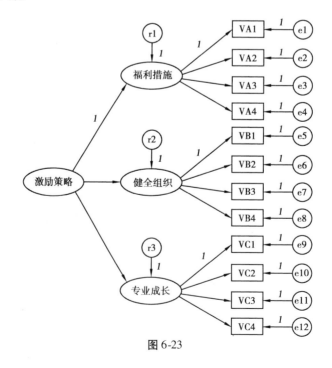

图 6-23

按【计算估计值】图像钮后，模型可以顺利收敛识别，非标准化估计值模型图如图 6-24：没有出现负的误差变异，表示模型界定没有问题，三个初阶因素构念与十二个观察变量均为内因变量，无法估计其方差。

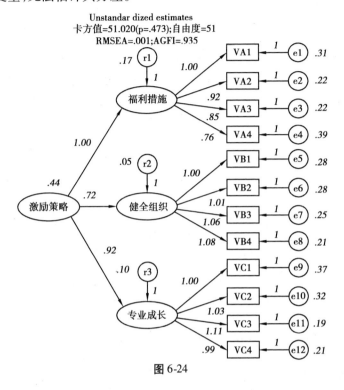

图 6-24

标准化估计值模型图如图 6-25：三个初阶因素构念的因素负荷量分别为 0.85，0.90，0.89，均大于 0.71，三个初阶因素构念的信度指标值分别为 0.73，0.82，0.79。

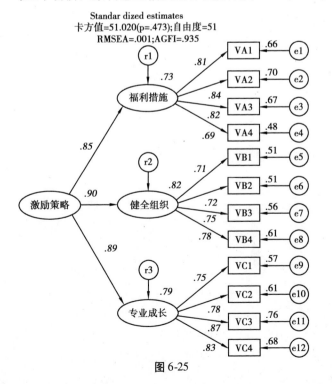

图 6-25

按【View Text】(浏览文件)钮,开启【Amos Output】文字输出结果窗口,各项估计值如下:

The model is recursive.

Sample size = 200

Variable Summary (Group number 1)

Your model contains the following variables (Group number 1)

Observed, endogenous variables【观察内因变量】

VA1

VA2

VA3

VA4

VB1

VB2

VB3

VB4

VC1

VC2

VC3

VC4

Unobserved, endogenous variables【潜在内因变量】

福利措施

健全组织

专业成长

Unobserved, exogenous variables【潜在外因变量】

e1

e2

e3

e4

e5

e6

e7

e8

e9

e10

e11

e12

激励策略

r1

r2

r3

Variable counts (Group number 1)

Number of variables in your model: 31

```
Number of observed variables:        12
Number of unobserved variables:      19
Number of exogenous variables:       16
Number of endogenous variables:      15
```

【说明】 二阶验证性因素分析假设模型内共有31个变量,观察变量(指标变量)有12个,潜在变量有19个,外因变量有16个,内因变量有15个,16个外因变量中包括12个测量指标的误差变量、3个一阶因素的误差变量(r1、r2、r3)及1个二阶因素构念变量(激励策略),15个内因变量包括12个测量指标变量、3个一阶因素构念变量。上述参数变量整理如表6-61:

表6-61

样本数	200
观察内因变量	VA1、VA2、VA3、VA4、VB1、VB2、VB3、VB4、VC1、VC2、VC3、VC4
潜在内因变量(一阶因素构面)	福利措施、健全组织、专业成长
潜在外因变量	e1、e2、e3、e4、e5、e6、e7、e8、e9、e10、e11、e12、激励策略、r1、r2、r3

表6-62 Parameter summary(Group number 1)

	Weights	Covariances	Variances	Means	Intercepts	Total
Fixed	19	0	0	0	0	19
Labeled	0	0	0	0	0	0
Unlabeled	11	0	16	0	0	27
Total	30	0	16	0	0	46

【说明】 模型中共有30个回归系数参数,其中19个是固定参数,11个是待估计的参数,19个固定参数中有1个是二阶因素项,3个一阶因素项,3个一阶因素的测量误差,12个测量指标的误差变量,参数值均固定为1,路径系数值固定为1,可进行测量误差的比较。待估计的协方差参数有0个,待估计的方差参数有16个,因而待估计参数有11+0+16=27个,这27个待估计的参数均未命名,加上19个固定回归路径系数,全部的参数有19+27=46个。

表6-63 Maximum Likelihood Estimates Regression Weights:(Group number 1-Default model)

	Estimate	S. E.	C. R.	P	Label
福利措施 ← 激励策略	1.000				
健全组织 ← 激励策略	.724	.088	8.212	***	par_10
专业成长 ← 激励策略	.920	.106	8.687	***	par_11
VA1 ← 福利措施	1.000				
VA2 ← 福利措施	.922	.069	13.270	***	par_1
VA3 ← 福利措施	.854	.067	12.759	***	par_2
VA4 ← 福利措施	.761	.074	10.305	***	par_3
VB1 ← 健全组织	1.000				
VB2 ← 健全组织	1.013	.110	9.196	***	par_4
VB3 ← 健全组织	1.064	.114	9.358	***	par_5
VB4 ← 健全组织	1.079	.110	9.790	***	par_6
VC1 ← 专业成长	1.000				
VC2 ← 专业成长	1.030	.092	11.168	***	par_7
VC3 ← 专业成长	1.113	.090	12.423	***	par_8
VC4 ← 专业成长	.987	.084	11.759	***	par_9

【说明】　表 6-63 为采用极大似然法所估计的未标准化回归系数,在模型设定时,将"激励策略→福利措施""福利措施→VA1""健全组织→VB1""专业成长→VC1"的未标准化回归系数参数设为固定参数,固定参数的数值为 1,所以这三个参数不需要进行路径系数显著性检验,其标准误(S. E.)、临界比(C. R.)、显著性 p 值均空白。临界比(critical ratio)值等于参数估计值(Estimate)与估计值标准误(the standard error of estimate)的比值,相当于 t 检验值,如果此比值绝对值大于 1.96,则参数估计值达到 0.05 显著水平,大于 2.58,则参数估计值达到 0.01 显著水平。显著性的概率值若是小于 0.001,则 p 值栏会以"＊＊＊"符号表示;显著性的概率值如果大于 0.001,则 p 值栏会直接呈现其数值大小。路径系数估计值检验是确定回归路径系数估计值是否等于 0,如果达到显著水平(p < 0.05),表示回归系数显著不等于 0。以"福利措施→VA2"为例,其非标准化路径系数估计值 = 0.922,估计值的标准误 = 0.069,临界比值 = 0.922÷0.069 = 13.270。

表 6-64　Standardized Regression Weights:(Group number 1-Default model)

			Estimate
福利措施	←	激励策略	.853
健全组织	←	激励策略	.903
专业成长	←	激励策略	.887
VA1	←	福利措施	.813
VA2	←	福利措施	.840
VA3	←	福利措施	.817
VA4	←	福利措施	.690
VB1	←	健全组织	.712
VB2	←	健全组织	.716
VB3	←	健全组织	.751
VB4	←	健全组织	.780
VC1	←	专业成长	.752
VC2	←	专业成长	.781
VC3	←	专业成长	.870
VC4	←	专业成长	.827

【说明】　Standardized Regression Weights 为标准化回归系数,在验证性因素分析中也称为因素加权值(factor weights)或因素负荷量(factor loading),标准化的路径系数代表的是共同因素对测量变量的影响。以"福利措施→VA1"为例,其标准化的回归系数值为 0.813,表示潜在因素对测量指标 VA1 的直接效果值为 0.813,其预测力为 0.813×0.813 = 0.661。标准化的回归系数是由变量转化为标准分数(z 分数)后计算出来的估计值,从因素负荷量的数值可以了解测量变量在各潜在因素的相对重要性。因素负荷量值介于 0.50 至 0.95 之间,表示模型的基本适配度良好。

标准化回归系数表中的前三列"福利措施←激励策略""健全组织←激励策略""专业成长←激励策略"表示外因潜在变量(ξ_1)与内因潜在变量(η_1、η_2、η_3)间的关系,在结构模型中即为路径系数,在高阶验证性因素分析中,为内泽潜在变量(η_1、η_2、η_3)对外泽潜在变量(ξ_1)的因素负荷量。表中的标准化回归系数值(GAMMA 值)表示"福利措施""健全组织""专业成长"三个初阶因素在"激励策略"高阶因素构念的因素负荷量(factor loading),其值分别为 0.853,0.903,0.887。从上述数据中,可以发现测量变量在初阶因素的因素负荷量、初阶因素在高阶因素构念的因素负荷量均非常理想。

表6-65　Variances：（Group number 1-Default model）

	Estimate	S. E.	C. R.	P	Label
激励策略	.445	.081	5.460	***	par_12
r1	.167	.041	4.052	***	par_13
r2	.053	.019	2.751	.006	par_14
r3	.102	.031	3.325	***	par_15
e1	.314	.041	7.659	***	par_16
e2	.218	.031	7.131	***	par_17
e3	.223	.029	7.589	***	par_18
e4	.390	.044	8.893	***	par_19
e5	.278	.033	8.340	***	par_20
e6	.278	.033	8.376	***	par_21
e7	.250	.032	7.849	***	par_22
e8	.214	.028	7.523	***	par_23
e9	.368	.043	8.595	***	par_24
e10	.324	.039	8.305	***	par_25
e11	.190	.029	6.637	***	par_26
e12	.215	.028	7.642	***	par_27

【说明】　表6-65为高阶因素构念的方差,三个潜在因素及十二个误差变量的测量残差变异量估计值,十六个估计参数的测量误差值均为正数且达到0.05显著水平,其变异标准误估计值均很小,其数值介于0.019至0.081之间,表示无模型界定错误的问题。估计参数中没有出现负的误差变异量且标准误估计值均很小,表示模型的基本适配度良好。

表6-66　Squared Multiple Correlations：（Group number 1-Default model）

	Estimate
专业成长	.787
健全组织	.816
福利措施	.727
VC4	.685
VC3	.757
VC2	.611
VC1	.566
VB4	.608
VB3	.564
VB2	.513
VB1	.507
VA4	.476
VA3	.667
VA2	.705
VA1	.661

【说明】　表6-66前三行为结构方程的多元相关平方,为三个初阶因素(专业成长、健全组织、福利措施)能被高阶因素(激励策略)解释的百分比,即高阶因素"激励策略"所能解释的初阶因素构念变异量。结构方程式多元相关的平方,类似复回归分析中的R^2,"激励策略"构念可以解释专业成长、健全组织、福利措施三个潜在变量的变异量分别为0.787,0.816,0.727,显示"激励策略"高阶因素对于专业成长、健全组织、福利措施三个初阶因素的解释力均很高。

上表第四行以后数据为十二个测量指标(Y变量)的R^2,此数值为各初阶因素对其测量指标的解释变异量。十二个测量指标中,只有一个测量指标(专业成长——→VA4)的

R^2 低于 0.50,其余十一个测量指标的 R^2 均高于 0.50,表示观察变量个别项目的信度值尚佳。这些测量指标变量均能有效反映其相对应的潜在变量所包含的因素构念。

依据标准化回归系数(因素负荷量)的数值,可以求出测量指标、初阶因素构念的信度系数与测量误差,并求出各潜在变量的构念信度与平均变异量抽取值。

表 6-67

测量指标	因素负荷量	信度系数	测量误差	组合信度	平均变异量抽取值
VA1	.813	.661	.339		
VA2	.840	.706	.294		
VA3	.817	.667	.333		
VA4	.690	.476	.524		
				.870	.628
VB1	.712	.507	.493		
VB2	.716	.513	.487		
VB3	.751	.564	.436		
VB4	.780	.608	.392		
				.829	.548
VC1	.752	.566	.434		
VC2	.781	.610	.390		
VC3	.870	.757	.243		
VC4	.827	.684	.316		
				.883	.654
福利措施	.853	.728	.272		
健全组织	.903	.815	.185		
专业成长	.887	.787	.213		
				.912	.777

高阶因素"激励策略"的组合信度求法如下:

$$\rho_c = \frac{(\sum \lambda)^2}{[(\sum \lambda)^2 + \sum(\theta)]} = \frac{(\sum 标准化因素负荷量)^2}{[(\sum 标准化因素负荷量)^2 + \sum(\theta)]}$$

$$\rho_c = \frac{(0.853 + 0.903 + 0.887)^2}{(0.853 + 0.903 + 0.887)^2 + (0.272 + 0.185 + 0.213)} = 0.912$$

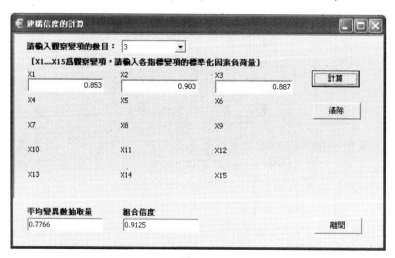

图 6-26

高阶因素"激励策略"的平均方差抽取量的求法如下:

$$\rho_V = \frac{(\sum \lambda^2)}{[(\sum \lambda^2) + \sum(\theta)]} = \frac{(\sum 标准化因素负荷量^2)}{[(\sum 标准化因素负荷量^2) + \sum(\theta)]}$$

$$\rho_V = \frac{(0.853^2 + 0.903^2 + 0.887^2)}{(0.853^2 + 0.903^2 + 0.887^2) + (0.272 + 0.185 + 0.213)} = 0.777$$

开启【建构信度的计算】程序对话窗口,输入三个初阶因素构念的因素负荷量: 0.853,0.903,0.887→按【计算】钮,求得高阶因素"激励策略"的组合信度为0.9125,平均方差抽取量为0.7766。

"激励策略"量表二阶CFA模型各项适配度统计量如下:

Model Fit Summary

表6-68　CMIN

Model	NPAR	CMIN	DF	P	CMIN/DF
Default model	27	51.020	51	.473	1.000
Saturated model	78	.000	0		
Independence model	12	1417.461	66	.000	21.477

【说明】 假设模型中待估计的自由参数有27个,自由度等于51,适配度卡方值为51.020,显著性概率值p=0.473>0.05,接受虚无假设,表示假设模型与样本数据可以适配。此外,卡方自由度比值=1.000<2.000,表示二阶CFA模型可以被接受。

表6-69　RMR, GFI

Model	RMR	GFI	AGFI	PGFI
Default model	.023	.958	.935	.626
Saturated model	.000	1.000		
Independence model	.338	.254	.118	.215

表6-70　Baseline Comparisons

Model	NFI Delta1	RFI rho1	IFI Delta2	TLI rho2	CFI
Default model	.964	.953	1.000	1.000	1.000
Saturated model	1.000		1.000		1.000
Independence model	.000	.000	.000	.000	.000

表6-71　Parsimony-Adjusted Measures

Model	PRATIO	PNFI	PCFI
Default model	.773	.745	.773
Saturated model	.000	.000	.000
Independence model	1.000	.000	.000

表6-72　NCP

Model	NCP	LO 90	HI 90
Default model	.020	.000	20.966
Saturated model	.000	.000	.000
Independence model	1351.461	1232.712	1477.603

表6-73　FMIN

Model	FMIN	F0	LO 90	HI 90
Default model	.256	.000	.000	.105
Saturated model	.000	.000	.000	.000
Independence model	7.123	6.791	6.195	7.425

表 6-74　RMSEA

Model	RMSEA	LO 90	HI 90	PCLOSE
Default model	.001	.000	.045	.974
Independence model	.321	.306	.335	.000

表 6-75　AIC

Model	AIC	BCC	BIC	CAIC
Default model	105.020	108.794	194.074	221.074
Saturated model	156.000	166.903	413.269	491.269
Independence model	1441.461	1443.138	1481.040	1493.040

表 6-76　ECVI

Model	ECVI	LO 90	HI 90	MECVI
Default model	.528	.528	.633	.547
Saturated model	.784	.784	.784	.839
Independence model	7.244	6.647	7.877	7.252

表 6-77　HOELTER

Model	HOELTER(.05)	HOELTER(.01)
Default model	268	302
Independence model	13	14

【说明】　上述各项模型适配度指标整理如表 6-78：

表 6-78　"激励策略量表"二阶验证性因素分析的整体模型适配度检验摘要表

统计检验量	适配的标准或临界值	检验结果数据	模型适配判断
绝对适配度指数			
χ^2 值	p > .05(未达显著水平)	51.020(p = .473 > .05)	是
RMR 值	< .05	.023	是
RMSEA 值	< .08(若 < .05 优良；< .08 良好)	.001	是
GFI 值	> .90 以上	.958	是
AGFI 值	> .90 以上	.935	是
增值适配度指数			
NFI 值	> .90 以上	.964	是
RFI 值	> .90 以上	.953	是
IFI 值	> .90 以上	1.000	是
TLI 值(NNFI 值)	> .90 以上	1.000	是
CFI 值	> .90 以上	1.000	是
简约适配度指数			
PGFI 值	> .50 以上	.626	是
PNFI 值	> .50 以上	.745	是
PCFI 值	> .50 以上	.773	是
CN 值	> 200	268	是
χ^2 自由度比	< 2.00	1.000	是
AIC 值	理论模型值小于独立模型值,且同时小于饱和模型值	105.020 < 156.000 105.020 < 1441.461	是
CAIC 值	理论模型值小于独立模型值,且同时小于饱和模型值	221.074 < 491.269 221.074 < 1493.040	是

第四节 一阶 CFA 模型多模型的比较

一阶 CFA 模型中(first-order CFA model)共探究三个不同的假设模型:模型 A 为原始 CFA 模型,假定所有测量误差间独立没有相关;模型 B 为原始 CFA 模型的修正,假定一组测量误差间独立有相关;模型 C 为直交 CFA 模型,假定三个因素构念间均没有共变关系,且所有测量误差间独立没有相关。三个不同模型图可以综合描绘成以下的 CFA 模型图,之后再进行各模型参数限制即可。

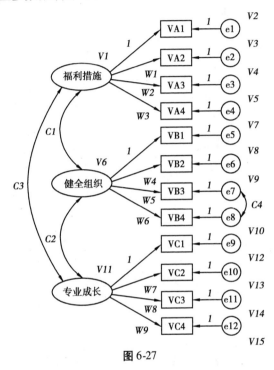

图 6-27

在模型 A 中假定所有测量误差独立没有共变关系,因而误差项 e7 与误差项 e8 间的共变参数限制为 0;模型 B 中假定误差项 e7 与误差项 e8 间的共变参数间有共变关系,且不进行测量误差项参数限制。模型 A 与模型 B 均假定潜在变量间有共变关系,因而共变参数 C1、C2、C2 为待估计的自由参数,均不用加以限制。模型 C 中,假定潜在变量间没有共变关系,误差项 e7 与误差项 e8 间也没有共变关系,因而这四个协方差参数均要限制为 0。

开启【Manage Models】(管理模型)对话窗口:执行功能列【Analyze】(分析)/【Manage Models】程序,在【Model Name】(模型名称)下的方格中输入模型名称,在【Parameter Constraints】(参数限制)方格中依序选入及输入参数限制条件。

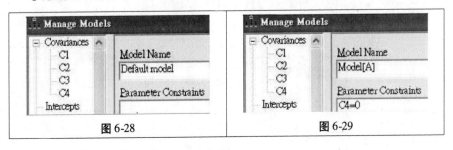

图 6-28　　　　　图 6-29

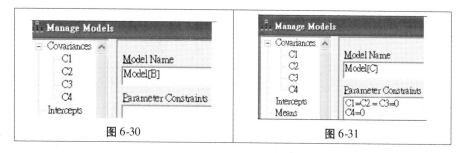

图 6-30   图 6-31

按【计算估计值】钮,三个模型均可识别,模型方盒中的讯息由"XX：Model[A]""XX：Model[B]""XX：Model[B]"变为"OK：Model[A]""OK：Model[B]""OK：Model[C]"。

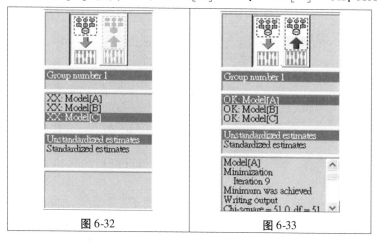

图 6-32   图 6-33

在文字浏览输出报表中,模型适配度摘要表选项会同时出现三个模型及饱和模型、独立模型的适配度统计量。

Model Fit Summary

表 6-79   CMIN

Model	NPAR	CMIN	DF	P	CMIN/DF
Model[A]	27	51.020	51	.473	1.000
Model[B]	28	43.414	50	.733	.868
Model[C]	24	321.670	54	.000	5.957
Saturated model	78	.000	0		
Independence model	12	1417.461	66	.000	21.477

三个模型中待估计自由参数数目分别为 27,28,24,自由度分别为 51,50,54,模型 A 的卡方值为 51.020(p = 0.473 > 0.05),模型 B 的卡方值为 43.414(p = 0.733 > 0.05),卡方自由比值分别为 1.000,0.868,两个模型达到适配标准。模型 C 的卡方值为 321.670(p = 0.000 < 0.05),表示假设模型 C 与样本数据无法契合。

表 6-80   AIC

Model	AIC	BCC	BIC	CAIC
Model[A]	105.020	108.794	194.074	221.074
Model[B]	99.414	103.328	191.767	219.767
Model[C]	369.670	373.024	448.829	472.829
Saturated model	156.000	166.903	413.269	491.269
Independence model	1441.461	1443.138	1481.040	1493.040

从四个 AIC 指标值的比较看,模型 B 的 AIC 值、BCC 值、BIC 值、CAIC 值均小于模型 A 及模型 C。

表 6-81　ECVI

Model	ECVI	LO 90	HI 90	MECVI
Model[A]	.528	.528	.633	.547
Model[B]	.500	.533	.593	.519
Model[C]	1.858	1.592	2.161	1.874
Saturated model	.784	.784	.784	.839
Independence model	7.244	6.647	7.877	7.252

就模型 A 和模型 B 比较而言,其 ECVI 值分别为 0.528,0.500,MECVI 值分别为 0.547,0.519,模型 B 的 ECVI 值和 MECVI 值均较小,表示相对之下,模型 B 与实证数据更为适合。

Amos 提供的模型界定搜寻,也可以快速整理出各备选模型的相关统计量。执行功能列【Analyze】(分析)/【Specification Search】(界定搜寻)程序,开启【Specification Search】对话窗口,按【Options】(选项) 钮,开启【选项】对话盒,切换到【Current results】(目前结果)标签页,可以进行模型的选择,并勾选呈现的参数,切换到【Appearance】(外观)标签页可进行文字大小、格式及框线的设定。

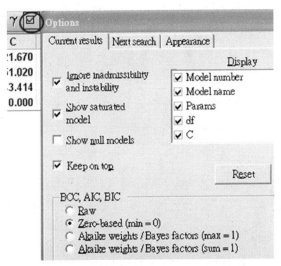

图 6-34

按【Perform specification search】(执行模型界定搜寻) 钮,会出现各种模型相关参数,这些参数可作为模型竞争或模型选择的参考。

Model	Name	Params	df	C	C - df	AIC 0	BCC 0	BIC 0	C / df	p
1	Model[C]	24	54	321.670	267.670	270.256	269.697	257.062	5.957	0.000
2	Model[A]	27	51	51.020	0.020	5.606	5.466	2.307	1.000	0.473
3	Model[B]	28	50	43.414	-6.586	0.000	0.000	0.000	0.868	0.733
Sat	[Saturated]	78	0	0.000	0.000	56.586	63.575	221.502		

图 6-35

在图 6-35 统计量中"C-*df*"栏的数值为卡方值（C 栏）与自由度的差异值，"C/*df*"栏为卡方自由度比值，BCC$_0$ 栏的数值为学者 Burnham 与 Anderson（1998）所提出，其数值等于 BCC 统计量加上一个常数项，因而最小的 BCC 值为 0，故增列 0 为下标字，而以 BCC$_0$ 符号表示。由于 AIC 与 BIC 值有相似的再制量尺的功能，因而 AIC$_0$ 与 BCC$_0$ 统计量所代表的意涵差不多，两者的解释类似（Amos7.0 手册，p.330）：

表 6-82

AIC$_0$ 或 BCC$_0$	Burnham 与 Anderson 的解释
0-2	没有可靠的证据显示模型不是 K-L 最佳模型
2-4	有微弱的证据显示模型不是 K-L 最佳模型
4-7	有限的证据显示模型不是 K-L 最佳模型
7-10	有强的证据显示模型不是 K-L 最佳模型
>10	有非常强的证据显示模型不是 K-L 最佳模型

第五节　一阶 CFA 模型测量不变性检验

在之前"激励策略量表"一阶 CFA 模型检验中，假设模型的适配度佳，研究者可进一步从收敛效度（测量相同构念的测量指标变量会落在同一个因素构念上）的观点，探讨每个潜在变量的指标变量在因素构念的因素负荷量（factor loading）是否相等。如果指标变量因素负荷量相等的假设模型获得支持，表示指标变量反映的潜在特质大致相等，限制因素构念的指标变量相同，是 CFA 模型中测量不变性（measurement invariance）的应用，因为研究者只限定指标变量的因素负荷量相等，对于截距项与误差方差等均没有限定，因而此种不变性也称为部分测量不变性或部分测量恒等性（partial measurement invariance）检验。

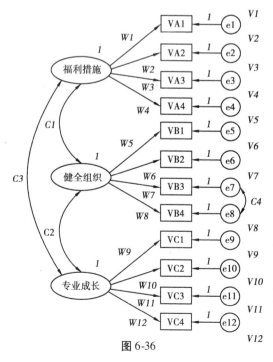

图 6-36

一、描绘一阶 CFA 假设模型图

在 CFA 假设模型图中，因为各潜在变量对指标变量影响的路径系数 λ（因素负荷量）全部以参数标签名称表示，并没有限定其中一个指标变量的路径系数 λ 值为 1，因而没有参照变量，此时必须将潜在变量标准化，将其变量数固定为 1，否则模型无法识别。"福利措施"因素四个指标变量的回归系数参数标签名称分别为 W1、W2、W3、W4，"健全组织"因素四个指标变量的回归系数参数标签名称分别为 W5、W6、W7、W8，"专业成长"因素四个指标变量的回归系数参数标签名称分别为 W9、W10、W11、W12，V1 至 V12 为十二个测量误差项的方差参数标签名称。

二、单一群组多个模型的设定

模型 A 为原始一阶 CFA 假设模型的修正模型(建立误差项间有相关),此模型为误差共变(error covariances)假设模型,不用进行参数限制;模型 B 中假设每个潜在变量对其指标变量的影响程度相同(因素负荷量相等),即指标变量反映在其相对应的潜在变量的重要性是一样的;模型 C 除假设每个潜在变量对其指标变量的影响程度相同外(因素负荷量相等),也假设测量相同潜在特质的指标变量的方差相同。

开启【Manage Models】(管理模型)对话窗口:执行功能列【Analyze】(分析)/【Manage Models】程序,在【Model Name】(模型名称)下的方格中输入模型名称,在【Parameter Constraints】(参数限制)方格中依序选入及输入参数限制条件。三个模型名称及参数限制条件如表6-83:

表6-83

模型名称	参数限制条件	
Model[A]		
Model[B]	W1 = W2 = W3 = W4 W5 = W6 = W7 = W8 W9 = W10 = W11 = W12	
Model[C]	W1 = W2 = W3 = W4 W5 = W6 = W7 = W8 W9 = W10 = W11 = W12 V1 = V2 = V3 = V4 V5 = V6 = V7 = V8 V9 = V10 = V11 = V12	Model[B] V1 = V2 = V3 = V4 V5 = V6 = V7 = V8 V9 = V10 = V11 = V12

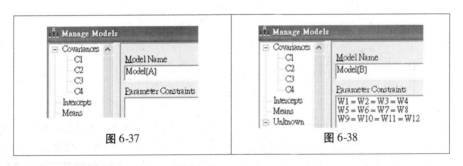

图 6-37   图 6-38

设置模型 C 的参数条件有两种方法:一为将所有参数限制条件逐一键入,二为以先前设定的模型名称取代部分参数限制条件,如模型 B 是将每个指标变量的路径系数界定为相同,模型 C 也包含模型 B 中的所有设定,因而在模型 C 的参数限制条件中可直接以"Model[B]"来作为其参数限制条件之一。

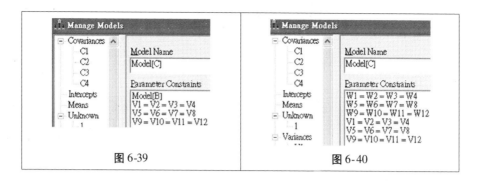

| 图 6-39 | 图 6-40 |

三、模型估计结果

按【计算估计值】图像钮后,三个模型均可以收敛识别,非标准化估计值模型图如图 6-41:

(一)模型 A

模型 A 中没有出现负的误差项方差,表示 CFA 模型界定没有问题,由于将三个潜在变量标准化,将其方差固定为 1,因而三个因素构念的方差均呈现 1.00,模型估计的卡方值为 43.414,自由度为 50,显著性概率值 p = 0.733 > 0.05,接受虚无假设,表示一阶 CFA 假设模型与样本数据可以适配。RMSEA 值 = 0.000 < 0.05,AGFI 值 = 0.945 > 0.900,均达到模型可以接受的标准。

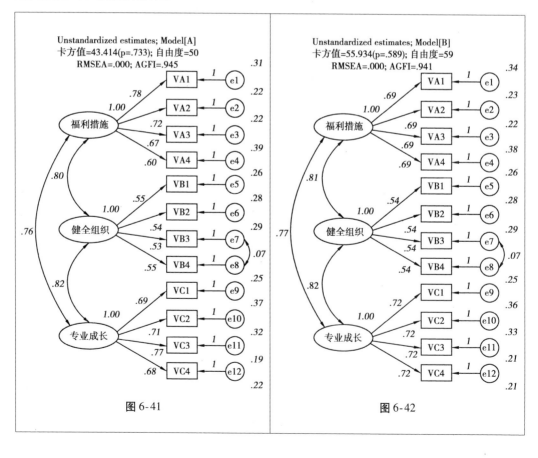

| 图 6-41 | 图 6-42 |

（二）模型 B

模型 B 中没有出现负的误差项方差,表示 CFA 模型界定没有问题,由于将三个潜在变量标准化,将其方差固定为 1,因而三个因素构念的方差均呈现 1.00。模型 B 不同于模型 A 的地方,在于模型 B 限制每个潜在变量的指标变量的路径系数相等,"福利措施"因素四个指标变量的回归系数值均为 0.69,"健全组织"因素四个指标变量的回归系数值均为 0.54,"专业成长"因素四个指标变量的回归系数值均为 0.72。部分测量恒等性的 CFA 模型的模型检验结果的卡方值为 55.934,自由度为 59,显著性概率值 $p = 0.589 > 0.05$,接受虚无假设,表示部分测量恒等性的 CFA 假设模型与实征样本数据可以适配。RMSEA 值 $= 0.000 < 0.05$,AGFI 值 $= 0.941 > 0.900$,均达到模型可以接受的标准。

（三）模型 C

模型 C 中没有出现负的误差项方差,表示 CFA 模型界定没有问题,由于将三个潜在变量标准化,将其方差固定为 1,因而三个因素构念的方差均呈现 1.00。模型 C 不同于模型 B 的地方,在于模型 C 限制每个潜在变量的指标变量误差项的方差相等,"福利措施"因素四个指标变量的回归系数值均为 0.69,测量变量误差项的方差为 0.29;"健全组织"因素四个指标变量的回归系数值均为 0.54,测量变量误差项的方差为 0.27;"专业成长"因素四个指标变量的回归系数值均为 0.72,测量变量误差项的方差为 0.28。部分测量恒等的 CFA 模型的模型检验结果的卡方值为 86.9394,自由度为 68,显著性概率值 $p = 0.061 > 0.05$,接受虚无假设,表示部分测量恒等的 CFA 假设模型与实征样本数据可以适配。RMSEA 值 $= 0.037 < 0.05$,AGFI 值 $= 0.925 > 0.900$,均达到模型可以接受的标准。

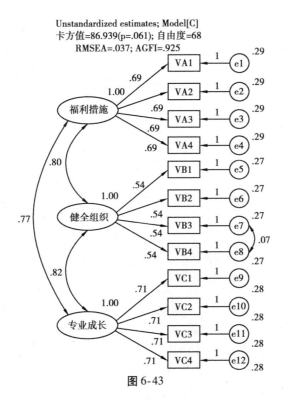

图 6-43

表 6-84　CMIN

Model	NPAR	CMIN	DF	P	CMIN/DF
Model[A]	28	43.414	50	.733	.868
Model[B]	19	55.934	59	.589	.948
Model[C]	10	86.939	68	.061	1.279
Saturated model	78	.000	0		
Independence model	12	1417.461	66	.000	21.477

　　上表为三个模型文字输出结果的 CMIN 表格,包括模型中待估计的自由度的参数,卡方值、自由度、显著性概率值、卡方自由度比值,模型 B 与模型 C 两个部分测量不变的 CFA 假设模型均与样本数据可以适配。

第七章 路径分析

第一节　路径分析的模型与效果

在结构方程模型中,若是各潜在变量均只有一个观察变量或测量指标,则所有测量指标均能100%地解释其潜在变量的变异,其测量误差是0。各自只有一个观察变量的潜在变量间的结构模型,即所谓的路径分析或径路分析(path analysis)。传统回归取向的路径分析只探究路径系数的影响是否达到显著,无法就整体路径分析的假设模型作整体契合度的检验,此外,也无法有效估计其测量误差。以变量属性来区分路径分析,其模型有两种:一为传统的路径分析,模型所有的变量均为测量指标变量,这些测量指标变量通常是量表中数个测量题项分数的加总,而非单一题项,此种 SEM 的路径分析称为观察变量路径分析(path analysis with observed variables;简称为 PA-OV 模型),PA-OV 模型是一种没有包含任何潜在变量的结构方程模型。

另外一种路径分析,则是结合了传统的路径分析与验证性因素分析的测量模型,分析模型中除观察变量外,也包含潜在变量,因而同时具备测量模型(潜在变量与其测量指标变量关系)与结构模型(其余观察变量间或观察变量与潜在变量间的关系)性质。模型中若以观察变量为因变量、潜在变量为果变量,则成为形成性指标,此种包含潜在变量的路径分析,称为潜在变量路径分析(path analysis with latent variables;简称为 PA-LV 模型),PA-LV 模型统合了形成性指标(formative indicators)与反映性指标(reflective indicators)两种指标类型,此种模型分析不但可以进行潜在变量与其指标变量所构成的测量模型的估计,也可以进行变量间路径分析的检验。

路径分析模型(path analysis models)假定每个概念变量可由单一测量指标来权衡而没有误差,即测量每一个变量时没有测量误差(measurement error),或界定每一个变量的操作型定义时没有界定误差(specification error)存在,也就是每一个测量都被视为是对其唯一对应的潜在理论变量的精确呈现(陈玉树,等,译,2006)。观察变量路径分析模型中,每个潜在变量均只有一个观察变量或测量指标,此测量指标通常是一个完整构面,而非是单题题项,测量指标能百分之百地代表其潜在变量的变异量,测量误差值为0。

路径分析(path analysis)中有两种基本的类型:递归模型(recursive model)与非递归模型(nonrecursive model)。二者的差异主要在于递归模型的残差间并未假设有相关存在;而非递归模型的残差间则假设有相关存在,或是变量间具有回溯关系。以五个观察变量间的关系为例,五个变量均是观察变量,并无潜在变量,此种关系其实是每个潜在变量均只有一个测量指标变量,所有测量指标变量(X1、X2、X3 变量,Y1、Y2 变量)都百分之百反映其潜在变量,其测量误差全部为 0,所有的因素负荷量 λ 均为 1。图 7-1 为一个递归模型(recursive model)的路径分析,模型内的因果关系箭头均只有单一方向,内因观察变量的残差项间(residual terms)间没有相关。图 7-1 为一观察变量路径分析图。

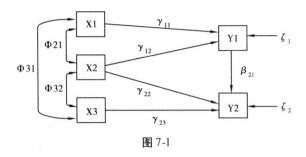

图 7-1

图 7-1 若是以结构方程式图形表示则如图 7-2,此图为包含潜在变量的递归回归方程模型图。

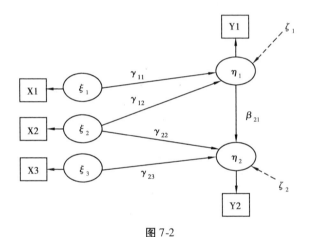

图 7-2

图 7-3 为一个非递归模型(nonrecursive model)的路径分析,模型内的因果关系箭头是双方向的,内因变量 Y1 与内因变量 Y2 间不是单向的因果关系,而是互为因果关系,变量 Y1 直接影响变量 Y2,此时变量 Y1 是外因变量(预测变量),变量 Y2 是内因变量(效标变量)。相对的,变量 Y2 也直接影响变量 Y1,此时变量 Y2 是外因变量(预测变量),变量 Y1 是内因变量(效标变量),变量 Y1、Y2 的残差项(residual terms)间有相关。

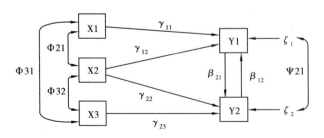

图 7-3

　　在路径分析中,若是待估计的参数个数刚好等于所提供的方程式个数,就是一个刚好辨识或正好辨识(just-identified)的饱和模型。构成模型的结构方程式如果刚好相等于未知数,这样的模型可以判定为刚好识别模型,因为它只有一个正确合理的解值,此模型将会提供一套路径系数值,以能够完全地重制相关系数矩阵,所以是一种正好辨识模型,又称为饱和模型(saturated model)。正好辨认模型只有一个独特解值,且此模型总是提供一种适配完美(perfect fit)的数据。路径分析中,如果待估计的参数个数不等于所提供的方程式个数,可能成为低度辨识(under-identified)或过度辨识(over-identified)模型,所谓"低度辨识"模型无单一解答,待估计的参数个数多于提供的方程式信息数目,"过度辨识"模型则是待估计的参数个数少于提供的方程式信息数。

　　在刚好辨识的情况下,模型的参数估计只有单一且唯一的精确解值(unique and exact solution),此种情形下模型中可用的信息均借由模型的界定来作为估计参数之用,因而没有任何的信息来作为模型检验之用,所以模型的自由度是0($df=0$),而其模型适配指标卡方值也会等于0,导致刚好辨识的模型均会与观察数据呈现完美的适配(perfect fit)。但在实际情境中,适配度这么良好的模型,却往往不具有实用的价值(余民宁,2006)。在饱和模型中所有的自变量对所有的依变量均有影响路径,而依变量之间也均有影响路径,即所有变量间的路径数目在因果模型中是最大数,图7-4为一个饱和模型的路径分析图。

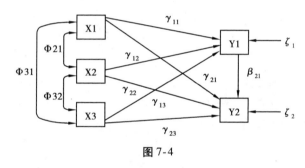

图 7-4

　　路径分析中,变量间的影响效果(effects),包含直接效果(direct effects)与间接效果(indirect effects),两者的效果总量合称为外因变量对内因变量影响的总效果值(total effects)。以五个变量间的路径模型图7-5为例(陈玉树,等,译,2006,p.40):

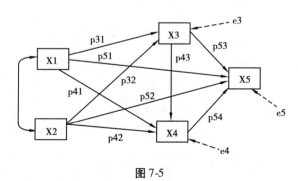

图 7-5

　　预测变量 X1 对效标变量 X3 的直接效果路径为 p31,直接效果为单向箭头的直接影响,中间没有中介变量(intervening variable),预测变量 X1 对效标变量 X4 的直接效果路径为 p41,预测变量 X1 对效标变量 X5 的直接效果路径为 p51,预测变量 X2 对效标变量

X3 的直接效果路径为 p32,预测变量 X2 对效标变量 X4 的直接效果路径为 p42,预测变量 X2 对效标变量 X5 的直接效果路径为 p52,预测变量 X3 对效标变量 X4 的直接效果路径为 p43,预测变量 X3 对效标变量 X5 的直接效果路径为 p53,预测变量 X4 对效标变量 X5 的直接效果路径为 p54。上述路径图回归方程式中所提供的直接效果如下,图中有九条路径,所以直接效果项有九个:

$$X3 = p31X1 + p32X2 + e3$$
$$X4 = p41X1 + p42X2 + p43X3 + e4$$
$$X5 = p51X1 + p52X2 + p53X3 + p54X4 + e5$$

间接效果乃是预测变量对效标变量的影响,通过一个以上的中介变量,以外因变量 X1 对内因变量 X5 为例,其间接效果影响路径有三条,第一条路径是通过变量 X3 而对变量 X5 产生影响,其间接路径为:X1→X3→X5,间接效果值 = p31 × p53;第二条路径是通过变量 X4 而对变量 X5 产生影响,其间接路径为:X1→X4→X5,间接效果值 = p41 × p54;第三条是通过变量 X3 再通过变量 X4,而对变量 X5 产生影响,其间接路径为:X1→X3→X4→X5,间接效果值 = p31 × p43 × p54。以外因变量 X2 对内因变量 X5 为例,其间接效果影响路径有三条,第一条路径是通过变量 X3 而对变量 X5 产生影响,其间接路径为:X2→X3→X5,间接效果值 = p32 × p53;第二条路径是通过变量 X4 而对变量 X5 产生影响,其间接路径为:X2→X4→X5,间接效果值 = p42 × p54;第三条是通过变量 X3 再通过变量 X4,而对变量 X5 产生影响,其间接路径为:X2→X3→X4→X5,间接效果值 = p32 × p43 × p54。以变量 X3 对内因变量 X5 而言,其间接影响路径乃是通过中介变量 X4 再影响变量 X5,间接效果值 = p43 × p54。

间接效果值的强度大小等于所有直接效果的路径系数相乘所得的积,即直接效果值的连乘积的数值大小表示间接效果值,所有间接效果路径的总和为总间接效果值,例如,外因变量 X1 对内因变量 X5 的间接效果值的总和为:(X1→X3→X5 路径间接效果)+(X1→X4→X5 路径间接效果)+(X1→X3→X4→X5 路径间接效果),其数值 =(p31 × p53)+(p41 × p54)+(p31 × p43 × p54),外因变量 X1 对内因变量 X5 影响的总效果值等于直接效果值加上间接效果值 = p51 +[(p31 × p53)+(p41 × p54)+(p31 × p43 × p54)]。

上述五个变量的路径分析模型的各效果项,归纳如表 7-1:

表 7-1

变　量	X1	X2	X3	X4
直接效果				
X3	p31	p32		
X4	p41	p42	p43	
X5	p51	p52	p53	p54
间接效果一				
X4	(p31 × p43)	(p32 × p43)		
X5	(p31 × p53)+(p41 × p54)	(p32 × p53)+(p42 × p54)	(p43 × p54)	
间接效果二				
X5	p31 × p43 × p54	p32 × p43 × p54		

第二节　路径分析模型——递归模型

递归模型表示路径分析中的因果关系只有单一方向，如□→□。

一、研究问题

> 某成人教育研究学者在探究成年人的生活满意度时，根据相关理论与文献认为影响成年人生活满意度的主要变因有四个变量：成年人本身的“薪资所得”“身体健康”“社会参与”与“家庭幸福”，其中“薪资所得”“身体健康”“社会参与”“家庭幸福”四个变量对“生活满意”变量均有直接影响效果，而“薪资所得”“身体健康”两个变量又会通过“家庭幸福”变量对“生活满意”产生影响，其所提出的路径分析假设模型图如图 7-6，其中“家庭幸福”变量为中介变量，中介变量同时具有外因变量与内因变量的属性，对“薪资所得”“身体健康”“社会参与”三个外因变量而言，“家庭幸福”变量为内因变量（效标变量）；对“生活满意”变量而言，“家庭幸福”变量为外因变量（预测变量）。

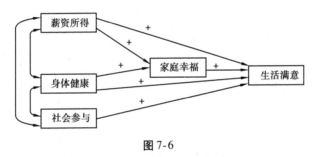

图 7-6

研究者为检验其所提的假设模型图是否成立，采用分层随机抽样方式，抽取 30～39 岁、40～49 岁、50～59 岁、60～69 岁组的成年人各 70 位，总共有效样本 420 个，让每位受访者填写“生活感受问卷”，其中包含“薪资所得调查资料”“身体健康知觉量表”“社会参与程度量表”“家庭幸福感受量表”“生活满意知觉量表”。请问研究者所提的路径分析假设模型图与实际调查数据是否可以适配？原始数据在 SPSS 中的变量名称及数据文件范例如图 7-7：

	社會參與	家庭幸福	薪資所得	身體健康	生活滿意
61	72	35	29	65	43
62	47	14	29	49	46
63	47	14	29	49	46
64	47	14	38	50	46

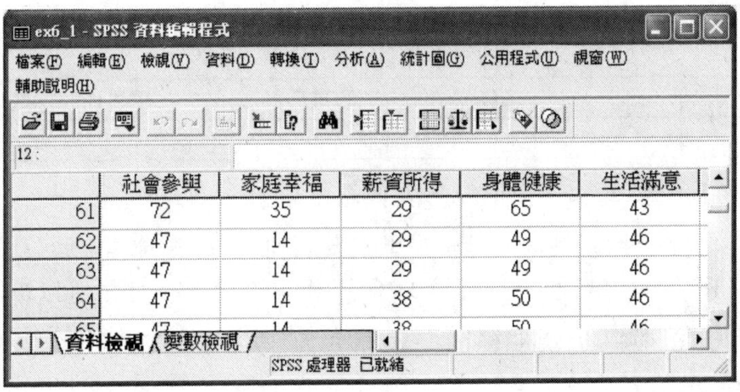

图 7-7

二、采用传统复回归求各路径系数

(一)第一个复回归分析模型

传统执行路径分析的统计软件为 Amos 的家族 SPSS,以 SPSS 进行各式回归分析及路径分析甚为便利。第一个复回归分析模型中的自变量为"薪资所得"与"身体健康"变量,效标变量为"家庭幸福"变量。

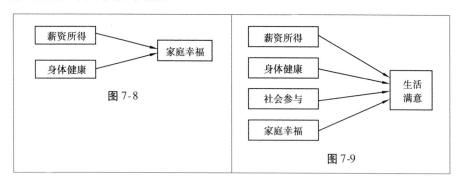

图 7-8

图 7-9

(二)第二个复回归分析模型

第二个复回归分析模型中的自变量为"薪资所得""身体健康""社会参与""家庭幸福"变量,效标变量为"生活满意"变量。

第二个复回归分析的操作程序如下:

→菜单执行【分析(A)】/【回归方法(R)】/【线性(L)】程序,开启【线性回归】对话窗口。

→在左边变量清单中选取效标变量"生活满意"至右方【依变量(D)】下的方格中。
→在左边变量清单中选取投入回归模型的四个预测变量"薪资所得""身体健康""家庭幸福""社会参与",将之点选至右边【自变量(I)】下的方格中。
→在【方法(M)】右边的下拉式选单中选取【强迫进入变量法】→按【确定】钮。

(三)复回归分析结果

表 7-2   模型摘要

模型	R	R 平方	调整后的 R 平方	估计的标准误
1	.683(a)	.467	.464	6.913

a   预测变量:(常数),身体健康,薪资所得

表7-2 为第一个复回归的回归分析模型摘要表,自变量为身体健康、薪资所得两个变量;依变量为家庭幸福变量,回归分析的 R^2 等于 0.467,表示依变量可以被两个自变量解释的变异部分为 46.7%,无法解释的变异部分为 53.3%,疏离系数[1]等于 $\sqrt{1-R^2} =$

---

1   也称为"不相关系数""离异系数""离间系数"等。

$$\sqrt{1 - 0.467} = \sqrt{0.533} = 0.730。$$

表 7-3　系数(a)

模　型	未标准化系数		标准化系数	t	显著性
	B 的估计值	标准误	Beta		
1　(常数)	6.226	1.069		5.825	.000
薪资所得	.309	.023	.531	13.344	.000
身体健康	.176	.027	.256	6.447	.000

a　依变量:家庭幸福

表 7-3 为第二个复回归分析中的系数值,其中标准化回归系数(Beta 值)为路径系数值。薪资所得变量对家庭幸福感变量的影响系数为 0.531($t = 13.344, p = 0.000 < 0.05$),达到 0.05 显著水平;身体健康变量对家庭幸福变量的影响系数为 0.256($t = 6.447, p = 0.000 < 0.05$),达到显著水平,"薪资所得"与"身体健康"两个外因变量对内因变量"家庭幸福"的影响均达显著。

表 7-4　模型摘要

模型	R	R 平方	调整后的 R 平方	估计的标准误
1	.881(a)	.776	.774	9.577

a　预测变量:(常数),家庭幸福,社会参与,身体健康,薪资所得

表 7-4 为第三个复回归的回归分析模型摘要表,自变量为身体健康、薪资所得、家庭幸福、社会参与四个变量,依变量为生活满意变量。回归分析的 R^2 等于 0.776,表示依变量可以被四个自变量解释的变异量为 77.6%,无法解释的变异量为 22.4%,疏离系数等于 $\sqrt{1 - R^2} = \sqrt{1 - 0.776} = \sqrt{0.224} = 0.473$。

表 7-5　系数(a)

模　型	未标准化系数		标准化系数	t	显著性
	B 的估计值	标准误	Beta		
1　(常数)	-22.674	1.662		-13.642	.000
薪资所得	.475	.040	.383	11.738	.000
身体健康	.269	.044	.184	6.127	.000
社会参与	.256	.041	.192	6.222	.000
家庭幸福	.689	.068	.323	10.154	.000

a　依变量:生活满意

表 7-5 为第三个复回归分析中的系数值,其中标准化回归系数(Beta 值)为路径系数值,薪资所得、身体健康、社会参与、家庭幸福四个外因变量对内因变量生活满意变量的影响系数分别为 0.383($t = 11.738$、$p = 0.000$),0.184($t = 6.127$、$p = 0.000$),0.192($t = 6.222$、$p = 0.000$),0.323($t = 10.154$、$p = 0.000$),均达到 0.05 显著水平,其中以"薪资所得"及"家庭幸福"变量对"生活满意"变量的影响较大。

【图示范例】

将上述路径分析的路径系数及相关统计量填入原先的理论模型如图 7-10:

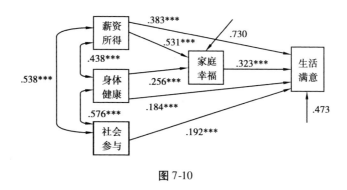

图 7-10

三、Amos Graphics 的应用

上述路径分析假设模型图绘制于【Amos Graphics】应用软件中如图 7-11,内因变量"家庭幸福""生活满意"要设定残差变量或独特变量(unique variable),残差变量的回归系数设定为 1。三个外因变量:"薪资所得""身体健康""社会参与"彼此间有相关,要以双箭头绘制变量间的关系,路径分析中的所有外因观察变量要以【描绘共变】◀▶图像钮建立双箭头关联,否则模型估计时会提示错误讯息。

增列路径分析假设模型图的参数标签名称:执行【Plugins】(增列)/【Name Parameters】(参数命名),开启【Amos Graphics】对话窗口,勾选【Covariances】(协方差)、【Regression weights】(回归系数)、【Variances】(方差)三个选项→按【OK】钮。

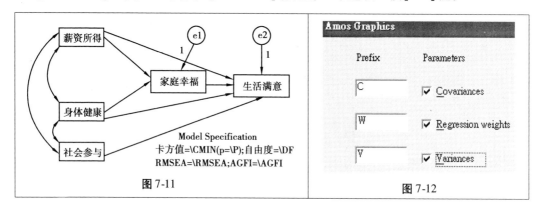

图 7-11

图 7-12

在路径分析模型图中待估计的协方差有 3 个,回归系数有 6 个,方差有 5 个,自由参数数目 = 3 + 6 + 5 = 14 个。

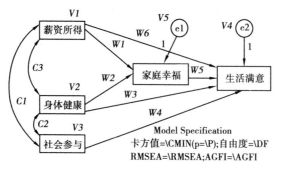

图 7-13

四、模型图执行结果

按█████【计算估计值】（Calculate estimates）图像钮后，由于模型为过度识别模型，路径图可以识别。非标准化估计值的模型图如下：三个外因变量间关系的数值为两者的协方差，三个外因变量及两个残差变量旁边的数值为其方差，单箭头旁的数值为非标准化的回归系数，作为内因变量的观察变量无法估计其方差。

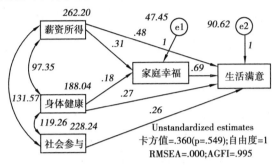

图 7-14

图 7-15 为标准化估计值的模型图，三个外因变量间的数值为相关系数。"薪资所得"与"身体健康"间的相关为 0.44，"薪资所得"与"社会参与"间的相关为 0.54，"身体健康"与"社会参与"间的相关为 0.58。单箭头方向路径系数为标准化回归系数，也就是直接效果值，两个内因变量旁的数值为多元相关系数的平方，为预测变量对效标变量的联合解释变异量，"薪资所得""身体健康""社会参与"三个变量可以联合解释"家庭幸福"变量 47% 的变异量，"薪资所得""身体健康""社会参与""家庭幸福"四个变量可以联合解释"生活满意"变量 78% 的变异量。六条路径的回归系数的 β 值均为正数，表示其对外因变量的影响均为正向，与原先建构的路径假设模型图的符号相同。

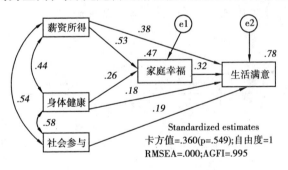

图 7-15

五、文字报表输出结果

按【View Text】（浏览文件）图像钮，开启【Amos Output】对话窗口，可以查阅路径分析参数估计结果。

```
Groups
Group number 1 (Group number 1)
Notes for Group(Group number 1)
```

The model is recursive.

Sample size = 420

Variable Summary (Group number 1)

Your model contains the following variables (Group number 1)

Observed, endogenous variables

家庭幸福

生活满意

Observed, exogenous variables

薪资所得

身体健康

社会参与

Unobserved, exogenous variables

e2

e1

Variable counts (Group number 1)

Number of variables in your model: 7

Number of observed variables: 5

Number of unobserved variables: 2

Number of exogenous variables: 5

Number of endogenous variables: 2

【说明】 在群组注解中只有一个预定群组,研究者没有变更群组名称,使用内定值(Group number 1)。假设模型为递归模型,有效样本数为 420。变量摘要表中显示观察内因变量(/观察内衍变量)有"家庭幸福""生活满意"两个变量;观察外因变量(/观察外衍变量)有"薪资所得""身体健康""社会参与"三个变量;而两个误差变量 e1、e2 为无法观察的外因变量。模型中的变量共有 7 个,观察变量 5 个、无法观察变量 2 个,外因变量 5个、内因变量 2 个。

表 7-6   Parameter summary (Group number 1)

	Weights	Covariances	Variances	Means	Intercepts	Total
Fixed	2	0	0	0	0	2
Labeled	0	0	0	0	0	0
Unlabeled	6	3	5	0	0	14
Total	8	3	5	0	0	16

【说明】 参数摘要表中显示回归系数共有 8 个,固定路径系数参数 2 个,待估计的路径系数参数有 6 个,待估计的协方差有 3 个,待估计的方差有 5 个,模型中全部的参数共有 16 个(=8 +3 +5),其中 2 个为固定参数,14 个为自由参数。14 个待估计的自由参数均没有设定参数标签名称,所以出现在 Unlabeled(未加注标记)行中。

表 7-7 Assessment of normality（Group number 1）

Variable	min	max	skew	c. r.	kurtosis	c. r.
社会参与	24.000	82.000	.953	7.974	−.023	−.094
身体健康	12.000	66.000	.001	.010	−.677	−2.831
薪资所得	10.000	68.000	.295	2.469	−1.071	−4.479
家庭幸福	11.000	42.000	.279	2.336	−1.314	−5.498
生活满意	6.000	72.000	.420	3.517	−1.228	−5.138
Multivariate					3.918	4.798

【说明】 表7-7为正态性的评估，第一栏为观察变量名称，第二栏为最小值，第三栏为最大值，第四栏为偏度值(skew)，第五栏为偏度值临界比，第六栏为峰度值(kurtosis)，第七栏为峰度值的临界比。在SEM分析中若是样本数据观察变量的偏度系数大于3、峰度系数大于8，可能偏离正态分布，尤其是峰度系数大于20时，表示数据变量峰度与正态峰差异极大(Kine，1998)。最后一列为多变量峰度系数及其临界比值，若是多变量峰度系数检验达到显著，表示至少有一个变量峰度系数违反正态分布的假定。在范例中，五个观察变量有四个变量的偏度系数达到显著，有四个变量的峰度系数达到显著，不过五个变量的峰度系数均未大于8，而偏度系数均小于3。Amos内定的估计法为ML法，研究证实ML法在大多数情境下，其参数估计结果较其他方法为佳，但使用ML法进行参数估计的，前提假设是数据必须符合多变量正态性假定，因而在SEM分析前，有必要对观察数据变量进行正态性检验。

Sample Moments（Group number 1）

表 7-8 Sample Covariances（Group number 1）

	社会参与	身体健康	薪资所得	家庭幸福	生活满意
社会参与	228.239				
身体健康	119.262	188.038			
薪资所得	131.569	97.350	262.200		
家庭幸福	64.034	63.290	98.272	89.010	
生活满意	197.060	170.958	252.118	141.427	404.233

Condition number = 25.222
Eigenvalues
845.953 139.104 92.197 60.926 33.540
Determinant of sample covariance matrix = 22169879668.667

【说明】 表7-8为样本数据所得的协方差S矩阵，协方差矩阵的对角线为变量的方差，对角线以外的数值为两个变量的协方差。条件数目值＝最大特征值÷最小特征值＝845.593÷33.540＝25.222。

表 7-9　Sample Correlations（Group number 1）

	社会参与	身体健康	薪资所得	家庭幸福	生活满意
社会参与	1.000				
身体健康	.576	1.000			
薪资所得	.538	.438	1.000		
家庭幸福	.449	.489	.643	1.000	
生活满意	.649	.620	.774	.746	1.000

Condition number = 20.426

Eigenvalues

3.386 .668 .467 .312 .166

【说明】　表 7-9 为样本数据所得的相关矩阵,五个变量间呈现中度的正相关,其相关系数介于 .438 至 .774。相关系数矩阵对角线为变量的自相关系数,其数值均为 1.000。

Models

Default model（Default model）

Notes for Model（Default model）

Computation of degrees of freedom（Default model）

Number of distinct sample moments: 15

Number of distinct parameters to be estimated: 14

Degrees of freedom（15 − 14）: 1

Result（Default model）

Minimum was achieved

Chi-square = 0.360

Degrees of freedom = 1

Probability level = 0.549

【说明】　模型摘要表中显示模型的自由度为 1（=15 − 14）,其中 15 为样本协方差矩阵提供的独特元素（数据点数目）= $\frac{1}{2}(k)(k+1) = \frac{1}{2} \times 5 \times 6 = 15$,$k$ 为观察变量的数目;14 为假设模型图中待估计的自由参数。整体适配度的卡方值为 0.360,显著性概率值 p = 0.549 > 0.05,未达 0.05 显著水平,接受虚无假设,表示样本数据所得的 S 矩阵与由假设模型所导出的 $\hat{\Sigma}$ 矩阵可以契合,即研究者所提的成年人生活满意的因果模型与实际调查数据可以适配,路径分析假设的模型可以得到支持。

Group number 1（Group number 1-Default model）

Estimates（Group number 1-Default model）

Scalar Estimates（Group number 1-Default model）

Maximum Likelihood Estimates

表 7-10　Regression Weights：(Group number 1-Default model)

	Estimate	S. E.	C. R.	P	Label
家庭幸福 ← 薪资所得	.309	.023	13.376	***	par_1
家庭幸福 ← 身体健康	.176	.027	6.463	***	par_2
生活满意 ← 身体健康	.269	.044	6.136	***	par_3
生活满意 ← 社会参与	.256	.041	6.254	***	par_4
生活满意 ← 家庭幸福	.689	.068	10.207	***	par_8
生活满意 ← 薪资所得	.475	.040	11.737	***	par_9

【说明】　采用极大似然法估计各路径系数值,六个直接效果的路径系数均达显著,回归加权表中的估计值(Estimate)栏为非标准化的回归系数值,S. E. 为估计值的标准误,回归系数值栏除以估计值的标准误为临界比值(C. R. 栏),临界比值的绝对值如大于1.96,表示估计值达到 0.05 显著水平,显著性概率值 p 如小于 0.001,会呈现"＊＊＊"符号,显著性概率值 p＞0.001,则于 P 栏中会直接呈现 p 值数值。

表 7-11　Standardized Regression Weights：(Group number 1-Default model)

	Estimate
家庭幸福 ← 薪资所得	.531
家庭幸福 ← 身体健康	.256
生活满意 ← 身体健康	.184
生活满意 ← 社会参与	.192
生活满意 ← 家庭幸福	.324
生活满意 ← 薪资所得	.383

【说明】　标准化回归加权值(Standardized Regression Weights)为标准化的回归系数值(β值),标准化回归系数值即变量间的路径系数,此路径系数为标准化直接效果值。六个路径系数值均达 0.05 的显著水平,六条路径系数的 β 值均为正数,表示其对效标变量直接影响效果为正向。

表 7-12　Covariances：(Group number 1-Default model)

	Estimate	S. E.	C. R.	P	Label
薪资所得 ↔ 社会参与	131.569	13.570	9.696	***	par_5
身体健康 ↔ 社会参与	119.262	11.678	10.213	***	par_6
薪资所得 ↔ 身体健康	97.350	11.844	8.219	***	par_7

【说明】　协方差摘要表显示的是"薪资所得""身体健康""社会参与"三个外因变量间的协方差估计值及其显著性检验。"薪资所得"与"社会参与"间的协方差为 131.569,协方差的估计标准误为 13.570,临界比值为 9.696,两者间相关达到 0.001 显著水平;"身体健康"与"社会参与"间的协方差为 119.262,协方差的估计标准误为 11.678,临界比值为 10.213,两者间相关达到 0.001 显著水平;"薪资所得"与"身体健康"间的协方差为 97.350,协方差的估计标准误为 11.844,临界比值为 8.219,两者间相关达到 0.001 显著水平。

表 7-13   Correlations：（Group number 1-Default model）

			Estimate
薪资所得	↔	社会参与	.538
身体健康	↔	社会参与	.576
薪资所得	↔	身体健康	.438

【说明】   相关系数摘要表显示的是"薪资所得""身体健康""社会参与"三个外因变量间的积差相关。"薪资所得"与"社会参与"间的相关为 0.538，"身体健康"与"社会参与"间的相关为 0.576，"薪资所得"与"身体健康"间的相关为 0.438，三个相关系数均达0.001 显著水平（相关系数显著性的检验由表 7-12 判别，当两个变量的协方差估计值达到 0.05 显著水平，则两个变量的相关即达到 0.05 显著水平），两个外因变量间的共变关系达到显著，表示两者的相关系数显著不等于 0，三个外因变量间呈现显著的中度正相关。

表 7-14   Variances：（Group number 1-Default model）

	Estimate	S. E.	C. R.	P	Label
薪资所得	262.200	18.115	14.474	***	par_10
身体健康	188.038	12.991	14.474	***	par_11
社会参与	228.239	15.769	14.474	***	par_12
e1	47.448	3.278	14.474	***	par_13
e2	90.618	6.261	14.474	***	par_14

【说明】   方差摘要表为五个外因变量的方差估计值、估计值的标准误（standard error）、显著性检验的临界比（critical ratio）。五个外因变量的方差检验的 p 值均小于0.001，表示"薪资所得""身体健康""社会参与"三个外因变量，e1、e2 两个残差项变量的方差在总体中显著不等于 0。

表 7-15   Squared Multiple Correlations：（Group number 1-Default model）

	Estimate
家庭幸福	.467
生活满意	.775

【说明】   表 7-15 为两条结构方程式的多元相关系数的平方，即复回归分析中的决定系数（R^2），表示"家庭幸福""生活满意"两个内因变量被其外因变量所能解释的变异量百分比，两条结构方程式的多元相关系数平方（R^2）分别为 0.467,0.775。根据假设模型图可知："薪资所得""身体健康""社会参与"三个外因变量可以联合解释"家庭幸福"变量 46.7% 的变异量（在标准化估计值模型图中的数值为 0.47）；"薪资所得""身体健康""社会参与""家庭幸福"四个变量可以联合解释"生活满意"变量 77.5% 的变异量（在标准化估计值模型图中的数值为 0.78）。

Matrices（Group number 1-Default model）

表7-16　Implied Covariances（Group number 1-Default model）

	社会参与	身体健康	薪资所得	家庭幸福	生活满意
社会参与	228.239				
身体健康	119.262	188.038			
薪资所得	131.569	97.350	262.200		
家庭幸福	61.737	63.290	98.272	89.010	
生活满意	195.477	170.958	252.118	140.840	403.425

【说明】　隐含的协方差矩阵 $\hat{\Sigma}$ 显示的是根据假设的因果模型路径图所导出的方差协方差矩阵,此隐含的协方差矩阵乃是根据理论模型所推导而得(另外一个方差协方差矩阵——S矩阵,乃是根据实际搜集的样本数据估计而得),对角线为变量的方差。在Amos输出的报表中假设模型导出的协方差矩阵以隐含协方差(Implied Covariances)表示。

表7-17　Implied Correlations（Group number 1-Default model）

	社会参与	身体健康	薪资所得	家庭幸福	生活满意
社会参与	1.000				
身体健康	.576	1.000			
薪资所得	.538	.438	1.000		
家庭幸福	.433	.489	.643	1.000	
生活满意	.644	.621	.775	.743	1.000

【说明】　隐含相关系数矩阵乃是根据理论假设的路径模型图推导而得,其数据可由上述隐含方差协方差矩阵换算求出,隐含相关系数矩阵的对角线数值均为1,表示变量与变量自己的相关。

表7-18　Residual Covariances（Group number 1-Default model）

	社会参与	身体健康	薪资所得	家庭幸福	生活满意
社会参与	.000				
身体健康	.000	.000			
薪资所得	.000	.000	.000		
家庭幸福	2.297	.000	.000	.000	
生活满意	1.583	.000	.000	.587	.809

【说明】　残差协方差矩阵为样本数据所得的S矩阵与根据理论模型图推导而得 $\hat{\Sigma}$ 矩阵相减,两者的差异值为残差值。适配残差值愈大,表示观察数据所得的协方差矩阵S与假设理论模型隐含的协方差矩阵 $\hat{\Sigma}$ 的差异愈大,残差值愈小,表示观察数据所得的协方差矩阵S与假设理论模型隐含的协方差矩阵 $\hat{\Sigma}$ 的差异愈小,即假设模型与观察数据愈能契合。如果 $S-\hat{\Sigma}$ 的值为负,且其绝对值很大,表示理论模型高估了变量间的共变,实际的协方差被高估了,造成过度适配(overfitting)的情形;相反的,若是 $S-\hat{\Sigma}$ 的值为正,且其数值很大,表示理论模型低估了变量间的共变,实际的协方差被低估了,造成低度适配

(underfitting)的情形。将上述 S 矩阵中数据与 $\hat{\sum}$ 矩阵中数据相减,即得到残差协方差矩阵。表 7-19 中的第一个数字(被减数)为样本数据所推估的 S 矩阵数值,第二个数字(减数)为理论模型所推估的 $\hat{\sum}$ 矩阵数值。

表 7-19

	社会参与	身体健康	薪资所得	家庭幸福	生活满意
社会参与	228.239 −228.239				
身体健康	119.262 −119.262	188.038 −188.038			
薪资所得	131.569 −131.569	97.350 −97.350	262.200 −262.200		
家庭幸福	64.034 −61.737	63.290 −63.290	98.272 −98.272	89.010 −89.010	
生活满意	197.060 −195.477	170.958 −170.958	252.118 −252.118	141.427 −140.840	404.233 −403.425

表 7-20　Standardized Residual Covariances (Group number 1-Default model)

	社会参与	身体健康	薪资所得	家庭幸福	生活满意
社会参与	.000				
身体健康	.000	.000			
薪资所得	.000	.000	.000		
家庭幸福	.303	.000	.000	.000	
生活满意	.090	.000	.000	.051	.029

【说明】　表 7-20 为标准化残差的协方差矩阵,将原始残差转换为标准分数,可以适用于不同的测量尺度。标准化残差值是判别模型内在质量的一个指标,如果标准化残差的协方差矩阵中的数值绝对值大于 2.58,表示模型有叙列误差存在,即模型的内在质量不佳。范例中标准化残差值绝对值没有大于 2.58 者(最大值为 0.303),显示模型的内在质量理想。标准化残差矩阵等于残差协方差除以其标准误,在假定模型正确的前提下,若是样本数过大,则标准化残差协方差会呈现标准化正态分布,如果模型正确,大部分标准化残差绝对值会小于 2。标准化残差值类似 Z 分数,因而两组残差值间可以比较解释,若是假设模型适配完美,则 $\sum(\theta) - S = 0.00$。

表 7-21　Total Effects (Group number 1-Default model)

	社会参与	身体健康	薪资所得	家庭幸福
家庭幸福	.000	.176	.309	.000
生活满意	.256	.391	.688	.689

表 7-22　Standardized Total Effects (Group number 1-Default model)

	社会参与	身体健康	薪资所得	家庭幸福
家庭幸福	.000	.256	.531	.000
生活满意	.192	.267	.555	.324

【说明】　表7-21为各外因变量对各内因变量影响的总效果值及标准化的总效果值,总效果值为直接效果值加上间接效果值,而标准化的总效果值为标准化的直接效果值(β系数)加上标准化的间接效果值(间接效果值为直接效果的路径系数β值相乘)。

表7-23　Direct Effects（Group number 1-Default model）

	社会参与	身体健康	薪资所得	家庭幸福
家庭幸福	.000	.176	.309	.000
生活满意	.256	.269	.475	.689

表7-24　Standardized Direct Effects（Group number 1-Default model）

	社会参与	身体健康	薪资所得	家庭幸福
家庭幸福	.000	.256	.531	.000
生活满意	.192	.184	.383	.324

【说明】　路径分析结构模型中各路径系数区分为非标准化的回归系数(B系数)与标准化回归系数(β系数),非标准化回归系数所显示的为直接效果值(Direct Effects),直接效果路径系数的乘积为间接效果值(Indirect Effects),标准化回归系数(Beta系数)表示标准化直接效果值(Standardized Direct Effects)。路径分析的路径系数一般以标准化的回归系数——β值作为直接效果值,模型图所呈现的路径系数值即为标准化的回归系数——β值。依据变量间标准化回归系数值绘制的路径分析模型如图7-16:"薪资所得"对"家庭幸福""生活满意"两个内因变量的标准化直接效果值(简称为直接效果值)分别为0.531,0.383,"身体健康"对"家庭幸福""生活满意"两个内因变量的直接效果值分别为0.256,0.184,"社会参与"对"生活满意"内因变量的直接效果值为0.192,"家庭幸福"对"生活满意"内因变量的直接效果值为0.324。六条路径系数的显著性检验均达0.05的显著水平。

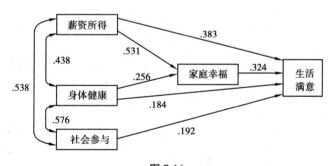

图7-16

表7-25　Indirect Effects（Group number 1-Default model）

	社会参与	身体健康	薪资所得	家庭幸福
家庭幸福	.000	.000	.000	.000
生活满意	.000	.122	.213	.000

表7-26　Standardized Indirect Effects（Group number 1-Default model）

	社会参与	身体健康	薪资所得	家庭幸福
家庭幸福	.000	.000	.000	.000
生活满意	.000	.083	.172	.000

【说明】　表 7-25,7-26 分别为各外因变量对各内因变量影响的间接效果值及标准化的间接效果值,标准化的间接效果值等于路径系数 β 值相乘。"身体健康"对"生活满意"间接效果值为"身体健康"变量通过"家庭幸福"变量而间接影响"生活满意"变量,此条影响路径的间接效果值 $= 0.256 \times 0.324 = 0.083$,"身体健康"对"生活满意"直接效果值等于 0.184,因而"身体健康"对"生活满意"影响的总效果值 $= 0.083 + 0.184 = 0.267$。"薪资所得"对"生活满意"间接效果值为"薪资所得"变量通过"家庭幸福"变量而间接影响"生活满意"变量,此条影响路径的间接效果值 $= 0.531 \times 0.324 = 0.172$,"薪资所得"对"生活满意"直接效果值等于 0.383,因而"薪资所得"对"生活满意"影响的总效果值 $= 0.172 + 0.383 = 0.555$。

Modification Indices（Group number 1-Default model）

表 7-27　Covariances：（Group number 1-Default model）

	M.I.	Par Change

表 7-28　Variances：（Group number 1-Default model）

	M.I.	Par Change

表 7-29　Regression Weights：（Group number 1-Default model）

	M.I.	Par Change

【说明】　修正指标值中没有提供要修正的路径。在整体模型适配度检验方面,若是整体模型适配度不佳或有路径系数不显著,可考虑将不显著的路径系数删除,并依据修正指标值增列部分遗漏的路径。上述研究者所提的假设模型图中的六条路径系数均达显著,而假设模型与样本数据又能契合,因而路径系数不考虑增删。

Model Fit Summary

表 7-30　CMIN

Model	NPAR	CMIN	DF	P	CMIN/DF
Default model	14	.360	1	.549	.360
Saturated model	15	.000	0		
Independence model	5	1217.146	10	.000	121.715

表 7-31　RMR, GFI

Model	RMR	GFI	AGFI	PGFI
Default model	.765	1.000	.995	.067
Saturated model	.000	1.000		
Independence model	118.434	.408	.112	.272

表 7-32 Baseline Comparisons

Model	NFI Delta1	RFI rho1	IFI Delta2	TLI rho2	CFI
Default model	1.000	.997	1.001	1.005	1.000
Saturated model	1.000		1.000		1.000
Independence model	.000	.000	.000	.000	.000

表 7-33 Parsimony-Adjusted Measures

Model	PRATIO	PNFI	PCFI
Default model	.100	.100	.100
Saturated model	.000	.000	.000
Independence model	1.000	.000	.000

表 7-34 NCP

Model	NCP	LO 90	HI 90
Default model	.000	.000	4.937
Saturated model	.000	.000	.000
Independence model	1207.146	1096.261	1325.408

表 7-35 FMIN

Model	FMIN	F0	LO 90	HI 90
Default model	.001	.000	.000	.012
Saturated model	.000	.000	.000	.000
Independence model	2.905	2.881	2.616	3.163

表 7-36 RMSEA

Model	RMSEA	LO 90	HI 90	PCLOSE
Default model	.000	.000	.109	.716
Independence model	.537	.512	.562	.000

表 7-37 AIC

Model	AIC	BCC	BIC	CAIC
Default model	28.360	28.766	84.923	98.923
Saturated model	30.000	30.436	90.604	105.604
Independence model	1227.146	1227.291	1247.347	1252.347

表 7-38 ECVI

Model	ECVI	LO 90	HI 90	MECVI
Default model	.068	.069	.081	.069
Saturated model	.072	.072	.072	.073
Independence model	2.929	2.664	3.211	2.929

表 7-39　HOELTER

Model	HOELTER(.05)	HOELTER(.01)
Default model	4475	7729
Independence model	7	8

【说明】　整体模型适配度检验的卡方值在自由度等于 1 时为 0.360,显著性概率值 p = 0.549 > 0.05,未达到 0.05 显著水平,接受虚无假设,表示理论模型与样本数据间可以适配。再从其他适配度指标来看,卡方自由度比值(CMIN/DF) 为 0.360 < 2.000,CN 值 = 4475 > 200,RMSEA 值 = 0.000 < 0.050,GFI 值 = 1.000 > 0.900,AGFI 值 = 0.995 > 0.900,NFI 值 = 1.000,RFI 值 = 0.997,IFI 值 = 1.001,TLI 值 = 1.005,CFI 值 = 1.000 均大于 0.900 的标准,FMIN 值 = 0.001,接近 0.000,预设模型的 AIC 值、BCC 值、BIC 值、CAIC 值、ECVI 值均小于独立模型的数值,也小于饱和模型的数值,表示整体模型的适配情形良好,研究者所提的假设模型与实际数据可以适配。

生活满意路径分析各项效果值一览表如表 7-40:

表 7-40

	直接效果	间接效果	总效果值
薪资所得 → 家庭幸福	.531	—	.531
薪资所得 → 生活满意	.383	.172	.555
身体健康 → 家庭幸福	.256	—	.256
身体健康 → 生活满意	.184	.083	.267
社会参与 → 生活满意	.192	—	.192
家庭幸福 → 生活满意	.324	—	.324

第三节　饱和模型的路径分析

在饱和模型中所有的自变量对所有依变量均有影响路径,而依变量相互间也均有影响路径,即所有变量间的路径数目在因果模型中是最大数。饱和模型的路径分析模型图,其整体模型适配度的卡方值会等于 0.000,表示模型是一种适配完美(perfect fit)的模型,在社会及行为领域的实际情境下,适配度十全十美的饱和模型,往往不具有实用的价值。

一、饱和模型假设模型图

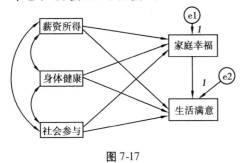

图 7-17

"薪资所得""身体健康""社会参与""家庭幸福""生活满意"五个变量的因果关系模型图假设如图 7-17,变量间的路径数目在此因果模型有七条,已达最大数目,因而是一个饱和模型。样本的数据点数目正好等于待估计的参数数目(= 15),所以模型只有一个唯一解,为正好识别模型。

二、参数估计的模型图

非标准化参数估计值模型图如图 7-18,双箭头旁的数值为三个外因变量间的协方差,单箭头所指的数值为非标准化的回归系数。三个外因变量及两个残差项的方差均为正数,表示数据没有输入错误,模型界定没有问题。

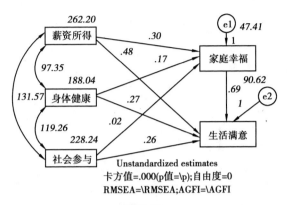

图 7-18

标准化参数估计值模型图如图 7-19：双箭头旁的数值为三个外因变量间的相关系数,单箭头所指的数值为标准化的回归系数,即路径系数。七条因果路径系数的 β 值均为正数,与原先理论建构的假设模型相符合。

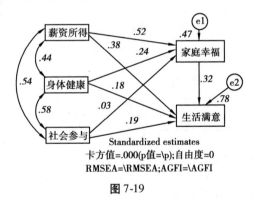

图 7-19

三、参数估计及适配度结果

【Amos Output】(文字输出结果)窗口中,相关的参数估计结果如下：

(一)参数估计摘要表

Scalar Estimates（Group number 1-Default model）
Maximum Likelihood Estimates

表 7-41　Regression Weights：（Group number 1-Default model）

	Estimate	S. E.	C. R.	P	Label
家庭幸福 ← 社会参与	.018	.030	.600	.549	par_3
家庭幸福 ← 薪资所得	.303	.025	12.098	***	par_9
家庭幸福 ← 身体健康	.168	.031	5.510	***	par_10
生活满意 ← 薪资所得	.475	.040	11.795	***	par_1
生活满意 ← 身体健康	.269	.044	6.157	***	par_2
生活满意 ← 社会参与	.256	.041	6.252	***	par_4
生活满意 ← 家庭幸福	.689	.068	10.203	***	par_5

【说明】　七条路径系数中,除"社会参与"对"家庭幸福"变量影响的路径系数未达显著外(家庭幸福←社会参与),余六条路径系数均达 0.05 的显著水平,表示这六个路径系数在总体中显著不等于 0。"社会参与"外因变量对"家庭幸福"内因变量直接影响的路径回归加权值为 0.018,估计标准误为 0.030,临界比值为 0.600。临界比值绝对值小于 1.96,显著性概率值 p = 0.549 > 0.05,未达显著水平,表示此路径系数在总体中显著等于 0,其标准化回归系数值等于 0.028(β = 0.028)。

表 7-42　Standardized Regression Weights：（Group number 1-Default model）

	Estimate
家庭幸福 ← 社会参与	.028
家庭幸福 ← 薪资所得	.521
家庭幸福 ← 身体健康	.245
生活满意 ← 薪资所得	.383
生活满意 ← 身体健康	.184
生活满意 ← 社会参与	.192
生活满意 ← 家庭幸福	.323

【说明】　表 7-42 为七条路径的标准化回归系数,也就是路径系数。其中"社会参与→家庭幸福"的路径系数值等于 0.028,未达 0.05 的显著水平,表示"社会参与"变量对"家庭幸福"变量的影响路径不显著,其余六条系数路径均达 0.05 的显著水平。在路径分析中,如要对假设因果模型图进行修正,可以把没有达 0.05 显著水平的路径删除。此外,若是标准化回归系数值的正负号与原先理论模型图的符号相反,表示自变量间有高度多元共线性问题,此种不合理或无法解释的路径也要删除。

表 7-43　Covariances：（Group number 1-Default model）

	Estimate	S. E.	C. R.	P	Label
薪资所得 ↔ 身体健康	97.350	11.844	8.219	***	par_6
身体健康 ↔ 社会参与	119.262	11.678	10.213	***	par_7
薪资所得 ↔ 社会参与	131.569	13.570	9.696	***	par_8

表 7-44　Correlations：（Group number 1-Default model）

	Estimate
薪资所得 ↔ 身体健康	.438
身体健康 ↔ 社会参与	.576
薪资所得 ↔ 社会参与	.538

【说明】　三个外因变量间的协方差分别为97.350,119.262,131.569,估计标准误分别为11.844,11.678,13.570,临界比值分别为8.219,10.213,9.696,临界比值绝对值均大于1.96,表示三个协方差在总体中均显著不为0。三个外因变量彼此间的相关分别为0.438,0.576,0.538。

表 7-45　Variances：（Group number 1-Default model）

	Estimate	S. E.	C. R.	P.	Label
薪资所得	262.200	18.115	14.474	***	par_11
身体健康	188.038	12.991	14.474	***	par_12
社会参与	228.239	15.769	14.474	***	par_13
e1	47.407	3.275	14.474	***	par_14
e2	90.618	6.261	14.474	***	par_15

【说明】　三个外因变量及两个误差变量的方差参数估计均达0.05显著水平,表示这五个变量的方差在总体中均显著不等于0,而两个残差项的方差均为正数,没有出现负的误差变异,表示模型界定没有问题,数据文件没有错误。

表 7-46　Squared Multiple Correlations：（Group number 1-Default model）

	Estimate
家庭幸福	.467
生活满意	.776

【说明】　"家庭幸福"内因变量被"薪资所得""身体健康""社会参与"三个外因变量解释的变异量为46.7%（$R^2 = 0.467$）;"薪资所得""身体健康""社会参与"三个外因变量及"家庭幸福"中介变量可以解释成年人"生活满意"变量77.6%的变异量。

（二）模型适配度摘要表

Model Fit Summary

表 7-47　CMIN

Model	NPAR	CMIN	DF	P	CMIN/DF
Default model	15	.000	0		
Saturated model	15	.000	0		
Independence model	5	1217.146	10	.000	121.715

表 7-48　RMR, GFI

Model	RMR	GFI	AGFI	PGFI
Default model	.000	1.000		
Saturated model	.000	1.000		
Independence model	118.434	.408	.112	.272

表 7-49　Baseline Comparisons

Model	NFI Delta1	RFI rho1	IFI Delta2	TLI rho2	CFI
Default model	1.000		1.000		1.000
Saturated model	1.000		1.000		1.000
Independence model	.000	.000	.000	.000	.000

【说明】　在饱和模型的状态下,不管路径系数是否达到显著,整体模型适配的卡方值、自由度均等于 0.000,显著性的概率值无法估计,而 RMR 值、NCP 值、FMIN 值均等于 0,GFI 值、NFI 值、IFI 值、CFI 值均等于 1.000。这是因为在刚好识别(just-identified)的饱和模型下,模型只有唯一解出现,因此呈现完全适配是必然的现象,此时探究假设的因果模型与实际数据间是否适配的问题,是没有必要的,也没有实质的意义存在(Bollen,1989)。因而在路径分析因果模型中,要探究假设模型是否适配,不应采用饱和模型,而应提出一个非饱和的假设模型图,才可以进行模型检验。

图 7-20 为研究者所提出的非饱和模型的路径因果模型,此图与饱和模型图的差异在于,删除路径系数值未达显著的路径。在此非饱和模型的概念化模型图中:"薪资所得""身体健康""社会参与""家庭幸福"四个变因对"生活满意"变量均有直接影响效果,而"薪资所得""身体健康"两个变量又会通过"家庭幸福"变量对"生活满意"产生影响。此路径分析模型图与饱和模型图主要差异在于删除"社会参与→家庭幸福"的影响路径,删除此条影响路径后,理论模型成为一个非饱和模型的模型图,此模型图也就是前述的递归模型路径分析,只是两种模型图的内因变量排列不同而已。

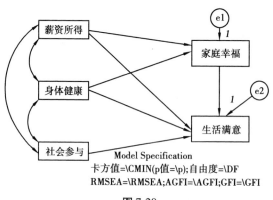

图 7-20

按【计算估计值】图像钮后,模型图可以收敛识别,标准化估计值模型图如图 7-21:整体适配的卡方值等于 0.360,显著性概率值 p = 0.549 > 0.05(自由度等于 1),未

达0.05显著水平,接受虚无假设,表示理论模型图与样本数据可以适配。此外,RMSEA
值 = 0.000 < 0.05, AGFI 值 = 0.995 > 0.900, GFI 值 = 1.000 > 0.900,均达到模型可以适
配的标准。

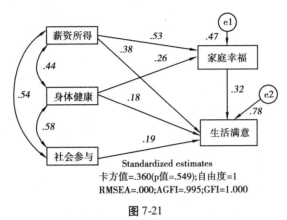

图 7-21

第四节 非递归模型的路径分析一

非递归模型(nonrecursive model)表示内因变量的因果关系不是单向的,而是互为因
果关系的。以范例假设模型图为例,研究者认为"薪资所得"外因变量会直接影响到"家
庭幸福"内因变量与"生活满意"内因变量,"身体健康""社会参与"两个外因变量会直接
影响到"生活满意"内因变量。此外,两个内因变量互为因果变量,"家庭幸福"变量会直
接影响到"生活满意"变量,而"生活满意"变量也会直接影响"家庭幸福"变量。

一、假设模型图

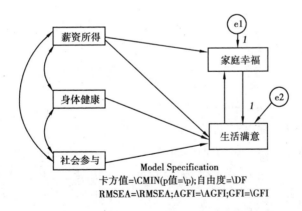

图 7-22

二、参数估计的模型图

非标准化参数估计值模型图如图 7-23,双箭头旁的数值为三个外因变量间的协方
差,单箭头所指的数值为非标准化的回归系数。非递归模型图中,增列"生活满意→家庭
幸福"的路径,结果原先"家庭幸福→生活满意"的路径系数符号变为负数,与理论假设模
型不符合。

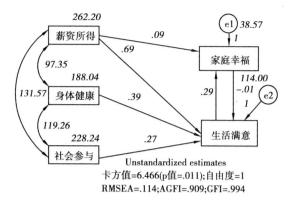

图 7-23

标准化参数估计值模型图如图 7-24：双箭头旁的数值为三个外因变量间的相关系数，单箭头所指的数值为标准化的回归系数，即路径系数 β，"生活满意→家庭幸福"的路径系数为 0.62，"家庭幸福→生活满意"的路径系数为 -0.01。

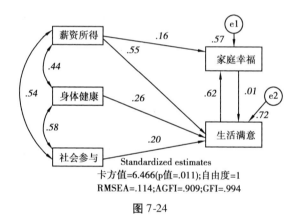

图 7-24

三、参数估计值

Estimates（Group number 1-Default model）

Scalar Estimates（Group number 1-Default model）

Maximum Likelihood Estimates

表 7-50　Regression Weights：（Group number 1-Default model）

			Estimate	S. E.	C. R.	P	Label
生活满意	←	薪资所得	.688	.060	11.553	***	par_1
生活满意	←	身体健康	.387	.050	7.678	***	par_2
生活满意	←	社会参与	.268	.047	5.656	***	par_3
家庭幸福	←	薪资所得	.093	.046	2.027	.043	par_7
家庭幸福	←	生活满意	.293	.043	6.743	***	par_8
生活满意	←	家庭幸福	−.013	.154	−.086	.931	par_9

表 7-51 Standardized Regression Weights：（Group number 1-Default model）

			Estimate
生活满意	←	薪资所得	.554
生活满意	←	身体健康	.264
生活满意	←	社会参与	.201
家庭幸福	←	薪资所得	.159
家庭幸福	←	生活满意	.625
生活满意	←	家庭幸福	-.006

【说明】 在六条路径系数中，除"家庭幸福"对"生活满意"变量影响的路径系数未达显著外，其余五条路径系数均达 0.05 的显著水平，表示这五个路径系数在总体中显著不等于 0。"家庭幸福"变量对"生活满意"变量直接影响的路径回归加权值为 -0.013，估计标准误为 0.154，临界比值为 -0.086，临界比值绝对值小于 1.96，显著性概率值 p = 0.931 > 0.05，未达显著水平，表示此路径系数在总体中显著等于 0，其标准化回归系数值等于 -0.006（$\beta = -0.006$）。

表 7-52 Squared Multiple Correlations：（Group number 1-Default model）

	Estimate
家庭幸福	.567
生活满意	.718

【说明】 "家庭幸福"内因变量被"薪资所得""生活满意"两个变量解释的变异量为 56.7%（$R^2 = 0.567$）；"薪资所得""身体健康""社会参与"三个外因变量及"家庭幸福"变量可以解释成年人"生活满意"变量 71.8% 的变异量（$R^2 = 0.718$）。

```
Stability index for the following variables is .004
家庭幸福
生活满意
```

【说明】 稳定指标（stability index）所表示的是模型系统的稳定性，若是稳定指标值介于 ±1 之间，则模型系统是稳定的（stable）；相对的，如果稳定指标的绝对值大于 1，则模型系统是不稳定的（unstable）。一个不稳定的系统，则可能会出现负的误差变异。稳定指标的数值如果等于或大于 1，表示模型可能界定错误或抽样样本数太少，以致无法正确估计回归系数。路径分析中若有数个循环，则 Amos 会分别提供每组的稳定指标值，若是有一个稳定指标值等于 1 或大于 1，此路径分析的线性系统是不稳定的。上述稳定指标值为 0.004，小于 1，表示模型系统是稳定的。

四、模型适配度摘要表

Model Fit Summary

表 7-53　CMIN

Model	NPAR	CMIN	DF	P	CMIN/DF
Default model	14	6.466	1	.011	6.466
Saturated model	15	.000	0		
Independence model	5	1217.146	10	.000	121.715

表 7-54　RMR, GFI

Model	RMR	GFI	AGFI	PGFI
Default model	1.865	.994	.909	.066
Saturated model	.000	1.000		
Independence model	118.434	.408	.112	.272

表 7-55　RMSEA

Model	RMSEA	LO 90	HI 90	PCLOSE
Default model	.114	.044	.205	.065
Independence model	.537	.512	.562	.000

表 7-56　AIC

Model	AIC	BCC	BIC	CAIC
Default model	34.466	34.873	91.030	105.030
Saturated model	30.000	30.436	90.604	105.604
Independence model	1227.146	1227.291	1247.347	1252.347

表 7-57　ECVI

Model	ECVI	LO 90	HI 90	MECVI
Default model	.082	.071	.111	.083
Saturated model	.072	.072	.072	.073
Independence model	2.929	2.664	3.211	2.929

表 7-58　HOELTER

Model	HOELTER(.05)	HOELTER(.01)
Default model	249	430
Independence model	7	8

【说明】　整体适配度指标方面,自由度于 1 时,卡方值为 6.466,显著性概率值 p = 0.011 < 0.05,拒绝虚无假设,显示理论模型与样本数据无法适配。RMR 值等于 1.865 > 0.05,RMSEA 值等于 0.114 > 0.08,卡方自由度比值等于 6.466 > 2.000,均未达模型适配标准,而预试模型的 AIC 值、BCC 值、BIC 值虽小于独立模型的数值,却大于饱和模型的 AIC 值(34.366 > 30.000)、BCC 值(34.873 > 30.463)、BIC 值(91.030 > 90.604),预试模型的 ECVI 值、MECVI 值也大于饱和模型的 ECVI 值(0.082 > 0.072)、MECVI 值(0.083 > 0.073),显示模型未达适配标准。整体而言,研究者所提的非递归的路径分析理论模型图与样本数据无法契合。

第五节 非递归模型的路径分析二

在上述递归模型中,假定"家庭幸福"变量与"生活满意"变量互为因果关系,研究者进一步设定"家庭幸福"变量对"生活满意"变量的影响与"生活满意"变量对"家庭幸福"变量的影响具有相等的影响力,此种假定即是限制"家庭幸福→生活满意"的回归系数等于"生活满意→家庭幸福"的回归系数。其假设模型图如图7-25:

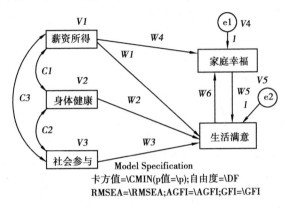

图 7-25

一、设定回归系数的变量名称

在"家庭幸福→生活满意"的回归系数单箭头对象上按右键,选取快捷菜单中的【Object Properties】(对象属性)选项,开启【Object Properties】对话窗口,切换到【Parameters】(对象参数)标签页,在【Regression weight】(回归权重)下的方格中输入参数名称(parameter name):W5,按右上角关闭钮【×】。在路径分析模型图中,单箭头对象的旁边会出现路径系数的参数名称 W5。以相同的操作步骤,增列路径系数参数名称 W6。

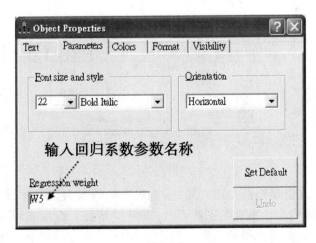

图 7-26

增列路径因果模型图的参数标签名称除了上述个别设定方法外,研究者也可让

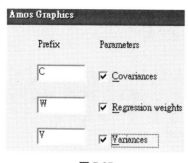

图 7-27

Amos 自动增列。个别设定参数标签名称可能会发生
遗漏或重复设定的情形,而由 Amos 自动增列,不但
一次可完成所有参数标签名称的界定,也不会有参数
标签名称重复出现的情形。

Amos 自动增列路径分析假设模型图的参数标签
名称:执行【Plugins】(增列)/【Name Parameters】(参
数命名),开启【Amos Graphics】对话窗口,勾选
【Covariances】(协方差)、【Regression weights】(回归
系数)、【Variances】(方差)三个选项→按【OK】钮。

二、设定回归系数值 W5 = W6

在【模型】(Models)方盒中,在【Default model】(预
设模型)上连按鼠标两下,开启【模型管理】(Manage
Models)次对话窗口,在右边【Parameter Constraints】(参
数限制)下的方盒中键入 W5 = W6,按右下角关闭
【Close】钮。参数限制"W5 = W6"表示,参数名称为 W5
的路径系数的数值等于参数名称为 W6 的路径系数的
数值。

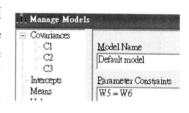

图 7-28

三、参数估计的模型图

非标准化参数估计值模型图如图 7-29,双箭头旁的数值为三个外因变量间的协方
差,单箭头所指的数值为非标准化的回归系数。"家庭幸福→生活满意"的路径系数为
0.23,"生活满意→家庭幸福"的路径系数也为 0.23,两个变量的路径系数值相同。

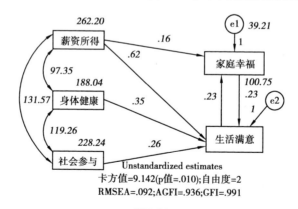

图 7-29

标准化参数估计值模型图如图 7-30:双箭头旁的数值为三个外因变量间的相关系
数,单箭头所指的数值为标准化的回归系数,即路径系数。在标准化回归系数值方面,
"家庭幸福→生活满意"的 β 值路径系数为 0.11,"生活满意→家庭幸福"的路径系数为
0.48。

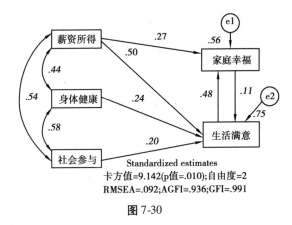

Standardized estimates
卡方值=9.142(p值=.010);自由度=2
RMSEA=.092;AGFI=.936;GFI=.991

图 7-30

四、参数估计值

Scalar Estimates（Group number 1-Default model）

Maximum Likelihood Estimates

表 7-59　Regression Weights：（Group number 1-Default model）

			Estimate	S. E.	C. R.	P	Label
生活满意	←	薪资所得	.615	.037	16.616	***	par_2
生活满意	←	身体健康	.347	.045	7.789	***	par_3
生活满意	←	社会参与	.264	.043	6.120	***	par_4
家庭幸福	←	薪资所得	.157	.026	5.984	***	par_8
家庭幸福	←	生活满意	.227	.019	12.033	***	p2
生活满意	←	家庭幸福	.227	.019	12.033	***	p2

表 7-60　Standardized Regression Weights：（Group number 1-Default model）

			Estimate
生活满意	←	薪资所得	.496
生活满意	←	身体健康	.237
生活满意	←	社会参与	.198
家庭幸福	←	薪资所得	.270
家庭幸福	←	生活满意	.484
生活满意	←	家庭幸福	.106

【说明】　六条回归系数的参数估计值均达显著，"生活满意→家庭幸福""家庭幸福→生活满意"的路径系数参数估计均为 0.227，估计标准误均为 0.019，临界比值均为12.033。转换为标准化回归系数值后，"生活满意→家庭幸福"的 β 系数值为 0.484，"家庭幸福→生活满意"的 β 系数值为 0.106，均为正数，表示其影响均为正向。就个别路径系数的参数估计而言，修正的非递归模型较先前的初始非递归模型为佳。

表 7-61　Squared Multiple Correlations：（Group number 1-Default model）

	Estimate
家庭幸福	.557
生活满意	.751

【说明】 "家庭幸福"内因变量被"薪资所得""生活满意"两个变量解释的变异量为 55.7%（$R^2 = 0.557$）；"薪资所得""身体健康""社会参与"三个外因变量及"家庭幸福"变量可以解释成年人"生活满意"变量 75.1% 的变异量（$R^2 = 0.751$）。

```
Notes for Group/Model (Group number 1-Default model)
Stability index for the following variables is .051
```
家庭幸福
生活满意

【说明】 上述稳定指标值（stability index）为 0.051，介于 ±1 之间，表示模型系统是稳定的。

Model Fit Summary

表 7-62　CMIN

Model	NPAR	CMIN	DF	P	CMIN/DF
Default model	13	9.142	2	.010	4.571
Saturated model	15	.000	0		
Independence model	5	1217.146	10	.000	121.715

表 7-63　RMR, GFI

Model	RMR	GFI	AGFI	PGFI
Default model	2.624	.991	.936	.132
Saturated model	.000	1.000		
Independence model	118.434	.408	.112	.272

表 7-64　RMSEA

Model	RMSEA	LO 90	HI 90	PCLOSE
Default model	.092	.038	.157	.091
Independence model	.537	.512	.562	.000

表 7-65　AIC

Model	AIC	BCC	BIC	CAIC
Default model	35.142	35.520	87.665	100.665
Saturated model	30.000	30.436	90.604	105.604
Independence model	1227.146	1227.291	1247.347	1252.347

表 7-66　ECVI

Model	ECVI	LO 90	HI 90	MECVI
Default model	.084	.070	.116	.085
Saturated model	.072	.072	.072	.073
Independence model	2.929	2.664	3.211	2.929

【说明】 修正模型的整体适配度指标方面，自由度等于 2 时，卡方值为 9.142，显著性概率值 p = 0.010 < 0.05，拒绝虚无假设，显示理论模型与样本数据无法适配。RMR 值等于 2.624 > 0.05，RMSEA 值等于 0.092 > 0.08，卡方自由度比值等于 4.571 > 2.000，均

未达模型适配标准,而预试模型的 AIC 值、BCC 值虽小于独立模型的数值,却大于饱和模型的 AIC 值(35.142 > 30.000)、BCC 值(35.520 > 30.463),预试模型的 ECVI 值、MECVI 值也大于饱和模型的 ECVI 值(0.084 > 0.072)、MECVI 值(0.085 > 0.073),显示模型未达适配标准。整体而言,研究者所提的非递归的路径分析理论模型图与样本数据无法契合。就个别路径系数参数的显著性而言,修正模型虽较初始模型为佳,但就模型的整体适配度而言,修正的非递归的路径分析理论模型图与样本数据还是无法适配。

由于假设因果模型图无法适配,因而该假设路径因果模型图可能需要再修正,此时再参考【Amos Output】窗口中提供的修正指标值(Modification Indices),在协方差修正中增列“家庭幸福”残差项 e1 与外因变量“身体健康”间的共变关系,此种修正没有意义,也违反 SEM 基本假定;在回归系数修正中增列“身体健康→家庭幸福”的路径,增列此路径后模型会减少一个自由度,但约可减少卡方值4.869,增列此条因果路径是有意义的,也符合 SEM 基本假定。

Modification Indices (Group number 1-Default model)

表 7-67　Covariances：(Group number 1-Default model)

	M. I.	Par Change
e1　↔　身体健康	8.481	9.813

表 7-68　Variances：(Group number 1-Default model)

	M. I.	Par Change

表 7-69　Regression Weights：(Group number 1-Default model)

	M. I.	Par Change
家庭幸福　←　身体健康	4.869	.049

修正模型中增列“身体健康→家庭幸福”的路径,此路径系数参数标签名称设定为W7。此时假设模型图中待估计的参数共有 14 个:C1、C2、C3、V1、V2、V3、V4、V5、W1、W2、W3、W4、W7、W5(或 W6),在自由参数数目上,因为限制路径系数参数 W5 等于路径系数参数 W6,因而两个估计参数视为一个自由参数。

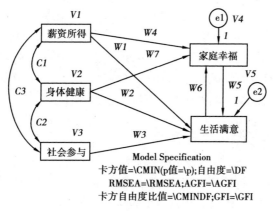

图 7-31

按【计算估计值】█████图像钮后,模型可以收敛识别,非标准化估计值的输出模型图如图 7-32:"家庭幸福→生活满意"与"生活满意→家庭幸福"两条路径的非标准化回归系数值均为 0.21,均为正数,符号与原先理论建构的假设模型相符合。

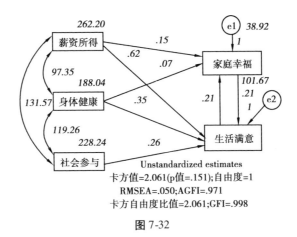

图 7-32

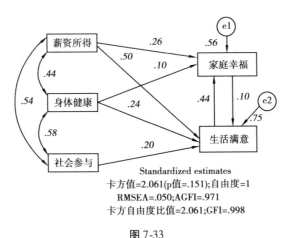

图 7-33

在标准化估计值的输出模型图 7-33:"家庭幸福→生活满意"影响路径的标准化回归系数值为 0.10;"生活满意→家庭幸福"影响路径的标准化回归系数值为 0.44。整体适配度卡方统计量为 2.061,自由度为 1,显著性概率值 $p = 0.151 > 0.05$,接受虚无假设,表示假设因果模型与实证数据可以契合。RMSEA 值 $= 0.050 < 0.080$,GFI 值 $= 0.998 > 0.900$,AGFI 值 $= 0.971 > 0.900$,卡方自由度比值 $= 2.061 < 3.000$,均达到假设模型可以接受的标准,表示假设因果模型度与样本数据的适配度佳。

五、设定两个内因变量测量误差的方差相等

在上述模型中,若是研究者要设定"家庭幸福"与"生活满意"两个测量误差变量 e1、e2 的方差相等,其参数限制如下:e1、e2 两个误差变量的方差参数名称分别设定为 V4、V5。在【模型】(Models)方盒中,在【Default model】(预设模型)上连按鼠标两下,开启【模型管理】(Manage Models)次对话窗口,在右边【Parameter Constraints】(参数限制)下的方盒中键入"W5 = W6""V4 = V5",按右下角【关闭】(Close)钮。参数限制"W5 = W6"表示

参数名称为 W5 的路径系数的数值等于参数名称为 W6 的路径系数的数值,方差参数 V4 的数值等于方差参数 V5 数值。

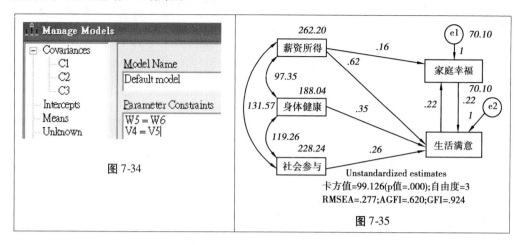

图 7-34

图 7-35

参数估计结果的非标准化的模型图如图 7-35:在此模型中,"家庭幸福→生活满意"影响的路径系数值为 0.22,其数值等于"生活满意→家庭幸福"影响的路径系数值,而误差变量 e1 的方差 70.10,其数值等于误差变量 e2 的方差 70.10。

增列两个残差项方差相等的路径模型图检验结果,在自由度等于 3 时,模型适配度的卡方值为 99.126,显著性概率值 p = 0.000 < 0.05,达到 0.05 显著水平,拒绝虚无假设,表示路径分析的假设模型与实证数据无法契合。而 RMSEA 值 = 0.277 > 0.050,AGFI 值 = 0.620 < 0.900,均表示理论模型的适配度欠佳。

表 7-70 Regression Weights:(Group number 1-Default model)

			Estimate	S. E.	C. R.	P	Label
生活满意	←	薪资所得	.617	.031	19.732	***	par_3
生活满意	←	身体健康	.348	.037	9.350	***	par_4
生活满意	←	社会参与	.264	.036	7.336	***	par_5
家庭幸福	←	薪资所得	.160	.033	4.898	***	par_9
家庭幸福	←	生活满意	.223	.022	10.317	***	p2
生活满意	←	家庭幸福	.223	.022	10.317	***	p2

表 7-71 Standardized Regression Weights:(Group number 1-Default model)

			Estimate
生活满意	←	薪资所得	.518
生活满意	←	身体健康	.247
生活满意	←	社会参与	.207
家庭幸福	←	薪资所得	.236
家庭幸福	←	生活满意	.391
生活满意	←	家庭幸福	.127

【说明】 六条回归系数的参数估计值均达显著,"生活满意→家庭幸福""家庭幸福→生活满意"的路径系数参数估计均为 0.223,估计标准误均为 0.022,临界比值均为 10.317,达到 0.001 的显著水平。转换为标准化回归系数值后,"生活满意→家庭幸福"

的 β 系数值为 0.391,"家庭幸福→生活满意"的 β 系数值为 0.127,均为正数,表示其影响均为正向。

表 7-72   Variances:(Group number 1-Default model)

	Estimate	S. E.	C. R.	P	Label
薪资所得	262.200	18.115	14.474	***	par_10
身体健康	188.038	12.991	14.474	***	par_11
社会参与	228.238	15.769	14.474	***	par_12
e2	70.101	3.498	20.041	***	v2
e1	70.101	3.498	20.041	***	v2

【说明】   五个外因变量的方差参数估计值均为正数,且均达 0.001 的显著水平。由于模型参数限制中限定误差变量 e1 与误差变量 e2 的方差相等,因而误差变量 e1 与误差变量 e2 的方差参数估计值均为 70.101,方差估计标准误均为 3.498,临界比值均为 20.041。

Modification Indices(Group number 1-Default model)

表 7-73   Covariances:(Group number 1-Default model)

	M. I.	Par Change
e1 ↔ 身体健康	4.914	9.987

表 7-74   Variances:(Group number 1-Default model)

	M. I.	Par Change
e1	40.473	−30.812
e2	40.473	30.812

表 7-75   Regression Weights:(Group number 1-Default model)

	M. I.	Par Change

【说明】   在修正指标值中若将残差项方差参数改为个别估计,即不设定两个残差项的方差相等,则每个残差项方差参数的改变,可减低卡方值40.473。从前面未设定两个残差项方差相等的模型估计中,可以看出两个残差项方差分别为 38.92,101.67,数值差距颇大,强迫限制两个参数值相等的假设模型,可能与样本数据协方差矩阵差异更大,因而才会使卡方值变得更大,由原先的 9.142 变为 99.126。模型适配度检验的卡方值愈大,显著性概率值会愈小,愈容易拒绝假设模型。

第六节   模型界定搜寻

模型界定搜寻是一种模型发展策略,允许路径选择的箭号愈多,表示模型愈接近探索性的界定搜寻;如果允许路径选择的箭号愈少,表示模型愈接近验证性的界定搜寻。模型界定搜寻就是研究者提出一个自由度较少的模型(模型中的因果路径符号较多)或饱和模型,除了研究者界定的少数几条必含的路径外,其余选择路径由 Amos 组合排列,各组合排列成的假设模型与样本数据进行估计,可以分别估计出各种路径组合模型的适配度统计量,研究者再根据 Amos 自动模型界定搜寻结果,挑选一个与原先理论架构最为符合、适配度较佳且较为精简的模型,进行参数估计与模型修正。

一、饱和模型图

在饱和模型图,中介变量"家庭幸福"对内因变量"生活满意"的影响路径必须存在,因而界定其路径的参数标签名称,其余六条影响路径为选择路径(可有可无),故暂时不界定路径的参数标签名称。

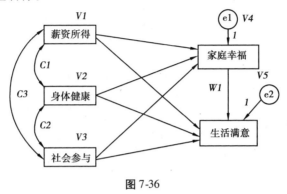

图 7-36

二、执行模型界定搜寻

执行功能列【Analyze】(分析)/【Specification Search】(界定搜寻)程序,开启【Specification Search】对话窗口。

1. 按工具钮 ┅┅【Make arrows optional】(绘制选择箭号),回到 Amos 绘图区,在没有参数的六条路径图上按一下,路径颜色会由黑色变为黄色(范例中以虚线表示),此种路径在模型搜寻中不一定要出现。

2. 按工具钮 ━【Make arrows required】(绘制必需箭号),回到 Amos 绘图区,在参数 W1 的路径图上按一下,路径颜色会由黑色变为红色再变回黑色,此种路径在模型搜寻中一定要出现,不论是采用何种模型,此条路径为必含的路径。

图 7-37

图 7-38

3. 按工具钮▶【Perform specification search】(执行界定搜寻)或直接按功能键【F5】,会立即执行模型界定搜寻程序,程序执行完后会出现下面结果。

Specification Search

Model	Name	Params	df	C	C - df	BCC 0	BIC 0	C / df	p
1	Default model	15	0	*0.000*	0.000	1.669	5.681		
2	Default model	14	1	36.287	35.287	35.928	35.928	36.287	0.000
3	Default model	13	2	116.247	114.247	113.859	109.847	58.124	0.000
4	Default model	12	3	241.773	238.773	237.355	229.333	80.591	0.000
5	Default model	11	4	285.746	281.746	279.299	267.266	71.437	0.000
6	Default model	10	5	380.205	375.205	371.729	355.684	76.041	0.000
7	Default model	9	6	550.403	544.403	539.898	519.842	91.734	0.000
8	Default model	10	5	455.944	450.944	447.469	431.424	91.189	0.000
9	Default model	11	4	265.587	261.587	259.140	247.107	66.397	0.000
10	Default model	10	5	435.785	430.785	427.309	411.264	87.157	0.000
11	Default model	11	4	411.971	407.971	405.524	393.491	102.993	0.000
12	Default model	12	3	145.553	142.553	141.135	133.113	48.518	0.000
13	Default model	11	4	156.422	152.422	149.975	137.942	39.106	0.000
14	Default model	10	5	326.620	321.620	318.144	302.100	65.324	0.000
15	Default model	11	4	315.751	311.751	309.304	297.271	78.938	0.000

图 7-39

在执行界定模型搜寻后,会呈现各模型的相关统计量,第一栏 Model 为模型编号(Sat 为饱和模型),第二栏 Name 为模型名称,均为 Default model(预设模型),第三栏 Params 为模型中待估计的自由参数,第四栏 df 为模型的自由度,第五栏 C 为模型的卡方值,第六栏 C-df 为模型卡方值与模型自由度的差异值,第七栏 BCC 0,第八栏 BIC 0 为 K-L 模型适配度的判断指标,第九栏 C/df 为模型卡方自由度比值,第十栏 p 为显著性概率值。模型界定搜寻结果会依模型中待估计参数的多少(待估计参数愈少,模型自由度愈大)依序排列。若是模型组合的数目太多,可按工具钮【Show shot list】(呈现简要表),则只显示少数具代表性的搜寻模型,以简表方式呈现的模型包含卡方值最大与最小的模型,及卡方值介于二者中间的数个模型。

Specification Search

Show short list (Ctrl+S)

Model	Name	Params	df	C	C - df	BCC 0	BIC 0	C / df	p
7	Default model	9	6	550.403	544.403	539.898	519.842	91.734	0.000
14	Default model	10	5	326.620	321.620	318.144	302.100	65.324	0.000
13	Default model	11	4	156.422	152.422	149.975	137.942	39.106	0.000
28	Default model	12	3	76.462	73.462	72.045	64.022	25.487	0.000
31	Default model	13	2	36.647	34.647	34.258	30.247	18.324	0.000
62	Default model	14	1	0.360	*-0.640*	*0.000*	*0.000*	*0.360*	*0.549*
1	Default model	15	0	*0.000*	0.000	1.669	5.681		
Sat	[Saturated]	15	0	0.000	0.000	1.669	5.681		

图 7-40

根据模型界定搜寻结果,只有模型[62]的卡方值显著性概率值 p 未达 0.05 显著水平,模型[62]中的自由度参数有 14 个,模型的自由度等于 1,卡方值为 0.360,显著性概率值 $p=0.549>0.05$,卡方自由度比值等于 0.360,BCC 0 值与 BIC 0 值均等于 0,表示模型[62]所搜寻的假设模型与样本数据可以契合,其余搜寻的假设模型均无法与样本数据适配。卡方值次高的模型为模型[31],模型[31]中侍估计的自由度参数有 13 个,模型的自由度等于 2,卡方值为 36.347,显著性概率值 $p=0.000$,卡方自由度比值等于 18.324。

BCC 0 的统计量数值若大于 10，表示有非常强烈证据推断该模型不是 K-L 最佳模型，如果 BCC 0 的统计量数值小于 2，表示没有证据否定该模型不是 K-L 最佳模型。

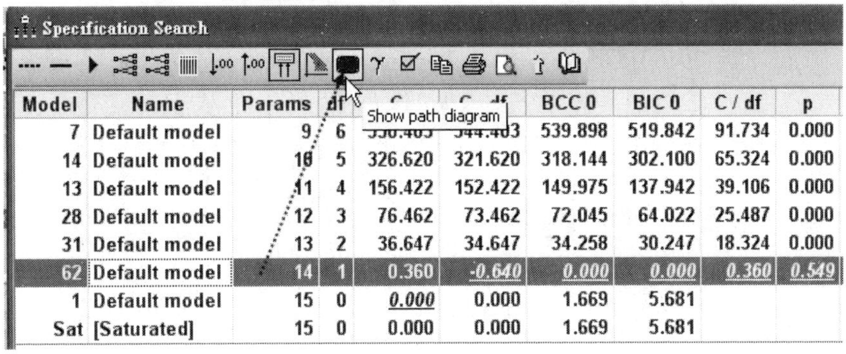

Model	Name	Params	df	C	C-df	BCC 0	BIC 0	C / df	p
7	Default model	9	6	550.403	544.403	539.898	519.842	91.734	0.000
14	Default model	10	5	326.620	321.620	318.144	302.100	65.324	0.000
13	Default model	11	4	156.422	152.422	149.975	137.942	39.106	0.000
28	Default model	12	3	76.462	73.462	72.045	64.022	25.487	0.000
31	Default model	13	2	36.647	34.647	34.258	30.247	18.324	0.000
62	Default model	14	1	0.360	-0.640	0.000	0.000	0.360	0.549
1	Default model	15	0	0.000	0.000	1.669	5.681		
Sat	[Saturated]	15	0	0.000	0.000	1.669	5.681		

图 7-41

在模型列表中若要呈现某个模型的假设模型时，先选取模型编号，再按工具钮■【Show path diagram】（显示路径图）。如要查看模型[62]的路径分析假设模型图，先选取模型[62]行，再按工具钮■【Show path diagram】（显示路径图）即可看到模型[62]的假设模型图，如图 7-42。如果要呈现模型图参数估计值，先选取模型编号行→按工具钮Ɣ【Show parameter estimates on path diagram】（显示路径图的参数估计值）→按工具钮■【Show path diagram】（显示路径图）。

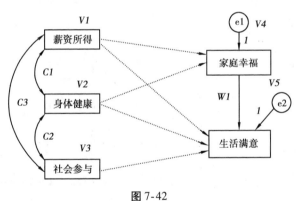

图 7-42

模型[31]的路径分析的假设模型图如图 7-43：

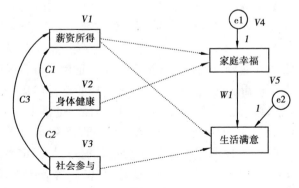

图 7-43

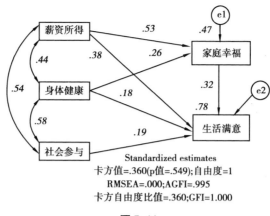

图 7-44

　　根据模型[62]的假设因果模型图参数估计结果,模型可以收敛估计,估计模型的自由度为 1,模型适配度的卡方值为 0.360,显著性概率值 p = 0.549 > 0.05,卡方自由度比值为 0.360,RMSEA 值等于 0.000,AGFI 值等于 0.995,GFI 值等于 1.000。

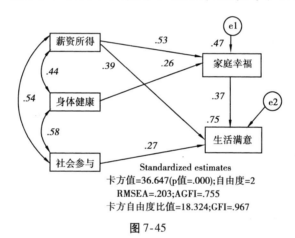

图 7-45

　　根据模型[31]的假设因果模型图参数估计结果,模型可以收敛估计,估计模型的自由度为 2,模型适配度的卡方值为 36.647,显著性概率值 p = 0.000 < 0.05,卡方自由度比值 18.324,RMSEA 值等于 0.203,AGFI 值等于 0.755,GFI 值等于 0.967。

　　模型界定搜寻结果,若有数个假设模型均达到模型适配标准,研究者可使用 BCC 0 与 BIC 0 栏的数据(K-L 最佳模型)统计量进行模型比较。此外,也应参考 AIC 值与 ECVI 值进行备选模型或竞争模型策略,其中尤其重要的一点是,界定搜寻所挑选的模型应与原先假定的理论模型接近,否则探索性的成分会多于验证性成分,在模型界定搜寻时,以工具钮 ╍╍╍【Make arrows optional】(绘制选择箭号)选择的路径尽量要少,而以工具钮 ━━【Make arrows required】(绘制必需箭号)选取的必含路径尽量要多。

　　利用模型界定搜寻也可以进行探索性因素分析。以下列有两个共同因素构念 CFA 模型图图 7-46 为例。在 CFA 模型图中两个因素变量的方差均固定为 1,假定六个测量指标与两个因素构念(F1、F2)均有关系,每个测量指标均有一个误差变量。

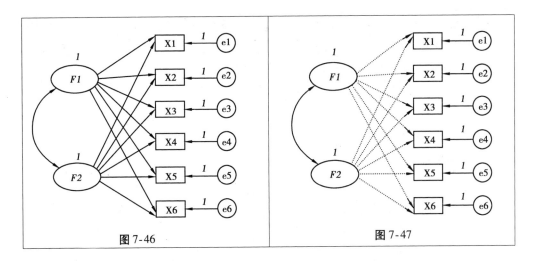

图 7-46 图 7-47

执行功能列【Analyze】(分析)/【Specification Search】(界定搜寻)程序,开启【Specification Search】对话窗口。按工具钮 ---- 【Make arrows optional】(绘制选择箭号),回到 Amos 绘图区,在没有参数的十二条路径图上按一下,路径颜色会由黑色变为黄色(书中以虚线表示),此种路径在模型搜寻中不一定要出现(为可有可无的路径)。

按工具钮▶【Perform specification search】(执行界定搜寻)或直接按功能键【F5】,会立即执行模型界定搜寻程序,模型搜寻过程中选择的路径数目愈多,则模型组合愈多,执行程序所花的时间会较久。

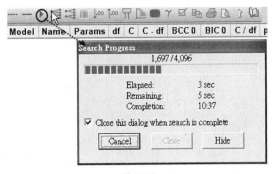

图 7-48

执行模型界定搜寻程序后会出现下列搜寻结果。若是模型无法识别,则于最后一栏注解(Notes)栏会出现 Unidentified(无法识别)的信息;如果模型无法于设定迭代次数内完成收敛估计,则会出现 Iteration Limit(迭代限制),此种模型通常也是无法识别模型。界定搜寻后的模型编号如果超过一页,可按右边上下拖动钮来观看各模型的统计量。

Model	Name	Params	df	C	C - df	BCC 0	BIC 0	C / df	p	Notes
1	Default model	19	2							Unidentified
2	Default model	18	3							Unidentified
3	Default model	17	4	9.449	5.449	6.972	17.225	2.362	0.051	
4	Default model	16	5	9.653	4.653	5.039	12.729	1.931	0.086	
5	Default model	15	6							Iteration Limit
6	Default model	14	7							Unidentified
7	Default model	13	8							Unidentified
8	Default model	12	9							Unidentified

图 7-49

按工具钮 ![Show shot list 图标]【Show shot list】(呈现简要表),以显示少数具代表性的搜寻模型,快速寻找出适配度佳的模型。要显示各模型编号所代表的假设模型图,直接选取模型编号,按工具钮 ![Show path diagram 图标]【Show path diagram】(显示路径图)即可看到该模型对应的假设模型图(模型路径会以黄色表示),或直接在模型的编号上连按两下,也可查看模型编号相对应的假设模型图。

Model	Name	Params	df					df	p
439	Default model	13	8	11.026	3.026	*0.000*	*0.000*	*1.378*	0.200
3667	Default model	13	8	11.026	3.026	*0.000*	*0.000*	*1.378*	0.200
446	Default model	14	7	9.656	2.656	0.767	3.331	1.379	*0.209*
3666	Default model	14	7	9.656	2.656	0.767	3.331	1.379	*0.209*
957	Default model	15	6	9.508	3.508	2.757	7.883	1.585	0.147
3793	Default model	15	6	9.508	3.508	2.757	7.883	1.585	0.147
1020	Default model	16	5	9.454	4.454	4.841	12.530	1.891	0.092
1980	Default model	16	5	9.454	4.454	4.841	12.530	1.891	0.092
2046	Default model	16	5	9.454	4.454	4.841	12.530	1.891	0.092

图 7-50

图 7-51 为模型[3666]的 CFA 假设模型图,模型估计结果卡方值为 9.656,自由度等于 7,显著性概率值 p = 0.209 > 0.05,接受虚无假设,表示假设模型与样本数据可以契合,卡方自由度比值为 1.379,RMSEA 值等于 0.059。

图 7-52 为模型[3667]的 CFA 假设模型图,模型估计结果卡方值为 11.026,自由度等于 8,显著性概率值 p = 0.200 > 0.05,接受虚无假设,表示假设模型与样本数据可以契合,卡方自由度比值为 1.378,RMSEA 值等于 0.059。

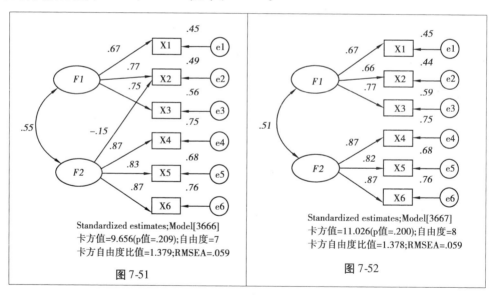

Standardized estimates;Model[3666]
卡方值=9.656(p值=.209);自由度=7
卡方自由度比值=1.379;RMSEA=.059

图 7-51

Standardized estimates;Model[3667]
卡方值=11.026(p值=.200);自由度=8
卡方自由度比值=1.378;RMSEA=.059

图 7-52

图 7-53 为模型[3793]的 CFA 假设模型图,模型估计结果卡方值为 9.508,自由度等于 6,显著性概率值 p = 0.147 > 0.05,接受虚无假设,表示假设模型与样本数据可以契合,卡方自由度比值为 1.585,RMSEA 值等于 0.073。

在上列模型搜寻过程中,由于工具钮 ![Make arrows optional 图标]【Make arrows optional】(绘制选择箭号)选择的参考路径太多,造成模型搜寻过程中组合排序的模型太多,研究者可适度以工具钮 ![Make arrows required 图标]
【Make arrows required】(绘制必需箭号)选取较多的必含路径,如此搜寻结果的模型较符合验证性 CFA 内涵，如只将跨因素的路径设为选择路径，未跨因素的路径设定为必含路径，此模型界定路径图如图 7-54：

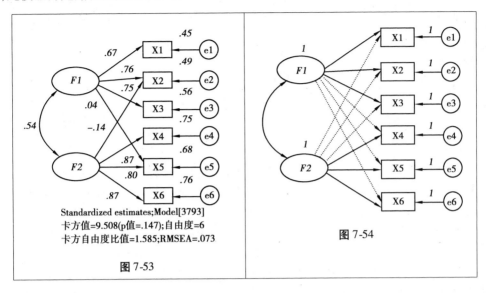

.45
.67
X1
e1
.49
.76
F1
X2
e2
.75
.56
.04
X3
e3
.54
–.14
.75
X4
e4
.68
.87
F2
X5
e5
.80
.76
.87
X6
e6
Standardized estimates;Model[3793]
卡方值=9.508(p值=.147);自由度=6
卡方自由度比值=1.585;RMSEA=.073

图 7-53

1
F1
1
F2
X1
X2
X3
X4
X5
X6
e1
e2
e3
e4
e5
e6

图 7-54

第八章 潜在变量的路径分析

　　潜在变量的路径分析,即完整的结构方程模型,包含测量模型(measurement model)与结构模型(structural model),结构模型为潜在变量(unobserved variables)间的关系,各潜在变量包含数个观察变量(observed variables),包含观察变量的潜在变量即测量模型。在一个测量模型中,两个以上的观察变量来自一个共同的潜在变量,每个观察变量均会有一个误差变量(unique variable),观察变量被视为是其潜在变量的测量值或指标值,因而潜在变量的观察变量又称为指标变量或测量变量,而测量模型中无法观察的共同变量即所谓的因素(factor)或潜在构念(latent construct),也就是潜在变量,即为其所有指标变量所测量的共同特质。

　　潜在变量间与路径分析一样,有不可逆模型(recursive model)与可逆模型(non-recursive model),不可逆模型又称为递归式模型,表示潜在变量间的关系箭号为单一关系;相对的,可逆模型又称为非递归式模型,表示潜在变量间的关系可以互为因果关系。一般研究中潜在变量间的结构模型以递归模型(不可逆模型)较为常见。

第一节　潜在变量路径分析的相关议题

　　潜在变量路径分析(path analysis with latent variables;PA-LV)与观察变量路径分析(PA-OV)不同的地方,在于观察变量路径分析的外因变量与内因变量以能反映其潜在特质构念的显性变量为主,假设模型图中的因果关系变量对象主要以方形对象为主,各方形对象均以图像钮▭【Draw observed variables】(描绘观察变量)绘制,如为内因观察变量(效标变量)则需再增列残差项,工具箱图像钮为 ⚇【Add a unique variable】(增加独特变量),再配合绘制单向因果路径图像钮 ← 及绘制双向共变关系图像钮 ↔ 等即可快速绘制完成观察变量路径分析模型图。潜在变量路径分析模型图中的结构模型具因果关系的变量均为潜在变量,各潜在变量均有其测量指标变量与误差项,因而要先绘制各潜在变量的测量模型,此时使用较多的图像钮为【Draw unobserved variables】(描绘潜在变量)⬭及【描绘潜在变量或增列指标变量】🕸两个。在绘制测量模型时,若要移动整个测量模型或复制测量模型,要多用🕸【Preserve symmetries】(保留对称性)图像钮,指标变量的方形对象或椭圆形对象若要改变形状大小,要使用✥【Change the shape of objects】(改变对象形状)图像钮。

【研究问题】

> 在一个退休教师生涯规划与生活适应的因果关系中,研究者提出以下因果关系模型图,其中外因潜在变量"生涯规划"有四个指标变量:健康维持、经济计划、休闲娱乐、社会参与,四个测量指标为样本在"生涯规划量表"中四个层面的得分,测量值分数愈高,表示退休教师的生涯规划愈理想;内因潜在变量"生活适应"有三个指标变量:生理适应、心理适应、社会适应,三个测量指标为样本在"生活适应量表"中三个层面的得分,测量值分数愈高,表示退休教师的生活适应愈佳。

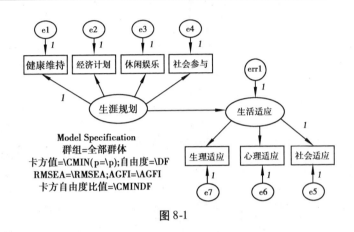

图 8-1

一、原始数据文件变量排列

由于 Amos Graphics 可以直接读取 SPSS 统计软件包的原始数据文件,因而在进行 SEM 分析时,不用刻意去调整或增删原始数据文件的变量顺序或变量名称。Amos 与 SPSS 为同一家族系列,SPSS 建立的变量名称可以直接读入 Amos 中,包括背景变量、题项变量名称、层面(构念)变量名称、各量表加总的变量名称等。但有一点须特别注意,SPSS 数据文件中的变量名称只能拖动至 ▭ 图像钮或增列测量指标图像钮 🐝 绘制的方形对象内,不能拖动至 ⬭ 图像钮及 ♀ 图像钮绘制的椭圆形对象内,Amos Graphics 绘制的椭圆形对象(包括测量模型的潜在变量与误差项、结构模型中内因变量的残差项)中变量均为无法观察的变量,其名称不能与 SPSS 数据文件中的变量名称相同,否则会被视为将观察变量放置于潜在变量对象内,此时若按【计算估计值】 ▦ 图像钮会出现警告或错误信息。

按工具箱【Select data files】(选择数据文件) ▦ 图像钮,选取数据文件后,按【List variable in data set】(呈现数据集中的变量)图像钮后,于【Variables in Dataset】(数据集中的变量)对话窗口内所呈现的变量就是 SPSS 在【变量浏览】[1]工作窗口中所建立的所有变量,这些变量(除背景变量)外均为观察变量,因而只能直接拖动至绘图区中方形对象内。【Variables in Dataset】(数据集中的变量)对话窗口内有许多变量可能在 SEM 分析中没有使用到,研究者也不用把没有使用的观察变量删除,因为多余的变量名称并不会影响 SEM 分析的估计结果,保留原始数据文件的完整性,对于之后的统计分析可能较有帮助。

---

1 也称"变量检视""变数检视"工作窗口。

	名稱	類型	寬度	小數	標	數値	遺漏	欄
1	性別	數字的	1	0		{1, 男}...	無	8
2	健康狀況	數字的	1	0		{1, 很好}...	無	8
3	經濟狀況	數字的	1	0		{1, 小康}...	無	8
4	健康維持	數字的	8	0		無	無	8
5	居家安排	數字的	8	0		無	無	8
6	經濟計劃	數字的	8	0		無	無	8
7	休閒娛樂	數字的	8	0		無	無	8
8	社會參與	數字的	8	0		無	無	8
9	整體生涯規劃	數字的	8	0		無	無	8
10	生理適應	數字的	8	0		無	無	8
11	心理適應	數字的	8	0		無	無	8
12	社會適應	數字的	8	0		無	無	8
13	整體生活適應	數字的	8	0		無	無	8
14	日常生活	數字的	8	0		無	無	8
15	自我實現	數字的	8	0		無	無	8
16	整體生活滿意	數字的	8	0		無	無	8

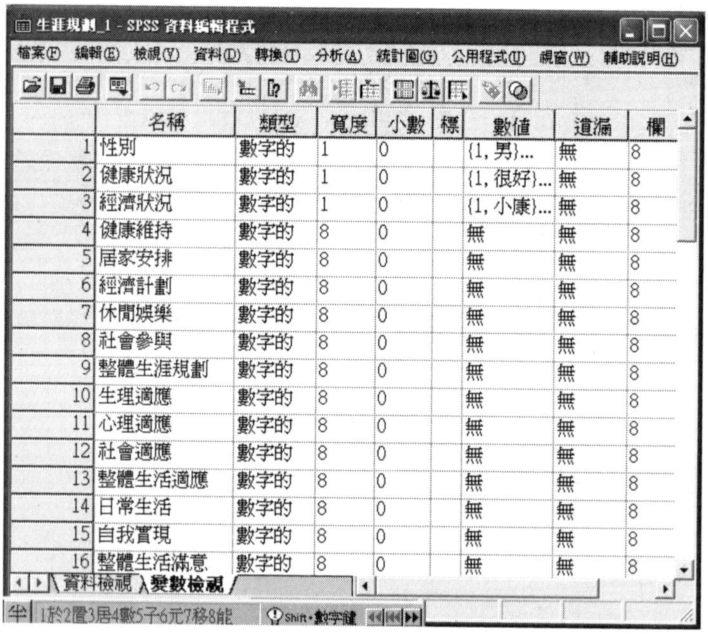

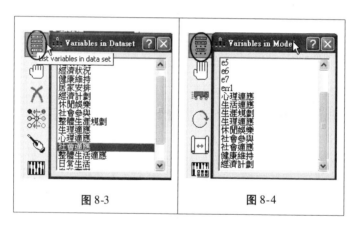

图 8-2

图 8-3

图 8-4

按工具箱【List variables in model】(呈现模型中的变量)图像钮,可开启【Variables in Model】(模型中变量)对话窗口,此窗口中的变量包括观察变量、潜在变量、测量指标误差项及结构模型中的残差项,此窗口内的变量为假设模型图中所有的观察变量与潜在变量。【Variables in Model】窗口与【Variables in Dataset】(数据集中的变量)窗口内变量是不相同的,研究者不应把这两个窗口的内容混淆在一起。

二、快速复制对象及参数格式

Amos 工具箱中提供一个【Drag properties from object to object 】(复制对象属性)图像钮 ,这个图像钮很像 WORD 应用软件中的【复制格式】 工具钮,可以快速将第一个对象的字号与样式、框线大小与粗细、位置及参数字型与参数位置复制到其他对象或变量中,对于假设模型图的美化扮演重要角色,在对象中拖动复制时,【Drag Properties】(拖动属性)对话窗口不能关闭,要处于开启状态才可以。

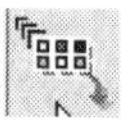

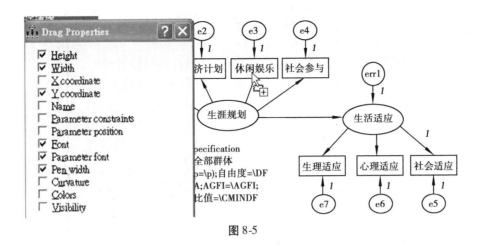

图 8-5

三、增列简要图像标题

在假设模型图的适当位置处可增列图像简要标记及重要适配度统计量,这样假设模型图估计结果如何很快就可知晓,按工具箱 Title 【Figure captions】(图像标题)图像钮,开启【Figure captions】对话窗口,在【Caption】(标题)下方输入下列的标记与统计量关键词,包含参数格式、群组名称、卡方值、自由度、显著性概率值、RMSEA 值、AGFI 值、卡方自由度比值等。

> \FORMAT
> 群组 = \GROUP
> 卡方值 = \CMIN(p 值 = \p);自由度 = \DF
> RMSEA = \RMSEA;AGFI = \AGFI
> 卡方自由度比值 = \CMINDF

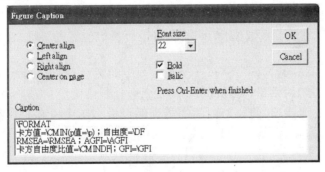

图 8-6

四、增列参数标签名称

有些 PA-LV 模型较为复杂,研究者若能增列模型中待估计的自由参数标签名称,解释参数系数时较为方便。设定模型的参数标签名称最好由 Amos 一次设定完成,而不要个别设定,因为个别设定对象或变量的参数很容易遗漏,造成部分对象或变量的参数没有界定。界定参数标签名称的操作:执行功能列【Plugins】(增列)/【Name Parameters】(参数命名)程序,开启【Amos Graphics】对话窗口,设定参数的起始字符及勾选相关参数选项。Amos 设定完参数标签名称后,研究者可视需要再开启【对象属性】(Object Properties)对话窗口,进一步修改。假设模型图中增列参数标签名称后,若要界定参数限制条件,或将某个参数由自由参数改为固定参数,或限定为某个数值较为方便。

增列参数标签名称的 PA-LV 假设模型图如图 8-7:

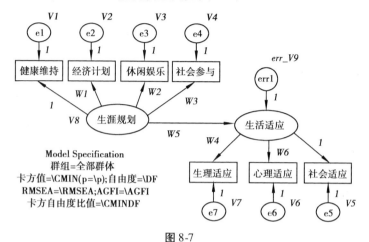

图 8-7

五、估计值模型图参数移动

按下工具箱【Calculate estimates】(计算估计值)图像钮后,若模型可以收敛估计,则会于【Computation summary】(计算摘要)方盒中出现迭代次数、模型的卡方值与自由度。按【View the output path diagram】(浏览输出路径图)图像钮,可以浏览参数格式(Parameter Format)选项中的路径图,包括非标准化估计值模型图及标准化估计值模型图。在浏览估计值模型图时,若发现有参数重叠或呈现位置不清楚,可利用工具箱【Move parameter values】(移动参数数值)图像钮进行参数位置的移动,参数移动时会出现一个绿色的方框。

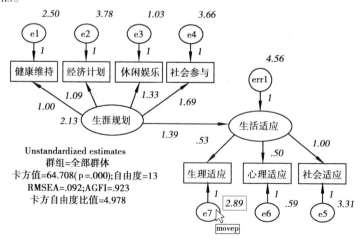

图 8-8

六、模型适配度的评估

PA-LV 模型的评估应包括几个方面:参数估计值的合理性、适当的标准误、参数估计值的显著性、整体模型适配度的判别。参数估计值的不合理性包括相关系数绝对值大于 1、出现负的方差、协方差或相关矩阵无法正定(positive definite)、因果路径系数符号与理论相反等。不适当的标准误指的是模型中指标出现过大或极小的标准误,这些指标均是不佳的模型适配指标,标准误太大的指标参数无法被决定,接近于 0 的标准误,相关参数的检验统计无法定义(Bentler, 1995)。模型中检验不显著(C. R. 绝对值小于 1.96)的参数,表示此参数在模型中不具重要性,为达模型简约目的,这些不显著的参数最好删除,参数的显著与否跟样本观察值的大小也有关系。在模型适配度的检查方面,主要是检验假设模型(hypothesized model)与样本数据(sample data)之间的适配程度,若是假设模型与样本数据间可以适配,表示总体协方差矩阵 Σ(S 表示样本协方差矩阵——观察变量测得的数据)与隐含模型限制的协方差矩阵 $\Sigma(\theta)$(假设模型结构)二者间可以契合。

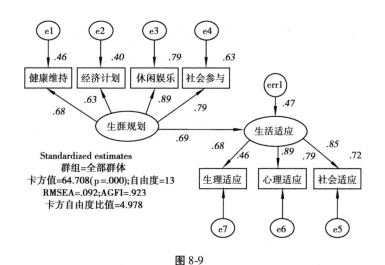

图 8-9

图 8-9“生涯规划”与“生活适应”PA-LV 因果模型图整体模型检验结果,模型的自由度等于 13,模型适配度的卡方值为 64.708,显著性概率值 p = 0.000 < 0.05,拒绝虚无假设,总体协方差矩阵 Σ 与隐含模型限制的协方差矩阵 $\Sigma(\theta)$ 显著不相等,RMSEA 值 = 0.092 > 0.080,卡方自由度比值 = 4.978 > 3.000,均未达模型适配标准,表示假设模型与样本数据间无法契合。在整体模型适配度的判别方面,由于卡方值易受样本大小的影响,样本观察值愈多,模型卡方值也会变大,此时显著性概率值 p 会变得很小,容易形成拒绝虚无假设的结论。因而若是样本数较大,在整体模型适配度的判别方面,应再参考其他适配度统计量,而不应只从卡方值判断。

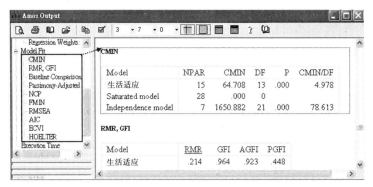

图 8-10

七、模型的修正

若是初始模型与样本数据无法适配,研究者可进行模型的修正,在结构模型中可把不显著的因果路径删除,此外,可根据【Amos Graphics】窗口中【Modification Indices】选项提供的修正指标值进行模型的修正,在进行模型修正时要注意增列的参数限制条件不能违反 SEM 的基本假定,也不能与理论相矛盾。

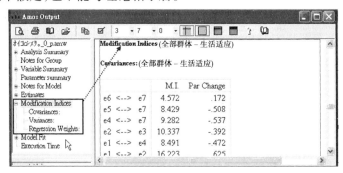

图 8-11

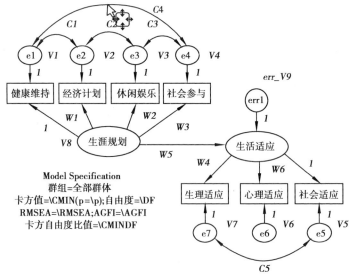

图 8-12

八、PA-LV 模型修正

　　根据修正指标值增列外因潜在变量四组误差项的相关,此外,也增列误差项 e5 与误差项 e7 间的相关,此种设定为测量指标误差项相关(correlated error)的界定。

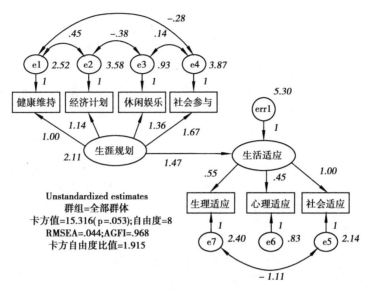

图 8-13

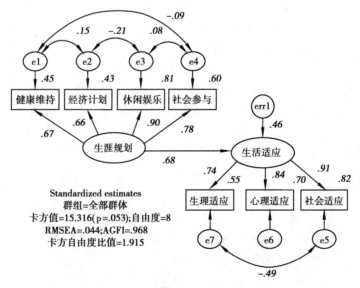

图 8-14

　　"生涯规划"与"生活适应"PA-LV 因果模型修正图整体模型检验结果,模型的自由度等于 8,模型适配度的卡方值变为 15.316,显著性概率值 p = 0.053 > 0.05,接受虚无假设,总体协方差矩阵 Σ 与隐含模型限制的协方差矩阵 $\Sigma(\theta)$ 显著相等,RMSEA 值 = 0.044 < 0.080,卡方自由度比值 = 1.915 > 3.000,AGFI 值 = 0.968 > 0.900,均达到模型适配标准,表示假设模型与样本数据间可以契合,假设模型可以被接受。

第二节　数学效能 PA-LV 理论模型的检验

一、研究问题

　　某数学教育学者想探究中学二年级学生的数学态度、数学投入动机与数学成就、数学效能间的关系,提出以下的因果模型图:中学二年级学生的"数学态度"变量会直接影响学生的"数学成就"与"数学效能"变量,"数学投入动机"变量也会直接影响学生的"数学成就"与"数学效能"变量,"数学成就"变量又会直接影响学生的"数学效能"变量。四个潜在变量及其测量指标变量如下:潜在外因变量"数学态度"的指标变量为"学习动机""学习信心";潜在外因变量"数学投入"动机的指标变量为"工作投入"动机、"自我投入"动机;潜在内因变量"数学成就"的指标变量为"学期成绩""成就测验";潜在内因变量"数学效能"的指标变量为"自我肯定""持续努力"。各观察变量均为一种反映性指标(reflect indicators),其解释如下:

　　学习动机(X1):数学态度量表的分量表一"数学学习动机"七个题项的总分,得分愈高,表示受试者知觉的数学学习动机愈强。

　　学习信心(X2):数学态度量表的分量表二"数学学习信心"七个题项的总分,得分愈高,表示受试者知觉的数学学习信心愈高。

　　工作投入(X3):数学投入动机量表的分量表一"数学工作投入动机"六个题项的总分,得分愈高,表示受试者知觉的数学工作投入动机愈强。

　　自我投入(X4):数学投入动机量表的分量表二"数学自我投入动机"六个题项的总分,得分愈高,表示受试者知觉的数学自我投入动机愈强。

　　学期成绩(Y1):中学二年级学生上学期数学学期总成绩,以班级为单位转换成平均数等于50、标准差等于10的T分数,受试者T分数愈高,表示其数学成就愈佳。

　　成就测验(Y2):受试者在四十题"数学标准成就测验"上的得分,得分愈高表示受试者的数学成就愈佳。

　　自我肯定(Y3):数学自我效能知觉量表的分量表一"自我肯定"八个题项的总分,得分愈高,表示受试者知觉的自我肯定的效能愈高。

　　持续努力(Y4):数学自我效能知觉量表的分量表二"持续努力"八个题项的总分,得分愈高,表示受试者知觉的持续努力的效能愈高。

　　四个潜在变量间的结构模型图如图8-15:

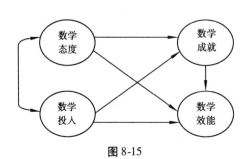

图 8-15

加上观察变量的潜在变量结构方程模型理论模型图如图 8-16：

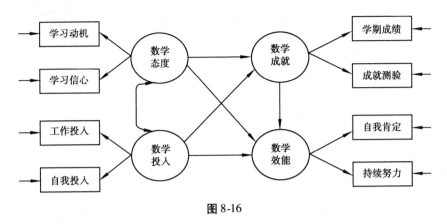

图 8-16

上述理论模型图以 SEM 的符号表示如图 8-17：

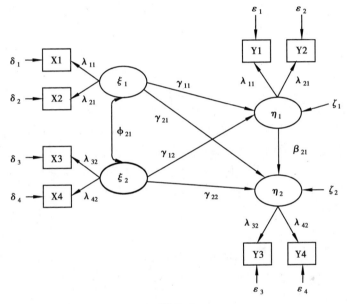

图 8-17

SEM 模型图中各符号代表的变量如表 8-1：

表 8-1

ξ_1:数学态度(潜在外因变量)	η_1:数学成就(潜在内因变量)
X1:学习动机(观察变量)	Y1:学期成绩(观察变量)
X2:学习信心(观察变量)	Y2:成就测验(观察变量)
ξ_2:数学投入(潜在外因变量)	η_2:数学效能(潜在内因变量)
X3:工作投入(观察变量)	Y3:自我肯定(观察变量)
X4:自我投入(观察变量)	Y4:持续努力(观察变量)

上述数学效能的因果模型图中,潜在外因变量(潜在自变量)与潜在内因变量(潜在依变量)的结构方程式如下：

潜在内因变量　　潜在外因变量　　潜在内因变量　　　　残差

$$\eta_1 = \gamma_{11}\xi_1 + \gamma_{12}\xi_2 \qquad\qquad\qquad\quad +\zeta_1$$
$$\eta_2 = \gamma_{21}\xi_1 + \gamma_{22}\xi_2 \quad +\beta_{21}\eta_1 \qquad +\zeta_2$$

指标变量 X,Y 的测量模型如下：$X = \Lambda_X\xi + \delta$；$Y = \Lambda_Y\eta + \varepsilon$

$X_1 = \lambda_{11}^X\xi_1 + \delta_1$；　$Y_1 = \lambda_{11}^Y\eta_1 + \varepsilon_1$

$X_2 = \lambda_{21}^X\xi_1 + \delta_2$；　$Y_2 = \lambda_{21}^Y\eta_1 + \varepsilon_2$

$X_3 = \lambda_{32}^X\xi_2 + \delta_3$；　$Y_3 = \lambda_{32}^Y\eta_2 + \varepsilon_3$

$X_4 = \lambda_{42}^X\xi_2 + \delta_4$；　$Y_4 = \lambda_{42}^Y\eta_2 + \varepsilon_4$

若以矩阵表示，上述四个 X 方程式、Y 方程式如下：

$$\begin{pmatrix} X1 \\ X2 \\ X3 \\ X4 \end{pmatrix} = \begin{pmatrix} \lambda_{11} & 0 \\ \lambda_{21} & 0 \\ 0 & \lambda_{32} \\ 0 & \lambda_{42} \end{pmatrix} \times \begin{pmatrix} \xi_1 \\ \xi_2 \end{pmatrix} + \begin{pmatrix} \delta_1 \\ \delta_2 \\ \delta_3 \\ \delta_4 \end{pmatrix}$$

$$\begin{pmatrix} Y1 \\ Y2 \\ Y3 \\ Y4 \end{pmatrix} = \begin{pmatrix} \lambda_{11} & 0 \\ \lambda_{21} & 0 \\ 0 & \lambda_{32} \\ 0 & \lambda_{42} \end{pmatrix} \times \begin{pmatrix} \eta_1 \\ \eta_2 \end{pmatrix} + \begin{pmatrix} \varepsilon_1 \\ \varepsilon_2 \\ \varepsilon_3 \\ \varepsilon_4 \end{pmatrix}$$

在模型的界定中，ε 与 η 无相关，ξ 与 δ 无相关，ζ 与 ζ 无相关。

250 位受试者在八个指标变量的相关矩阵与个别标准差数据如表 8-2。在 SEM 的数据文件分析中，若是输入指标变量间的相关矩阵，应同时提供各指标变量的标准差，Amos 在计算估计值时，才能将相关矩阵转换成方差协方差矩阵，若是研究者直接以方差协方差矩阵为分析数据矩阵，则有无标准差均没有关系，以方差协方差矩阵为分析数据矩阵时，第一栏中的关键词 corr 要改为关键词 cov。

表 8-2

rowtype_	varname_	Y1	Y2	Y3	Y4	X1	X2	X3	X4
n		250.000	250.000	250.000	250.000	250.000	250.000	250.000	250.000
corr	Y1	1.000	.	.	.	.	.	.	.
corr	Y2	.641	1.000	.	.	.	.	.	.
corr	Y3	.445	.401	1.000	.	.	.	.	.
corr	Y4	.405	.419	.650	1.000	.	.	.	.
corr	X1	.412	.447	.450	.511	1.000	.	.	.
corr	X2	.339	.317	.401	.375	.700	1.000	.	.
corr	X3	.321	.394	.462	.401	.301	.405	1.000	.
corr	X4	.324	.421	.380	.322	.239	.226	.712	1.000
stddev		1.682	1.927	2.189	2.125	1.245	2.198	2.127	1.652

相关矩阵与标准差键入 SPSS 软件中的画面如图 8-18，变量"rowtype_""varname_"两个变量名称后面的下底线(_)不能删除，变量的类型(type)要设为"字符串"(string)，其余作为指标变量的观察变量 X、Y 的变量类型(type)要设为"数值"(numeric)。

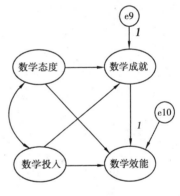

二、Amos Graphics 窗口中的模型图

数学效能理论模型图绘制于 Amos Graphics 窗口中,包含结构模型与测量模型,在结构模型中作为潜在依变量(潜在内因变量)者,要设定结构残差(disturbance 或 residual),结构残差项的回归加权值设定为 1。各测量模型中,各潜在变量的指标变量中,要有一个观察变量设为参照指标。参照指标为限制估计参数,其起始值设定为 1,每个观察变量均有一个测量误差变量,测量误差变量的回归加权值设定为 1。

界定潜在变量的测量单位时,选取的参照指标变量应是最能代表潜在变量的观察变量,将其 Λ_X 与 Λ_Y 的数值加以固定,固定的起始值通常设定为 1,将参照指标的 Λ 值固定为 1 时,才能使潜在因子间具有相同的方差,此外,误差变量的回归加权值也要设定为 1,界定参照指标与误差变量的回归系数后,才能进行其余参数的估计。

范例中结构式图如图 8-19:外因潜在变量"数学成就"与"数学效能"要增列残差项或独特变异。

结构方程模型四个测量模型如图 8-20:

图 8-19

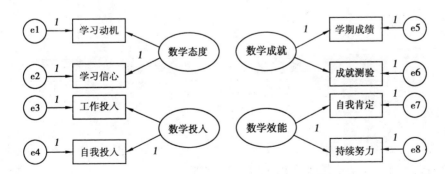

图 8-20

结合上述结构模型图与测量模型图,中学二年级学生"数学效能"因果模型图的绘制如图 8-21:

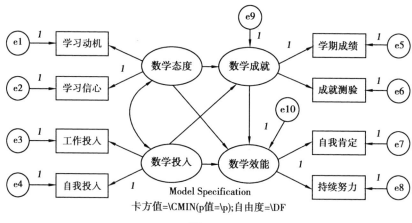

图 8-21

在原始数据文件中,观察变量为 Y1、Y2、Y3、Y4、X1、X2、X3、X4,按【List variable in data set】(显示数据集中的变量)▦图像钮,开启【数据集中的变量】(Variable in Dataset)对话窗口,直接将观察变量拖动至绘图区模型图方框内,各方框会呈现观察变量的名称,此时,研究者可以在各对象属性中增列【变量标记】,则模型图中的方框会呈现各对象加注的【变量标记】,而不会呈现原始观察变量名称。操作程序如下:在各观察变量方形对象上按右键,选取【Object Properties】(对象属性)选项,开启【Object Properties】对话窗口,切换到【Text】(文字)标签页,在【Variable label】(变量标记)下的方格中输入相对应的变量注解,如"学习动机""学期成绩"等。

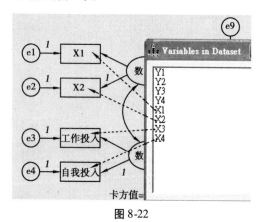

图 8-22

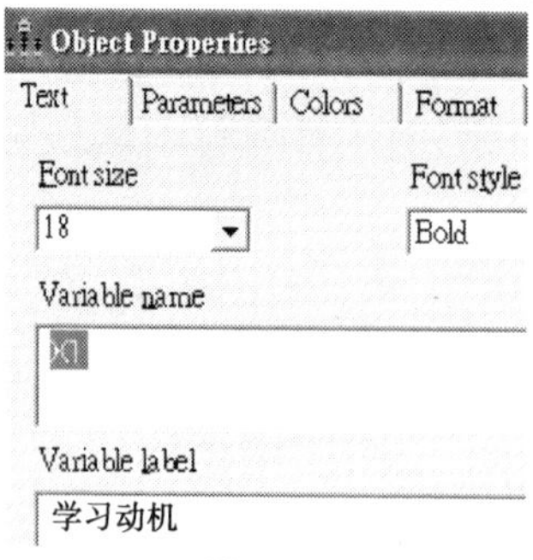

图 8-23    图 8-24

若是研究者要增列参数标签名称:执行功能列【Plugins】(增列)/【Name Parameters】(参数命名)程序,勾选要呈现的参数统计量,再按【OK】钮即可。

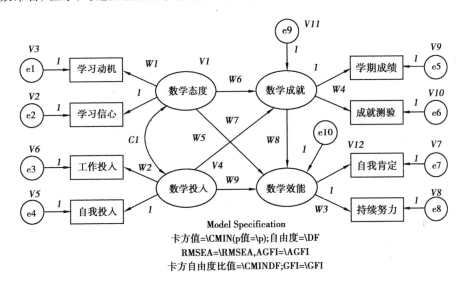

Model Specification
卡方值=\CMIN(p值=\p);自由度=\DF
RMSEA=\RMSEA,AGFI=\AGFI
卡方自由度比值=\CMINDF;GFI=\GFI

图 8-25

在理论模型中,若是想同时呈现部分适配度统计量,可按工具列图像钮 Title 【Figure captions】(模型图像标题),开启【Figure captions】对话窗口,在【Captions】(标题)下的方格中键入下列文字及统计量关键词,有关适配度统计量的关键词请参阅前面章节。

```
\FORMAT
卡方值 = \CMIN( p 值 = \p );自由度 = \DF
RMSEA = \RMSEA;AGFI = \AGFI
卡方自由度比值 = \CMINDF;GFI = \GFI
```

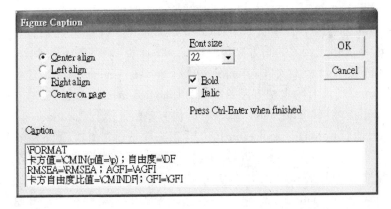

图 8-26

按下工具列图像 【分析属性】(Analysis properties)钮后,会开启【Analysis properties】对话窗口,内有八个标签页,在【估计】(Esitmation)标签页中,【不一致估计】(Discrepancy)方盒有五种模型估计的方法:极大似然法(Maximum likelihood)、一般化最小平方方法(Generalized least squares)、未加权最小平方方法(Unweighted least squares)、尺度自由最小平方方法(Scale-free least squares)、渐近分布自由法(Asymptotically distribution-free）。Amos 内定的模型估计法为【极大似然法】（Maximum likelihood）。在下方计算适配测量值时，Amos 内定为【适配饱和与独立模型】（Fit the saturated and independence models）。

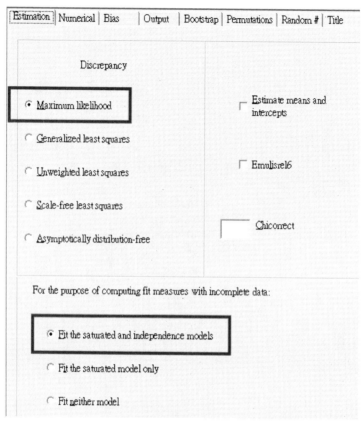

图 8-27

【输出结果】（Output）标签页中的选项为结果输出时的数据选项，在一般单群组结构方程模型中通常选取以下各项：【Standardized estimates】（标准化的估计值）、【Squared multiple estimates】（多元相关的平方）、【Indirect, direct & total effects】（间接效果、直接效果与总效果）选项、【观察样本协方差矩阵】（Sample moments）、【隐含协方差矩阵】（Implied moments）、【所有隐含协方差矩阵】（All implied moments）、【残差矩阵】（Residual moments）、【修正指标】（Modification indices）、【协方差估计值】（Covariances of estimates）、【相关系数估计值】（Correlations of estimates）、【正态性与异常值检验】（Tests for normality and outliers），勾选完后按【Analysis Properties】对话窗口右上角的窗口关闭钮【×】。

若是数据文件为相关矩阵或方差协方差矩阵，即使勾选【正态性与异常值检验】（Tests for normality and outliers）选项，也不会呈现变量的正态性检验与异常值检验摘要表。如果是原始数据文件，则勾选【正态性与异常值检验】选项后，会出现变量的正态性检验与异常值检验摘要表，包括变量名称、极小值、极大值、偏度值、偏度值检验临界比、峰度值、峰度值检验临界比，若是偏度指数值大于 3、峰度指数值大于 8，则数据可能无法符合正态性假定，尤其是变量峰度系数大于 20 时，此变量可能要从模型中移除或进行数据转换。

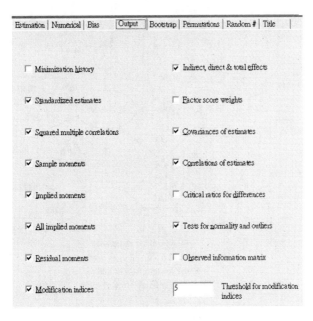

图 8-28

三、计算估计的模型图

理论模型绘制完成并设定后,按【Calculate Estimates】 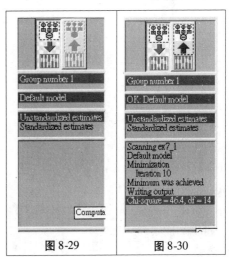 (计算估计值)图像钮,若是没有出现【非正定】(non-positive definition)的提示语,表示观察数据能让程序估计参数时获得聚合(convergence)。在单一模型估计中,【模型】(Models)窗口中会出现【OK: Default Model】的提示语,【计算摘要】(Computation Summary)中会出现下列结果:包含样本的数据文件名、模型名称、程序估计时迭代的次数、顺利写入输出结果、卡方值与模型的自由度。模型可以顺利聚合收敛或识别,不代表理论模型的适配度或契合度一定良好,必须进一步参考各适配度的统计量加以判别。通常模型无法顺利聚合而产生非正定问题,可能是模型界定有问题,或变量的分布非正态分布,或样本数据提供的数据不完整,或是样本数过少等。

Scanning ex7_1

Default model

Minimization

Iteration 10

Minimum was achieved

Writing output

Chi_square = 46.4, $df = 14$

图 8-29   图 8-30

在【参数格式】(Parameter Formats)窗口中选取非标准化估计值(Unstandardized

estimates），其因果模型图如图 8-31，所有误差方差均为正数，表示模型界定没有问题。

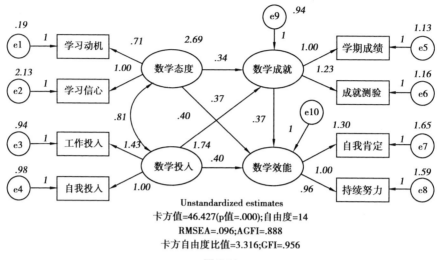

图 8-31

在【参数格式】(Parameter Formats) 窗口中选取标准化估计值 (Standardized estimates），其因果模型图如图 8-32：

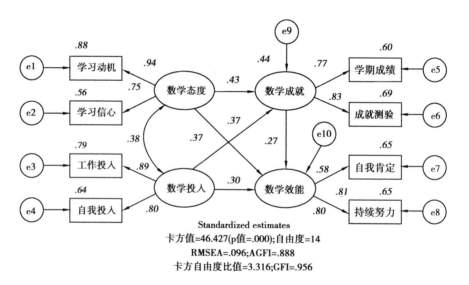

图 8-32

四、参数估计相关报表

Result（Default model)
Minimum was achieved
Chi-square ＝ 46.427
Degrees of freedom ＝ 14
Probability level ＝ .000

【说明】　预设模型适配度检验结果,模型自由度等于14,卡方值等于46.427,显著性概率值p = 0.000 < 0.05,拒绝虚无假设,表示理论模型与实际观察数据无法适配(假设模型方差协方差$\sum$矩阵≠样本数据方差协方差S矩阵)。

Group number 1 (Group number 1-Default model)

Estimates (Group number 1-Default model)

Scalar Estimates (Group number 1-Default model)

Maximum Likelihood Estimates

表8-3　Regression Weights:(Group number 1-Default model)

	Estimate	S. E.	C. R.	P	Label
数学成就 ← 数学态度	.339	.062	5.504	***	par_6
数学成就 ← 数学投入	.366	.076	4.808	***	par_8
数学效能 ← 数学态度	.399	.087	4.595	***	par_5
数学效能 ← 数学投入	.403	.104	3.870	***	par_7
数学效能 ← 数学成就	.368	.130	2.837	.005	par_9
X2 ← 数学态度	1.000				
X1 ← 数学态度	.710	.070	10.139	***	par_1
X4 ← 数学投入	1.000				
X3 ← 数学投入	1.433	.144	9.966	***	par_2
Y3 ← 数学效能	1.000				
Y4 ← 数学效能	.964	.086	11.144	***	par_3
Y1 ← 数学成就	1.000				
Y2 ← 数学成就	1.229	.123	9.968	***	par_4

【说明】　以极大似然法估计各回归系数参数结果,除四个参照指标值设为1不予估计外,其余回归加权值均达显著,结构模型中五条回归加权值均达显著,其估计标准误介于0.062至0.130之间,“数学态度→X1”“数学投入→X3”“数学效能→Y4”“数学成就→Y2”四个回归系数值也均达显著。模型中所估计的回归加权值若均达显著,表示模型的内在质量佳。在模型的修正方面,若是模型整体适配情形不佳,研究者可考虑将模型精简,精简的第一步将结构模型中不显著的路径系数删除,或将显著但不合理的路径删除。以上述假设模型而言,如果潜在外因变量“数学态度”对潜在内因变量“数学成就”影响的路径系数(回归系数)达到显著,但其符号却为负数,此种结果与理论文献及一般经验法则相违背,在修正模型中可将此直接影响的直接效果删除。

所谓参照指标指的是潜在变量有两个以上指标变量时,限制其中一个观察变量与潜在变量的关系为1,即将回归权重值设定等于1,以方便其余参数的估计。以潜在外因变量“数学态度”为例,若将观察变量设定为参照指标,表示若指标变量X2值为1时,X1指标变量的数值为0.710。被设定为参照指标的观察变量因回归权重值固定为1,因而无法估计其参数标准误,也无法计算其临界比,因而对于参数的显著性无法加以检验。估计参数的标准误(S.E.)除可计算出参数估计值的临界比值(C.R.栏)外,也可以作为假设模型是否违反识别规则的根据(Hair et al.,1992)。若是某些参数估计值估计标准误过大,表示理论模型可能违反模型的识别规则。在Amos Graphics描绘各测量指标时,潜在变量椭圆形对象上增列的第一个测量指标方形对象会被内定为参照指标,其路径系数λ

会自动设定为1。

表 8-4

X2 ← 数学态度	1.000
X1 ← 数学态度	.710

表 8-5　Standardized Regression Weights：(Group number 1-Default model)

	Estimate
数学成就 ← 数学态度	.428
数学成就 ← 数学投入	.372
数学效能 ← 数学态度	.370
数学效能 ← 数学投入	.301
数学效能 ← 数学成就	.270
X2　　　← 数学态度	.747
X1　　　← 数学态度	.937
X4　　　← 数学投入	.800
X3　　　← 数学投入	.890
Y3　　　← 数学效能	.809
Y4　　　← 数学效能	.803
Y1　　　← 数学成就	.773
Y2　　　← 数学成就	.829

【说明】　标准化回归加权值即标准化回归系数值，潜在变量间的标准化回归系数即潜在变量间的直接效果值或潜在变量间的路径系数；潜在变量对指标变量的标准化回归系数为因素负荷量，因素负荷量的平方(R^2)为潜在变量对指标变量的解释变异量，R^2 的数值若是大于0.50(因素负荷量至少在0.71以上)，表示潜在变量的观察变量的个别信度佳。

表 8-6　Covariances：(Group number 1-Default model)

	Estimate	S. E.	C. R.	P	Label
数学态度 ↔ 数学投入	.812	.187	4.334	＊＊＊	par_10

【说明】　两个外因潜在变量间的协方差估计值为0.812，达到显著水平，表示"数学态度"与"数学投入"两个外因潜在变量的共变关系显著不等于0。

表 8-7　Correlations：(Group number 1-Default model)

	Estimate
数学态度 ↔ 数学投入	.376

【说明】　两个外因潜在变量间的相关系数为0.376，达到显著正相关。

表 8-8　Variances：(Group number 1-Default model)

	Estimate	S. E.	C. R.	P	Label
数学态度	2.687	.443	6.066	＊＊＊	par_11
数学投入	1.739	.272	6.399	＊＊＊	par_12

续表

	Estimate	S. E.	C. R.	P	Label
e9	.940	.170	5.531	***	par_13
e10	1.298	.250	5.186	***	par_14
e2	2.125	.288	7.390	***	par_15
e1	.189	.110	1.718	.086	par_16
e4	.979	.173	5.660	***	par_17
e3	.936	.317	2.949	.003	par_18
e7	1.648	.264	6.249	***	par_19
e8	1.595	.248	6.424	***	par_20
e5	1.133	.172	6.599	***	par_21
e6	1.156	.233	4.955	***	par_22

【说明】　十二个外因变量的方差均为正数,除误差项 e1 的方差未达 0.05 显著水平外,其余均达到显著。此外,误差项及残差项没有出现负的误差方差,表示未违反模型基本适配度检验标准。以上所估计的所有参数大多数达显著水平,估计参数的估计标准误数值均很小,表示模型内在适配度的质量理想。

表 8-9　Squared Multiple Correlations：（Group number 1-Default model）

	Estimate
数学成就	.442
数学效能	.585
Y2	.687
Y1	.598
Y4	.645
Y3	.655
X3	.792
X4	.640
X1	.878
X2	.558

【说明】　八个观察变量多元相关系数平方是潜在变量预测其指标变量 X、Y 的 R^2,此数值反映的是测量误差的大小,R^2 的数值愈大,表示观察变量或测量指标的测量误差愈小;相对的,R^2 的数值愈小,表示观察变量或测量指标的测量误差愈大。测量误差值等于 $1-R^2$,若是测量误差值大于 0.50 以上,表示以此观察变量作为潜在变量的测量指标不理想,R^2 的数值是观察变量的个别项目信度。上述八个观察变量的 R^2 值均大于 0.50,表示八个指标变量的个别项目信度佳。

Modification Indices（Group number 1-Default model）

表 8-10　Covariances：（Group number 1-Default model）

	M. I.	Par Change
E1 ↔ e3	6.718	−.190
E2 ↔ 数学投入	8.011	.377
E2 ↔ e3	23.630	.684
E2 ↔ e4	5.858	−.273

表 8-11　Variances：（Group number 1-Default model）

M. I.	Par Change

表 8-12　Regression Weights：（Group number 1-Default model）

	M. I.	Par Change
X3 ← X2	13.358	.150
X1 ← X3	5.538	−.057
X2 ← 数学投入	6.586	.207
X2 ← X3	13.115	.169

【说明】　当研究者想要修正理论模型图时,修正指标值所提供的数据可作为判断的准则之一。这些数据包括增列变量间的共变关系与增列路径系数。模型的修正指标表示对某一个固定或限制参数,将之改为可加以估计的自由参数后,模型的整体卡方值可减少的数值。期望参数改变值表示释放该参数时,该参数可能改变的数值大小,此改变可能为正也可能为负。一个大的修正指标值若能配合大的期望参数改变值,此参数释放时才有意义。修正指标必须多大才有修正的必要,学者的看法不尽相同,但一般认为当修正指标值大于 3.84 时才有修正的必要(Bagozzi & Yi, 1988),因为释放一个参数,会减少一个自由度,而当自由度等于 1,$\alpha = 0.05$ 时,$\chi^2_{0.95(1)}$ 的临界值为 3.84,因而修正指标值若大于 3.84,表示此数值显著的大。研究者根据修正指标释放任何参数时均要有说服他人的理由或理论根据,否则会造成经验导向重于理论导向。若是理论模型与实际数据可以适配的话,研究者更没有必要进行模型的修正,以减低整体模型适配度卡方值的数值,除非研究者要在多个竞争模型中进行选择,挑选最适配且最简约、最精简的模型,此时可进行多个适配模型比较。

在上述修正指标中,增列回归权重值的两个最大指标值为“X2→X3”“X3→X2”的路径,增列观察变量间的路径系数与理论模型不合,此外增列潜在外因变量“数学投入”对观察变量 X2 的路径也与理论模型不合,这些参数均不能释放(这些路径均不能增列)。

在原先的理论模型中,假设各测量误差间均没有相关(测量误差独立性),在修正指标数值中,发现“e2↔e3”的 M. I. (modification indices)值甚大,表示观察变量“学习信心”与观察变量“工作投入”某些题项所测量的特质有某种程度的相似性,在理论模型中若将这两个变量释放,即将观察变量“学习信心”与观察变量“工作投入”的两个测量误差变量设定有共变关系,则至少可以减少卡方值 23.630,期望的参数改变值为 0.684,表示释放参数后,这两个测量误差项间相关值大约是 0.684,因而在模型修正中,研究者可考虑将两个测量误差项加以释放。

Model Fit Summary

表 8-13　CMIN

Model	NPAR	CMIN	DF	P	CMIN/DF
Default model	22	46.427	14	.000	3.316
Saturated model	36	.000	0		
Independence model	8	917.931	28	.000	32.783

表 8-14　RMR, GFI

Model	RMR	GFI	AGFI	PGFI
Default model	.146	.956	.888	.372
Saturated model	.000	1.000		
Independence model	1.410	.425	.261	.331

表 8-15　Baseline Comparisons

Model	NFI Delta1	RFI rho1	IFI Delta2	TLI rho2	CFI
Default model	.949	.899	.964	.927	.964
Saturated model	1.000		1.000		1.000
Independence model	.000	.000	.000	.000	.000

表 8-16　Parsimony-Adjusted Measures

Model	PRATIO	PNFI	PCFI
Default model	.500	.475	.482
Saturated model	.000	.000	.000
Independence model	1.000	.000	.000

表 8-17　NCP

Model	NCP	LO 90	HI 90
Default model	32.427	15.451	57.001
Saturated model	.000	.000	.000
Independence model	889.931	794.684	992.577

表 8-18　FMIN

Model	FMIN	F0	LO 90	HI 90
Default model	.186	.130	.062	.229
Saturated model	.000	.000	.000	.000
Independence model	3.686	3.574	3.192	3.986

表 8-19　RMSEA

Model	RMSEA	LO 90	HI 90	PCLOSE
Default model	.096	.067	.128	.007
Independence model	.357	.338	.377	.000

表 8-20　AIC

Model	AIC	BCC	BIC	CAIC
Default model	90.427	92.077	167.899	189.899
Saturated model	72.000	74.700	198.773	234.773
Independence model	933.931	934.531	962.103	970.103

表 8-21　ECVI

Model	ECVI	LO 90	HI 90	MECVI
Default model	.363	.295	.462	.370
Saturated model	.289	.289	.289	.300
Independence model	3.751	3.368	4.163	3.753

表 8-22　HOELTER

Model	HOELTER(.05)	HOELTER(.01)
Default model	128	157
Independence model	12	14

【说明】　将上述模型适配度的相关统计量整理成表 8-23。

表 8-23　中学生"数学效能"结构模型分析的整体模型适配度检验摘要表

统计检验量	适配的标准或临界值	检验结果数据	模型适配判断
绝对适配度指数			
χ^2 值	p > .05（未达显著水平）	46.427（p = .000 < .05）	否
RMR 值	<0.05	0.146	否
RMSEA 值	<0.08 （若 <.05 优良；<.08 良好）	0.096	否
GFI 值	>.90 以上	0.956	是
AGFI 值	>.90 以上	0.888	否
增值适配度指数			
NFI 值	>.90 以上	0.949	是
RFI 值	>.90 以上	0.899	否
IFI 值	>.90 以上	0.964	是
TLI 值（NNFI 值）	>.90 以上	0.927	是
CFI 值	>.90 以上	0.964	是
简约适配度指数			
PGFI 值	>.50 以上	0.372	否
PNFI 值	>.50 以上	0.475	否
PCFI 值	>.50 以上	0.482	否
CN 值	>200	128	否
χ^2 自由度比	<2.00	3.316	否
AIC 值	理论模型值小于独立模型值，且同时小于饱和模型值	90.427 > 72.000 90.427 < 933.931	否
CAIC 值	理论模型值小于独立模型值，且同时小于饱和模型值	189.899 < 234.773 189.899 < 970.103	是

　　整体模型适配度的统计量中，卡方值为 46.427，显著性概率值 p = 0.000 < 0.05，达到显著水平，拒绝虚无假设，表示理论模型与实际数据无法契合。再从其他适配度指标来看，RMR 值 = 0.146 > 0.05，RMSEA 值 = 0.096 > 0.08，AGFI 值 = 0.888 < 0.90，RFI 值 = 0.899 < 0.90，CN 值 = 128 < 200，卡方自由度比值 = 3.316 > 3.000，PGFI 值 = 0.372，PNFI 值 = 0.475，PCFI 值 = 0.482，均小于 0.50，这些指标均未达到模型可以适配的标准。整体而言，初始的理论假设模型与实际数据间无法契合（方差协方差 $\hat{\Sigma}$ 矩阵 ≠ 方差协方差 S 矩阵），假设模型无法接受。

第三节　模型的修正

　　中学生数学效能初始因果模型图的内在质量虽然不错，但模型外在质量却欠佳，整体模型适配度与实际数据无法适配。参考修正指标值显示,若将指标变量"学习信心"与指标变量"工作投入"的误差变量设定为有共变关系(δ_2 与 δ_3 间有相关),则可以减少卡方值的数值。表示指标变量"学习信心"与指标变量"工作投入"两个层面间的某些题项所测量的心理特质有某种类同,将这两个指标变量的误差变量设成有共变关系,理论上是合理的,不会违背经验法则与 SEM 的假定,因而在修正模型时,可将这两个指标变量的测量误差变量设成有共变关系。

修正的理论模型图如图 8-33:

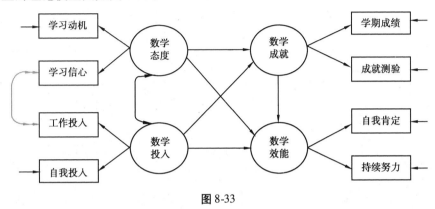

图 8-33

上述理论模型图转换成 Amos 的图示如图 8-34:

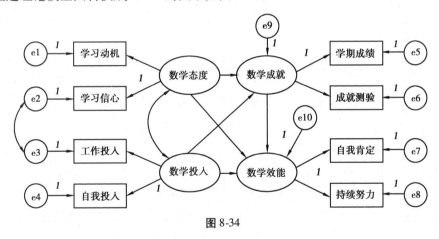

图 8-34

增列协方差、方差、回归系数的参数标签名称的假设模型图如图 8-35:

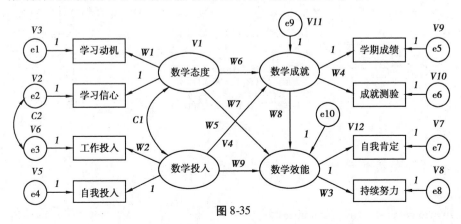

图 8-35

按【计算估计值】 ▥▥▥ 图像钮后,模型可以收敛识别。

一、参数格式的模型图

(一)非标准化估计值的因果模型图如图 8-36

增列误差项 e2 与 e2 的共变关系,两个测量误差项的协方差为 0.69。

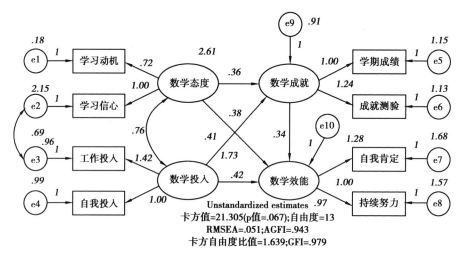

图 8-36

(二)标准化估计值的因果模型图如图 8-37

增列误差项 e2 与 e2 的共变关系,两个测量误差项的相关为 0.48。

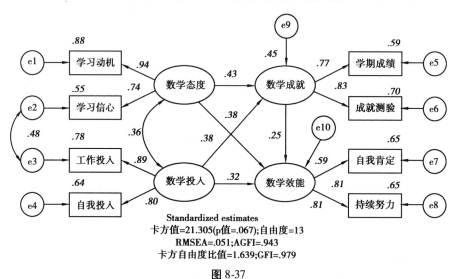

图 8-37

二、参数估计相关统计量

Groups

Group number 1 (Group number 1)

Notes for Group(Group number 1)

The model is recursive.

Sample size = 250

【说明】　因果模型是不可逆的(递归模型),有效样本观察值为 250 个。

Variable Summary (Group number 1)

Your model contains the following variables (Group number 1)

Observed, endogenous variables

X2

X1

X4

X3

Y3

Y4

Y1

Y2

Unobserved, endogenous variables

数学效能

数学成就

Unobserved, exogenous variables

数学态度

e2

e1

数学投入

e4

e3

e7

e8

e5

e6

e9

e10

　　【说明】　变量摘要中包括:观察内因变量、潜在内因变量、潜在外因变量。观察内因变量包括:X1(学习动机)、X2(学习信心)、X3(工作投入)、X4(自我投入)、Y1(学期成绩)、Y2(成就测验)、Y3(自我肯定)、Y4(持续努力)等八个;潜在内因变量有"数学效能""数学成就"两个;潜在外因变量有数学态度、数学投入、e1、e2、e3、e4、e5、e6、e7、e8、e9、e10 十二个。在 Amos 分析中,所有测量误差项及结构模型的残差项对象形状均以小椭圆形或圆形表示,二者均界定为潜在变量,且是外因变量。

Variable counts (Group number 1)

Number of variables in your model: 22

Number of observed variables:　　　　8

```
Number of unobserved variables:     14
Number of exogenous variables:      12
Number of endogenous variables:     10
```

【说明】 变量计数摘要表中显示模型中的变量共有 22 个,观察变量有 8 个,潜在变量有 14 个;外因变量有 12 个,内因变量有 10 个。

表 8-24　Parameter summary（Group number 1）

	Weights	Covariances	Variances	Means	Intercepts	Total
Fixed	14	0	0	0	0	14
Labeled	0	0	0	0	0	0
Unlabeled	9	2	12	0	0	23
Total	23	2	12	0	0	37

【说明】 参数摘要表显示全部的参数有 37 个,固定参数有 14 个,待估计的参数有 23 个,23 个待估计的参数中包括 9 个回归系数参数、2 个协方差（Φ_{21}、$\Theta_{\delta 32}$）、12 个方差,模型中待估计的参数包括 C1 及 C2（2 个协方差）、V1 至 V12（12 个方差）、W1 至 W9（9 个回归系数）。模型中全部的回归系数参数包括 14 个固定参数（λ_{y11}、λ_{y32}、λ_{x21}、λ_{x42}、e1 至 e10）,9 个待估计的回归系数参数（λ_{y21}、λ_{y42}、λ_{x11}、λ_{x32}、γ_{11}、γ_{21}、γ_{12}、γ_{22}、β_{21}）。假设模型中共有 8 个观察变量（$k=8$）,样本数据所提供的协方差独特元素（数据点数目）= $\frac{1}{2}(k)(k+1) = \frac{1}{2} \times 8 \times 9 = 36$,模型的自由度等于 $36-23=13$。

表 8-25　Sample Covariances（Group number 1）

	Y2	Y1	Y4	Y3	X3	X4	X1	X2
Y2	3.698							
Y1	2.069	2.818						
Y4	1.709	1.442	4.498					
Y3	1.685	1.632	3.011	4.773				
X3	1.608	1.144	1.805	2.142	4.506			
X4	1.335	.897	1.126	1.369	2.492	2.718		
X1	1.068	.859	1.347	1.221	.794	.490	1.544	
X2	1.337	1.248	1.745	1.922	1.886	.817	1.908	4.812

```
Condition number = 28.646
Eigenvalues
14.822 3.838 3.458 3.087 1.650 1.091 .901 .517
Determinant of sample covariance matrix = 510.076
```

表 8-26　Sample Correlations（Group number 1）

	Y2	Y1	Y4	Y3	X3	X4	X1	X2
Y2	1.000							
Y1	.641	1.000						
Y4	.419	.405	1.000					
Y3	.401	.445	.650	1.000				
X3	.394	.321	.401	.462	1.000			
X4	.421	.324	.322	.380	.712	1.000		
X1	.447	.412	.511	.450	.301	.239	1.000	
X2	.317	.339	.375	.401	.405	.226	.700	1.000

```
Condition number = 18.954
```

Eigenvalues

3.964 1.147 .893 .761 .413 .313 .300 .209

【说明】 样本矩(Sample Moments)为根据观察数据所得的协方差矩阵(S 矩阵)与相关系数矩阵。样本所得的协方差矩阵为根据实际搜集的样本数据所估算出的协方差矩阵,而由假设理论模型所导出的协方差矩阵则称为 $\hat{\sum}$ 矩阵,若是协方差 S 矩阵与协方差 $\hat{\sum}$ 矩阵的差异愈小,表示样本数据与理论模型愈可以契合;相反的,若是样本数据估计出的方差协方差 S 矩阵与假设理论模型所导出的方差协方差 $\hat{\sum}$ 矩阵差异愈大,则表示样本数据与理论模型愈无法契合。样本协方差矩阵若是非正定,则会出现非正定的提示语。

Models

Default model (Default model)

Notes for Model (Default model)

Computation of degrees of freedom (Default model)

Number of distinct sample moments: 36

Number of distinct parameters to be estimated: 23

Degrees of freedom (36-23): 13

Result (Default model)

Minimum was achieved

Chi-square =21.305

Degrees of freedom =13

Probability level = .067

【说明】 模型的注解包括模型的自由度与适配度检验的卡方值,模型的自由度公式如下: $df = \frac{1}{2}(p+q)(p+q+1) - t =$ 样本数据所提供的信息数目减掉 SEM 模型中所要估计的参数数目总和。样本提供的个别信息数目为 $\frac{1}{2}(4+4)(4+4+1) = 36$ 个,待估计的参数有 23 个,所以模型的自由度等于 36 - 23 = 13。整体适配度检验的卡方值等于 21.305,显著性概率值 p = 0.067 > 0.05,接受虚无假设,表示研究者所提的理论模型与实证样本数据可以适配(方差协方差 $\hat{\sum}$ 矩阵 = 方差协方差 S 矩阵)。

Group number 1 (Group number 1-Default model)

Estimates (Group number 1-Default model)

Scalar Estimates (Group number 1-Default model)

Maximum Likelihood Estimates

表 8-27　Regression Weights:(Group number 1-Default model)

	Estimate	S. E.	C. R.	P	Label
数学成就 ← 数学态度	.346	.062	5.586	***	par_6
数学成就 ← 数学投入	.378	.073	5.146	***	par_8

续表

	Estimate	S. E.	C. R.	P	Label
数学效能 ← 数学态度	.411	.089	4.636	***	par_5
数学效能 ← 数学投入	.424	.104	4.088	***	par_7
数学效能 ← 数学成就	.344	.134	2.576	.010	par_9
X2　　 ← 数学态度	1.000				
X1　　 ← 数学态度	.722	.072	10.002	***	par_1
X4　　 ← 数学投入	1.000				
X3　　 ← 数学投入	1.421	.143	9.907	***	par_2
Y3　　 ← 数学效能	1.000				
Y4　　 ← 数学效能	.974	.087	11.151	***	par_3
Y1　　 ← 数学成就	1.000				
Y2　　 ← 数学成就	1.243	.124	10.001	***	par_4

【说明】　以极大似然法估计各回归系数参数结果,除四个参照指标值设为 1 不予估计外,其余回归加权值均达显著。结构模型中五条回归加权值均达显著,其估计标准误介于 0.062 至 0.134 之间,"数学态度→X1""数学投入→X3""数学效能→Y4""数学成就→Y2"等四个回归系数值也均达 0.05 显著水平。四个参照指标为"数学态度→X2""数学投入→X4""数学效能→Y3""数学成就→Y1",其路径系数值限定为 1(此为 Amos 的默认值)。

表 8-28　Standardized Regression Weights:(Group number 1-Default model)

	Estimate
数学成就 ← 数学态度	.434
数学成就 ← 数学投入	.385
数学效能 ← 数学态度	.378
数学效能 ← 数学投入	.317
数学效能 ← 数学成就	.253
X2　　 ← 数学态度	.741
X1　　 ← 数学态度	.939
X4　　 ← 数学投入	.797
X3　　 ← 数学投入	.886
Y3　　 ← 数学效能	.805
Y4　　 ← 数学效能	.807
Y1　　 ← 数学成就	.769
Y2　　 ← 数学成就	.834

【说明】　标准化回归加权值即标准化回归系数值(β 系数),潜在变量间的标准化回归系数即潜在变量间的直接效果值或潜在变量间的路径系数;潜在变量对指标变量的标准化回归系数为因素负荷量。"数学态度"对"数学成就"的直接效果值为 0.434,"数学投入"对"数学成就"的直接效果值为 0.385,"数学态度"对"数学效能"的直接效果值为 0.378,"数学投入"对"数学效能"的直接效果值为 0.317,"数学成就"对"数学效能"的直接效果值为 0.253。指标变量 X1、X2 在潜在变量"数学态度"的因素负荷量分别为 0.939,0.741,指标变量 X3、X4 在潜在变量"数学投入动机"的因素负荷量分别为 0.886,

0.797,指标变量 Y1、Y2 在潜在变量"数学成就"的因素负荷量分别为 0.769,0.834,指标
变量 Y3、Y4 在潜在变量"数学效能"的因素负荷量分别为 0.805,0.807,八个测量指标的
因素负荷量均大于 0.71。

表 8-29　Covariances：(Group number 1-Default model)

	Estimate	S. E.	C. R.	P	Label
数学态度 ↔ 数学投入	.755	.182	4.142	***	par_10
e2　　↔ e3	.694	.148	4.680	***	par_11

表 8-30　Correlations：(Group number 1-Default model)

	Estimate
数学态度 ↔ 数学投入	.355
e2　　↔ e3	.483

【说明】　两个外因潜在变量间的协方差估计为 0.755,估计标准误为 0.182,临界比
值为4.142,误差变量 e2 与误差变量 e3 间的协方差估计为 0.694,估计标准误为 0.148,
临界比值为 4.680,达到 0.05 显著水平,数学态度与数学投入两个外因变量间的相关系
数为 0.355,误差变量 e2 与误差变量 e3 间的相关系数为0.483,表示增列的误差项 e2、e3
间的共变显著不等于 0。

表 8-31　Variances：(Group number 1-Default model)

	Estimate	S. E.	C. R.	P	Label
数学态度	2.614	.435	6.014	***	par_12
数学投入	1.728	.270	6.405	***	par_13
e9	.907	.166	5.452	***	par_14
e10	1.275	.248	5.137	***	par_15
e2	2.150	.286	7.523	***	par_16
e1	.182	.110	1.647	.099	par_17
e4	.990	.171	5.794	***	par_18
e3	.961	.313	3.074	.002	par_19
e7	1.679	.263	6.377	***	par_20
e8	1.566	.248	6.306	***	par_21
e5	1.154	.171	6.754	***	par_22
e6	1.125	.233	4.827	***	par_23

【说明】　表 8-31 为两个外因潜在变量"数学态度"及"数学投入"与十个误差变量的
方差,方差的估计值没有出现负的数值,全部外因变量的方差估计值中除误差变量 e1
外,其余均达到0.05显著水平。模型基本适配指标之一就是模型中是否出现负的误差方
差,由于所有误差方差均为正数,表示因果模型符合基本适配标准。

【表格范例】

表 8-32　数学效能因果模型的修正模型中所有估计参数的显著性检验摘要表

参数	非标准化参数估计值	标准误	t 值	标准化参数估计值	R^2	测量误差 $1 - R^2$
γ_{11}	.346	.062	5.586***	.434		
γ_{12}	.378	.073	5.146***	.385		
γ_{21}	.411	.089	4.636***	.378		
γ_{22}	.424	.104	4.088***	.317		

续表

参数	非标准化参数估计值	标准误	t 值	标准化参数估计值	R^2	测量误差 $1 - R^2$
β_{21}	.344	.134	2.576*	.253		
Φ_{21}	.755	.182	4.142***	.355		
$\Theta_{\delta32}$	.694	.148	4.680***	.483		
λ_{X1}	.722	.072	10.002***	.939	0.882	0.118
λ_{X2}	1.000	—	—	.741	0.549	0.451
λ_{X3}	1.421	.143	9.907***	.886	0.784	0.216
λ_{X4}	1.000	—	—	.797	0.636	0.364
λ_{Y1}	1.000	—	—	.769	0.591	0.409
λ_{Y2}	1.243	.124	10.001***	.834	0.696	0.304
λ_{Y3}	1.000	—	—	.805	0.648	0.352
λ_{Y4}	.974	.087	11.151***	.807	0.652	0.348
δ_1	.182	.110	1.647n.s.			
δ_2	2.150	.286	7.523***			
δ_3	.961	.313	3.074**			
δ_4	.990	.171	5.794***			
ε_1	1.154	.171	6.754***			
ε_2	1.125	.233	4.827***			
ε_3	1.679	.263	6.377***			
ε_4	1.566	.248	6.306***			
ζ_1	.907	.166	5.452***			
ζ_2	1.275	.248	5.137***			

注:未列标准误者为参照指标,是限制估计参数。

n.s. $p > .05$ $*p < .05$ $**p < .01$ $***p < .001$

根据标准化回归系数(因素负荷量)估计值可以计算出四个潜在变量的组合信度(composite reliability)。组合信度可作为检验潜在变量的信度指标,此种信度检验值也称为建构信度(construct reliability),计算组合信度要利用标准化回归加权值(Standardized Regression Weights)报表中的指标因素负荷量来估算,组合信度公式如下:

$$\rho_c = \frac{(\sum \lambda)^2}{[(\sum \lambda)^2 + \sum(\theta)]} = \frac{(\sum 标准化因素负荷量)^2}{[(\sum 标准化因素负荷量)^2 + \sum(\theta)]}$$

上述公式符号中 ρ_c 为组合信度,λ 为指标变量在潜在变量上的标准化参数估计值(指标因素负荷量,indicator loading),指标变量的标准化参数(因素负荷量)代表指标变量能测到潜在变量特质的程度。最佳的数值是指标变量的因素负荷量大于 0.71,因为 λ 值若是大于 0.71,则 λ^2 值等于 0.71 × 0.71 = 0.5041,λ^2 值代表个别观察变量的指标信度(indicator reliability),学者 Bagozzi 与 Yi(1988)认为该值大于 0.500 较佳。θ 为观察变量的误差变异量(indicator error variances)(是 δ 或 ε 的变异量),也就是测量误差值,$\theta = 1 -$ 指标信度 $= 1 -$ (指标变量的标准化参数)^2。在因素分析中,以内部一致性 α 系数作为各构念或各层面的信度系数,在 SEM 分析中,则以组合信度或建构信度作为模型潜在变量的信度系数。

四个潜在变量的组合信度数值求法如下:

$$\rho_{C\xi1} = \frac{(0.741 + 0.939)^2}{(0.741 + 0.939)^2 + (0.118 + 0.451)} = 0.8322$$

$$\rho_{C\xi2} = \frac{(0.886 + 0.797)^2}{(0.886 + 0.797)^2 + (0.216 + 0.364)} = 0.8301$$

$$\rho_{C\eta1} = \frac{(0.769 + 0.834)^2}{(0.769 + 0.834)^2 + (0.409 + 0.304)} = 0.7876$$

$$\rho_{C\eta2} = \frac{(0.805 + 0.807)^2}{(0.805 + 0.807)^2 + (0.352 + 0.348)} = 0.7828$$

潜在变量的组合信度为模型内在质量的判别准则之一,若是潜在变量的组合信度值在 0.60 以上,表示模型的内在质量理想,部分学者则建议潜在变量的组合信度值高于 0.500 以上即可(Raines-Eudy, 2000)。四个潜在变量的组合信度系数值分别为 0.8322, 0.8301, 0.7828, 0.7876 均大于 0.60,表示模型内在质量佳。

另外一个与组合信度类似的指标为平均方差抽取量(average variance extracted, ρ_V),平均方差抽取量可以直接显示被潜在构念所解释的变异量中有多少是来自测量误差,平均方差抽取量愈大,指标变量被潜在变量构念解释的变异量百分比愈大,相对的测量误差就愈小,一般的判别标准是平均方差抽取量要大于 0.50。

$$\rho_V = \frac{(\sum \lambda^2)}{[(\sum \lambda^2) + \sum(\theta)]} = \frac{(\sum 标准化因素负荷量^2)}{[(\sum 标准化因素负荷量^2) + \sum(\theta)]}$$

四个潜在变量的平均方差抽取量的求法如下:

$$\rho_{v\xi1} = \frac{(0.741^2 + 0.939^2)}{(0.741^2 + 0.939^2) + (0.118 + 0.451)} = 0.7154$$

$$\rho_{v\xi2} = \frac{(0.886^2 + 0.797^2)}{(0.886^2 + 0.797^2) + (0.216 + 0.364)} = 0.7101$$

$$\rho_{v\eta1} = \frac{(0.769^2 + 0.834^2)}{(0.769^2 + 0.834^2) + (0.409 + 0.304)} = 0.6496$$

$$\rho_{v\eta2} = \frac{(0.805^2 + 0.807^2)}{(0.805^2 + 0.807^2) + (0.352 + 0.348)} = 0.6435$$

四个潜在变量的平均变异抽取值分别为 0.7154, 0.7101, 0.6453, 6496,均高于 0.50 的标准,表示模型的内在质量理想。

表 8-33

潜在变量	观察变量	因素负荷量标准化参数	指标信度 R^2	测量误差 $1 - R^2$	组合信度	平均方差抽取量
ξ_1	λ_{X1}	0.939	0.882	0.118	.8322	.7154
	λ_{X2}	0.741	0.549	0.451		
ξ_2	λ_{X3}	0.886	0.784	0.216	.8301	.7101
	λ_{X4}	0.797	0.636	0.364		
η_1	λ_{Y1}	0.769	0.591	0.409	.7876	.6496
	λ_{Y2}	0.834	0.696	0.304		
η_2	λ_{Y3}	0.805	0.648	0.352	.7828	.6435
	λ_{Y4}	0.807	0.652	0.348		

使用【计算建构信度】程序,只要选取观察变量的数目,输入指标变量的因素负荷量,可同时求出组合信度与平均方差抽取量。

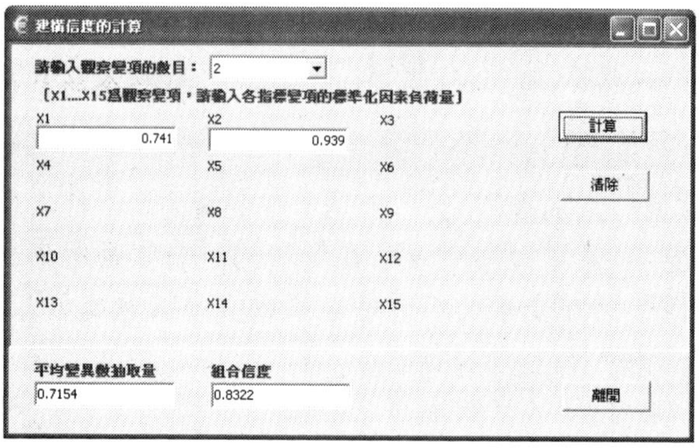

图 8-38

表 8-34　Squared Multiple Correlations：
（Group number 1-Default model）

	Estimate
数学成就	.455
数学效能	.588
Y2	.696
Y1	.591
Y4	.652
Y3	.648
X3	.784
X4	.636
X1	.882
X2	.549

【说明】　八个观察变量多元相关系数平方是潜在变量预测其指标变量 X,Y 的 R^2，此数值反映的是测量误差的大小，R^2 的数值愈大，表示观察变量或测量指标的测量误差愈小；相对的，R^2 的数值愈小，表示观察变量或测量指标的测量误差愈大。测量误差值等于 $1 - R^2$，若是测量误差值大于 0.50 以上，表示以此观察变量作为潜在变量的测量指标不理想，R^2 的数值是观察变量的个别项目信度。上述八个观察变量的 R^2 值介于 0.549 至 0.882，均大于 0.50，表示八个指标变量的个别项目信度佳，四个 δ 测量误差值（指标变量 X 的测量误差）分别为 0.118,0.451,0.216,0.364；四个 ε 测量误差值（指标变量 Y 的测量误差）0.409,0.304,0.352,0.348。结构模型中内因潜在变量"数学成就"可以被数学态度、数学投入解释的变异量为 45.5%，误差变异量 ζ_1 为 0.545；内因潜在变量"数学效能"可以被数学态度、数学投入、数学成就解释的变异量为 58.8%，误差变异量 ζ_2 为 0.412。

表 8-35　Matrices（Group number 1-Default model）

Implied Covariances（Group number 1-Default model）

	Y2	Y1	Y4	Y3	X3	X4	X1	X2
Y2	3.698							
Y1	2.069	2.818						
Y4	1.756	1.412	4.498					
Y3	1.803	1.450	3.011	4.773				
X3	1.615	1.299	1.879	1.930	4.451			
X4	1.136	.914	1.322	1.358	2.456	2.718		
X1	1.068	.859	1.269	1.303	.775	.545	1.544	
X2	1.479	1.190	1.758	1.805	1.768	.755	1.887	4.764

表 8-36　Implied Correlations（Group number 1-Default model）

	Y2	Y1	Y4	Y3	X3	X4	X1	X2
Y2	1.000							
Y1	.641	1.000						
Y4	.430	.397	1.000					
Y3	.429	.395	.650	1.000				
X3	.398	.367	.420	.419	1.000			
X4	.358	.330	.378	.377	.706	1.000		
X1	.447	.412	.482	.480	.296	.266	1.000	
X2	.352	.325	.380	.379	.384	.210	.696	1.000

【说明】 隐含的协方差矩阵与隐含的相关系数矩阵为根据理论模型所推导而得的
$\hat{\Sigma}$ 矩阵。理论模型推导的方差协方差矩阵 $\hat{\Sigma}$ 与观察样本所得的方差协方差矩阵 S 差距
愈小,表示理论模型与观察数据愈能适配。在整体模型适配度检验中,其虚无假设为:模
型隐含的方差协方差矩阵 $\hat{\Sigma}$ = 样本观察数据的方差协方差矩阵 S;或是模型隐含的总体
方差协方差矩阵 $\Sigma(\theta)$ = 总体的方差协方差矩阵 Σ,由于总体的性质未知,方差协方差矩
阵 $\Sigma(\theta)$ 与 Σ 无法得知,因而在 SEM 模型适配度的检验程序中,通常直接检验方差协方
差矩阵 $\hat{\Sigma}$ 与 S 之间是否契合,若是方差协方差矩阵 $\hat{\Sigma}$(或适配协方差矩阵)愈偏离观察数
据的方差协方差矩阵 S,表示理论模型愈不适配样本数据。模型适配度的卡方度检验,若
是卡方值未达显著水平(p>0.05),则接受虚无假设,表示模型隐含的方差协方差矩阵 $\hat{\Sigma}$
等于样本观察数据的方差协方差矩阵 S。

表 8-37 Residual Covariances (Group number 1-Default model)

	Y2	Y1	Y4	Y3	X3	X4	X1	X2
Y2	.000							
Y1	.000	.000						
Y4	−.047	.030	.000					
Y3	−.118	.182	.000	.000				
X3	−.006	−.155	−.074	.212	.055			
X4	.199	−.017	−.196	.010	.036	.000		
X1	.000	.000	.078	−.082	.019	−.056	.000	
X2	−.142	.059	−.013	.116	.118	.062	.021	.048

【说明】 残差矩阵由方差协方差 S 矩阵减方差协方差 $\hat{\Sigma}$ 矩阵而得。负的且绝对值
较大的残差值表示模型高估了变量间的共变关系,此参数可能需要删除;相反的,正的且
绝对值较大的残差值表示模型低估了变量间的共变关系,此参数可能需要释放。

表 8-38 Standardized Residual Covariances (Group number 1-Default model)

	Y2	Y1	Y4	Y3	X3	X4	X1	X2
Y2	.000							
Y1	.000	.000						
Y4	−.166	.123	.000					
Y3	−.409	.727	.000	.000				
X3	−.023	−.648	−.240	.670	.138			
X4	.930	−.093	−.829	.043	.133	.000		
X1	.001	.003	.419	−.429	.110	−.414	.000	
X2	−.503	.240	−.042	.360	.379	.267	.100	.113

【说明】 标准化残差协方差矩阵是残差矩阵除以其渐近标准误,标准化残差协方差
矩阵的数值,不会受到指标变量测量尺度不同的影响,因而在解释上较为容易。标准化
残差数值的绝对值如果大于 2.58,即 $\alpha=0.01$ 的 z 值(部分学者采用较为严格的临界值
1.96,即 $\alpha=0.05$ 的 z 值),表示残差矩阵差异值显著不等于 0,因而若是标准化残差矩阵
中的数值全部小于 2.58,表示残差矩阵差异值均等于 0,方差协方差 S 矩阵与方差协方差
$\hat{\Sigma}$ 矩阵愈能契合。表 8-38 标准化残差协方差矩阵中没有大于 2.58 者,表示模型个别参

数的表现良好(模型的内在质量佳),这种结果即模型内在质量的检验。Amos 文字输出解释中,建议标准化残差值的临界指标值为 2.00,这是采取了较为严格的观点。

表 8-39 Standardized Total Effects (Group number 1-Default model)

	数学投入	数学态度	数学成就	数学效能
数学成就	.385	.434	.000	.000
数学效能	.414	.488	.253	.000
Y2	.321	.362	.834	.000
Y1	.296	.333	.769	.000
Y4	.334	.394	.204	.807
Y3	.333	.393	.203	.805
X3	.886	.000	.000	.000
X4	.797	.000	.000	.000
X1	.000	.939	.000	.000
X2	.000	.741	.000	.000

表 8-40 Standardized Direct Effects (Group number 1-Default model)

	数学投入	数学态度	数学成就	数学效能
数学成就	.385	.434	.000	.000
数学效能	.317	.378	.253	.000
Y2	.000	.000	.834	.000
Y1	.000	.000	.769	.000
Y4	.000	.000	.000	.807
Y3	.000	.000	.000	.805
X3	.886	.000	.000	.000
X4	.797	.000	.000	.000
X1	.000	.939	.000	.000
X2	.000	.741	.000	.000

表 8-41 Standardized Indirect Effects (Group number 1-Default model)

	数学投入	数学态度	数学成就	数学效能
数学成就	.000	.000	.000	.000
数学效能	.097	.110	.000	.000
Y2	.321	.362	.000	.000
Y1	.296	.333	.000	.000
Y4	.334	.394	.204	.000
Y3	.333	.393	.203	.000
X3	.000	.000	.000	.000
X4	.000	.000	.000	.000
X1	.000	.000	.000	.000
X2	.000	.000	.000	.000

【说明】 表 8-39 至表 8-41 为自变量对依变量的标准化总效果值、标准化直接效果值与标准化间接效果值。在结构模型中,外因潜在变量"数学投入"对内因潜在变量"数学成就"的直接效果值为 0.385,间接效果值为 0.000,总效果值为 0.385 + 0.000 = 0.385;外因潜在变量"数学投入"对内因潜在变量"数学效能"的直接效果值为 0.317,间

接效果值为0.097,总效果值为 $0.317 + 0.097 = 0.414$,其中的间接效果值等于 $0.385 \times 0.253 = 0.097$,表示数学投入对数学成就影响的直接效果值为 0.385,数学成就对数学效能影响的直接效果值为 0.253,两个直接效果值(路径系数)相乘即为间接效果值。

Modification Indices（Group number 1-Default model）

表8-42　Covariances：
(Group number 1-Default model)

M. I.	Par Change

表8-43　Variances：
(Group number 1-Default model)

M. I.	Par Change

表8-44　Regression Weights：
(Group number 1-Default model)

M. I.	Par Change

【说明】　修正指标与期望参数改变表中,协方差的设定、方差的设定与增列路径系数均没有,表示模型没有释放参数的必要。

Model Fit Summary

表8-45　CMIN

Model	NPAR	CMIN	DF	P	CMIN/DF
Default model	23	21.305	13	.067	1.639
Saturated model	36	.000	0		
Independence model	8	917.931	28	.000	32.783

表8-46　RMR, GFI

Model	RMR	GFI	AGFI	PGFI
Default model	.088	.979	.943	.354
Saturated model	.000	1.000		
Independence model	1.410	.425	.261	.331

表8-47　Baseline Comparisons

Model	NFI Delta1	RFI rho1	IFI Delta2	TLI rho2	CFI
Default model	.977	.950	.991	.980	.991
Saturated model	1.000		1.000		1.000
Independence model	.000	.000	.000	.000	.000

表8-48　Parsimony-Adjusted Measures

Model	PRATIO	PNFI	PCFI
Default model	.464	.454	.460
Saturated model	.000	.000	.000
Independence model	1.000	.000	.000

表8-49　NCP

Model	NCP	LO 90	HI 90
Default model	8.305	.000	25.061
Saturated model	.000	.000	.000
Independence model	889.931	794.684	992.577

表 8-50　FMIN

Model	FMIN	F0	LO 90	HI 90
Default model	.086	.033	.000	.101
Saturated model	.000	.000	.000	.000
Independence model	3.686	3.574	3.192	3.986

表 8-51　RMSEA

Model	RMSEA	LO 90	HI 90	PCLOSE
Default model	.051	.000	.088	.444
Independence model	.357	.338	.377	.000

表 8-52　AIC

Model	AIC	BCC	BIC	CAIC
Default model	67.305	69.030	148.298	171.298
Saturated model	72.000	74.700	198.773	234.773
Independence model	933.931	934.531	962.103	970.103

表 8-53　ECVI

Model	ECVI	LO 90	HI 90	MECVI
Default model	.270	.237	.338	.277
Saturated model	.289	.289	.289	.300
Independence model	3.751	3.368	4.163	3.753

表 8-54　HOELTER

Model	HOELTER0.05	HOELTER0.01
Default model	262	324
Independence model	12	14

【说明】　模型适配度摘要表中,NCP 为非集中性参数(non-centrality parameter),此参数的原理与离散量数测量值类同,学者 Steiger(1990,p.177)将此参数称为"协方差结构模型不适配的自然量数",NCP 指标值即在评量估计理论模型参数与观察数据参数的偏离程度,NCP 指标值愈接近 0,表示观察数据与理论模型的契合度愈佳。范例中的 NCP 指标值等于 8.305,90% 的置信区间值为[0.000,25.061],置信区间值包含 0,未达 0.10 的显著水平,接受虚无假设,表示偏离程度值未显著大于 0,观察数据与理论模型的契合度尚佳。FMIN 为最小差异函数(minimizes discrepancy function),此数值愈小表示假设模型(hypothetical model)愈接近样本数据(sample data),范例中的 FMIN 指标值为 0.086,数值接近 0,表示假设模型与样本数据的契合度尚称理想。F0 为总体差异函数值,数值愈接近 0 表示假设模型愈接近样本数据,范例中的 F0 指标值为 0.033,90% 的置信区间值为[0.000,0.101],置信区间值包含 0,未达 0.10 的显著水平,接受虚无假设,表示差异值未显著大于 0,观察数据与理论模型的契合度尚佳。至于其他模型适配度的相关统计量可以整理成下列表格数据。

表 8-55　中学生"数学效能"修正的结构模型分析的整体模型适配度检验摘要表

统计检验量	适配的标准或临界值	检验结果数据	模型适配判断
绝对适配度指数			
χ^2 值	p > .05(未达显著水平)	21.305(p = .067 > .05)	是
RMR 值	< .05	0.088	否
RMSEA 值	< .08(若 < .05 优良; < .08 良好)	0.051	是
GFI 值	> .90 以上	0.979	是
AGFI 值	> .90 以上	0.943	是
增值适配度指数			
NFI 值	> .90 以上	0.977	是
RFI 值	> .90 以上	0.950	是
IFI 值	> .90 以上	0.991	是
TLI 值(NNFI 值)	> .90 以上	0.980	是
CFI 值	> .90 以上	0.991	是
简约适配度指数			
PGFI 值	> .50 以上	0.354	否
PNFI 值	> .50 以上	0.454	否
PCFI 值	> .50 以上	0.460	否
CN 值	> 200	262	是
χ^2 自由度比	< 2.00	1.639	是
AIC 值	理论模型值小于独立模型值,且同时小于饱和模型值	67.305 < 72.000 67.305 < 933.931	是
CAIC 值	理论模型值小于独立模型值,且同时小于饱和模型值	171.298 < 234.773 171.298 < 970.103	是

修正因果模型的自由度等于 23,整体适配度的卡方值等于 21.305,显著性概率值 p = 0.067 > 0.05,接受虚无假设,总体方差协方差 Σ 矩阵与 $\Sigma(\theta)$ 矩阵的差异显著等于 0,假设理论模型与实际数据间可以契合。再从其他适配度指标来看,卡方自由度比值为 1.639 < 2.000,RMSEA 值等于 0.051 < 0.08,GFI 值等于 0.979 > 0.90,AGFI 值等于 0.943 > 0.90,NFI 值等于 0.977 > 0.90,RFI 值等于 0.950 > 0.90,IFI 值等于 0.991 > 0.90,TLI 值等于 0.980 > 0.90,CFI 值等于 0.991 > 0.90,均达到模型可以接受标准,显著水平 $\alpha = 0.05$ 时,CN 值等于 262,$\alpha = 0.01$ 时,CN 值等于 324,模型可以达到适配的标准。整体而言,从主要适配度统计量来看,修正后的数学效能的理论因果模型图与实际数据可以适配。结构模型中各效果值如表 8-56:

表 8-56

变量关系	直接效果	间接效果	总效果
数学态度 → 数学成就	.434	—	.434
数学态度 → 数学效能	.378	.110	.488
数学投入 → 数学成就	.385	—	.385
数学投入 → 数学效能	.317	.097	.414
数学成就 → 数学效能	.253	—	.253

第四节　混合模型的路径分析

　　路径分析的模型有两种：一为观察变量的路径分析（path analysis with observed variables；简称 PA-OV），二为潜在变量的路径分析（path analysis with latent variables；简称 PA-LV）。观察变量的路径分析即传统复回归分析的路径分析程序，此种路径分析其实是潜在变量路径分析的一种特例，在潜在变量路径分析模型中，若是潜在变量只有一个测量指标变量，表示显性变量可以百分之百地反映其潜在特质构念，只有一个显性变量的潜在变量，在路径分析中通常直接以显性变量的方形对象表示，而不用椭圆形对象，此种显性变量可能是量表测得的潜在特质的测量值总分或某个层面的分数，通常是量表总分加总变量，分数的测量值在于反映某个潜在特质，分数愈高，表示显性变量反映潜在构念的能力愈强。路径分析模型的结构模型中若同时包括显性变量及潜在变量，则此种路径分析模型称为混合模型的路径分析，混合路径分析模型的结构模型图中同时包含方形与椭圆形对象。

　　在混合模型中，有些潜在变量只对应一个测量变量，若是不对单一观察变量的误差方差（error variance）加以限制，则测量误差值的方差会变为无法识别的参数（unidentified parameters）。其解决之道就是将潜在变量只有单一观察变量的误差项的方差加以限制，使其固定为某个数值（通常是 0 或 1），则测量误差值的方差会变为可识别的参数（identified parameters）。如将测量误差值的方差设定为 0，表示测量指标变量可以百分之百由潜在构念来预测，此时的观察变量的 R^2 值会等于 1（100%），如将测量误差值的方差设定为 1，表示测量指标变量大部分可以由潜在构念来预测，此时的观察变量的 R^2 值会等于 0.99（99%），将测量误差值的方差设定在 0 至 1 之间均是合理的参数限制。

　　【研究问题】

　　　　在退休教师生涯规划、生活适应、生活满意的路径分析中，"生涯规划"及"生活满意"两个潜在变量各有两个测量指标变量，"生涯规划"潜在变量的两个测量指标变量为"经济计划""休闲娱乐"；"生涯满意"潜在变量的两个测量指标变量为"日常生活""自我实现"；"生活适应"潜在变量只有一个指标变量，此指标变量为受试者在"生活适应量表"上的总得分，分数愈高，表示受试者退休后的生活适应愈佳，"生活适应量表"总分的观察变量名称为"整体生活适应"（SPSS 数据文件中的变量名称，Amos Graphics 绘图区中方形对象中的变量名称必须是 SPSS 数据文件中的变量名称之一，且变量名称必须完全相同，否则方形对象内的变量会被视为潜在变量，而不是观察变量）。

一、路径分析假设模型图

　　退休教师路径分析假设模型图如图 8-39（没有设定参数标签名称）。在结构模型图中外因变量有两个：一为外因潜在变量"生涯规划"（椭圆形对象），另一为外因显性变量"整体生活适应"变量（方形对象）。内因变量为潜在变量"生活满意"（椭圆形对象），结构模型中包含椭圆形的潜在变量与方形的观察变量，因而路径分析模型为一种混合模型的路径分析。

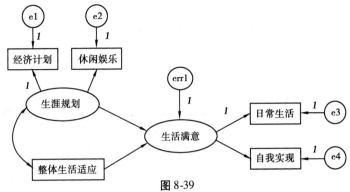

图 8-39

设定了参数标签名称的退休教师路径分析假设模型图如下,从 Amos 增列的参数中可以得知,路径分析模型中待估计的自由参数有 12 个,包括 1 个协方差、4 个回归系数、7个方差。

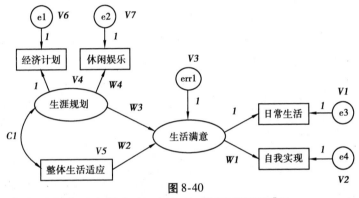

图 8-40

在设定对象变量名称及参数字型、大小时,使用者可按【Drag properties from object to object】(从对象中拖动属性到对象)图像钮,开启【Drag Properties】对话窗口,将第一个设定好的对象及参数大小、框线、字型等格式直接拖动至其他对象,可完成格式的复制。

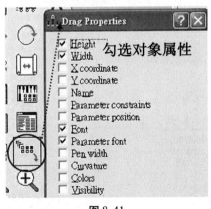

图 8-41

二、增列模型图像标题

按工具列图像钮 Title【Figure captions】(模型图标题),设定要呈现的标题文字或适配度统计量,按下【图像标题】图像钮,会出现【Figure captions】对话窗口,在下方【Caption】

（标题）方格中键入下列文字及统计量关键词。

\FORMAT 群组 = \GROUP；模型 = \MODEL 卡方值 = \CMIN(p = \p)；自由度 = \DF RMSEA = \RMSEA；AGFI = \AGFI	Caption \FORMAT 群组=\GROUP；模式=\MODEL 卡方值=\CMIN(p=\p)；自由度=\DF RMSEA=\RMSEA；AGFI=\AGFI 图 8-42

三、路径分析模型估计结果

按【计算估计值】▦▦▦图像钮后，模型可以收敛识别。

（一）参数格式的模型图

1. 非标准化估计值的因果模型图如图 8-43：

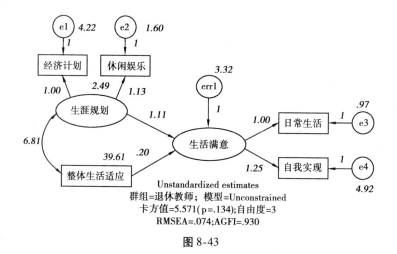

Unstandardized estimates
群组=退休教师；模型=Unconstrained
卡方值=5.571(p=.134)；自由度=3
RMSEA=.074;AGFI=.930

图 8-43

2. 标准化估计值的因果模型图如 8-44：

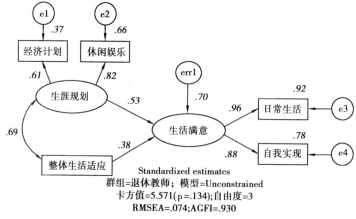

Standardized estimates
群组=退休教师；模型=Unconstrained
卡方值=5.571(p=.134)；自由度=3
RMSEA=.074;AGFI=.930

图 8-44

(二)模型注解输出结果

```
Notes for Model (Unconstrained)
Computation of degrees of freedom (Unconstrained)
                     Number of distinct sample moments:  15
          Number of distinct parameters to be estimated:  12
                        Degrees of freedom (15-12):   3
Result (Unconstrained)
Minimum was achieved
Chi-square = 5.571
Degrees of freedom = 3
Probability level = .134
```

文字浏览窗口中【模型注解】选项显示:样本数据提供的数据点数目(样本协方差独特元素的数目)等于 15 个,模型中待估计的参数有 12 个,模型的自由度 = 15 – 12 = 3。整体模型适配度检验的卡方值为 5.571,显著性概率值 p = 0.134 > 0.05,接受虚无假设,表示假设模型与样本数据可以适配;而 RMSEA 值 = 0.074 < 0.080,AGFI 值 = 0.930 > 0.900,均达到模型适配标准,表示假设模型是合适的。

以极大似然法估计出个别参数值如表 8-57:

Scalar Estimates (退休教师-Unconstrained)

Maximum Likelihood Estimates

表 8-57　Regression Weights:(退休教师-Unconstrained)

	Estimate	S.E.	C.R.	P	Label
生活满意 ← 整体生活适应	.199	.056	3.580	***	par_3
生活满意 ← 生涯规划	1.109	.275	4.028	***	par_4
日常生活 ← 生活满意	1.000				
自我实现 ← 生活满意	1.253	.077	16.226	***	par_1
经济计划 ← 生涯规划	1.000				
休闲娱乐 ← 生涯规划	1.129	.171	6.618	***	par_5

四个回归系数值均达显著,除参照指标外,其 C.R. 绝对值均大于 1.96。

表 8-58　Standardized Regression Weights:(退休教师-Unconstrained)

	Estimate
生活满意 ← 整体生活适应	.379
生活满意 ← 生涯规划	.528
日常生活 ← 生活满意	.959
自我实现 ← 生活满意	.882
经济计划 ← 生涯规划	.609
休闲娱乐 ← 生涯规划	.815

外因观察变量"整体生活适应"对内因潜在变量"生活满意"的标准化回归系数(β 值)等于 0.379,外因潜在变量"生涯规划"对内因潜在变量"生活满意"的标准化回归系数(β 值)等于 0.528,均达到 0.001 显著水平,β 系数值为正数,表示"整体生活适应""生涯规划"两者对"生活满意"的影响均为正向,回归系数符号与原先理论假设模型相符合。

表 8-59   Covariances：(退休教师-Unconstrained)

	Estimate	S. E.	C. R.	P	Label
生涯规划 ↔ 整体生活适应	6.813	1.346	5.060	***	par_2

表 8-60   Correlations：(退休教师-Unconstrained)

	Estimate
生涯规划 ↔ 整体生活适应	.686

两个外因变量间的相关系数为 0.686,达到 0.001 显著水平,相关系数值为正数,表示外因观察变量"整体生活适应"与外因潜在变量"生涯规划"间为中度正相关关系,相关系数介于 ±1 之间,没有出现不合理的参数。

表 8-61   Variances：(退休教师-Unconstrained)

	Estimate	S. E.	C. R.	P	Label
生涯规划	2.490	.663	3.758	***	par_6
整体生活适应	39.607	4.499	8.803	***	par_7
err1	3.323	.712	4.667	***	par_8
e3	.970	.446	2.175	.030	par_9
e4	4.920	.879	5.595	***	par_10
e1	4.222	.564	7.490	***	par_11
e2	1.601	.419	3.818	***	par_12

模型中七个方差均为正数,且方差均达到显著,四个测量指标的误差方差及内因变量的残差方差没有出现负数,表示估计的参数没有出现不合理或无法解释的参数。

表 8-62   Squared Multiple Correlations：(退休教师-Unconstrained)

	Estimate
生活满意	.697
休闲娱乐	.665
经济计划	.371
自我实现	.778
日常生活	.919

外因观察变量"整体生活适应"与外因潜在变量"生涯规划"对内因潜在变量"生活满意"的联合解释变异量为 69.7%（$R^2 = 0.697$）。

四、采用潜在变量路径分析模型

由于外因变量生活适应有一个观察变量,因而研究者也可把上述混合模型的路径分析模型改为如图 8-45:外因潜在变量"生活适应"只有一个测量指标变量"整体生活适应"。

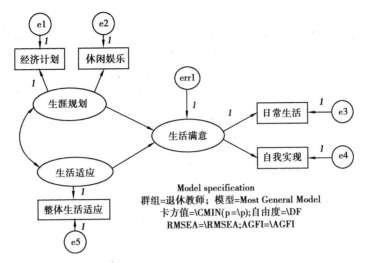

图 8-45

(一) 初始 PA-LV 模型

上述执行计算估计值程序后,模型无法收敛估计。在文字浏览窗口中【模型注解】选项显示:样本数据提供的数据点数目(样本协方差独特元素的数目)等于 15 个,模型中待估计的参数有 13 个,模型的自由度 = 15 − 13 = 2,跟之前的模型比较起来,少了一个自由度,为让模型可以识别,须再增列一个限制参数。

Notes for Model(Unconstrained)

Computation of degrees of freedom(Unconstrained)

Number of distinct sample moments:	15
Number of distinct parameters to be estimated:	13
Degrees of freedom(15 − 13):	2

Result(Unconstrained)

The model is probably unidentified. In order to achieve identifiability, it will probably be necessary to impose 1 additional constraint.

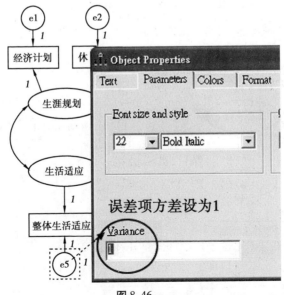

图 8-46

（二）修改 PA-LV 模型

增列模型参数限制方面,可将只有一个测量指标的误差项 e5 的误差方差固定为 1 或 0(多数研究者将测量误差方差界定为 0),则自由参数数目会减少一个,模型自由度会增加 1,由原先的 2 变为 3。在误差项 e5 上按右键选取【Object Properties】(对象属性)选项,开启【Object Properties】对话窗口,切换到【Parameters】(参数)对话框,在【Variance】(方差)下的方格中键入 1。

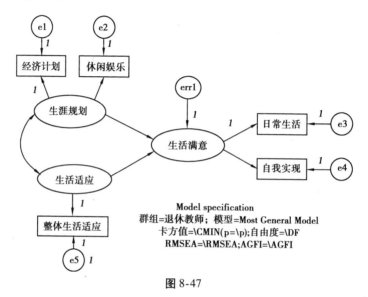

图 8-47

按【计算估计值】▦图像钮后,模型可以收敛识别。

（三）参数格式的模型图

非标准化估计值的因果模型图如图 8-48:在非标准化估计值模型图中误差项方差没有出现负值,表示样本数据文件中没有输入错误;由于限定"整体生活适应"观察变量的误差项 e5 的方差为 1,因而误差项 e5 的方差会出现 1.00。

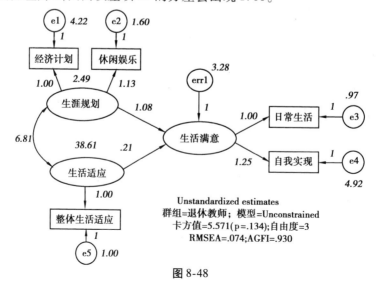

图 8-48

标准化估计值的因果模型图如图 8-49：两个外因潜在变量对"生活满意"的标准化回归系数分别为 0.52,0.39,"生涯规划"与"生活适应"两个外因潜在变量间的相关为 0.69。

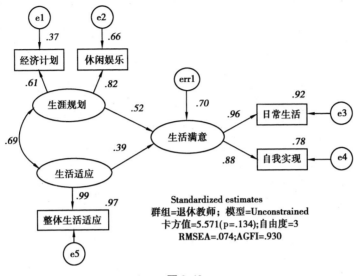

图 8-49

（四）模型注解的文字输出结果

Notes for Model（Unconstrained）

Computation of degrees of freedom（Unconstrained）

Number of distinct sample moments： 15

Number of distinct parameters to be estimated： 12

Degrees of freedom（15-12）： 3

Result（Unconstrained）

Minimum was achieved

Chi-square = 5.571

Degrees of freedom = 3

Probability level = .134

文字浏览窗口中【模型注解】选项显示：样本数据提供的数据点数目（样本协方差独特元素的数目）等于 15 个,模型中待估计的参数有 12 个,模型的自由度 = 15 - 12 = 3。整体模型适配度检验的卡方值为 5.571,显著性概率值 p = 0.134 > 0.05,接受虚无假设,表示假设模型与样本数据可以适配;而 RMSEA 值 = 0.074 < 0.080、AGFI 值 = 0.930 > 0.900,均达到模型适配标准,表示假设模型是合适的。潜在变量路径分析模型估计结果与采用混合路径分析模型的估计结果大致相同。以极大似然法估计出来的参数,在结构模型中的两个标准化回归系数有稍许的不同。第一个模型估计结果:外因观察变量"整体生活适应"对内因潜在变量"生活满意"的标准化回归系数（β 值）等于 0.379（≈ 0.38）,外因潜在变量"生涯规划"对内因潜在变量"生活满意"的标准化回归系数（β 值）等于 0.528（≈ 0.53）。第二个模型估计结果:外因潜在变量"生活适应"对内因潜在变量

"生活满意"的标准化回归系数(β 值)等于 0.393($\approx$ 0.39),外因潜在变量"生涯规划"对内因潜在变量"生活满意"的标准化回归系数(β 值)等于 0.515($\approx$ 0.52),联合解释变异量差不多,分别为 0.697 和 0.701,在标准化估计值模型图均呈现 0.70。

Maximum Likelihood Estimates

表 8-63   Standardized Regression Weights:
(退休教师-Unconstrained)

	Estimate
生活满意 ← 生活适应	.393
生活满意 ← 生涯规划	.515
日常生活 ← 生活满意	.959
自我实现 ← 生活满意	.882
经济计划 ← 生涯规划	.609
休闲娱乐 ← 生涯规划	.815
整体生活适应 ← 生活适应	.987

表 8-64   Squared Multiple Correlations:
(退休教师-Unconstrained)

	Estimate
生活满意	.701
整体生活适应	.975
休闲娱乐	.665
经济计划	.371
自我实现	.778
日常生活	.919

由于未将"整体生活适应"指标变量的误差方差设定为 0,因而"整体生活适应"指标变量的 R^2 值不会等于 1.000。

(五)将测量误差方差设定 0

如果研究者认为单一观察变量能完全反映其潜在特质构念,即潜在变量能百分之百解释或预测此单一观察变量,则单一观察变量的测量误差方差要设定为 0,表示观察变量可以完全由潜在变量来预测,观察变量的测量误差方差设为 0,其 R^2 会等于 1。在下述 PA-LV 模型中,"生活适应"潜在变量只有单一观察变量"整体生活适应",将指标变量的误差项 e5 的方差设定为 0。单一显性变量的测量误差方差设定为 0 的假设模型图如图 8-50:

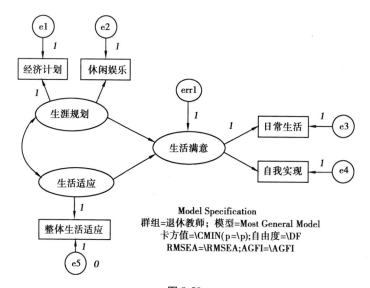

图 8-50

执行【分析】/【计算估计值】程序后,非标准化估计值的模型图如图 8-51,其中所有参数数值均和先前采用混合路径分析模型估计结果相同,"整体生活适应"观察变量的误差项的误差方差数值为0.00。

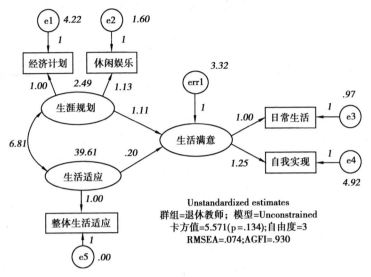

图 8-51

标准化估计值的模型图如图8-52,其中所有参数数值均和先前采用混合路径分析模型估计结果相同,"整体生活适应"观察变量的 R^2 值等于1.00,表示"整体生活适应"观察变量能百分之百(100%)反映其潜在特质构念,或"生活适应"潜在变量对单一指标变量"整体生活适应"的预测力达100%。

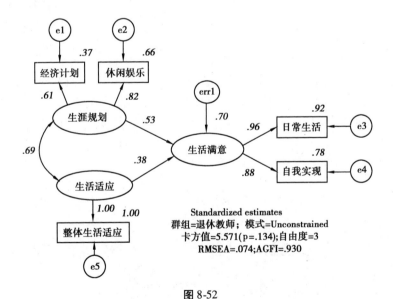

图 8-52

表 8-65 Squared Multiple Correlations:(退休教师-Unconstrained)

	Estimate
生活满意	.697
整体生活适应	1.000
休闲娱乐	.665

续表

	Estimate
经济计划	.371
自我实现	.778
日常生活	.919

五、混合路径分析模型范例二

混合路径分析模型范例二如图 8-53：内因潜在变量"生活满意"为显性变量,观察变量名称为"整体生活满意";外因潜在变量"生活适应"为显性变量,观察变量名称为"整体生活适应",外因潜在变量"生涯规划"有两个测量指标变量："经济计划""休闲娱乐"。

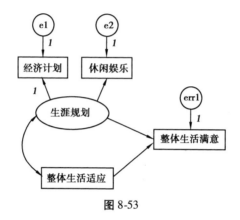

图 8-53

(一)假设模型图

在结构模型图中,外因变量一为椭圆形对象的潜在变量"生涯规划",另一为方形对象的显性变量"整体生活适应",内因变量为方形对象的显性变量"整体生活满意"(方形对象内的变量名称是从 SPSS 数据文件中直接拖动读入)。

路径分析模型估计结果,按【计算估计值】▦▦▦图像钮后,模型可以收敛识别。

(二)非标准化估计值的因果模型图(如图 8-54)

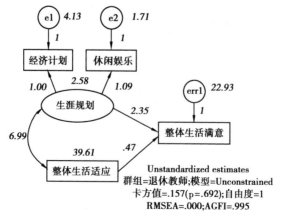

Unstandardized estimates
群组=退休教师;模型=Unconstrained
卡方值=.157(p=.692);自由度=1
RMSEA=.000;AGFI=.995

图 8-54

（三）标准化估计值的因果模型图（如图8-55）

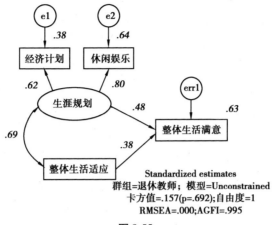

图 8-55

Notes for Model（Unconstrained）

Computation of degrees of freedom（Unconstrained）

Number of distinct sample moments： 10

Number of distinct parameters to be estimated： 9

Degrees of freedom（10－9）： 1

Result（Unconstrained）

Minimum was achieved

Chi-square = .157

Degrees of freedom = 1

Probability level = .692

文字浏览窗口中【模型注解】选项显示:样本数据提供的数据点数目(样本协方差独特元素的数目)等于10个,模型中待估计的参数有9个,模型的自由度=10－9=1。整体模型适配度检验的卡方值为0.157,显著性概率值 p=0.692＞0.05,接受虚无假设,表示假设模型与样本数据可以适配;而 RMSEA 值=0.000＜0.080,AGFI 值=0.995＞0.900,均达到模型适配标准,表示假设模型是可以被接受的。

（四）将混合路径分析模型改为 PA-LV 模型

在 Amos Graphics 绘图模式中要在原变量对象上更改其对象形状,如将方形“整体生活满意”对象直接改为椭圆形对象,要利用【Toggle Observed/Unobserved】(变更观察变量/潜在变量对象)工具钮,执行功能列【Analyze】/【Toggle Observed/Unobserved】程序,将同时带有小椭圆形与方形的鼠标移往原先方形对象“整体生活满意”上按一下,则“整体生活满意”方形对象会变为椭圆形对象(若在椭圆形对象上按一下会变为方形对象)。“整体生活满意”变量变为椭圆形对象后,变为潜在变量,要增列一组观察变量与测量误差项,修改椭圆形对象内的潜在变量名称为“生活满意”(“整体生活满意”是 SPSS 数据文件中的变量名称,为观察变量,不能放在潜在变量对象中)。

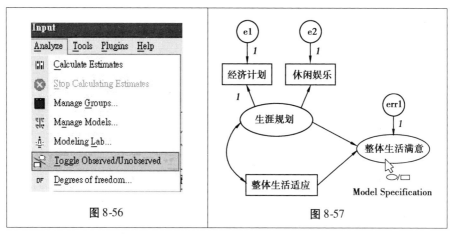

图 8-56　　　　　　　　　　　　图 8-57

　　潜在变量只有一个观察变量时,如采用 PA-LV 假设模型则要注意模型的自由度,若是模型自由度为 0 或为负数,则模型无法识别或检验。在上例假设模型中要将只有一个测量指标的潜在变量测量误差项的方差固定为 1 或 0,此外,在结构模型中要将内因变量残差项 err1 的方差也固定为 1,否则模型无法估计。

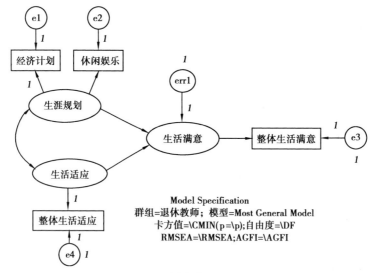

图 8-58

　　下面的混合路径分析假设模型图 8-59,未限制将结构模型中的内因变量残差项 err1 的方差设为固定值,模型中待估计的自由参数共有 10 个,包括 1 个协方差(C1)、4 个回归系数(W1、W2、W3、W4)、5 个方差(V1、V2、V3、V4、V5)。如果研究者在模型图增列参数后,发现参数间互相重叠,可按【Move parameter values】(移动参数数值)🔄图像钮直接拖动各参数标签名称或估计值中的参数数值,即可移动各对象或变量的参数。

Notes for Model（Unconstrained）

Computation of degrees of freedom（Unconstrained）

　　　　　　　　Number of distinct sample moments:　10

　　　　Number of distinct parameters to be estimated:　10

Degrees of freedom (10 -10): 0

Result（Unconstrained）

The model is probably unidentified. In order to achieve identifiability, it will probably be necessary to impose 1 additional constraint.

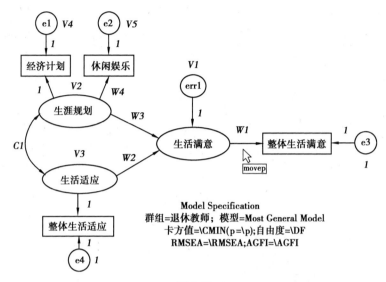

图 8-59

由于假设因果模型图中有四个观察变量,因而样本数据协方差矩阵提供的数据点数目(独特元素数目)等于 $4 \times (4+1) \div 2 = 10$,而模型中待估计的自由参数个数也有 10 个,模型的自由度等于 0,模型估计结果无法识别,因而须增列限制的参数个数,以减少自由参数数目,此时可考虑将结构模型中内因变量"生活满意"残差项 err1 的方差限制为某个常数(通常为 1),则模型中待估计的自由参数个数会减少为 9 个,模型的自由度等于 1,模型变为过度识别模型。

按【计算估计值】▓▓▓图像钮后,模型可以收敛识别。非标准化估计值的因果模型图与标准化估计值的因果模型图如图 8-60。

两个估计值模型图中没有出现负的误差方差,相关系数介于 ±1 间,标准化回归系数(β 值)分别为 0.47,0.40,其符号与原先理论相符合,表示估计的参数是合理可以解释的参数。

Notes for Model（Unconstrained）

Computation of degrees of freedom（Unconstrained）

Number of distinct sample moments: 10

Number of distinct parameters to be estimated: 9

Degrees of freedom (10 - 9): 1

Result（Unconstrained）

Minimum was achieved

Chi-square = .157

Degrees of freedom = 1

Probability level = .692

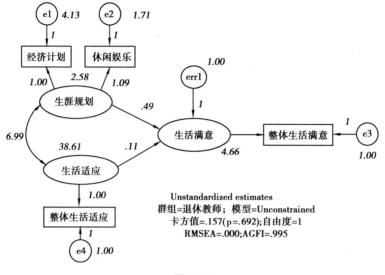

图 8-60

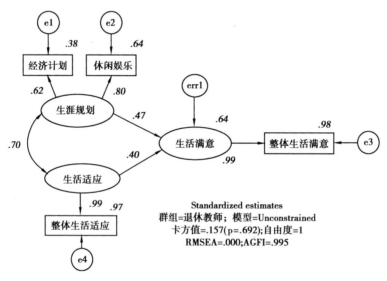

图 8-61

文字浏览窗口中【模型注解】选项显示:样本数据提供的数据点数目(样本协方差独特元素的数目)等于 10 个,模型中待估计的参数有 9 个,模型的自由度 = 10 - 9 = 1。整体模型适配度检验的卡方值为 0.157,显著性概率值 p = 0.692 > 0.05,接受虚无假设,表示假设模型与样本数据可以适配,而 RMSEA 值 = 0.000 < 0.080,AGFI 值 = 0.995 > 0.900,均达到模型适配标准,表示假设模型是可以被接受的。

(五)将误差方差设为 0

两个单一测量变量均由单一潜在变量来预测,其误差项的方差均设定为 0,e3、e4 两个误差项变量的方差设定为 0 的假设模型图如图 8-62:

执行【分析】/【计算估计值】程序后,非标准化估计值的模型图如图 8-63,"整体生活适应"观察变量的误差项的误差方差数值为 0.00,"整体生活满意"观察变量的误差项的误差方差数值为 0.00,误差项 e1 的方差为 4.13,误差项 e2 的方差为 1.71,外因潜在变量"生涯规划"的方差为 2.58,外因潜在变量"生活适应"的方差为 39.61,这些数据均与之前采用混合路径分析模型估计的结果相同。

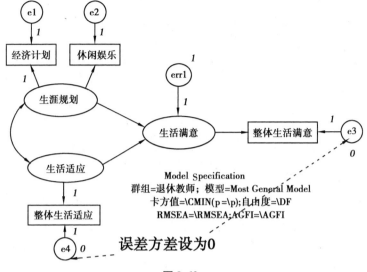

图 8-62

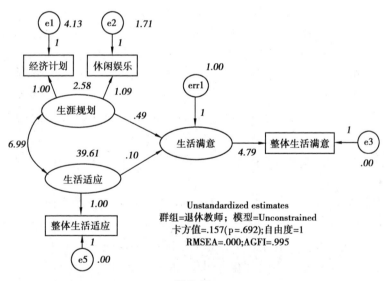

图 8-63

标准化估计值的模型图如图 8-64,其中所有参数数值均和先前采用混合路径分析模型估计结果相同,结构模型图中两个标准化回归系数分别为 0.48,0.38,内因变量"生活满意"的 R^2 值为 0.63。"整体生活适应"观察变量的 R^2 值为 1.00,表示"整体生活适应"观察变量能百分之百(100%)反映其潜在特质构念,或"生活适应"潜在变量对单一指标变量"整体生活适应"的预测力达 100%。"整体生活满意"观察变量的 R^2 值为 1.00,表示"整体生活满意"观察变量能百分之百(100%)反映其潜在特质构念,或"生活满意"潜在变量对单一指标变量"整体生活满意"的预测力达 100%。

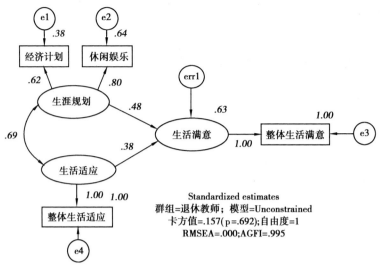

图 8-64

六、混合路径分析模型范例三

混合路径分析模型范例三中：内因潜在变量"成就动机"有两个观察变量，分别为成就动机层面一、成就动机层面二；"工作自尊"有两个观察变量，分别为工作自尊层面一、工作自尊层面二；"语文智力"为外因观察变量，另一个外因潜在变量"工作满足"有两个观察变量，分别为工作满足层面一、工作满足层面二，"工作满足"为内因观察变量（数据来源：Bagozzi，1980；余民宁，2006）。

观察变量的测量值来源如下：

（1）工作满足：为受试者在"工作满足量表"上的得分，内分两个面向：工作满足一、工作满足二。

（2）成就动机：为受试者在"成就动机量表"上的得分，内分两个面向：成就动机一、成就动机二。

（3）工作自尊：为受试者在"工作自尊量表"上的得分，内分两个面向：工作自尊一、工作自尊二。

（4）工作表现：为受试者在工作表现题项指标上的总得分。

（5）语文智力：为受试者在语文智力测验上的分数加总。

八个观察变量间的相关矩阵与变量的平均数、标准差的 SPSS 文件如图 8-65：

	rowtype_	varname_	工作表现	满足感一	满足感二	動機一	動機二	自尊一	自尊二	語文智力
1	n		122.00	122.00	122.00	122.00	122.0	122.00	122.0	122.0
2	corr	工作表現	1.000	.	.	.	.	.	.	.
3	corr	滿足感一	.418	1.000	.	.	.	.	.	.
4	corr	滿足感二	.394	.627	1.000	.	.	.	.	.
5	corr	動機一	.129	.202	.266	1.000	.	.	.	.
6	corr	動機二	.189	.284	.208	.365	1.000	.	.	.
7	corr	自尊一	.544	.281	.324	.201	.161	1.000	.	.
8	corr	自尊二	.507	.225	.314	.172	.174	.546	1.000	.
9	corr	語文智力	-.357	-.156	-.038	-.199	-.277	-.294	-.174	1.000
10	stddev		720.86	15.540	18.460	14.900	14.35	19.570	24.16	21.36
11	mean		2.090	3.430	2.810	1.950	2.060	2.160	2.060	3.650

資料檢視／變數檢視／

图 8-65

八个观察变量间的相关矩阵与变量的平均数、标准差数据如表 8-66：

表 8-66

rowtype_	varname_	工作表现	满足感一	满足感二	动机一	动机二	自尊一	自尊二	语文智力
n		122	122	122	122	122	122	122	122
corr	工作表现	1							
corr	满足感一	0.418	1						
corr	满足感二	0.394	0.627	1					
corr	动机一	0.129	0.202	0.266	1				
corr	动机二	0.189	0.284	0.208	0.365	1			
corr	自尊一	0.544	0.281	0.324	0.201	0.161	1		
corr	自尊二	0.507	0.225	0.314	0.172	0.174	0.546	1	
corr	语文智力	−0.357	−0.156	−0.038	−0.199	−0.277	−0.294	−0.174	1
stddev		720.86	15.54	18.46	14.9	14.35	19.57	24.16	21.36
mean		2.09	3.43	2.81	1.95	2.06	2.16	2.06	3.65

（一）假设模型图

在结构模型图 8-66 中，椭圆形对象的潜在变量有"成就动机""工作自尊""工作满足"三个（潜在变量名称不能与 SPSS 数据文件中的变量名称相同），方形对象的显性变量有"语文智力""工作表现"两个（方形对象内的变量名称是从 SPSS 数据文件中直接拖动读入）。

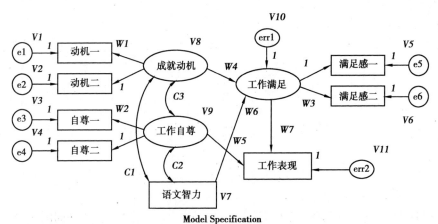

Model Specification
模型=Most General Model;卡方值=\CMIN(p=\p);自由度=\DF
RMSEA=\RMSEA;AGFI=\AGFI;卡方自由度比值=\CMINDF

图 8-66

路径分析模型估计结果，按【计算估计值】▓▓图像钮后，模型可以收敛识别。

（二）非标准化估计值的因果模型图

没有出现负的方差。

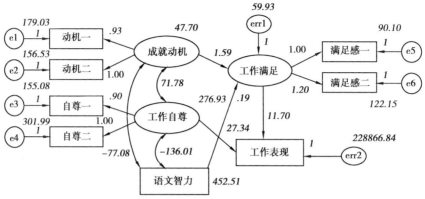

Unstandardized estimates
模型=Model[A];卡方值=23.240(p=.079);自由度=15
RMSEA=.067;AGFI=.886;卡方自由度比值=1.549

图 8-67

(三)标准化估计值的因果模型图

所有相关系数参数介于 ±1 之间,所有标准化回归系数值介于 ±1 之间。

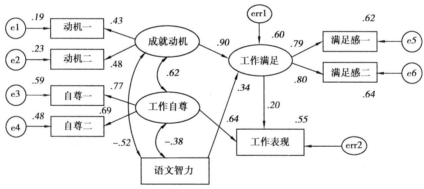

Standardized estimates
模型=Model[A];卡方值=23.240(p=.079);自由度=15
RMSEA=.067;AGFI=.886;卡方自由度比值=1.549

图 8-68

Notes for Model (Model[A])

Computation of degrees of freedom (Model[A])

　　　　　　　Number of distinct sample moments: 36

　　　　Number of distinct parameters to be estimated: 21

　　　　　　　Degrees of freedom (36 - 21): 15

Result (Model[A])

Minimum was achieved

Chi-square = 23.240

Degrees of freedom = 15

Probability level = .079

文字浏览窗口中【模型注解】选项显示:样本数据提供的数据点数目(样本协方差独

特元素的数目)等于 36 个(= 8 × 9 ÷ 2 = 36),模型中待估计的参数有 21 个,模型的自由度 = 36 - 21 = 15。整体模型适配度检验的卡方值为 23.240,显著性概率值 p = 0.079 > 0.05,接受虚无假设,表示假设模型与样本数据可以适配;而 RMSEA 值 = 0.067 < 0.080,卡方自由度比值 = 1.549 < 3.000,均达到模型适配标准,表示假设模型是可以被接受的。

(四)将混合路径分析模型改为 PA-LV 模型

将上述观察变量"语文智力""工作表现"改为潜在变量的测量指标变量,"语文智力"变量为潜在变量"语文"的显性变量,而"工作表现"变量为潜在变量"绩效表现"的显性变量。在 Amos 绘制的假设模型图中,作为潜在变量的显性变量或测量指标变量的变量名称必须是 SPSS 数据文件中已有的变量名称,潜在变量的变量名称绝不能与 SPSS 数据文件中的变量名称相同,否则会出现警告或错误信息。

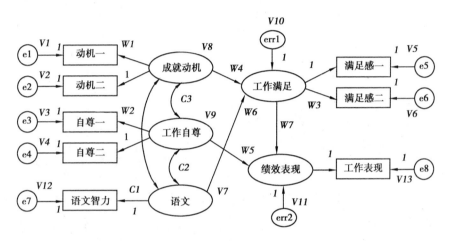

图 8-69

潜在变量只有一个观察变量时,采用 PA-LV 假设模型要注意模型自由度,若是模型自由度为 0 或负数,则模型无法识别或检验。在假设模型中由于潜在变量"语文""绩效表现"均只有一个观察变量,表示观察变量可以完全由潜在变量来预测,因而须将唯一一个测量指标的测量误差项的方差设定为 0(也可设定为 1),否则模型无法估计。显性变量"语文智力"的误差项为 e7,其方差参数标签名称为 V12,显性变量"工作表现"的误差项为 e8,其方差参数标签名称为 V13,将两个方差参数标签名称设定为 0 的操作程序如下:执行功能列【Analyze】(分析)/【Manage Models】(管理模型)程序,在【Model Name】(模型名称)下的方格中键入"Model[A]",在【Parameter Constraints】(参数限制)下的方格中键入"V12 = 0""V13 = 0"或"V12 = V13 = 0"。

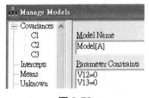

图 8-70

按【计算估计值】▦▦▦图像钮后,模型可以收敛识别。非标准化估计值的因果模型图与标准化估计值的因果模型图如图 8-71 和图 8-72。在非标准化估计值模型图中误差项 e7、e8 的方差均为 0.00。在标准化估计值模型图中观察变量"语文智力""工作表现"的 R^2 均等于 1.00,表示两个观察变量能被其相对应潜在变量解释的变异达 100%,误差变异为 0%。

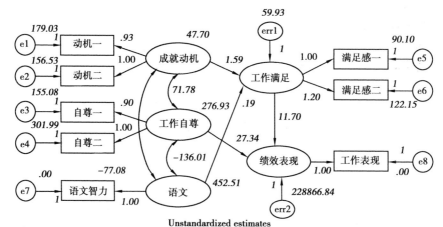

Unstandardized estimates
模型=Model[AP];卡方值=23.240(p=.079);自由度=15
RMSEA=.067;AGFI=.886;卡方自由度比值=1.549

图 8-71

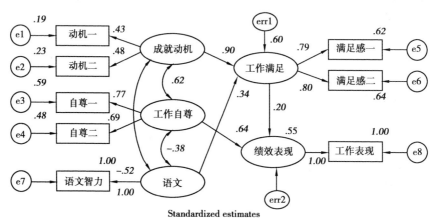

Standardized estimates
模型=Model[AP];卡方值=23.240(p=.079);自由度=15
RMSEA=.067;AGFI=.886;卡方自由度比值=1.549

图 8-72

Notes for Model (Model[A])

Computation of degrees of freedom (Model[A])

Number of distinct sample moments: 36
Number of distinct parameters to be estimated: 21
Degrees of freedom (36 - 21):   15

Result (Model[A])

Minimum was achieved

Chi-square = 23.240

Degrees of freedom = 15

Probability level = .079

文字浏览窗口中【模型注解】选项显示:样本数据提供的数据点数目(样本协方差独

特元素的数目)等于 36 个($= 8 \times 9 \div 2 = 36$),模型中待估计的参数有 21 个,模型的自由度 $= 36 - 21 = 15$ 。整体模型适配度检验的卡方值为 23.240,显著性概率值 $p = 0.079 > 0.05$,接受虚无假设,表示假设模型与样本数据可以适配;而 RMSEA 值 $= 0.067 < 0.080$,卡方自由度比值 $= 1.549 < 3.000$,均达到模型适配标准,表示假设模型是可以被接受的。

表 8-67　Squared Multiple Correlations：(Group number 1-Model[A])

	Estimate
工作满足	.599
绩效表现	.553
工作表现	1.000
语文智力	1.000
满足感二	.639
满足感一	.624
自尊一	.592
自尊二	.478
动机一	.187
动机二	.234

从多元相关系数平方值可以看出："工作表现""语文智力"的 R^2 值均等于 1,表示潜在变量构念"语文"可以解释"语文智力"显性变量 100% 的变异(误差变异等于 0),潜在变量构念"绩效表现"可以解释"工作表现"显性变量 100% 的变异(误差变异等于 0)。

七、混合路径分析模型——非递归模型

在下述范例中采用单群组多重模型的设定,模型 A 中主要为"工作表现"影响"工作满足";模型 B 中主要为"工作满足"影响"工作表现",模型 C 假定"工作满足"与"工作表现"互为影响,且二者影响的路径系数相等,模型 D 假定"工作满足"与"工作表现"互为影响,且二者影响的路径系数不相等。外因变量"语文智力"与内因变量"工作表现"均只有一个观察变量,因而其他显性变量,而直接以观察变量作为结构模型的变量。

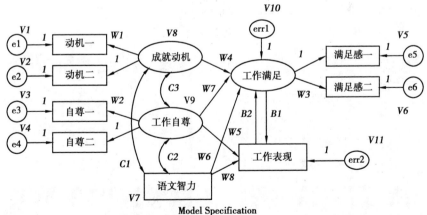

Model Specification
模型=Most General Model;卡方值=\CMIN(p=\p);自由度=\DF
RMSEA=\RMSEA;AGFI=\AGFI;卡方自由度比值=\CMINDF

图 8-73

（一）多重模型的设定

执行功能列【Analyze】（分析）/【Manage Models】（管理模型）程序,开启【Manage Models】对话窗口：

1. 模型 A

在【Model Name】（模型名称）下的方格中键入"Model［A］",在【Parameter Constraints】（参数限制）下的方格中键入"B1 = 0"→按【New】（新增）钮。将回归系数 B1 的参数数值设为 0,表示"工作满足"潜在变量对"工作表现"观察变量没有直接影响效果。

2. 模型 B

在【Model Name】（模型名称）下的方格中键入"Model［B］",在【Parameter Constraints】（参数限制）下的方格中键入"B2 = 0"→按【New】钮。将回归系数 B2 的参数数值设为 0,表示"工作表现"观察变量对"工作满足"潜在变量没有直接影响效果。

3. 模型 C

在【Model Name】（模型名称）下的方格中键入"Model［C］",在【Parameter Constraints】（参数限制）下的方格中键入"B1 = B2"→按【New】钮。将回归系数 B1 的参数数值设定等于回归系数 B2 的参数数值,表示"工作满足"潜在变量与"工作表现"观察变量互为影响,且二者影响的路径系数相等。

4. 模型 D

在【Model Name】（模型名称）下的方格中键入"Model［D］",在【Parameter Constraints】（参数限制）下的方格中不做任何参数限制→按【Close】（关闭）钮。回归系数 B1 参数数值与回归系数 B2 参数数值不进行相等化限制,表示"工作满足"潜在变量与"工作表现"观察变量互为影响,二者影响的路径系数自由估计。

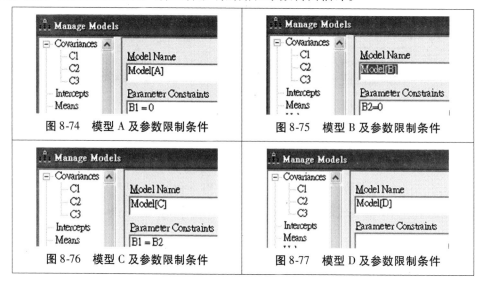

图 8-74   模型 A 及参数限制条件   图 8-75   模型 B 及参数限制条件
图 8-76   模型 C 及参数限制条件   图 8-77   模型 D 及参数限制条件

（二）多重模型估计结果

按【计算估计值】 图像钮后，四个模型均可以收敛识别。四个标准化估计值的因果模型图如图 8-78 至图 8-81。

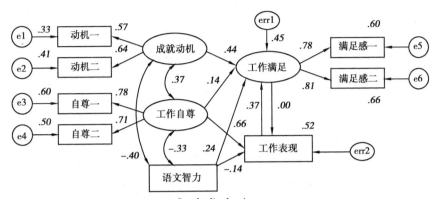

Standardized estimates
模型=Model[A];卡方值=10.557(p=.648);自由度=13
RMSEA=.000;AGFI=.939;卡方自由度比值=.812

图 8-78

模型[A]的自由度等于 13，整体适配度检验的卡方值为 10.557，显著性概率值 p = 0.648 > 0.05，接受虚无假设，表示假设模型与样本数据可以适配。RMSEA 值 = 0.000 < 0.050，AGFI 值 = 0.939 > 0.900，卡方自由度比值 = 0.812 < 2.000，均达到模型可以适配的标准，表示假设模型是合适的。内因潜在变量"工作满足"的 R^2 等于 0.45，内因观察变量"工作表现"的 R^2 等于 0.52，"工作表现"对"工作满足"影响的标准化回归系数等于 0.37。

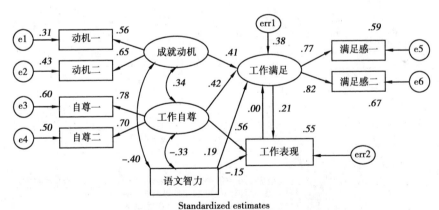

Standardized estimates
模型=Model[B];卡方值=12.127(p=.517);自由度=13
RMSEA=.000;AGFI=.931;卡方自由度比值=.933

图 8-79

模型[B]的自由度等于 13，整体适配度检验的卡方值为 12.127，显著性概率值 p = 0.517 > 0.05，接受虚无假设，表示假设模型与样本数据可以适配。RMSEA 值 = 0.000 < 0.050，AGFI 值 = 0.931 > 0.900，卡方自由度比值 = 0.933 < 2.000，均达到模型可以适配的标准，表示假设模型是合适的。内因潜在变量"工作满足"的 R^2 等于 0.38，内因观察变

量"工作表现"的 R^2 等于 0.55,"工作满足"对"工作表现"影响的标准化回归系数等于 0.21。

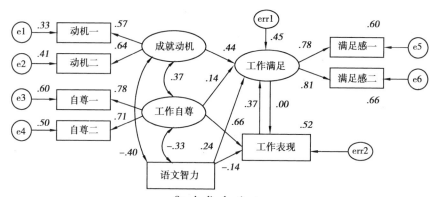

Standardized estimates
模型=Model[C];卡方值=10.557(p=.648);自由度=13
RMSEA=.000;AGFI=.939;卡方自由度比值=.812

图 8-80

模型[C]的自由度等于 13,整体适配度检验的卡方值为 10.557,显著性概率值 p = 0.648 > 0.05,接受虚无假设,表示假设模型与样本数据可以适配。RMSEA 值 = 0.000 < 0.050,AGFI 值 = 0.939 > 0.900,卡方自由度比值 = 0.812 < 2.000,均达到模型可以适配的标准,表示假设模型是合适的。内因潜在变量"工作满足"的 R^2 等于 0.45,内因观察变量"工作表现"的 R^2 等于 0.52,"工作满足"对"工作表现"影响的非标准化回归系数等于 0.01,标准化回归系数等于 0.00,"工作表现"对"工作满足"影响的非标准化回归系数等于 0.01,标准化回归系数等于 0.37。

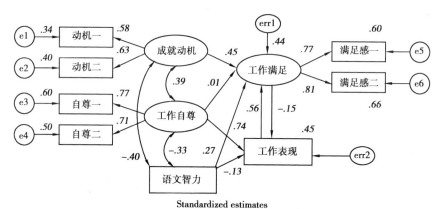

Standardized estimates
模式=Model[D];卡方值=10.309(p=.589);自由度=12
RMSEA=.000;AGFI=.935;卡方自由度比值=.859

图 8-81

模型[D]的自由度等于 12,整体适配度检验的卡方值为 10.309,显著性概率值 p = 0.589 > 0.05,接受虚无假设,表示假设模型与样本数据可以适配。RMSEA 值 = 0.000 < 0.050,AGFI 值 = 0.935 > 0.900,卡方自由度比值 = 0.859 < 2.000,均达到模型可以适配的标准,表示假设模型是合适的。内因潜在变量"工作满足"的 R^2 等于 0.44,内因观察变量"工作表现"的 R^2 等于 0.45,"工作满足"对"工作表现"影响的非标准化回归系数等于 -9.16,标准化回归系数等于 -0.15(此影响路径与理论相互矛盾),"工作表现"对"工

作满足"影响的非标准化回归系数等于0.01,标准化回归系数等于0.56。

在模型[A]与模型[B]的比较中,模型[A]的卡方值为10.557,模型[B]的卡方值为12.127,模型[A]中"工作表现"对"工作满足"影响的标准化回归系数为0.37,在模型[B]中"工作满足"对"工作表现"影响的标准化回归系数为0.21,表示"工作表现"对"工作满足"影响的程度高于"工作满足"对"工作表现"影响的程度,若在模型[A]与模型[B]中选优,则以模型[A]较为适宜。

(三)模型界定搜寻

假设所列的四个混合路径分析假设模型均是合适的,执行模型界定搜寻也可以进行四个模型竞争模型的比较。执行功能列【Analyze】(分析)/【Specification Search】(界定搜寻)程序,开启【Specification Search】对话窗口,按【Perform specification search】(执行界定搜寻)工具钮,Amos 会执行模型界定搜寻,执行完毕,会出现所有模型的相关统计量。

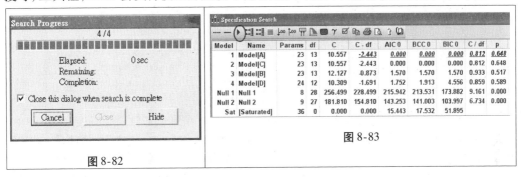

图 8-82　图 8-83

在执行界定模型搜寻后,会呈现各模型的相关统计量,第一栏 Model 为模型编号(Sat 为饱和模型),第二栏 Name 为模型名称,第三栏 Params 为模型中待估计的自由参数,第四栏 df 为模型的自由度,第五栏 C 为模型的卡方值,第六栏 C－df 为模型卡方值与模型自由度的差异值,第七栏 AIC 0,第八栏 BCC 0,第九栏 BIC 0 为 K-L 模型适配度的判断指标,第十栏 C/df 为模型卡方自由度比值,第十一栏 p 为显著性概率值。模型[A]至模型[D]中的 AIC 0 与 BCC 0 值介于 0 至 2 间,表示没有证据可以反对模型是 K-L 最佳模型(与总体样本适配)。BIC 0 的判别准则如下:当 BIC 0 数值介于 0 至 2 时,表示有很微弱的证据反对模型和第一个模型有所不同;BIC 0 数值介于 2 至 6 时,表示有正向的证据反对模型和第一个模型有所不同;BIC 0 数值介于 6 至 10 时,表示有强烈的证据反对模型和第一个模型有所不同;BIC 0 数值大于 10 以上,表示有非常强烈的证据反对模型和第一个模型有所不同(Raftery,1995)。模型[B]、模型[C]中的 BIC 0 值介于 0 至 2 中间,表示有很微弱的证据说这两个模型和模型[A]有所不同,模型[D]中的 BIC 0 值为4.556,表示有正向的证据可以说模型[D]和模型[A]是有所不同的。

按【Show short list】(显示简要列表)工具钮,会将之前所有模型依相关统计量重新排列。

界定模型搜寻工具钮☑选项(Options)中的【Next search】(下一个搜寻)对话盒中,Amos 内定的数值为 10,10 表示最多保留 10 个两个参数的模型,最多保留 10 个一个参数的模型,若是数值设定为 0,表示对于报告的模型数目没有限制。

搜寻工具钮☑选项(Options)的【Current results】(目前结果)对话盒,在【BCC,AIC,BIC】方盒中内定的选项为【Zero-based(min＝0)】(最小值为 0 开始),若是改为【Akaike

Model	Name	Params	df	C	C - df	AIC 0	BCC 0	BIC 0	C / df	p
Null 1	Null 1	8	28	256.499	228.499	215.942	213.531	173.882	9.161	0.000
Null 2	Null 2	9	27	181.810	154.810	143.253	141.003	103.997	6.734	0.000
1	Model[A]	23	13	10.557	-2.443	0.000	0.000	0.000	0.812	0.648
2	Model[C]	23	13	10.557	-2.443	0.000	0.000	0.000	0.812	0.648
3	Model[B]	23	13	12.127	-0.873	1.570	1.570	1.570	0.933	0.517
4	Model[D]	24	12	10.309	-1.691	1.752	1.913	4.556	0.859	0.589
Sat	[Saturated]	36	0	0.000	0.000	15.443	17.532	51.895		

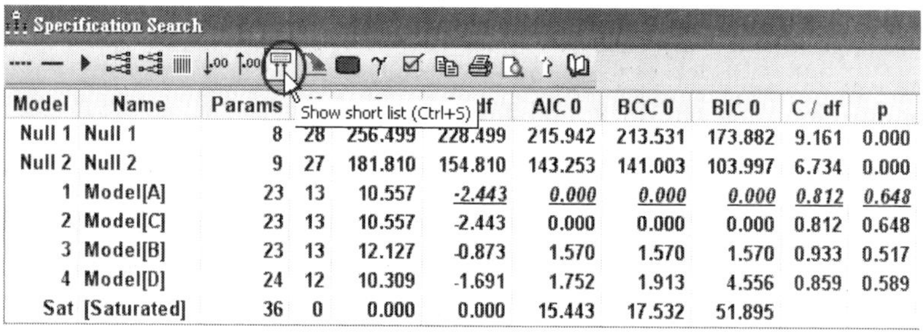

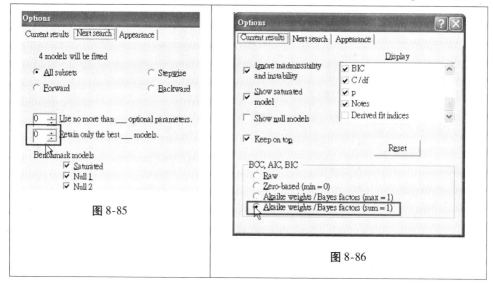

图 8-84

weights/ Bayes factors(sum = 1)】,原先输出的 BCC 0 统计量会变为 BCC p 统计量。

图 8-85

图 8-86

执行模型界定搜寻程序后,会出现四个模型以 BIC_P 与 BCC_P 统计量代替先前的 BIC 0与 BCC 0 统计量,估计 K-L 最佳模型(其中,模型[A])大约是模型[B]的 2.19 倍(= 0.352 ÷ 0.161 = 2.19),K-L 最佳模型[A]的概率值是 0.352,K-L 最佳模型[B]的概率值是 0.161,K-L 最佳模型[C]的概率值是 0.352,K-L 最佳模型[D]的概率值是 0.135。K-L最佳模型有 51.3%(= 0.352 + 0.161 = 0.513)的概率为模型[A]、模型[B],有 86.5%(= 0.352 + 0.161 + 0.352 = 0.865)的概率为模型[A]、模型[B]、模型[C](Burnham & Anderson, 1998)。从 BICp 值来看,模型[A]是正确模型的概率为 39.1%,正确模型有 96%(= 0.391 + 0.178 + 0.391 = 0.96)的概率是模型[A]、模型[B]、模型[C]三者之一。

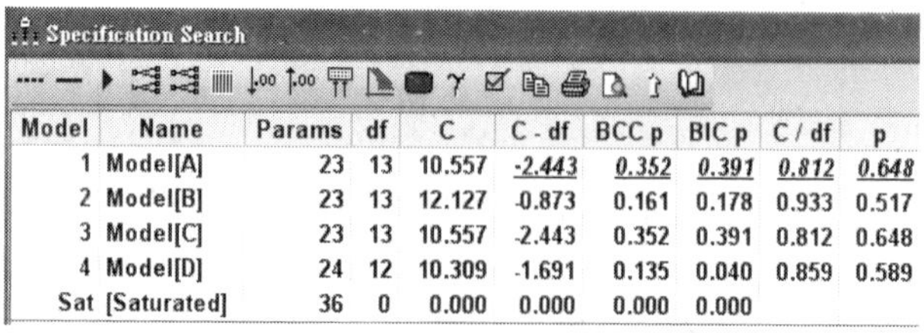

Model	Name	Params	df	C	C - df	BCC p	BIC p	C / df	p
1	Model[A]	23	13	10.557	-2.443	0.352	0.391	0.812	0.648
2	Model[B]	23	13	12.127	-0.873	0.161	0.178	0.933	0.517
3	Model[C]	23	13	10.557	-2.443	0.352	0.391	0.812	0.648
4	Model[D]	24	12	10.309	-1.691	0.135	0.040	0.859	0.589
Sat	[Saturated]	36	0	0.000	0.000	0.000	0.000		

图 8-87

第九章 多群组分析

多群组同时分析(simultaneous analysis of several groups)的目的在于探究适配于某一个群体的路径模型图,相对应的参数是否也适配于其他群体。在多群组参数的限定中,若是多个群体在路径模型图的所有相对应的参数均设定为相等,称为全部恒等性检验(test for full invariance)或全部不变性检验,此种检验是一种最为严格的模型;如果多个群体在路径模型图的部分相对应的参数设定为相等,称为部分恒等性检验(test for partial invariance)或部分不变性检验;如果多个群体的路径模型图的参数均未加以限制,则此种多群组分析为最宽松模式(loose models)。

多群组的 SEM 分析检验在于评估一个适配于某一样本群体的模型,是否也适配于其他不同样本的群体,即评估研究者所提的理论模型在不同样本群体间是否相等(equivalent)或参数具有不变性(invariant),不同样本群体变量属性通常为间断变量(名义变量或次序变量)。若多群组的 SEM 分析检验结果表明假设模型是合适而可以被接受的,表示此间断变量对研究者所提的假设模型具有调节作用,在备选模型(alternative models)或竞争模型(competing models)中,研究者也可以从不同群组的限制参数模型中挑选一个最简约且最适配的模型。多群组的 SEM 分析原理乃是将原先在单一样本的单一共变结构关系分割成数个平行共变结构,进而评估这些共变结构的等同关系。

学者 Bryne(2001,p. 173)认为多群体不变性(multigroup invariance)检验,研究者应关注以下五个方面:

(1)特别测量工具的题项在不同总体(如性别、年龄、能力)之间是否有具有等同性?此为测量模型组间不变性(group-invariant)的检验。

(2)使用多种测量工具时,单一测量工具在不同总体的因素结构(factorial structure)或理论结构是否具有恒等性?此方面涉及的是结构模型恒等性的估计。

(3)某些特定的路径在不同总体间是否具有独特的因果结构不变性(structure invariant)?此方面涉及的是模型中特定参数的估计而不是整个模型不变性的评估。

(4)模型中特殊构念的潜在变量的平均数在不同总体间是否相同?此方面涉及的是潜在平均结构不变性的检验(testing for invariant latent mean structures)。

(5)测量工具的因素结构在相同总体的不同样本中是否可以复制?此问题即是模型交互效度(cross-validation)或复核效度的议题。

在多群组所有参数不变性检验中,Joreskog(1971)建议应从多群体整体协方差结构恒等性检验开始,此论点乃是因为 SEM 的分析是以协方差矩阵为数据分析的开始,因而首先要评估群体的协方差等同性是否成立,多群组协方差恒等性检验的虚无假设为:H_0:$\sum_1 = \sum_2 = \cdots = \sum_G$,虚无假设中的 $\sum$ 是群体的方差协方差矩阵,G 是群体的数目。若是虚无假设被拒绝($p < 0.05$),表示组间协方差矩阵恒等性被推翻,即组间方差协方差不相等,后续的模型检验,研究者要逐一增列严格假定以辨识组间不相等的来源。相对的,若是虚无假设没有被拒绝($p > 0.05$),则多群体间的协方差结构可视为相同,可进一步检验模型是否可以辨识(可以被估计),此时可以不用进行多群体的 SEM 分析,而将所有组别群体合并为单一群体,进行单一群体的 SEM 分析。上述先检验群组协方差矩阵是否相等的程序,有时会发生以下矛盾现象:协方差矩阵恒等性被接受,但路径模型图中的测量参数不变性与结构参数不变性被拒绝;或协方差矩阵整体虚无假设被拒绝,但模型中测量不变性与结构不变性被接受,之所以造成此种不一致情形,乃是因为检验方差协方差矩阵不变性时缺少基线模型或基准模型(baseline model)(所谓基准模型为群体样本间的参数均未加以限制,群体模型个别进行参数估计),导致整体检验结果与参数限制较多的测量模型或结构模型相互矛盾的现象,因而学者 Muthen(1988)认为多群组所有参数不变性检验,不一定要先从协方差矩阵恒等性开始(Byrne, 2001)。

　　群组不变性的检验中,较常检验的是多个群体相对应的潜在变量与指标变量间的因素负荷量是否相等,此为测量模型不变性的检验,其虚无假设如下:$H_0: \Lambda_1 = \Lambda_2 = \cdots = \Lambda_G$,若是测量模型恒等性可以被接受,则可以再进行结构模型不变性的检验或其他参数恒等性的检验。研究者可从部分参数恒等性检验开始,再逐一增列参数限制条件,直到进行全部参数恒等性检验,此种关系的探究,也是 Amos 多群组分析中模型参数限制的默认值。

　　Amos 在多群组分析(Multiple-Group Analysis)的对话窗口中,有关模型不变性(invariance)的设定,包括八种不变性型态模型。按工具箱【Multiple-Group Analysis】(多群组分析)图像钮,或执行功能列【Analyze】(分析)/【Multiple-Group Analysis】程序,均可开启多群组分析对话窗口,窗口内有八种参数不变性的设定。八种参数不变性的设定会根据研究者在 Amos Graphics 中绘制的理论模型而呈现不同的勾选情形,如图 9-1。

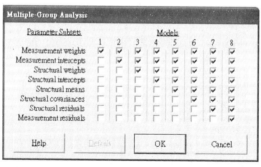

图 9-1

　　(1)设定测量系数(Measurement weights)相同:勾选此选项可设定多群组模型中的测量模型的因素负荷量或回归系数相等,测量系数为潜在变量与其指标变量间的因素负荷量,若是将测量系数设为相等,表示模型有测量不变性(measurement invariance),测量系数在 SEM 中为 λ 系数值。

　　(2)增列测量截距项(Measurement intercepts)相同:测量截距为潜在变量对指标变量回归方程式中的截距。

　　(3)增列结构系数(Structural weights)相等:结构系数为结构模型中的路径系数,为外因变量对内因变量的回归系数,或潜在中介变量对内因变量的回归系数,在 SEM 中为 γ

系数值或 β 系数值。

（4）增列结构截距（Structural intercepts）相等：结构截距为结构模型方程式中的截距项，为外因变量对内因变量回归方程式的截距，或潜在中介变量对内因变量回归方程式的截距（结构模型中回归方程式的常数项）。

（5）增列结构平均数（Structural means）相等：结构平均数为结构模型中外因变量（预测变量）的平均数。

（6）增列结构协方差（Structural covariances）相同：结构协方差为测量或结构模型中的协方差矩阵（含方差与协方差）。

（7）增列结构残差（Structural residuals）相同：设定结构模型中内因变量的残差值或误差值的方差相等。

（8）增列测量误差（Measurement residuals）相同：增列设定各测量模型中指标变量（观察变量）的误差值的方差相等。

在【Model】模型八个字段中，预定的勾选选项内容层次是后面的字段包括前面字段的不变量或恒等性的设定，如模型第三栏中的勾选如图9-1，表示第三个嵌套模型的不变性包括测量系数恒等性、测量模型截距恒等性及结构系数恒等性的设定。研究者可依实际研究所需取消默认的勾选选项。在多群组不变性（invariant）的检验中，其一般程序如下：①先从最宽松模型到最严格限制模型；②各群体理论模型适配度的个别检验，若是各群体在理论模型的适配度佳，则可以进行多群组的检验；③进行多群组中参数均未加以限制的适配度的检验，此检验即基准模型（baseline model）检验；④进行参数限制的群组模型与参数未限制的模型的比较。

多群组恒等性（equivalencies）的检验，检验的参数组必须有其逻辑次序，从基线模型逐渐严格限制模型。根据要检验的模型与假设，一般组间不变性（group invariance）的检验中，研究者较为关注的焦点是下列三个参数的设定：因素负荷量路径、因素的方差或协方差、结构回归路径系数。至于误差方差或协方差及残差项（干扰项）的不变性，则因为限制要求条件过于严格较少被作为参数的限制要件，只有在跨群组测量信度评估的不变性检验中，误差方差或协方差不变性才是较重要的假定（Byrne，2001）。Amos Graphics 在多群组分析时，多个群组内定采用同一理论模型图，但若是每个群组要采用不同的理论模型图也可以。每个群组的理论模型图的参数标签若是相同，表示两个参数值相等，这些参数为等同限制或等化限制（equivalence restrictions），相同的参数标签表示设定两个群组在这些参数是相同的，又称为参数恒等性限制或不变性限制（invariance constraints）。若是群组的理论模型图的参数标签不同，又未进行参数等同限制，表示相对应的参数值未做恒等性限制。如果群组的理论模型图未设定参数标签，则表示群组间的参数未加以限制，相对应的参数具有不同的数值。

在多群组分析中，研究者要先进行理论模型图的绘制，然后读入数据文件与各相对应的变量，最后再增列群组及设定群组名称，并设定群组的数据文件名义变量及群组的水平数值，这样多个群体会使用相同的路径模型图，此时进行多群组参数标签的设定及增列参数限制较为方便。但有时在多群组分析中，研究者要对个别群组进行特别的设定，此时群组间的理论路径模型图可能差异很大，为了便于各群体绘制不同的路径模型图，研究者在绘制多群组路径模型图前可以增列以下的设定：执行功能列【View】（浏览）/【Interface Properties…】（界面属性）程序，开启【Interface Properties…】对话窗口，切换到

【Misc】（其他）标签页，勾选最下方【Allow different path diagram for different groups】（允许不同群体设定不同的路径模型图）。

图 9-2

第一节　多群组分析的基本理念

在退休教师"生活适应"与"生活满意"的因果关系研究中，研究者提出二者的简单多元回归分析模型图（图 9-3），其中预测变量为"生活适应"，效标变量为"生活满意"。

上述理论模型图绘制于 Amos Graphics 中，作为内因变量的变量要增列一个残差变量（residual term），且残差变量的残差值（residual value）要预设为 1。Amos 理论模型图如图 9-4。

在先前章节的范例中分析的样本观察值均为数据文件中的全部有效样本，若是研究者只想分析数据文件中某个名义变量中的群体（如高学业成就组、低社经地位组、男生、研究生学历群体），则分析的样本观察值只要选取名义变量中的目标群体的水平数值编码。以上述路径图为例，研究者想在同一数据文件分别探讨男性退休教师、女性退休教师生活适应对其生活满意的预测情形，其操作程序如下：

一、绘制男生群体路径分析模型图

按 Title【Figure captions】（设定路径图标题内容）钮，开启【Figure captions】对话窗口，在【Caption】（标题）下的方格中键入要呈现的文字说明及适配度统计量。等号右边【\关键词】,相关统计量请参阅第三章。

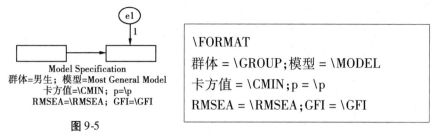

图 9-5

二、开启数据文件及选择目标群组变量

按工具钮▓▓▓【Select data files】(选择数据文件),开启【Data Files】(数据文件)对话窗口:

(1)按【File Name】(文件名称)钮选择目标数据文件,范例为"生涯规划_1.sav"。

(2)按【Grouping Variable】(分组变量)钮,选择群体的名义变量,范例为"性别"。

(3)按【Group Value】(组别数值)钮,选取目标群体在名义变量中的水平数值,范例中男生在性别变量中水平数值编码为1。

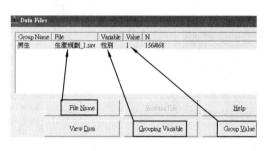

图 9-6

三、开启数据文件界定观察变量

按工具箱▓▓▓【List variables in data set】(显示数据集中的变量)图像钮,将外因变量(预测变量)"整体生活适应"、内因变量(效标变量)"整体生活满意"直接拖动至绘制模型图中相对应的方框中。

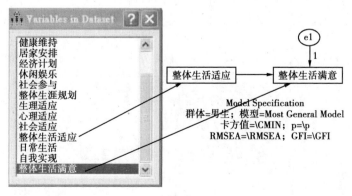

图 9-7

四、设定参数标签名称

在参数标签名称的设定中,若要呈现变量的平均数与截距参数,要于工具箱中按【Analysis properties】(分析属性)▦图像钮,开启【Analysis properties】对话窗口,切换到【Estimation】(估计)标签页,勾选【Estimate means and intercepts】(估计平均数与截距)选项。

图 9-8

执行功能列【Plugins】(增列)/【Name Parameters】(参数命名)程序,出现【Amos Graphics】对话窗口,在【Parameters】栏勾选【Regression weights】(回归系数)(内定参数名称起始字符为 W)、【Intercepts】(截距)(内定参数名称起始字符为 I)→【OK】钮。

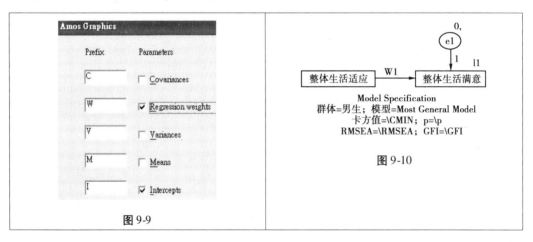

图 9-9

图 9-10

参数名称标签的设定,也可以在各对象上按右键,选取快捷菜单中的【Object Properties】(对象属性)选项,开启【Object Properties】对话窗口,切换到【Parameters】(参数)标签页,界定参数名称或固定参数为一特定的数值。

五、设定群组名称

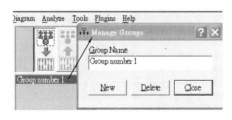

图 9-11

单一群组的预设名称为【Group number1】,若要更改群组名称或增删群组,研究者可在【Groups】方盒中选取【Group number1】选项,连按两下以开启【Manage Groups】(管理群组)对话窗口,或执行功能列【Analyze】(分析)/【Manage Groups】程序。在【Manage Groups】对话窗口中有三个按钮:

(1)【New】(新增):新增一个群组,第二个群组的预设名称为【Group number2】,第三个群组的预设名称为【Group number3】……,研究者只要在【Group Name】(群组名称)下的方格中将原先的预设名称更改为新群组名称即可。

(2)【Delete】(删除)钮:删除群组名称,但最少要保留一个群组,若是只剩下一个群组,再按【Delete】(删除)钮,Amos 会出现警告信息。

(3)【Close】(关闭)钮:按下此钮可关闭【Manage Groups】对话窗口。

六、输出结果

按工具箱【Calculate estimates】(计算估计值)▦▦图像钮,若模型界定没有错误或模型可以估计,则【Models】方盒中会于模型名称前出现【OK:】信息。

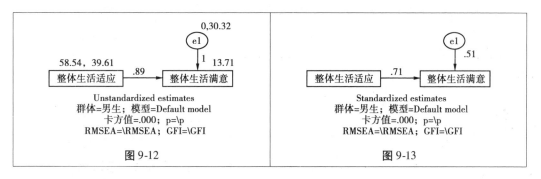

图 9-12　　　　　　　　　　　　　图 9-13

图 9-12 为男生群体未标准化估计值模型图,图 9-13 为男生群体标准化估计值模型图,整体生活适应的平均数为 58.54,方差为 39.31,未标准化回归系数为 0.89,截距为 13.71,误差变量的平均数预设为 0,方差 30.32。由于模型为饱和模型,模型完全适配,因而模型自由度为 0,卡方值为 0,标准化的回归系数(β)为 0.71,决定系数 R^2 等于 0.51。男生群体的原始回归方程式如下:

$$整体生活满意 = 13.71 + 0.89 \times 整体生活适应$$

七、女生群体的分析模型图

由于女生群体的分析模型与男生群体相同,只是数据文件中性别变量的水平数值不同而已(性别变量中水平数值编码为 2),因而只要重新设定数据文件的【Group Value】(组别数值)即可,选取性别变量中水平数值编码为 2 的样本观察值。

女生群体的参数标签名称设定中,回归系数的参数名称为 W2,截距项的参数名称为 I2,误差项的平均数内设为 0。

图 9-16 为女生群体未标准化估计值模型图,图 9-17 为女生群体标准化估计值模型图,整体生活适应的平均数为 58.10,方差为 43.64,未标准化回归系数为 0.87,截距为 16.42,误差变量的平均数预设为 0,方差 26.19。由于模型为饱和模型,模型完全适配,因而模型自由度为 0,卡方值为 0,标准化的回归系数(β)为 0.75,决定系数 R^2 等于 0.56。女生群体的原始回归方程式如下:

整体生活满意 = 16.42 + 0.87 × 整体生活适应

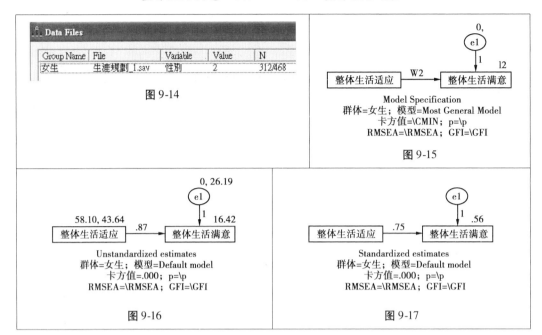

图 9-14

图 9-15

图 9-16

图 9-17

八、多群组分析

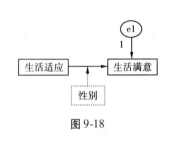

图 9-18

多群组分析即是确定研究者设定的假设模型是否同时适配于不同的群组,以上述男生群体、女生群体的路径分析而言,以性别变量为调节变量(moderating variable)时,路径分析模型图是否适配,以假设概念图表示如图9-18。

多群组分析的操作程序如下:

(一)绘制假设路径模型图

假设模型图根据相关理论或经验法则绘制,可能是
路径分析模型图、CFA 测量模型图、结构方程模型图(同时包含测量模型与结构模型)。

(二)开启数据文件,设定相关变量

模型图中的变量包含各指标变量、潜在变量及误差变量。

(三)设定群组名称

开启【Manage Groups】对话窗口,设定各群组名称,范例中群组名称为男生、女生。

(四)设定群组在数据文件中的名义变量名称及水平数值

设定完群组后,开启【Data Files】对话窗口,分别设定两个群组归属的名义变量及水平数值编码。

若是设定原先群组为三个群组(高社经地位组、中社经地位组、低社经地位组),则在【Data Files】(数据文件)对话窗口中,【群组名称】栏会出现研究者设定的群组名称,每个

群体要在【File】栏中设定原始数据文件名,【Variable】栏中选取名义变量的变量名称,【Value】栏中设定群体在名义变量中的水平数值编码。【Data Files】对话窗口中第二栏【File】为读入的数据文件名称,若是某一群体尚未选取数据文件则会出现【<working>】的信息,此时要先选取群组的文件,才能选取分组变量及分组变量中的水平数值。

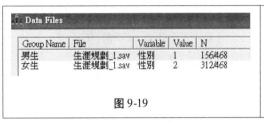

图 9-19

图 9-20

(五) 设定群组路径模型图的参数标签名称

进行多群组分析时,一定要界定每个群组的路径模型图的参数标签名称,否则无法进行模型参数限制的设定,各群组参数的设定方法有两种:

(1)执行功能列【Plugins】(增列)/【Name Parameters】(参数命名)程序,开启【Amos Graphics】对话窗口,内可设定五个参数名称:协方差(默认值的起始字母为 C)、回归系数(默认值的起始字母为 W)、方差(默认值的起始字母为 V)、平均数(默认值的起始字母为 M)、截距(默认值的起始字母为 I),研究者可以根据群体属性,于【Prefix】栏中更改各参数名称的起始字符。

(2)将鼠标移往对象上,按右键,选取快捷菜单中的【Object Properties】(对象属性)选项,开启【Object Properties】对话窗口,切换到【Parameters】标签页,界定参数名称或固定参数为一特定的数值。

(六) 设定多重模型

在多群组分析中会进行各种参数限制,以找出最适配的路径模型。多重模型设定的操作程序如下:于【Model】方盒中选取【Default model】(预设模型)选项,连按左键两下,开启【Manage Models】(管理模型)对话窗口。窗口左边为各群组的参数标签名称,右边【Model Name】(模型名称)下的方格用于设定各模型的模型名称,【Parameter Constraints】(参数限制)下的方格为各模型中参数限制条件的设定。范例设定四个模型,四个模型名称及参数限制如下:

(1)模型[1]为"Default model",模型中未设定限制参数,允许两个群体有不同的回归系数、不同的截距。

(2)模型[2]为"平行模型"(parallel model):限制两个群体的回归系数相同(same)或为相等的(equal)数值,两个群体的回归系数参数名称分别为 W1、W2,参数限制为 W1 = W2。

(3)模型[3]为"相同截距"(equal intercept):限制两个群体回归方程式中的截距项相同(same)或为相等的(equal)数值,两个群体的回归方程式截距项参数名称分别为 I1、I2,参数限制为 I1 = I2。

(4)模型[4]为"重合模型":限制两个群体回归方程式是相同的,即检验两个群组的回归方程式是否相等,其中限制参数条件为两个群体的回归方程式的截距项相等、回归系数也相等,参数限制为 W1 = W2、I1 = I2。

在上述四个模型中,模型[1]由于未限制任何参数条件,是一种宽松限制模型,模型[4]的参数限制条件较多,是一种严格限制模型。各模型的多群组分析中只会呈现一个适配度统计量,即呈现一个卡方值,而不是一个群组呈现一个卡方值,因为多群组分析在于检验模型是否具有跨群组效度,整体模型是否与群组相适配。

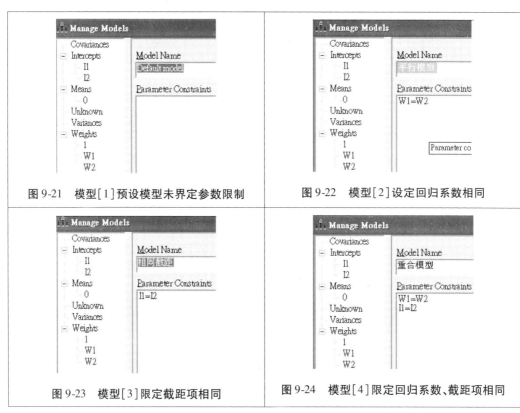

图 9-21　模型[1]预设模型未界定参数限制　　图 9-22　模型[2]设定回归系数相同

图 9-23　模型[3]限定截距项相同　　图 9-24　模型[4]限定回归系数、截距项相同

开启【Manage Models】(管理模型)对话窗口,左边参数的类别有六种:Covarinces(协方差)、Intercepts(截距项)、Means(平均数)、Unknown(未知)、Variances(方差)、Weights(回归系数),多群组模型所增列或设定的固定参数或自由参数名称均会呈现于相对应的类别选项中,如回归系数中的参数有三个:1、W1、W2。

(七)设定分析属性

按工具箱【Analysis properties】(分析属性)图像钮,开启【Analysis properties】对话窗口,切换到【Output】(结果输出)对话盒,勾选要呈现的统计量,在多群组分析中如要检验群组相对应参数间的差异是否达到显著,要勾选【Critical ratios for differences】(差异值的临界比)选项。

(八)模型估计

按工具箱【Calculate estimates】(计算估计值)图像钮,若模型界定没有错误或模型可以估计,则【Models】方盒中会于模型名称前出现"OK:"。

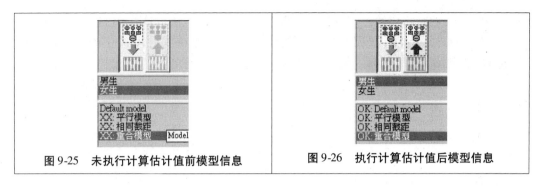

图 9-25　未执行计算估计值前模型信息　　图 9-26　执行计算估计值后模型信息

（九）输出结果

1. 模型 [1] "Default model" 的模型估计图

在模型 [1] 中由于未对模型进行参数限制, 其执行结果与分别对男生群体、女生群体的路径分析结果相同, 由于模型为饱和模型 (saturated model), 理论模型与样本数据之间形成一种完美适配或完全适配 (perfect fit), 模型只能获得唯一解。完全适配的情况下, 模型的卡方值为 0。

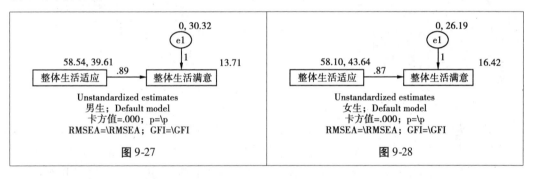

图 9-27　　　　　　　　　　　　图 9-28

2. 模型 [2] "平行模型" 的模型估计图

在平行模型的参数限制中, 限制两个回归方程式的回归系数相同。从未标准化的估计值中可以发现, 两个群体的回归系数均为 0.87, 卡方值为 0.076, 显著性概率值 p = 0.784 > 0.05, 接受虚无假设, 表示平行模型的性别跨群组效度是适配的, 模型的 RMSEA 值等于 0.000 < 0.08 的标准, 表示模型是可以接受的。

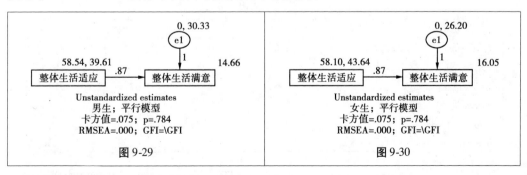

图 9-29　　　　　　　　　　　　图 9-30

3. 模型 [3] "相同截距" 的模型估计图

在相同截距的参数限制中, 限制两个回归方程式的截距项相同。从未标准化的估计值中可以发现,两个群体的回归方程式的截距项均为 15.67,卡方值为 0.311,显著概率值 p = 0.577 > 0.05,接受虚无假设,表示相同截距模型的性别跨群组效度是适配的,模型的 RMSEA 值等于 0.000 < 0.08 的标准,表示模型是可以接受的。

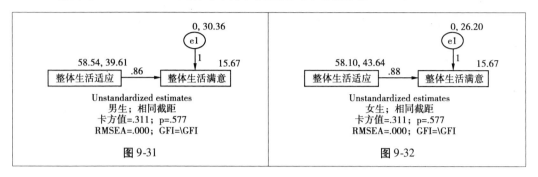

图 9-31　　　　　　　　　　　　　图 9-32

4. 模型[4]"重合模型"的模型估计图

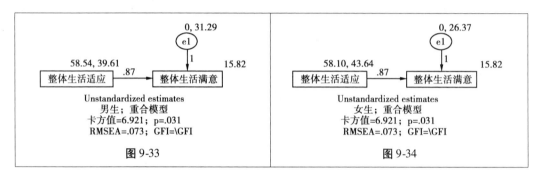

图 9-33　　　　　　　　　　　　　图 9-34

重合模型为一个较严格限制模型,限制男生群体、女生群体的两个回归方程式的截距项路径系数相等。从未标准化的估计值中可以发现,两个群体的回归方程式的截距项均为 15.82,路径系数均为 0.87。卡方值为 6.921,显著性概率值 p = 0.031 < 0.05,虽然模型卡方值达到显著,但由于群体人数较大,卡方值易受样本影响,此时,模型是否适配,研究者最好再参考以下适配度指标值,其中 RMSEA 值、NFI 值、RFI 值、IFI 值、TLI 值、CFI 值、PNFI 值、PCFI 值、CN 值等均达到模型可以适配的标准,整体而言,性别变量的重合模型是可以接受的。

Model Fit Summary

表 9-1　CMIN

Model	NPAR	CMIN	DF	P	CMIN/DF
Default model	10	.000	0		
平行模型	9	.075	1	.784	.075
相同截距	9	.311	1	.577	.311
重合模型	8	6.921	2	.031	3.460
Saturated model	10	.000	0		
Independence model	8	362.177	2	.000	181.088

在整体模型适配度摘要表中会同时呈现结果可以识别的所有模型与饱和模型及独立模型的统计量,预设模型、平行模型、相同截距模型、重合模型四个模型中待估计的自由参数数目分别为 10,9,9,8,模型的自由度分别为 0,1,1,2,卡方值分别为 0.000,0.075

（p ＝0.784 ＞0.05），0.311（p ＝0.577 ＞0.05），6.921（p ＝0.031 ＜0.05）；参数限制三个模型的卡方自由度比值分别为 0.075，0.311，3.460。

表 9-2　Baseline Comparisons

Model	NFI Delta1	RFI rho1	IFI Delta2	TLI rho2	CFI
Default model	1.000		1.000		1.000
平行模型	1.000	1.000	1.003	1.005	1.000
相同截距	.999	.998	1.002	1.004	1.000
重合模型	.981	.981	.986	.986	.986
Saturated model	1.000		1.000		1.000
Independence model	.000	.000	.000	.000	.000

平行模型、相同截距、重合模型三个参数限制模型的基准线比较指标值 NFI 值、RFI 值、IFI 值、TLI 值、CFI 值均大于 0.900，表示三个模型均是适配的。

表 9-3　Parsimony-Adjusted Measures

Model	PRATIO	PNFI	PCFI
Default model	.000	.000	.000
平行模型	.500	.500	.500
相同截距	.500	.500	.500
重合模型	1.000	.981	.986
Saturated model	.000	.000	.000
Independence model	1.000	.000	.000

平行模型、相同截距、重合模型三个参数限制模型的简约调整指标值 PNFI 值、PCFI 值均大于 0.500，表示三个模型均是适配的。

表 9-4　NCP

Model	NCP	LO 90	HI 90
Default model	.000	.000	.000
平行模型	.000	.000	2.995
相同截距	.000	.000	4.721
重合模型	4.921	.323	16.995
Saturated model	.000	.000	.000
Independence model	360.177	301.313	426.445

表 9-5　FMIN

Model	FMIN	F0	LO 90	HI 90
Default model	.000	.000	.000	.000
平行模型	.000	.000	.000	.006
相同截距	.001	.000	.000	.010
重合模型	.015	.011	.001	.036
Saturated model	.000	.000	.000	.000
Independence model	.777	.773	.647	.915

表 9-6   RMSEA

Model	RMSEA	LO 90	HI 90	PCLOSE
平行模型	.000	.000	.080	.878
相同截距	.000	.000	.101	.750
重合模型	.073	.019	.135	.199
Independence model	.622	.569	.676	.000

平行模型、相同截距、重合模型三个参数限制模型的 RMSEA 值分别为 0.000,0.000, 0.073,均小于 0.080 的标准值,表示三个模型均是合适的。

表 9-7   AIC

Model	AIC	BCC	BIC	CAIC
Default model	20.000	20.306		
平行模型	18.075	18.350		
相同截距	18.311	18.586		
重合模型	22.921	23.165		
Saturated model	20.000	20.306		
Independence model	378.177	378.422		

表 9-8   ECVI

Model	ECVI	LO 90	HI 90	MECVI
Default model	.043	.043	.043	.044
平行模型	.039	.041	.047	.039
相同截距	.039	.041	.051	.040
重合模型	.049	.039	.075	.050
Saturated model	.043	.043	.043	.044
Independence model	.812	.685	.954	.812

在多群组分析中如果有数个模型均是适配的模型,研究者要选出一个最适配、最精简的模型,比较各模型的 AIC 指标值与 ECVI 指标值,模型的 AIC 指标值、ECVI 指标值最小者,表示模型是最适配的。

表 9-9   HOELTER

Model	HOELTER.05	HOELTER.01
Default model		
平行模型	23935	41339
相同截距	5754	9938
重合模型	405	622
Independence model	9	13

在上述多重模型的适配度统计量中,每个模型只呈现一种适配度统计量,而不是每个群组在每个模型分别单独呈现适配度统计量,因为多群组分析模型是在探究群组变量(通常是间断变量)是否具有调节理论模型的功能,若是模型可以被接受,表示模型具有跨群组效度(cross-validity)。

第二节 多群组路径分析

【研究问题】

在退休教师生涯规划、生活适应与生活满意的调查研究中,基本数据性别变量为二分类别变量,水平数值1为男生,2为女生;"健康状况"变量为三分类别变量,水平数值1为很好,2为好,3为普通;"经济状况"变量为二分类别变量,水平数值1为小康,2为略有困难。生涯规划_1.sav 的 SPSS 原始数据文件如表9-10:

表9-10

性别	健康状况	经济状况	经济计划	休闲娱乐	整体生涯规划	生理适应	心理适应	社会适应	整体生活适应	日常生活	自我实现	整体生活满意
1	3	2	11	14	59	12	8	17	37	20	27	47
2	3	1	7	8	41	7	6	14	27	17	19	36
2	2	1	18	9	68	18	13	27	58	32	42	74
1	2	1	16	11	62	16	13	27	56	29	38	67
1	3	1	14	12	60	15	12	29	56	26	31	57
2	3	1	14	9	56	12	6	18	36	18	23	41
2	3	1	16	11	65	15	11	25	51	21	21	42
1	3	1	17	15	76	18	14	26	58	28	37	65
2	3	1	15	12	62	16	11	24	51	20	29	49
2	3	1	15	12	61	10	9	24	43	21	26	47

研究者所提的因果路径分析假设模型图如图9-35:

一、绘制理论模型图

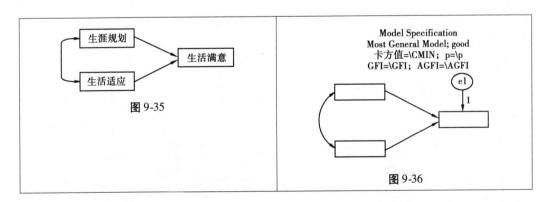

图 9-35

图 9-36

二、读取数据文件及观察变量

(一)步骤1界定输出标题字

按 Title【Figure captions】(设定路径图标题内容)钮,开启【Figure captions】对话窗口,在【Caption】(标题)下的方格中键入要呈现的文字说明及适配度统计量。

| \FORMAT
\MODEL;\GROUP
卡方值 = \CMIN ;p = \p
GFI = \GFI;AGFI = \AGFI | 估计值 = \FORMAT
模型 = \MODEL;群体 = \GROUP
卡方值 = \CMIN(p = \p);RMSEA = \RMSEA
GFI = \GFI;AGFI = \AGFI |

【备注】 等号"="前面的数字符号为字符串文字直接呈现,等号"="后面为关键词,关键词的起始符号为"\"。【\FORMAT】关键词,未执行计算估计值前会呈现【Model Specification】(模型图界定属性),若是标准化的路径图会呈现 Standardized estimates(标准化估计值),如果是未标准化的路径图会呈现 Unstandardized estimates(未标准化估计值);【\MODEL】关键词,未执行计算估计值前会呈现【Most General Model】(一般模型),在路径图的输出中会呈现设定的模型名称;【\GROUP】关键词会呈现选定的群组名称。

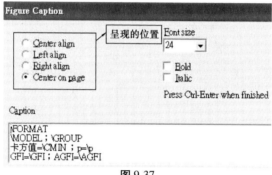

图 9-37

(二)步骤 2 开启数据文件

执行功能列【File】/【Data Files】程序,开启【Data Files】对话窗口,按工具图像钮 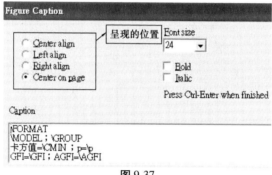【Select data files】,也可开启【Data Files】对话窗口。按【File Name】钮,选取原始数据文件"生涯规划_1. sav"。

(三)将观察变量选入模型

按工具箱【List variables in data set】图像钮,可开启【Variables in Dataset】对话窗口,将两个外因变量"整体生涯规划""整体生活适应",内因变量"整体生活满意"直接拖动至相对应的观察变量方格中。

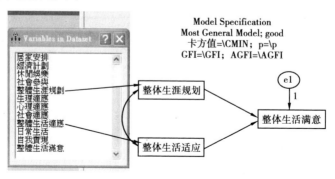

图 9-38

三、设定群体名称

在中间【Groups】中按【Group number1】两下,开启【Manage Groups】对话窗口,在【Group Name】下的方格中将默认值"Group number1"改为"good"(经济状况小康的组别名称,方格中可以键入中英文组别名称)→按【New】钮。

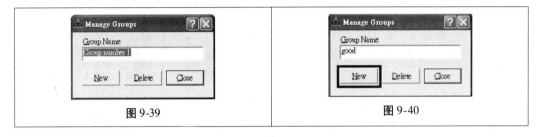

图9-39   图9-40

在【Group Name】下的方格中将默认值"Group number2"改为"poor"(经济状况略有困难组别名称,方格中可以键入中英文组别名称)→按【Close】钮。

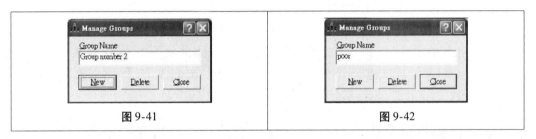

图9-41   图9-42

在【Manage Groups】对话窗口中,按中间【Delete】钮可以删除增列的群组,Amos【Groups】方盒中至少要保留一个群组,若是研究者要把最后的一个群组也删除,Amos 会出现警告对话窗口提醒使用者最后一个群组不能删除:You must retain at least one group(至少要保留一个群组)。

图9-43

四、界定群体的水平数值及样本

中间【Groups】方格选取经济状况为小康的群体名称"good",按工具【Select data files】图像钮,可开启【Data Files】对话窗口→按【Grouping Variable】(分组变量)钮,开启【Choose a Grouping Variable】(选择分组变量)次对话窗口,选取目标变量【经济状况】变量→按【OK】钮,回到【Data Files】对话窗口。

按【Group Value】(组别数值)钮,开启【Choose Value for Group】(选择组别数值)次对话窗口,选取水平数值1(经济状况为小康的群体)→按【OK】钮,回到【Data Files】对话窗口。→选取经济状况略有困难的群组名称"poor",按【File Name】钮,选取原始数据文件"生涯规划_1.sav"→按【OK】钮,回到【Data Files】对话窗口。第三栏中的【Variable】(变量)会自动呈现"经济状况",第四栏【Value】(数值)会自动呈现"2",表示"poor"群组为"经济状况"变量中水平数值编码为2(略有困难)的群体。

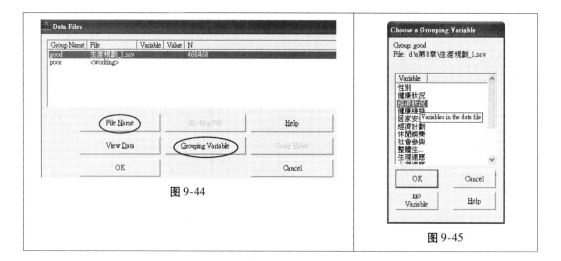

图 9-44

图 9-45

在【Data Files】（数据文件）对话窗口中,若是研究者未先按【Grouping Variable】（分组变量）钮选取一个分组变量名称,则【Group Value】（组别数值）钮会呈现灰色,表示无法选取此按钮（没有界定分组变量,就无法选取群体的水平数值）,当按【Grouping Variable】（分组变量）钮选取一个分组变量名称后,则【Group Value】（组别数值）钮会由灰色变为黑色,此按钮可以选取分组变量中的水平数值。

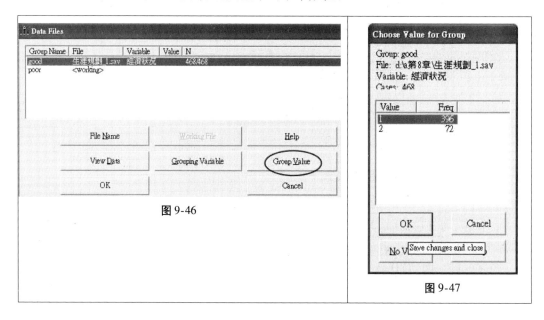

图 9-46

图 9-47

第五栏【N】中的分子为各群体的样本数,分母为总样本数,经济状况为"小康"的样本有 396 个,经济状况为"略有困难"的样本有 72 个。

【备注】 若是第三栏的【Variable】（变量）及第四栏【Value】（数值）没有自动呈现,则依选取"good"群体的方式,先选取"poor"群体选项,按【File Name】（文件名称）选取数据文件,再按【Grouping Variable】（分组变量）钮选取目标变量经济状况,再按【Group Value】（组别数值）选取经济状况水平数值 2 的群体。

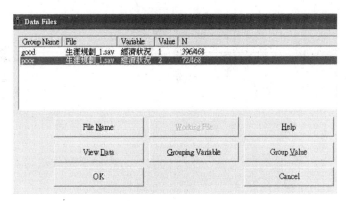

图 9-48

五、界定群体模型图的参数名称

在【Groups】（群组）方盒中选取"good"小康群体，执行功能列【Plugins】（增列）/【Name Parameters】（参数命名）程序，出现【Amos Graphics】对话窗口，在【Parameters】（参数）栏勾选【Covariance】（协方差）、【Regression weights】（回归系数）、【Variance】（方差）→按【OK】钮。

【备注】 Amos 内定的参数名称中呈现在"Prefix"栏，协方差内定以 C 开头，分别以C1、C2……表示；回归系数默认值以 W 开头，分别以 W1、W2……表示；方差默认值以 V 开头，分别以 V1、V2……表示；平均数默认值以 M 开头，分别以 M1、M2……表示；截距默认值以 I 开头，分别以 I1、I2……表示。

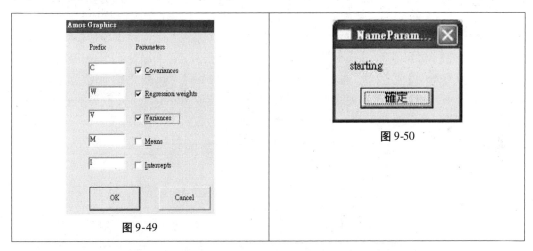

图 9-49

图 9-50

在上述按下【OK】（确定）钮后，会出现【Name Param…】（参数命名）对话窗口→按【确定】钮。

图 9-51 为"good"群体（经济状况为小康）理论模型各参数的标签。

在【Groups】（群组）选项中选取"poor"略有困难群体，执行功能列【Plugins】（增列）/【Name Parameters】（参数命名）程序，出现

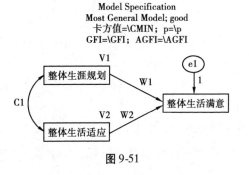

图 9-51

【Amos Graphics】对话窗口,在【Parameters】(参数)栏勾选【Covariance】(协方差)、【Regression weights】(回归系数)、【Variance】(方差),相对应的参数标签更改为 PC(协方差)、PW(回归系数)、PV(方差)→按【OK】钮。

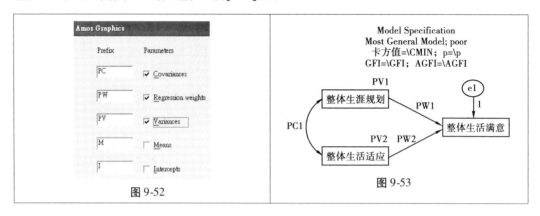

图 9-52

图 9-53

图 9-53 为"poor"群体(经济状况为略有困难)理论模型各参数的标签。若是两个群体的参数标签相同(如相对应的回归系数路径均设为 W1),表示两个群体在这些参数的界定相等,两个理论模型的参数具有恒等性或不变性(invariance);相对的两个群体的参数标签不相同,表示两个群体在这些参数的界定不相等或不等同,两个理论模型的参数各自估计。设定完成的各群体理论模型参数标签也可以再更改,在各对象上按右键选取快捷菜单【Object Properties】(对象属性),开启【Object Properties】对话窗口,内可设定各参数的参数标签、文字大小、样式与对象的格式等。

六、界定输出格式

按工具箱【Analysis Properties】(分析属性)图像钮,开启【Analysis Properties】对话窗口,切换到【Output】对话盒,勾选【Standardized estimates】(标准化估计值)、【Squared multiple correlations】(多元相关的平方)、【Critical ratios for differences】(差异的临界比值)等选项。

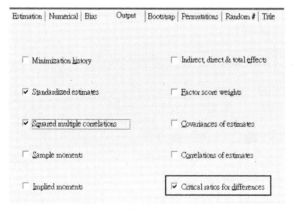

图 9-54

七、预设模型输出结果

两个不同经济状况群体(小康、略有困难)路径分析理论模型中,所有参数没有限制,

未将模型参数限制为相同或限制为某个数值,因而两个群体的模型各自估计。按工具箱
▦【Calculate estimates】(计算估计值)图像钮,若模型界定正确且可以收敛,则不会出现
错误或警告讯息,此时再按工具箱【View Text】(浏览文件)▦图像钮,可开启【Amos
Output】对话窗口,此窗口中间【Groups】(群组)方盒中会出现两个群体名称:"good"
"poor",研究者可以选取各个群体所呈现的个别群组模型的估计值,若是两个群组共同
的量数,则群组会变成灰色,表示这些统计量数适用于整个模型,而非个别群体,如
【Analysis Summary】(分析摘要表)、【Notes for Model】(模型注解)、【Pairwise Parameter
Comparisons】(成对参数比较)、【Model Fit】(模型适配度)等。

图 9-55

(一)经济状况为小康群体——good 组别

未标准化的估计值模型图如图 9-56,由于理论模型的路径图为饱和模型或正好辨识
(just-identified)模型,因而模型的适配度呈现完全适配(perfect fit)的情形,其卡方值为 0,
而 GFI 值为 1.000。

标准化的估计值模型图如图 9-57:

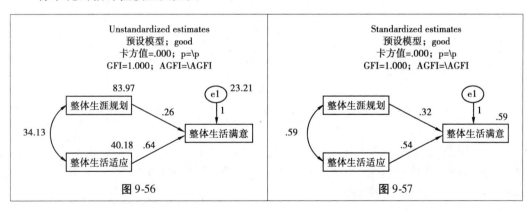

Estimates(good-预设模型)

Scalar Estimates(good-预设模型)

Maximum Likelihood Estimates

表 9-11   Regression Weights：（good-预设模型）

	Estimate	S. E.	C. R.	P	Label
整体生活满意 ← 整体生涯规划	.264	.033	8.055	***	W1
整体生活满意 ← 整体生活适应	.641	.047	13.544	***	W2

生涯规划对生活满意影响的非标准化回归系数等于 0.264，临界比值为 8.055；生活适应对生活满意影响的非标准化回归系数等于 0.641，临界比值为 13.544，均达到 0.05 的显著水平，表示两个回归系数均达显著。

表 9-12   Standardized Regression Weights：（good-预设模型）

	Estimate
整体生活满意 ← 整体生涯规划	.320
整体生活满意 ← 整体生活适应	.538

生涯规划、生活适应两个外因变量对生活满意的标准化回归系数（β）分别为 0.320，0.538。

表 9-13   Covariances：（good-预设模型）

	Estimate	S. E.	C. R.	P	Label
整体生涯规划 ↔ 整体生活适应	34.133	3.393	10.061	***	C1

表 9-14   Correlations：（good-预设模型）

	Estimate
整体生涯规划 ↔ 整体生活适应	.588

生涯规划、生活适应两个外因变量间的协方差为 34.133，临界比值为 10.061，达到 0.05 显著水平，两个外因变量间呈显著的正相关，积差相关系数等于 0.588。

表 9-15   Variances：（good-预设模型）

	Estimate	S. E.	C. R.	P	Label
整体生涯规划	83.968	5.980	14.041	***	V1
整体生活适应	40.178	2.861	14.041	***	V2
e1	23.207	1.653	14.041	***	par_11

生涯规划、生活适应两个外因变量的方差为 83.968，40.178，内因变量残差项 e1 的方差为 23.207，临界比值绝对值均大于 1.96，达到 0.05 显著水平。此外，残差项的方差为正数，没有出现负的误差方差。

表 9-16   Squared Multiple Correlations：（good-预设模型）

	Estimate
整体生活满意	.593

生涯规划、生活适应两个外因变量对内因变量生活满意的多元相关系数平方为 0.593。

（二）经济状况为略有困难群体——poor 组别

未标准化的估计值模型图如图 9-58,由于理论模型的路径图为饱和模型或正好辨识（just-identified）模型,因而模型的适配度呈现完全适配（perfect fit）的情形,其卡方值为 0,而 GFI 值为 1.000（饱和模型无法估计卡方显著性概率值 p）。

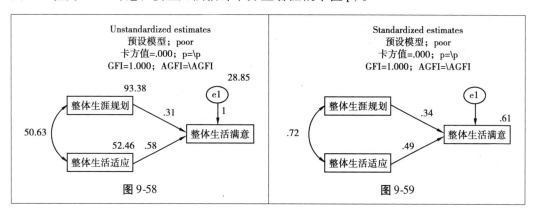

标准化的估计值模型图如图 9-59:

Estimates（poor-预设模型）

Scalar Estimates（poor-预设模型）

Maximum Likelihood Estimates

表 9-17　Regression Weights:（poor-预设模型）

	Estimate	S. E.	C. R.	P	Label
整体生活满意 ← 整体生涯规划	.306	.095	3.214	.001	PW1
整体生活满意 ← 整体生活适应	.583	.127	4.598	***	PW2

生涯规划对生活满意影响的非标准化回归系数等于 0.306,临界比值为 3.214,生活适应对生活满意影响的非标准化回归系数等于 0.583,临界比值为 4.958,均达到 0.05 的显著水平,表示两个回归系数均达显著。

表 9-18　Standardized Regression Weights:（poor-预设模型）

	Estimate
整体生活满意 ← 整体生涯规划	.345
整体生活满意 ← 整体生活适应	.493

生涯规划、生活适应两个外因变量对生活满意内因变量的标准化回归系数（β）分别为 0.345,0.493。

表 9-19　Covariances:（poor-预设模型）

	Estimate	S. E.	C. R.	P	Label
整体生涯规划 ↔ 整体生活适应	50.633	10.202	4.963	***	PC1

表 9-20　Correlations：(poor-预设模型)

	Estimate
整体生涯规划 ↔ 整体生活适应	.723

生涯规划、生活适应两个外因变量间的协方差为 50.633,临界比值为 4.963,达到 0.05 显著水平,两个外因变量间呈显著的正相关,积差相关系数等于 0.723。

表 9-21　Variances：(poor-预设模型)

	Estimate	S. E.	C. R.	P	Label
整体生涯规划	93.382	15.597	5.987	***	PV1
整体生活适应	52.458	8.762	5.987	***	PV2
e1	28.849	4.818	5.987	***	par_12

生涯规划、生活适应两个外因变量的方差为 93.382,52.458,内因变量残差项 e1 的方差为 28.849,临界比值(C. R.)绝对值均大于 1.96,达到 0.05 显著水平。残差项的方差为正数,没有出现负的误差方差。

表 9-22　Squared Multiple Correlations：(poor-预设模型)

	Estimate
整体生活满意	.607

生涯规划、生活适应两个外因变量对内因变量生活满意的多元相关系数平方为 0.607。

表 9-23　Pairwise Parameter Comparisons (预设模型)

Critical Ratios for Differences between Parameters (预设模型)

	W1	W2	C1	V1	V2	PW1	PW2	PC1	PV1	PV2	par_11	par_12
W1	.000											
W2	5.266	.000										
C1	9.982	9.871	.000									
V1	13.997	13.934	11.682	.000								
V2	13.948	13.815	2.513	−7.725	.000							
PW1	.418	−3.155	−9.967	−13.988	−13.927	.000						
PW2	2.440	−.424	−9.882	−13.940	−13.824	1.345	.000					
PC1	4.937	4.900	1.535	−2.819	.987	4.933	4.905	.000				
PV1	5.970	5.946	3.712	.564	3.355	5.967	5.950	4.677	.000			
PV2	5.957	5.914	1.950	−2.970	1.332	5.952	5.920	.319	−3.076	.000		
par_11	13.879	13.648	−2.895	−9.793	−5.136	13.833	13.648	−2.654	−4.474	−3.281	.000	
par_12	5.932	5.854	−.897	−7.177	−2.022	5.923	5.864	−1.931	−3.953	−2.361	1.107	.000

"Critical Ratios for Differences between Parameters"表格为"参数间差异的临界比值",Amos 对于参数间差异的临界比值的解释为:参数间差异临界比矩阵行与列表示模型比较的参数,矩阵对角线外的差异数表示两个模型参数在总体中是否相等的检验,若是模型中界定了参数标签名称,则会直接于行与列中呈现参数标签名称,否则会呈现 Amos 内定的参数标记名称。

若是两个相对应而属性相同的参数,其参数间的临界比值小于 1.96,表示此两个参数可视为相等。要进行成对参数比较时,最好设定模型中各群组的参数标签,否则 Amos 会以内定值代替,这样研究者比较难判别参数的性质。在成对参数比较表中,路径系数 W1 与路径系数 PW1 的参数差异决断值等于 0.418,路径系数 W2 与路径系数 PW2 的参数差异决断值等于 -0.424,其差异决断值的绝对值均小于 1.96(二者差异值可视为显著等于 0),表示两个群组的两条路径系数可视为相等,即经济状况为小康群体中,"生涯规划"对"生活满意"变量的路径系数,与经济状况为略有困难群体中,"生涯规划"对"生活满意"变数的路径系数相等;而外因变量生活适应对内因变量生活满意的回归系数也可视为相等,两个群体的路径系数有组间不变性(group-invariant)或组间恒等性存在。此外两个群体两个外因变量间协方差与个别方差的差异决断值也小于 1.96,两个群体的两个外因变量间协方差与个别方差均可视为相等。

在"参数间差异的临界比值"矩阵中按下某个差异值,会呈现相对应的解释小窗口,如在 W1 行与 PW1 列交叉点的"0.418"上按一下,会出现对此参数差异值的说明:0.418 是估计参数 PW1 与估计参数 W1 间的差异值除以差异值的估计标准误,在稳定假定下会有一个正确的模型,如果参数 PW1 与参数 W1 在总体中相等,则临界比值或 z 统计量会呈标准化正态分布。

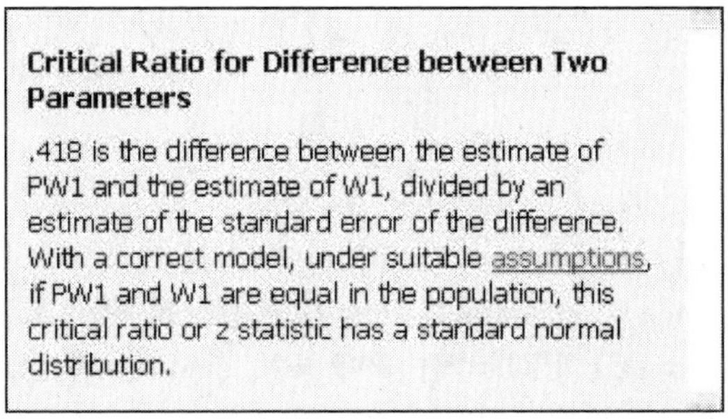

Critical Ratio for Difference between Two Parameters
.418 is the difference between the estimate of PW1 and the estimate of W1, divided by an estimate of the standard error of the difference. With a correct model, under suitable assumptions, if PW1 and W1 are equal in the population, this critical ratio or z statistic has a standard normal distribution.

图 9-60

第三节　多重模型的设定

在【Models】方盒中按【Default Model】两下,开启【Manage Models】次对话窗口。窗口左边为参数及模型中参数标签,参数包括协方差(Covariance)、截距(Intercepts)、平均数(Means)、方差(Variance)、回归系数(Weights)。

一、预设模型(未限制参数)

在【Model Name】下方格中将内定的模型名称"Default model"改为"预设模型",【Parameter Constraints】下的方格不做任何参数条件限制。在群组假设模型中,协方差参数有两个:C1、PC1,方差参数有四个:PV1、PV2、V1、V2,回归系数有四个:PW1、PW2、W1、W2,没有界定平均数与截距项参数。

Manage Models
Covariances
C1
PC1
Intercepts
Means
Unknown
Variances
PV1
PV2
V1
V2
Weights
PW1
PW2
W1
W2
Model Name
预设模型
Parameter Constraints
所有参数标签名称

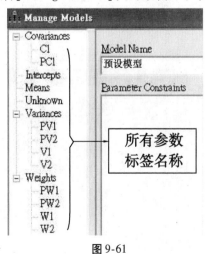

图 9-61

二、协方差相等模型

按下方【New】钮,在【Model Name】下方格中将内定的模型名称"Model Number2"改为"协方差相等模型",【Parameter Constraints】下的方格中设定 C1 = PC1,操作时鼠标移到左边协方差参数 C1 上,连按两下,则 C1 参数会移至右边【Parameter Constraints】下的方格中,再将鼠标移到左边协方差参数 PC1 上,连按两下,则 PC1 参数会移至右边并自动在两个参数之间加上"="号,若是研究者自行键入参数中间的"="号,则再选取参数 PC1 至"参数限制"方格中时就不会再出现"="号。(图 9-62)

三、方差相等模型

按下方【New】钮,在【Model Name】下方格中将内定的模型名称"Model Number3"改为"方差相等模型",【Parameter Constraints】下的方格中设定 PV1 = V1、PV2 = V2。(图 9-63)

四、路径系数相等模型

按下方【New】钮,在【Model Name】下方格中将内定的模型名称"Model Number4"改为"路径系数相等模型",【Parameter Constraints】下的方格中设定 PW1 = W1、PW2 = W2。(图 9-64)

五、模型不变性模型

按下方【New】钮,在【Model Name】下方格中将内定的模型名称"Model Number5"改为"模型不变性",【Parameter Constraints】下的方格中设定两个模型的协方差相等、方差相等、回归系数相等:C1 = PC1、PV1 = V1、PV2 = V2、PW1 = W1、PW2 = W2。按【Close】钮,回到【Amos Graphics】对话窗口。(图 9-65)

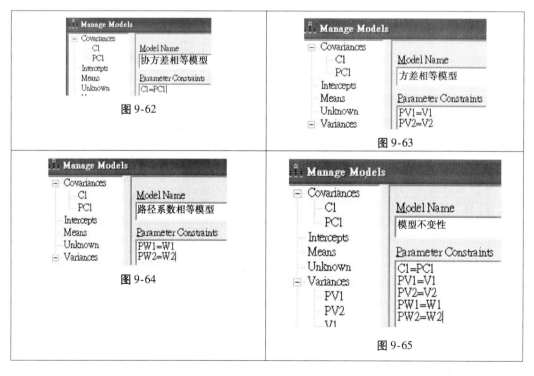

图 9-62

图 9-63

图 9-64

图 9-65

在模型条件设定中,若是模型1(模型名称为 Model_A)有两个限制条件,模型2(模型名称为 Model_B)有两个限制条件,模型3(模型名称为 Model_C)有3个限制条件,模型4(模型名称为 Model_D)有3个限制条件,模型5(模型名称为 Model_E)包含以上所有限制条件,则模型5总共要设定10个限制条件,此10个限制条件中的参数限定在之前的模型中均已界定,则研究者在【Parameter Constraints】方格中可以直接使用先前的模型名称代替参数限制,以模型5(模型名称为 Model_E)为例,其10个参数条件的限制如表9-24:

表9-24

Model Name
Model_E
Parameter Constraints
Model_A
Model_B
Model_C
Model_D

上述五个模型设定完后,在【Models】方盒中会依序出现各模型的名称:"预设模型"(模型编号1)、"XX:协方差相等模型"(模型编号2)、"XX:方差相等模型"(模型编号3)、"XX:路径系数相等模型"(模型编号4)、"XX:模型不变性"(模型编号5)。

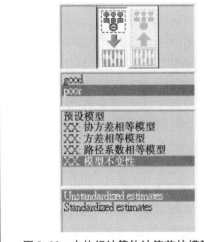

图 9-66　未执行计算估计值前的模型信息

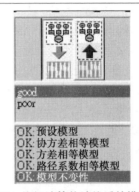

图 9-67　执行计算估计值后的模型信息

六、多个模型的输出结果

按工具箱【Calculate estimates】钮,若模型界定正确且可以收敛,则不会出现错误或警告信息,此时再按工具箱【View Text】钮,可开启【Amos Output】对话窗口。上述四个参数限制模型与五个未限制参数模型均可辨识,五个模型的模型名称前均出现【OK:】。模型可以辨识,只表示模型可以顺利估计出各项统计量,不代表模型一定是适配或是合适的模型;模型无法辨识,则无法顺利估计出各项统计量,模型的路径模型图也无法呈现。

(一) 模型适配度检验

在【Amos Output】对话窗口中选取【Model Fit】(模型适配度)选项,可以呈现多个模型的适配度统计量。范例中有五个模型,模型 A 不做任何模型参数限制,模型 B 设定群组两个外因变量的协方差相等(协方差不变性),模型 C 设定群组两个外因变量的方差相等(方差不变性),模型 D 设定群组中模型相对应的路径系数相等(路径系数恒等性),模型 E 设定群组模型中两个外因变量的协方差相等、两个外因变量的方差相等、模型相对应的路径系数相等(系统不变性)。

Model Fit Summary

表 9-25   CMIN

Model	NPAR	CMIN	DF	P	CMIN/DF
预设模型	12	.000	0		
协方差相等模型	11	3.098	1	.078	3.098
方差相等模型	10	2.308	2	.315	1.154
路径系数相等模型	10	.207	2	.901	.104
模型不变性	7	4.548	5	.473	.910
Saturated model	12	.000	0		
Independence model	6	641.919	6	.000	106.987

在模型 A 中未进行参数限制,模型为刚好适配模型,所以卡方值为 0.00,自由度为 0 (显著性概率值 p 无法估计)。模型 B 中设定小康、略有困难两个群组的"生涯规划""生活适应"两个外因变量的协方差相等(协方差不变性),其 χ^2 值为 3.098,自由度为 1,显著性概率值 p = 0.078 > 0.05,未达到显著水平,表示此参数限制的理论模型适配度佳。在模型 C 中设定小康、略有困难两个群组的"生涯规划""生活适应"两个外因变量的方差相等(方差不变性),其 χ^2 值为 2.308,自由度为 2,显著性概率值 p = 0.315 > 0.05,未达到显著水平,而卡方自由度比值 = 1.154 < 3,表示参数界定的理论模型适配度佳。在模型 D 中设定小康、略有困难两个群组的"生涯规划""生活适应"两个外因变量对"生活满意"内因变量的路径系数相等(路径系数不变性),模型 χ^2 值为 0.207,自由度为 2,显著性概率值 p = .901 > 0.05,未达到显著水平,卡方自由度比值 = 0.104 < 3,表示参数界定的理论模型适配度佳,以经济状况为调节变量而言,具有组间不变性。在模型 E 中设定小康、略有困难两个群组的"生涯规划""生活适应"两个外因变量对"生活满意"内因变量的路径系数相等(路径系数不变性)、协方差相等、方差相等,模型 χ^2 值为 4.548,自由度为 5,显著性概率值 p = 0.473 > 0.05,未达到显著水平,卡方自由度比值 = 0.910 < 3,表示参数界定的理论模型适配度佳,以经济状况为调节变量而言,具有系统不变性。若是模型为饱和模型,卡方值为 0,如果模型为独立模型,卡方值为 641.919,模型自由度为 6,显著性 p = 0.000。

多群组结构方程模型分析的适配度指标会呈现相同的统计量,其中 χ^2 值是表示所有群组在所设定的理论模型中整体适配度的统计量,不会每一个群组分别呈现一组适配度统计量,若是多群组理论模型无法适配,则研究者可能要采取限制较为宽松的模型,即参数限制的条件较少。

表 9-26   RMR，GFI

Model	RMR	GFI	AGFI	PGFI
预设模型	.000	1.000		
协方差相等模型	8.922	.995	.940	.083
方差相等模型	6.392	.996	.978	.166
路径系数相等模型	.379	1.000	.998	.167
模型不变性	7.662	.993	.984	.414
Saturated model	.000	1.000		
Independence model	32.102	.532	.064	.266

上表为群组多个模型的 RMR 值及 GFI 值,模型 B(协方差相等模型)的 GFI 值等于 0.995,AGFI 值等于 0.940;模型 C(方差相等模型)的 GFI 值等于 0.996,AGFI 值等于 0.978;模型 D(路径系数相等模型)的 GFI 值等于 1.000,AGFI 值等于 0.998;模型 E(模

型不变性)的 GFI 值等于 0.993,AGFI 值等于 0.984;模型 A(预设模型) GFI 值等于 1.000,各模型不变性(模型 B、模型 C、模型 D、模型 E)的 GFI 值及 AGFI 值均大于 0.90,表示模型可以被接受。

表 9-27　Baseline Comparisons

Model	NFI Delta1	RFI rho1	IFI Delta2	TLI rho2	CFI
预设模型	1.000		1.000		1.000
协方差相等模型	.995	.971	.997	.980	.997
方差相等模型	.996	.989	1.000	.999	1.000
路径系数相等模型	1.000	.999	1.003	1.008	1.000
模型不变性	.993	.991	1.001	1.001	1.000
Saturated model	1.000		1.000		1.000
Independence model	.000	.000	.000	.000	.000

上表为群组多个模型基准线比较(Baseline Comparisons)适配度估计统计量,模型中的 NFI 值、RFI 值、IFI 值、TLI 值、CFI 值均大于 0.90,表示各模型不变性的适配度佳。

表 9-28　FMIN

Model	FMIN	F0	LO 90	HI 90
预设模型	.000	.000	.000	.000
协方差相等模型	.007	.005	.000	.025
方差相等模型	.005	.001	.000	.018
路径系数相等模型	.000	.000	.000	.003
模型不变性	.010	.000	.000	.019
Saturated model	.000	.000	.000	.000
Independence model	1.378	1.365	1.194	1.551

五个模型的 FMIN 值(最小差异值)分别为 0.000,0.007,0.005,0.000,0.010,数值均接近 0,表示理论模型与实际数据的适配度佳。

表 9-29　RMSEA

Model	RMSEA	LO 90	HI 90	PCLOSE
协方差相等模型	.067	.000	.158	.250
方差相等模型	.018	.000	.096	.644
路径系数相等模型	.000	.000	.039	.967
模型不变性	.000	.000	.061	.883
Independence model	.477	.446	.508	.000

四个模型不变性的 RMSEA 值分别为 0.067,0.018,0.000,0.000,均小于 0.080 的标准,表示模型可以被接受。

表 9-30　HOELTER

Model	HOELTER .05	HOELTER .01
预设模型		
协方差相等模型	579	999
方差相等模型	1211	1861
路径系数相等模型	13462	20693
模型不变性	1136	1547
Independence model	11	14

四个模型不变性的 CN 值在显著水平为 0.05 时,其数值分别 579,1211,13462,1136,均大于 200,达到模型可以适配标准,表示假设模型适配情形良好。

(二)嵌套模型的比较

Nested Model Comparisons

表 9-31   Assuming model 预设模型 to be correct:

Model	DF	CMIN	P	NFI Delta-1	IFI Delta-2	RFI rho-1	TLI rho2
协方差相等模型	1	3.098	.078	.005	.005		
方差相等模型	2	2.308	.315	.004	.004		
路径系数相等模型	2	.207	.901	.000	.000		
模型不变性	5	4.548	.473	.007	.007		

嵌套模型比较可进行模型配对的检验,检验时以参数限制的数目作为其中一个基准模型,将基准模型与其他模型进行配对比较,称为嵌套模型(nested model)。配对模型比较时参数限制较多(模型中待估计的自由参数较少,自由度较大)模型的卡方值(模型与数据的不一致函数)假设为 $\hat{C}_r$,自由度假设为 d_r;参数限制较少模型(模型中待估计的自由参数较多,相对的自由度较小)的卡方值(模型与数据的不一致函数)假设为 $\hat{C}_m$,自由度假设为 d_m,若是参数限制较少的模型假定为正确模型,配对模型卡方统计量的差异量等于 $\hat{C}_r - \hat{C}_m$,卡方值分布的自由度等于 $d_r - d_m$,虚无假设是参数限制较少的模型若为正确模型,则参数限制较多的模型也是正确的模型,此时模型差异的卡方值显著性概率值 p > 0.05。

"Assuming model 预设模型 to be correct:"为群组模型 A 的假定,因为模型 A 的自由度为 0(没有限制固定参数),固定参数限制比模型 A 还多的模型有模型 B(自由度 =1)、模型 C(自由度 =2)、模型 D(自由度 =2)、模型 E(自由度 =5)。由于假定基准模型为模型 A(预设模型),所以各模型均与模型 A 比较,以模型 D(路径系数相等模型)为例,其检验的虚无假设与对立假设如下:

虚无假设:模型 D = 模型 A

对立假设:模型 D ≠ 模型 A

若是检验的卡方值达到显著(p < 0.05),则拒绝虚无假设,接受对立假设,即模型 D 和模型 A 之间是有差异的;相反的,如果检验的卡方值未达到 0.05 显著水平,则接受虚无假设,拒绝对立假设,即模型 D 和模型 A 之间是没有差异的,两个模型可视为相同的模型。

在检验限制模型与未界定参数限制模型的差异时,使用两个模型的卡方值的差异量($\Delta\chi^2$)来判别,但卡方值差异值与卡方值一样,易受样本大小变化的影响,如果各群组的样本数较大,则卡方值的差异量($\Delta\chi^2$)很容易达到显著水平,造成虚无假设被拒绝,使得两个没有差异的模型变得有显著差异存在。在进行嵌套模型的差异比较时,针对比较模型的组间测量恒等性(measurement invariance),学者 Cheung 与 Rensvold(2002)提出三种指标可供参考:CFI、NCI(Noncentrality)、GH(Gamma Hat)。这三种指标值较不受模型复杂度的影响,与其他适配度指标值的重叠性较低,与整体模型适配度指标值的相关也较低,使用时,研究者只要计算这三个适配指标值在有参数限制模型与无参数限制模型上的差异值,即可判别组间不变性的虚无假设是否可以被接受。判别标准是模型 CFI 差异值小于 0.01、NCI 差异值小于 0.001,GH 差异值小于 0.02。但这三种适度指标值在 Amos 进行多群组组间恒等性的 CFA 模型检验时并不会提供(李茂能,2006)。Amos 进行嵌套模型的差异比较时,提供两个模型差异的卡方差异量($\Delta\chi^2$),$\Delta\chi^2$ 值显著性检验的 p 值及 NFI 值、IFI 值、RFI 值、TLI 值的增加量。若是两个模型卡方值差异量的显著性 p 值小于 0.05,则拒绝两个模型无差异的虚无假设,如果两个模型卡方值差异量的显著性 p 值大于 0.05,则接受两个模型无差异的虚无假设;NFI 值、IFI 值、RFI 值、TLI 值的增加量若小于 0.05,则可接受两个模型无差异的虚无假设(Little,1997)。

表 9-32　Assuming model **协方差相等模型** to be correct:

Model	DF	CMIN	P	NFI Delta-1	IFI Delta-2	RFI rho-1	TLI rho2
模型不变性	4	1.450	.835	.002	.002	−.020	−.021

若是假定模型 B(协方差相等模型)是正确的,则模型 E(模型不变性)与模型 B 卡方值的差异值 = 4.548 − 3.098 = 1.450,模型自由度的差异 = 5 − 1 = 4,增加的 $\Delta\chi^2 = 1.450$ 的显著性 p = 0.835,未达 0.05 显著水平,表示模型 E 与模型 B 是没有差异的,因为模型 B 是适配的,所以模型 E 也可以被接受。

表 9-33　Assuming model **方差相等模型** to be correct:

Model	DF	CMIN	P	NFI Delta-1	IFI Delta-2	RFI rho-1	TLI rho2
模型不变性	3	2.240	.524	.003	.004	−.002	−.002

若是假定模型 C(方差相等模型)是正确的,则模型 E(模型不变性)与模型 C 卡方值的差异值 = 4.548 − 2.308 = 2.240,模型自由度的差异 = 5 − 2 = 3,增加的 $\Delta\chi^2 = 2.240$ 的显著性 p = 0.524,未达 0.05 显著水平,表示模型 E 与模型 B 是没有差异的,两个模型可视为等同,因为模型 C 是适配的,所以模型 E 也可以被接受。

第四节　多群组验证性因素分析

在一个包含计算、空间、推理、阅读、写作、词汇六个面向的中学生基本认知能力(后文简称"知能")测验中,研究者想探究六个面向所包含的两个构念(共同因素)间的 CFA 模型是否在性别变量中具有复核效度存在,乃进行多群组的 CFA 分析。

二因子 CFA 理论模型图如图 9-68,绘制于 Amos Graphics 的假设模型图如图 9-69,各测量指标要增列一个测量误差项,潜在变量的指标变量中要有一指标变量为参照变量,其路径系数值固定为 1。

"基本知能.sav"原始数据文件如下,在 SPSS 变量浏览窗口中共设定 7 个变量名称:性别、计算、空间、推理、阅读、写作、词汇,其中性别变量为二分名义变量,水平数值 1 为男生,水平数值 2 为女生,其余六个基本知能变量为受试者在相对应试题上的得分加总,分数愈高,表示其测验成绩愈佳。

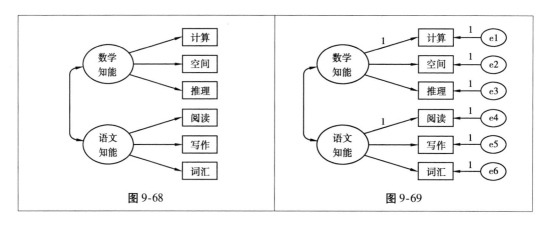

图 9-68   图 9-69

表 9-34

性别	计算	空间	推理	阅读	写作	词汇
2	35	28	10	9	13	11
2	18	24	13	7	16	7
2	28	22	15	11	23	30
1	23	19	4	10	17	10
1	34	24	22	11	19	19
1	29	23	9	9	19	11

注:分析数据分别取自 Amos 范例数据文件中的 Grnt_fem. sav, Grnt_mal. sav。

一、绘制理论模型图

在 CFA 模型图中,各指标变量的误差变量的路径系数预设为固定参数 1,而潜在变量的各指标变量中要有一个指标变量的路径系数固定参数也为 1。

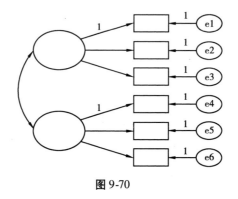

图 9-70

二、读取数据文件及观察变量

(一)步骤 1 界定输出标题字

按【Figure captions】(设定路径图标题内容)钮,开启【Figure captions】对话窗口,在【Caption】(标题)下的方格中键入要呈现的文字说明及适配度统计量。

```
\FORMAT
\GROUP;\MODEL
卡方值 = \CMIN;p = \p
RMSEA = \RMSEA;GFI = \GFI
```

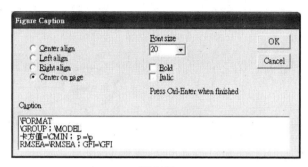

图 9-71

(二)步骤 2 开启数据文件

执行功能列【File】/【Data Files】程序,或按工具箱▦【Select data files】图像钮,开启【Data Files】对话窗口。按【File Name】钮,选取原始数据文件"基本知能.sav"。

(三)将观察变量选入模型

按工具箱▦【List variables in data set】(列出数据组内的变量名称)图像钮,可开启【Variables in Dataset】(数据集变量名称)对话窗口,将"计算""空间""推理""阅读""写作""词汇"6 个观察变量拖动至模型相对应的观察变量方格中(长方形对象)。

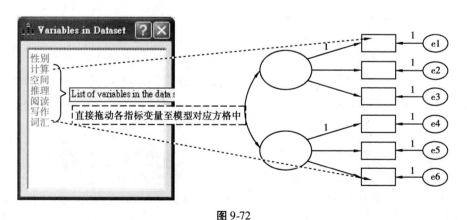

图 9-72

(四)设定潜在变量及误差变量

在两个潜在变量及误差变量图框上按右键,选取快捷菜单中的【Object Properties】(对象属性),开启【Object Properties】对话窗口,切换到【Text】标签页,在【Variable name】内输入潜在变量的变量名称或误差变量的变量名称,切换到【Parameters】标签页可以设定变量参数的变量名称及字型格式。

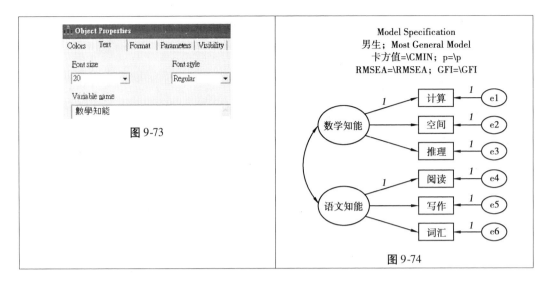

图 9-73

图 9-74

三、设定群体名称

在中间【Groups】方盒中按【Group number1】两下,开启【Manage Groups】对话窗口,在【Group Name】下的方格中将默认值"Group number1"改为"男生"(群组变量名称为"性别",其水平数值 1 为男生、2 为女生)→按【New】钮。

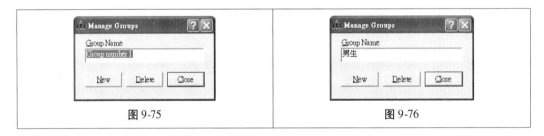

图 9-75

图 9-76

在【Group Name】下的方格中将默认值"Group number2"改为"女生"→按【Close】钮。在【Manage Groups】对话窗口中,群组编号预设变量名称依序为"Group number1""Group number2""Group number3"……,按【New】钮可增列新的群组,按"Delete"钮可删除群组变量名称,群组在 SPSS 数据文件中一般为类别变量(名义变量)的水平数值,若是分组变量不是名义变量而是连续变量则无法设定群组。

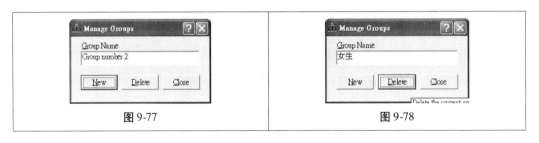

图 9-77

图 9-78

四、界定群体分组变量名称及其水平数值

在【Groups】方盒中选取样本性别的群体名称"男生",按工具箱▦【Select data files】图像钮,可开启【Data Files】对话窗口→按【Grouping Variable】钮,开启【Choose a Grouping

Variable】（选择一个分组变量）次对话窗口,选取目标变量"性别"变量→按【OK】钮,回到
【Data Files】对话窗口。

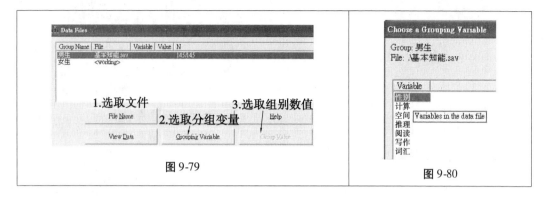

图 9-79

图 9-80

在【Data Files】对话窗口中有五个字段,第一栏【Group Name】为设定的群体名称,内定群组名称为"Group number1";第二栏【File】为原始数据文件,若是出现"＜working＞"讯息,表示使用者尚未开启数据文件;第三栏【Variable】为原数据文件中分组的名义变量;第四栏【Value】为群组在名义变量中的水平数值代码;第五栏［N］为群组的样本数。在范例分析中分组的群组变量名称为性别,所以在对话窗口中选取"性别"变量（图 9-80）。

按【Group Value】（组别数值）钮,开启【Choose Value for Group】（选择组别数值）次对话窗口,选取水平数值1（性别水平数值编码 1 者为男生群体）→按【OK】钮,回到【Data Files】对话窗口。

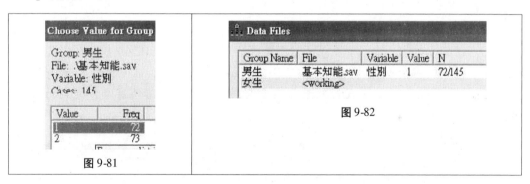

图 9-81

图 9-82

在【Data Files】对话窗口中,选取第二列"女生＜working＞",在第二栏【File】下方出现"＜working＞"提示语,表示女生群体尚未选取数据文件,按【File Name】钮,选取"基本知能.sav"数据文件。

按【Grouping Variable】（分组变量）钮,开启【Choose a Grouping Variable】（选择一个分组变量）次对话窗口,选取目标变量"性别"变量→按【OK】钮,回到【Data Files】对话窗口。

按【Group Value】（组别数值）钮,开启【Choose Value for Group】（选择组别数值）次对话窗口,选取水平数值2（性别水平数值编码 2 者为女生群体）→按【OK】钮,回到【Data Files】对话窗口→按【OK】钮。

图 9-83

图 9-84

设定完的【Data Files】对话窗口,会出现两个群体的名称:男生、女生;数据文件名称"基本知能.sav";群体所属的名义变量:性别;两个群体在名义变量中的水平数值:性别变量水平数值 1 为男生、2 为女生;男生群体有 72 个、女生群体有 73 个,全部的样本观察值有 145 个。

图 9-85

五、设定多群组分析模型

执行功能列【Analyze】(分析)/【Multiple-Group Analysis...】(多群组分析)程序,或按工具箱 【Multiple-Group Analysis】图像钮,以开启【Multiple-Group Analysis...】对话窗口。

在开启【Multiple-Group Analysis...】对话窗口之前,Amos 会先呈现以下的提示语:The program will remove any models that you have added to the list of models at the left-hand side of the path diagram. It may also modify your parameter constraints(这个指令会移除您原先在路径图左方增列的模型,并修改参数限制)→按【确定】钮。

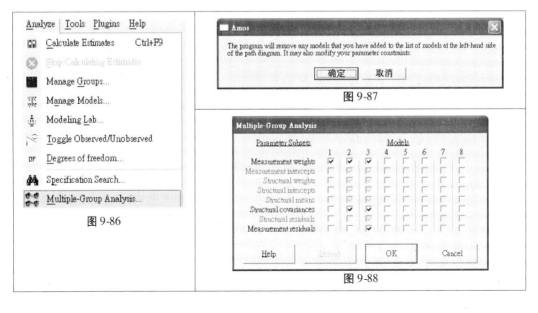

图 9-86

图 9-87

图 9-88

在【Multiple-Group Analysis...】对话窗口中,八大不变性检验模型会根据研究者绘制的路径图不同而分别呈现,灰色的方格表示不能勾选(路径模型图中无此种参数限制)。在范例中模型 1 为设定群组测量系数相等;模型 2 为设定群组测量系数相等、群组的结构协方差也相等;模型 3 为设定群组测量系数相等、群组的结构协方差相等、群组的测量误差也相等。多群组分析的参数设定完成后,男女生群体理论模型图如图 9-89 和图 9-90:

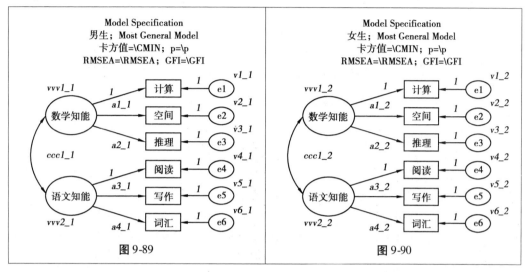

图 9-89　　图 9-90

相关的参数说明如表 9-35:

表 9-35

参数名称	男生群体	女生群体
潜在变量的协方差	ccc1_1	ccc1_2
数学知能潜在变量的方差	vvv1_1	vvv1_2
语文知能潜在变量的方差	vvv2_1	vvv2_2
因素负荷量	a1_1 a2_1 a3_1 a4_1	a1_2 a2_2 a3_2 a4_2
测量误差项的方差	v1_1 v2_1 v3_1 v4_1 v5_1 v6_1	v1_2 v2_2 v3_2 v4_2 v5_2 v6_2

多群组分析多重模型设定完成后,在【Models】(模型)方盒中会出现四个模型:【XX:Unconstrained】、【XX:Measurement weights】、【XX:Structural covariances】、【XX:Measurement residuals】。【XX:Measurement weights】模型中的参数限制为两个群体的测量系数(因素负荷量)相等,其参数限制如下:

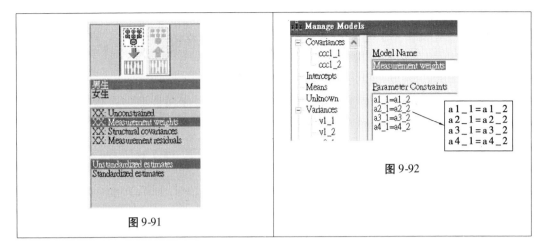

图 9-91

图 9-92

在【XX：Structural covariances】模型中设定两个群体测量系数相等、两个群体的结构协方差也相等，增列的结构协方差包括两个潜在变量的协方差相等，两个潜在变量相对应的方差相等。【XX：Measurement residuals】模型中设定两个群体测量系数相等、两个群体的结构协方差相等、两个群体误差变量的误差方差也相等。四个模型的参数限制整理如表 9-36：表中参数限制的模型为 Amos 预设的设定值，每个模型参数限制均可再增删或修改，只要在【Models】方盒中选取模型名称，连按两下开启【Manage Models】对话窗口即可修改参数限制条件。

表 9-36

XX：Unconstrained	XX：Measurement weights	XX：Structural covariances	XX：Measurement residuals
预设模型，群组间没有参数相等性的限制	a1_1 = a1_2 a2_1 = a2_2 a3_1 = a3_2 a4_1 = a4_2	a1_1 = a1_2 a2_1 = a2_2 a3_1 = a3_2 a4_1 = a4_2	a1_1 = a1_2 a2_1 = a2_2 a3_1 = a3_2 a4_1 = a4_2
		ccc1_1 = ccc1_2 vvv1_1 = vvv1_2 vvv2_1 = vvv2_2	ccc1_1 = ccc1_2 vvv1_1 = vvv1_2 vvv2_1 = vvv2_2
			v1_1 = v1_2 v2_1 = v2_2 v3_1 = v3_2 v4_1 = v4_2 v5_1 = v5_2 v6_1 = v6_2

研究问题中关注的是男生、女生两个群体是否有相同的因素模型，因而只保留【XX：Unconstrained】、【XX：Measurement weights】两个模型，至于后面两个模型：【XX：Structural covariances】、【XX：Measurement residuals】则将之删除。当执行【计算估计值】程序后，若是模型可以估计或可以辨识，则【XX：Unconstrained】、【XX：Measurement weights】模型界定会变为【OK：Unconstrained】、【OK：Measurement weights】。

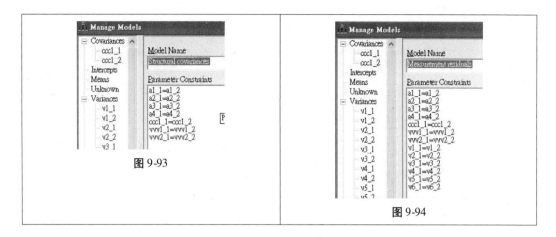

图 9-93

图 9-94

六、输出结果

模型 A 中未设定两个群体的参数,男生、女生两个群体允许有不同的因素负荷量、不同的误差方差、不同的共同因素方差与协方差。

男生群体(参数均未加以限制)未标准化估计值的 CFA 图如图 9-95。女生群体(参数均未加以限制)未标准化估计值的 CFA 图如图 9-96。

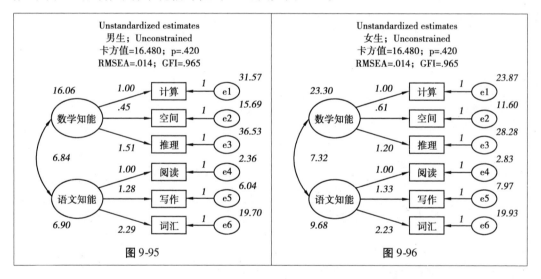

图 9-95

图 9-96

男生群体(参数均未加以限制)标准化估计值的 CFA 图如图 9-97。女生群体(参数均未加以限制)标准化估计值的 CFA 图如图 9-98。

在预设模型(两个群体的 CFA 模型中的参数均未加以限制)中,【Amos Graphics】自动假定两个群体有相同的因素结构,模型检验是检验研究者所提的基本知能 CFA 模型是否同时适配于男生、女生两个群体。样本数据提供协方差矩阵的独特元素(数据点数目)有 42 个,待估计的参数有 26 个,模型的自由度等于 16(=42−26),适配度的卡方值为 16.480,显著性概率值 $p = 0.420 > 0.05$,未达 0.05 显著水平,接受虚无假设,表示模型可以被接受。此外,模型适配度指标中的 RMSEA 值 = 0.014 < 0.05,GFI 值 = 0.965 > 0.90,表示初始模型(模型 A)可以被接受。若是初始模型(模型 A)被拒绝,则模型适配度不佳,表示两个群组中至少有一个群组的 CFA 路径图要进行修改。由于研究者所提的基本知能 CFA 理论模型图具有跨性别变量的特性,表示男生与女生群体具有相同因素分析模型。

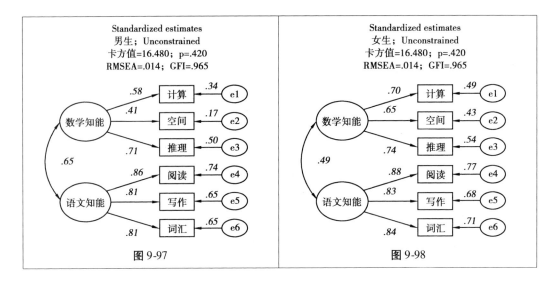

图 9-97   图 9-98

Notes for Model（Unconstrained）

Computation of degrees of freedom（Unconstrained）

        Number of distinct sample moments：42

Number of distinct parameters to be estimated：26

        Degrees of freedom（42 −26）：16

Result（Unconstrained）

Minimum was achieved

Chi-square = 16.480

Degrees of freedom = 16

Probability level = .420

表 9-37　Pairwise Parameter Comparisons（Unconstrained）

Critical Ratios for Differences between Parameters（Unconstrained）

	a1_1	a2_1	a3_1	a4_1	cccl_1	a1_2	a2_2	a3_2	a4_2
a1_1	.000								
a2_1	2.537	.000							
a3_1	3.362	−.477	.000						
a4_1	5.198	1.413	3.676	.000					
cccl_1	2.620	2.003	2.316	1.865	.000				
vvv2_1	3.955	3.198	3.290	2.575	.030				
a1_2	.702	−1.863	−2.983	−4.959	−2.624	.000			
a2_2	2.308	−.583	−.241	−2.668	−2.365	2.481	.000		
a3_2	3.710	−.361	.250	−2.766	−2.318	3.366	.430	.000	
a4_2	5.630	1.363	3.054	−.147	−1.931	5.416	2.737	3.778	.000

Pairwise Parameter Comparisons 选项为配对参数比较，Critical Ratios for Differences between Parameters 表格为"参数间差异的临界比值"，若是两个相对应而属性相同的参数，其临界比值绝对值小于 1.96，则此两个参数间可视为相等。四个相对应因素负荷量差异的临界比分别是 0.702，−0.583，0.250，−0.147，四个参数差异值的绝对值均小于

1.96,表示两个群体 CFA 模型中相对应的因素负荷量可视为相等,因为差异值检验未达 0.05 显著水平,表示两个相对应的因素负荷量的差异显著等于 0,相对应的因素负荷量是相等的数值。

在模型 B 中,将两个群体部分参数加以限制,男生、女生两个群体在测量模型中的因素负荷量(回归系数)设为相同,至于误差变量的误差方差(unique variance)、两个共同因素的方差与协方差则不加以限制。

图 9-99,9-100 为男生、女生两个群体的因素负荷量限制为相同(测量不变性)的未标准化估计值模型图。从未标准化估计值的 CFA 图中可以看出,两个群体中潜在构念与其指标变量的因素负荷量(回归系数)均相同,由于两个群组的误差方差、潜在构念因素方差和协方差均未加以限制,因而其参数值不一定相等。六条路径系数值分别为 1.00(参照指标),0.56,1.33,1.00(参照指标),1.31,2.26。

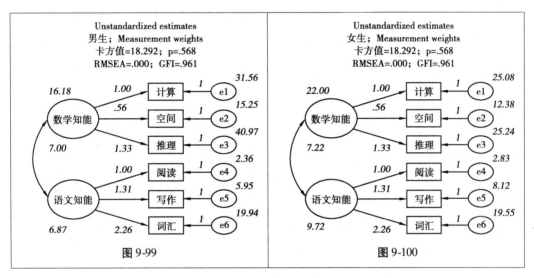

图 9-99   图 9-100

```
Notes for Model (Measurement weights)
Computation of degrees of freedom (Measurement weights)
           Number of distinct sample moments:   42
Number of distinct parameters to be estimated:  22
               Degrees of freedom (42 -22):   20
Result (Measurement weights)
Minimum was achieved
Chi-square = 18.292
Degrees of freedom = 20
Probability level = .568
```

在模型注解中,样本数据提供协方差矩阵的独特元素(数据点数目)有 42 个(和模型 A 相同),待估计的参数有 22 个,模型自由度等于 20(=42 - 22 =20),模型的卡方值为 18.292,显著性概率值 p = 0.568 > 0.05,未达 0.05 显著水平,接受虚无假设,表示模型与样本数据适配。此外,模型适配度指标中的 RMSEA 值 = 0.000 < 0.05,GFI 值 = 0.961 > 0.90,表示群组不变性因素组型(group-invariant factor pattern)模型(模型 B)可以被接受。

表 9-38   Nested Model Comparisons

Assuming model Unconstrained to be correct：

Model	DF	CMIN	P	NFI Delta-1	IFI Delta-2	RFI rho-1	TLI rho2
Measurement weights	4	1.812	.770	.005	.006	$-.010$	$-.011$

Nested Model Comparisons 为嵌套模型比较表，模型 B 与模型 A 的 χ^2 值的差异 $= \Delta \chi^2$ $= \chi_B^2 - \chi_A^2 = 18.292 - 16.480 = 1.812$，两个模型的自由度差异值 $= 20 - 16 = 4$，两个模型的 χ^2 差异值未达到 0.05 显著水平($p = 0.770 > 0.05$)，表示模型 B 与模型 A 可视为相等。由于未限制参数的模型 A 具有跨群组效度，因而模型 B 也具有跨群组效度。

第五节   多群组结构方程模型

【研究问题】

> 在一个退休教师生涯规划、生活适应与生活满意的因果模型研究中，研究者提出以下的因果模型图，如图 9-101。在理论模型图中两个外因潜在变量为"生涯规划""生活适应"，内因潜在变量为"生活满意"。"生涯规划"潜在变量的两个指标变量为"经济计划""休闲娱乐"；"生活适应"潜在变量的三个指标变量为"生理适应""心理适应""社会适应"；"生活满意"潜在变量的两个指标变量为"日常生活""自我实现"，各指标变量为各量表层面题项加总后分数，指标变量为研究者以探索性因素分析所求得的各因素层面。

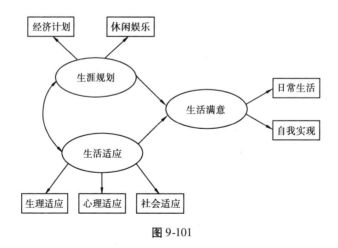

图 9-101

一、绘制 Amos 理论模型图

在理论模型中两个群组名称为"男生""女生"，群组变量名称在原 SPSS 文件中为"性别"，性别变量为二分名义变量，水平数值 1 为男生、2 为女生。【Figure captions】(路径图标题内容)对话窗口内呈现组别、模型名称、卡方值、显著性 p 值、RMSEA 值、GFI 值。

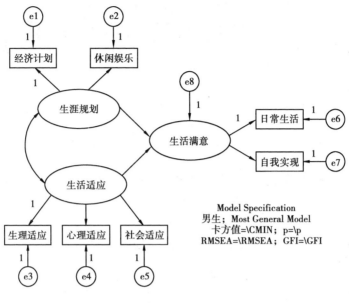

图 9-102

```
\FORMAT
\GROUP；\MODEL
卡方值 = \CMIN；p = \p
RMSEA = \RMSEA；GFI = \GFI
```

二、读取数据文件并设定群组变量及水平数值

资料文件名称为"生涯规划_1. sav"（SPSS 原始数据文件），群组名称设定为"男生""女生"，两个群组变量名称在原始文件中为"性别"，男生群体的水平数值编码为 1，有效样本数有 156 个；女生群体的水平数值编码为 2，有效样本数有 312 个，全部样本观察值有 468 个。

Group Name	File	Variable	Value	N
男生	生涯规划_1.sav	性别	1	156/468
女生	生涯规划_1.sav	性别	2	312/468

图 9-103

Multiple-Group Analysis

Parameter Subsets	Models
	1 2 3 4 5 6 7 8
Measurement weights	☑ ☑ ☑ ☑ ☑ ☐ ☐ ☐
Measurement intercepts	☑ ☑ ☑ ☑ ☑ ☐ ☐ ☐
Structural weights	☐ ☑ ☑ ☑ ☑ ☐ ☐ ☐
Structural intercepts	☐ ☐ ☑ ☑ ☑ ☐ ☐ ☐
Structural means	☐ ☐ ☐ ☑ ☑ ☐ ☐ ☐
Structural covariances	☐ ☐ ☑ ☑ ☑ ☐ ☐ ☐
Structural residuals	☐ ☐ ☐ ☑ ☑ ☐ ☐ ☐
Measurement residuals	☐ ☐ ☐ ☐ ☑ ☐ ☐ ☐

Help　　Default　　OK　　Cancel

图 9-104

三、设定多群组分析模型

执行功能列【Analyze】（分析）/【Multiple-Group Analysis …】（多群组分析）程序，或按工具箱 【Multiple-Group Analysis】图像钮，以开启【Multiple-Group Analysis…】对话窗口。

Amos 根据两个群组的理论模型图提供五个内定的参数限制模型：①模型 1【XX：Measurement weights】设定测量系数相等；②模型 2【XX：Structural weights】增列

结构系数相等；③模型 3【XX：Structural covariances】增列结构协方差相等；④模型 4【XX：Structural residuals】增列结构残差相等；⑤模型 5【XX：Measurement residuals】增列测量残差相等。五个限制参数模型与原先未限制参数的基线模型中的参数界定如表 9-39：

表 9-39

未限制参数	限制参数模型				
模型 A	模型 B （原模型 1）	模型 C （原模型 2）	模型 D （原模型 3）	模型 E （原模型 4）	模型 F （原模型 5）
测量系数	a1_1 = 1 a2_1 = a1_2 a3_1 = a2_2 a4_1 = a3_2	a1_1 = 1 a2_1 = a1_2 a3_1 = a2_2 a4_1 = a3_2	a1_1 = 1 a2_1 = a1_2 a3_1 = a2_2 a4_1 = a3_2	a1_1 = 1 a2_1 = a1_2 a3_1 = a2_2 a4_1 = a3_2	a1_1 = 1 a2_1 = a1_2 a3_1 = a2_2 a4_1 = a3_2
结构系数		b1_1 = b1_2 b2_1 = b2_2	b1_1 = b1_2 b2_1 = b2_2	b1_1 = b1_2 b2_1 = b2_2	b1_1 = b1_2 b2_1 = b2_2
结构协方差			ccc1_1 = ccc1_2 vvv1_1 = vvv1_2 vvv2_1 = vvv2_2	ccc1_1 = ccc1_2 vvv1_1 = vvv1_2 vvv2_1 = vvv2_2	ccc1_1 = ccc1_2 vvv1_1 = vvv1_2 vvv2_1 = vvv2_2
结构残差变量方差				vv1_1 = vv1_2	vv1_1 = vv1_2
测量残差变量方差					v1_1 = v1_2 v2_1 = v2_2 v3_1 = v3_2 v4_1 = v4_2 v5_1 = v5_2 v6_1 = v6_2 v7_1 = v7_2

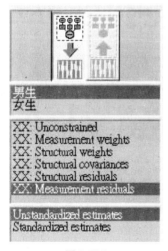

图 9-105

多群组模型设定完后，包含六个模型，第一个模型为参数均未加以限制模型（模型 A）；第二个模型为【XX：Measurement weights】设定测量系数相等（模型 B）；第三个模型【XX：Structural weights】设定测量系数相等、结构系数相等两个条件（模型 C）；第四个模型【XX：Structural covariances】设定测量系数相等、结构系数相等、结构协方差相等三个条件（模型 D）；第五个【XX：Structural residuals】设定测量系数相等、结构系数相等、结构协方差相等、结构残差变量方差相等四个条件（模型 E）；第六个【XX：Measurement residuals】设定测量系数相等、结构系数相等、结构协方差相等、结构残差变量方差相等、测量残差变量方差相等五个条件（模型 F）。各模型前面"XX："符号表示未按下工具箱【Calculate estimates】钮，若是执行过【Calculate estimates】程序，模型可以适配或可以收敛，则"XX："会转变为"OK："。

男生群体理论模型图中变量的参数名称如图9-106：

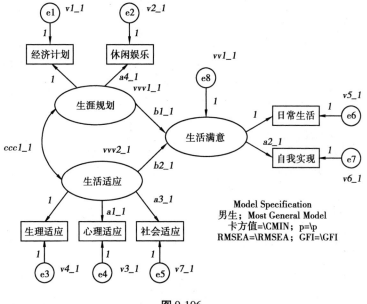

图 9-106

女生群体理论模型图中变量的参数名称如图9-107：

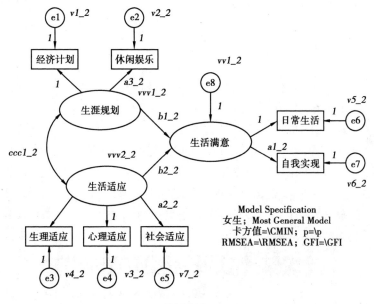

图 9-107

四、群组模型执行结果

按下工具箱【Calculate estimates】▦图像钮后,六个群组模型中只有模型 F【XX:Measurement residuals】变为【OK:Measurement residuals】,其余五个模型的讯息提示均没有改变,表示前五个模型不是无法收敛就是理论模型无法估计。

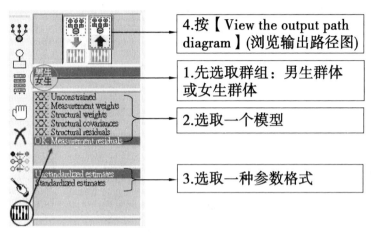

图 9-108

研究者若要呈现群组的输出路径图,其操作如下:①先选取群组:男生群体或女生群体;②选取一个模型;③选取一种参数格式(Parameter Formats),参数格式中有两种估计值,Unstandardized estimates(未标准化估计值)、Standardized estimates(标准化估计值);④按【View the output path diagram】(浏览输出路径图),若是多群组分析的理论模型图无法适配,则会出现以下提示讯息:The model was not successfully fitted. There is no graphics output(模型无法成功地适配数据,无法输出结果路径图)。

在前五个模型中,待检验的模型名称前的符号均没有变为"OK:",表示这五个理论模型均是无法估计的模型,模型无法收敛辨识。由于模型均无法与数据适配,所以结果模型图均无法呈现。此时,这些理论模型要加以修正,增列参数限制或删减参数限制。刚开始的参数限制若为最宽松模型,则要增列参数限制,逐渐成为最严苛的模型,后设参数限制模型与前设参数限制模型卡方值的差异 $= \Delta \chi^2 = \chi_B^2 - \chi_A^2 = \chi_{后设限制模型}^2 - \chi_{前设限制模型}^2$,自由度 $\Delta df = df_{后设限制模型} - df_{前设限制模型}$,模型差异临界比值为 $\chi_{(0.05, \Delta df)}^2$。若是模型卡方值差异显著性 p 值未达显著水平(p > 0.05),则接受虚无假设,表示后设参数限制模型与前设参数限制模型可视为相等模型。

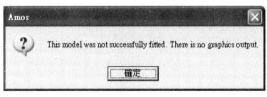

图 9-109

五、模型注解说明

(一)模型 A

Notes for Model（Unconstrained）

Computation of degrees of freedom（Unconstrained）

        Number of distinct sample moments： 56

Number of distinct parameters to be estimated： 35

        Degrees of freedom (56 -35)： 21

Result（Unconstrained）

The model is probably unidentified. In order to achieve identifiability, it will probably be necessary to impose 1 additional constraint.

在模型参数均没有限制的最宽松模型 A 中,样本矩提供的协方差独特元素(数据点数目)有 56 个,待估计的参数有 35 个,模型的自由度等于 21(=56 - 35)。由于模型无法识别,为了让模型可以识别估计,修正模型需要增列参数限制。当模型无法识别时,各模型的【Notes for Model】(模型注解)中会出现下列提示文字:The model is probably unidentified. In order to achieve identifiability, it will probably be necessary to impose X additional constraint.

(二)模型 B

Notes for Model（Measurement weights）

Computation of degrees of freedom（Measurement weights）

        Number of distinct sample moments： 56

Number of distinct parameters to be estimated： 31

        Degrees of freedom (56 -31)： 25

Result（Measurement weights）

The model is probably unidentified. In order to achieve identifiability, it will probably be necessary to impose 1 additional constraint.

在模型 B 中增列测量系数相等的限制,此模型待估计的参数有 31 个,模型的自由度变为 25,模型还是无法识别,为了让模型可以识别估计,修正模型需要增列参数限制。

(三) 模型 C

Notes for Model (Structural weights)

Computation of degrees of freedom (Structural weights)

        Number of distinct sample moments: 56

Number of distinct parameters to be estimated: 29

        Degrees of freedom (56 - 29): 27

Result (Structural weights)

The model is probably unidentified. In order to achieve identifiability, it will probably be necessary to impose 1 additional constraint.

在模型 C 中增列结构系数相等的限制,因而模型参数限制包括测量系数相等性、结构系数相等性的限制,此模型待估计的参数有 29 个,模型的自由度变为 27,模型还是无法识别,为了让模型可以识别估计,修正模型需要增列参数限制。

(四) 模型 D

Notes for Model (Structural covariances)

Computation of degrees of freedom (Structural covariances)

        Number of distinct sample moments: 56

Number of distinct parameters to be estimated: 26

        Degrees of freedom (56 - 26): 30

Result (Structural covariances)

The model is probably unidentified. In order to achieve identifiability, it will probably be necessary to impose 1 additional constraint.

在模型 D 中增列结构协方差相等性限制,因而参数限制包括测量系数相等性、结构系数相等性、结构协方差相等性的限制,此模型待估计的参数有 26 个,模型的自由度变为 30,模型还是无法识别,为了让模型可以识别估计,修正模型需要增列参数限制。

(五) 模型 E

Notes for Model (Structural residuals)

Computation of degrees of freedom (Structural residuals)

        Number of distinct sample moments: 56

Number of distinct parameters to be estimated: 25

        Degrees of freedom (56 - 25): 31

Result (Structural residuals)

The model is probably unidentified. In order to achieve identifiability, it will probably be necessary to impose 1 additional constraint.

在模型 E 中增列结构残差相等性限制(内因变量残差变量方差相等),因而参数限制包括测量系数相等性、结构系数相等性、结构协方差相等性、结构残差相等性的限制,此模型待估计的参数有 25 个,模型的自由度变为 31,模型还是无法识别,为了让模型可以识别估计,修正模型需要增列参数限制。

(六)模型 F

Notes for Model (Measurement residuals)

Computation of degrees of freedom (Measurement residuals)

```
            Number of distinct sample moments:  56
Number of distinct parameters to be estimated:  18
            Degrees of freedom (56 - 18):  38
```

Result (Measurement residuals)

Minimum was achieved

Chi-square = 74. 162

Degrees of freedom = 38

Probability level = . 000

　　在模型 E 中增列测量残差相等性限制(七个测量指标残差变量方差相等),因而参数限制包括测量系数相等性、结构系数相等性、结构协方差相等性、结构残差相等性、测量残差相等性的限制,此模型待估计的参数有 18 个,模型的自由度变为 38(= 56 - 18),模型可以估计,即将模型设定为五种参数限定条件后,模型可以识别,模型的卡方值等于74. 162,显著性 p = 0.000 < 0.05。模型的卡方值虽然达到显著水平,但由于群组的样本数较大,因而须参考其他适配度统计量来综合判断模型是否可以被接受。

　　模型 F(最严格限制模型)中男生群体非标准化估计值路径图如图 9-110,模型中没有出现负的误差方差,表示模型基本适配度合理。

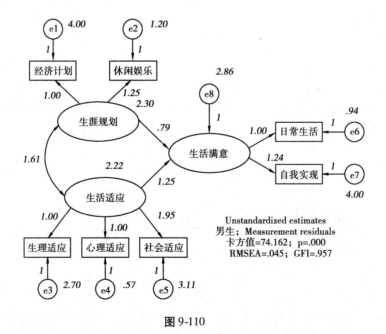

图 9-110

　　模型 F(最严格限制模型)中男生群体标准化估计值路径图如图 9-111,三个潜在变量的测量指标的因素负荷量在 0.60 至 0.96 之间。

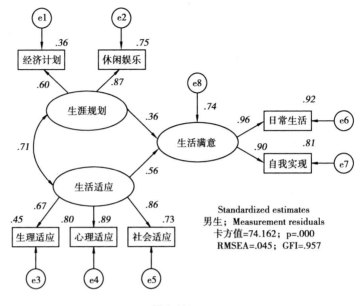

图 9-111

　　模型 F(最严格限制模型)中女生群体非标准化估计值路径图如图 9-112,模型中没有出现负的误差方差,表示模型基本适配度合理。女生群体非标准化估计值因果模型图与男生非标准化估计值因果模型图中的自由参数数值(包括回归系数、协方差、方差等)均相同。

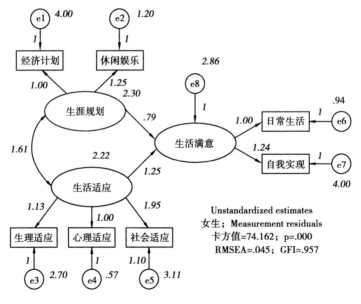

图 9-112

　　模型 F(最严格限制模型)中女生群体标准化估计值路径图如图 9-113,三个潜在变量的测量指标的因素负荷量在 0.60 至 0.96 之间。

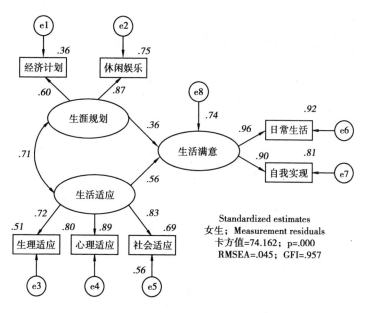

图 9-113

【模型适配度摘要表】Model Fit Summary

表 9-40 CMIN

Model	NPAR	CMIN	DF	P	CMIN/DF
Measurement residuals	18	74.162	38	.000	1.952
Saturated model	56	.000	0		
Independence model	14	2 153.217	42	.000	51.267

表 9-41 RMR, GFI

Model	RMR	GFI	AGFI	PGFI
Measurement residuals	.353	.957	.937	.650
Saturated model	.000	1.000		
Independence model	4.709	.334	.112	.251

表 9-42 Baseline Comparisons

Model	NFI Delta1	RFI rho1	IFI Delta2	TLI rho2	CFI
Measurement residuals	.966	.962	.983	.981	.983
Saturated model	1.000		1.000		1.000
Independence model	.000	.000	.000	.000	.000

表 9-43 Parsimony-Adjusted Measures

Model	PRATIO	PNFI	PCFI
Measurement residuals	.905	.874	.889
Saturated model	.000	.000	.000
Independence model	1.000	.000	.000

表 9-44   NCP

Model	NCP	LO 90	HI 90
Measurement residuals	36. 162	15. 535	64. 580
Saturated model	. 000	. 000	. 000
Independence model	2111. 217	1962. 934	2266. 845

表 9-45   FMIN

Model	FMIN	F0	LO 90	HI 90
Measurement residuals	. 159	. 078	. 033	. 139
Saturated model	. 000	. 000	. 000	. 000
Independence model	4. 621	4. 531	4. 212	4. 864

表 9-46   RMSEA

Model	RMSEA	LO 90	HI 90	PCLOSE
Measurement residuals	. 045	. 030	. 060	. 680
Independence model	. 328	. 317	. 340	. 000

表 9-47   AIC

Model	AIC	BCC	BIC	CAIC
Measurement residuals	110. 162	111. 638		
Saturated model	112. 000	116. 592		
Independence model	2181. 217	2182. 364		

表 9-48   ECVI

Model	ECVI	LO 90	HI 90	MECVI
Measurement residuals	. 236	. 192	. 297	. 240
Saturated model	. 240	. 240	. 240	. 250
Independence model	4. 681	4. 363	5. 015	4. 683

表 9-49   HOELTER

Model	HOELTER . 05	HOELTER . 01
Measurement residuals	337	386
Independence model	14	16

将上述模型适配度摘要表中相关适配度统计量整理如表 9-50：

表 9-50   多群组结构模型分析(模型 F)的整体模型适配度检验摘要表

统计检验量	适配的标准或临界值	检验结果数据	模型适配判断
绝对适配度指数			
χ^2 值	p > .05(未达显著水平)	74. 162(p = .000 < .05)	否
RMR 值	< 0. 05	0. 353	否
RMSEA 值	< 0. 08(若 < .05 优良； < .08 良好)	0. 045	是

续表

统计检验量	适配的标准或临界值	检验结果数据	模型适配判断
GFI 值	>.90 以上	0.957	是
AGFI 值	>.90 以上	0.937	是
增值适配度指数			
NFI 值	>.90 以上	0.966	是
RFI 值	>.90 以上	0.962	是
IFI 值	>.90 以上	0.983	是
TLI 值（NNFI 值）	>.90 以上	0.981	是
CFI 值	>.90 以上	0.983	是
简约适配度指数			
PGFI 值	>.50 以上	0.650	是
PNFI 值	>.50 以上	0.874	是
PCFI 值	>.50 以上	0.889	是
CN 值	>200	337	是
χ^2 自由度比	<2.00	1.952	是
AIC 值	理论模型值小于独立模型值,且同时小于饱和模型值	110.162 < 112.000 110.162 < 2181.217	是

在模型适配度统计量中,除卡方值与 RMR 值未达模型适配标准外,其余统计量均达到模型适配标准的指标,整体而言,多群组参数限制的全部不变性(full invariance)的模型可以被接受。

在之前五个模型中,群组参数并未全部加以限制,称为参数限制的部分不变性(partial invariance),若是部分不变性的参数限制模型无法被接受,研究者除进一步采用 Amos 内定的模型参数限制外,也可以自行增删参数的限制,群组参数的限制结果若是模型无法估计或辨识,研究者要再进行模型的修正。群组结构模型的参数限制,研究者也可以先从最严苛的模型开始,逐一删除参数限制的条件。

第六节 三个群组测量恒等性的检验

在一个包含计算、空间、推理、阅读、写作、词汇六个面向的中学生基本认知能力测验中,研究者想探究六个面向所包含的两个构念(共同因素)间的 CFA 模型是否在学校规模变量中具有复核效度存在,乃进行多群组的 CFA 分析。

原始数据文件中的"学校规模"变量为一个三分类别变量,水平数值 1 为大型学校、水平数值 2 为中型学校,水平数值 3 为小型学校。

假设模型三个群体的间断变量及变量水平数值设定如下:原始文件为"地区知能. sav"(以 SPSS 建文件的原始格式),三个群组名称分别为:大型学校、中型学校、小型学校,群体分组的名义变量名称为"学校规模",三个群体的水平数值编码分别为 1,2,3,每个群体有效样本数各有 145 个,全部样本观察值有 435 个。

Group Name	File	Variable	Value	N
大型学校	地区知能sav	学校规模	1	145/435
中型学校	地区知能sav	学校规模	2	145/435
小型学校	地区知能sav	学校规模	3	145/435

图 9-114

三个群组名称分别为大型学校、中型学校、小型学校,四个模型的名称分别为:【XX：Unconstrained】、【XX：Measurement weights】、【XX：Structural covariances】、【XX：Measurement residuals】。

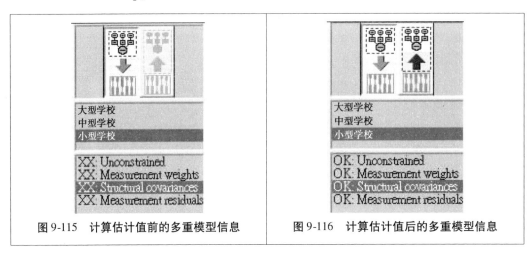

图 9-115　计算估计值前的多重模型信息	图 9-116　计算估计值后的多重模型信息

"大型学校"群体 CFA 测量模型图及参数标签名称设定如图 9-117：

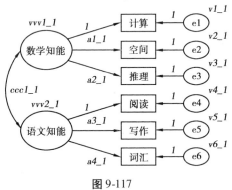

图 9-117

"中型学校"群体 CFA 测量模型图及参数标签名称设定如图 9-118：

"小型学校"群体 CFA 测量模型图及参数标签名称设定如图 9-119：

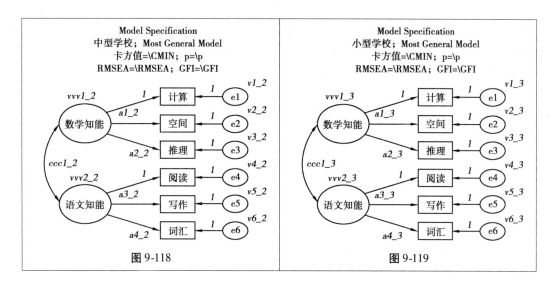

图 9-118   图 9-119

相关的参数说明如表 9-51：

表 9-51

参数名称	大型学校	中型学校	小型学校
潜在变量的协方差	ccc1_1	ccc1_2	ccc1_3
数学知能潜在变量的方差	vvv1_1	vvv1_2	vvv1_3
语文知能潜在变量的方差	vvv2_1	vvv2_2	vvv2_3
因素负荷量	a1_1 a2_1 a3_1 a4_1	a1_2 a2_2 a3_2 a4_2	a1_3 a2_3 a3_3 a4_3
测量误差项的方差	v1_1 v2_1 v3_1 v4_1 v5_1 v6_1	v1_2 v2_2 v3_2 v4_2 v5_2 v6_2	v1_3 v2_3 v3_3 v4_3 v5_3 v6_3

执行功能列【Analyze】(分析)/【Multiple-Group Analysis…】(多群组分析)程序，或按工具箱 【Multiple-Group Analysis】图像钮，开启【Multiple-Group Analysis…】对话窗口。

在开启【Multiple-Group Analysis…】对话窗口之前，Amos 会先呈现以下的提示语：The program will remove any models that you have added to the list of models at the left-hand side of the path diagram. It may also modify your parameter constraints(这个指令会移除您原先在路径图左方增列的所有模型，并修改参数限制)。→按【确定】钮。

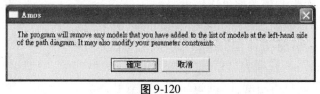

图 9-120

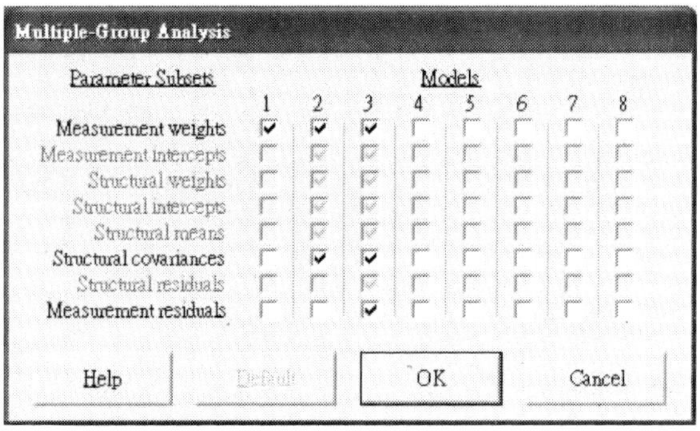

图 9-121

在【Multiple-Group Analysis...】对话窗口中,模型 1 为设定群组测量系数相等;模型 2 为设定群组测量系数相等、群组的结构协方差相等;模型 3 为设定群组测量系数相等、群组的结构协方差相等、群组的测量误差相等。其中模型 3 为测量恒等性最严格限制模型,而模型 1 为较为宽松限制模型,只限定三个群组的指标变量在两个潜在构念的因素负荷量相等。

三个限制参数模型在【Parameter Constraints】方格中界定的参数限制条件如下:

表 9-52

Measurement weights	Structural covariances	Measurement residuals
a1_1 = a1_2 = a1_3	a1_1 = a1_2 = a1_3	a1_1 = a1_2 = a1_3
a2_1 = a2_2 = a2_3	a2_1 = a2_2 = a2_3	a2_1 = a2_2 = a2_3
a3_1 = a3_2 = a3_3	a3_1 = a3_2 = a3_3	a3_1 = a3_2 = a3_3
a4_1 = a4_2 = a4_3	a4_1 = a4_2 = a4_3	a4_1 = a4_2 = a4_3
	ccc1_1 = ccc1_2 = ccc1_3	ccc1_1 = ccc1_2 = ccc1_3
	vvv1_1 = vvv1_2 = vvv1_3	vvv1_1 = vvv1_2 = vvv1_3
	vvv2_1 = vvv2_2 = vvv2_3	vvv2_1 = vvv2_2 = vvv2_3
		v1_1 = v1_2 = v1_3
		v2_1 = v2_2 = v2_3
		v3_1 = v3_2 = v3_3
		v4_1 = v4_2 = v4_3
		v5_1 = v5_2 = v5_3
		v6_1 = v6_2 = v6_3

按工具箱【Calculate estimates】▦图像钮,若模型界定没有错误或模型可以估计,则【Models】方盒中会于模型名称前出现【OK:】。三个限制参数模型:【XX:Measurement weights】、【XX:Structural covariances】、【XX:Measurement residuals】均出现模型可以识别讯息:【OK:Measurement weights】、【OK:Structural covariances】、【OK:Measurement residuals】,表示三个限制模型均可以估计。

在参数限制中以模型 3 Measurement residuals(测量残差)最为严格,若此模型可以被接受,表示此基本知能测验工具对不同学校规模的中学生而言,具有测量恒等性(measurement invariance),研究者所提的测量模型在大型学校、中型学校、小型学校三个不同类型学校样本间具有不变性(invariant)或恒等性(equivalent)。

从非标准化测量模型估计量可以看出,大型学校、中型学校、小型学校三类样本在测量模型中的因素负荷量界定均相同,除固定参数外,空间、推理、写作、词汇四个指标变量的因素负荷量均为 0.55,1.40,1.31,2.33;数学知能、语文知能两个潜在因素构念的协方差为 6.25,个别方差分别为 18.77,7.71,六个指标变量的误差项的方差分别为 28.64,14.11,31.41,3.01,6.88,18.72。

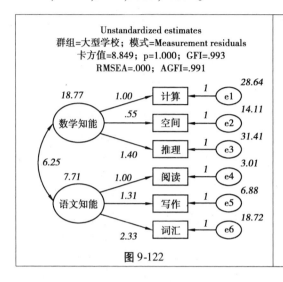

图 9-122

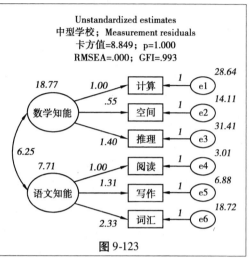

图 9-123

设定群组测量系数相等、结构协方差相等、测量误差相等的测量残差模型,卡方值为 8.849,显著性概率值 p = 1.000 > 0.05,接受虚无假设,表示模型可以被接受。而 RMSEA 值 = 0.000 < 0.080,GFI 值 = 0.993 > 0.900,表示假设测量模型与样本数据是契合的。严格限制模型的测量模型在三个群体间具有测量恒等性。

未限制参数模型、测量系数模型、结构协方差模型、测量残差模型的多群组分析的部分整体适配度统计值如表 9-53:

Model Fit Summary

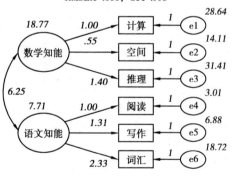

图 9-124

表 9-53　CMIN

Model	NPAR	CMIN	DF	P	CMIN/DF
Unconstrained	39	8.387	24	.999	.349
Measurement weights	31	8.474	32	1.000	.265
Structural covariances	25	8.681	38	1.000	.228
Measurement residuals	13	8.849	50	1.000	.177
Saturated model	63	.000	0		
Independence model	18	914.546	45	.000	20.323

三个参数限制模型的卡方值分别为 8.474,8.681,8.849,模型自由度分别为 32,38,

50,显著性概率值 p 分别为 $1.000(p>0.05)$,$1.000(p>0.05)$,$1.000(p>0.05)$,均未达到 0.05 显著水平,接受虚无假设,表示模型可以被接受。三个模型的卡方与自由度的比值分别为 0.265,0.228,0.177,均小于 2.000,表示三个模型是合适的。

表 9-54　AIC

Model	AIC	BCC	BIC	CAIC
Unconstrained	86.387	90.372		
Measurement weights	70.474	73.642		
Structural covariances	58.681	61.236		
Measurement residuals	34.849	36.177		
Saturated model	126.000	132.438		
Independence model	950.546	952.385		

从 AIC 指标值与 BCC 指标值来看,Measurement weights,Structural covariances,Measurement residuals 三个模型的 AIC 值分别为 70.474,58.681,34.849,BCC 值分别为 73.642,61.236,36.177,就模型选优(competing models)而言,三个模型的多群组测量恒等性虽然都是适配的,但相较之下,以 Measurement residuals 界定方式的模型最佳。

表 9-55　ECVI

Model	ECVI	LO 90	HI 90	MECVI
Unconstrained	.200	.236	.236	.209
Measurement weights	.163	.218	.218	.170
Structural covariances	.136	.204	.204	.142
Measurement residuals	.081	.176	.176	.084
Saturated model	.292	.292	.292	.307
Independence model	2.200	1.981	2.436	2.205

从 ECVI 指标值与 MECVI 指标值来看,Measurement weights,Structural covariances,Measurement residuals 三个模型的 ECVI 值分别为 0.163,0.136,0.081,MECVI 值分别为 0.170,0.142,0.084,就模型选优(competing models)而言,三个模型的多群组测量恒等性虽然都是适配的,但相较之下,以 Measurement residuals 界定方式的模型最佳,因为其 ECVI 指标值与 MECVI 指标值最小,表示模型适配度的波动性最小。嵌套模型比较摘要表如下:

表 9-56　Nested Model Comparisons Assuming model Unconstrained to be correct:

Model	DF	CMIN	P	NFI Delta-1	IFI Delta-2	RFI rho-1	TLI rho2
Measurement weights	8	.087	1.000	.000	.000	-.004	-.004
Structural covariances	14	.294	1.000	.000	.000	-.006	-.006
Measurement residuals	26	.462	1.000	.001	.001	-.008	-.009

表 9-57　Assuming model Measurement weights to be correct:

Model	DF	CMIN	P	NFI Delta-1	IFI Delta-2	RFI rho-1	TLI rho2
Structural covariances	6	.207	1.000	.000	.000	-.002	-.002
Measurement residuals	18	.375	1.000	.000	.000	-.004	-.005

表9-58 Assuming model Structural covariances to be correct：

Model	DF	CMIN	P	NFI Delta-1	IFI Delta-2	RFI rho-1	TLI rho2
Measurement residuals	12	.168	1.000	.000	.000	-.003	-.003

表9-56,9-57,9-58为嵌套模型比较摘要表(Nested Model Comparisons)。以测量系数为基准模型为例,假定测量系数为正确的模型,结构协方差模型增加的卡方值 = 8.681 - 8.474 = 0.207,卡方值增加量显著性检验的 p 值 = 1.000 > 0.05,接受虚无假设,增加的卡方值未达 0.05 显著水平,两个模型可视为相等模型。测量残差模型增加的卡方值 = 8.849 - 8.474 = 0.375,卡方值增加量显著性检验的 p 值 = 1.000 > 0.05,接受虚无假设,增加的卡方值未达 0.05 显著水平,两个模型可视为相等模型,若测量系数具有跨群组效度,则结构协方差模型与测量残差模型也具有跨群组效度。

第七节 多群组路径分析

在一个影响成年人生活满意度的路径分析中,研究者认为成年人的"薪资所得""身体健康""社会参与"三个外因变量会影响成年人的家庭幸福,而成年人的"薪资所得""身体健康""社会参与""家庭幸福"四个外因变量会影响成年人的生活满意,其中家庭幸福变量是一个中介变量。

研究假设的路径分析模型图如下:

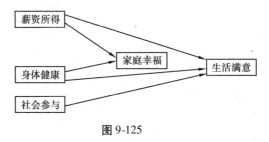

图 9-125

假设模型图绘制于 Amos 中,三个外因变量要增列共变关系,而作为内因变量(效标变量)者要增列误差变量。

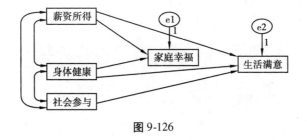

图 9-126

一、绘制模型图与读入数据文件

在 Amos Graphics 中绘制上述模型图,按工具箱【Select data files】(选择数据文件)▒图像钮,选取原始数据文件"生活满意. sav"→按工具箱【List variable in data set】(列出数据集中的项)▦图像钮,将外因变量、内因变量、中介变量选入相对应观察变量的方框中→按工具箱【Object properties】(对象属性)▦图像钮,设定两个内因变量的误差项的变量名称。

二、增列群组及设定群组名称

执行功能列【Analyze】(分析)/【Manage Groups …】(管理模型),开启【Manage Groups】对话窗口,在【Group Name】(群组名称)下的方格中将默认值"Group number1"改为"男生群体"→按【New】(新增)钮,在【Group Name】(群组名称)下的方格中将默认值"Group number2"改为"女生群体"→按【Close】(关闭)钮。

设定完两个群组及群组名称后,于【Groups】(群组)方盒中会呈现两个群组的名称:男生群体、女生群体,此时由于尚未执行多群组分析程序,因而两个模型图没有对象或变量的参数标签名称。

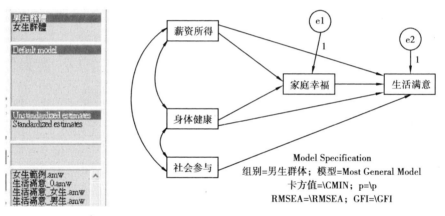

图 9-127

三、设定两个群组数据文件变量与变量水平

在按工具箱【Select data files】▦图像钮,读入原始数据文件"生活满意. sav"后,其内定为第一个群组的数据文件,若是之后再增列群组,则增列群组(女生群体)的数据文件在【Data Files】(数据文件)对话窗口中【File】栏会呈现"＜working＞讯息,此讯息表示新增列的群组尚未选取数据文件,而第一个群体在【Variable】(变量)、【Value】(数值)栏均为空白,表示尚未选取群组变量及变量的水平数值。

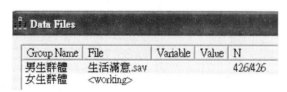

图 9-128

群组变量在原始数据文件中的目标变量为"性别",性别变量为一个二分类别变量,其水平数值编码 1 为男生、编码 2 为女生。男生群体的分组变量及群组数值设定完后如图 9-129,其中男生样本数有 213 个,全部样本观察值有 426 个。

图 9-129　　　　　　　　　　　　　　　　图 9-130

选取女生群体,依次按【File Name】(文件名称)钮、【Grouping Variable】(分组变量)钮、【Group Value】(群组数值)钮选取数据文件,性别分组变量及变量的水平数值,女生群体的样本有 213 个。

四、执行多群组分析

执行功能列【Analyze】(分析)/【Multiple-Group Analysis】(多群组分析)程序,开启【Multiple-Group Analysis】对话窗口,可以界定的模型有三个:设定结构系数相等、增列结构协方差相等、增列结构残差相等。

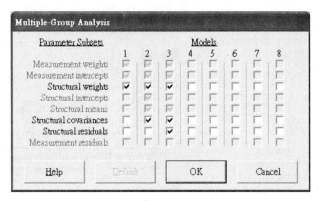

图 9-131

三个参数限制模型的参数限制如表 9-59:

表 9-59

Unconstrained	Structural weights	Structural covariances	Structural residuals
	b1_1 = b1_2 b2_1 = b2_2 b3_1 = b3_2 b4_1 = b4_2 b5_1 = b5_2 b6_1 = b6_2	b1_1 = b1_2 b2_1 = b2_2 b3_1 = b3_2 b4_1 = b4_2 b5_1 = b5_2 b6_1 = b6_2	b1_1 = b1_2 b2_1 = b2_2 b3_1 = b3_2 b4_1 = b4_2 b5_1 = b5_2 b6_1 = b6_2
		ccc1_1 = ccc1_2 ccc2_1 = ccc2_2 ccc3_1 = ccc3_2 vvv1_1 = vvv1_2 vvv2_1 = vvv2_2 vvv3_1 = vvv3_2	ccc1_1 = ccc1_2 ccc2_1 = ccc2_2 ccc3_1 = ccc3_2 vvv1_1 = vvv1_2 vvv2_1 = vvv2_2 vvv3_1 = vvv3_2
			vv1_1 = vv1_2 vv2_1 = vv2_2

两个群体的参数标签名称如下,此为执行多群组分析程序后,Amos 预设的参数标签名称,使用者也可以开启【对象属性】(Object Properties)对话窗口切换到【参数】(Parameters)对话盒,进行参数名称的修改。更改完参数标签名称后,要重新执行功能列【Analyze】/【Multiple-Group Analysis】程序,否则原先有参数限制的模型可能会出现错误讯息。

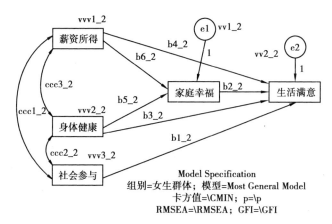

图 9-132

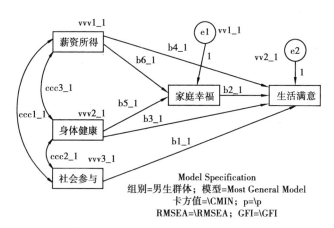

图 9-133

五、计算估计值

计算估计值前要先设定报表输出的相关统计量,按工具箱【Analysis Properties】(分析属性)图像钮,切换到【Output】(输出结果)标签页,勾选各统计量选项。

按工具箱【Calculate estimates】(计算估计值)图像钮,三个参数限制模型及原先的未界定参数限制模型均可以辨识,四个模型皆可以估计。

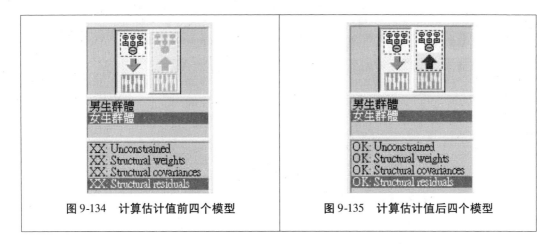

| 图 9-134 计算估计值前四个模型 | 图 9-135 计算估计值后四个模型 |

六、输出结果

两个群组六组路径系数皆设定为相同时(结构系数模型),男生群体、女生群体非标准化估计值因果路径图如图 9-136,9-137:

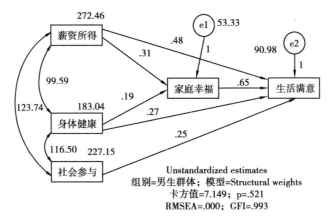

图 9-136

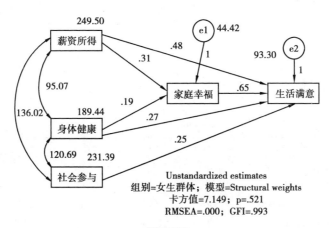

图 9-137

两个群组六组路径系数皆设定为相同时,男生群体、女生群体标准化估计值因果路径图如图 9-138,9-139,两个群组的标准化路径系数皆为正数,与原先理论架构相符合。

在男生群体中，"薪资所得""身体健康""社会参与"三个外因变量对家庭幸福内因变量的多元相关系数平方(R^2)等于 0.48，"薪资所得""身体健康""社会参与""家庭幸福"四个变量对生活满意内因变量的多元相关系数平方(R^2)等于 0.76。

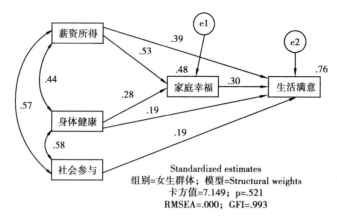

图 9-138

在女生群体中，"薪资所得""身体健康""社会参与"三个外因变量对家庭幸福内因变量的多元相关系数平方(R^2)等于 0.45，"薪资所得""身体健康""社会参与""家庭幸福"四个变量对生活满意内因变量的多元相关系数平方(R^2)等于 0.77。

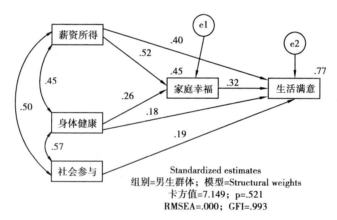

图 9-139

模型适配度统计量如后：

Model Fit Summary

表 9-60   CMIN

Model	NPAR	CMIN	DF	P	CMIN/DF
Unconstrained	28	1.691	2	.429	.845
Structural weights	22	7.149	8	.521	.894
Structural covariances	16	9.649	14	.787	.689
Structural residuals	14	11.422	16	.783	.714
Saturated model	30	.000	0		
Independence model	10	1219.584	20	.000	60.979

Unconstrained，Structural weights，Structural covariances，Structural residuals 四个模型的卡方值分别为 1.691,7.149,9.649,11.422，自由度分别为 2,8,14,16，显著性概率值 p 分别为 0.429(p > 0.05),0.521(p > 0.05),0.787(p > 0.05),0.783(p > 0.05)，均未达到 0.05 显著水平，接受虚无假设，表示四个模型均是适配的。四个模型的卡方自由度比值分别为 0.845,0.894,0.689,0.714，均小于 2.000，表示四个模型均是合适的。

表 9-61　RMR, GFI

Model	RMR	GFI	AGFI	PGFI
Unconstrained	1.723	.998	.976	.067
Structural weights	5.870	.993	.975	.265
Structural covariances	6.001	.991	.981	.462
Structural residuals	5.665	.989	.980	.528
Saturated model	.000	1.000		
Independence model	117.451	.409	.113	.273

Unconstrained，Structural weights，Structural covariances，Structural residuals 四个模型的 GFI 值、AGFI 值均大于 0.900，表示四个模型与观察数据是契合的。

表 9-62　Baseline Comparisons

Model	NFI Delta1	RFI rho1	IFI Delta2	TLI rho2	CFI
Unconstrained	.999	.986	1.000	1.003	1.000
Structural weights	.994	.985	1.001	1.002	1.000
Structural covariances	.992	.989	1.004	1.005	1.000
Structural residuals	.991	.988	1.004	1.005	1.000
Saturated model	1.000		1.000		1.000
Independence model	.000	.000	.000	.000	.000

Unconstrained，Structural weights，Structural covariances，Structural residuals 四个模型的 NFI 值、RFI 值、IFI 值、TLI 值、CFI 值均大于 0.900，表示四个模型与观察数据是适配的。

表 9-63　RMSEA

Model	RMSEA	LO 90	HI 90	PCLOSE
Unconstrained	.000	.000	.092	.715
Structural weights	.000	.000	.053	.935
Structural covariances	.000	.000	.032	.996
Structural residuals	.000	.000	.031	.997
Independence model	.376	.358	.394	.000

Unconstrained，Structural weights，Structural covariances，Structural residuals 四个模型的 RMSEA 值均小于 0.05，表示四个模型与观察数据是契合的。

表 9-64   AIC

Model	AIC	BCC	BIC	CAIC
Unconstrained	57.691	59.322		
Structural weights	51.149	52.431		
Structural covariances	41.649	42.581		
Structural residuals	39.422	40.237		
Saturated model	60.000	61.748		
Independence model	1239.584	1240.167		

表 9-65   ECVI

Model	ECVI	LO 90	HI 90	MECVI
Unconstrained	.136	.137	.154	.140
Structural weights	.121	.123	.145	.124
Structural covariances	.098	.108	.122	.100
Structural residuals	.093	.104	.119	.095
Saturated model	.142	.142	.142	.146
Independence model	2.924	2.662	3.202	2.925

因为 Unconstrained,Structural weights,Structural covariances,Structural residuals 四个模型均是适配的模型,若是以竞争模型策略(competing models strategy)的观点,在四个备选模型(alternative models)中要选择一个最好的模型,可以根据 AIC 指标值与 ECVI 指标值来判断。四个模型的 AIC 指标值分别为 57.691,51.149,41.649,39.422,根据 AIC 指标值准则,以 Structural residuals 模型最佳;四个模型的 ECVI 指标值分别为 0.136,0.121, 0.098,0.093,根据 ECVI 指标值准则,以 Structural residuals 模型最佳。因而若就选优与模型竞争比较而言,四个适配的模型中,以结构残差(Structural residuals)模型最佳,此假设模型与样本数据最为适配。

表 9-66   HOELTER

Model	HOELTER(.05)	HOELTER(.01)
Unconstrained	1504	2311
Structural weights	921	1193
Structural covariances	1042	1282
Structural residuals	978	1189
Independence model	12	15

表 9-67   Nested Model Comparisons

Assuming model Unconstrained to be correct:

Model	DF	CMIN	P	NFI Delta-1	IFI Delta-2	RFI rho-1	TLI rho2
Structural weights	6	5.458	.487	.004	.004	.001	.001
Structural covariances	12	7.958	.788	.007	.007	−.003	−.003
Structural residuals	14	9.731	.782	.008	.008	−.002	−.002

表 9-67 为嵌套模型比较摘要表。假定未限制参数模型是正确的,Structural weights,Structural covariances,Structural residuals 三个模型的增加卡方值($\Delta\chi^2$)分别为 5.458(= 7.149 - 1.691),7.958(= 9.469 - 1.691),9.731(= 11.422 - 1.691),增加量显著性 p 值分别为 0.487(p > 0.05),0.788(p > 0.05),0.782(p > 0.05),均未达 0.05 显著水平,而四个增值适配指标量的变化值或增加量均很小,表示三个参数限制模型与参数未限制模型的特性可视为相同,由于参数未限制模型的群组路径模型图是适配的,三个限制参数模型的群组路径模型图也是适配的。

表 9-68　Assuming model Structural weights to be correct:

Model	DF	CMIN	P	NFI Delta-1	IFI Delta-2	RFI rho-1	TLI rho2
Structural covariances	6	2.500	.869	.002	.002	- .003	- .003
Structural residuals	8	4.272	.832	.004	.004	- .003	- .003

表 9-69　Assuming model Structural covariances to be correct:

Model	DF	CMIN	P	NFI Delta-1	IFI Delta-2	RFI rho-1	TLI rho2
Structural residuals	2	1.773	.412	.001	.001	.000	.000

第十章 多群组结构平均数的检验

在单一群体的因素分析模型中很少假定共同因素模型中变量平均数的关系,但在多群组 CFA 模型中由于研究者同时分析多个群组,因而也可以估计群体间共同因素平均数的差异,以第九章国中学生男女生基本认知能力(后文均简称"知能")的 CFA 模型为例,研究者可以估计两个群体的两个个别共同因素构念的平均数间的差异是否达到显著;若是将两个群体在基本知能相对应的共同因素设定为相等,CFA 理论模型是否可以被接受。

在群组潜在变量的平均数与截距项的估计中常见的设定有三种:①将各群组潜在变量的平均数设为某一固定数值,Amos 的默认值为 0;或将某一群组潜在变量的平均数界定为 0,其他群组相对应的参数则设为自由参数;②模型中各群组的每一指标变量的截距项设为等同;③模型中各群组的每一指标变量测量系数设为等同。之所以将一组潜在变量的平均数界定为 0,是因为潜在变量是不可观察的变量,不像测量变量一样有真正的测量尺度,没有单位也没有原点,将某一群组的潜在变量限制为 0,其他群组相对应的潜在变量的平均数可以估计,如将男生群体的潜在构念固定为 0,表示以男生为基准,女生群体相对应的潜在变量的平均数比男生群体大时,估计的平均值会呈现正值;相对的,女生群体的平均数比男生群体小时,估计的平均值会呈现负值。

勾选潜在平均结构的平均数与截距项后,模型中出现相关的参数符号界定有以下几种(Byrne , 2001):

1.[a,0]:平均数(标签名称为 a)为自由估计参数,方差限制为 0。

2.[0,1]:平均数限制为 0(一个固定数值),方差限制为 1.0。

3.[0,]:平均数限制为 0,没有标签名称的方差为自由估计参数。

4.[,1]:没有标签名称的平均数为自由估计参数,方差限制为 1.0。

有关平均数的估计与检验假设的基本理念以下述高社经地位群体、低社经地位群体的假设模型图为例:

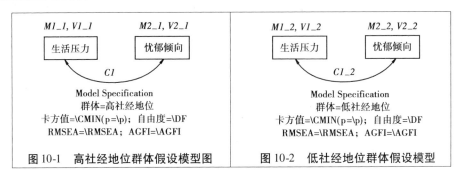

图 10-1　高社经地位群体假设模型图　　图 10-2　低社经地位群体假设模型

一、SPSS 数据文件

原始 SPSS 数据文件变量名称与部分数据格式如图 10-3：

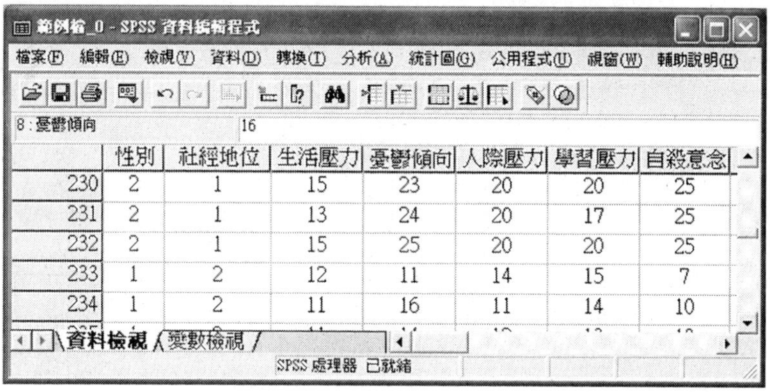

	性别	社經地位	生活壓力	憂鬱傾向	人際壓力	學習壓力	自殺意念
230	2	1	15	23	20	20	25
231	2	1	13	24	20	17	25
232	2	1	15	25	20	20	25
233	1	2	12	11	14	15	7
234	1	2	11	16	11	14	10

图 10-3

在【SPSS 数据编辑程序】窗口中，性别变量为二分名义变量，水平数值 1 为男生、水平数值 2 为女生；社经地位变量为二分名义变量，水平数值 1 为高社经地位群体、水平数值 2 为低社经地位群体。

【Groups】（群组）方盒中的两个群组名称分别为"高社经地位""低社经地位"。按工具箱【Select data files】（选择数据文件）图像钮▦，开启【Data Files】（数据文件）对话窗口，设定两个群体的分组变量名称及变量水平数值。

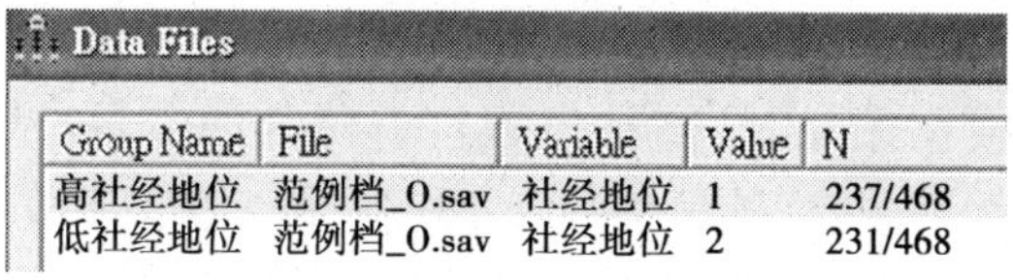

Group Name	File	Variable	Value	N
高社经地位	范例档_O.sav	社经地位	1	237/468
低社经地位	范例档_O.sav	社经地位	2	231/468

图 10-4

二、设定平均数参数

在 Amos 参数标签名称的设定中并没有包括变量的平均数，如要估计模型的平均数与截距，在设定群组模型参数标签名称前要先进行下列界定：执行功能列【View】（浏览）/【Analysis Properties】（分析属性），开启【Analysis Properties】对话窗口，切换到【Estimation】（估计）对话盒，勾选【Estimate means and intercepts】（估计平均数与截距）选项→按右上角【×】关闭钮。

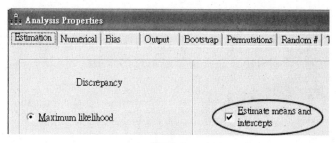

图 10-5

三、范例一模型 A

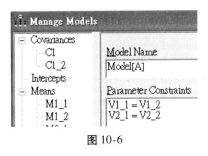

图 10-6

在这一范例中,分组变量为社经地位。在高社经地位群体中,外因变量"生活压力"的平均数参数名称为 M1_1,方差参数名称为 V1_1;"忧郁倾向"的平均数参数名称为 M2_1,方差参数名称为 V2_1。在低社经地位群体中,外因变量"生活压力"的平均数参数名称为 M1_2,方差参数名称为 V1_2;"忧郁倾向"的平均数参数名称为 M2_2,方差参数名称为 V2_2。模型[A]的参数限制为两个群体外因变量的方差相等,对于两个群体外因变量的平均数则不予限制。

按功能列【Analyze】(分析)/【Calculate Estimates】(计算估计值)程序,模型[A]可以顺利估计收敛,两个群体非标准化估计值模型图如图 10-7,10-8:

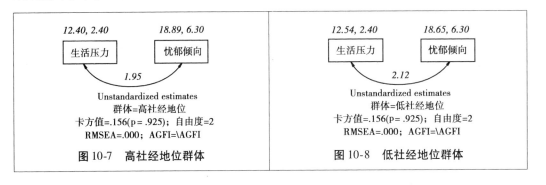

图 10-7　高社经地位群体　　　　图 10-8　低社经地位群体

非标准化估计值模型图显示:高社经地位群体外因变量"生活压力"的平均数为 12.40,方差为 2.40;"忧郁倾向"的平均数为 18.89,方差为 6.30。低社经地位群体外因变量"生活压力"的平均数为 12.54,方差为 2.40;"忧郁倾向"的平均数为 18.65,方差为 6.30。两个群体在两个外因变量的方差均为 2.40,6.30,因为模型[A]假定两个群体的外因变量的方差相等(方差限制为相等值),整体模型的自由度等于 2,适配度的卡方值为 0.156,显著性概率值 p = 0.925 > 0.05,接受虚无假设,表示限制两个群体方差相等的假设模型[A]可以获得支持。

多群组分析中,样本协方差矩阵提供的独特元素(数据点数目) $= \frac{1}{2}k(k+1)N +$ 变量均值的个数,其中:N 为组数,k 为观测变量的个数,变量均值的个数要乘以组数。例如,有两个观测变量,两组,要估计均值与截距,则数据点数目是 $\frac{1}{2} \times 2 \times (2+1) \times 2 + 2 \times 2 = 10$。模型中待估计的参数有 C1,C1_2,M1_1,M2_1,M1_2,M2_2,V1_1(= V1_2),V2_1(= V2_2)共 8 个,两个限制为相等的参数只须估计一个,因而虽是两个不同参数标签名称,实际只有一个待估计的自由参数。模型自由度等于 10 - 8 = 2。

表 10-1 Computation of degrees of freedom（Model[A]）

Number of distinct sample moments：	10
Number of distinct parameters to be estimated：	8
Degrees of freedom（10 − 8）：	2

四、范例一模型 B

假定模型[A]是正确的（因为模型[A]是合适的），研究者进一步考虑进行较严格的假设,假定两个群组相对应外因变量的平均数相等,即外因变量"生活压力"的平均数参数 M1_1 = M1_2,"忧郁倾向"的平均数参数 M2_1 = M2_2。模型[B]限定两个群组相对应外因变量的方差相等,平均数也相等。

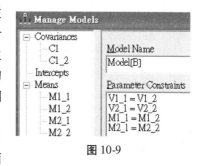

图 10-9

按功能列【Analyze】（分析）/【Calculate Estimates】（计算估计值）程序,模型[B]可以顺利估计收敛,两个群体非标准化估计值模型图如图 10-10,10-11：

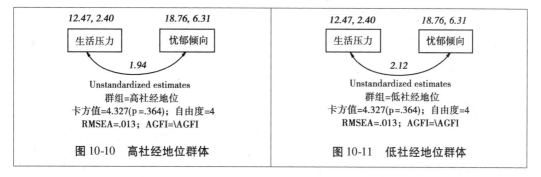

图 10-10 高社经地位群体

图 10-11 低社经地位群体

非标准化估计值模型图显示:高社经地位群体外因变量"生活压力"的平均数为 12.47,方差为 2.40;"忧郁倾向"的平均数为 18.76,方差为 6.31。低社经地位群体外因变量"生活压力"的平均数为 12.47,方差为 2.40;"忧郁倾向"的平均数为 18.76,方差为 6.31。两个群体在两个外因变量的方差均为 2.40,6.31;两个外因变量的平均数均为 12.47,18.76。参数估计结果显示模型[B]除假定两个群体的外因变量的方差相等（方差限制为相等值）外,也限制两个相对应外因变量的平均数相等。

整体模型的自由度等于 4,适配度的卡方值为 4.327,显著性概率值 p = 0.364 > 0.05,接受虚无假设,表示限制两个群体方差相等、平均数相等的假设模型[B]可以获得支持,也可以被接受。

模型[A]与模型[B]多群体平均数的差异检验类似传统多变量方差分析（MANOVA）,以 SPSS 执行独立样本 t 检验结果,可以发现:"生活压力"变量在两个群体的方差同质、平均数差异的检验未达 0.05 显著水平（t = −0.977,p = 0.329 > 0.05）;"忧郁倾向"变量在高、低社经地位两个群体的方差符合同质性假定,平均数差异的检验未达 0.05 显著水平（t = 1.019,p = 0.309 > 0.05）。SPSS 执行独立样本 t 检验结果如表 10-2：

表 10-2

		方差相等的 Levene 检验		平均数相等的 t 检验			
		F 检验	显著性	t	自由度	显著性	平均差异
生活压力	假设方差相等	.011	.918	-.977	466	.329	-.140
	不假设方差相等			-.977	466.000	.329	-.140
忧郁倾向	假设方差相等	.134	.714	1.019	466	.309	.237
	不假设方差相等			1.019	465.792	.309	.237

　　方差同质性检验结果,高低社经地位两个群体在"生活压力"变量的方差相等(F = 0.011,p = 0.918 > 0.05),在"忧郁倾向"变量的方差相等(F = 0.134,p = 0.714 > 0.05),SEM 模型中设定两个群体方差相等的假定会获得支持(卡方值不显著)。高低社经地位两个群体在"生活压力"变量、"忧郁倾向"变量的平均数差异检验均没有达到显著,表示两个群体在"生活压力"变量的平均数差异显著等于 0,在"忧郁倾向"变量的平均数差异也显著等于 0,SEM 模型中设定两个群体在两个观察变量平均数相等的假定会获得支持。SEM 对于多群体平均数的相等性检验,类似 MANOVA 的统计程序,多个检验变量中若有一个以上变量的平均数达到显著水平,则 MANOVA 的 Λ 值会达到显著水平;亦即 MANOVA 检验中的 Λ 值统计量达到显著水平,表示至少有一个因变量的群组差异达到显著,此时平均数相等性限制的 SEM 模型的卡方值会达到显著水平,假设模型无法被接受。

五、范例二模型 A

　　第二个范例中,分组变量为性别,性别变量中水平数值 1 为男生、水平数值 2 为女生。

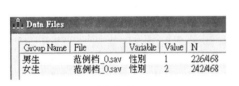

图 10-12

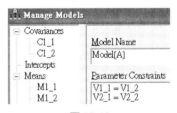

图 10-13

　　模型[A]中假定群体相对应外因变量的方差相等(独立样本方差同质性假定),非标准化估计值模型图如图 10-14,10-15:

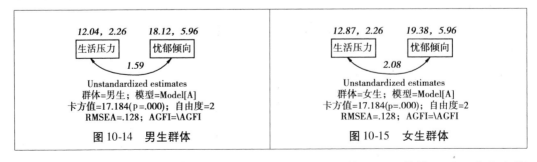

　　假定群体相对应外因变量的方差相等,模型的自由度等于 2,整体模型适配度卡方值为 17.184,显著性概率值 p = 0.000 < 0.05,拒绝虚无假设,表示模型[A]是错误的,模型检验结果无法被接受。

六、范例二模型 B

由于外因变量方差同质性检验结果无法被接受,因而模型[B]只限定相对应外因变量的平均数参数相等。

模型[B]中假定群体相对应外因变量的平均数相等,非标准化估计值模型图如图 10-17,10-18:

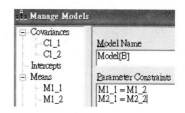

图 10-16

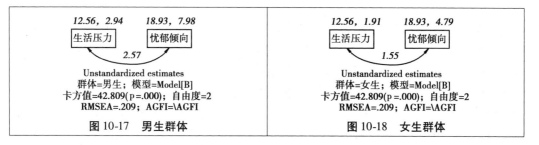

图 10-17　男生群体　　　　　　图 10-18　女生群体

假定群体相对应外因变量的平均数相等(生活压力变量的平均数为 12.56,忧郁倾向变量的平均数为18.93),模型的自由度等于 2,整体模型适配度卡方值为 42.809,显著性概率值 p = 0.000 < 0.05,拒绝虚无假设,表示模型[B]是错误的,模型检验结果无法被接受。模型[B]平均数相等性假定模型无法被接受,表示至少有一个变量的平均数在两个群体中有显著的不同,或是至少有一个变量的群组平均数的差异值显著不等于 0。

从 SPSS 执行独立样本 t 检验报表(表 10-3)中可以发现:男生、女生群体在生活压力变量的方差不符合同质性假定;男生、女生群体在忧郁倾向变量的方差不符合同质性假定。男生、女生群体在生活压力变量的平均数有显著差异(t = - 5.974, p = 0.000 < 0.05),在忧郁倾向变量的平均数也有显著差异(t = - 5.571, p = 0.000 < 0.05)。因而设定群体平均数相等的 SEM 模型是错误的,SEM 假设模型与样本数据无法契合。

表 10-3

		方差相等的 Levene 检验		平均数相等的 t 检验			
		F 检验	显著性	t	自由度	显著性(双尾)	平均差异
生活压力	假设方差相等	5.836	.016	- 6.013	466	.000	- .832
	不假设方差相等			- 5.974	436.992	.000	- .832
忧郁倾向	假设方差相等	8.048	.005	- 5.616	466	.000	- 1.265
	不假设方差相等			- 5.571	428.242	.000	- 1.265

第一节　结构平均数的操作程序

结构平均数或称潜在平均结构(latent mean structures)为增列模型参数的估计截距项与平均数,截距项参数为指标变量或内因潜在变量,平均数参数为潜在变量或作为外因变量的潜在变量。其操作程序与多群组分析类同,只是多了估计平均数与截距项。

【研究问题】

在一项中学生学习成就测验评量中,研究者想探究学习成就构念的 CFA 模型在男生、女生两个群体是否有显著的不同,共同因素构念四个科目(语文、英语、数学、理化)的测量指标变量分别为 X1,X2,X3,X4,测量指标值为受试者在四个科目的成绩,共同因素称为"学业表现"。

一、绘制理论模型与设定模型变量

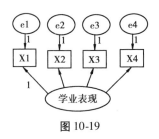

图 10-19

二、增列群组与群组的变量水平数值

研究者根据 CFA 理论模型绘制假设模型图,开启数据文件"学业表现.sav",设定共同因素、误差变量与读入测量指标变量后,设定性别变量两个群组:男生、女生,在【Data Files】对话窗口中,分别设定两个群组的共同名义变量及样本水平数值编码。群组的共同名义变量为性别,其水平数值 1 为男生、水平数值 2 为女生,男生样本有 237 个,女生样本有 231 个,全部样本观察值有 468 个。

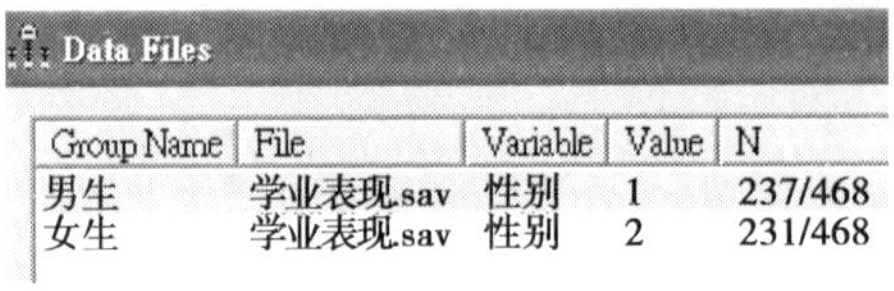

Data Files

Group Name	File	Variable	Value	N
男生	学业表现.sav	性别	1	237/468
女生	学业表现.sav	性别	2	231/468

图 10-20

三、增列平均数与截距项参数标签

在参数标签名称的设定中,若要呈现变量的平均数(mean)与截距项(intercept)参数,要于工具箱中按【Analysis properties】(分析属性)▦图像钮,开启【Analysis properties】对话窗口,切换到【Estimation】(估计)标签页,勾选【Estimate means and intercepts】(估计平均数与截距)选项。研究者若没有勾选此选项,则在 Amos Graphics 绘图模型中不会呈现相关变量的平均数与截距参数。

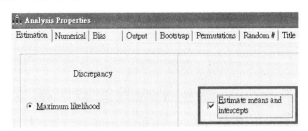

图 10-21

四、执行多群组分析程序

若是 CFA 模型较为复杂,要呈现两个群体对象的参数标签名称,最好采用多群组分析程序。执行功能列【Analyze】(分析)/【Multiple-Group Analysis...】(多群组分析)程序,或按工具箱 🏿🏿 【Multiple-Group Analysis】图像钮,以开启【Multiple-Group Analysis...】对话窗口。

在开启【Multiple-Group Analysis...】对话窗口之前,Amos 会先呈现以下的提示语:
The program will remove any models that you have added to the list of models at the left-hand side of the path diagram. It may also modify your parameter constraints(这个指令会移除您原先在路径图左方增列的所有模型,并修改参数限制)→按【确定】钮。

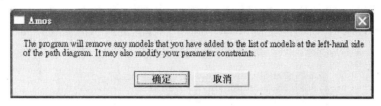

图 10-22

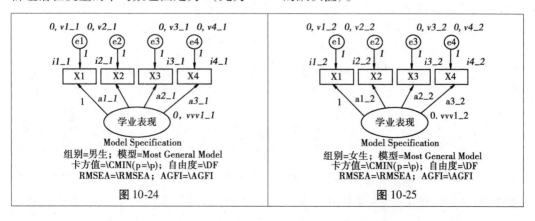

图 10-23

在多群组分析模型的对话窗口中,测量截距(Measurement intercepts)与结构平均数(Structural means)的字体呈现黑色,表示模型中这两个参数限制的方框可以勾选,若是研究者直接按下【OK】钮,则模型方盒中的模型会直接以【参数子集】(Parameter Subsets)栏的标题为模型名称;若是研究者重新勾选或取消各模型的方框选项,则模型方盒中的模型名称会以 Model 1、Model 2、Model 3……表示。因为原先有五个模型,即使研究者只选取一个模型,模型方盒中仍会增列五个模型,模型名称由 Model 1 至 Model 5,研究者可将多出的模型删除。

执行多群组分析程序后,男生、女生两个群体的理论模型图会增列各对象或变量的参数标签名称,截距项的预设起始字母以 i 或 I 开头,测量误差项的平均数固定为 0,两个群组潜在变量的平均数也固定为 0(此为 Amos 的默认值)。

男生群体在学业表现共同因素的平均数固定为 0,女生群体也固定为 0,表示将两个群体的共同因素假设为相等,此种设定较为严格,研究者可将一个群组的共同因素固定为 0,其他群组的共同因素改为自由参数,此种设定较有弹性。

更改女生群体共同因素的平均数参数值为参数标签名称的操作程序如下:

在【Groups】(群体)方盒中选取女生群体,将鼠标移往共同因素"学业表现"上,按右键选取快捷菜单【Object Properties】(对象属性),开启【Object Properties】对话窗口,切换到【Parameters】(参数)标签页,在【Mean】方格下将原先的默认值 0 改为"m_2",按右上角关闭钮。

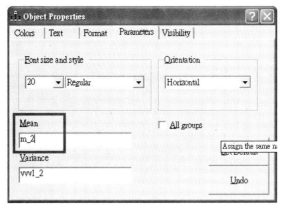

图 10-26

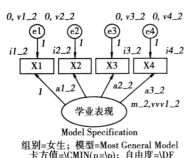

图 10-27

修改完女生群组共同因素的平均数参数后,共同因素变量旁的参数由"0,vvv1_2"变为"m_2,vvv1_2",前者将女生群体共同因素的平均数固定为 0,后者则将平均数改为自由估计参数。若要将两个群体共同因素的平均数设为相同,增列参数限制为"0=m_2"或"m_2=0",其中男生群体的平均数设定 0,表示为基准值。若是女生群体的平均数估计值为正数,表示女生群体的平均数多出男生群体多少个单位;若是女生群体的平均数估计值为负数,表示女生群体的平均数少于男生群体多少个单位。例如估计平均数值为 1.23,即表示女生群体与男生群体共同因素相差 1.23 个单位,若是男生平均数值限制为 10,则女生平均数值为 11.23。差异值估计结果的临界比绝对值若小于 1.96,接受虚无假设,表示差异值显著等于 0,即两个群体共同因素的平均数相等。

【Estimate means and intercepts】(估计平均数与截距)选项的参数设定,第一个参数为平均数,第二个参数为截距项。在测量误差项的预设界定中,每个群体误差项平均数(means of the error terms)均限制为 0,而误差项的变异量为自由参数,其表示符号如 [0,v1_1]、[0,v1_2],若将误差项的平均数数值删除,则平均数也变为自由参数,其符号变为 [,v1_1]、[,v1_2]。

在【Analysis properties】对话窗口的【Estimation】标签页中,若没有勾选【Estimate means and intercepts】选项,则在 Amos Graphics 绘图模型中不会呈现相关变量的平均数与

截距参数。【Object Properties】对话窗口的【Parameters】(参数)标签页中也无法界定平均数或截距参数。没有包含平均数与截距项参数的模型图如图10-28,10-29：

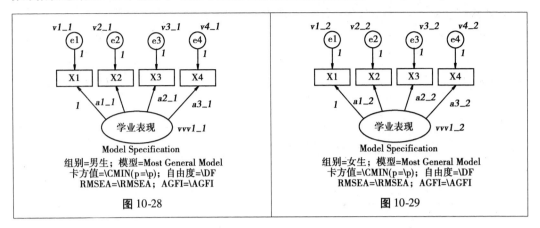

| 图 10-28 | 图 10-29 |

在上述男生群体、女生群体的测量误差项与共同因素变量的参数设定中只有方差而没有平均数,群组测量指标的截距项也无法界定。

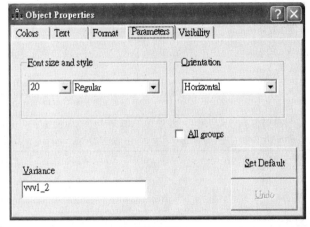

图 10-30

在【Analysis properties】对话窗口的【Estimation】标签页中,因没有勾选【Estimate means and intercepts】选项,因而在共同因素参数的设定中,只有方差的参数设定(vvv1_2),而没有平均数参数方格的设定。

图 10-31

理论模型中没有勾选【Estimate means and intercepts】选项,在执行多群组分析时,测量截距(Measurement intercepts)与结构平均数(Structural means)列的字体与方框呈现灰色,表示模型中这两个参数限制的方框无法界定,模型栏的选取由原先的五个模型变为三个模型。

执行多群组分析模型后,增列五个模型的参数限制如表 10-4:模型参数限制由宽松至严格。

表 10-4

Measurement weights	Measurement intercepts	Structural means	Structural covariances	Measurement residuals
a1_1 = a1_2 a2_1 = a2_2 a3_1 = a3_2	a1_1 = a1_2 a2_1 = a2_2 a3_1 = a3_2	a1_1 = a1_2 a2_1 = a2_2 a3_1 = a3_2	a1_1 = a1_2 a2_1 = a2_2 a3_1 = a3_2	a1_1 = a1_2 a2_1 = a2_2 a3_1 = a3_2
	i1_1 = i1_2 i2_1 = i2_2 i3_1 = i3_2 i4_1 = i4_2	i1_1 = i1_2 i2_1 = i2_2 i3_1 = i3_2 i4_1 = i4_2	i1_1 = i1_2 i2_1 = i2_2 i3_1 = i3_2 i4_1 = i4_2	i1_1 = i1_2 i2_1 = i2_2 i3_1 = i3_2 i4_1 = i4_2
		0 = m_2	0 = m_2	0 = m_2
			vvv1_1 = vvv1_2	vvv1_1 = vvv1_2
				v1_1 = v1_2 v2_1 = v2_2 v3_1 = v3_2 v4_1 = v4_2
设定因素负荷量相等	增列测量指标截距项相等	增列共同因素平均数相等	增列共同因素方差相等	增列测量误差项的方差相等

五、模型估计

按工具箱【Calculate estimates】(计算估计值) 图像钮,若模型界定没有错误或模型可以估计,【Models】方盒中会于模型名称前出现【OK:】。模型估计结果,无参数限制模型(Unconstrained)与测量系数(Measurement weights)两个模型无法辨识和估计,其余四个参数限制模型:Measurement intercepts(测量截距项)、Structural means(结构平均数)、Structural covariances(结构协方差)、Measurement residuals(测量残差)均可顺利收敛识别。

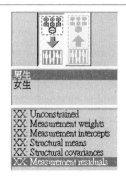

图 10-32　未执行计算估计值前模型讯息

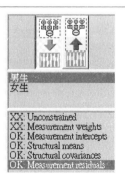

图 10-33　执行计算估计值后模型讯息

　　Measurement residuals（测量残差）模型是最为严格的参数限制模型,两个群体的未标准化估计值如图 10-34,10-35:模型中没有出现负的误差方差（negative variance）,两个群组的四个测量指标截距项均为 16.77,19.38,18.77,16.51,潜在共同因素的平均数均为 0,潜在因素构念的方差均为 2.11,四个测量指标误差项的方差分别为 2.51,3.49,3.72,16.51,四个测量指标误差项的平均数均为 0。

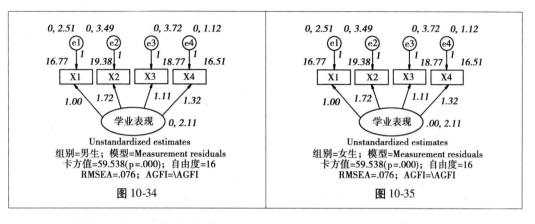

图 10-34　　　　　　　　　　　　　　图 10-35

　　两个群体标准化估计值如图 10-36,10-37,四个测量指标的因素负荷量分别为 0.68,0.80,0.64,0.88,因素负荷量平方值（R^2）分别为 0.46,0.64,0.41,0.77,参数估计的方向与大小和原先 CFA 理论建构模型符合。而非标准化估计值模型图中,四个测量指标的路径系数均为 1.00,1.72,1.11,1.32。

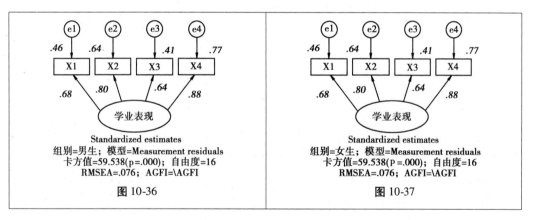

图 10-36　　　　　　　　　　　　　　图 10-37

表 10-5　Model Fit Summary CMIN

Model	NPAR	CMIN	DF	P	CMIN/DF
Measurement intercepts	18	43.815	10	.000	4.381
Structural means	17	46.866	11	.000	4.261
Structural covariances	16	48.554	12	.000	4.046
Measurement residuals	12	59.538	16	.000	3.721
Saturated model	28	.000	0		
Independence model	16	781.905	12	.000	65.159

　　在群组模型适配度方面,Measurement intercepts（测量截距）,Structural means（结构平均数）,Structural covariances（结构协方差）,Measurement residuals（测量残差）四个限制参

数模型的自由度分别为 10,11,12,16;四个模型适配度检验的卡方值分别为 43.815(p = 0.000 < 0.05)、46.866(p = 0.000 < 0.05)、48.554(p = 0.000 < 0.05)、59.538(p = 0.000 < 0.05),卡方自由度比值分别为 4.381,4.261,4.046,3.721。但卡方值易受到群组样本数的影响,当样本数较大时,即使由理论模型导出的协方差矩阵与由样本数据推估而得的协方差矩阵差异值很小,卡方值也易变大,造成模型适配度被拒绝,群组相等性理论模型无法被接受,因而若是群组样本数较大,在模型契合度的评估方面还应参考以下的适配度指标值。

表 10-6   Baseline Comparisons

Model	NFI Delta1	RFI rho1	IFI Delta2	TLI rho2	CFI
Measurement intercepts	.944	.933	.956	.947	.956
Structural means	.940	.935	.953	.949	.953
Structural covariances	.938	.938	.953	.953	.953
Measurement residuals	.924	.943	.943	.958	.943
Saturated model	1.000		1.000		1.000
Independence model	.000	.000	.000	.000	.000

Measurement intercepts,Structural means,Structural covariances,Measurement residuals 四个模型的基本线比较值:NFI 值、RFI 值、IFI 值、TLI 值、CFI 值均大于 0.90,表示四个模型均是适配的模型。

表 10-7   Parsimony-Adjusted Measures

Model	PRATIO	PNFI	PCFI
Measurement intercepts	.833	.787	.797
Structural means	.917	.862	.874
Structural covariances	1.000	.938	.953
Measurement residuals	1.333	1.232	1.258
Saturated model	.000	.000	.000
Independence model	1.000	.000	.000

Measurement intercepts,Structural means,Structural covariances,Measurement residuals 四个模型的简约调整测量值:PNFI 值、PCFI 值均大于 0.50,表示四个模型均是适配的模型。

表 10-8   RMSEA

Model	RMSEA	LO 90	HI 90	PCLOSE
Measurement intercepts	.085	.060	.112	.011
Structural means	.084	.060	.109	.011
Structural covariances	.081	.058	.105	.015
Measurement residuals	.076	.056	.098	.017
Independence model	.371	.349	.393	.000

从 RMSEA 值来看,Measurement residuals 模型的 RMSEA 值 = 0.076 < 0.080,表示模型可以被接受。

表 10-9　AIC

Model	AIC	BCC	BIC	CAIC
Measurement intercepts	79.815	80.604		
Structural means	80.866	81.612		
Structural covariances	80.554	81.256		
Measurement residuals	83.538	84.065		
Saturated model	56.000	57.228		
Independence model	813.905	814.607		

表 10-10　ECVI

Model	ECVI	LO 90	HI 90	MECVI
Measurement intercepts	.171	.135	.224	.173
Structural means	.174	.136	.227	.175
Structural covariances	.173	.135	.227	.174
Measurement residuals	.179	.136	.238	.180
Saturated model	.120	.120	.120	.123
Independence model	1.747	1.558	1.951	1.748

如果 Measurement intercepts，Structural means，Structural covariances，Measurement residuals 四个模型与观察数据均是适配的，在进行模型的选优时，可以从模型的 AIC 指标值与 ECVI 值来判别，模型的 AIC 指标值与 ECVI 指标值较小者，表示模型最为简约，适配度最佳。

表 10-11　HOELTER

Model	HOELTER(.05)	HOELTER(.01)
Measurement intercepts	196	248
Structural means	197	247
Structural covariances	203	253
Measurement residuals	207	252
Independence model	14	17

从 HOELTER 指标值来看，在 $\alpha = 0.05$ 显著水平时，Measurement residuals 模型的 CN = 207 > 200，在 $\alpha = 0.01$ 显著水平时，模型的 CN = 252 > 200，表示模型是适配的。

从上述模型适配度指标值来看，男生、女生两个群组设定测量截距相等、共同因素结构平均数相等、增列共同因素的结构协方差相等及测量变量的残差相等的严格限制模型与观察数据是适配的。

第二节　增列测量误差项间有相关

在单一群组的测量模型中，假设研究者根据修正指标增列测量指标误差变量 e1 与 e2，e1 与 e3 间的共变关系，则单因子一阶 CFA 假设模型修改如图 10-38。估计平均数与截距项的假设模型图如图 10-39。

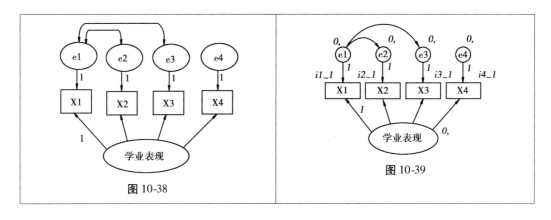

图 10-38　　　　　　　　　　　　　图 10-39

一、执行多群组分析

　　在执行多群组分析（Multiple-Group Analysis）程序后,会在各群组模型图中增列参数标签名称。其中两个群组共同因素的平均数均会固定为 0。为便于参数限制模型的比较,将女生群组共同因素的平均数改为自由估计的参数,其参数标签名称为"m1_2"（原女生群体共同因素平均数参数值默认为 0）。

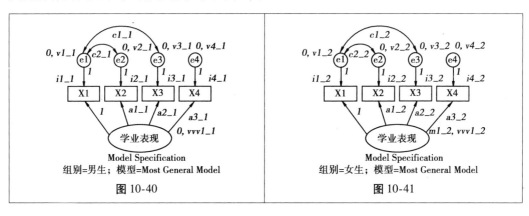

图 10-40　　　　　　　　　　　　　图 10-41

　　在多群组分析对话窗口中,执行多群组分析后,增列五个模型的参数限制:模型参数限制由宽松至严格。五个参数限制模型为:设定测量系数（Measurement weights）相等、增列测量截距项（Measurement intercepts）相等、增列结构平均数（Structural means）相等、增列结构协方差相等（Structural covariances）、增列测量残差项（Measurement residuals）相等。

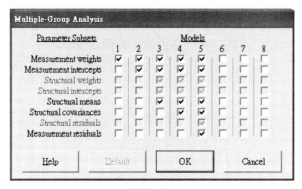

图 10-42

表 10-12

Measurement weights	Measurement intercepts	Structural means	Structural covariances	Measurement residuals
a1_1 = a1_2 a2_1 = a2_2 a3_1 = a3_2	a1_1 = a1_2 a2_1 = a2_2 a3_1 = a3_2	a1_1 = a1_2 a2_1 = a2_2 a3_1 = a3_2	a1_1 = a1_2 a2_1 = a2_2 a3_1 = a3_2	a1_1 = a1_2 a2_1 = a2_2 a3_1 = a3_2
	i1_1 = i1_2 i2_1 = i2_2 i3_1 = i3_2 i4_1 = i4_2	i1_1 = i1_2 i2_1 = i2_2 i3_1 = i3_2 i4_1 = i4_2	i1_1 = i1_2 i2_1 = i2_2 i3_1 = i3_2 i4_1 = i4_2	i1_1 = i1_2 i2_1 = i2_2 i3_1 = i3_2 i4_1 = i4_2
		0 = m1_2	0 = m1_2	0 = m1_2
			vvv1_1 = vvv1_2	vvv1_1 = vvv1_2
				c1_1 = c1_2 c2_1 = c2_2 v1_1 = v1_2 v2_1 = v2_2 v3_1 = v3_2 v4_1 = v4_2
设定因素负荷量相等	增列测量指标截距项相等	增列共同因素平均数相等	增列共同因素方差相等	增列测量误差项的方差相等

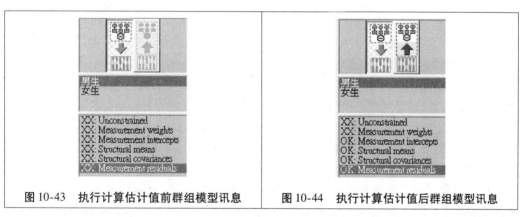

图 10-43　执行计算估计值前群组模型讯息　　　图 10-44　执行计算估计值后群组模型讯息

　　模型估计结果,无参数限制模型(Unconstrained)与测量系数(Measurement weights)两个模型无法辨识估计,其余四个参数限制模型均可以辨识估计。四个可以顺利收敛识别的模型为:Measurement intercepts(测量截距)、Structural means(结构平均数)、Structural covariances(结构协方差)、Measurement residuals(测量残差)。

二、模型截距项、平均数相等模型评估

　　男生群体、女生群体的结构平均数模型非标准化估计值模型图如图 10-45,10-46:
　　在结构平均数模型中设定两个群组的测量系数(因素负荷量)相等(分别为 1.00,1.74,1.03,1.21)、四个测量指标截距项相等(分别为 16.79,19.42,18.78,16.53)、共同因素的平均数相等。模型估计结果的卡方值为 9.926,显著性概率值 $p = 0.193$,接受虚无假设,表示两个群组结构平均数模型与观察数据是适配的,模型的 RMSEA 值 $= 0.030 < 0.050$,表示模型是可以被接受的。

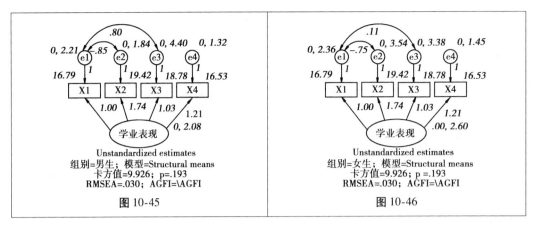

图 10-45   图 10-46

四个可以辨识的模型的适配度摘要度表如表 10-13：

表 10-13   Model Fit Summary CMIN

Model	NPAR	CMIN	DF	P	CMIN/DF
Measurement intercepts	22	6.443	6	.375	1.074
Structural means	21	9.926	7	.193	1.418
Structural covariances	20	12.136	8	.145	1.517
Measurement residuals	14	29.488	14	.009	2.106
Saturated model	28	.000	0		
Independence model	16	781.905	12	.000	65.159

在群组模型适配度方面，Measurement intercepts（测量截距）的自由度为 6，卡方值为 6.443，显著性概率值 p = 0.375 > 0.05，接受虚无假设，表示模型是适配的，而卡方自由度比值为 1.074 < 2.000，表示模型是合适的。Structural means（结构平均数）的自由度为 7，卡方值为 9.926，显著性概率值 p = 0.193 > 0.05，接受虚无假设，表示模型是适配的，而卡方自由度比值为 1.418 < 2.000，表示模型是合适的。Structural covariances（结构协方差）的自由度为 8，卡方值为 12.136，显著性概率值 p = 0.145 > 0.05，接受虚无假设，表示模型是适配的，而卡方自由度比值为 1.517 < 2.000，表示模型是合适的。Measurement residuals（测量残差）的卡方值分别为 29.488，自由度等于 14，显著性概率值 p = 0.009 < 0.05，拒绝虚无假设，表示模型是不适配的，而卡方自由度比值 = 2.106 > 2.000，表示模型是不合适的（卡方自由度比值的适配判别标准范围若变为 1 ~ 3，则测量残差模型是可以被接受的）。由于卡方值易受样本数影响，因而 Measurement residuals（测量残差）模型是否合适最好再参考其他适配度指标值。

表 10-14   Baseline Comparisons

Model	NFI Delta1	RFI rho1	IFI Delta2	TLI rho2	CFI
Measurement intercepts	.992	.984	.999	.999	.999
Structural means	.987	.978	.996	.993	.996
Structural covariances	.984	.977	.995	.992	.995
Measurement residuals	.962	.968	.980	.983	.980
Saturated model	1.000		1.000		1.000
Independence model	.000	.000	.000	.000	.000

Measurement intercepts，Structural means，Structural covariances，Measurement residuals 四个模型的基本线比较适配统计量：NFI 值、RFI 值、IFI 值、TLI 值、CFI 值均大于 0.90，表示四个模型均是适配的模型。

表 10-15　Parsimony-Adjusted Measures

Model	PRATIO	PNFI	PCFI
Measurement intercepts	.500	.496	.500
Structural means	.583	.576	.581
Structural covariances	.667	.656	.663
Measurement residuals	1.167	1.123	1.143
Saturated model	.000	.000	.000
Independence model	1.000	.000	.000

Structural means，Structural covariances，Measurement residuals 三个模型的简约调整测量值：PNFI 值、PCFI 值均大于 0.50，表示三个模型均是适配的模型。

表 10-16　FMIN

Model	FMIN	F0	LO 90	HI 90
Measurement intercepts	.014	.001	.000	.023
Structural means	.021	.006	.000	.033
Structural covariances	.026	.009	.000	.038
Measurement residuals	.063	.033	.008	.075
Saturated model	.000	.000	.000	.000
Independence model	1.678	1.652	1.463	1.857

表 10-17　RMSEA

Model	RMSEA	LO 90	HI 90	PCLOSE
Measurement intercepts	.013	.000	.063	.862
Structural means	.030	.000	.069	.764
Structural covariances	.033	.000	.069	.743
Measurement residuals	.049	.024	.073	.497
Independence model	.371	.349	.393	.000

从 RMSEA 指标值来看，Measurement intercepts，Structural means，Structural covariances，Measurement residuals 四个模型的 RMSEA 值分别为 0.013，0.030，0.033，0.049，均小于 0.050，表示模型适配度佳。

表 10-18　HOELTER

Model	HOELTER(.05)	HOELTER(.01)
Measurement intercepts	912	1217
Structural means	662	869
Structural covariances	597	773
Measurement residuals	376	462
Independence model	14	17

从 HOELTER 指标值来看，Measurement intercepts，Structural means，Structural covariances，Measurement residuals 四个模型的 CN 值（$\alpha = 0.05$ 时）分别为 912，662，597，376，均大于 200，表示模型适配度佳。

三、测量残差模型的修正

Measurement residuals 模型是四个可辨识模型中最为严格的模型,此模型在测量残差的设定上,共设定六组限制参数,两个测量误差项协方差相等和四个测量变量残差项的方差相等。此种设定的结果,模型的卡方值为 29.488,自由度等于 14,显著性概率值 p = 0.009,而卡方自由度比值 = 2.106,RMSEA 值 = 0.049。

表 10-19

Measurement residuals	Measurement residuals	Measurement residuals
a1_1 = a1_2	a1_1 = a1_2	a1_1 = a1_2
a2_1 = a2_2	a2_1 = a2_2	a2_1 = a2_2
a3_1 = a3_2	a3_1 = a3_2	a3_1 = a3_2
i1_1 = i1_2	i1_1 = i1_2	i1_1 = i1_2
i2_1 = i2_2	i2_1 = i2_2	i2_1 = i2_2
i3_1 = i3_2	i3_1 = i3_2	i3_1 = i3_2
i4_1 = i4_2	i4_1 = i4_2	i4_1 = i4_2
0 = m1_2	0 = m1_2	0 = m1_2
vvv1_1 = vvv1_2	vvv1_1 = vvv1_2	vvv1_1 = vvv1_2
c1_1 = c1_2	v1_1 = v1_2	c1_1 = c1_2
c2_1 = c2_2	v2_1 = v2_2	c2_1 = c2_2
v1_1 = v1_2	v3_1 = v3_2	
v2_1 = v2_2	v4_1 = v4_2	
v3_1 = v3_2		
v4_1 = v4_2		

进一步的模型修正,可以放宽参数限制数目。在第一个放宽的参数限制模型中,只限定两个群组四个测量变量误差项的方差相等(两个群组四个测量指标变量误差项的方差为 2.27,2.71,3.89,1.40),整体模型适配度检验的卡方值由 29.488 变为 26.086,自由度等于 12,显著性概率值 p = 0.010,而卡方自由度比值由 2.106 变为 2.174,RMSEA 值由 0.049 变为 0.050,此种放宽参数限制的修正模型与原模型差不多,对卡方值与适配统计量的改善似乎不是很有帮助。

两个群体非标准化估计值模型图如图 10-47,10-48:

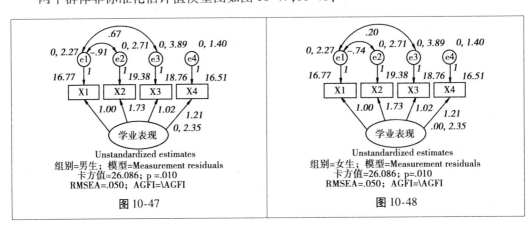

图 10-47   图 10-48

在第二次修正模型中,测量残差项的参数限制只保留 c1_1 = c1_2、c2_1 = c2_2 两组,只限定两组测量残差项有相等的共变关系,至于四个测量指标误差项方差则放宽为自由参数,不加以限制。

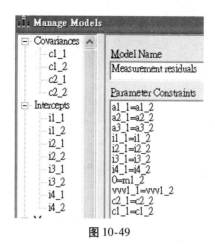

图 10-49

模型估计结果两个群组的非标准化估计值模型图分别如图 10-50,10-51:

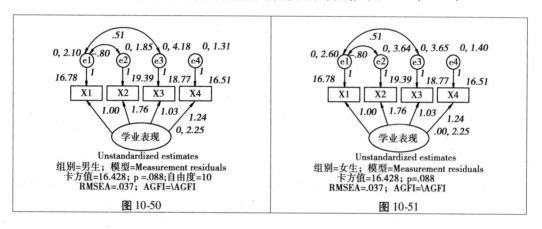

图 10-50　　　　　　　　　　　　　图 10-51

Notes for Model（Measurement residuals）
Computation of degrees of freedom（Measurement residuals）
　　　　　　Number of distinct sample moments: 28
Number of distinct parameters to be estimated: 18
　　　　　　Degrees of freedom（28 −18）: 10
Result（Measurement residuals）
Minimum was achieved
Chi-square = 16.428
Degrees of freedom = 10
Probability level = .088

第二次修正,改放宽两个群组四个测量变量残差项的方差,男生群体四个测量指标误差项的方差分别为 2.10,1.85,4.18,1.31,女生群体四个测量指标误差项的方差分别为 2.60,3.64,3.65,1.40。两个群组的测量指标误差项 e1 与 e2 间的协方差为 −0.80,误差项 e1 与 e3 间的协方差为 0.51。整体模型适配度卡方值由 29.488 变为 16.428,自由度等于 10,显著性概率值 p=0.088,接受虚无假设,表示模型是适配的。卡方自由度比值由 2.106 变为 1.643 < 2.000,RMSEA 值由 0.049 变为 0.037,表示修正的模型是合适的,修正模型可以被接受。

第三节   结构平均数的因素分析

以第九章中学生基本知能测验的 CFA 模型为例,研究者想增列共同因素的平均数与六个测量指标的截距项,并限定两个群组的参数相同。

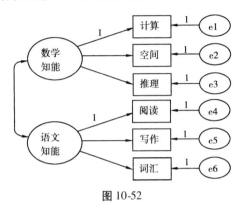

图 10-52

一、增列平均数与截距项参数标签

研究者根据 CFA 理论模型绘制假设模型图,开启数据文件"基本知能. sav",设定共同因素、误差变量与读入测量指标变量后,设定性别变量两个群组:男生、女生,在【Data Files】对话窗口中,分别设定两个群组的共同名义变量及样本水平数值编码。

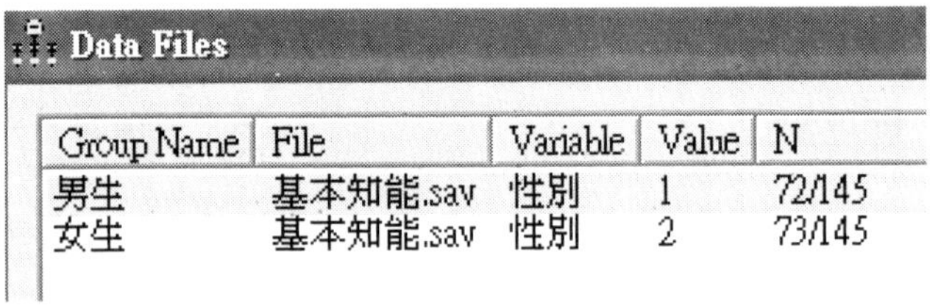

Group Name	File	Variable	Value	N
男生	基本知能.sav	性别	1	72/145
女生	基本知能.sav	性别	2	73/145

图 10-53

在参数标签名称的设定中,若要呈现变量的平均数(mean)与截距项(intercept)参数,要于工具箱中按【Analysis properties】(分析属性)图像钮,开启【Analysis properties】对话窗口,切换到【Estimation】(估计)标签页,勾选【Estimate means and intercepts】(估计平均数与截距)选项。研究者若没有勾选此选项,则在 Amos Graphics 绘图模型中不会呈现相关变量的平均数与截距。

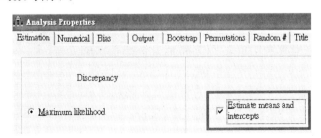

图 10-54

　　增列平均数与截距项参数标签的默认值,潜在变量及其误差变量的平均数固定为 0,而截距项的起始字母为 i 或 I。研究者可以在各对象上按右键,选取快捷菜单中的【Object Properties】(对象属性)选项,开启【Object Properties】对话窗口,切换到【Parameters】(参数)标签页,重新界定参数名称或固定参数为一特定的数值。如果将相对应的参数设为相同的参数名称标签或相同的数值,表示在多群体中将这些参数限制为等同。

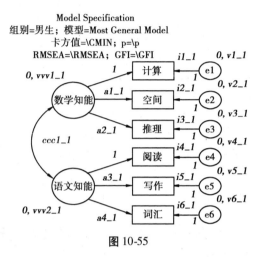

图 10-55

　　在测量误差项 e1 按右键,开启【Object Properties】对话窗口,切换到【Parameters】标签页,可以看到两个参数:平均数(Mean)、方差(Variance),平均数的预设固定值为 0,方差的参数名称标签为"v1_1"。各对象上有两个参数,第一个参数为平均数,第二个参数为方差,平均数参数与方差参数间以逗号(,)隔开。

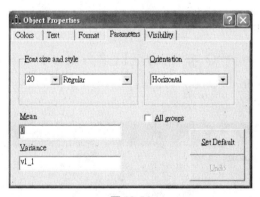

图 10-56

二、更改女生群体共同因素平均数的参数名称标签

　　在【Groups】(群组)方盒中选取"女生"群体,鼠标移向共同因素一"数学知能"对象上面,按右键开启【Object Properties】对话窗口,切换到【Parameters】标签页,在【Mean】下的方格中将预设数值"0"改为"GM_1"。再将鼠标移向共同因素二"语文知能"对象上面,按右键开启【Object Properties】对话窗口,切换到【Parameters】标签页,在【Mean】下的方格中将预设数值"0"改为"GM_2"。

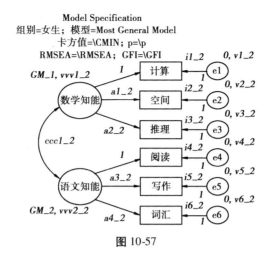

图 10-57

图 10-58

图 10-59

三、设定多群组分析模型

按工具箱 【Multiple-Group Analysis】（多群组分析）图像钮，或执行功能列【Analyze】（分析）/【Multiple-Group Analysis】程序，开启【Multiple-Group Analysis】对话窗口，预设的模型有五种。

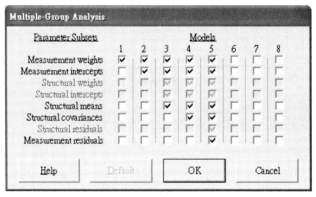

图 10-60

由于要设定的模型只有两种：模型［1］为两个群组所有回归系数与截距项等同；模型［2］为除了两个群组的回归系数与截距项相同外，两个群组的共同因素平均数也限制为等同。因而模型在【Models】栏中只保留模型 1 与模型 2，模型 1 勾选【Measurement weights】（测量系数）、【Measurement intercepts】（测量截距项）两个选项；模型 2 勾选【Measurement weights】（测量系数）、【Measurement intercepts】（测量截距项）、【Structural means】（结构平均数）三个选项→按【OK】钮。

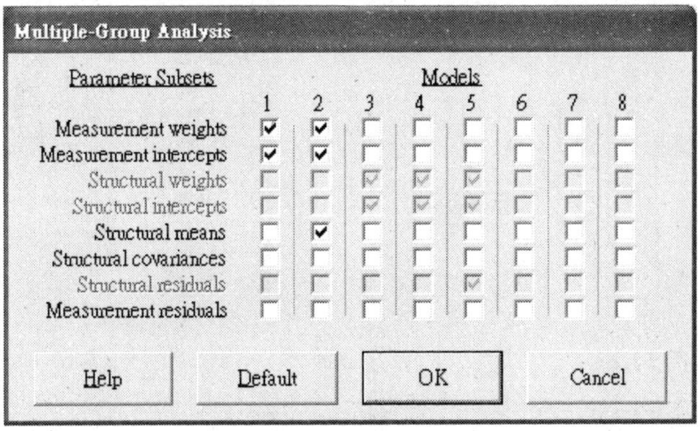

图 10-61

在【Multiple-Group Analysis】（多群组分析）对话窗口中，虽然只选取两个模型，但原先默认值有五个模型，因而按下【OK】钮后，在【Models】方盒中会增列五个模型，由于模型 3 至模型 5 均没有界定限制参数，研究者可将模型 3 至模型 5 删除，选取【XX：Model 5】选项，连按鼠标两下，开启【Manage Models】（管理模型）对话窗口，【Model Name】（模型名称）下的方格会出现"Model 5"，按下方中间【Delete】钮，此时回到之前状态→【Model Name】下的方格会出现"Model 4"，按下方中间【Delete】钮，此时回到前一个模型状态→【Model Name】下的方格会出现"Model 3"，按下方中间【Delete】钮→按【Close】钮。

	模型 1 参数限制	模型 1 参数限制
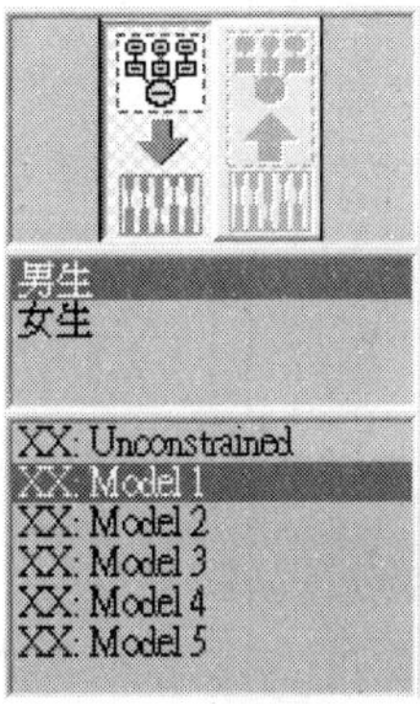 图 10-62	a1_1 = a1_2	a1_1 = a1_2
	a2_1 = a2_2	a2_1 = a2_2
	a3_1 = a3_2	a3_1 = a3_2
	a4_1 = a4_2	a4_1 = a4_2
	i1_1 = i1_2	i1_1 = i1_2
	i2_1 = i2_2	i2_1 = i2_2
	i3_1 = i3_2	i3_1 = i3_2
	i4_1 = i4_2	i4_1 = i4_2
	i5_1 = i5_2	i5_1 = i5_2
	i6_1 = i6_2	i6_1 = i6_2
		GM_1 = 0（或 0 = GM_1）
		GM_2 = 0（或 0 = GM_2）

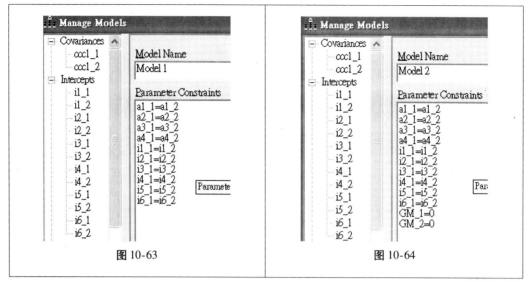

图 10-63   图 10-64

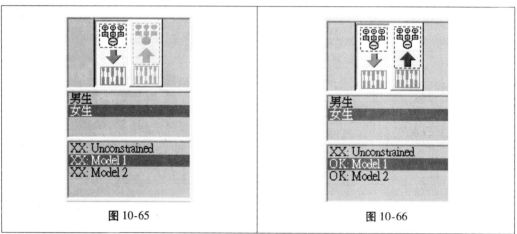

图 10-65   图 10-66

四、输出结果

（一）参数均未限制模型

所有回归系数与截距项参数均未限制模型——【XX：Unconstrained】无法辨识，此模型无法估计，无法成功适配数据，因而结果模型图无法呈现。

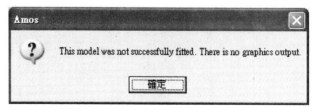

图 10-67

Notes for Model（Unconstrained）

Computation of degrees of freedom（Unconstrained）

Number of distinct sample moments: 54

Number of distinct parameters to be estimated: 40

Degrees of freedom (54 -40): 14

Result（Unconstrained）

The model is probably unidentified. In order to achieve identifiability, it will probably be necessary to impose 2 additional constraints.

按工具箱【View Text】（浏览文件）钮,开启【Amos Output】输出结果对话窗口,选取【Unconstrained】模型的【Notes for Model】（模型注解）选单,会出现模型无法辨识的提示语,若要让假设模型可以估计需要增列两个限制条件。参数没有限制模型的自由度为14,待估计参数有40个。

（二）模型[1]

模型[1]两个群组的所有回归参数（regression parameters）与截距项（intercepts）设为相等。男生、女生两个群体的未标准化估计值的输出路径图如图10-68,10-69:

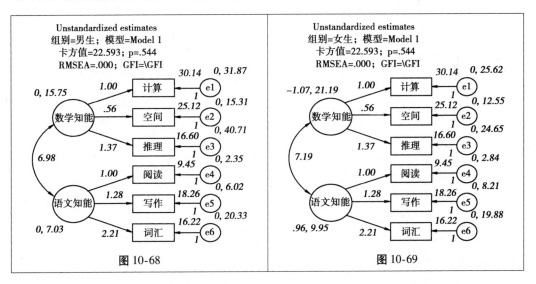

图 10-68   图 10-69

在男生群体中,数学知能潜在变量的平均数固定为0,方差为15.75,语文知能潜在变量的平均数固定为0,方差为7.03,将男生群体两个共同因素的平均数固定为0,乃是将其作为基准值,以便和女生群体的共同因素平均数相互比较。

在女生群体中,数学知能潜在变量的平均数为 -1.07,方差为21.19,语文知能潜在变量的平均数为0.96,方差为9.95。将男生群体两个共同因素的平均数固定为0时,可以估计女生相对应共同因素的平均数,此平均数是一种相对平均数（relative mean）,研究者也可以将女生群体共同因素固定为某一个数值（通常为0）,来估计男生潜在变量相对的平均数,此种设定的缺点是不能同时估计多个群体的平均数,但其优点是很方便估计两个群体平均数间的差异。以数学知能潜在变量为例,男生群体平均数固定为0,很容易看出女生群体被估计的平均数低于男生群体1.07个单位（units）,此种差异不会受到最初男生群体固定值的影响。如将男生群体平均数固定为10,则女生群体平均数变为

8.93;将男生群体平均数固定为 20,则女生群体平均数变为 18.93;如果将女生群体的平均数固定为 0,则男生群体平均数高于女生群体 1.07 个单位,其数值为正的 1.07。

男生群体、女生群体在数学知能潜在变量的差异值为 1.07,女生平均数的差异值 -1.07 是否显著等于 0,则需要进一步加以检验。男生群体的方差为 15.75,其标准差为 3.97,女生群体的方差为 21.19,其标准差为 4.60,两个群体的标准差可以求得估计标准误与临界比值(t 值),从临界比值可以判别男生群体、女生群体平均数的差异值是否显著等于 0,若是临界比值绝对值大于 1.96,则拒绝虚无假设,表示差异值不显著等于 0,两个群体平均数的差异值达到显著;如果临界比值绝对值小于 1.96,则接受虚无假设,表示差异值显著等于 0,两个群体平均数的差异值未达到显著,男生群体与女生群体的平均数可视为相等。

```
Notes for Model (Model 1)
Computation of degrees of freedom (Model 1)
            Number of distinct sample moments:  54
Number of distinct parameters to be estimated:  30
            Degrees of freedom (54 -30):  24
Result (Model 1)
Minimum was achieved
Chi-square  = 22.593
Degrees of freedom  = 24
Probability level  = .544
```

模型[1]增列两个限制条件——两个群体的截距项与回归系数相等后,理论模型从无法识别变为可以识别模型(identified model),模型的自由度为 24,卡方值为 22.593,显著性概率值 p = 0.544 > 0.05,接受虚无假设,表示模型是适配的。

(三) 模型[2]

模型[2]除将两个群组的所有回归参数(regression parameters)与截距项(intercepts)设为相等外,并增列设定两个群体的共同因素的平均数也相等。因此将男生群体的平均数固定为 0,虚无假设为女生群体的平均数也会等于 0。

男生、女生两个群体的未标准化估计值的输出路径图如图 10-70,10-71:

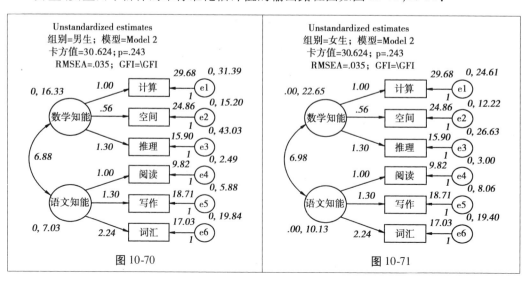

图 10-70   图 10-71

在男生群体中,数学知能潜在变量的平均数固定为0,方差为16.33;语文知能潜在变量的平均数固定为0,方差为7.03。

在女生群体中,数学知能潜在变量的平均数也限制等于0,方差为22.65,语文知能潜在变量的平均数也限制为0,方差为10.13。男生群体、女生群体两个相对应的因素构念的方差并未相等,男生群体两个潜在变量的方差分别为16.33,7.03;女生群体两个潜在变量的方差分别为22.65,10.13。两个群体六个测量指标变量的回归系数分别为1.00,0.56,1.30,1.00,1.30,2.24(回归系数限制相等);两个群体六个测量指标变量的截距项分别为29.68,24.86,15.90,9.82,18.71,17.03(截距项相等);两个群体的潜在变量的平均数均固定为0(限制潜在变量平均数相同)。

```
Notes for Model (Model 2)
Computation of degrees of freedom (Model 2)
            Number of distinct sample moments:  54
Number of distinct parameters to be estimated:  28
            Degrees of freedom (54 - 28):  26
Result (Model 2)
Minimum was achieved
Chi-square = 30.624
Degrees of freedom = 26
Probability level = .243
```

模型[2]增列设定两个群体共同因素平均数相等条件,样本数据的样本矩提供的独特元素数目有54个,模型中待估计的参数有28个,模型的自由度为26,模型适配度的卡方值为30.624,显著性概率值 p = 0.243 > 0.05,接受虚无假设,表示模型是适配的。

表 10-20

Model	DF	CMIN	P	NFI Delta-1	IFI Delta-2	RFI rho-1	TLI rho2
Model 2	2	8.030	.018	.024	.026	.021	.023

模型[2]和模型[1]两个嵌套模型比较结果,自由度的差异值 = 26 - 24 = 2,卡方差异值 = 30.624 - 22.593 = 8.031,$\Delta\chi^2$ 值的显著性 p = 0.018 < 0.05,达到0.05显著水平,拒绝虚无假设,表示两个模型的差异达到显著。

第十一章　SEM 实例应用与相关议题

　　在一份硕士在职进修班"学生社会支持与工作满意度关系"的研究中,研究者编制了下列两种量表:社会支持量表、工作满意度量表,经预试的项目分析、信效度检验,社会支持量表分为三个层面:家人支持(包括题项 1 至题项 8)、朋友支持(包括题项 9 至题项16)、主管支持(包括题项 17 至题项 24);工作满意度量表分为两个层面:内在满意(包括题项 1 至题项 8)、外在满意(包括题项 9 至题项 12)。研究者采用随机取样方式,经剔除填答不全或固定反应的无效问卷后,实得有效问卷 538 份(陈志忠,2007)。

一、社会支持量表

填答说明:这部分共有 24 题,请依您在生活中的实际感受,真实地表达出来,每题共有 5 个选项,请详
　　　　细阅读后在最适当的方格□内打"√",每题都要填答。

	不符合	少部分符合	部分符合	大部分符合	完全符合
01. 家人会关心我的工作或学习情形。 ………………	□	□	□	□	□
02. 当我心情不好时,家人会倾听或安慰我、鼓励我。	□	□	□	□	□
03. 家人能体谅我进修与工作的辛苦与疲累。 ………	□	□	□	□	□
04. 因为必须兼顾工作与课业,家人会帮我多分担一些家务。	□	□	□	□	□
05. 当工作与课业无法兼顾时,家人会尊重我的决定。	□	□	□	□	□
06. 家人会协助我解决工作或课业上遇到的难题。 …	□	□	□	□	□
07. 家人会善意地指出我工作或学习上的缺失。 ……	□	□	□	□	□
08. 家人可以提供我经济上的支持。 …………………	□	□	□	□	□
09. 朋友会关心我的工作或学习情形。 ………………	□	□	□	□	□
10. 朋友会相信我处事的原则和办事的能力。 ………	□	□	□	□	□
11. 朋友会协助我分析问题,提供建议。 ……………	□	□	□	□	□
12. 朋友会支持我的做法或观点。 ……………………	□	□	□	□	□
13. 朋友会跟我交换工作上或学习上的一些经验或心得。	□	□	□	□	□
14. 朋友会不定时提供我一些工作上或学习上有关的讯息。	□	□	□	□	□
15. 朋友会肯定我在工作或课业上的表现。 …………	□	□	□	□	□
16. 朋友会帮我减轻工作或课业方面的心理压力。 …	□	□	□	□	□
17. 主管会关怀我,支持我。 …………………………	□	□	□	□	□
18. 当我向主管表达心情不好时,主管会倾听或安慰我、鼓励我。	□	□	□	□	□

19. 主管会肯定我工作上的表现。　……………………………………………………… □□□□□
20. 当我工作遇到困难,主管会协助我解决问题。　………………………………… □□□□□
21. 主管会提供我工作上的意见或忠告。　………………………………………… □□□□□
22. 主管能体谅我读书的辛苦,而协助我完成工作或任务。　…………………… □□□□□
23. 主管能体谅我读书的辛苦,而降低对我工作方面的要求。　………………… □□□□□
24. 主管会帮我减轻工作方面的心理压力。　……………………………………… □□□□□

二、工作满意度量表

填答说明:这部分共有 13 题,请依您在生活中的实际感受,真实地表达出来,每题共有 5 个选项,请详
　　　　细阅读后在最适当的方格□内打[√],每题都要填答。

	不符合	少部分符合	部分符合	大部分符合	完全符合

01. 我觉得工作让我感到自己有价值。　…………………………………………… □□□□□
02. 我的工作能带给我学习成长的机会。　………………………………………… □□□□□
03. 我的工作所提供的稳定性,使我感到满意。　………………………………… □□□□□
04. 我从工作中得到很大的快乐。　………………………………………………… □□□□□
05. 在工作中我有被尊重的感觉。　………………………………………………… □□□□□
06. 我经常在工作中得到成就感。　………………………………………………… □□□□□
07. 我的工作环境让我觉得很满意。　……………………………………………… □□□□□
08. 如果有选择的机会,我仍然会选择这份工作。　……………………………… □□□□□
09. 主管的领导方式及态度让我感到满意。　……………………………………… □□□□□
10. 服务单位所提供的福利措施让我感到满意。　………………………………… □□□□□
11. 目前的工作负荷让我感到满意。　……………………………………………… □□□□□
12. 自己目前的薪资与实际工作付出相比较,让我感到满意。　………………… □□□□□

第一节　社会支持量表测量模型的验证

一、测量模型的区别效度

　　所谓区别效度(discriminant validity)是指构面所代表的潜在特质与其他构面所代表的潜在特质间低度相关或有显著的差异存在。Amos 的操作中,求两个构面或面向间区别效度的简单检验方法,就是利用单群组生成两个模型,分别为未限制模型(潜在构念间的共变关系不加以限制,潜在构念间的共变参数为自由估计参数)与限制模型(潜在构念间的共变关系限制为 1,潜在构念间的共变参数为固定参数),接着进行两个模型的卡方值差异比较,若是卡方值差异量愈大且达到显著水平($p < 0.05$),表示两个模型间有显著的不同,未限制模型的卡方值愈小则表示潜在特质(因素构面)间相关性愈低,其区别效度就愈高(张绍勋,2005;Bagozzi & Phillips,1982);相反,未限制模型的卡方值愈大则表示潜在特质(因素构面)间相关性愈高,其区别效度愈低。卡方值差异量检验结果,若是限

制模型与非限制模型之间卡方值差异量达到 0.05 显著水平,表示潜在构念间具有高的区别效度。

(一)"家人支持—朋友支持"构念的区别效度

"家人支持—朋友支持"构念的区别效度的假设模型图如图 11-1,两个潜在构念间的共变参数标签名称为 C。

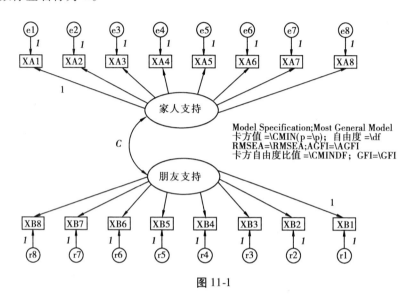

图 11-1

未限制模型中未界定任何参数限制条件,限制模型则界定参数限制条件为"C = 1",表示限制两个潜在变量间的相关系数为 1。

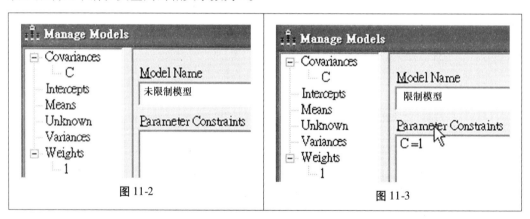

图 11-2   图 11-3

按【计算估计值】图像钮后,两个模型均可收敛辨识。标准化估计值模型图如图 11-4,11-5:

Nested Model Comparisons

表 11-1   Assuming model 未限制模型 to be correct

Model	DF	CMIN	P	NFI Delta-1	IFI Delta-2	RFI rho-1	TLI rho2
限制模型	1	160.972	.000	.029	.029	.032	.032

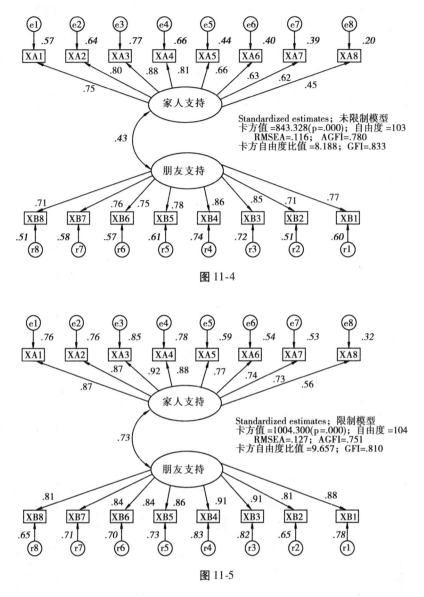

图 11-4

图 11-5

"家人支持—朋友支持"潜在构面的未限制模型的自由度为 103,卡方值等于843.328（p=0.000<0.05），限制模型的自由度为 104,卡方值等于 1004.300（p=0.000<0.05），嵌套模型比较摘要表显示：两个模型的自由度差异为 1（=104－103），卡方差异值=1004.300－843.328=160.972,卡方值差异量显著性检验的概率值 p=0.000<0.05,达到 0.05 显著水平,表示未限制模型与限制模型两个测量模型有显著不同,与限制模型相比之下,未限制模型的卡方值显著较小,表示"家人支持—朋友支持"两个潜在构面间的区别效度佳。

（二）"家人支持—主管支持"构念的区别效度

按【计算估计值】图像钮后,两个模型均可估计辨识。标准化估计值模型图如图11-6,11-7：

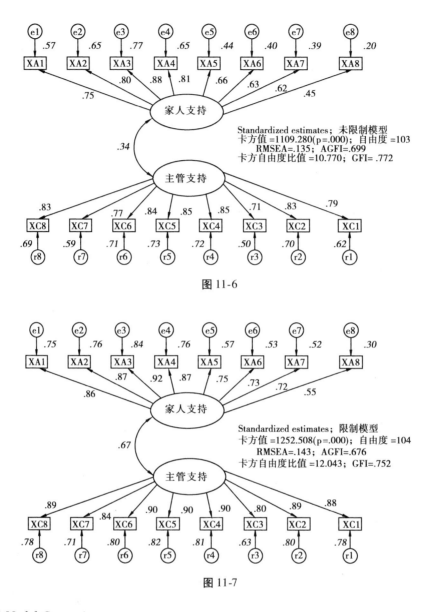

图 11-6

图 11-7

Nested Model Comparisons

表 11-2   Assuming model 未限制模型 to be correct

Model	DF	CMIN	P	NFI Delta-1	IFI Delta-2	RFI rho-1	TLI rho2
限制模型	1	143.228	.000	.023	.023	.024	.025

"家人支持—主管支持"潜在构面的未限制模型的自由度为 103,卡方值等于 1109.280(p = 0.000 < 0.05),限制模型的自由度为 104,卡方值等于 1252.508(p = 0.000 < 0.05),嵌套模型比较摘要表显示:两个模型的自由度差异为 1(= 104 - 103),卡方差异值 = 1252.508 - 1109.280 = 143.228,卡方值差异量显著性检验的概率值 p = 0.000 < 0.05,达到 0.05 显著水平,表示未限制模型与限制模型两个测量模型有显著不同,与限制模型相比之下,未限制模型的卡方值显著较小,表示"家人支持—主管支持"两

个潜在构面间的区别效度理想。

(三)"朋友支持—主管支持"构念的区别效度

按【计算估计值】图像钮后,两个模型均可收敛辨识。标准化估计值模型图如图 11-8,11-9:

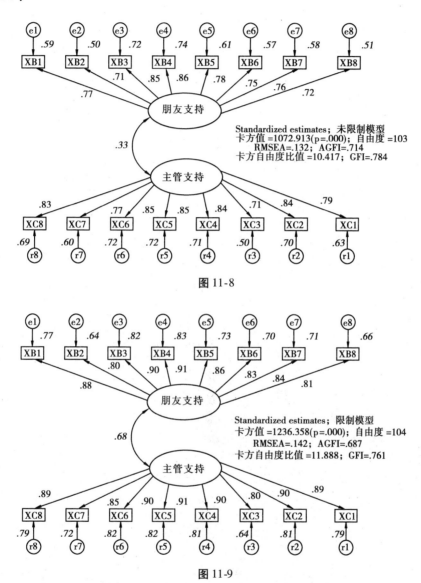

图 11-8

图 11-9

Nested Model Comparisons

表 11-3 Assuming model 未限制模型 to be correct

Model	DF	CMIN	P	NFI Delta-1	IFI Delta-2	RFI rho-1	TLI rho2
限制模型	1	163.445	.000	.024	.024	.026	.026

"朋友支持—主管支持"潜在构面的未限制模型的自由度为 103,卡方值等于 1072.913(p = 0.000 < 0.05),限制模型的自由度为 104,卡方值等于 1236.358(p =

0.000 < 0.05），嵌套模型比较摘要表显示：两个模型的自由度差异为 1 (= 104 - 103），卡方差异值 = 1236.358 - 1072.913 = 163.445，卡方值差异量显著性检验的概率值 p = 0.000 < 0.05，达到 0.05 显著水平，表示未限制模型与限制模型两个测量模型有显著不同，与限制模型相比之下，未限制模型的卡方值显著较小，表示"朋友支持—主管支持"两个潜在构面间的区别效度佳。

在上述三个配对测量模型构面区别效度的检验方面，三个配对测量模型构面的未限制模型与限制模型的卡方值差异均达 0.05 显著水平，且未限制模型的测量模型的卡方值显著低于限制模型的测量模型的卡方值，表示社会支持量表具有高度的区别效度。

二、测量模型的收敛效度

所谓收敛效度（convergent validity）是指测量相同潜在特质的题项或测验会落在同一个因素构面上，且题项或测验间所测得的测量值之间具有高度的相关。Amos 的操作中，求各构念的收敛效度即检验各潜在构念的单面向（unidimensionality）测量模型的适配度。

（一）"家人支持"构面测量模型的收敛效度检验

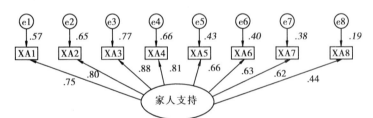

Standardized estimates；家人支持
卡方值 =419.185(p=.000)；自由度 =20；RMSEA=.193
卡方自由度比值 =20.959；AGFI=.718；GFI=.843

图 11-10

家人支持测量模型的初始模型中，假定所有误差项间相互独立，8 个测量指标误差项间均没有相关，模型检验结果显示 8 个测量指标 λ 值的 C. R. 值均大于 1.96，表示 8 个测量指标参数均达到 0.05 显著水平，整体模型的自由度等于 20，卡方自由度比值 = 20.959 > 3.000，RMSEA 值 = 0.193 > 0.080，AGFI 值 = 0.718 < 0.900，GFI 值 = 0.843 < 0.900，均未达模型适配标准，因而误差项间相互独立的测量模型无法获得支持。

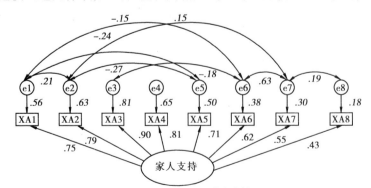

Standardized estimates；家人支持
卡方值 =22.038(p=.037)；自由度 =12；RMSEA=.039
卡方自由度比值 =1.836；AGFI=.970；GFI=.990

图 11-11

家人支持测量模型的修正模型中,假定误差项间并非相互独立,8 个测量指标误差项间可能有某种程度的关系,依据修正指标,逐一增列测量指标误差项间的共变关系,最后呈现的模型中没有修正指标值大于 4.00 者。模型检验结果显示,8 个测量指标 λ 值的 C. R. 值均大于 1.96,表示 8 个测量指标参数均达到 0.05 显著水平,其余待估计的自由参数也均达到 0.05 显著水平。整体模型的自由度等于 12(= 36 − 24),卡方自由度比值 = 1.836 < 3.000,RMSEA 值 = 0.039 < 0.080,AGFI 值 = 0.970 > 0.900,GFI 值 = 0.990 > 0.900,均达模型适配标准,表示修正的单一构面的测量模型与样本数据可以契合,"家人支持"构面的收敛效度佳。8 个测量指标变量中有 3 个指标变量(XA6、XA7、XA8)的因素负荷量低于 0.70,这 3 个指标变量的个别变量的信度系数(R^2)值稍低(未达 0.50 的标准)。

(二)"朋友支持"构面测量模型的收敛效度检验

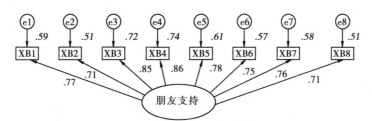

Standardized estimates;朋友支持
卡方值 =246.666(p =.000);自由度 =20;RMSEA =.145
卡方自由度比值 =12.333;AGFI=.822;GFI=.901

图 11-12

朋友支持测量模型的初始模型中,假定所有误差项间相互独立,8 个测量指标误差项间均没有相关,模型检验结果显示,8 个测量指标 λ 值的 C. R. 值均大于 1.96,表示 8 个测量指标参数均达到 0.05 显著水平,整体模型的自由度等于 20,卡方自由度比值 = 12.333 > 3.000,RMSEA 值 = 0.145 > 0.080,AGFI 值 = 0.822 < 0.900,GFI 值 = 0.901 > 0.900,整体而言模型适配度不理想,因而误差项间相互独立的测量模型无法获得支持。

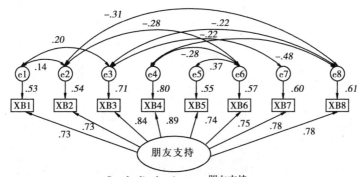

Standardized estimates;朋友支持
卡方值 =17.047(p =.107);自由度 =11;RMSEA =.032
卡方自由度比值 =1.550;AGFI=.974;GFI=.992

图 11-13

朋友支持测量模型的修正模型中,假定误差项间并非相互独立,8 个测量指标误差项间可能有某种程度的关系,依据修正指标,逐一增列测量指标误差项间的共变关系,最后呈现的模型中没有修正指标值大于 4.00 者。模型检验结果显示,8 个测量指标 λ 值的 C. R. 值均大于 1.96,表示 8 个测量指标参数均达到 0.05 显著水平,其余待估计的自由参数也均达到 0.05 显著水平。整体模型的自由度等于 11(=36 − 25),模型适配度的卡方值为 17.047,显著性概率值 p = 0.107 > 0.05,接受虚无假设,表示假设测量模型与样本数据可以适配。卡方自由度比值 = 1.550 < 3.000,RMSEA 值 = 0.032 < 0.080,AGFI 值 = 0.974 > 0.900,GFI 值 = 0.992 > 0.900,均达模型适配标准,表示修正的单一构面的测量模型与样本数据可以契合,"朋友支持"构面的收敛效度佳。8 个测量指标变量的因素负荷量大于 0.70,其能被潜在因素解释的变异(R^2)均在 0.50 以上,表示 8 个测量指标变量的个别变量的信度指数佳。

(三)"主管支持"构面测量模型的收敛效度检验

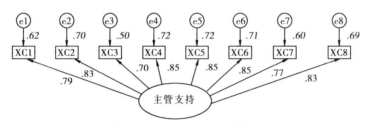

Standardized estimates;主管支持
卡方值 =558.838(p =.000);自由度 =20;RMSEA=.224
卡方自由度比值 =27.942;AGFI=.576;GFI=.765

图 11-14

主管支持测量模型的初始模型中,假定所有误差项间相互独立,8 个测量指标误差项间均没有相关,模型检验结果显示,8 个测量指标 λ 值的 C. R. 值均大于 1.96,表示 8 个测量指标参数均达到 0.05 显著水平,整体模型的自由度等于 20,卡方自由度比值 = 27.942 > 3.000,RMSEA 值 = 0.224 > 0.080,AGFI 值 = 0.576 < 0.900,GFI 值 = 0.765 < 0.900,均未达到模型适配标准,因而误差项间相互独立的测量模型无法获得支持。

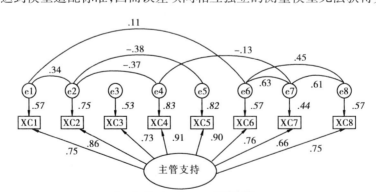

Standardized estimates;主管支持
卡方值 =27.414(p =.007);自由度 =12;RMSEA=.049
卡方自由度比值 =2.284;AGFI=.961;GFI=.987

图 11-15

主管支持测量模型的修正模型中,假定误差项间并非相互独立,8 个测量指标误差项间可能有某种程度的关系,依据修正指标,逐一增列测量指标误差项间的共变关系,最后呈现的模型中没有修正指标值大于 4.00 者。模型检验结果显示,8 个测量指标 λ 值的

C. R. 值均大于 1.96,表示 8 个测量指标参数均达到 0.05 显著水平,其余待估计的自由参数也均达到 0.05 显著水平。整体模型的自由度等于 12(=36 -24),卡方自由度比值 = 2.284 < 3.000, RMSEA 值 = 0.049 < 0.080, AGFI 值 = 0.961 > 0.900, GFI 值 = 0.987 > 0.900,均达模型适配标准,表示修正的单一构面的测量模型与样本数据可以契合,主管支持构面的收敛效度佳。8 个测量指标变量中只有一个指标变量(XC7)的因素负荷量低于 0.70,其余测量指标的因素负荷量均高于 0.70,表示测量指标个别变量的信度系数理想。

第二节 缺失值数据文件的处理

SEM 统计分析中对于缺失数据(missing data)的处理有以下几种方法。

一为直接删除 SEM 模型中观察变量为缺失值的样本。处理时在 SPSS 数据浏览工作窗口中,若是样本的任一个变量有出现缺失情形,则删除整笔样本数据,此种方法为全列删除法(list wise deletion)。此种方法的缺点为可能删除过多的样本,使得分析的样本数变得太少。

二为分析个别样本矩,排除目标变量为缺失值者,当要计算特别矩时,某个观察变量为缺失值而无法计算,才将此笔数据排除,此种方法为配对删除法(pair wise deletion)。配对删除法通常是由统计分析自动执行。

三为数据取代法(data imputation),以某种猜测、经验法则或传统分析程序以适当数值取代缺失值。数据取代法在 SPSS 统计软件包中可执行功能列【转换】/【置换缺失值】程序,在 Amos Graphics 分析程序中,可执行【Analyze】(分析)/【Data Imputation】(数据取代)程序。

一、观察变量中有缺失值

在 Amos 的分析程序中,如果原始数据文件中任一观察变量有缺失值,则执行功能列【Analyze】(分析)/【Calculate Estimates】(计算估计值)程序时会出现警告讯息。以下列跨因子的 CFA 测量模型为例,观察变量 X5 同时受到潜在构念因素 F1 与 F2 的影响。

在原始数据文件中最后六笔数据有缺失值,原始数据文件在 SPSS【数据浏览】工作窗口中的数据如图 11-17:

图 11-16

	X1	X2	X3	X4	X5	X6
104	47	43	25	25	30	42
105	.	29	.	15	.	21
106	48	.	26	25	32	.
107	38	36	.	12	12	19
108	21	29	.	.	22	30
109	.	46	37	.	22	31
110	21	.	18	21	.	30

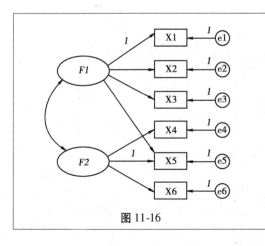

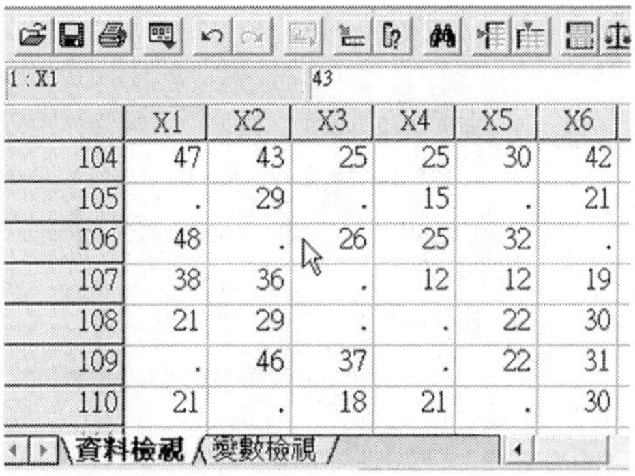

图 11-17

执行功能列【Analyze】/【Calculate Estimates】程序,会出现 Amos 警告窗口:

尝试要适配模型时有错误发生,为了分析观察变量的缺失值,使用者必须采用估计平均数与截距项方法,在 Amos Graphics 程序中,在分析属性对话窗口中勾选"估计平均数与截距",在 Amos VB 语法程序中使用 Model Means And Intercepts 方法。

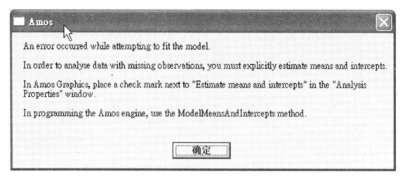

图 11-18

二、增列估计平均数与截距项

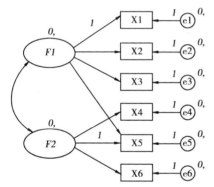

Model Specification; Most General Model
卡方值 =\CMIN(p 值 =\p); 自由度 =\DF
卡方自由度比值 =\CMINDF; RMSEA=\RMSEA
AGFI\AGFI; GFI\GFI

图 11-19

执行功能列【View】(浏览)/【Analysis Properties】(分析属性)程序,开启【Analysis Properties】对话窗口,切换到【Estimation】(估计)对话柜,勾选【Estimate means and intercepts】(估计平均数与截距)选项。勾选估计平均数与截距选项后,两个潜在变量及六个误差项的平均数参数均限定为 0(Amos 内定值)。

【Analysis Properties】(分析属性)对话窗口中,在【Estimation】(估计)对话柜勾选【Estimate means and intercepts】(估计平均数与截距)选项后,由于数据文件有缺失值,因而在【Output】(输出结果)中不能勾选【Modification indices】(修正指标)选项,否则会出现 Amos 警告窗口:

尝试要适配模型时有错误发生,不完全的数据无法计算修正指标值,如果是使用 Amos Graphics,在分析属性窗口中将修正指标勾选选项移除;若是使用 Amos VB 语法编辑程序,则不能使用 Mods 方法。

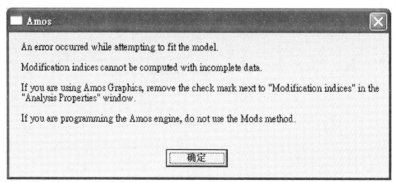

图 11-20

不完全数据文件(观察变量有缺失值的数据文件),即使勾选估计平均数与截距选项,也不能勾选修正指标选项,若是数据文件为不完全数据文件,必须取消【Modification indices】前的勾选状态。

图 11-21

执行功能列【Analyze】/【Calculate Estimates】程序,模型可以估计识别。

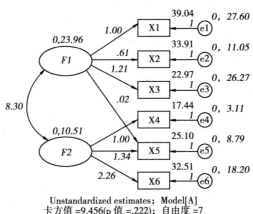

图 11-22

模型的自由度为 7(= 27 - 20),整体模型适配度的卡方值为 9.456,显著性概率值 p = 0.222 > 0.05,未达 0.05 显著水平,接受虚无假设,表示跨因素的测量模型与样本数据可以适配。RMSEA 值 = 0.057 < 0.080,卡方自由度比值 = 1.351 < 3.000,显示假设测量模型可以被接受。不完全数据文件部分的适配度统计量无法估计,如 GFI 值、AGFI 值,因而无法在参数格式中呈现这些统计量。

三、数据取代

Amos 分析程序中对于缺失值的数据文件如同 SPSS 统计软件一样,可以直接进行原始数据文件的取代或置换,其执行步骤如下:

(一) 步骤 1

执行功能列【Analyze】(分析)/【Data Imputation】(数据取代)程序,开启【Amos Data Imputation】对话窗口。

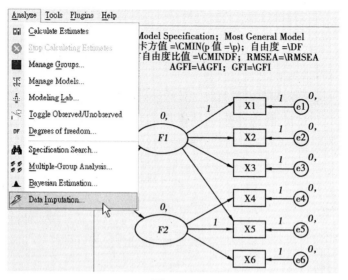

图 11-23

（二）步骤 2

在【Amos Data Imputation】（Amos 数据取代）对话窗口中，Amos 提供三种变量缺失值数据取代的方法：【Regression imputation】、【Stochastic regression imputation】、【Bayesian imputation】，其中回归取代法为 Amos 的预设选项。在【Incomplete Data Files】（不完全数据文件）栏的下方为原先有缺失值的数据文件，【Completed Data Files】（完全化数据文件）栏的下方为缺失值取代后的新数据文件，文件名内定为原始数据文件名加上"_C"。缺失值取代后的新数据文件也可以按【File Names】（文件名称）钮，开启【File name for completed data sets】（完全化数据集文件的名称）的对话窗口，重新修改或键入不同的数据文件名称，按下【Impute】（取代或修补）钮，会开启【Summary】（摘要）次对话窗口。

图 11-24

【Summary】次对话窗口中，会呈现缺失值数据已经修补或取代完成的提示语：The following completed data file was created→按【OK】钮。

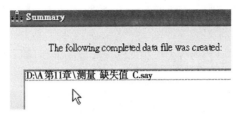

图 11-25

修补后的完全化数据文件【测量_缺失值_C】在数据浏览工作窗口中后六笔的数据如图 11-26,在新数据文件中也增列两个潜在变量的分数,【CaseNo】栏为完全化数据列的编号。

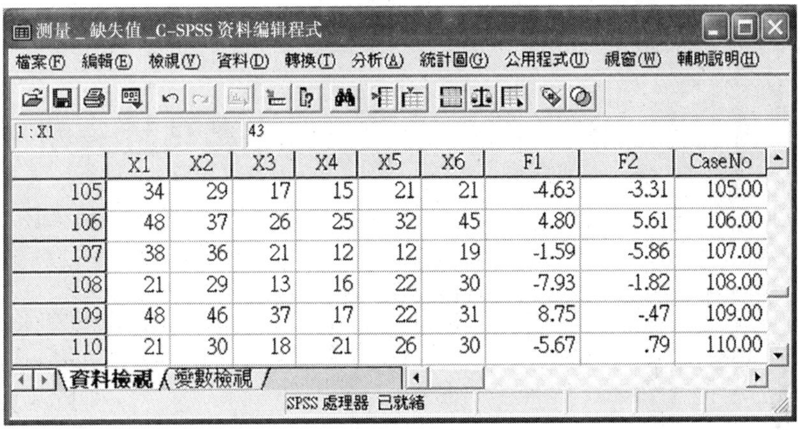

	X1	X2	X3	X4	X5	X6	F1	F2	CaseNo
105	34	29	17	15	21	21	-4.63	-3.31	105.00
106	48	37	26	25	32	45	4.80	5.61	106.00
107	38	36	21	12	12	19	-1.59	-5.86	107.00
108	21	29	13	16	22	30	-7.93	-1.82	108.00
109	48	46	37	17	22	31	8.75	-.47	109.00
110	21	30	18	21	26	30	-5.67	.79	110.00

图 11-26

在【Amos Data Imputation】对话窗口中,若是勾选【Bayesian imputation】选项,则【Number of completed datasets】(完全化数据集数目)的后面要键入 1 到 10 的数字,表示新数据文件为原先数据文件倍数,缺失值较多的数据文件取代时,【Number of completed datasets】后面的方格数字一般键入 5 到 10 的数字,此时可获得正确的参数估计值与标准误。

按下【Impute】(取代或修补)钮,会开启【Bayesian SEM】次对话窗口,数据取代过程中会出现【Data Imputation】小对话盒→按【OK】钮,会开启【Summary】次对话窗口。

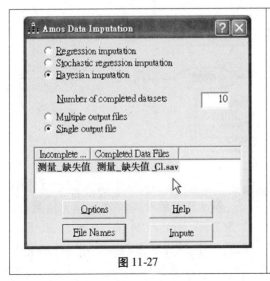

图 11-27

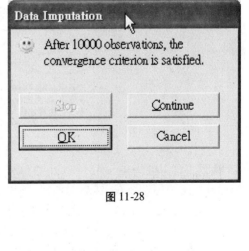

图 11-28

【Summary】次对话窗口中,会呈现缺失值数据已经修补或取代完成的提示语:The following completed data file was created.→按【OK】钮。由于原先在【完全化数据集数目】后面的方格内键入 10(Amos 内定值),因而数据取代后的新数据文件样本总数为原先的 10 倍。

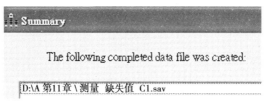

图 11-29

第三节　SEM 模型适配度与参数估计关系

硕士在职进修班学生社会支持与工作满意度关系的因果模型图中(如图 11-30),内因潜在变量"工作满意"的两个测量指标变量为"内在满意""外在满意";外因潜在变量"社会支持"的三个测量指标变量为"主管支持""朋友支持""家人支持"。

一、模型 A:初始模型

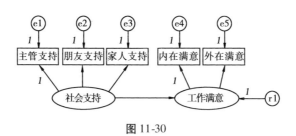

图 11-30

执行功能列【Analyze】/【Calculate Estimates】程序,模型可以估计识别。

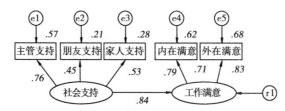

Standardized estimates; Default model
卡方值 =110.270(p 值 =.000); 自由度 =4
卡方自由度比值 =27.567; RMSEA=.222
AGFI=.695; GFI=.919

图 11-31

模型的自由度为 4(= 15 – 11),整体模型适配度的卡方值为 11.270,显著性概率值 p = 0.000 < 0.05,达 0.05 显著水平,拒绝虚无假设,表示假设模型与样本数据无法契合。RMSEA 值 = 0.222 > 0.080,卡方自由度比值 = 27.567 > 3.000,AGFI 值 = 0.695 < 0.900,GFI 值 = 0.919 > 0.900,显示假设模型的整体适配度欠佳,假设模型的协方差矩阵与样本数据的协方差矩阵间的差异达到显著。

表 11-4　Modification Indices（Group number 1-Default model）

Covariances：（Group number 1-Default model）

			M. I.	Par Change
e3	←→	e5	16.488	−2.513
e3	←→	e4	11.350	3.842
e2	←→	r1	7.269	−2.636
e2	←→	e5	43.609	−3.679
e2	←→	e4	17.927	4.343
e2	←→	e3	37.687	8.164
e1	←→	e5	33.517	3.463
e1	←→	e4	17.709	−4.670
e1	←→	e3	4.803	−3.145

　　根据第一次 Amos 提供的修正指标值，最大的 M. I. 为界定误差项 e2 与 e5 的共变关系，此种界定大约可以降低卡方值 43.609。

表 11-5　Modification Indices（Group number 1-Default model）

Covariances：（Group number 1-Default model）

			M. I.	Par Change
e3	←→	e5	16.527	−2.364
e3	←→	e4	9.517	3.440
e2	←→	e3	11.163	4.167
e1	←→	e5	5.887	1.310

　　根据第二次 Amos 提供的修正指标值，最大的 M. I. 为界定误差项 e3 与 e5 的共变关系，此种界定大约可以降低卡方值 16.527。

表 11-6　Modification Indices（Group number 1-Default model）

Covariances：（Group number 1-Default model）

			M. I.	Par Change
e2	←→	e3	7.457	3.266

　　根据第三次 Amos 提供的修正指标值，最大的 M. I. 为界定误差项 e2 与 e3 的共变关系，此种界定大约可以降低卡方值 7.457。

　　界定三组误差项共变关系的假设因果模型图如图 11-32：

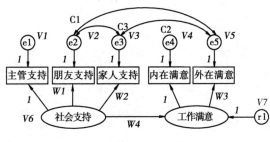

图 11-32

　　执行功能列【Analyze】/【Calculate Estimates】程序，模型可以估计识别。

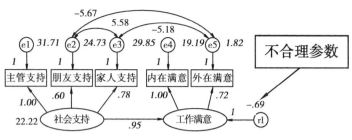

图 11-33

　　假设修正因果模型图中,假定误差项间并非相互独立,依据修正指标,逐一增列测量指标误差项间的共变关系,最后呈现模型中没有修正指标值大于 4.00 者,标准化残差协方差矩阵中残差值绝对值均小于 1.96。模型检验结果显示,5 个测量指标 λ 值的 C.R. 值均大于 1.96,表示 5 个测量指标参数均达到 0.05 显著水平。模型的自由度等于 1(= 15 – 14),整体模型适配度的卡方值为 0.010,显著性概率值 p = 0.920 > 0.05,未达 0.05 显著水平,接受虚无假设,表示假设模型与样本数据可以契合。卡方自由度比值 = 0.010 < 3.000,RMSEA 值 = 0.000 < 0.080,AGFI 值 = 1.000 > 0.900,GFI 值 = 1.000 > 0.900,均达模型适配标准,表示修正因果模型图可以被接受。

　　Amos 的模型适配度(goodness of fit)指标仅能指出样本数据协方差矩阵与假设模型隐含的协方差矩阵间的差异情形,差异情形显著等于 0,表示模型整体适配情形佳。模型的适配度佳仅表示模型的外在质量,对于模型的内在质量并无从反映。此外,适配度良好的因果模型图,也不一定就表示外因变量是导致内因变量的因,有时两个变量间没有因果关系的模型也会得到一个假设模型与样本数据可以契合的结果。在检验模型的适配度之前,一定要进行模型内各参数合理性的评估,检查估计的参数有无不适当的解(improper solution)或不可接受的解(non admissible)。估计的输出参数出现以下情形均为不良估计值:误差方差等于 0 或为负数,标准化回归系数或相关系数的绝对值大于 1,参数的标准误太大,标准化回归系数或相关系数的符号与理论相反等。Amos 参数格式的非标准化估计值模型图中会呈现各误差项或残差项的方差,从模型中可以检查是否有不适当的参数解,模型图 11-33 中残差项 r1 的方差为 – 0.69,出现负的误差方差,表示此参数为不合理的参数解。

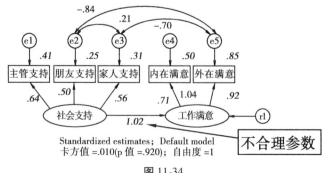

图 11-34

　　在标准化估计值模型图中,可以查看标准化回归系数与相关系数的绝对值是否大于 1,若是其数值大于 1,表示估计的参数为不适当解。外因潜在变量"社会支持"对内因潜在变量"工作满意"的标准化回归系数值为 1.02,造成 R^2 值大于 1.00,导致残差项 e1 出现负的残差方差,此种情形可能由模型界定错误、变量间多元共线性或样本数不够导致。

执行功能列【View】/【Text Output】程序,开启【Amos Output】对话窗口,在【模型注解】选项中会出现下列文字:

Notes for Model（Group number 1-Default model）
The following variances are negative.（Group number 1-Default model）
　　　r1
　　－.686
The following covariance matrix is not positive definite（Group number 1-Default model）

	e5	e3	e2
e5	1.822		
e3	－5.179	29.845	
e2	－5.668	5.581	24.730

Notes for Group/Model（Group number 1-Default model）
This solution is not admissible.

在模型注解中先呈现残差项 r1 的方差为负数（The following variances are negative.）,之后呈现协方差矩阵不是正定矩阵（The following covariance matrix is not positive definite.）,最后出现所得的参数是不可接受解（This solution is not admissible.）。由于估计参数中出现不适当或不合理的估计值,因而虽然模型的适配度佳,但此因果假设模型仍必须进一步修正或重新界定。

重新界定的假设因果模型图如图 11-35:只设定两组误差项间的共变关系。

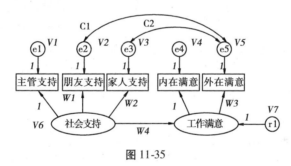

图 11-35

执行功能列【Analyze】/【Calculate Estimates】程序,模型可以估计识别。标准化估计值的因果模型图如图 11-36:

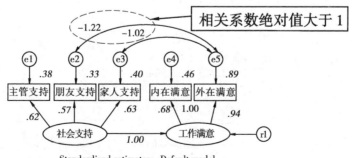

图 11-36

在标准化因果模型图中,误差项 e2 与误差项 e5 间的相关系数为 −1.22,误差项 e3 与误差项 e5 间的相关系数为 −1.02,两组误差项间的相关系数绝对值均大于 1,表示这两个参数均不是适当解(proper solution)。

Notes for Model (Group number 1-Default model)

The following covariance matrix is not positive definite (Group number 1-Default model)

	e5	e3	e2
e5	1.269		
e3	−5.860	26.207	
e2	−6.435	.000	22.074

Notes for Group/Model (Group number 1-Default model)

This solution is not admissible.

由于误差变量 e2、e3、e5 间的协方差矩阵并不是正定矩阵,因而参数解值是不可接受解(This solution is not admissible.)。

根据 Amos 提供的修正指标进行模型的修正时,要注意增列的共变关系或路径系数是否与 SEM 假定相符合,或是否有实际意义存在。一个理论因果模型,外因潜在变量测量指标与内因潜在变量测量指标所欲测得的潜在特质必须有所差异,因为前者为模型的因变量,后者为模型的果变量,单就测量模型而言,两个测量模型之间应有高度的区别效度,否则因果模型变量无法有效识别。建立外因潜在变量测量指标误差项与内因潜在变量测量指标误差项的共变关系,这就与理论架构相违背。由于估计的参数出现不合理的解或无法解释参数,即使模型有良好适配度,其应用性与价值性也不高,原先的因果模型必须重新界定。

二、模型 B

(一)初始模型

在模型 B 中将内因变量两个观察变量的总分相加,即内在满意层面测量分数加上外在满意层面测量分数,变量名称设定为"整体工作满意",将潜在变量的路径分析改为混合模型的路径分析,假设因果模型图如图 11-37:

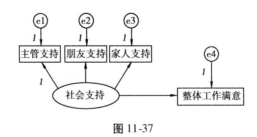

图 11-37

执行功能列【Analyze】/【Calculate Estimates】程序,模型可以估计识别,标准化估计值的因果模型图如图 11-38。外因变量对内因变量的标准化回归系数为 0.74,其 R^2 等于 0.55,标准化回归系数为正,与原先理论建构相符合。

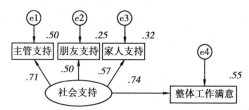

Standardized estimates：Default model
卡方值 =32.328(p 值 =.000)；自由度 =2
卡方自由度比值 =16.164；RMSEA=.168
AGFI=.849；GFI=.970

图 11-38

模型的自由度为 2(= 10 - 8)，整体模型适配度的卡方值为 32. 328，显著性概率值 p = 0. 000 < 0. 05，达 0. 05 显著水平，拒绝虚无假设，表示假设模型与样本数据无法契合。RMSEA 值 = 0. 168 > 0. 080，卡方自由度比值 = 16. 164 > 3. 000，AGFI 值 = 0. 849 < 0. 900，GFI 值 = 0. 970 > 0. 900，显示假设模型的整体适配度欠佳，假设模型的协方差矩阵与样本数据的协方差矩阵间的差异达到显著，二者协方差矩阵之间的差异显著不等于 0，表示模型 B 的初始模型图无法被接受。

Modification Indices（Group number 1-Default model）
Covariances：（Group number 1-Default model）

	M. I.	Par Change
e2←→e4	5. 308	- 3. 605
e2←→e3	26. 839	6. 673
e1←→e4	4. 651	3. 708
e1←→e3	4. 266	- 3. 020

Variances：（Group number 1-Default model）

	M. I.	Par Change

Regression Weights：（Group number 1-Default model）

	M. I.	Par Change
家人支持←朋友支持	18. 809	.189
朋友支持←家人支持	16. 260	.137

根据 Amos 提供的修正指标值，最大的 M. I. 为界定误差项 e2 与 e3 的共变关系，此种界定大约可以降低卡方值 26. 839，增列外因变量间测量模型误差项的共变关系，没有违反 SEM 的基本假定，因而误差项共变路径可以增列。至于根据回归系数的修正指标增列测量指标间的路径关系，此种修正不符合 SEM 的基本假定，也不符合模型本身的原先的理论架构。

（二）修正模型

模型 B 的修正模型中增列"朋友支持""家人支持"测量指标误差间的共变关系，修正后的假设模型图及参数标签名称如图 11-39：

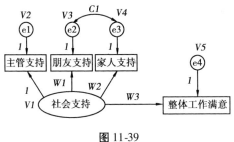

图 11-39

执行功能列【Analyze】/【Calculate Estimates】程序,模型可以估计识别。

非标准化估计值模型图中所有误差方差均为正数,没有出现接近 0 或小于 0 的误差变异量。

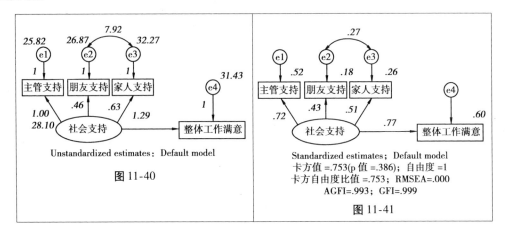

图 11-40

图 11-41

在标准化估计值模型图中,所有标准化回归系数或相关系数的绝对值均小于 1,没有出现不合理的参数,外因潜在变量"社会支持"对内因变量"整体工作满意"的标准化回归系数为 0.77,R^2 为 0.60。修正时假定误差项间并非相互独立,依据修正指标,增列一组测量指标误差项间的共变关系,最后呈现的模型中没有修正指标值大于 4.00 者,标准化残差协方差矩阵中残差值绝对值均小于 1.96。模型检验结果显示,模型的自由度等于 1(=10 − 9),整体模型适配度的卡方值为 0.753,显著性概率值 p = 0.386 > 0.05,未达 0.05 显著水平,接受虚无假设,表示假设模型与样本数据可以契合。卡方自由度比值 = 0.753 < 3.000,RMSEA 值 = 0.000 < 0.080,AGFI 值 = 0.993 > 0.900,GFI 值 = 0.999 > 0.900,均达模型适配标准,表示模型 B 的修正因果模型图可以被接受。

第四节　样本大小与适配度卡方值

在教师投入、支持系统、班级效能的假设因果模型的探究中,外因变量为"支持系统",内因变量为"班级效能",中介变量为"教师投入"。研究者认为支持系统愈多,班级效能的成效愈佳;教师投入愈积极,班级的支持系统会愈多,班级的效能也会愈好。潜在变量"支持系统"的三个测量指标变量为"行政支持""家长支持""校长支持",潜在变量"班级效能"的三个测量指标变量为"同侪互动""学习成效""常规遵守",七个观察变量的协方差矩阵如下。

表 11-7

rowtype_	varname_	同侪互动	学习成效	常规遵守	行政支持	家长支持	校长支持	教师投入
n		100.00	100.00	100.00	100.00	100.00	100.00	100.00
cov	同侪互动	1.46	.	.	.	.	.	.
cov	学习成效	1.87	3.65	.	.	.	.	.
cov	常规遵守	1.93	2.94	4.20	.	.	.	.
cov	行政支持	.79	1.36	1.57	3.50	.	.	.
cov	家长支持	1.03	1.71	1.87	2.54	4.12	.	.
cov	校长支持	1.00	1.65	1.95	2.72	2.91	4.45	.
cov	教师投入	1.04	1.70	1.82	1.52	1.96	1.72	6.45
mean		2.91	3.25	3.15	2.98	3.79	1.98	3.84

不同样本数的标准化估计值模型图如后一一展示。

一、样本数 N 为 100

模型检验结果显示,模型的自由度等于 12(= 28 - 16),整体模型适配度的卡方值为 4.370,显著性概率值 p = 0.976 > 0.05,未达 0.05 显著水平,接受虚无假设,表示假设模型与样本数据可以契合。卡方自由度比值 = 0.364 < 3.000,RMSEA 值 = 0.000 < 0.080, AGFI 值 = 0.971 > 0.900,GFI 值 = 0.987 > 0.900,均达模型适配标准,表示假设因果模型图可以被接受。

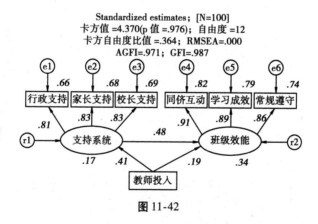

图 11-42

二、样本数 N 为 300

模型检验结果显示,模型的自由度等于 12(= 28 - 16),整体模型适配度的卡方值为 13.199,显著性概率值 p = 0.355 > 0.05,未达 0.05 显著水平,接受虚无假设,表示假设模型与样本数据可以契合。卡方自由度比值 = 1.100 < 3.000,RMSEA 值 = 0.018 < 0.080, AGFI 值 = 0.971 > 0.900,GFI 值 = 0.987 > 0.900,均达模型适配标准,表示假设因果模型图可以被接受。

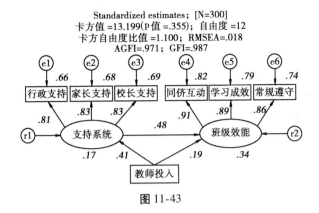

图 11-43

三、样本数 N 为 500

模型检验结果显示,模型的自由度等于12(=28 - 16),整体模型适配度的卡方值为22.028,显著性概率值 p = 0.037 < 0.05,达 0.05 显著水平,拒绝虚无假设,表示假设模型与样本数据不能契合。卡方自由度比值 = 1.836 < 3.000,RMSEA 值 = 0.041 < 0.080,AGFI 值 = 0.971 > 0.900,GFI 值 = 0.987 > 0.900,TLI 值 = 0.991 > 0.900,CN 值 = 477 > 200,均达模型适配标准,表示假设因果模型图可以被接受。

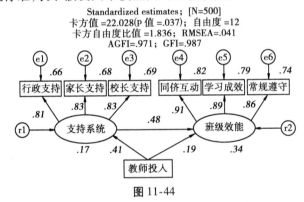

图 11-44

四、样本数 N 为 700

模型检验结果显示,模型的自由度等于12(=28 - 16),整体模型适配度的卡方值为30.856,显著性概率值 p = 0.002 < 0.05,达 0.05 显著水平,拒绝虚无假设,表示假设模型与样本数据不能契合。卡方自由度比值 = 2.571 < 3.000,RMSEA 值 = 0.047 < 0.080,AGFI 值 = 0.971 > 0.900,GFI 值 = 0.987 > 0.900,TLI 值 = 0.988 > 0.900,CN 值 = 477 > 200,均达模型适配标准,表示假设因果模型图可以被接受。

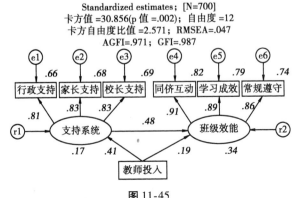

图 11-45

五、样本数 N 为 900

模型检验结果显示,模型的自由度等于 12(= 28 - 16),整体模型适配度的卡方值为 39.685,显著性概率值 p = 0.000 < 0.05,达 0.05 显著水平,拒绝虚无假设,表示假设模型与样本数据不能契合。卡方自由度比值 = 3.307 > 3.000,未达模型适配标准;RMSEA 值 = 0.051 < 0.080,AGFI 值 = 0.971 > 0.900,GFI 值 = 0.987 > 0.900,TLI 值 = 0.987 > 0.900,CFI 值 = 0.992 > 0.900,NFI 值 = 0.989 > 0.900,CN 值 = 477 > 200,均达模型适配标准,表示假设因果模型图可以被接受。

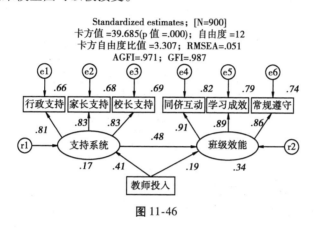

图 11-46

六、样本数 N 为 1100

模型检验结果显示,模型的自由度等于 12(= 28 - 16),整体模型适配度的卡方值为 48.514,显著性概率值 p = 0.000 < 0.05,达 0.05 显著水平,拒绝虚无假设,表示假设模型与样本数据不能契合。卡方自由度比值 = 4.403 > 3.000,未达模型适配标准;RMSEA 值 = 0.053 < 0.080,AGFI 值 = 0.971 > 0.900,GFI 值 = 0.987 > 0.900,TLI 值 = 0.986 > 0.900,CFI 值 = 0.992 > 0.900,NFI 值 = 0.989 > 0.900,CN 值 = 477 > 200,均达模型适配标准,表示假设因果模型可以被接受。

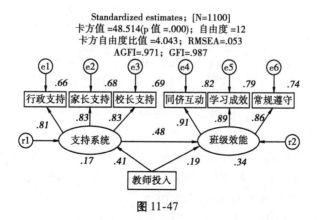

图 11-47

七、样本数 N 为 1500

模型检验结果显示,模型的自由度等于 12(= 28 - 16),整体模型适配度的卡方值为

66.171,显著性概率值 p = 0.000 < 0.05,达 0.05 显著水平,拒绝虚无假设,表示假设模型与样本数据不能契合。卡方自由度比值 = 5.514 > 3.000,未达模型适配标准;RMSEA 值 = 0.055 < 0.080,AGFI 值 = 0.971 > 0.900,GFI 值 = 0.987 > 0.900,TLI 值 = 0.984 > 0.900,CFI 值 = 0.991 > 0.900,NFI 值 = 0.989 > 0.900,CN 值 = 477 > 200,均达模型适配标准,表示假设因果模型可以被接受。

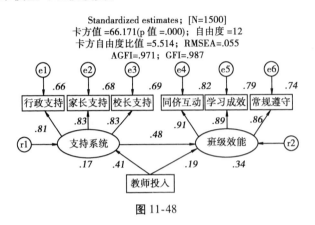

图 11-48

八、样本数 N 为 2000

模型检验结果显示,模型的自由度等于 12(= 28 - 16),整体模型适配度的卡方值为 88.243,显著性概率值 p = 0.000 < 0.05,达 0.05 显著水平,拒绝虚无假设,表示假设模型与样本数据不能契合。卡方自由度比值 = 7.354 > 3.000,未达模型适配标准;RMSEA 值 = 0.056 < 0.080,AGFI 值 = 0.971 > 0.900,GFI 值 = 0.987 > 0.900,TLI 值 = 0.984 > 0.900,CFI 值 = 0.991 > 0.900,NFI 值 = 0.989 > 0.900,CN 值 = 477 > 200,均达模型适配标准,表示假设因果模型图可以被接受。

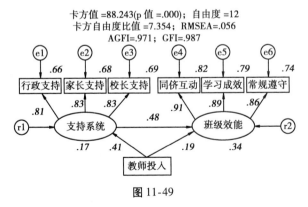

图 11-49

卡方值即最小差异函数(discrepancy function) = $\hat{C}$ = χ^2 = CMIN,卡方值的大小易随样本数多寡而波动。当样本数较大时,即使隐含的协方差矩阵(假设模型导出的协方差矩阵)与样本数据协方差矩阵差异很小,卡方值也会变得很大,造成显著性概率值 p 变得很小,容易拒绝虚无假设:假设模型与样本数据无法适配。由上述的范例可以得知,相同的样本数据协方差矩阵所估计的标准化的个别参数数据均相同,“支持系统”三个测量指标的因素负荷量分别为 0.81,0.83,0.83;“班级效能”三个测量指标的因素负荷量分别为 0.91,0.89,0.86;六个因素负荷量均大于 0.71;六个测量指标个别变量的信度系数分别为 0.66,0.68,0.69,0.82,0.79,0.74,均大于 0.50;"教师投入"中介变量对"支持系统"
"班级效能"的标准化回归系数分别为 0.41,0.19;潜在外因变量"支持系统"对内因潜在
变量"班级效能"的直接效果值为 0.48;"教师投入"中介变量能解释"支持系统"的变异
为17.1%;"教师投入"中介变量与潜在外因变量"支持系统"能解释内因潜在变量"班级
效能"的变异为 34.2%;所有估计的参数均达 0.05 显著水平。

　　样本观察值愈大,卡方值愈大,由于假设模型有相同的自由度(=12),因而卡方自由
度比值也会变得愈大,此时整体模型适配度的判别不应只以卡方值或卡方自由度比值两
个指标作为判断准则,其他的适配度指标也是重要的判别标准。由范例可知,当样本数
变为原来的 20 倍时(N = 2000)时,RFI 值、CFI 值、NFI 值、TLI 值、IFI 值、GFI 值、AGFI
值、RMSEA 值、CN 值等其他指标波动性较小,因而在 SEM 假设模型的适配度评估中,分
析的样本数如果较大,整体模型适配度的判别应参考 Amos 提供的九大类模型适配度指
标进行综合判断,而不要只以 CMIN 值作为唯一的判断依据。

　　将上述以相同协方差矩阵,而取样人数不同所得的适配度统计量整理成摘要表,见
表 11-8:

表 11-8

统计量＼N	N = 100	N = 300	N = 500	N = 700	N = 900	N = 1100	N = 1500	N = 2000
CMIN	4.370	13.199	22.028	30.856	39.685	48.514	66.171	88.243
CMIN/DF	.364	1.100	1.836	2.571	3.307	4.043	5.514	7.354
RMR	.089	.090	.090	.090	.090	.090	.090	.090
GFI	.987	.987	.987	.987	.987	.987	.987	.987
AGFI	.971	.971	.971	.971	.971	.971	.971	.971
TLI	1.035	.998	.991	.988	.987	.986	.984	.984
CFI	1.000	.999	.995	.993	.992	.992	.991	.991
PNFI	.565	.565	.565	.565	.565	.565	.565	.565
PCFI	.571	.571	.569	.568	.567	.567	.566	.566
NCP	.000	1.199	10.028	18.856	27.685	36.514	54.171	76.243
FMIN	.044	.044	.044	.044	.044	.044	.044	.044
RMSEA	.000	.018	.041	.047	.051	.053	.055	.056
AIC	36.370	45.199	54.028	62.856	71.685	80.514	98.171	120.243
ECVI	.367	.151	.108	.090	.080	.073	.065	.060
HOELTER	.477	.477	.477	.477	.477	.477	.477	.477

第十二章 典型相关分析与结构方程模型关系

　　典型相关分析(canonical correlation analysis;简称 CCA)为多变量统计方法之一,它包含了总体统计法与无总体统计法(卡方分析),所有总体统计法均为典型相关分析的特例。典型相关分析的目的是找出第一组变量(X 组变量)的线性组合/典型分数,与第二组变量(Y 组变量)的线性组合/典型分数,使得这两个线性组合间(典型变量间)的简单相关达到最大。典型相关分析最好符合以下统计假定:正态性(normality)、直线性(linearity)、方差同质性。多变量正态性的假定是所有变量和所有变量的线性结合符合正态分布。直线性的假定对典型相关分析而言其重要性有二:一为相关或方差协方差矩阵的分析反映的是直线关系,如果变量间不是线性关系,则无法借由统计量来估计;二为典型相关在于求出第一组变量与第二组变量最大化的线性关系,若是变量的关系为非线性关联,典型分析会遗漏成对典型变量间非线性成分关系(Tabachnick & Fidell, 2007)。

　　若以结构方程模型分析观点而言,则典型相关分析为结构方程模型的一个特例。Bagozzi 等人(1981)将 CCA 以 SEM 的方式来表示,不仅可达成原来 CCA 的目的,且 SEM 更提供二项 CCA 所没有的优点,其一为可对典型加权系数与跨典型负荷系数作显著性检验;其二是可对每一个典型相关系数逐一作显著性的检验(Dawson, 1998),其方法较 CCA 的检验方法更为严谨(Fan, 1997)。这两个优点详细的涵义是这样的,就加权系数与跨典型负荷系数的显著性检验而言,SEM 提供了 X 组变量与 Y 组变量在各个典型变量上的参数:如①未标准化的加权系数与跨典型负荷系数,②该估计参数的标准误,③该估计系数显著性检验的临界比值(C. R.)值,这三项数据使研究者易于了解哪一个变量的何种系数达到显著水平。再者,以往在进行 CCA 时,若只有第一个典型相关系数显著,则研究者会从 X 组变量中选择结构系数或加权系数较大者,认为其对第一个典型相关较有贡献,研究者若只以标准化加权系数值的大小来决定变量的重要性,似乎是不妥当的,因为有可能变量的加权系数大,但其标准误亦大,则显著性检验的 t 值会变小,而未达显著;相反的,有些变量的加权系数较小,但其标准误也很小,则显著性检验的 t 值反而会变大,因而研究者除考虑 X 组变量的加权系数外,也应考虑到变量标准误的大小(Fan, 1997;傅粹馨,2002)。

　　SEM 比 CCA 略胜一筹的第二个特性是,SEM 能为每一个典型相关系数进行显著性检验,不像 CCA 中将数个典型相关系数当成一组而进行次序性检验(sequentially testing)。例如在 CCA 中,若得到三个典型相关系数,则执行第三个概似比率(likelihood ratio)的检验,第一个检验的零假设(虚无假设)为所有的典型相关皆为 0,第二个检验的零假设为第二个与第三个典型相关皆为 0,第三个检验的零假设为第三个典型相关为 0。若第一、第二个检验均达统计上的显著水平($p < 0.05$),而第三个检验未达统计上的显著

水平（p＞0.05），则我们可以说第一、第二个典型相关系数达到显著水平，而第三个典型相关系数则没有达到，这看起来是研究者对每一个典型相关系数进行检验，然而事实上并非如此。严格来讲，只有第三个典型相关系数的检验是地道的个别参数检验，而前面的两个检验并非个别典型相关系数的检验。此种情况就理论而言，可能第二个典型相关系数本身并未显著，但它与第三个典型相关系数结合后，可达到显著水平，是否有这种可能，在 CCA 的情况下是无法得知的，但若是采用 SEM，则可以对每个典型相关系数进行个别显著性检验，此种检验即是：第一个虚无假设为第一个典型相关系数为0，第二个虚无假设为第二个典型相关系数为0，第三个虚无假设为第三个典型相关系数为0。此种检验可以借由 SEM 模型分析中的嵌套模型（nested model）来达成（Fan，1997；傅粹馨，2002）。在 Amos 的分析中，除可对两组变量的加权系数、结构系数与跨典型负荷系数进行显著性检验外，也可以直接进行各对典型变量间相关系数的显著性检验，此外，还可以求出各参数标准误的大小。

事实上，典型相关分析是 SEM 的一个特例，已有学者证明典型相关可以用 SEM 表示，此种模型称为多指标多因果模型（multiple indicators／multiple cause；简称为 MIMIC 模型），MIMIC 模型的特性在于同时具有因的指标（cause indicators）与果的指标（effect indicators），因的指标在 SEM 中即为外因潜在变量的测量指标，果的指标为内因潜在变量的测量指标。在典型相关分析中，典型因素是各组观察变量的线性组合，不含误差项，因而作为内因潜在变量者（η_1、η_2……），其误差项的变异均为0。

以一个有三个预测变量的 X 组变量（X1、X2、X3）、三个准则变量的 Y 组变量（Y1、Y2、Y3）的典型相关而言，其第一个典型变量的 MIMIC 模型图如图 12-1。MIMIC 模型除给出 X 组变量（预测变量）与 Y 组变量（准则变量）在各典型变量（canonical variants）的路径系数、结构系数与跨典型负荷系数外，也可以进行参数估计值的显著性检验：

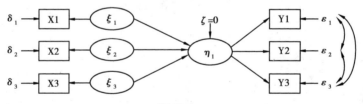

图 12-1

由于典型相关属于对称性（symmetrical）关系，因而将 Y 组变量改为预测变量，X 组变量改为准则变量，MIMIC 模型估计的自由度、卡方值是相同的。在求出 X 组变量与 Y 变量在第一个典型变量上的加权系数、结构系数、跨典型负荷系数值后，可以利用输出数据中非标准化的路径系数作为固定参数值，求出 X 组变量与 Y 变量在第二个典型变量上的加权系数、结构系数、跨典型负荷系数值。其 MIMIC 假设模型图如图 12-2（模型图中的虚线为固定参数，实线为待估计的自由参数）：

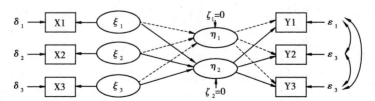

图 12-2

求出 X 组变量与 Y 变量在第一个典型变量、第二个典型变量上的加权系数、结构系数、跨典型负荷系数值后,可以利用输出数据中非标准化的路径系数作为固定参数值,再求出 X 组变量与 Y 变量在第三个典型变量上的加权系数、结构系数、跨典型负荷系数值。其 MIMIC 假设模型图如图 12-3(模型图中的虚线为固定参数,实线为待估计的自由参数):

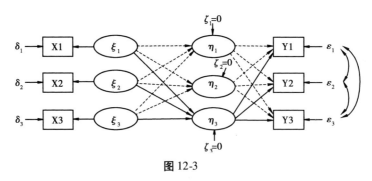

图 12-3

【研究问题】

> 假设第一组变量(X 组变量)有四个变量:X1、X2、X3、X4,第二组变量(Y 组变量)有三个变量 Y1、Y2、Y3,则典型变量(canonical variants)或典型变量(canonical variable)最多有三组(χ_1&η_1、χ_2&η_2、χ_3&η_3),其中第一组典型变量间的相关最大,第二组次之,第三组最小,非同一组的典型变量间的相关为 0,如 χ_1&η_2、χ_1&η_3、χ_2&η_1、χ_2&η_3、χ_3&η_1、χ_3&η_2(有效样本观察值有 556 个)。

第一节　典型相关分析

一、CANCORR 语法指令

求 X 组变量与 Y 组变量间的典型相关,可使用 SPSS 的 CANCORR 语法指令。

```
include file'c:\program files\spss\canonical correlation. sps'.
CANCORR set 1 = X1 X2 X3 X4/
              set 2 = Y1 Y2 Y3/.
```

二、典型相关分析结果

Correlations for Set-1				
	X1	X2	X3	X4
X1	1.0000	.7778	.7539	.7077
X2	.7778	1.0000	.8492	.7768
X3	.7539	.8492	1.0000	.7986
X4	.7077	.7768	.7986	1.0000

【说明】　为第一组变量(X 组变量)间的积差相关矩阵。

```
Correlations for Set-2
              Y1        Y2        Y3
   Y1     1.0000     .7547     .7237
   Y2      .7547    1.0000     .8373
   Y3      .7237     .8373    1.0000
```

【说明】　为第二组变量(Y组变量)间的积差相关矩阵。

```
Correlations Between Set-1 and Set-2
              Y1        Y2        Y3
   X1      .4485     .5062     .4828
   X2      .4442     .5133     .5337
   X3      .5388     .6079     .5902
   X4      .5237     .6080     .5406
```

【说明】　为第一组变量(X组变量)与第二组变量(Y组变量)间的积差相关矩阵,四个X变量与三个Y变量间呈现中度正相关。

```
Canonical Correlations
1          .661
2          .233
3          .045
Test that remaining correlations are zero:
         Wilk's    Chi-SQ     DF       Sig.
   1      .531    348.543   12.000     .000
   2      .944     31.960    6.000     .000
   3      .998      1.130    2.000     .568
```

【说明】　典型相关分析中的典型相关系数及其显著性检验。由于X组变量有四个变量,Y组变量有三个变量,因而典型相关系数最多有三个。样本在第一组典型函数 χ_1 与 η_1 间的典型相关等于 $0.661(\rho_1)$,在第二组典型函数 χ_2 与 η_2 间的典型相关等于 $0.233(\rho_2)$,在第三组典型函数 χ_3 与 η_3 间的典型相关等于 $0.045(\rho_3)$。典型函数的显著性检验结果显示,三个典型相关系数显著性检验 Wilk's λ 值分别为 $0.531(p=0.000<0.05)$,$0.944(p=0.000<0.05)$,$0.998(p=0.568>0.05)$,其中第一个与第二个典型相关系数均达显著水平。典型相关系数的平方是典型变量对另一个相对应典型变量变异的解释程度,即两个典型变量共有的方差,典型相关系数的平方又称为特征值(eigenvalues)或典型根值(canonical roots)。

```
Standardized Canonical Coefficients for Set-1
              1         2         3
   X1      -.118     -.352     -.701
   X2       .230     1.703     1.229
   X3      -.656      .069    -1.582
   X4      -.503    -1.252     1.142
```

【说明】　第一组变量(X 组变量)的标准化典型系数(standardized canonical coefficients),此系数又称为典型加权系数(canonical weight/ canonical coefficient / function coefficient),典型加权系数的绝对值可能大于 1。典型加权系数表示该组变量对所属典型变量(canonical variable/canonical variant)的贡献程度,典型加权系数值的绝对值愈大,其对所属典型变量的影响愈大。

Raw Canonical Coefficients for Set-1			
	1	2	3
X1	$-.047$	$-.141$	$-.282$
X2	$.053$	$.394$	$.284$
X3	$-.274$	$.029$	$-.661$
X4	$-.122$	$-.303$	$.276$

【说明】　第一组变量(X 组变量)的原始典型系数,原始典型系数值乘相对应变量的标准差得到标准化典型系数值。

Standardized Canonical Coefficients for Set-2			
	1	2	3
Y1	$-.240$	$-.425$	-1.499
Y2	$-.637$	-1.355	1.311
Y3	$-.191$	1.882	$.006$

【说明】　第二组变量(Y 组变量)的典型加权系数(标准化典型系数)。

Raw Canonical Coefficients for Set-2			
	1	2	3
Y1	$-.079$	$-.139$	$-.491$
Y2	$-.152$	$-.322$	$.312$
Y3	$-.046$	$.454$	$.001$

【说明】　第二组变量(Y 组变量)的原始典型系数。

根据原始或标准化的典型加权系数可以求出每位受试者的三对典型分数或线性组合分数,以原始加权系数为例,每位受试者三对典型分数如下:

KSI1　$=$ X1 $*$ (-0.047) $+$ X2 $*$ (0.056) $+$ X3 $*$ (-0.274) $+$ X4 $*$ (-0.122)

ETA1　$=$ Y1 $*$ (-0.079) $+$ Y2 $*$ (-0.152) $+$ Y3 $*$ (-0.046)

KSI2　$=$ X1 $*$ (-0.141) $+$ X2 $*$ (0.394) $+$ X3 $*$ (0.029) $+$ X4 $*$ (-0.303)

ETA2　$=$ Y1 $*$ (-0.139) $+$ Y2 $*$ (-0.322) $+$ Y3 $*$ (0.454)

KSI3　$=$ X1 $*$ (-0.282) $+$ X2 $*$ (0.284) $+$ X3 $*$ (-0.661) $+$ X4 $*$ (0.276)

ETA3　$=$ Y1 $*$ (-0.491) $+$ Y2 $*$ (0.312) $+$ Y3 $*$ (0.001)

上述六个变量执行 SPSS 功能列【转换(T)】/【计算(C)】程序,开启【计算变量】对话窗口可以求出每位受试者的三对线性组合分数。其语法文件如下:

```
COMPUTE KSI1 = X1 * (-0.047) + X2 * (0.056) + X3 * (-0.274) + X4 * (-0.122).
COMPUTE ETA1 = Y1 * (-0.079) + Y2 * (-0.152) + Y3 * (-0.046).
COMPUTE KSI2 = X1 * (-0.141) + X2 * (0.394) + X3 * (0.029) + X4 * (-0.303).
COMPUTE ETA2 = Y1 * (-0.139) + Y2 * (-0.322) + Y3 * (0.454).
COMPUTE KSI3 = X1 * (-0.282) + X2 * (0.284) + X3 * (-0.661) + X4 * (0.276).
COMPUTE ETA3 = Y1 * (-0.491) + Y2 * (0.312) + Y3 * (0.001).
EXECUTE .
```

执行 SPSS 功能列【分析(A)】/【相关(C)】/【双变量(B)】程序,开启【双变量相关分析】对话窗口,求出六个典型变量间的相关。KSI1 与 ETA1 的相关系数为 0.661($p = 0.000 < 0.05$),KSI2 与 ETA2 的相关系数为 0.233($p = 0.000 < 0.05$),KSI3 与 ETA3 的相关系数为 0.045($p = 0.287 > 0.05$),第一个、第二个典型相关系数达到 0.05 显著水平,第三个典型相关系数则未达到 0.05 显著水平,未相对应的典型变量的相关系数均显著等于 0。

表 12-1　典型变量的相关矩阵

		KSI1	ETA1	KSI2	ETA2	KSI3	ETA3
KSI1	Pearson 相关	1	.661(**)	-.001	-.003	.002	.001
	显著性（双尾）		.000	.976	.953	.971	.984
	个数	556	556	556	556	556	556
ETA1	Pearson 相关	.661	1	-.001	-.004	.002	.002
	显著性（双尾）	.000		.984	.932	.970	.971
	个数	556	556	556	556	556	556
KSI2	Pearson 相关	-.001	-.001	1	.233	-.001	.000
	显著性（双尾）	.976	.984		.000	.988	.997
	个数	556	556	556	556	556	556
ETA2	Pearson 相关	-.003	-.004	.233	1	.000	-.001
	显著性（双尾）	.953	.932	.000		.998	.987
	个数	556	556	556	556	556	556
KSI3	Pearson 相关	.002	.002	-.001	.000	1	.045
	显著性（双尾）	.971	.970	.988	.998		.287
	个数	556	556	556	556	556	556
ETA3	Pearson 相关	.001	.002	.000	-.001	.045	1
	显著性（双尾）	.984	.971	.997	.987	.287	
	个数	556	556	556	556	556	556

```
Canonical Loadings for Set-1
           1       2       3
X1      -.790    .138    -.130
X2      -.810    .515     .227
X3      -.952    .250    -.155
X4      -.932   -.123     .337
```

【说明】　第一组变量(X 组变量)的典型负荷量(canonical loading)。典型负荷量又称为典型结构系数(canonical structure coefficient/ canonical structure loading),典型负荷量为 X 组变量(第一组变量)与其典型变量 χ 间的相关或 Y 组变量(第二组变量)与其典型变量 η 间的相关,典型结构系数性质与相关系数类似,其绝对值最大为 1。典型结构系数是 X 组变量(第一组变量)各变量的 Z 分数与其所属典型变量χ间的相关系数,或 Y 组变量(第二组变量)各变量的 Z 分数与其所属典型变量η间的相关系数,由于其数值为相关系数,因而其数值最小值为 -1,最大值为 $+1$。

```
Cross Loadings for Set-1
              1         2         3
   X1      -.522      .032     -.006
   X2      -.535      .120      .010
   X3      -.629      .058     -.007
   X4      -.616     -.029      .015
```

【说明】　第一组变量(X 组变量)的跨典型负荷量(cross loading)。跨典型负荷量又称为 Index 系数或跨结构系数(cross-structure correlation),跨典型负荷量为 X 组变量(第一组变量)与另一组相对应典型变量η间的相关或 Y 组变量(第二组变量)与另一组相对应典型变量χ间的相关。

```
Canonical Loadings for Set-2
              1         2         3
   Y1      -.859     -.085     -.505
   Y2      -.978     -.100      .185
   Y3      -.898      .440      .019
```

【说明】　第二组变量(Y 组变量)的典型负荷量(典型结构系数),为 Y 组变量(第二组变量)与其典型变量η_1、η_2、η_3间的相关。

```
Cross Loadings for Set-2
              1         2         3
   Y1      -.568     -.020     -.023
   Y2      -.646     -.023      .008
   Y3      -.593      .103      .001
```

【说明】　第二组变量(Y 组变量)的跨典型负荷量,为 Y 组变量(第二组变量)与其相对应典型变量χ_1、χ_2、χ_3间的相关。

```
Redundancy Analysis:
Proportion of Variance of Set-1 Explained by Its Own Can. Var.
              Prop Var
CV1-1         .763
CV1-2         .091
CV1-3         .051
Proportion of Variance of Set-1 Explained by Opposite Can. Var.
              Prop Var
CV2-1         .334
CV2-2         .005
CV2-3         .000
```

【说明】　第一组变量(X 组变量)被其典型变量χ_1、χ_2、χ_3解释的百分比,其解释变异分别为 76.3%,9.1%,5.1%;第一组变量(X 组变量)被其相对应典型变量η_1、η_2、η_3解

释的百分比,此数值又称为重叠系数(redundancy coefficient),其解释变异分别为 33.4%,
0.5%,0.0%。

Proportion of Variance of Set-2 Explained by Its Own Can. Var.
Prop Var
CV2-1　　　　.833
CV2-2　　　　.070
CV2-3　　　　.097
Proportion of Variance of Set-2 Explained by Opposite Can. Var.
Prop Var
CV1-1　　　　.364
CV1-2　　　　.004
CV1-3　　　　.000

【说明】　第二组变量(Y 组变数)被其典型变量 η_1、η_2、η_3 解释的百分比,其解释变异分别为 83.3%,7.0%,9.7%;第二组变量(Y 组变量)被其相对应典型变量 χ_1、χ_2、χ_3 解释的百分比,此数值为重叠系数,其解释变异分别为 36.4%,0.4%,0.0%。

根据结构系数可以求出 adequacy 系数与重叠系数,adequacy 系数为某一组变量在典型变量的结构系数的平方和再除以变量数,如第二组变量(Y 组变量)在第一个典型变量的结构系数分别为 -0.859,-0.978,-0.898,Y 组变量在第一个典型变量的 adequacy 系数 $= \dfrac{(-0.859)^2 + (-0.978)^2 + (-0.898)^2}{3} = 0.8336$,此系数表示典型变量 η_1 自 Y1、Y2、Y3 三个变量中所抽出的方差占三个变量总方差的 83.36%,重叠系数为 adequacy 系数乘相应的典型相关系数的平方,Y 组变量在第一个典型变量的重叠系数 $= 0.8336 \times 0.661^2 = 0.8336 \times 0.4369 = 0.3642$。

表 12-2　典型相关分析结果摘要表

	第一个典型变量 χ_1				第二个典型变量 χ_2				第三个典型变量 χ_3			
	原始典型系数	加权系数	结构系数	跨负荷系数	原始典型系数	加权系数	结构系数	跨负荷系数	原始典型系数	加权系数	结构系数	跨负荷系数
X1	-.047	-.118	-.790	-.522	-.141	-.352	.138	.032	-.282	-.701	-.130	-.006
X2	.056	.230	-.810	-.535	.394	1.703	.515	.120	.284	1.229	.227	.010
X3	-.274	-.656	-.952	-.629	.029	.069	.250	.058	-.661	-1.582	-.155	-.007
X4	-.122	-.503	-.932	-.616	-.303	-1.252	-.123	-.029	.276	1.142	.337	.015
重叠系数	.334				.005				.000			
抽出方差百分比	.763				.091				.051			
	第一个典型变量 η_1				第二个典型变量 η_2				第三个典型变量 η_3			
	原始典型系数	加权系数	结构系数	跨负荷系数	原始典型系数	加权系数	结构系数	跨负荷系数	原始典型系数	加权系数	结构系数	跨负荷系数
Y1	-.079	-.240	-.859	-.568	-.139	-.425	-.085	-.020	-.491	-1.499	-.505	-.023
Y2	-.152	-.637	-.978	-.646	-.322	-1.355	-.100	-.023	.312	1.311	.185	.008
Y3	-.046	-.191	-.898	-.593	.454	1.882	.440	.103	.001	.006	.019	.001
重叠系数	.364				.004				.000			
抽出方差百分比	.833				.070				.097			
$\rho_1 = .661^{***}$;$\rho_1^2 = .437$				$\rho_2 = .233^{***}$;$\rho_2^2 = .054$				$\rho_3 = .045$n. s.;$\rho_3^2 = .002$				

第二节 SEM 执行程序

一、第一个典型变量

(一)第一组变量(X 组变量)作为外因潜在变量的指标变量

第一组变量(X 组变量)为预测变量(因的指标),第二组变量(Y 组变量)为效标变量(果的变量)。在典型相关分析中,由于典型因素是观察变量的线性组合,不含残差项(residual term),因而内因潜在变量 ETA1 的残差变异要设为 0。图 12-4 为采用混合模型的路径分析图,执行【Analyze】(分析)/【Calculate Estimates】(计算估计值)程序,模型可以收敛辨识,标准化估计值的模型图如图 12-5,模型的自由度为 6,卡方值为 32.192。

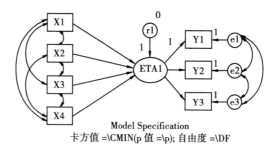

Model Specification
卡方值 =\CMIN(p 值 =\p); 自由度 =\DF

图 12-4

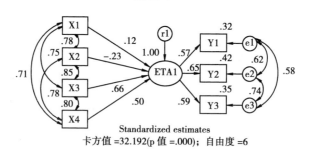

Standardized estimates
卡方值 =32.192(p 值 =.000); 自由度 =6

图 12-5

将上述混合模型的路径分析改为潜在变量的路径分析(path analysis with latent variables;PA_LV),PA_LV 模型即为完整的 SEM 模型,此模型即前述的 MIMIC 模型。在假设模型中,四个外因潜在变量为 KSI1、KSI2、KSI3、KSI4,第一组四个变量 X1、X2、X3、X4 分别为上述四个外因潜在变量的指标变量,四个外因潜在变量的指标变量均只有一个,表示测量指标变量可以完全由其相对应的潜在变量来预测,观察变量的误差变异为 0。结构模型中作为内因潜在变量者,其残差项(disturbance)的变异也要设定为 0,因为典型变量正好是观察变量的线性组合。内因潜在变量(ETA1)三个观察变量为第二组变量(Y 组变量),PA_LV 假设模型图如图 12-6。

图 12-6 假设模型图可以收敛估计,模型的自由度为 6,模型卡方值为 32.192,其标准化估计值模型图的参数和采用混合模型的路径分析假设模型图估计结果完全相同,标准化估计值的模型图如图 12-7,标准化估计值中可以求得预测变量的加权系数、准则变量的跨典型负荷系数(预测变量的结构系数可由所有变量隐含的协方差矩阵求得)。

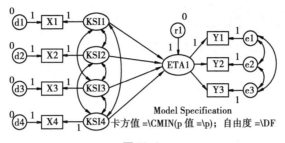

图 12-6

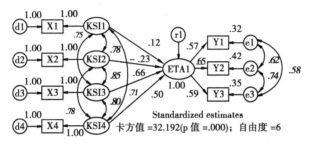

图 12-7

非标准化估计值模型图如图 12-8，非标准化估计值的参数数据可进一步求出第二个典型相关加权系数、结构系数、跨典型负荷系数，其可作为假设模型图中部分路径的固定参数值。

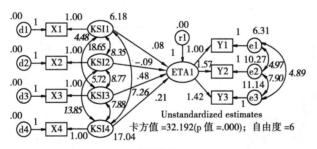

图 12-8

要呈现标准化估计值与所有变量隐含的协方差矩阵数据，在文字输出格式中按【Analysis Properties】（分析属性）图像钮▦，开启【Analysis Properties】对话窗口，切换到【Output】（结果输出）标签页，勾选【Standardized estimates】（标准化估计值）、【All implied moments】（所有隐含变量的协方差矩阵）选项，其余选项则自由勾选。

在 Amos 模型估计中，有时按下【Calculate estimates】（计算估计值）图像钮▦后，在【Computation summary】（计算摘要表）中会出现卡方值，但【View the output path diagram】（浏览输出路径图）图像钮呈灰色，表示无法呈现标准化或非标准化估计值模型图，此时在输出文件的【Notes of Model】（模型注解）选项中会呈现下列提示文字：参数估计时，由于已经达到迭代限制上限，因而卡方值及各参数估计结果可能不正确。此时的解决之道，就是调整迭代限制的数字，将迭代限制的上限次数变大。

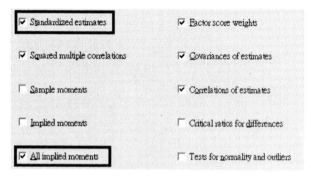

图 12-9

```
Result（Default model）
Iteration limit reached
The results that follow are therefore incorrect.
Chi-square = 11.448
Degrees of freedom = 6
Probability level = .075
```

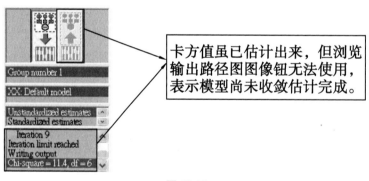

卡方值虽已估计出来，但浏览
输出路径图图像钮无法使用，
表示模型尚未收敛估计完成。

图 12-10

　　按【Analysis Properties】图像钮，开启【Analysis Properties】对话窗口，切换到【Nemerical】（数值的格式）标签页，更改【Iteration limit】（迭代限制）前面的方格的数字，范例中为更改迭代限制次数为1000（Amos 内定的迭代限制次数为50）。

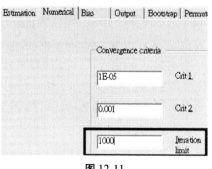

图 12-11

表 12-3　标准化路径系数

			Estimate
ETA1	←	KSI1	.118
ETA1	←	KSI2	−.230
ETA1	←	KSI3	.656
ETA1	←	KSI4	.503
Y1	←	ETA1	.568
Y2	←	ETA1	.646
Y3	←	ETA1	.593

在标准化回归系数中,四个外因潜在变量对内因潜在变量的路径系数值为 0.118, -0.230, 0.656, 0.503,此数值为 X 组变量在第一个典型变量上的加权系数(绝对值数值相同,正负号相反)。最后三行的数值为第二组变量(Y 组变数)在第一个典型变量上的跨典型负荷量,其数值分别为 0.568, 0.646, 0.593,和 CCA 结果的数值绝对值相同,正负号相反。SEM 求出的数据与 CCA 的部分系数的正负号相反,乃是采用 SEM 方法会产生反映(reflecting)现象。

表 12-4　Regression Weights

			Estimate	S. E.	C. R.	P	Label
ETA1	←	KSI1	.082	.057	1.446	.148	par_5
ETA1	←	KSI2	−.092	.043	−2.133	.033	par_6
ETA1	←	KSI3	.475	.077	6.164	***	par_7
ETA1	←	KSI4	.211	.038	5.551	***	par_8
Y1	←	ETA1	1.000				
Y2	←	ETA1	1.567	.078	20.006	***	par_1
Y3	←	ETA1	1.421	.079	18.004	***	par_2

X 组变量在第一个典型变量上的加权系数的显著性检验,临界比值(critical ratio)是估计值除以其相对应的标准误(standard error),C. R. 栏数值的绝对值如大于 1.96,表示估计参数达到 0.05 显著水平,若是显著性概率值 p < 0.001,则会直接呈现"***"符号。第一组变量中四个加权系数除 X1 未达显著外,余均达 0.05 显著水平。后三行为第二组变量(Y 组变量)Y2、Y3 在第一个典型变量上的跨典型负荷量的显著性检验,其临界比值绝对值均大于 1.96,表示这两个估计参数均显著不等于 0。

表 12-5　Implied (for all variables) Correlations(所有变量隐含的相关矩阵)

	KSI4	KSI3	KSI2	KSI1	ETA1	X4	X3	X2	X1	Y3	Y2	Y1
KSI4	1.000											
KSI3	.799	1.000										
KSI2	.777	.849	1.000									
KSI1	.708	.754	.778	1.000								
ETA1	.932	.952	.810	.790	1.000							
X4	1.000	.799	.777	.708	.932	1.000						
X3	.799	1.000	.849	.754	.952	.799	1.000					
X2	.777	.849	1.000	.778	.810	.777	.849	1.000				
X1	.708	.754	.778	1.000	.790	.708	.754	.778	1.000			
Y3	.553	.565	.481	.469	.593	.553	.565	.481	.469	1.000		
Y2	.602	.615	.523	.510	.646	.602	.615	.523	.510	.837	1.000	
Y1	.529	.540	.460	.448	.568	.529	.540	.460	.448	.724	.755	1.000

在 Amos 输出文件的所有隐含相关矩阵表中可以找出第一组变量(X 组变量)在第一个典型变量的结构系数,其数值分别为 0.790, 0.810, 0.952, 0.932;以及第二组变量(Y 组变量)在第一个典型变量的跨典型负荷量,其数值分别为 0.568, 0.646, 0.593。Amos 所呈现的数值绝对值与 CCA 摘要表中的数值绝对值相同,只是其正负号相反。

(二)第二组变量(Y 组变量)作为外因潜在变量的指标变量

第二组变量(Y 组变量)改为预测变量(因的指标),第一组变量(X 组变量)变量改为效标变量(果的变量,果的变量也称为准则变量),可以求出 Y 组变量在第一个典型变量上的加权系数、结构系数与 X 组变量在第一个典型变量上的跨典型负荷量。采用混合模型的路径图如图 12-12：

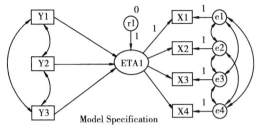

图 12-12

假设模型图的模型估计结果,模型的自由度等于6,卡方值为 32.192,模型适配度显著性概率值 p = 0.000。模型的卡方值、自由度与显著性概率值均与上述以 X 组变量为因的指标、Y 组变量为果的指标所建构的 MIMIC 假设模型图相同。

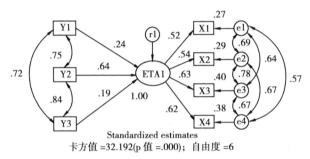

图 12-13

将上述简化的 SEM 模型图改为完整的 PA_LV 模型图,三个外因潜在变量的测量指标分别为 Y1、Y2、Y3,内因潜在变量的指标变量为 X 组变量(X1、X2、X3、X4)。

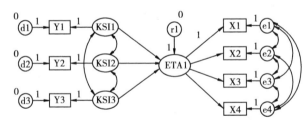

图 12-14

假设模型图的模型估计结果,模型的自由度等于6,卡方值为 32.192,模型适配度显著性概率值 p = 0.000。模型的卡方值、自由度与显著性概率值均与上述采用混合模型的MIMIC 模型图相同。

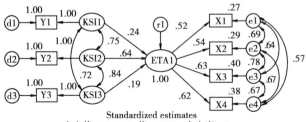

图 12-15

表 12-6 标准化回归系数

			Estimate
ETA1	←	KSI1	.240
ETA1	←	KSI2	.637
ETA1	←	KSI3	.191
X1	←	ETA1	.522
X2	←	ETA1	.535
X3	←	ETA1	.629
X4	←	ETA1	.616

在标准化回归系数中,三个外因潜在变量对内因潜在变量的路径系数值分别为 0.240,0.637,0.191,此数值为 Y 组变量在第一个典型变量上的加权系数(绝对值数值相同,正负号相反)。ETA1 对四个 X 组变量的标准化回归系数为 X 组变量在第一个典型变量的跨典型负荷系数,其数值分别为 0.522,0.535,0.629,0.616,与典型相关结果的正负号相反。

表 12-7　Regression Weights(未标准化的路径系数)

			Estimate	S. E.	C. R.	P	Label
ETA1	←	KSI1	.102	.033	3.104	.002	par_4
ETA1	←	KSI2	.197	.032	6.212	***	par_5
ETA1	←	KSI3	.060	.031	1.938	.053	par_7
X1	←	ETA1	1.000				
X2	←	ETA1	1.782	.097	18.437	***	par_1
X3	←	ETA1	1.159	.062	18.590	***	par_2
X4	←	ETA1	1.960	.115	16.993	***	par_6

Y 组变量在第一个典型变量上的加权系数显著性检验,除 Y3 在第一个典型变量的加权系数值未达 0.05 显著水平外,Y1、Y2 在第一个典型变量的加权系数值均达 0.05 显著水平。X 组变量(第一组变量)在第一个典型变量的跨典型负荷系数显著性检验结果中,变量 X2、X3、X4 在第一个典型变量的跨典型负荷系数均达 0.05 显著水平,表示这些参数均显著不等于 0。

表 12-8　Implied (for all variables) Correlations(所有变量隐含的相关矩阵)

	KSI3	KSI2	KSI1	ETA1	X4	Y3	Y2	Y1	X3	X2	X1
KSI3	1.000										
KSI2	.837	1.000									
KSI1	.724	.755	1.000								
ETA1	.898	.978	.859	1.000							
X4	.553	.602	.529	.616	1.000						
Y3	1.000	.837	.724	.898	.553	1.000					
Y2	.837	1.000	.755	.978	.602	.837	1.000				
Y1	.724	.755	1.000	.859	.529	.724	.755	1.000			
X3	.565	.615	.540	.629	.799	.565	.615	.540	1.000		
X2	.481	.523	.460	.535	.777	.481	.523	.460	.849	1.000	
X1	.469	.510	.448	.522	.708	.469	.510	.448	.754	.778	1.000

所有变量隐含相关矩阵表中可以找出第二组变量(Y 组变量)在第一个典型变量的结构系数,其数值分别为 0.859,0.978,0.898;以及第一组变量(X 组变量)在第一个典型变量的跨典型负荷量,其数值分别为 0.522,0.535,0.629,0.616。Amos 所呈现的数值绝对值与 CCA 摘要表中的数值绝对值相同,只是其正负号相反。

二、第二个典型变量

求出 X 组变量与 Y 组变量各变量在第一个典型变量的加权系数、结构系数与跨典型负荷系数值后,可以根据未标准化的路径系数,求出 X 组变量与 Y 组变量各变量在第二个典型变量的加权系数、结构系数与跨典型负荷系数值。

(一)第一组变量(X 组变量)为外因潜在变量的指标变量

在 SEM 假设模型图中,第一组变量(X 组变量)与第二组变量(Y 组变量)在第一个典型变量的路径系数要设定为固定参数(fixed parameter)。设定固定参数的路径及其路径系数值如表 12-9,此表摘自第一个典型变量中的数据(未标准化回归加权的估计值),未设定为固定参数的路径即为待估计的自由参数(free parameter)。内因潜在变量 ETA2 的三个测量指标中要有一个测量指标的路径系数设定为 1,范例中为 ETA2→Y1。

表 12-9　固定参数路径与待估计的自由参数路径

路　径	路径系数固定值	待估计的自由参数路径
ETA1 ← KSI1	.082	ETA2 ← KSI1
ETA1 ← KSI2	− .092	ETA2 ← KSI2
ETA1 ← KSI3	.475	ETA2 ← KSI3
ETA1 ← KSI4	.211	ETA2 ← KSI4
Y1 ← ETA1	1.000	
Y2 ← ETA1	1.567	Y2 ← ETA2
Y3 ← ETA1	1.421	Y3 ← ETA2
Y1 ← ETA2	1.000	

在假设模型图中,第二个典型变量(ETA2)与第一个典型变量(ETA1)的残差变异均为 0,二者典型变量间没有因果关系路径。

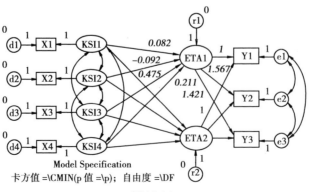

图 12-16

　　模型估计结果假设模型可以顺利收敛识别,标准化估计值模型图如图 12-17 所示,模型的自由度为 6,卡方值为 1.138,卡方值显著性概率值 p = 0.980。

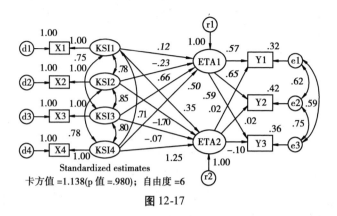

图 12-17

表 12-10　标准化路径系数与非标准化路径系数一览表

			标准化回归系数	Estimate	S. E.	C. R.	P
ETA1	←	KSI2	− .229	− .092			
ETA1	←	KSI3	.656	.475			
ETA1	←	KSI4	.503	.211			
ETA2	←	KSI1	.352	.009	.017	.503	.615
ETA2	←	KSI2	− 1.703	− .024	.043	− .560	.575
ETA2	←	KSI3	− .069	− .002	.010	− .177	.860
ETA2	←	KSI4	1.252	.018	.032	.570	.569
ETA1	←	KSI1	.118	.082			
Y3	←	ETA1	.593	1.421			
Y1	←	ETA1	.568	1.000			
Y3	←	ETA2	− .103	− 7.004	13.847	− .506	.613
Y2	←	ETA2	.023	1.605	2.312	.694	.487
Y1	←	ETA2	.020	1.000			
Y2	←	ETA1	.646	1.567			

　　前八行为第一组变量(X 组变量)在第一个典型变量、第二个典型变量的加权系数值,第一组变量(X 组变量)在第二个典型变量的加权系数分别为 0.352, − 1.703, − 0.069,1.252,正负号和 CCA 结果相反。最后六行的数值为第二组变量(Y 组变量)在第一个典型变量与第二个典型变量上的跨典型负荷量,在第二个典型变量的跨典型负荷量数值分别为 0.020,0.023, − 0.103,和 CCA 结果的数值绝对值相同,正负号相反。第一组变量(X1、X2、X3、X4)在第二个典型变量的加权系数均未达 0.05 显著水平。第二组变量(Y 组变量)Y2、Y3 在第二个典型变量上的跨典型负荷量的显著性检验,其临界比值绝对值均小于 1.96,表示这两个估计参数均显著等于 0。

表 12-11　Implied（for all variables）Correlations（所有变量隐含的相关矩阵）

	KSI4	KSI3	KSI2	KSI1	ETA2	ETA1	X4	X3	X2	X1	Y3
KSI4	1.000										
KSI3	.799	1.000									
KSI2	.777	.849	1.000								
KSI1	.708	.754	.778	1.000							
ETA2	.124	−.249	−.515	−.138	1.000						
ETA1	.932	.952	.810	.790	.001	1.000					
X4	1.000	.799	.777	.708	.124	.932	1.000				
X3	.799	1.000	.849	.754	−.249	.952	.799	1.000			
X2	.777	.849	1.000	.778	−.515	.810	.777	.849	1.000		
X1	.708	.754	.778	1.000	−.138	.790	.708	.754	.778	1.000	
Y3	.540	.590	.533	.483	−.102	.593	.540	.590	.533	.483	1.000
Y2	.605	.609	.511	.507	.024	.646	.605	.609	.511	.507	.837
Y1	.532	.535	.449	.446	.020	.568	.532	.535	.449	.446	.724

　　表中数据为第一组变量（X 组变量）在第一个典型变量的结构系数与在第二个典型变量的结构系数，四个 X 变量在第二个典型变量的结构系数分别为 −0.138，−0.515，−0.249，0.124（CCA 中的值为 −0.123），与典型相关分析结果的数值绝对值相同，正负号相反。此外，表中也呈现第二组变量（Y 组变量）在第一个典型变量的跨典型负荷系数与在第二个典型变量的跨典型负荷系数，Y1、Y2、Y3 三个变量在第二个典型变量的跨典型负荷系数分别为 0.020，0.024，−0.102（CCA 中的数据为 −0.020，−0.023，0.103），数值绝对值与 CCA 结果大致相同。

（二）第二组变量（Y 组变量）为外因潜在变量的指标变量

　　在 MIMIC 假设模型图中，KSI1→ETA1、KSI2→ETA1、KSI3→ETA1 的路径系数设定为固定参数，根据第一个典型变量分析的数据，其非标准化的路径系数值分别为 0.102，0.197，0.060。ETA1→X1、ETA1→X2、ETA1→X3、ETA1→X4 的路径系数也为固定参数，根据第一个典型变量分析的数据，其非标准化的路径系数值分别为 1.000，1.782，1.159，1.960，在 Amos 的分析中，潜在变量所对应的指标变量中，要有一个指标变量的路径系数设定为 1，范例中将 ETA2→X2 的路径系数设定为 1。

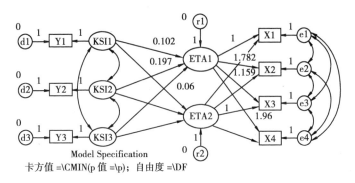

图 12-18

　　模型估计结果可以顺利收敛识别,标准化估计值模型图如图 12-19 所示,模型的自由度为 6,卡方值为 1.139,卡方值显著性概率值 p = 0.980,其数值与以第一组变量(X 组变量)为预测变量、第二组变量(Y 组变量)为准则变量的结果相同。

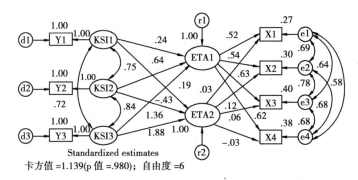

图 12-19

表 12-12　标准化路径系数与非标准化路径系数一览表

			标准化回归系数	Estimate	S. E.	C. R.	P
ETA1	←	KSI1	.239	.102			
ETA1	←	KSI2	.637	.197			
ETA1	←	KSI3	.191	.060			
ETA2	←	KSI1	− .425	− .072	.052	− 1.384	.166
ETA2	←	KSI2	− 1.356	− .167	.058	− 2.888	.004
ETA2	←	KSI3	1.882	.235	.070	3.370	***
X1	←	ETA1	.523	1.000			
X2	←	ETA1	.536	1.782			
X3	←	ETA1	.630	1.159			
X2	←	ETA2	.120	1.000			
X4	←	ETA2	− .029	− .231	.318	− .726	.468
X1	←	ETA2	.032	.154	.146	1.056	.291
X3	←	ETA2	.058	.268	.103	2.594	.009
X4	←	ETA1	.617	1.960			

　　前半部分为第二组变量(Y 组变量)在第一个典型变量、第二个典型变量的加权系数值,Y1、Y2、Y3 三个变量在第二个典型变量的加权系数分别为 − 0.425(p = 0.166 > 0.05), − 1.356(p = 0.004 < 0.05),1.882(p = 0.000 < 0.05)。后半部分的数值为第一组变量(X 组变量)在第一个典型变量与第二个典型变量上的跨典型负荷量,X1、X2、X3、X4 四个变量在第二个典型变量的跨典型负荷量数值分别为 0.032 (p = 0.291 > 0.05), 0.120,0.058(p = 0.009 < 0.05), − 0.029(p = 0.468 > 0.05)。

表 12-13　Implied (for all variables) Correlations(所有变量隐含的相关矩阵)

	KSI3	KSI2	KSI1	ETA2	ETA1	X4	Y3	Y2	Y1
KSI3	1.000								
KSI2	.837	1.000							
KSI1	.724	.755	1.000						

续表

	KSI3	KSI2	KSI1	ETA2	ETA1	X4	Y3	Y2	Y1
ETA2	.440	−.100	−.086	1.000					
ETA1	.898	.978	.859	.000	1.000				
X4	.541	.606	.532	−.029	.617	1.000			
Y3	1.000	.837	.724	.440	.898	.541	1.000		
Y2	.837	1.000	.755	−.100	.978	.606	.837	1.000	
Y1	.724	.755	1.000	−.086	.859	.532	.724	.755	1.000
X3	.591	.610	.535	.058	.630	.799	.591	.610	.535
X2	.534	.512	.450	.120	.536	.777	.534	.512	.450
X1	.483	.508	.446	.032	.523	.708	.483	.508	.446

第二组变量(Y 组变量)在第二个典型变量的结构系数,其数值分别为 − 0.086(CCA 分析中的数值为 − 0.085), − 0.100,0.440。

第三个典型变量的 MIMIC 假设模型图则以第二个典型变量求出的非标准化路径系数为固定参数,依照上述步骤求出待估计的自由参数。以第一组变量(X 组变量)为预测变量、第二组变量(Y 组变量)为准则变量的假设模型图如图 12-20,其中的固定参数与自由参数设定如表 12-14:

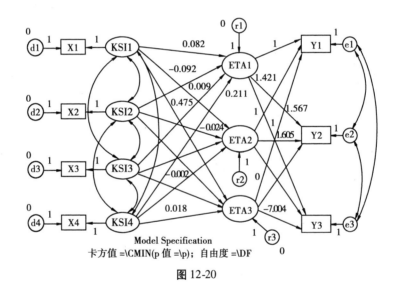

图 12-20

表 12-14   固定参数路径与待估计的自由参数路径

路　径	路径系数固定值	待估计的自由参数路径
ETA1 ← KSI1	.082	ETA3 ← KSI1
ETA1 ← KSI2	−.092	ETA3 ← KSI2
ETA1 ← KSI3	.475	ETA3 ← KSI3
ETA1 ← KSI4	.211	ETA3 ← KSI4
ETA2 ← KSI1	.009	Y2 ← ETA3
ETA2 ← KSI2	−.024	Y3 ← ETA3
ETA2 ← KSI3	−.002	
ETA2 ← KSI4	.018	

续表

路　径	路径系数固定值	待估计的自由参数路径
Y1 ← ETA1	1.000	
Y2 ← ETA1	1.567	
Y3 ← ETA1	1.421	
Y1 ← ETA2	1.000	
Y2 ← ETA2	1.605	
Y3 ← ETA2	−7.004	
Y1 ← ETA3	1.000	

　　以第二组变量(Y 组变量)为预测变量、第一组变量(X 组变量)为准则变量的假设模型图如图 12-21。在 MIMIC 假设模型图中,KSI1→ETA1、KSI2→ETA1、KSI3→ETA1 的路径系数设定为固定参数,根据第一个典型变量分析的数据,其非标准化的路径系数值分别为 0.102,0.197,0.060;KSI1→ETA2、KSI2→ETA2、KSI3→ETA2 的路径系数设定为固定参数,根据第二个典型变量分析的数据,其非标准化的路径系数值分别为 −0.072,−0.167,0.235;ETA1→X1、ETA1→X2、ETA1→X3、ETA1→X4 的路径系数为固定参数,根据第一个典型变量分析的数据,其非标准化的路径系数值分别为 1.000,1.782,1.159,1.960;ETA2→X1、ETA2→X2、ETA2→X3、ETA2→X4 的路径系数为固定参数,根据第二个典型变量分析的数据,其非标准化的路径系数值分别为 0.154,1.000,0.268,−0.231。在 Amos 的分析中,潜在变量所对应的指标变量中,要有一个指标变量的路径系数设定为 1,范例中将 ETA3→X3 的路径系数设定为 1。待估计的自由参数路径为 KSI1→ETA3、KSI2→ETA3、KSI3→ETA3、ETA3→X1、ETA3→X2、ETA3→X4。

表 12-15　固定参数路径与待估计的自由参数路径

路　径	路径系数固定值	待估计的自由参数路径
ETA1 ← KSI1	.102	ETA3 ← KSI1
ETA1 ← KSI2	.197	ETA3 ← KSI2
ETA1 ← KSI3	.060	ETA3 ← KSI3
ETA2 ← KSI1	−.072	X1 ← ETA3
ETA2 ← KSI2	−.167	X2 ← ETA3
ETA2 ← KSI3	.235	X4 ← ETA3
X1 ← ETA1	1.000	
X2 ← ETA1	1.782	
X3 ← ETA1	1.159	
X4 ← ETA1	1.960	
X1 ← ETA2	.154	
X2 ← ETA2	1.000	
X3 ← ETA2	.268	
X4 ← ETA2	−.231	
X3 ← ETA3	1.000	

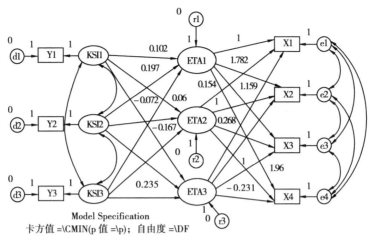

图 12-21

三、MIMIC 分析结果

上述四个 X 组变量与三个 Y 组变量采用 Amos 分析结果,第一组变量(X 组变量)、第二组变量(Y 组变量)在第一个典型变量、第二个典型变量的加权系数、结构系数与跨典型负荷系数值整理如表 12-16:

表 12-16　MIMIC 分析结果

	第一个典型变量 χ_1				第二个典型变量 χ_2			
	原始典型系数	加权系数	结构系数	跨负荷系数	原始典型系数	加权系数	结构系数	跨负荷系数
X1	—	.118	.790	.522	—	.352	−.138	.032
X2	—	−.230	.810	.535	—	−1.703	−.515	.120
X3	—	.656	.952	.629	—	−.069	−.249	.058
X4	—	.503	.932	.616	—	1.252	.124	−.029
和 CCA 符号比较		相反	相反	相反		相反	相反	相同
	第一个典型变量 η_1				第二个典型变量 η_2			
	原始典型系数	加权系数	结构系数	跨负荷系数	原始典型系数	加权系数	结构系数	跨负荷系数
Y1	—	.240	.859	.568	—	−.425	−.086	.020
Y2	—	.637	.978	.646	—	−1.356	−.100	.024
Y3	—	.191	.898	.593	—	1.882	.440	−.102
和 CCA 符号比较		相反	相反	相反		相同	相同	相反

根据上述的加权系数,可以求出每位受试者在两对典型变量的典型分数或线性组合分数,其求法为将每位样本在七个变量的原始分数转换为标准分数,再用标准分数乘以各典型变量的加权系数。假设七个指标变量的 Z 分数变量名称分别为 ZX1、ZX2、ZX3、ZX4、ZY1、ZY2、ZY3,则每位样本的四个典型分数的求法如下(表中为 SPSS 语法):

```
COMPUTE KSI1 = ZX1 * (.118) + ZX2 * (−.230) + ZX3 * (.656) + ZX4 * (.503).
COMPUTE ETA1 = ZY1 * (.240) + ZY2 * (.637) + ZY3 * (.191).
COMPUTE KSI2 = ZX1 * (.352) + ZX2 * (−1.703) + ZX3 * (−.069) + ZX4 * (1.252).
COMPUTE ETA2 = ZY1 * (−.425) + ZY2 * (−1.355) + ZY3 * (1.882).
EXECUTE.
```

求出典型相关系数及相关系数显著性检验的 SEM 假设模型图如图 12-22：

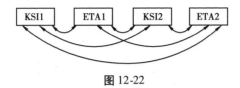

图 12-22

模型估计结果可以顺利收敛识别，标准化估计值模型图如图 12-23 所示，由于假设模型为饱和模型，卡方值等于 0，模型的自由度也等于 0。

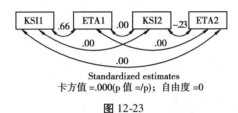

Standardized estimates
卡方值 =.000(p 值 =/p)；自由度 =0

图 12-23

表 12-17　Covariances

			Estimate	S. E.	C. R.	P	Label
KSI1	⟷	ETA1	.660	.051	12.992	* * *	
ETA1	⟷	KSI2	.000	.042	−.001	.999	
KSI2	⟷	ETA2	−.233	.044	−5.352	* * *	
KSI1	⟷	KSI2	.000	.042	.004	.997	
ETA1	⟷	ETA2	.000	.042	−.004	.997	
KSI1	⟷	ETA2	.000	.042	−.005	.996	

表 12-18　Correlations

			Estimate
KSI1	⟷	ETA1	.661
ETA1	⟷	KSI2	.000
KSI2	⟷	ETA2	−.233
KSI1	⟷	KSI2	.000
ETA1	⟷	ETA2	.000
KSI1	⟷	ETA2	.000

在输出结果中，KSI1 与 ETA1 的相关系数为 0.661（$p = 0.000 < 0.05$），KSI2 与 ETA2 的相关系数为 −0.233（$p = 0.000 < 0.05$），第一个、第二个典型相关系数均达到 0.05 显著水平，各典型变量与非相对应的典型变量间的相关系数均为 0.000（KSI1 与 ETA2、KSI2 与 ETA1）。

利用 SEM 的 MIMIC 模型，求出 X 组变量、Y 变量在第一个典型变量、第二个典型变量的加权系数、结构系数、跨典型负荷系数，两者求出的参数数据是相当一致的，并且采用 MIMIC 模型还可进一步求出各参数估计的标准误，进行参数的显著性检验。

参考文献

中文部分

《AMOS 7.0 电子文件使用手册》。

王保进（2004）。《多变量分析——套装程式与资料分析》。台北:高等教育。

余民宁（2006）。《潜在变项模式——SIMPLIS 的应用》。台北:高等教育。

吴明隆（2006）。《结构方程模式——SIMPLIS 的应用》。台北:五南。

吴明隆、涂金堂（2006）。《SPSS 与统计应用分析》。台北:五南。

李茂能（2006）。《结构方程模式软体——AMOS 之简介及其在测验编制上之应用》。台北:心理。

周子敬（2006）。《结构方程模式（SEM）——精通 LISREL》。台北:全华。

林师模、陈苑钦（2006）。《多变量分析——管理上的应用》。台北:双叶书廊。

邱皓政（2005）。《结构方程模式——LISREL 的理论、技术与应用》。台北:双叶书廊。

张绍勋（2005）。《研究方法》。台中:沧海。

陈玉树、黄财尉、黄芳铭译（2006）（G. M. Maruyama 著）。《结构方程模式的基本原理》。高雄:丽文。

陈顺宇（2007）。《结构方程模式——Amos 操作与应用》。台北:心理。

傅粹馨（2002）。<典型相关分析与结构方程模式关系之探究>。《屏东师院学报》,16,231-262。

程炳林（2005）。<结构方程模式>。载于陈正昌、程炳林、陈新丰、刘子键合著:《多变量分析方法——统计软体应用》(pp.341-469)。台北:五南。

黄芳铭（2004）。《结构方程模式理论与应用》。台北:五南。

黄芳铭（2005）。《社会科学统计方法学——结构方程模式》。台北:五南。

黄俊英（2004）。《多变量分析》。台北:华泰。

英文部分

Arnold, M. E. (1996). *The relationship of canonical correlation analysis to other parametric methods.* Paper presented at the annual meeting of the Southwest Educational Research Association, New Oreleans. (ERIC Document Reproduction Service No. ED 395 994).

Bagozzi, R. P. (1980). Performance and satisfaction in an industrial sales force: An examination of their antecedents and simultaneity. *Journal of Marking*, 44, 65-77.

Bagozzi, R. P., & Phillips, L. W. (1982). Representing and testing organizational theories: A holistic construal. *Administrative Science Quarterly*, 27, 459-489.

Bagozzi, R. P., & Yi, Y. (1988). On the evaluation of structural equation models. *Academic of Marketing Science*, 16, 76-94.

Bagozzi, R. P., Fornell, C., & Larcker, D. F. (1981). Canonical correlation analysis as a special case of a structural relations model. *Multivariate Behavioral Research*, 16, 437-454.

Bandalos, D. L. (1993). Factors influencing the cross-validation of confirmatory factor analysis models. *Multivariate Behavioral Research*, 28, 351-374.

Bentler, P. M. (1995). EQS: *Structural equations program manual.* Encino, CA: Multivariate Software Inc.

Bentler, P. M., & Weeks, D. G. (1979). Interrelations among models for the analysis of moment structures. *Multivariate Behavioral Research*, 14, 169-185.

Bentler, P. M., Chou, C. P. (1987). Practical issues in structural modeling. *Sociological Methods and Research*, 16, 78-117.

Bentler, P. M. , Yuan, K-H. (1999). Structural equation modeling with small samples: Test statistics. *Multivariate Behavioral Research*, 34, 181-197.

Biddle, B. J. , & Marlin, M. M. (1987). Causality, confirmation, credulity and structural equation modeling. *Child Development*, 58, 4-17.

Blalock, H. M. , Jr. (1968). *The measurement problem.* In H. M. Blalock, Jr. and A. Blalock (eds.), Methodology in social research. New York: McGraw-Hill (pp. 5-27).

Bollen, K. A. (1989). *Structural equations with latent variables.* New York: Wiley.

Bollen, K. A. , & Lennox, R (1991). Conventional wisdom on measurement: A structural equation perspective. *Psychological Bulletin*,110(2), 305-314.

Bollen, K. A. , & Long, S. L. (1993). *Testing structural equation modeling* . Newbury, UK: Sage Publication.

Boomsma, A. (1987). *The robustness of maximum likelihood estimation in structural equation models.* In P. Cutance & R. Ecob (eds.), Structural modeling by example (pp. 160-188). New York: Cambridge University Press.

Breckle, S. J. (1990). Applications of covariance structure modeling in psychology: Cause of concern? *Psychological Bulletin*, 107, 260-271.

Browne, M .W. , & Cudeck, R. (1993). *Alternative ways of assessing model fit.* In K. A. Bollen & J. S. Long (eds.), Testing structural equation models (pp. 136-162). Newbury Park, CA: Sage.

Browne, M. W. (1984). The decomposition of multitrait-multimethod matrics. *British of Mathematical and Statistical Psychology*, 37, 1-21.

Burnham, K. P. , & Anderson, D. R. (1998). *Model select and inference: A practical information-theoretic approach.* New York: Spring-Verlag.

Byrne, B. M. (1998). *Structural equation modeling with LISREL, PRELIS and SIMPLIS: Basic concepts, applications and programming.* Mahwah, NJ: Lawrence Erlbaum Associates.

Byrne, B. M. (2001). *Structural equation modeling with Amos: Basic concepts, applications and programming.* New Jersey: Lawrence Erlbaum Associates.

Campbell, K. T. , & Taylor, D. L. (1996). Canonical correlation analysis as a general linear model: A

Heuristic lesson for teachers and students. *The Journal of Experimental Education*, 64(2), 157-171.

Carmines, E. G. , & McIver, J. P. (1981). *Analysing models with unobservable variables.* In G. W. Bohrnstedt and E. E. Borgatta (eds.), Social measurement current issues (pp. 65-115). Beverly Hills, CA: Sage.

Cheung, G. W. , & Rensvold, R. B. (2002). Evaluating goodness-of-fit indices for testing measurement invariance. *Structural Equation Modeling*, 9 (2), 233-255.

Cliff, N. (1983). Some caution concerning the application of causal modeling methods. *Multivariate Behavioral Research*, 18, 115-116.

Cudeck, R. , & Browne, M. W. (1983). Cross-validation of covariance structures. *Multivariate Behavioral Research*, 18, 147-167.

Cudeck, R. , & Henly, S. J. (1991). Model selection in covariance structure analysis and the 'problem'of sample size: A clarification. *Psychological Bulletin*, 109, 512-519.

Darden, W. R. (1983). *Review of behavioral modeling in marking.* In W. R. Darden, K. B. Monroe & W. R. Dillon (eds.), Research methods and causal modeling in marking. Chicago: American Marketing Association.

Dawson, T. E. (1998, April). *Structural equation modeling versus ordinary least squares canonical analysis: Some heuristic comparisons.* Paper presented at the annual meeting of the American Educational Research Association, San Diego. (ERIC Document Reproduction Service No. ED 418 126).

Diamantopoulos, A. , Siguaw, J. A. (2000). *Introducing LISREL: A guide for the uninitiated.* Thousand Oaks, CA: Sage.

Ding, L. , Velicer, W. F. , & Harlow, L. L. (1995). Effects of estimation methods, number of indicators per factor, and improper solutions on structural equation modeling fit indices. *Structural Equation Modeling*, 2, 119-143.

Everitt, B. , Dunn, G. (2001). *Applied multivariate data analysis.* New York: Oxford.

Fan, X. (1997). Canonical correlation analysis and structural equation modeling: What do they have a common? *Structural Equation Modeling*, 4(1), 65-79.

Gerbing, D. W. , & Anderson, J. C. (1984). On the

meaning of within-factor correlated measurement errors. *Journal of Consumer Research*, 11, 572-580.

Hair, J. F. Jr., Anderson, R. E., Tatham, R. L., & Black, W. C. (1998). *Multivariate data analysis*(5th ed.). Upper Saddle River, NJ: Prentice Hall.

Hair, J. F. Jr., Anderson, R. E., Tatham, R. L., & Black, W. C. (1992). *Multivariate data analysis with reading* (3rd ed.). New York: Macmillan Publishing Company.

Hayduk, L. A. (1987). *Structural equation modeling with LISREL: Essentials and advances.* Baltimore MD: The Johns Hopkins University Press.

Hoelter, J. W. (1983). The analysis of covariance structures: Goodness-of-fit indices. *Sociological Methods and Research*, 11, 325-344.

Homburg, C. (1991). Cross-validation and information criteria in causal modeling. *Journal of Marketing Research*, 28, 137-144.

Hoyle, R. H., & Panter, A. T. (1995). *Writing about structural equation models.* In R. H. Hoyle (ed.), Structural equation modeling: Concepts, issues, and applications(pp. 158-176). Thousand Oaks, CA: Sage.

Hu, L. T., & Bentler, P. M. (1995). *Evaluation model fit.* In R. H. Hoyle (ed.), Structural equation modeling: Concepts, issues, and applications (pp. 76-99). Thousand Oaks, CA: Sage.

Hu, L. T., & Bentler, P. M. (1999). Cutoff criteria for fit indexes in covariance. *Structural Equation Modeling*, 6(1), 1-55.

Hu, L. T., Bentler, P. M., & Kano, Y. (1992). Can test statistics in covariance structure analysis be trusted? *Psychologically Bulletin*, 112, 351-362.

Huberty, C. J., & Morris, J. D. (1988). A single contrast test procedure. *Educational and Psychological Measurement*, 48, 567-578.

Johnson, R. A., & Wichern, D. W. (1998). *Applied multivariate statistical analysis.* London: Prentice-Hall.

Joreskog, K. G. (1993). *Testing structural equation models.* In K. A. Bollen & J. S. Long (eds.), Testing structural equation models (pp. 294-316). Newbury Park, CA: Sage.

Joreskog, K. G., Sorbom, D. (1989). *LISREL* 7: *A guide to the program and applications.* Chicago: SPSS Inc.

Joreskog, K. G., Sorbom, D. (1993). *LISREL* 8 *user's reference guide.* Mooresville, IN: Scientific Software, Inc.

Joreskog, K. G., Sorbom, D. (1996). *LISREL* 8 *user's reference guide.* Chicago: Scientific Software International.

Kaplan, D. (1988). The impact of specification error on the estimation, testing and improvement of structural equation models. *Multivariate Behavioral Research*, 23, 69-86.

Kaplan, D. (1989). Model modifications in covariance structure analysis: Application of the expected parameter change statistic. *Multivariate Behavioral Research*, 24, 285-305.

Kaplan, D. (1995). *Statistical power in structural equation modeling.* In R. H. Hoyle (ed.), Structural equation modeling: Concepts, issues and application (pp. 100-117). Thousand Oaks, CA: Sage.

Kelloway, E. K. (1996). *Common practice in structural equation modeling.* In C. L. Looper & I. Robertson (eds.), International review of industrial and organizational psychology (pp. 141-180). Chichester, UK: John Wiley and Sons.

Kelloway, E. K. (1998). *Using LISREL for structural equation modeling-A researcher's guide.* Thousand Oaks, CA: Sage Publication.

Kline, R. B. (1998). *Principles and practice of structural equation modeling.* New York: Guilford Press.

Little, T. D. (1997). Mean and covariance structures (MACS) analysis of cross-cultural data: Practice and theoretical issues. *Multivariate Behavioral Research*, 32, 53-76.

Loehlin, J. C. (1992). *Latent variable model: An introduction to factor, path, and structural analysis* (2nd). Hillsdale, NJ: Lawrence Erlbaum.

Lomax, R. (1989). *Covariance structure analysis: Extensions and development.* In B. Thompson (ed.), Advance in social science methodology, 1, 171-204.

Long, J. S. (1983). *Confirmatory factor analysis: A preface to LISREL.* Beverly Hills, CA: Sage.

MacCallum, R. C. (1995). *Model specification: Procedures, strategies, and related issues.* In R. H. Hoyle (ed.), Structural equation modeling: Concepts, issues and application (pp. 16-36). Thousand Oaks, CA: Sage.

MacCallum, R. C., Browne, M. W., & Sugawara, H. M. (1996). Power analysis and determination of sample size for covariance structure modeling. *Psychological Methods*, 1(2), 130-149.

MacCallum, R. C., Roznowski, M., & Necowitz, L. B. (1992). Model modifications in covariance structure analysis: The problem of capitalization on chance. *Psychological Bulletin*, 111, 490-504.

Marsh, H. W., & Balla, J. R. (1994). Goodness of fit in confirmatory factor analysis: The effect of sample size and model parsimony. *Quality & Quality*, 28, 185-217.

Marsh, H. W., Balla, J. R., & Grayson, D. (1998). Is more ever too much? The number of indicators per factor in confirmatory factor analysis. *Multivariate Behavioral Research*, 33(2), 181-220.

McDonald, R. P., & Ho, M. R. (2002). Principles and practice in reporting structural equation analysis. *Psychological Methods*, 7, 64-82.

McQuitty, S. (2004). Statistical power and structural equation models in business research. *Journal of Business Research*, 57, 175-183.

Moustaki, I., Joreskog, K. G., & Mavridis, D. (2004). Factor models for ordinal variables with covariance effects on the manifest and latent variables: A Comparison of LISREL and IRT Approaches. *Structural Equation modeling*, 11(4), 487-513.

Mueller, R. O. (1997). Structural equation modeling: Back to basics. *Structural Equation Modeling*, 4, 353-369.

Raftery, A. E. (1995). *Bayesian model selection in social research*. In P. V. Rigdon (Ed.), Sociological Methodology (pp. 111-163). San Francisco: Jossey-Bass.

Raine-Eudy, Ruth. (2000). Using structural equation modeling to test for differential reliability and validity: An empirical demonstration. *Structural Equation Modeling*, 7(1), 124-141.

Rigdon, E. (1995). A necessary an sufficient identification rule for structural equation models estimated. *Multivariate Behavioral Research*, 30, 359-383.

Rigdon, E. (2005). *SEM FAQ*. http://www.gsu.edu/~mkteer/sem.html.

Saris, W. E., & Stronkhorst, H. (1984). *Causal modeling in non experimental research: An introduction to the LISREL approach*. Amsterdam: Sociometric Research

Foundation.

Schumacker, R. E., & Lomax, R. G. (1996). *A beginner's guide to structural equation modeling*. Mahwah, NJ: Lawrence Erlbaum Associates.

Specht, D. A. (1975). On the evaluation of causal models. *Social Science Research*, 4, 113-133.

Spicer, J. (2005). *Making sense of multivariate data analysis*. London: Sage.

Steiger, J. H. (1989). *EzPATH: A supplementary module for SYSTAT and SYSGRAPH* [computer program]. Evanston, IL: SYSTAT.

Stevens, J. (1996). *Applied multivariate statistics for the social science*. Mahwah, NJ: Lawrence Erlbaum.

Stevens, J. (2002). *Applied multivariate statistics for the social science* (4th Ed.). Mahwah, NJ: Lawrence Erlbaum.

Sugawara, H. M., & MacCallum, R. C. (1993). Effect of estimation method on incremental fit indexes for covariance structure models. *Applied Psychological Measurement*, 17, 365-377.

Sullivan, J. L., Feldman, S. (1979). *Multiple indicators: An introduction*. Beverly Hills, CA: Sage.

Tabachnick, B. G., & Fidell, L. S. (2007). *Using multivariate statistics* (5th Ed.) Needham Heights, MA: Allyn and Bacon.

Thompson, B. (2000). *Ten commandments of structural equation modeling*. In L. G. Grimm & P. R. Yarnold (eds.), Reading and understanding more multivariate statistics (pp. 261-283). Washington, DC: American Psychological Association.

Wheaton, B. (1987). Assessment of fit in overidentified models with latent variables. *Sociological Methods and Research*, 16, 118-154.

Wothke, W. (1993). *Nonpositive definite matrices in structural modeling*. In K. A. Bollen & J. S. Long (eds.), Testing structural equation models (pp. 256-293). Newbury Park, CA: Sage.

Yi, Y., & Nassen, K. (1992). *Multiple comparison and cross-validation in evaluating structural equation models*. In V. L. Crittenden (ed.), Developments in marketing science XV (pp. 407-411). Miami, FL: Academy of Marketing Science.

万卷方法®

知识生产者的头脑工具箱

很多做研究、写论文的人，可能还没有意识到，他们从事的是一项特殊的生产活动。而这项生产活动，和其他的所有生产活动一样，可以借助工具来大大提高效率。

万卷方法是为辅助知识生产而存在的一套工具书。

这套书系中，

有的，介绍研究的技巧，如《会读才会写》《如何做好文献综述》《研究设计与写作指导》《质性研究编码手册》；

有的，演示 STATA、AMOS、SPSS、Mplus 等统计分析软件的操作与应用；

有的，专门讲解和梳理某一种具体研究方法，如量化民族志、倾向值匹配法、元分析、回归分析、扎根理论、现象学研究方法、参与观察法等；

还有，

《社会科学研究方法百科全书》《质性研究手册》《社会网络分析手册》等汇集方家之言，从历史演化的视角，系统化呈现社会科学研究方法的全面图景；

《社会研究方法》《管理学问卷调查研究方法》等用于不同学科的优秀方法教材；

《领悟方法》《社会学家的窍门》等反思研究方法隐蔽关窍的慧黠之作……

书，是人和人的相遇。

是读者和作者，通过书做跨越时空的对话。

也是读者和读者，通过推荐、共读、交流一本书，分享共识和成长。

万卷方法这样的工具书很难进入豆瓣、当当、京东等平台的读书榜单，也不容易成为热点和话题。很多写论文、做研究的人，面对茫茫书海，往往并不知道其中哪一本可以帮到自己。

因此，我们诚挚地期待，你在阅读本书之后，向合适的人推荐它，让更多需要的人早日得到它的帮助。

我们相信：

每一个人的意见和判断，都是有价值的。

我们为推荐人提供意见变现的途径，具体请扫描二维码，关注"重庆大学出版社万卷方法"微信公众号，发送"推荐员"，了解详细的活动方案。